구약에 나타난
하나님의 구원사역
잭 스코트/한재석 역

도서
출판 **크리스챤서적**

서 문

이 책은 하나님의 말씀을 연구하려는 사람들의 구약성경에 관한 이해를 돕기 위하여 고안된 하나의 구약 서론이다. 이 책은 하나의 도구에 지나지 않는다. 이 책을 쓴 저자의 바램은 독자들이 이 책을 읽고 난 다음 하나님의 말씀을 더욱 사랑하게 되고 말씀의 내용을 연구하고자 하는 열망이 이전보다 더욱 뜨거워졌으면 하는 것이다. 만약 그렇게 되지 않는다면 저자는 이 책을 저술한 목적에 실패한 셈이다.

구약 각 책들에 대한 배열은 전부는 아니지만 기본적으로는 연대순으로 엮었다. 그 이유는 연대기적 순서에 의한 선지서의 배열과 함께 성경에 내포된 역사적 배경을 설명하기 위해서였다. 저자의 연대기적 배열이 다른 사람들의 연대기적 배열과 약간의 차이가 있을지도 모른다. 이 책의 연대기적 배열은 성경 각 책들의 내용에 대한 저자의 이해와 고대 근동의 일반적 역사를 바탕으로 하여 배열된 저자 자신의 방식에 의한 것임을 밝혀둔다.

각주나 다른 책들로부터의 인용은 일체 생략하였다. 그것은 다른 저작물들이 인용할만한 가치가 없어서가 아니라 독자들이 하나님의 말씀을 혼자 힘으로 연구하는 훈련에 익숙하게 되기를 바랐기 때문이다. 그리고 결국에는 하나님의 말씀에만 매달려야 할 것이므로 간결하게 기술하려고 노력하였다.

부디 우리 주님께서 그의 자녀들의 구약성경에 대한 이해를 증진시키는데 이 책을 사용하시기를 바란다.

주의 종, 잭 스코트
알라바마 몬트고메리에서
1977년 10월

옮긴이의 말

 본서는 잭 스코트(Jack B. Scott)의 "God's plan unfolded"를 번역한 것이다. 개혁주의적 성경신학자인 잭 스코트 박사는 유익한 책을 많이 저술하였는데 그 중에서도 이 책은 그의 대표적인 역작이라 할 수 있다.
 대부분의 그리스도인들이 구약성경을 이해하는데 어려움을 느끼고 있을 것이다. 이 때문에 구약은 성경에서 3/4의 분량을 차지하고 있으면서도 하나님의 백성들로부터 외면과 무시를 당해온 것이 사실이다. 그러나 구약은 읽혀져야 하고, 이해되어져야 하고, 또 지켜져야 할 하나님의 말씀이다.
 이 책은, 구약을 살아있는 하나님의 말씀으로 읽고 이해하기를 원하는 사람들에게 좋은 안내서가 될 것으로 확신한다. 저자는 이 책을 통하여 성경 전체 속에서 구약의 각 책들이 가지는 메시지를 우리에게 분명하게 제시하여 주고 있다. 따라서 우리는 이 책을 통하여 구약성경의 전체적인 흐름을 한 눈에 볼 수 있다.
 그리고 이 책은 구약이 신약과 어떠한 관련성을 가지고 있는가에 대해서도 우리의 이해력을 증진시켜 줄 것이다. 뿐만 아니라 저자는 구약의 각 책들이 당시의 독자들에게 주는 메시지를 선명하게 드러낸 다음, 그 메시지가 오늘날의 우리 그리스도인들과는 어떤 관계가 있는가에 대해서도 관심을 가진다. 그러므로 이 책은 구약성경과 오늘날의 그리스도인과의 간격을 매우 가깝게 만들어 준다.
 이 책의 또 다른 하나의 강점은 목회자, 신학도, 평신도 할 것 없이 누구나 쉽게 읽을 수 있도록 평이한 문체를 사용하고 있다는 점이다. 누구나 쉽게 읽을 수 있으면서도 동시에 그 내용에는 깊이가 있다.

이 책은 성경을 사랑하는 그리스도인들의 성경연구 의욕을 더욱 크게 자극시켜줄 것이다. 본 역자도 저자가 이 책을 쓰면서 소원했던 것처럼 독자들이 이 책을 읽고 난 다음 기록된 하나님의 말씀을 더욱 사랑하게 되고 말씀의 내용을 연구하고자 하는 열망이 이전보다 더욱 뜨거워지기를 간절히 소원한다.

그리고 독자들에게 미리 밝힐 것은 인명과 지명(특히 지명)의 우리말 번역에 관한 것이다. 인명과 지명을 번역하면서 성경에 기록된 것보다 일반적으로 알려진 명칭이 독자들에게 더 친숙할 것이라고 생각되는 경우에는 일반적으로 알려진 명칭을 택했다.

예) 애굽→이집트, 앗수르→앗시리아, 아람→시리아, 베니게→페니키아, 바사→페르시아, 다메섹→다마스커스 등.

끝으로 본서의 출판을 위하여 수고한 크리스챤서적의 여러분께 감사드리며 특히 여러가지 면으로 도움을 아끼지 않은 아내에게 고마움의 말을 전한다.

1990. 11. 30
부산에서 옮긴이

구약에 나타난
하나님의 구원사역
잭 스코트/한 재석 역

차 례

서문 ·· 5
옮긴이의 말 ··· 7
제 1 장 전체적 개관(창세기—말라기) ············· 11
제 2 장 하나님의 백성의 기원(창세기) ············ 23
　　　　세상의 창조(1, 2장)/하나님의 계획에 대한 사단의 도전(3장)/홍수에 이르기까지의 두 자손들의 자취(4장—8장)/인간의 새로운 출발과 그들의 오랜 문제(9장—11장)/아브라함의 믿음의 성장(12장—22장)/과도기, 아브라함의 죽음과 이삭의 생애(23—28:9)/야곱—죄인에서 성도가 되기까지(25:19—33:20)/야곱의 자녀들—하나님의 가족(34장—50장)
제 3 장 구원받은 하나님의 백성(출애굽기—신명기) ············ 91
　　　　이집트로부터의 구원(출애굽기 1장—19장)/하나님의 백성에 대한 율법수여(출애굽기 20장—신명기)/십계명(출애굽기 20:1—17)/의(justice)의 적용으로서의 율법(출애굽기 21장—24장)/성막(출애굽기 25장—31장, 35장—40장)/배교와 새로운 계시(출애굽기 32장—34장)/희생제사제도(레위기)/방랑의 세월(민수기 1장—20장)/여행의 말기(민수기 21장—36장)/제 2의 법령(신명기)
제 4 장 가나안 땅의 상속(여호수아) ············· 151
제 5 장 이스라엘의 영적인 퇴보
　　　　(사사기, 룻기, 사무엘상 1, 2장) ············· 161

제 6 장 하나님 백성들의 신앙의 부흥과 번영
        (사무엘상 2：12—열왕기상 11장) ·················· 179
        밝아오는 여명(사무엘상 2：12-7장)/왕을 세움—사울(사무엘상 8장-15장)/다윗의 부상(사무엘상 16장-31장)/다윗의 통치(사무엘하 1장-24장)/솔로몬의 통치(열왕기상 1장-11장)

제 7 장 선지자 시대(열왕기상 12장—열왕기하 25장) ············ 219
        안정의 시대(열왕기상 15장-22장)/반역의 시대(열왕기하 1장-11장)/이스라엘의 말기(열왕기하 15：8-17：41)/유다의 말기(열왕기하 18：1-25：30)

제 8 장 주전 9세기의 선지자들 ·· 257
        요엘. 약 B.C. 850년/요나. 약 B.C. 800년

제 9 장 솔로몬의 어리석음을 반박하는 글들 ····················· 285
        전도서/아가서

제10장 주전 8세기의 선지자들 ·· 305
        아모스/호세아/이사야/미가

제11장 주전 7세기의 선지자들 ·· 397
        예레미야/예레미야애가/스바냐/나훔/오바댜/하박국

제12장 정화기(B.C. 586년—B.C. 400년) ···························· 459
        이 시대의 역사/에스겔/다니엘/에스더

제13장 하나님 백성들의 회복과 장래의 소망 ····················· 523
        역대상하/에스라/느헤미야/학개/스가랴/말라기

제14장 하나님 백성들의 헌신과 실제적인 삶에 관한 책들 ····· 573
        욥기/시편/잠언

1

전체적 개관

창세기—말라기

 구약 시대를 통하여 하나님께서 그의 백성들을 다루어 오신 역사의 전개는 우리가 바라보기에 스릴이 넘치는 진리 그 자체이다. 우리가 주님을 믿을 때 하나님의 말씀 속에서 펼쳐지는 하나님의 백성들의 역사는 또한 우리의 역사이기도 하다는 사실을 인식하고 있는 사람들에게는 더욱 그렇다. 우리도 역시 하나님의 백성이기 때문이다.
 수천년 전에 하나님께서 자기 백성들에게 하셨던 말씀은 분명히 오늘날의 우리에게도 커다란 의미를 지니고 있다. 왜냐하면 하나님은 영원히 변함이 없는 분이시며, 그의 백성들이 하나님을 필요로 하는 것 역시 변함없는 사실이기 때문이다.
 인간의 본성은 하나님의 은혜가 아니고서는 그 무엇으로도 변화되지 않는다. 참으로 구약계시는 하나님이 어떻게 죄인된 수많은 사람들을 세상 사람들 가운데서 택하여 자기 백성으로 변화시키셨는가 하는 것을 보여주는 기록이다.

에덴동산에서 시작된 그 사역은 오늘날에도 수많은 증인들이 오늘날의 우리에게 그 사실들을 증언해 주고 있다.

창세기는 지구상에서의 하나님의 백성의 기원에 관하여 가르쳐 준다. 또한 창세기는 하나님의 창조목적과 자신의 영광을 위하여 선하게 만드셨던 만물들의 질서정연한 창조에 대해서도 알려준다. 또한 여기에는 인간의 삶 속으로 죄가 침입하게 되고 그 결과 하나님과의 교제가 끊어지는 인간에 대한 기록이 있다. 그리고 죄는 인간을 고통과 심판으로 끌고 간다. 무서운 홍수심판으로 치달았던 인간의 타락에 대한 기록은 인간이 하나님과 그의 은혜와 구원을 절실하게 필요로 하고 있음을 입증해 준다. 따라서 구원자로서 그리고 은혜로 말미암는 소망을 주시는 분으로서의 하나님은 창세기와 성경 전체에 걸쳐서 대단히 큰 비중을 차지하게 된다.

구약 전체에 걸쳐서 나타나는 하나님의 자녀들의 뚜렷한 특징들 중의 하나는 하나님의 필요성에 대한 민감성이다. 그리고 수많은 신실한 사람들 중에서도 야곱, 모세, 다윗, 히스기야 같은 사람은 모든 삶의 시련과 난국에 대한 해결책으로 하나님만을 의뢰해야 할 것을 특별하게 배웠던 인물들이다.

그들은 하나님께 대한 그들의 믿음으로 특징지워지는 하나님의 가족들 속으로 차례로 부름을 받았던 하나님의 백성이었다. 그렇게 하여 하나님은 자신의 백성이 되게 하시려고 한 민족을 부르신다. 이러한 부르심은 창세기에 최초로 나타난다.

아브라함, 이삭, 야곱, 유다와 그의 형제들은 모두 택함을 받아 하나님을 믿게 된다. 또한 하나님의 은혜로 말미암아 하나님의 백성들의 마음 속으로 들어온 신앙이 각 개인에게서 성장하여 가는 것을 보게 된다. 그리고 한 사람의 신앙성장에 대한 기록으로서는 아브라함의 신앙성장에 대한 묘사보다 더욱 명료한 것은 신구약성경 어디에서도 찾아 볼 수 없다.

하나님의 백성들에게서 발전되어 가는 또 하나의 본질적인 특징이 있다. 그것은 곧 사랑의 시작이다. 사랑은 나면서부터 죄와 적의로 가득차 있었던 사람들 사이에서, 하나님의 은혜가 그들의 마음 속에 역사하기 시작한 다음부터 자라기 시작했다. 따라서 우리는 이기적이고 호전적이었던 야곱 가족이 고난과 시련을 통과하면서 그들 사이에 사랑의 유대가 증진되어 가는 것을 보게 된다.

특히 이것은 유다와 요셉 두 사람의 삶에서 현저하게 나타난다.

믿음과 사랑과 더불어 하나님의 자녀들에게서 다른 또 하나의 두드러진 특징이 점차 확대되어 나가는데 그것은 바로 소망이다. 이 소망은 하나님의 약속들을 통하여 하나님의 백성들, 특히 아브라함과 그의 후손들에게 주어진다. 그리고 이러한 약속들은 대개의 경우 후손(수많은 후손들)에 대한 소망과 유업(하나님 앞에서 살게 될 영원한 장소)에 대한 소망을 포함하고 있다.

이 두가지 소망에 대한 개념은 구약전체를 통하여 발전해 나간다. 후손에 대한 약속은 창세기 3:15에서 최초로 발견된다. 이 약속은 훗날 아브라함에게서 되풀이된다. 아브라함에게 주신 하나님의 모든 약속들을 전달하게 될 아들 이삭이 아브라함에게서 태어난다. 아브라함은 그 후손이 마침내는 큰 무리를 이루게 되고야 말 것을 확신하였다. 그리고 신약이 증거하는 바와 같이 아브라함에게 주어졌던 후손에 대한 약속은 한 분 그리스도에게서 절정을 이루게 된다(갈 3:16).

마찬가지로 유업에 대한 약속이 가나안 땅이라는 이름으로 아브라함에게 최초로 주어지는데 그곳은 약속의 땅으로서 아브라함의 후손들이 거주하게 될 땅이었다. 가나안 땅에 대한 소유는 여호수아 시대에 이르러 마침내 실현된다. 그리고 아브라함으로부터 천년이 지난 다윗 시대에 가서는 이집트 강가에서 유브라데에 이르기까지 그 소유가 확장된다. 그럼에도 불구하고 이스라엘은 그들의 죄악 때문에 그 소유를 존속시키지 못하게 되고 만다. 이스라엘 왕국은 예루살렘이 적군의 손에 의해 함락되기까지 줄곧 쇠퇴의 길을 걷게 된다.

특히 이 왕국의 쇠퇴기에 이르게되면 하나님께서 새로운 개념인 새 하늘과 새 땅, 새 예루살렘에 대한 소망을 불어넣기 시작하신다. 이제 하나님의 백성들은 신약으로 계속 이어지는(벧전 1 : 3, 4 ; 계 21, 22장) 퇴색하지 않는 유업에 대한 소망을 바라보게 된다. 우리는 이것이 새로운 소망이기나 한듯이 말하고 있지만 히브리서 저자는 구약의 다른 신자들이 그랬던 것과 마찬가지로 아브라함도 이러한 소망을 바라보다가 죽었다고 분명하게 말해 준다(히 11 : 9, 10, 13 -16).

그리고 아브라함 시대에 이르러 하나님의 백성들이 하나님의 백성으로서의 자기 존재를 인식하기 시작했을 때 중요한 사실 하나를 그들에게서 관찰할 수 있다. 곧 그것은 하나님은 그의 백성들에게 복을 주시기 위해서뿐만 아니라 그들로 하여금 거룩한 백성이 되게 하시려고 그들을 부르셨다는 사실이다. 그들은 모든 세상 사람들 가운데서 그들의 거룩한 삶을 통하여 하나님께서 영광을 받으시도록해야 했다. 바로 이 일을 위하여 하나님은 그의 말씀에 대한 순종을 통하여 그를 영화롭게 하는 삶으로 그들을 불러내신 것이다.

자기 백성에 대한 이러한 하나님의 영속적인 의지를 가장 명확하게 표현해주고 있는 구절 중의 하나를 창세기 18 : 19에서 발견하게 된다. 여기서 여호와께서는 아브라함을 택하신 목적을 분명하게 말씀하신다. 여호와께서 말씀하시기를 "왜냐하면 그로 그의 자식과 후손들(his household after him)을 명하여 의와 공평을 행함으로 여호와의 도를 지키게 하기 위하여, 또한 아브라함에게 약속한 것(he has spoken of him)을 이루기 위하여 내가 그를 선택하였느니라"고 말씀하셨다.

여기서 하나님께서 아브라함을 선택하시고 부르신 것은 아브라함과 그의 후손들로 하여금 하나님의 뜻을 따라 신실하게 살아가도록 하시기 위함이었다는 사실이 분명하게 드러난다. 하나님께서 자기 백성들에게 주기로 하신 축복을 그들이 받아 누리기 위해서는 하나님의 참된 자녀라는 삶의 증거가 있어야만 했다.

'의'와 '공평'이라는 단어는 자기 백성들에 대한 하나님의 간절한 기대로서 성경 전반에 걸쳐서 나타난다. 하나님은 이 표준을 한 번도 낮추시지 않으셨다. 구약시대 전반에 걸쳐서 그는 끊임없이 그의 자녀들을 이러한 삶의 표준으로 부르셨다. 선지자들은 모두가 의와 공평이라는 기준하에서 이스라엘을 평가했다.

여호와께서는 아브라함에게 "너는 내 앞에서 행하라. 그리고 완전하라"(창 17:1)고 하셨다. 하나님의 이 표준은 언제나 변하지 않았다. 훗날 예수님께서도 제자들에게 "그러므로 하늘에 계신 너희 아버지의 온전하심과 같이 너희도 온전하라"(마 5:48)고 말씀하셨다. 하나님의 백성들에게 있어서 이보다 더 높은 표준은 없을 것이다.

이후에 여호와께서는 이집트에서 이끌어내신 그의 백성들을 향하여 너희는 나의 거룩한 백성이라고 말씀하신다. 출애굽기 19장에서 그러한 선언이 있은 직후 바로 그 다음 장에서 하나님께서는 십계명의 형태로 자기의 뜻을 나타내셨다. 따라서 십계명은 하나님께서 세상에 드러내 보이고자 하셨던 그의 백성들의 삶의 형태에 대한 표현이었다.

그의 백성들에게 "의와 공평을 행하라"고 요구하신 하나님의 뜻을 보다 충분히 설명해 주고 있는 이 특별행동법칙(십계명)에 잇따라 하나님은 그들의 생활 전반에 영향력을 행사하게 될 수많은 원칙과 모범을 제시하여 주신다. 그래서 그는 출애굽기 21-23장에 걸쳐서 매일의 삶에 대한 수많은 모범을 주셨으며 또한 십계명을 준수함으로써 하나님의 뜻을 행하고자하는 의식적인 노력이 그들의 삶의 모든 국면에 반영되어야 할 것을 가르치셨다.

또한 여기에서 하나님은 그의 백성들에게 그들의 죄를 깨닫게 하고 그 결과 하나님의 용서에 대한 필요성을 절감하도록 하기 위해 희생 제도를 소개하신다. 그들은 하나님께서 설정해놓은 높은 표준에까지 도달하지 못하게 될 것이 분명하다. 그러므로 이러한 사실을 그들에게 이해시킴과 아울러 죄악의 심각성을 깨닫게 하시려고 희생제도를 소개하여 주신다. 희생제도를 통하여 하나님의 자녀들이 하나님을 의뢰하기를 배우게 될 때, 죄는 그들의 마음을 찢어 놓고 그들로 하여금 하나님 앞에서 회개하도록 만들어 준다. 모든 희생제도는 하나님의 백성으로 하여금 겸손하게 하고 하나님을 의뢰하도록 하는 구약시대의 도구였다. 더 나아가 희생제도는 그들의 죄를 대신해줄 한 구속사에 대한 필요성을 일깨워 주었다.

이 계시시대에는 또한 회막이 소개된다. 회막은 하나님의 백성들에게 영적인 필요성을 인식시켜 주고 하나님께서 장차 보내실 구속자에 대한 믿음으로 그들을 이끌기 위하여 설립된 것이다. 회막은 훗날 히브리서 저자가 증거해 주듯이 그리스도의 사역 양식(pattern)을 보여주는 것이었다(히브리서 9장, 10장).

또한 창세기는 하나님과 그의 백성들의 대적인 사탄의 사역의 기원에 대해서도 기록하고 있다. 하나님이 자기 백성을 위한 계획을 계시하셨을 때 사탄은 그 계획에 전적으로 반대하고 나섰다. 그리고 사탄은 하나님께서 창조하신 인간이 자기처럼 반항적인 마음과 성질을 갖도록 하는데 성공하였다. 창세기는 사탄의 유혹과 인간의 타락 그리고 구속 역사 전반에 걸쳐서 하나님과 그의 자녀들을 끊임없이 대항하는 사탄의 자녀들의 기원에 대해서도 기록하고 있다.

에덴에서 시작된 사탄의 역사는 거기에서 멈추지 않는다. 인간의 타락 이후 우리는 하나님의 자녀인 아벨과 대조를 이루는 사탄의 자손인 가인을 보게 된다. 그는 아벨과 육신적으로는 형제였지만 영적인 문제에 있어서는 이방인이었다. 마귀의 후손인 가인은 하나님의 자녀를 멸절시키려 하였다. 그는 의로운 아벨을 죽이는 데는 성공했으나 하나님의 계획을 좌절시킬 수는 없었다. 아벨이 죽자 하나님은 즉시 아담과 이브를 통하여 다른 아들 셋을 태어나게 하셨는데 이때부터 하나님의 자녀들은 여호와의 이름을 부르기 시작한다. 따라서 지구상에는 서로 다른 두 가지 계보의 사람들이 나타나서 발전하여 간다.

하나님의 견지에서 보면 하나님의 자녀와 사탄의 자녀라는 두 가지 부류의 사람만이 있을 뿐이다. 이것은 구약과 신약(오늘날에도 마찬가지) 전체를 통하여 추적할 수 있다. 성경의 많은 부분들이 하나님의 자녀들의 속성과 사탄의 자녀들의 속성 그리고 하나님께서 그들을 어떻게 다루고 계시는가 하는 것과 관련되어 있다.

사탄의 방해는 대홍수 사건 이후에도 끊임없이 계속된다. 그 실례로서 우리는 아브라함과 그의 후손들이 가나안에 거주하는 사탄의 후손들로부터 오는 계속적인 적대행위에 직면하게 되는 것을 보게 된다. 사탄의 후손의 적대행위는 훗날 이집트에서 바로와 이집트인들에게서 아주 분명하게 나타난다. 이스라엘 백성들이 이집트를 떠나 다시 가나안으로 이주하여 가려고 하였을때 하나님의 대적들의 적대행위는 한층 더 증가된다. 이스라엘은 전 역사에 걸쳐서 대적들에 의해 괴롭힘을 받게 된다.

비통하게도 우리는 구약시대의 교회였던 하나님의 백성들 속으로 사탄의 후손들이 서서히 침투하여 들어오는 것을 보게 된다. 얼마 있지 않아서 교회 안에는 불신자들이 신자들의 수와 같거나 아니면 더욱 많아지게 된다. 사탄의 적의는 예루살렘을 초토화하고 그 거민들을 바벨론으로 이주시키는 사건에서 구약에 관한 한 그 절정에 이른다. 그러나 사탄의 적대행위는 거기에서 끝나지 않는다. 하나님의 백성들이 귀환한 이후에도 예루살렘과 유다에는 하나님의 백성들에 대한 대적들로 가득차 있었다.

신약시대에 이르러서도 다시금 교회는 불신앙에 의한 침투를 받게 된다. 교회내에 있던 사탄의 하수인들(예수님 당시에는 대다수의 유대인들)은 마침내 궁극적인 적의를 드러내면서 로마의 세속권력과 결탁하여 하나님의 아들 예수 그리스도를 십자가에 못박기에 이른다.

신약은 그 이후에도 하나님의 백성과 사탄의 후손 사이에 계속 이어지는 적대관계를 기록하고 있다. 계시록은 이것을 12장에서 가장 생생하게 묘사해주고 있다.

지금까지 우리는 하나님을 필요로 하는 인간, 하나님의 백성으로의 부르심, 사탄의 적대행위 등 창세기에서 발견할 수 있는 주요 주제들이 구약성경 전체를 통하여 어떻게 진행되어가는가를 대충 살펴보았다. 그리고 구약성경은 이스라엘의 역사 속에서 하나님께서 자기 백성을 다루어 오신 역사를 추적하고 있다. 이 역사는 세속 역사의 배경과 맞물려서 기록되어 있다. 나라와 제국들의 흥망성쇠가 성경 역사의 배경을 이루고 있다. 하나님께서 한 민족을 통하여 이끌어 가신 구원 사역은 이스라엘 주변 모든 국가들의 매일의 역사와 불가분의 관계를 맺고 있다.

하나님의 백성들의 역사는 그들의 성공과 실패가 여호와의 말씀에 대한 그들의 순종 여부에 달려 있었음을 입증해주고 있다.

이스라엘이 가나안 땅을 유업으로 받았을 때 그들은 하나님의 말씀과 뜻에 순종하는 한에 있어서만 번영을 보장받을 수 있었다. 부모들이 신명기 6 : 4 이하에 기록된 하나님의 말씀을 따라 그들의 자녀들을 훈육하여야 할 의무를 게을리하기 시작하자 이스라엘 민족 전체가 고통을 당했다. 우리는 이같은 일들을 사사 시대의 비참한 나날들을 통하여 목격하게 된다.

이스라엘 백성들이 그들의 대적들에 의하여 기력을 잃고 절망에 이르렀을 때 하나님은 그 백성을 자기에게로 돌이키기 위하여 사무엘과 다윗과 같은 인물들을 일으키셨다. 구약역사 전체에 걸쳐서 전형을 이루는 사무엘과 다윗의 리더쉽의 본보기는 하나님의 양무리를 돌보는 신실하지 못한 목자와 신실한 목자 사이의 현저한 대조를 보여 준다. 솔로몬과 그 후계자들이 그랬던 것처럼 지도자들이 실패했을 때 그 비극적인 결과는 전 교회에 영향을 미쳤다. 지도자들이 실패했을 때에는 죄인들이나 성도들이나 모두가 고통을 당했다. 이스라엘 안에 있는 사탄의 후손들이나 하나님의 참된 신자들이 이스라엘의 실패로 인하여 함께 고통을 당하였다.

이스라엘을 타락의 길로 인도하는 자들의 악한 영향을 저지하기 위하여 어떤 무명의 성경 저자들이 아가서와 전도서와 같은 책들을 써서 그러한 나쁜 영향력에 반대하였다고 나는 믿는다. 이 책들을 연구하게되면 지도자들의 실패가 교회 전체를 얼마나 황폐화시키는

가를 알게 되리라고 생각한다.

　더 나아가서 솔로몬과 그의 악한 후계자들의 나쁜 영향력을 제지시키기 위하여 하나님께서는 계속적으로 선지자들을 일으키셨다. 선지자들은 하나님의 백성들로 하여금 그들이 계속적으로 하나님을 신뢰하도록 하기 위하여 이스라엘 내에 존재하는 불신앙의 세력과 용감히 맞섰다.

　백성들의 마음에서 하나님을 섬기는 기쁨이 사라져 갈 때, 영적인 쇠퇴를 경고하는 주전 9세기 선지자 요엘로부터 당시의 종교적, 사회적 죄악상과 부정을 경고했던 주전 8세기 선지자들을 거쳐서 영적으로 타락해 버린 7세기 6세기로 내려오는 동안 하나님은 그 백성들이 회개하고 돌아오도록 하기 위하여 끊임없이 선지자들을 보내셨다.

　아모스는 그들의 서로 사랑하는 일에 대한 실패를 꾸짖었고 동시에 호세아는 그들의 하나님을 사랑하는 일에 대한 실패를 역설하였다. 요나는 하나님께 순종하기를 꺼려하다가 마침내는 인간들을 구원하시려는 하나님의 계획에 순복하게 되는 하나님의 자녀들의 모범이 된다.

　예레미야는 백성들의 마음 속에 가득 찬 죄악에 촛점을 맞추고 하나님의 손에 의한 궁극적인 해결책을 소망으로 제시하게 되는데 여기서 그는 장차 하나님께서는 백성들의 마음을 변화시키실 것이라고 예언한다.

　포로시대에 이르러서는 에스겔, 다니엘과 같은 선지자들이 나타나 하나님의 지속적인 은혜와 자기를 의뢰하는 자들을 하나님께서 어떻게 지키시는가에 대하여 증거한다.

　주전 8세기 선지자 아모스와 이사야에 의해 시작되어 예레미야와 에스겔에 이르러 더욱 확대된 남은 자에 대한 가르침은 비록 하나님의 백성들이 커다란 재난과 혹독한 시련을 통과하기는 하지만 하나님께서는 그를 의뢰하는 자들을 반드시 보존하실 것이라는 소망을 보여 준다. 이러한 희망에 관한 한 예루살렘 함락이 가까웠을 때 사역했던 선지자 하박국의 글보다 더 탁월하고 따뜻한 표현은 찾아 볼 수 없다.

　남은 자들이 마침내 돌아왔다. 바벨론으로 잡혀 갔던 사람들 가운데 하나님의 뜻을 좇아 살려던 사람들이 돌아왔다. 이 남은 자들이 예루살렘으로 돌아와 허물어진 성전과 성벽을 다시 재건했다. 이 시기는 하나님의 말씀, 특히 모세의 율법에 대한 커다란 사랑으로 특징지워진다. 이 때는 하나님께서 그의 백성들에게 모세의 율법을 통하여 설정해 놓으신 높은 표준으로 되돌아가는(혹은 적어도 되돌아가려고 애쓰는) 시기였다.

　또한 이 시대 전반에 걸쳐서 하나님의 백성들이 영적인 부흥과 쇠퇴를 경험하는 동안 그들은 그들의 신앙을 표현해 놓은 수많은 시와 노래와 격언(잠언)을 남기게 된다. 이들 중에서 대부분이 저자 미상이지만 이 기록물들이 하나님의 말씀 가운데 포함된 것으로 보아 우리는 그것들이 성경의 다른 부분과 마찬가지로 하나님의 말씀인 것을 알 수 있다.

　욥기는 상실과 고통이라는 가장 견디기 어려운 시련에 직면한 하나님의 자녀의 신앙을 담고 있다. 그것은 하나님의 자녀들에게 하나님께 대한 제아무리 강한 불신이 일어나는 상황 아래에서도 믿음을 굳게 붙들어야 할 것을 가르치기 원하시는 하나님의 오랜 인내를 보여 준다.

　시편은 위대한 찬송시 작가 다윗과 더불어 많은 하나님의 사람들의 신앙을 아름답게 표현해 주고 있다. 추측컨대 첫머리에 실려 있는 시편 제1편은 전 시편의 내용을 가장 대표적으로 나타내주는 시인 듯 하다. 이 시는 신앙이 없는 사람들의 악함과 대조를 이루는 하나님의 사람들의 의로움을 선언한다. 다른 곳에서도 자주 나타나는 것처럼 여기에서 하나님의 자녀들은 하나님의 말씀과 은혜의 시냇가에 심겨진 나무로 묘사된다. 그들은 시절을 따라 열매를 맺으며 결코 시들지 않는다. 이것은 하나님의 말씀에 전적으로 의존하는 하나님의 자녀들의 자세와 하나님께서 그들을 보존하시는 능력을 설명해 주고 있다. 이것은 또한 아무런 소망도 유업도 없이 끝날 수 밖에 없는 악한 자들의 열매없는 삶과 예리한 대조를 이루는 것 이기도 하다.

이 서론 부분에서 우리는 자기 백성들을 위한 하나님의 구약 메시지 내용의 전개를 아주 간단히 진술해 보았다. 여기서는 오래 전에 기록된 이 하나님의 메시지가 현대의 하나님의 백성들에게도 커다란 의미를 갖고 있다는 것을 아는 것으로 충분하리라고 본다. 하나님의 말씀이 모든 시대에 걸쳐 의미를 가진다는 사실은 예수님께서 당시의 세대를 가리켜 하신 말씀을 잘 나타내주고 있다. 한때 예수님께서는 바리새인들을 향하여 "아브라함은 나의 날을 보게 될 것을 인하여 즐거워하다가 그것을 보고 기뻐하였으며…… 아브라함이 나기 전부터 내가 있느니라"(요 8 : 56, 58)고 하셨다. 또한 히브리서 저자는 "예수 그리스도는 어제나 오늘이나 영원토록 동일하시니라"고 말한다. 영원하신 그리스도께서는 하나님의 말씀으로 하여금 하나님의 백성들과 언제나 현재적이고도 직접적인 관련성을 가지도록 하신다.

그러므로 우리는 다음장에서 고대인들의 생활모습을 연구하는 이상의 것을 배우게 될 것이다. 우리는 구약시대의 자기 백성에게만이 아니라 모든 시대의 자기 백성들에게 말씀하시는 하나님의 진리와 뜻을 담고 있는 그의 계시에 대하여 배우게 될 것이다. 이러한 연구에서 우리는 또한 우리의 시대와 우리의 매일의 삶에 대해서도 많은 것을 배우게 될 것이다.

2

하나님의 백성의 기원

창세기
세상의 창조
(창세기 1-2장)

    구약성경의 첫머리를 장식하는 말씀은 기원에 대한 말씀이다. 여기서 기원이란 말은 하늘과 땅의 창조를 가리킨다. 여기에는 천지가 있기 전부터 이미 하나님께서 존재하고 계셨던 것으로 나타난다. 성경은 천지창조 이전의 사실에 대해서는 거의 아무것도 말하지 않고 있는데, 그것은 인간의 기원 자체가 창조와 관련되어 있으므로 창조 이전의 사실들에 대하여는 인간이 반드시 알아야만 할 필요성이 없기 때문이다.
    창조 이전의 일들에 대한 인간들의 호기심에 대하여 성경은 두가지로 응답하고 있다. 그 중의 하나는 구약에 기록되어 있고 나머지 하나는 신약에 기록되어 있다. 구약성경에 기록되어 있는 그 첫번째 구절이란 신명기 29 : 29을 가리킨다. 여기에는 "오묘한 일은 하나님 여호와께 속하였거니와 나타난 일은 영구히 우리와 우리 자손에게 속하였나니"라고 기록되어 있다. 이것은 하나님께서 우리에게 계시해 주신 부분들에 대해서만 우리가 관심을 가져야 하며 그 나머지 부분들에 대해서는 지나치게 관심을 가질 필요가 없다는 말과 같은 뜻이다. 다시 말하자면 계시되어진 것만으로도 우리의 모든 관심과 주의를 충족시켜 주기에 충분하다는 것이다.

그럼에도 불구하고 성경은 창조목적과 관련된 하나님의 계획 가운데 일부분을 우리에게 계시하여 주고 있다. 하나님께서 만물을 창조하신 목적을 안다는 것은 우리에게 있어서 가장 중요한 일이라고 할 수 있다. 하나님의 창조목적은 성경 전체를 통하여 계속적으로 나타나고 있지만, 에베소서 1 : 4에는 그것이 분명하게 기록되어 있다. 바울은 여기서 하나님께서 창세 전에 그리스도 안에서 우리를 택하셨다고 말한다. 그리고 이어서 하나님께서 우리를 택하신 목적을 말해준다. 그것은 곧 우리로 사랑 안에서 그 앞에 거룩하고 흠이 없게 하시려는 것이었다.

어떤 역본들은 "사랑 안에서"라는 구절을 그 다음 구절과 연결시켜 해석한다(헬라어 원문은 어느 쪽으로 관련시켜도 무방하다). 그러나 이 구절은 선행하는 개념과 연결지어 해석하는 것이 보다 바람직하다. 이 구절은 앞 문장을 완성시켜 주는 역할을 하고 있다. 그리고 문법적인 관점에서 뿐만 아니라 성경 전체의 사상과 조화를 이루는 측면에 있어서도 앞 문장과 연결하여 해석하는 것이 더욱 바람직하다.

이 구절의 의미는 다음과 같다. '창세 이전에 하나님께서는 그와 함께 영생을 누릴 사람들을 택하기로 작정하셨다. 그들은 하나님 앞에서 영생의 축복을 누리게 될 사람들이었다.' 이 개념만으로는 우리의 이해가 미치지 않는다. 본문은 계속하여 그의 영원한 계획 안에서 우리를 선택하신 사랑의 하나님에 대하여 이야기한다. 하나님께서는 그와 함께 영원히 동거하게 하시기 위하여 우리를 선택하셨다. 그리고 그는 아들이신 예수 그리스도로 말미암아 우리를 그의 백성으로 삼으시는 일을 완성하시기로 계획하셨다. 여기에는 성경에서 전개되는 구원 계획 전부가 내포되어 있다. 본문이 나타내고자 하는 요점은 하나님께서 천지를 창조하시기 전에 그리스도 안에서 이미 우리를 선택하셨다는 것이다. 그러므로 우리는 여기서 창세 전에 세우신 하나님의 이 계획이 창조 세계와 그 안에 있는 인간들을 상대로 그가 행하시는 모든 일에 영향을 미치고 있음을 알 수 있다.

다음으로는 하나님께서 선택하시기로 하신 사람들의 유형에 대한 설명이 따라 나온다. 그들은 거룩하고 흠이 없는 사람들이 될 것이다. **"거룩하다"** 라는 단어와 **"흠이 없다"** 라는 단어는 동의어가 아니다. "거룩하다" 라는 단어는 하나님을 위하여 따로 구별된 무엇을 가리킬 때에 사용하는 말이다. 하나님께서 택하여 내신 그들은 거룩한 백성, 다시 말하자면 하나님의 백성이 될 것이다. 그리고 "흠이 없다" 라는 말은 그들이 죄와 결점이 없는 완전한 사람이 될 것을 가리킨다. 왜냐하면 그러한 사람들만이 영원하신 하나님 앞에서 살아갈 수가 있기 때문이다.

특히 그들은 하나님과 함께 **사랑**의 교제를 나누면서 하나님 앞에서 살아갈 것이다. 하나님께서는 여기서 하나님의 백성들 상호간과 또한 하나님과 그의 백성들 사이를 연결시켜 주는 본질적인 관계인 사랑의 관계에 대하여 말씀하시고 있다. 성경에 자주 나타나는 사랑은 삼위의 각 인격을 연결하고 있는 고리와도 같은 것이다(요 3 : 35; 15 : 9; 17 : 23, 26) 그러므로 하나님의 형상을 따라 지음을 받은 인간들도 또한 이러한 특성을 소유하고 있어야만 하였다.

에베소서 1 : 4은 하나님께서 천지를 창조하시고 땅 위에 사람을 두시려고 하셨을 때에 그가 마음 속에 품으셨던 계획을 우리에게 알려준다. 하나님께서 인간을 다루어오신 모든 국면을 통하여 그의 계획을 추적해 나가면서 그의 말씀이 보여주는 놀라운 통일성을 놓치지 않기 위해서는 이 개념을 반드시 기억하고 넘어갈 필요가 있다. 하나님께서는 최초에 품으셨던 그의 목표를 절대로 철회하지 않으신다. 그의 확고부동한 계획 안에서 그는 자신의 원래 목적을 성취하시기 위하여 힘써 일하신다. 이것이 바로 하나님의 계시인 신구약 성경 안에서 펼쳐지는 스릴 넘치는 이야기의 주제이다.

성경의 첫번째 단락(창 1:1-5)은 하나님의 창조 사역을 소개하기 시작한다. 여기에서 사용된 "창조하다"라는 단어는 하나님만이 성경의 주제가 되신다는 것을 보여준다. 그러므로 이 단어는 그 이전에는 존재하지 않았던 것들이 하나님의 창조 사역으로 말미암아 존재하게 되었다는 것을 의미한다.

하나님께서는 자신의 창조 능력을 나타내시기 위하여 혼돈으로부터 질서를 창조하여 내시고 흑암으로부터 빛을 창조하여 내셨다(2절). 2절은 1절에 대한 주석 역할을 한다. 자신의 영광을 위하여 하나님께서는 혼돈되고 어두운 상태에서 하늘과 땅을 처음으로 창조하여 내셨다. 그리고 이어서 질서와 그가 만드신 것들을 비춰 줄 빛을 창조하셨다.

여기서 하나님을 나타내기 위하여 사용된 '엘로힘'이라는 단어는 그에게 적용되는 일반적인 명칭으로서 복수형으로 이루어져 있다. 그러나 '창조하다'라는 히브리어 동사가 단수형으로 되어 있으므로 엘로힘도 단수형으로 번역하는 것이 좋다. 하나님을 가리키는 명칭을 복수형으로 사용한 것은 하나님의 위엄을 나타내려는 이유에서와 또한 추측컨대 한 분 하나님 안에 여러 인격이 있다는 것을 나타내기 위함이었다. 그리고 2절에서 하나님의 신을 인격체로 묘사하고 있는 것으로 보아서도 한 분 하나님 안에 여러 인격이 있다는 것을 알 수 있다. 여기에 삼위일체 교리가 이미 명백하게 나타나 있음에도 불구하고 우리는 신약성경이 삼위일체 교리를 보다 명백하게 설명해 줄 때까지 기다려야만 한다. 그러나 여기서 하나님의 명칭은 복수형으로 사용되고, 하나님의 신(the Spirit of God)의 인격성을 소개한 것은, 비록 그것이 명백하지는 않을지라도 하나님의 삼위 일체성이 반영된 것이라 할 수 있다.

우리의 삶 속에서 역사하시는 하나님의 구속 사역을 설명하기 위하여 신약에서 여기에 소개된 개념들(혼돈으로부터의 질서와 흑암으로부터의 빛의 창조)을 사용하였다는 것은 주목할 만한 가치가 있다. 고린도후서 5 : 17에서 바울은 이렇게 말한다. "그런즉 누구든지 그리스도 안에 있으면 새로운 피조물이라 이전 것은 지나갔으니 보라 새 것이 되었도다."

다시 고린도후서 4 : 6에서 바울은 어두운데서 빛을 창조하여 내신 그 하나님께서 그리스도 안에 있는 하나님의 영광을 알게 하는 지식의 빛을 우리의 어두운 마음에 비추셨다고 말하면서 창세기 1 : 2을 반영하고 있다. 바울은 여기서 하나님과 구원에 대한 지식을 가지게 될 때에 모든 신자들의 마음에서 일어나는 중생의 사역에 대하여 말하고 있다. 최초의 창조 사역과 빛의 창조에 관여하셨던 성령께서는 죄인들을 하나님의 가족으로 만드시는 영적인 재창조 사역에 있어서도 마찬가지로 능동적으로 임하신다. 요한복음 1 : 4, 5에서도 마찬가지로 어두움을 정복하는 하나님의 빛에 관하여 이야기하고 있다.

우리가 여기서 반드시 지적하고 넘어갈 필요가 있는 다른 또 하나의 사실은 저녁과 아침의 반복에 관한 것이다(창 1 : 5). 저녁과 아침의 반복은 어두움을 정복한 빛의 승리를 계속적으로 반영하고 있는 24시간 주기의 성경적 질서이다. 하나님께서는 정의가 반드시 승리하게 될 것을 창조세계 자체와 밤과 낮의 질서를 통하여 나타내셨다. 밤과 낮의 반복은 어두움을 정복하기 위하여 빛을 창조하신 하나님의 능력과 종국에 가서는 영적인 빛이 영적인 흑암을 정복하게 될 것을 나타내주는 하나의 설교라 할 수 있다. 이와같이 하나님의 자연계시는 창조의 첫째날부터 시작된다.

6절부터 8절까지는 하나님께서 지구를 처음 창조하셨을 때의 모습을 기록하고 있다. 여기서 우리는 매우 중요한 사실을 발견하게 된다. "궁창"(firmament)이라는 말은 "공간"(expanse)으로 번역하는 것이 좋다. 그리고 이것은 하나님께서 땅 위의 인간을 위하여 만드신 생활 공간을 가리킨다. 궁창 위에와 아래에는 물이 모여 있었다. 우리는 오늘날의 세계는 이러한 모습을 하고 있지 않다는 것을 알 수 있다. 우리는 지구상에 사는 인간의 생활 영역 위에와 아래에 지금도 그러한 물이 모여있다는 것에 대해서는 들은 바가 없다. 오늘날에는 그 물이 존재하지 않는다는 사실이 바로 문제해결의 핵심이다. 태초에 하나님께서 만드신 세계는 오늘날 우리가 알고 있는 세계와는 분명히 다른 것이었다. 노아 시대에 범세계적인 홍수로 인한 대격변을 겪고 난 다음부터 세계는 오늘날 우리가 알고 있는 세계와 같이 되었다. 이것은 베드로가 그의 만년에 교회들에게 보내는 편지에서 말하고자 했던 요점이기도 하다.

베드로후서 3 : 3-7에서 베드로는 하나님께서 홍수로 옛적 세상을 심판하셨다는 사실을 의도적으로 부인하면서 그리스도께로 돌아오기를 거절하게 된 불신앙의 시대에 대하여 언급한다. 그들은 세계가 처음 창조된 이후로 그대로 잘 보존되고 있다고 주장할 것이다. 그러나 베드로는 5절에서, 그들은 창세기 1장에 기록되어 있는 창조의 교리를 의도적으로 부인하는 자들이라고 말한다.

베드로는 홍수 사건 이전의 세계는 우리가 살고 있는 현재 세계와는 전혀 다른 모양이었다고 말한다. 그 때에는 세상이 물로 가득 채워져 있었다. 그리고 홍수사건 때에 지구 위 아래의 거대한 물 저장고가 열리면서 당시의 세상은 멸망을 당하였다. 베드로는 베드로후서 3 : 7에서 현재의 하늘과 땅을 그 때의 세상과 대조시키고 있다.

하나님께서 처음 창조하신 세상이 오늘날과는 아주 다른 모양을 하고 있었다는 것을 살펴보는 것은 매우 중요한 일이다. 인간이 생활하기에 알맞도록 지구 위 아래에 모여 있던 방대한 물 저장고는 대홍수시에 모두 방출되었다. 그리고 그러한 대격변은 지구의 전체 구조와 모양을 현저하게 바꾸어 놓고야 말았다. 우리는 후에 그 홍수가 밤낮 40일 동안 내린 비 이외에도 더 많은 물을 포함하고 있었다는 것을 살펴보게 될 것이다. 노아의 홍수는 비 이외에도 깊음의 샘들과 하늘의 수문들이 열림으로 인한 거대한 물의 방출을 내포하고 있었다(창 7:11). 비는 홍수의 제 3 의 요인에 불과했을 뿐이며 따라서 홍수로 인한 파괴에 있어서도 그 정도가 가장 약했다(창 7:12, 또한 창 8:2을 참조하라).

이와같이 성경은 그 자체에 있어서 아무런 모순이 없으며 완전한 조화를 이루고 있다. 따라서 우리는 여기서 지구의 조성과 관련된 고대의 어떤 신화적인 개념을 대하고 있는 것이 아니라 동일한 진리를 증거하는 구약과 신약에서 분명하게 계시된 하나님의 말씀을 대하고 있음을 알아야 한다. 오늘날 세상의 기원에 관한 진리를 탐구함에 있어서 성경계시를 무시하는 자들은 하나님의 창조사역과 그가 창조하신 세상을 변화시키신 하나님의 능력을 부인한다. 그들의 주장에 의하면 지구에 커다란 변혁을 가져오기 위해서는 수십억 년이 걸려야 한다는 것이다. 어떤 사람들은 홍수에 의한 지각의 대변동을 부인한다. 과학자들이 연구를 계속 진행해 나가는 동안 우리가 그 진가를 인정할 수 있는 우주에 관한 놀라운 사실들이 많이 발견되어질 것이다. 그럼에도 불구하고 우리는 그러한 자료들을 해석함에 있어서 하나님의 말씀의 인도를 받아야만 한다. 어떤 그리스도인도 하나님의 말씀 이외의 다른 방법으로는 그것들을 정확하게 해석할 수가 없다.

창조의 순서(처음에는 빛을, 다음에는 생활공간을, 그 다음에는 다양한 피조물들이 살게 될 마른 땅과 물들을 창조하셨다)를 설명하고 있는 창세기 1장의 나머지 부분들은 하나님께서 창조 사역을 계획적으로 진행하셨다는 증거를 보여준다. 마른 땅이 드러나고 물이 한 곳으로 모인 다음에는 사람들을 비추어 줄 특별한 광명체들이 만들어진다. 다음으로는 지구상의 물과 땅에 온갖 종류의 생물들로 가득차게 된다.

26절은 창조의 여섯째 날에 만들어진 사람을 소개한다. 마지막에 지음을 받은 사람은 창조 사역의 으뜸이라 할 수 있다. 이 모든 것을 통하여, 우리는 하나님께서 그의 창조 사역에서 나타내신 질서와 계획을 알 수 있다. 창조 사역은 그 자체로서 하나님의 계획성(orderliness)에 대해 말하고 있으며, 또한 창조가 시작되기 훨씬 이전에 벌써 하나님께서는 세상이 다 준비되어진 다음에 마지막으로 인간을 창조하시리라는 의도를 가지고 계셨다는 것을 암시해 준다.

여기에서 인간은 하나님의 형상을 따라 지음을 받았다고 묘사되고 있다. 하나님의 형상이 정확하게 무엇을 의미하는가에 대해서는 여기에 나타나있지 않지만 하나님의 말씀의 보다 더 광범위한 계시에 의하면, 인간은 하나님을 위하여 지음을 받았으며, 그와 교제하기 위하여 지음을 받았다는 사실을 가리킨다는 것을 알 수 있다. 에베소서 1 : 4에 의하면, 인간은 사랑의 관계 안에서 하나님과 함께 살도록 지음을 받았다. 이것은 하나님 안에 존재하는 것과 유사한 능력들이 인간에게도 있다는 것을 말해 준다. 그렇다면, 하나님의 형상을 따라 지음을 받았다는 말은 우리를 향한 하나님의 사랑에 반응하여 하나님과 교제할 수도 있고, 하나님과 사랑을 나누는 경험을 할 수도 있다는 말이다. 다른 어떠한 생물에게도 그러한 능력이 주어지지 않았으므로 인간은 매우 특별한 존재이다.

우리는 또한 "우리가 사람을 만들고," "우리의 모양대로"라는 구절을 대하게 된다. 여기서 "우리"라는 말은 비록 명확하게 나타나 있지는 않지만, 하나님의 인격의 복수성을 나타내는 말이다. 더구나 하나님께서는 인간에게 해야할 일과 하나님 앞에서의 의무를 부여 하셨다. 하나님께서는 인간으로 하여금 땅에 충만하고 땅을 정복하며 그가 창조하신 모든 피조물 위에 통치권을 행사하도록 하셨다(1 : 28). 하나님께서 그의 창조 사역을 다 이루셨을 때 그는 매우 기뻐하셨으며, 그 모든 것들이 보시기에 심히 좋았다고 선언하셨다. 이것은 틀림없이 창조가 완전하고 또 하나님에 의하여 지음 받은 인간 또한 아주 좋았다(죄없는 상태)는 것을 의미한다.

이쯤에서 우리는 잠깐 멈추고 창조시에는 에베소서 1 : 4에 나타나 있는 모든 요소들이 인간에게 제공되어졌다는 사실을 주목하여 볼 필요가 있다. 하나님께서는 인간을 거룩하고(스스로) 흠없이(아주 선하게) 만드셔서 사랑의 관계를 맺고 그의 앞에서(그의 존재와 형상 안에서) 살도록 하셨다. 이러한 사실은 하나님께서 최초의 인간에게 순종의 삶을 통하여 하나님께 대한 사랑을 나타내도록 하시기 위하여 계명을 부여하신 사실에서도 발견할 수 있다. 예수님 자신도 훗날 말씀하셨다. "너희가 나를 사랑하면 나의 계명을 지키리라"(요 14 : 15 ; 요 15 : 14과도 비교해 보라). 그러므로 하나님의 자녀된 사람들의 사랑의 표현은 언제나 하나님께 대한 순종으로 나타나야 했다. 따라서 하나님께서 인간을 창조하신 목적을 성취하기 위한 환경이 처음부터 인간에게 주어졌다. 하나님의 목적을 지속적으로 이루어가기 위한 모든 본질적인 요소들이 창조시에 주어졌으며 또한 설정되어졌다.

창세기 2 : 1-3에서는 하나님께서 창조 사역으로부터 안식하신 것을 가리키는 안식일 개념이 소개되고 있다. 이것은 또한 그가 시작하신 모든 것들을 그 완성으로 이끌어 가시려는 하나님의 계획을 나타내 준다. 이 진리를 인간에게 분명하게 기억시키기 위하여, 여기에는 하나님께서 일곱째 날에 안식하셨으며, 그 날을 거룩하게 하셨다는 것을 특별히 기록하고 있다.

후에, 히브리서 기자는 이 일곱째 날은 하나님의 백성들이 하나님과 함께 안식하며 교제하기 위하여 마침내 영원한 안식에 들어가게 될 것을 상징적으로 보여주고 있다고 말한다(히 4 : 3-11). 그러므로 안식일은 자기 백성을 영원토록 그 앞에 있게 하시려는 하나님의 위대한 계획을 상기시켜 주기 위하여 창조때부터 설정되었다. 그 후로 안식일은 하나님의 백성에게 영원한 안식에 대한 소망을 상기시켜 주는 역할을 하게 되었으며 사실상 그것은 바로 천국에의 삶을 위한 예행연습을 하게 하는 영원한 표본이었다. 왜냐하면 이

날에는 하나님의 백성들이 세상의 세속적인 일들을 치워두고 하나님의 즐거움에 전적으로 참여하기 때문이다. 우리는 앞으로 이러한 안식일의 원리가 계속적으로 발전되어가는 것을 보게 될 것이다.

2 : 4에서 우리는 하나님의 개인적인 명칭을 접하게 된다. 대개의 역본들이 야웨(Yahweh), 혹은 여호와(Jehovah), 혹은 주(Lord)로 취사 선택하여 번역하는 하나님의 개인적인 칭호가 여기에서 처음으로 등장한다. 다음에 오는 구절들이 인간의 모든 필요(육체적, 감정적, 그리고 영적인 필요)를 공급하시는 하나님의 인간을 위한 특별한 관심을 강조하고 있기 때문에 이 명칭이 여기에서 사용된 것은 중요한 의미를 지닌다. 창세기 1장은 창조의 순서를 기록한 반면에 창세기 2장은 창조의 절정이라고 할 수 있는 인간에게 강조점을 두고서 하나님의 계획 안에서 인간 이외의 모든 피조물들이 인간을 위하여(인간의 행복을 위하여) 창조되었다는 것을 보여준다. 그렇기 때문에 2장에서는 연대기적 순서가 아니라 논리적인 면을 강조하고 있다. 2장은 인간의 창조주이신 하나님의 인간에 대한 사랑을 나타내 보여준다.

2 : 5은 창조를 완성하기 위해서 인간을 필요로 하셨다는 것을 보여준다. 인간의 창조를 설명하고 있는 7절은 한편으로는 땅의 먼지로부터 유래한 인간의 비천한 기원과 다른 한편으로는 바로 하나님 자신의 생기로부터 유래한 인간의 고귀한 기원을 동시에 보여준다.

2 : 8에서 14절까지는 하나님께서 아름다운 지구 위에 한 특별한 장소를 인간에게 제공하시고, 또한 인간이 먹을 온갖 양질의 과실을 공급하시면서 어떻게 인간의 육체적 필요를 그토록 풍성하게 공급해 주셨는가를 말하고 있다.

9절은 에덴 동산의 중앙에는 두 그루의 나무가 있었다고 말한다. 이 나무들은 신비스럽게 소개되어 있으며 그것들의 본질에 대해서도 하나는 생명나무로, 또 다른 하나는 선악을 알게 하는 나무로 불려졌다는 것 외에는 아무 것도 알려진 바가 없다.

이 문맥(창세기 2장과 3장)을 벗어나면, 선악과는 두 번 다시 언급되는 일이 없다. 그것이 선악을 알게 하는 나무라고 불려진 것으로 보아 그것은 필시 말씀에 대한 순종을 통하여 나타나는 하나님께 대한 아담의 사랑을 시험하기 위하여 있었던 것이 분명하다. 문제는 "인간이 선과 악을 하나님의 계시를 통하여 알아 갈 것인가 아니면 하나님의 계시에 의존하지 않고 실험적으로 혹은 독립적으로 알아갈 것인가"하는 것이었다. 선악과는 아담에게, 하나님의 계시된 의지에 따라 살아가든지 아니면 하나님으로부터 독립하여 살아가든지 둘중 하나를 택할 수 있는 선택권을 부여하였다. 전자는 하나님에 대한 그의 사랑을 명백하게 나타내는 것이며, 후자는 하나님에 대한 그의 증오를 나타내는 것이었다.

하나님께서는 또한 인간의 감정적인 필요들을 채워 주셨다. 인간에게는 하나님의 형상을 따라 지음을 받은 존재로서 수행해야 할 책임이 있었다. 그러므로 하나님께서는 그에게 하나님 앞에서 수행할 임무를 부여하셨다(15-17절). 그리고 하나님께 대한 순종을 통하여 하나님께 대한 그의 사랑을 나타내야 할 특별한 명령들이 다시금 아담에게 주어졌다.

마지막으로 하나님께서는 특별한 방법으로 인간의 필요를 채워 주신다. 인간은 하나님과 교제를 가지도록(그러나 자기 자신과 같은 사람들과 가지는 교제의 범위 안에서) 창조되었다. 알다시피 하나님께서는 인간을 남자와 여자로 창조하셨다(1 : 27). 창세기 2장에서 우리는 여자의 창조가 지니는 정교함을 통하여 하나님의 모든 사역이 인간의 행복을 위한 것임을 알 수 있다. 그것은 인간을 향한 그의 사랑에서 기인한 것이었다.

여기서 여자는 남자의 필요를 채워주는 사람, 즉 돕는 배필로 묘사되어 있다. 이처럼 여자는 남자를 완전하게 하기 위하여 창조되었다. 남자 혼자로서는 불완전하였기 때문에 남자와 여자가 서로를 필요로 하도록 창조되었다.

하나님께서는 남자의 몸에서 여자를 만드시고, 그 후로는 남자가 여자의 몸에서 태어나도록 하셨다. 이것은 한쪽 편이 존재하기 위해서는 반드시 다른 한쪽 편의 도움을 받아야 한다는 것을 통하여 다시금 서로에 대한 필요성과 서로에 대한 의존적인 상태를 강조하고 있다.

그 다음에 하나님께서는 그가 자기 백성들을 부르시고 그들을 구속하시는 방법이었던 가족의 개념을 설정하셨다. 남편과 아내 사이의 관계는 그리스도와 그의 교회 사이의 영원한 관계를 반영하는 것이었다(엡 5:22, 33).

그러므로 우리는, 에베소서 1:4에 나타나 있듯이, 하나님의 계획은 하나님의 형상을 따라 지음을 받은 인간이 창조될 때부터 충분히 드러났었다는 것을 다시한번 살펴봄으로써 이 부분을 마칠 수 있을 것이다. 여기서 우리는 하나님 앞에서 거룩하고 흠이 없으며 사랑의 관계를 맺고 있는 사람들을 보게된다. 그러나 그들의 순결함과 사랑은 테스트를 받지 않으면 안 되었다. 무엇보다도 아담이 하나님께서 계획하셨고 열망하셨던 하나님과의 영원한 교제를 가지기 위해서는 하나님께 대한 그의 사랑(sense of his need for God)이 테스트되지 않으면 안 되었다.

하나님의 계획에 대한 사단의 도전
(창세기 3장)

창세기 3장은 하나님께서 지으신 피조물 중에 가장 간교한 것으로 묘사되어 있는 뱀을 소개한다. 그렇다고 뱀 속에 본래부터 타고난 악이 있었던 것은 아니다. 하나님의 다른 피조물들과 마찬가지로 뱀도 선하게 창조되었다. 우리는 뱀이 여자에게 말을 걸기 시작했을 때 거기에는 인간의 지배를 받는 단순한 피조물 이상의 그 무엇이 관련되어 있다는 것을 알 수 있다. 그 인격이란 하나님께 대하여 적의를 가지고 있으며 인간을 해하려고 하는 속성을 가진 인격을 말한다. 비록 여기, 창세기 3장에서는 상세하게 진술되지 않았지만, 다른 곳에서는 이 뱀이 인간을 범죄하도록 유혹하기 위하여 인간 세계로 침투하려는 사단의 도구로 사용되었다는 것이 명백하게 드러난다. 사단에 대해 묘사하고 있는 요한계시록 12 : 9은 그를 가리켜 "큰 용… 옛 뱀 곧 마귀라고도 하고 사단이라고도 하는 온 천하를 꾀는 자"라고 부른다. 성경의 어느 곳에서나 사단은 거짓말과 살의를 가지고 하나님과 인간의 행복을 대적하는 자로 묘사되고 있다(요 8 : 44). 인간의 죄와 타락을 설명하는 이 부분에 있어서도 주도적인 역할을 한 것은 바로 이 사단이었다.

사단의 의도는 명백하다. 그는 인간을 위한 하나님의 선하신 계획과 목적을 망쳐놓으려고 한다. 그는 인간을 자기처럼 하나님을 반역하는 자로 만들기를 원한다. 의심할 여지도 없이 사단은 다른 피조물들보다도 간교하여 자기의 목적을 이루는 데에 가장 적합하다고 생각되는 뱀을 이용하기로 한 것이다.

사단의 접근을 유의하여 보자. "하나님이 그렇게 말씀하시더냐?" 사단은 인간의 삶에 대한 규범이자 인간의 행복을 위하여 주어진 하나님의 말씀에 공공연하게 도전했다.

사단의 접근방식의 간교성은 바로 하와의 마음 속에 하나님의 말씀에 대한 의심의 씨앗을 뿌리는 것으로 나타났다. 그는 하나님의 말씀을 틀리게 인용하거나 과장하여 인간에게 내리신 하나님의 명령에 대한 부당함을 나타내려고 하였다. "어떤 나무"와 "모든 나무"라는 말에서 우리는 하나님의 말씀에 대한 사단의 교묘한 덧붙임을 볼 수 있다. 사단은 하나님께서 말씀하신 바를 바로 알고 있었지만 하나님의 말씀을 과장함으로써 하나님의 가혹성을 넌즈시 비추었다.

하와가 사단의 꾀임에 어떻게 끌려들어갔는가 하는 것은 주목할 만한 가치가 있다. 사단의 질문에 대답하면서 그녀는 처음에는 하나님의 말씀을 정확하게 인용하고 있다. 그러나 그 다음에는 하나님의 명령에다 "만지지도 말라"는 말을 덧붙인다(3절). 또한 그녀는 사단에게 계속 이끌려서 하나님의 명령에 자기의 생각을 덧붙임으로써 하나님의 엄격함에 대하여 원망의 빛을 나타내었다.

훗날 하나님께서 모세를 통하여, 더 오랜 후에는 사도 요한을 통하여 경고 하시기를 하나님의 말씀에 결코 무엇을 더하거나 제하지 말라고 하신 것은 놀라운 일이 아니다(신 4 : 2, 12 : 32 ; 계 22 : 18, 19). 하나님은 그의 백성들에게 주신 계시의 시작과 마지막을 통하여 그의 말씀을 부주의하게 취급하는 것에 대해 엄하게 경고하셨다. 여기서 하와가 하나님의 말씀을 그토록 소홀하게 취급했던 사실은 반역이 이미 그녀의 마음 속에 도사리고 있었다는 것을 보여 준다.

하나님의 말씀의 권위를 무시해 버린 그녀는 이제 사단의 공격에 대처할 수 있는 능력을 상실하고 말았다. 사단은 이제 4절에서 한 것처럼 하와의 거짓말을 부채질할 수 있었다. 하나님의 말씀이 진라의 기준으로서의 자리에서 밀려나게 되면 인간은 진리와 거짓을 분별할 수 있는 능력을 상실하게 된다.

6절에 나타난 하와의 행위와 생각들은 그녀의 마음 속에서 역사하고 있는 죄악의 모습을 보여 준다. 하나님께서 금지하셨음에도 불구하고 하와가 보기에 그 나무의 열매는 먹음직하게 보였다. 창 2 : 9에서, 하나님께서는 먹어도 좋은 과실과 그렇지 않은 것을 면밀하게 구분해 놓으셨다. 더 이상 하나님의 말씀의 인도를 받지 않은 하와의 판단은 죄악의 영향력으로부터 보호될 수 없었다. 이제 그녀의 욕망은 한층 더 진전 되었다. 그후에는 육체적인 욕망과 비진리성이 그녀의 행동을 지배하게 되었다. 그 나무와 그 과실은 그녀를 기쁘게 하였고, 이것이 그녀의 행동의 기준이 되었다. 결국, 그녀의 마음은 아직도 그 행동을 중단하라고 스스로 일러주고 있었지만, 그 나무의 열매가 자기를 지혜롭게 할 것이라는 거짓말을 옳다고 변명하면서 그녀는 자신의 마음을 강렬한 욕망 아래로 던져버리고 말았다.

하와가 하나님의 말씀의 인도를 더 이상 받지 않으려고 작정했을 때 부터 이미 선악과를 따먹으려는 분명한 행위가 수반되었으며, 선악과를 따 먹은 행위는 그녀의 마음 속에서 처음으로 시작된 죄악의 절정이었다. 신약성서의 유사한 구절인 요일 2:16과 약 1:14, 15에 나타난 죄악에 관한 묘사를 비교해 보는 것은 유익한 일이다.

우리는 아담이 하와와 함께 그곳에 있었으면서도 그녀의 행동을 저지하지 않고 가정에서의 영적인 지도자로서 지켜야 할 올바른 위치를 상실한 것을 보고는 놀라지 않을 수 없다. 아담은 오히려 아내의 영적인 인도를 따라 그녀와 동일한 죄를 범하고 말았다.

이렇게 볼 때 아담의 죄는 다음과 같이 요약될 수 있다. 아담은 하나님께서 그에게 위임해 주신 다른 피조물들에 대한 통치의 의무를 이행하지 않았다(1:26). 사실 뱀은 아담의 통치하에 있었으므로 그에게 복종하도록 되어있었다. 그러므로 아담에게는 변명의 여지가 없었다. 더욱이 아담은 자신의 아내를 통하여 하나님의 특별한 말씀과 선악과와 관련하여 계시된 하나님의 뜻을 무시했다. 그리고 마침내 그는 그의 아내로 하여금 자기를 영적으로 인도하도록 허용하고 말았다. 그것은 창세기 2장에서 나타내셨던 하나님의 분명한 계획에 대한 위반이었다.

오랜 세월이 지난 후에, 바울은 교회에서의 영적 지도자들에 대한 문제를 거론하면서, 태초부터 하나님께서 어떻게 이 직분에 남자를 임명하시고 여자를 임명하지 않으셨는가 하는 것을 보여 주려 하였다(딤전 2:11-15).

처음 조상들이 지은 이 최초의 죄에 대한 결과는 뒤따라오는 구절들에 분명하게 기록되어 있다(7-24절). 그들은 눈이 밝아져서 자기들이 벗은 것을 알게 되었다. 그들이 이제 경험적으로 죄를 알게 되자, 그것은 그들의 인생관에 엄청난 영향력을 행사했다. 처음에 가졌던 순결은 사라져 버리고, 죄가 그들을 사로잡았다. 그들이 하나님의 음성을 들었을 때에, 하나님과 사귀며 살도록 지음을 받았던 그들은 하나님으로부터 달아나서 숨었다(8절).

"네가 어디 있느냐"라고 묻고 계신 하나님의 통렬한 질문은 그들의 육체적인 위치를 묻고 있다기 보다도 오히려 그들의 영적인 상태에 관한 것이라고 보아야 한다. 질문에 대한 그들의 대답은 그들이 숨어있는 정원의 위치에 관한 것이 아니라 그들이 하나님으로부터 피하여 숨었다는 것이었다. 따라서 그들의 대답은 하나님의 질문이 그들의 영적인 상태에 관한 것이었다는 사실을 뒷받침해준다(10절).

그들이 새로이 획득한 죄성(sinful nature)에 대한 증거는 하나님 앞에서 느끼는 그들의 죄책감에서 드러난다. 하나님을 피하여 숨으려는 그들이 욕망과 자기들의 죄에 대하여 남을(심지어는 하나님까지도) 비난하려는 경향은 아담과 하와의 죄를 더더욱 잘 나타내 준다(12, 13절).

이어서 하나님께서는 이 유혹과 타락에 관련된 세 인물 모두에게 말씀하신다. 먼저 그는 뱀(사단)에게 이야기하신다. 피조물인 뱀은 다른 어떤 짐승보다도 더욱 현저하게 저주를 받는다. 이 때부터 뱀은 항상 사람에게 하나님의 저주의 심각성을 일깨워 주는 가시적인 표적이 될 것이었다(14절)

하나님께서 사단에게 하신 말씀인 창 3 : 15은 인간을 위한 최초의 구원 약속과 소망을 함께 내포하고 있다. 정확히 말하여 창 3 : 15은 최초의 복음으로 불려 왔다. 사실 성경의 나머지 모든 부분은 이 곳에 담긴 진리의 전개에 해당한다.

창 3 : 15에서 보게되는 첫번째 개념은 두 종류의 후손에 관한 것이다. "너의 후손과 여자의 후손"이란 구절은 영적인 측면에서의 인간들의 혈통의 두 줄기를 암시한다. 성경은 이와 다른 어떤 구별(즉, 여자의 후손과 뱀의 후손, 혹은 하나님의 자녀와 사단의 자녀 이외의 어떤 구별)도 하지 않고 있다. 우리는 신구약성경 전체를 통하여 인간의 두 계보(영적으로 말하자면, 하나님의 자손과 사단의 자손)에 관한 개념을 추적할 수 있으며 또 그렇게 해야만 한다. 그것은 매우 중요한 구별인 동시에 매우 중요한 개념이다.

우리 주님께서도 이와 똑같은 구별을 계속하신 사실이 신약성경에 명백하게 나타난다. 이것은 요 8 : 42-44에 아주 분명하게 나타나 있다. 여기서 예수님은 그리스도를 사랑하는 자들의 아버지이신 하나님에 관하여(42절), 또한 그리스도를 대적하는 자들의 아버지인 마귀에 관하여 말씀하신다(44절). 마찬가지로 요한은 요일 3 : 8-10에서 하나님의 자녀들과 사단의 자녀들에 대하여 말한다. 성경에는 인간들 사이에서의 구별에 있어서 이것보다 더 중요한 구별은 결코 하지 않는다. 그리스도 안에서는 모든 구별이 사라진다. 그러나 인간들 사이에서는 두 가지 부류의 계보—즉 여자의 후손(하나님의 자녀)과 뱀의 후손(사단의 자녀)—가 계속 이어진다. 이후에 계속되는 하나님의 계시는 많은 부분에 있어서 각 계보간의 특성과 또 그들 사이에 존재하는 증오와 관련되어 있다. 성경에서 이들 두 부류의 후손은 일반적으로 "의인"과 "악인"이란 용어로 구별되어진다.

둘째로, 우리는 이 구절이 두 계보 사이의 불화(enmity)에 대하여 말하고 있다는 것을 보게 된다. 두 계보간의 구별을 계속적으로 유지시키기 위하여 그 둘 사이에 불화를 야기시킨 분은 바로 하나님이시다. 이들 두 후손이 서로 일치를 꾀하고자 할 때에는 언제나 하나님의 자녀는 그 특성을 잃어버린 바 된다. 이 사건 이후의 성경이 이것을 아주 명백히 나타내주고 있다. 우리는 창세기 4장에서 이 증오심(enmity)이 전개되기 시작하는 것을 볼 수 있으며 그것은 성경 전체를 통하여 계속되어진다. 그 예로 요한계시록 12장에서도 여전히 그것은 매우 뚜렷하게 나타난다.

마지막으로 이 구절은, 뱀은 여자의 후손의 발꿈치를 상하게 할 것이며 여자의 후손은 뱀의 머리를 상하게 할 것이라고 말하고 있다. 이것은 여자의 후손이 당할 고통을 암시하는 동시에 또한 궁극적으로 여자의 후손이 뱀에 대하여 승리하게 될 것을 넌즈시 나타내 주고 있다(상한 머리는 치명적인 타격을 의미한다). 그러므로, 우리는 성경 전체를 통하여 사단과 그의 후손으로 말미암는 하나님의 자녀들의 고통을 보게 되지만, 언제나 하나님의 자녀들에 대한 궁극적인 승리의 약속이 주어져 있다는 것을 볼 수 있다.

　이 구절이 예시하여 주는 바와 같이 이 싯점에서 우리는 이 일들의 마지막 결과를 강조할 필요가 있다. 여자의 후손이라는 말은 하나님의 자녀와 관련하여 사용되었다. 더구나 그것은 무엇보다도 그리스도와 관련되어 있다. 이사야 7 : 14은 "하나님이 우리와 함께 계시다"라는 뜻의 이름을 가지신 분이 처녀에게서 태어나실 것이라고 말한다. 마태복음 1 : 18, 22, 23에서 이사야의 이 예언은 예수 그리스도에게 적용된다. 그리고 갈라디아서 4 : 4, 5에서 우리는 때가 차매 하나님께서 그의 아들을 여자에게서 태어나도록 보내셨다는 사실을 알 수 있다. 마지막으로 로마서 16 : 20에서 우리는 평강의 하나님께서 사단을 우리 발 아래서 상하게 하실 것이라는 약속을 보게 된다. 이 모든 구절들이 창세기 3 : 15의 복음과 관계되어 있다. 이 구절들은 여자의 후손, 곧 그리스도에 의하여 사단에 대한 궁극적인 승리가 이루어질 것이라고 지적한다. 여기서 우리는 히브리서 2 : 14, 15을 비교해 볼 필요가 있다. 이 구절은 그리스도께서 우리를 위하여 사단을 이기심에 있어서, 많은 후손들 사이에서 나온 우리를 대표하는 바로 그 후손으로 행동하고 계신 것을 보여 준다.

　지상에서의 그리스도의 생애에서 우리는 그리스도에 대한 사단의 저항과 그를 파멸시키려는 사단의 시도를 보게 된다. 십자가에서 우리는 상처를 입으신 그리스도와 머리를 상한 사단을 동시에 볼 수 있다. 그것은 그리스도께서 죽으셨다가 그와 우리의 모든 원수를 이기고 다시 살아나셨기 때문이다.

　이것이 창세기 3 : 15이 최초의 복음으로 알려지게 된 이유이다. 또한 이 약속은 사단을 이기게 하시고 그의 권세로부터 구원을 베푸시는 하나님을 바라보는 사람들에게 확신과 소망을 준다.

이렇게 직접적으로는 사단에게 말씀하시고, 간접적으로는 하나님께 믿음을 둔 모든 자에게 말씀하신 후, 하나님께서는 이제 여자에게 말씀하신다. 하와에게 내리신 피할 수 없는 하나님의 심판은 이중적이다. 즉, 그녀는 큰 고통 중에 자손을 낳게 될 것이며 또한 그녀는 자신을 다스릴 죄인된 남편에게 예속될 것이었다.

해산 그 자체가 죄의 형벌이나 죄의 결과로 주어진 것이 아니라 이제는 해산하는 일이 고통을 수반하게 되었다는 사실에 주의하라. 그것은 장차 한 자손의 탄생을 통하여 구원자를 보내시려는 하나님의 선한 계획이었다. 나는 이것이 디모데전서 2:15에서 바울이 나타내고자 한 의미라고 믿는다. 해산은 그리스도의 탄생에서와 같이 궁극적으로 여자들을 통하여 이루어지는 여자 고유의 임무이다. 그리고 그리스도를 믿기만 한다면 여자를 포함한 모든 사람은 구원을 받게 될 것이다. 그러므로 해산은 매우 고귀한 임무이며 모든 믿음의 여인들이 함께 참여하는 임무이기도 하지만, 죄로 인하여 해산은 고통스러운 경험이 되고 말았다.

한 가지 더 주의할 것은 아내들이 남편들에게 복종하는 것 또한 죄의 결과가 아니라는 것이다. 우리가 이미 살펴본 바와 같이 하나님께서 여자를 창조하시고 가정을 만드셨을 때부터, 즉 죄가 존재하기 이전에 이미 하나님께서는 이러한 관계를 설정하셨다. 그러나 이제 남편은 죄인이 되었다. 그리고 그 결과로 그의 다스림은 자주 거칠고 부당하며 심지어 잔혹하기까지 하며 자주 지각이 없을 것이 분명하다. 그럼에도 불구하고 남편에 대한 아내의 복종은 여전히 하나님의 뜻이다. 바울은 가정이 구원을 얻은 이후에 조차도 이것은 여전히 진리라고 말한다(엡 5:22, 23).

마지막으로 하나님께서는 남편 아담에게 말씀하셨다. 아담이 범죄한 결과로 말미암아 이제는 그가 땅을 정복하려 할 때에 땅이 저항하게 될 것이었다. 그는 얼굴에 땀을 흘려야만 땅에서의 삶을 영위할 수 있게 되었다. 그리고 마침내는 그가 정복해야 할 땅이 그를 정복하게 될 것이며 그는 땅으로 돌아갈 것이다. 하나님께서 창세기 2：17에서 선언하신 경고에 따라 죄의 형벌인 죽음이 여기서 아담에게 현실로 나타난다.

21절은 하나님께서 아담과 하와를 위하여 가죽옷을 지어 입히셨다고 기술한다. 의심할 여지없이 이것은 그들이 지켜보는 앞에서 짐승들이 그들의 벗은 몸을 가려주기 위한 대가로 희생되었음을 의미한다. 그리고 이것은 아마도 훗날 인간들에 의해 실행되어질 희생제도의 준비와도 같은 것이었을 것이다. 그러나 우리는 여기서 지나친 해석에 주의하지 않으면 안 된다. 그것은 근본적으로 죄인들의 필요를 채워주시기 위한 하나님의 자비와 애정어린 관심에서 나온 행위였다. 대속의 교리가 여기서 특별히 가르쳐지고 있지는 않다. 대속교리가 뚜렷하게 소개되고 있는 창세기 22장에서 이 주제를 다시 거론하게 될 것이다.

창세기 제 3 장은 인간이 스스로의 힘으로는 결코 도달하지 못하도록 하기 위하여 하나님께서 생명 나무로 가는 길을 막으셨다는 사실을 말하는 것으로 끝나고 있다. 이 말은 인간이 상실한 하나님과 함께 누리는 영생은 인간 스스로의 노력으로는 결단코 되찾을 수 없음을 하나님께서 보여 주셨다는 것을 암시한다. 인간이 상실한 영생을 회복하는 것은 우리가 아는바대로 하나님의 은혜로만 가능한 것이다.

창세기 이외의 성경에서 보면 생명나무는 영원한 생명을 상징하고 있다(특히 계 2：7과 22：2, 14을 보라). 생명나무로 가는 길은 자기 의복을 씻은 예수 그리스도의 피로 자신의 죄를 깨끗케 한 자들에게만 주어진다. 계 7：14과 비교해 보라.

생명나무로 가는 길을 지키는 그룹에 대한 기록은 출애굽기 28：18 이하 에서 다시 나타난다. 여기서 그들은 성막의 지성소 앞에 속죄소를 덮고 있는 것으로 묘사되고 있다. 우리는 그 때의 그룹에 대하여 더욱 자세히 살펴보게 될 것이다.

우리는 이제 하나님께서 그들을 창조하셨을 때의 인간이 아닌 그들 자신의 죄가 스스로를 망쳐 놓았을 때의 인간을 보게 된다. 인간은 이제 하나님께서 그들을 창조하셨을 때의 선한 상태에서 이탈되었으며, 하나님이 그들에게 원하셨던 목표에 도달하는 것에 완전히 실패하고 말았다. 그들은 이제 거룩함을 상실하게 되었으며, 자신의 창조자이신 하나님과 자기 동료인 사람을 사랑하지 않게 되었을 뿐만 아니라 하나님 앞에서 살아갈 수도 없게 되었다.

홍수에 이르기까지의 두 자손들의 자취
(창세기 4장-8장)

인간이 죄와 죽음의 상태로 타락하였음에도 불구하고 창세기 4장 초두에 나타난 하와의 말에서 우리는 그녀가 하나님의 약속 안에서 소망을 가지고 한 믿음의 실질적인 표현을 보게 된다. 하와는 뱀의 후손을 이기고 승리를 가져올 여자의 후손을 준비하시겠다는 하나님의 약속이 가인을 통하여 이루어질 것으로 이해하였다. 그녀는 가인에 대한 기대에 있어서는 틀렸지만 소망의 후손을 예비하실 하나님을 바라봄에 있어서는 옳았다.

아담과 하와의 두 자녀, 곧 가인과 아벨의 탄생을 통하여 우리는 아담으로부터 이어지는 두 계보의 시작을 보게 된다. 하나는 뱀의 후손, 곧 악인의 계보를 이루며, 다른 하나는 여자의 후손 곧 의인의 계보를 이룬다. 오늘날에 이르기까지의 인류 전체 역사를 통하여 영적인 혈통을 추적할 수 있는 인간의 두 계보가 바로 여기에서부터 시작된다. 모든 인간은 어느 시대를 막론하고 하나님의 자녀 아니면 사단의 자녀에 속한다.

이미 살펴본 바와 같이 신약성서도 두 종류의 계보를 우리에게 가르쳐 준다. 신약성서는 아벨과 가인을 각기 하나님의 자손과 사단의 자손으로 정확하게 관련시키고 있다(히 11:4; 요일 3:12).

하나님께 제사를 드리는 행위에 있어서 가인은 땅의 소산물을 가져왔고, 아벨은 양을 가져왔던 것으로 기록되어 있다. 여기에는 가인이 드린 제물의 재료가 하나님을 노하게 했다는 아무런 지시도 없다. 그리고 하나님께서 피의 제물만을 정해 놓으셨다고 추측하는 것은 과장된 것이다. 성경 어디에도 아담과 그의 세대와 관련하여 하나님이 피의 희생만을 명하셨다고 진술한 곳은 없다. 주목해야 할 부분은 제물의 종류가 아니라 오히려 제물을 바치는 자의 마음이다. 성경은 다른 곳에서 종종 곡물로 드리는 제사를 허용하고 있다.

창세기 4장의 문맥은 요일 3:12에서도 증언하듯이 가인의 마음이 악하였다는 것을 분명하게 보여준다. 반면에 아벨의 마음은 하나님께서 보시기에 합당하였다. 그것은 믿음의 마음이었다. 그러므로 그의 행위(그가 드린 제사)는 하나님께 열납되었다.

후에 하나님께서는 이스라엘이 하나님께 가져온 제물의 재료가 옳은 제사를 드리기에 합당하지 않았기 때문이 아니라 그들의 마음이 하나님께로부터 멀리 떠나 있었기 때문에 그들의 제사를 거절하셨다(사 1:11-20을 보라)

여기서 가인의 마음은 분명히 악한 것이었다. 하나님을 향한 그의 태도와 그의 안색이 변한 사실이 그것을 입증해 준다(4:5). 가인은 죄를 범해서는 안된다는 엄중한 책임을 하나님으로부터 부여받았다. 그가 죄를 범할 때에는 하나님 앞에서 책임을 져야 할 것이었다(4:7). 이후에 드러난 가인의 행위는 사실 그가 사단의 자녀, 곧 뱀의 후손임을 나타내 준다. 그가 아우에게 무슨 말을 하였는지 정확하게 알 수는 없지만 아우를 속였던 것은 분명하다. 그런 다음에 가인은 의로운 아벨을 살해하였다. 이러한 그의 거짓말과 살인 행위는 그의 아비인 마귀의 본성이 완전하게 반영된 것이다(4:8).

가인에게 하신 질문에서 하나님은 가인이 자기의 모든 행위에 대하여 하나님 앞에서 전부 책임을 져야 한다는 것을 보여 주셨다. 우리는 형제들에 대해 책임을 져야 한다. 모든 죄인들은(비록 그들이 하나님께 반역하기는 하였지만, 그럼에도 불구하고) 하나님 앞에서 궁극적으로 책임을 져야 한다.
　여기서 우리는 신구약성경 전체를 통하여 그리고 오늘날에 이르기까지의 전 인류 역사를 통하여 내려오는 두 후손들 사이의 불화와 증오의 시작을 볼 수 있다.
　하나님으로부터 받은 가인의 표는 유일무이한 것으로 보인다(4 : 15). 가인의 표를 어떤 종류의 가시적인 표지나 오늘날의 세상의 어떤 사람들에게서 찾아볼 수 있는 특성 같은 것과 동일시하려는 것은 무익한 일이다. 그러나 도망자와 방랑자로서의 가인에 대한 묘사는 하나님과 관련하여 생각하였을 때의 모든 죄인들과 적절한 조화를 이루고 있다.
　16-24절은 뱀의 후손인 가인의 계보를 일곱 세대에 걸쳐서 추적한다. 가인의 아내에 대한 언급은 약간의 난제로 여겨져 왔다. 유일하면서도 가능한 설명은 그녀가 가인의 누이였다는 것이다(17절). 창세기는 아담이 900년이 넘도록 살면서 수많은 아들과 딸들을 낳았다고 말한다. 그러나 이름이 기록된 사람은 단지 세 사람에 불과하다(5 : 5).
　가인의 자손들 가운데는 발명가, 예술가, 농업기술의 선구자 등 재능있는 사람들이 많이 있었다는 사실은 주목할 만한 가치가 있다. 인간적인 기준으로 평가할때 사단의 자녀들은 언제나 세상에서 번영을 누려왔다. 그리고 그들은 거의 모든 역사를 통하여 세상의 지도자로 군림해 왔다.
　그러나 가장 분명한 일은 본질상 사단의 자녀들인 그들은 더 좋아지지 않고 시간이 갈수록 더욱 나빠진다는 사실이다. 가인 계열의 7대 후손인 라멕은 그들이 영적으로 악화되어가는 정도를 잘 나타내 보여 준다. 그는 그의 조상 가인이 그랬던 것처럼 살인을 자행할 뿐 아니라 오히려 아내들 앞에서 아무런 후회의 기색도 보이지 않는다. 그는 자기 조상 가인을 향하여 보이셨던 하나님의 오래 참으심을 조롱하는 짧은 시를 지어 노래하면서까지 자기의 행위를 자랑하였다(23-24절). 그는 또한 최초로 기록된 중혼자 또는 일부 다처주의자이다(23절). 여기서 우리는 이웃에게 사랑을 나타내 보일 것에 대한 하나님의 뜻을 방해할 뿐만 아니라 또한 한 남자와 한 여자가 연합하여 하나가 되는 것을 통하여 가정을 이루게 하시려는 하나님의 계획을 방해하려는 성향이 있음을 알 수 있다.

이제까지는 가인의 후손들에 관하여 살펴 보았지만, 4장의 마지막 부분은 하나님께서는 사단의 계략에 의해 방해 받지 않으신다는 것을 나타내 준다. 하나님께서는 죽은 아벨의 자리를 대신할 다른 후손을 세우신다(25절). 다시금 우리는 하와에게서 자기의 필요를 채우시는 하나님께 대한 소망과 믿음의 표현을 보게 된다. 셋의 계열에서 우리는 믿음의 사람들을 발견하게 된다. "사람들이 비로소 여호와의 이름을 불렀더라"라는 표현은 믿음을 나타내는 성경적인 표현이다. 아브라함의 믿음(12:8)과 이삭의 믿음 (26:25)에 관하여 언급한 창세기의 다른 곳에서 우리는 이러한 표현을 볼 수 있다. 그리고 선지자 요엘은 "누구든지 여호와의 이름을 부르는 자는 구원을 얻으리니"라고 선언하였다(욜 2:32).

우리는 창세기 4장과 대조를 이루는 믿음의 자손들의 계보를 다음장에서 보게 된다. 세 계열의 7대 후손에 이르러 우리는 에녹에 대한 기록을 대하게 되는데, 그는 4장의 라멕과 큰 대조를 이루는 인물이다. 에녹은 하나님과 동행하는 삶을 살았으며, 하나님과 영원히 함께 거하기 위하여 그의 은혜로 살아서 데려감을 당하였다. 히브리서 11:5은 그가 믿음으로 하나님 앞에서 행하였으며, 이것은 하나님을 매우 기쁘시게 하였다고 말한다. 가인 계열의 7대 후손 라멕이 사단의 자녀들이 영적으로 악화되어 가는 정도를 보여 준다고 한다면 셋 계열의 7대 후손 에녹은 하나님의 자녀들이 하나님의 궁극적인 목표를 성취하여가고 있는 정도를 나타내 보여준다. 또한 하나님의 은혜로 말미암아 하나님의 자녀들은 완전한 성화에 도달하게 되며 하나님 앞에서 영원히 살게 되는 특권을 누리게 된다.

성경에 기록된 족보들은 무시를 당하는 경우가 허다하다. 그러나 그것들은 하나님께서 자기 백성들을 다루어 오시면서 나타낸 놀라운 은혜를 압축된 형태로 보여주고 있다. 셋의 혈통은 창세기 5장에서 노아와 그의 아들들에 이르기까지 더듬어 내려간다. 물론 초점은 그 다음 장들에서 나타나는 그의 중요성 때문에 노아에게 맞춰진다. 노아는 셋과 아브라함을 연결시켜주는 고리 역할을 한다. 창세기 5장에 나타난 인물들의 연대기는 셋이 노아의 시대까지 살았다는 것을 암시하여준다. 성경에 나오는 사람들의 이름이 흔히 그러하듯이 노아의 이름은 그의 성격과 삶을 나타내는 것으로서 우리에게 중요한 의미를 제공한다. 그의 이름은 "위로"(comfort)를 의미한다(29절). 곤고한 때에 그는 사람들에게 위안과 영속적인 삶에 대한 확신을 가져다 줄 것이다.

마지막으로, 창세기 5장과 관련하여 우리는 아담의 모든 후손들(심지어는 셋 계열의 후손들까지도)이 아담과 같은 죄인들이었다는 사실을 지적하고 넘어갈 필요가 있다. 처음에 하나님께서 아담을 하나님 자신의 형상대로 지으셨던 것과 마찬가지로 이제 아담의 자녀들은 아담과 같은 형상(타락한 아담의 형상)을 가지게 되었다. 이 원죄 교리는 간단히 말해서, 바울이 아주 오랜 훗날 표현하였듯이(엡 2:1-3) 하나님의 간섭적인 은혜없이는, 세상에 태어나는 모든 인간은 본래부터 죄인이며 또한 죄 가운데서 죽게 된다는 것을 의미한다. 믿음을 가진 사람이 있다면, 그것은 그 사람의 마음 속에서 역사하신다는 하나님의 특별한 은혜로 말미암은 것이다. 왜냐하면 바울이 계속하여 말하는 바와 같이 우리는 하나님의 은혜를 인하여 믿음으로 말미암아 구원을 얻으며 이 구원은 우리 자신의 것이 아니라 하나님의 선물이기 때문이다(엡 2:8, 9).

창세기 6장에서 우리는 하나님의 아들들과 사람의 딸들에 대한 기록을 보게된다. 그리고 그 둘 사이의 결혼이 뒤따라 묘사되고 있다. 이 사람들이 누구인가 하는 문제는 수 세기 동안 쟁점의 대상이 되어왔다. 많은 사람들은 하나님의 아들들은 일종의 천사들이며 사람의 딸들은 이 땅의 인간들이라고 단정했다. 그러나 성경에서 "하나님의 아들들"이라는 말을 사용한 거의 모든 경우는 사람들 사이에서 믿음으로 살아가고 있는 하나님의 자녀들을 가리킬 때이다 (갈 3 : 26 ; 요 1 : 12, 13). 뿐만아니라 뒤따라 오는 심판을 보아서도 저질러진 죄악이 천사들에 의해서가 아니라 사람들에 의한 것이라는 사실이 명백해진다. 그러므로 여기에 나오는 "하나님의 아들들"이란 말은 5장에 기록된 믿음을 따라 사는 사람들의 혈통과 동일시되는 여자의 후손을 가리킨다고 보는 견해가 훨씬 더 타당하다. 따라서 "사람의 딸들"은 4장에 기록된 사단의 자녀들과 동일시되어야 할 것이다. 이 때의 죄는 하나님께서 그들 사이에 설정해 놓으신 적대감을 없애 버리려는 시도에서 나온 하나님의 자녀들과 사단의 자녀들 사이에서 이루어진 결혼(intermarriage)이었다. 하나님의 자녀들이 세상과 또 그 안에 있는 죄인들과 화해를 맺으려고 시도할 경우, 하나님의 진리는 손상되며 땅 위의 교회는 연약하여진다. 이후에 바울은 신자와 불신자 사이의 결혼은 유해한 것이라고 전 교회에 엄히 경고한다(고후 6 : 14-18). 왜냐하면 그러한 결혼은 교회의 보루인 가정을 위협하기 때문이다.

  다시금 우리가 주목해야 할 것은 이 일이 하나님을 노하시게 하는 것이었음에도 불구하고 사람들의 눈에 비친 그 결혼으로 인해 생긴 새로운 세대들의 모습이 훌륭하고 강해 보였다는 사실이다(6 : 4). 그러므로 우리에게는 사람을 기준으로 판단하지 않고 하나님의 말씀의 눈을 통하여 판단해야 한다는 경고가 주어진다. 사람들을 기쁘게 하는 것이 반드시 하나님을 기쁘시게 하는 것은 아니기 때문이다.

  창세기 6 : 5에서 시작하여 8장에 이르기까지의 다음 몇 장에 걸쳐서, 우리는 베드로가 그의 두번째 서신서에서 언급한바 있는 그 당시의 세상에 내려진 하나님의 심판에 관한 기록을 발견하게 된다.

먼저, 우리는 인간의 상태에 대한 기록을 대하게 된다. 인간은 전적으로 악하며 하나님을 기쁘시게 하는 사고를 할 수 있는 능력을 상실하였다. 인간은 계속해서 악을 저지를 뿐이다. 죄의 통로는 언제나 동일하다. 바울은 로마서 1 : 18-32에서 이러한 사실을 잘 설명해 준다. 성경의 다른 곳에 나타나는 유사한 표현들과 마찬가지로, 6절의 "한탄하사"라는 말은 하나님께서 마음을 바꾸시거나 혹은 인간이 후회하는 것처럼 자신의 실수를 인정하신다는 의미가 아니다(삼상 15 : 29). 이것은 오히려 인간에 대한 하나님의 철저한 노여움을 나타내고자 할 때에 흔히 사용되는 강한 표현으로 보아야 한다. 이것은 인간들이 하나님께서 의도하신 본래의 목적에서 얼마나 철저하게 이탈하였는가 하는 것을 강조하고 있다. 그렇다고 해서 하나님께서 여기서 자신의 실패를 인정하고 계시다는 말은 아니다. 인간이 자기의 운명을 스스로 개선해 나갈 수 없음을 드러내자 이제 하나님께서 인류 역사의 자연적인 흐름에 개입하신 것이다.

이제 우리는 "나의 창조한 사람을 내가 지면에서 쓸어 버리되"라는 표현에서 하나님의 심판을 보게 된다(6 : 7). 이 엄숙한 선언에서 예외라는 것은 있을 수가 없다. 그러나 여기서 우리는 하나님의 은혜를 동시에 목격하게 된다. 6 : 8에서 노아는 하나님께 은혜를 입었다고 말하고 있다. 그것은 노아도 원래는 다른 사람들과 마찬가지였으나, 하나님의 은혜가 그의 생활을 붙드시고, 그의 삶을 바꾸어 놓으셨다는 것을 의미한다.

성경에 나타난 하나님의 행위로서의 은혜는 언제나 아무런 공로도 없는 죄인을 향한 것이다. 여기서 말하는 은혜는 노아가 구원을 받게 된 것은 그의 선행 때문이 아니라 오히려 하나님께서 그를 변화시켰기 때문이며, 하나님께서 그를 구원하셔서 그로 하여금 선한 행동을 할 수 있게 하셨다는 것을 가르쳐준다. 9절에서 노아의 의를 말하기에 앞서 8절에서 하나님의 은혜라는 말을 먼저 사용한 이유가 여기에 있다. 9절에 언급된 노아의 의는 아브라함을 비롯하여 세상 속에서 살아가는 하나님의 모든 자녀들이 얻은 의와 마찬가지로 하나님의 은혜로 말미암는 믿음을 통하여 획득한 것이다. 선행은 믿음에 뒤따라 오는 것이다. 그래서 바울도 에베소서 2 : 8-10에서 은혜와 믿음과 선행 사이의 관계를 그렇게 기술하고 있다. 히브리서 11 : 7도 또한 노아의 행위가 그의 믿음에 기초한 것이었다고 단언한다. 그러므로 노아의 하나님께 대한 순종은 그가 붙들고 살았던 하나님께 대한 믿음을 잘 설명해 준다(6 : 22).

7장 초두에서 우리는 홍수가 오기 전에 방주 속으로 들어갔던 사람들에 대한 자세한 기록을 발견하게 된다. 하나님께서는 노아에게 의를 전가시키심으로써 그를 받아들이신다는 사실에 유의하라(1절). 노아에 대한 하나님의 은혜로 인하여, 노아 뿐만 아니라 그의 전 가족과 특정한 동물들까지도 방주 속으로 들어간다. 여기서 깨끗한 동물들에 대한 언급을 논리적으로 설명하는 것은 홍수 후에 하나님께서 사람들로 하여금 깨끗한 동물들을 음식으로 허용하신다는 사실과 관련하여 생각할 때 가능하게 된다. 그러므로 정결한 동물들은 홍수 후에 필요한 양식으로 사용하기 위하여 많이 비축하여 둘 필요가 있었다.

특별히 7장과 8장에서 우리는 홍수의 근원, 즉 홍수를 구성한 물이 하늘로부터 내려온 비로만 이루어지지 않았다는 것을 알 수 있다. 사실상 홍수에 있어서 비는 제 3의 요소에 불과했다 홍수를 이루는 두 가지 주요 근원은 우리가 창조 기사에서 보았듯이 인간이 사는 땅의 위 아래에 저장되어 있던 물이었다(7 : 11, 12, 8 : 2 ; 1 : 7을 참고하라) 베드로가 이것을 가리켜 그 때의 세상이 물로 멸망을 당했다고 한 것을 기억하라. 저장되었던 물이 일시에 방출되면서 일어난 지각의 변동은 우리의 상상이 미치지 않을 정도로 큰 것이었다. 그것은 오늘날의 지질학자들까지도 여전히 불가사의하게 여길 정도의 대격변을 일으켰다.

또한 우리는 여기서 홍수가 지구전체를 포함하는 범세계적인 것이었다는 사실을 알 수 있다. 고고학자들은 대홍수의 확실한 증거가 메소포타미아에서 발견되고 있다고 한다. 그러나 그들은 그 홍수의 범위가 상당히 크기는 하지만 지역적인 것이었다고 주장한다. 그러므로 그것은 성경의 홍수와 동일시될 수 없다. 성경의 홍수는 범세계적인 것이었다(7:19). 이 심판으로 인하여 방주 밖에 있던 모든 생물들이 죽임을 당하였다(7:22, 23).

창세기 8장은 하나님께서 홍수로 뒤덮인 땅을 마르게 하실 때에 노아를 기억하셨다고 가르쳐 준다. 홍수와 땅의 건조에 대한 성경의 기록은 다른 근동지방에서 전해져 내려오는 대홍수 설화와 매우 유사하다. 이 때문에 성경의 홍수 기록 역시 그러한 많은 이야기들 중의 하나에 불과할 뿐이라는 이론이 주장되어 왔다. 그러나 근동 지역의 여러 나라에서 전해져 내려오는 대홍수 사건에 관한 기록은 신화와 다신사상(polytheism)에 의해 왜곡되어 불완전한 형태로 보존된 반면에, 성경의 기록은 자기 백성을 위하여 하나님께서 친히 보존하여 오신 참된 기사이므로 우리는 성경의 기록을 보다 정확한 것으로 인정해야만 한다.

인간의 새로운 출발과 그들의 오랜 문제
(창세기 9-11장)

창세기 9장을 읽기 시작하면서 우리는 하나의 새로운 출발을 목격하게 된다. 1절은 마치 하나님께서 인간과 더불어 출발하고 계시는 양 창세기 1:28과 같은 우렁찬 소리를 발한다. 그러나 문제가 그렇게 단순하지만은 않다. 8장의 끝부분은 홍수 심판에도 불구하고 인간의 상태가 여전히 악하다는 것을 보여준다. 인간은 이제 더이상 에덴에서의 순결을 지니고 있지 않았다. 그럼에도 불구하고 그들은 하나님으로부터 부여받은 의무를 계속 이행하고 땅 위에서의 삶을 영위해 나가야만 했다. 그것은 분명히 새로운 시작이었지만 인간의 오랜 죄성은 해결되지 않은 채 여전히 그대로 남아 있었다.

또한 여기에는 저주의 요소가 많이 포함되어 있었던 것이 분명하다. 이제 인간들은 하나님께서 처음에 의도하셨던 것 만큼 땅을 다스리고 정복할 수가 없을 것이다. 생물들이 인간을 두려워하기는 할 것이지만 복종하지는 않을 것이다(9 : 2). 아담의 타락으로 인하여 모든 피조물에 내려진 저주를 동물들이 어떻게 당하고 있는지를 다시금 보여 주기 위하여 이제 동물들은 인간을 위한 음식물이 될 것이다(롬 8 : 20, 21). 하나님께서는 또한 범죄한 인간들을 부양하시기 위하여 모든 동물들에게 사형선고를 내리시면서 짐승을 그 피채로 먹지는 못하게 하심으로써 인간에게 생명(인간이 그렇게 소홀히 여겼던 바로 그 생명)의 신성함을 깨우쳐 주시고자 하였다(창 4 : 8, 23).

이 시점에서 하나님께서는 살인자에 대한 형벌로서 죽음의 형벌을 설정하셨다. 죽음의 형벌은 인간의 생명을 경시하는 의미에서 주어진 것이 아니라 죄인들의 생명까지도 귀하게 여기시는 하나님의 지고한 관심으로부터 주어진 것이다(9 : 5, 6). 이 율법은 인간이 땅 위에서 생육하고 번성하라는 말씀과 관련하여, 다시 말하자면 생명과 관련하여 주어졌다(9 : 7). 따라서 하나님께서는 마음 속에 인간을 위한 가장 좋은 의도를 가지고 이 법을 설립하셨던 것이다.

창세기 6 : 18에서 처음으로 언급되고, 그리고 창세기 9 : 9에서 다시금 언급된 언약은 인류 전체와 맺은 언약이다(9 : 17). 이 언약은 노아와 그의 가족은 물론 그들의 모든 후손들까지도 포함하는 것이었다. 뿐만 아니라 그 언약은 노아와 함께 보존되었던 피조물인 동물들까지도 포함한다. 성경에 나타나 있는 대부분의 언약들과 마찬가지로 이 언약은 언약에 포함된 이들의 행복을 위한 것이었다. 그것은 하나님에 의해 설정되었으며, 또한 무조건적인 것이며 동시에 날인(seal) 혹은 사인(sign)의 성격을 가지는 것이었다.

땅 위의 생명을 보존하기 위한 이 언약의 설립자는 하나님이시다. 그리고 언약의 목표는 홍수 이전에 인간이 타락했던 상태로 다시 타락하는 것을 예방하려는 것이다. 하나님은 홍수심판으로 부터 사람을 보호하심에 있어서 사람에게는 어떠한 책임도 지우지 않으신다(9:15). 최후의 심판 때까지 하나님은 다시는 홍수로 사람을 멸하지 않으실 것이다.

물론 이것은 홍수 혹은 다른 수단에 의한 국지적인 심판까지도 없을 것이라는 말은 아니다. 이것은 또한 하나님께서 최후의 날에 가서도 세상을 심판하시지 않을 것이라는 말도 아니다. 베드로후서 3:7에서 이 문제와 관련하여 베드로는 하나님께서는 다시 한번 온 세상을 심판하실 것이라고 아주 분명하게 말한다. 이 언약의 표시는 사람과 하나님이 동시에 볼 수 있도록 하늘에 만들어 놓으신 무지개이다. 무지개는, 홍수를 생각나게 하는 구름떼가 모일 때마다 하나님께서 자신의 약속을 지금도 기억하고 계시다는 사실을 인간에게 상기시켜 준다. 이 언약의 핵심은 한때 인류에게 닥쳤던 그토록 철저한 파괴가 인간의 역사가 끝날 때까지 다시는 일어나지 않을 것이라는 것이다. 그것은 인간이 더욱 선하여져 갈 것이기 때문이 아니라 역사가 계속되는 한 인간을 보존하시기로 계획하신 하나님의 인자하심 때문이다.

인간의 죄성이 갖는 오랜 문제는 창세기 9장 마지막 부분에서 다시금 여실히 드러난다. 인간이 가지고 있는 본래의 죄성에는 실제적인 변화가 없다. 심지어는 노아조차도, 비록 그가 자기 당대에는 의인이었다 할지라도, 여전히 완전하게 뿌리뽑히지 않고 있는 죄성으로 인해 괴롭힘을 당한다. 홍수 후에 노아는 하나님께서 그에게 베푸신 축복을 남용하여 술에 취하여 수치스럽고 혐오감을 주는 자태로 벌거벗은 채 아들들 앞에 드러누워 있었다(9:20, 21).

그의 아들들 중의 하나인 함도 또한 본래적인 죄성을 나타내 보인다. 그가 자기 부친의 벌거벗은 몸을 보았을 때의 그의 반응은 아버지와 아들 사이에 존재하지 않으면 안될 사랑과 동정이 아닌 일종의 조롱이었다. 그가 자기 형제들에게 어떤 말을 했는가에 대해서는 가인이 아벨에게 한 말에 대해서 우리가 전연 아는 바가 없는 만큼이나 불확실하다. 그러나 이 두 경우 모두에 있어서 성경은 그들의 행위를 인정하지 않으며 심판을 내린다. 친절한 사랑과 존경을 나타내는 셈과 야벳의 행동은 함이 취한 행동과 날카로운 대조를 이룬다(9 : 23).

이 사건에 뒤따라 나오는 예언은 인종적인 역사를 소개하고 있는 것이 아니라 영적인 역사와 관련된 것이다. 그것은 기본적으로 사람을 두 가지 범주로 구분하고 있다. 첫번째 부류의 인간은 함의 후손들(가나안과 그의 일족)이다. 그들은 홍수 이전의 가인의 후손들에 필적한다. 그들은 그들의 조상 함의 행위가 대표적으로 예시하여 주는 바와 같이 불의한 사람들이다. 이 예언에서 특별히 가나안에 대하여 언급한 것은 함의 후손들까지도 이 예언에 관련되어 있다는 것을 보여주기 위함이다.

인간의 다른 한 부류는 홍수 이전의 셋의 자손들에 필적하는 셈의 자손들이다. 그들은 셈의 행위를 통하여 의로움이 대표적으로 예시되어진 의로운 사람들이다.

함의 후손 가나안은 저주를 받는다. 마지막에 가서 그는 셈과 셈의 후손의 종이 된다. 셈은 축복을 받는다. 여호와께서 그의 하나님이 되신다. 여기에 나타난 전체 예언은 영적인 것이며 우리가 홍수 이전의 장들에서 목격한 바와 같이 두 종류의 인간의 계보를 다루고 있다.

그러나 홍수 이전과 꼭 마찬가지로 이제도 사람의 눈에는 사단의 후손이 더욱 번영하고 뛰어난 것 같이 보인다. 창세기 10장에서 함의 후손이 소개될 때 그들이 결코 종이라고는 생각되지 않는다. 그의 후손들 가운데서 우리는 악갓(Akkad), 앗수르(Assyria), 페니키아, 바벨론, 이집트, 헷 족속과 같은 가장 위대했던 고대의 제국들을 발견한다. 모든 인류 역사가 입증하듯이 사단의 후손은 스스로를 세상의 주인으로 생각한다. 그러나 사실상 그들은 하나님의 자녀들을 섬기는 종에 불과하다.

우리는 기근이 심하던 때에 하나님의 백성들을 보존하고 이스라엘의 지도자가 될 하나님의 종 모세를 교육하는 일에 사용된 이집트를 통하여 실제로 누가 누구를 섬기는가 하는 사실을 깨닫게 된다. 훗날 이집트 사람들은 이스라엘 백성들이 그 나라를 떠날 때 그들이 소유하고 있던 재물을 이스라엘 백성들에게 넘겨 주었다. 그런 다음 하나님께서는 이집트의 군대가 이스라엘을 뒤쫓아 올 때 그들을 멸절시키셨다. 또한 가나안은 알파벳의 발전을 이루어 하나님의 백성들을 섬겼는데 훗날 모세와 그의 계승자들이 하나님의 백성들을 위하여 하나님의 말씀을 기록할 때 그 알파벳을 사용하였다. 가나안은 또한 이스라엘이 차지하게 될 땅을 개발함으로 섬겼는데 그들은 포도원과 경작지와 이미 건설된 도시들을 충분히 발전시켜 놓았다.

훗날 하나님께서 믿음으로 살아가는 남은 자들을 보존하시려는 계획을 성취하려 하셨을 때에는 앗수르(Assyria), 바벨론, 바사(Persia)와 같은 나라들이 일어났다가 멸망하였다. 마지막으로 우리는 알렉산더 대왕이 이룩한 제국이 온 세계에 헬라 문명과 언어를 보급하고 이어서 로마가 범 세계적인 정부를 수립함으로써 그리스도의 오심과 복음이 땅끝까지 전파되는 것을 준비한 사실을 알 수 있다.

이들 백성들과 제국의 지도자들 중 어느 누구도 자기가 하나님이나 하나님의 백성들을 섬기고 있다고는 생각하지 않았다. 그러나 사실상 모든 제국들과 모든 민족들과 발명가들의 모든 노력과 예술이 하나님의 백성들에 의하여 하나님의 영광과 하나님의 백성들의 유익을 위한 일에 이용되고 있다. 그러므로 함과 그의 후손들은 사실상 하나님의 자녀들의 종인 것이다.

이렇게 볼 때 우리는 노아의 예언이 오늘날 우리가 알고 있는 인종과 관련된 것이 아니며 또한 백인에 대한 다른 인종들의 종속을 정당화시켜 주는 것도 아니라는 것을 알 수 있다. 노아의 예언은 그런 것들과는 거리가 멀다. 야벳은 여기서 어떤 새로운 범주에 속하는 인간 유형을 대표하는 인물로는 나타나지 않는다. 반면에 그는 모든 민족들에게서 나와서 하나님의 가족들 속으로 부름을 받게 될 사람들을 대표한다. 그러므로 이것은 모든 인류를 향한 하나의 선교 약속인 것이다. 하나님께서는 계속하여 자기에게로 돌아오도록 사람들을 부르실 것이다.

구약시대에 이스라엘과 연합한 다른 민족들의 숫자는 극소수에 불과했다. 그리스도의 오심으로 이러한 사실은 바뀌었으며, 복음이 급속도로 전파되어 지구 구석구석에 있는 모든 민족들을 하나님의 백성에 포함시키게 되었다. 그러므로 이들은 셈의 장막에서 살도록 축복받은 사람들이다. 다시 말하면 이들은 영원히 하나님의 백성들이 누릴 모든 축복을 가져오게 하는 그리스도의 교회의 일부분이 된 것이다.

10장은 노아의 세 아들의 후손들에 관하여 간략하게 언급한다. 야벳의 족보가 가장 먼저 나열되는데, 구속사적인 측면에서 갖는 그의 역할이 오랜 후에 나타나기 때문에 여기서는 가장 적은 주의를 받게 된다. 다음에는 우리가 이미 앞에서 거론한 바 있는 함의 족보가 나온다. 그리고 마지막으로 이제부터 관심의 촛점이 맞추어질 셈의 족보가 나열된다. 종국에 가서는 모든 나라 사람들을 포함시키게 될 축복과 약속의 언약을 설립하기 위하여 하나님께서 선택하신 것이 바로 셈의 가계(家系)였다.

셈에게 주신 하나님의 축복의 시작은 인간들을 지면에 흩으시는 하나님의 행위에서 나타난다. 이러한 방법을 통하여 하나님은 셈의 아들들 가운데 하나인 아르박삿을 통하여 셈의 계보를 잇는 한 백성을 분리해 내신다(10:22). 여기 11장에 나타나 있는 하나님의 행동을 유발시킨 원인은 또 다시 인간의 죄였다. 홍수 이전에도 그랬던 것처럼 인간들은 하나님의 뜻을 어기고 연합하려고 하였으며, 그리하여 하나님께서 의로운 사람들과 불의한 사람들 사이에 설정해 놓으신 구별을 없애려고 하였다. 다시금 연합을 꾀하려는 그들의 시도는 불신앙적인 사람들과 불신앙적인 욕망에 의해 유발된 것이 확실하다. 위대한 탑과 도시를 건축하고 그들 스스로의 이름을 높이려는 그들의 야망 속에는 하나님을 위한 계획이 전연 포함되어 있지 않았다. "우리가… 하자"라는 것이 그들의 표어였다(11 : 3, 4).

"우리가 우리를 위하여 성을 쌓자"라고 말하는 인간(4절)에 대한 하나님의 반응은 "자, 우리가 내려가서 거기서 그들의 언어를 혼잡케 하자"(11 : 7)라는 것이었다.

사실상 하나님의 이같은 행위는 전체적으로 보아서는 인간들에게 축복이었다. 그것은 하나님의 일반 은총의 행위였다. 왜냐하면 그 당시는 마치 홍수 직전의 상황과 또한 후에 소돔과 고모라 심판에서도 보게 될 상황과 마찬가지로 멸망을 향하여 급속도로 부패하여 가고 있을 때였기 때문이다. 이렇게 언어를 혼잡케 하여 인간을 흩으신 것은 하나님께서 오순절에 성령을 통하여 방언의 은사를 주심으로 각기 다른 문화와 언어를 가진 사람들을 그리스도가 머리되시는 하나의 교회로 연합시키신 신약의 사건과 대조를 이룬다(행 2장).

모든 사람들을 지면에 흩으시는 중에서도 하나님께서는 한 백성, 한 족속, 곧 셈의 아들 아르박삿의 가계(家系)를 특별한 은혜와 관심으로써 택하셨다. 하나님께서는 여러 민족들 가운데서 자기의 특별한 백성이 될 한 민족을 땅위에 세우기 시작하실 때까지 아르박삿의 자손들을 주의깊게 지켜 보셨다(11 : 10-32). 관심의 촛점은 당시에 메소포타미아 지방의 오랜 도시인 우르(Ur)에서 살고 있던 아르박삿의 후손 데라에게로 맞추어진다(11 : 24-28). 데라의 아들들 가운데는 그 이름을 아브람이라고 부르는 사람이 있었다. 하나님께서는 마침내 아브람을 그의 고향과 친족을 떠나도록 부르셔서 불신앙의 세상 가운데서 하나님의 자녀가 되게 하신다.

아브라함의 믿음의 성장
(창세기 12-22장)

아브람(또는 아브라함, 후에도 그렇게 불리웠다)이 떠나온 고향에 대하여 살펴보는 것은 중요한 의미를 가진다. 아브라함이 아직 아브람으로 불리면서 우르에서 살고 있을 때에 그의 부친은 하란으로 옮겨 갔다. 하란은 우르의 북서쪽에 위치하고 있었는데, 그곳은 그당시에 가나안으로 통하는 가장 적합한 여행로와 연결되어 있었다. 그렇지만 데라는 하란에서 더 이상 나아가지 못했다. 그러나 하나님께서는 아브라함에게 그곳을 떠나라고 하신다. 그가 그렇게 하기 위해서는 자신의 친족들과 분리되어져야만 했다. 히브리서 기자가 말하여 주듯이 자신의 친족을 떠나 가나안으로 간 아브라함의 행위는 그 자체가 믿음의 행위였다(히 11:8).

우리는 아브라함의 조상들이 하나님을 섬기는 자들이 아니라 실상은 우르의 불신앙과 혼합된 이방신을 섬기는 자들이었음을 명심하지 않으면 안된다. 여호수아는 그러한 사실을 우리에게 상기시켜 준다(수 24:2). 이것은 아브라함이 믿음으로 내디딘 발걸음이 그의 조상들의 전통에 대항하는 것이었음을 의미한다. 그가 부친과 헤어지는 일 또한 매우 어려운 것이었다. 데라의 나이로 보아 아마도 그는 아브라함이 하란을 떠난 후에도 약 60년 동안을 더 그 곳에서 살았을 것으로 추정된다. 이 모든 것은 자기 문화와 가족을 뒤로 하고 하나님의 인도하심을 따라 미지의 세계로 나아간 아브라함의 위대한 믿음을 보여준다.

노아에게서도 그러하셨듯이 아브라함을 부르셔서 그를 축복하시겠다고 약속하시며 주도권을 가지고 일하시는 분은 바로 하나님이시다. 먼저, 하나님께서는 아브라함으로 하여금 큰 민족을 이루게 하시겠다고 약속하신다. 실제로 아브라함은 그 이상의 축복을 받게 될 것이었다. "복을 받다"라는 말은 하나님의 특별한 은혜를 뜻하는 특별한 의미를 지닌다. 이 말은 타락 이전의 아담에게, 홍수 사건 후의 노아에게, 그리고 믿음 안에서의 아브라함과 그의 후손에게 사용되었다. 시편 기자는 의인에게 적용되는 그 말의 특별한 의미를 선언하고 있다(시 5 : 12).

아브라함이란 이름은 하나님께서 그 이름을 위대하게 만드실 때의 특별한 영광을 위하여 지어진 것이다(아브라함은 믿음의 조상이 될 것이었다-롬 4 : 11, 12).

더욱이 아브라함에게 주어진 축복을 통하여 땅의 모든 민족이 축복을 받게 될 것이었다(12 : 3). 여기서 우리는 분명한 선교의 약속을 보게 되는데, 그것은 하나님께서 자신의 특별한 축복을 받게 될 만한 백성을 세상에서 불러내시려는 계획을 가지기 시작하실 때부터 줄곧 나타내보여주신 것이다.

우리는 여기서 잠시 멈추어 복음제시와 함께 지금까지 주어진 하나님의 모든 위대한 약속들이 인간구원에 대한 소망을 담고 있다는 점을 주목해 보아야 한다. 창세기 3 : 15에서 씨(seed)의 개념이 최초로 주어지는데, 여기에서 그는 여자의 후손(the seed of the woman)으로 불려졌었다. 이 후손(seed)은 뱀(사단)의 후손을 이기고 승리할 것이다. 노아의 예언(창 9 : 25-27)에서, 하나님께서는 셈의 자손으로 불리는 한 백성을 자기 백성으로 선택하신다. 그러나 그 백성됨의 여지는 그 축복 안에 야벳과 그의 후손을 위한 축복에서도 마찬가지로 마련되었다. 이제 여기 창세기 12 : 3에서 다시 한 번 확인하게 되는 것은 셈에게서 나오는 하나의 특별한 가계(family)만 선택되는 것이 아니라, 그 가계를 통하여 동일한 축복이 온 세상에 흩어져 있는 수많은 민족들에게서도 발생하게 될 것이라는 사실이다. 하나님의 선택의 계획은 모두 인류에서부터 한 종족(셈), 한 가계(아브라함의)로 내려오면서 좁아진다. 그러나 그 축복의 영향력은 땅 끝까지 이르도록 계속된다.

히브리서 11 : 8은 아브라함이 믿음으로 나아갔다고 말하고 있다. 창세기 12 : 4은 아브라함이 믿음으로 행한 최초의 행위를 반영하고 있다. 그가 믿음으로 행동했다면 그 믿음은 어디로부터 온 것인가? 에베소서 2：8, 9은 그 물음에 대하여 유일하고 정확한 대답을 해 준다. 그것은 바로 우리의 믿음은 하나님의 선물이라는 것이다. 믿음은 하나님으로 말미암아 거듭난 사람들에게만 존재할 수 있다. 더군다나 아브라함의 믿음의 증거는 8절에 나타나 있는데 여기에는 그가 "여호와의 이름을 불렀다"라고 기록되어 있다. 우리가 창세기 4：26에서 살펴본바와 같이 성경에 나타난 이러한 표현은 그가 하나님을 향하여 믿음을 행사하였다는 것을 의미한다. 로마서 10：12-15에서 바울은 요엘서를 인용하여 믿는 자들만이 여호와의 이름을 부를 수 있다고 선언한다. 비록 보편적인 의미는 아니라 할지라도, 이것은 "여호와의 이름을 불렀다"는 말의 성경적인 의미이다.

그리고 이것은 아브라함의 믿음의 시작을 우리에게 나타내 준다. 이 시점으로부터 우리는 아브라함의 믿음이 자라가는 것을 볼 수 있다. 우상숭배자들로부터 불려나온 아브라함의 믿음은, 비록 그것이 겨자씨 한 알과 같을지라도 우리의 눈 앞에서 자라간다.

창세기 12：10-20은 아브라함이 초기에 시험을 받을 때에 있어서의 믿음의 연약함을 보여준다. 이집트로 내려갈 수 밖에 없었던 그는 그 곳에서 자기를 보호하실 하나님의 능력과 의지를 의심했던 것으로 보인다. 아마도 그는 이미 오래된 이 제국의 명성으로 인한 두려움을 가지고 있었을 것이다. 자기 아내 사라를 누이라고 속인 아브라함의 행위는 변명의 여지가 없는 잘못이었다. 그의 행위를 변명하려 들면 전체의 핵심을 놓치게 된다. 그의 믿음은 약했고 또한 믿음이 약함으로 인하여 그는 거짓말을 하고 비겁하게 행동하게 되었다. 하지만 그럼에도 불구하고 하나님께서는 그를 보호해 주셨고 계속하여 그를 축복 하셨다.

창세기 13장에서 우리는 그의 믿음이 상당한 힘을 발휘하게 되는 것을 본다. 그는 가나안으로 되돌아 왔고, 그와 조카 롯이 더이상 함께 살 수 없을 정도로 번성해졌다. 아브라함이 롯보다는 틀림없는 강자였지만, 그럼에도 불구하고 그는 매우 관대했으며, 그들이 거주할 땅을 선택하는 권리를 롯에게 양보했다. 이로써 아브라함은 그가 자기 본위의 사람이 아니라는 것을 보여 주었다. 타인에 대한 사랑은 이미 아브라함의 생애에서 보여지는 영적인 성숙의 열매였다.

이와는 대조적으로 롯은 욕심많고 이기적이고 영적으로 무딘 사람이었다. 롯은 소돔 성의 눈에 띄는 세상적인 번영을 택하는 나쁜 선택을 하였다. 그의 선택이 나빴던 것은 그곳 사람들이 죄인들이었기 때문이다(13 : 13).

아브라함이 여기서 자기의 장래를 사람들에게 의지하지 않고 하나님께 의뢰하였을 때 하나님께서는 그의 믿음을 보시고 기뻐하셨다. 아이러니칼하게도 하나님께서는 모든 땅을, 심지어는 롯이 선택했던 것까지도 아브라함에게 주시겠다고 약속하셨다. 여기서 처음으로 후손에 대한 약속이 아브라함에게 주어진다. 아브라함에게 주어진 약속들은 그와 그의 후손을 위한 것으로써 영원한 효력을 지니는 것이었다(13 : 15). 아브라함에게 주어진 후손(seed)의 약속이 궁극적으로는 한 후손, 곧 그리스도에게서 정점에 달할 것이며, 그를 통하여 모든 축복이 실현될 것이라는 것을 훗날 바울 사도가 지적하였다(갈 3 : 16). 그래서 우리는 신약성경을 통하여 창세기 3 : 15의 여자의 후손과 창세기 13 : 15의 아브라함의 후손이 그리스도와 그를 믿는 사람들 안에서 완성되었다는 사실을 알 수 있다.

아브라함은 그의 자손에게 주어질 그 온 땅을 종횡으로 다녀보도록 도전을 받는다. 후에 여호수아는 자기 당대에 현실화된 이와 유사한 약속을 받았다(수 1 : 2-4).

아브라함에 관하여 언급한 신약성경의 히브리서 기자에 의하면 아브라함은 그 약속들이 문자적 의미로서의 땅 이상의 것을 포함하고 있는 것으로 이해했다. 성경은 "그가 하나님의 경영하시고 지으실 터가 있는 성을 바라보았다"(히 11 : 10)고 말한다. 그리고 다시금 "저희가 이제는 더 나은 본향을 사모하니 곧 하늘에 있는 것이라. 그러므로 하나님이 저희 하나님이라 일컬음 받으심을 부끄러워 아니 하시고 저희를 위하여 한 성을 예비하셨느니라"라고 기록하고 있다(히 11 : 16). 다른 말로 표현하여 믿음으로 아브라함은 그에게 주어진 땅의 약속이 이 땅 위의 나라에서가 아니라 하나님과 그의 백성이 있는 천상의 영원한 도성에서 완성될 것임을 알았다. 이후에 그것은 예루살렘으로 상징되어졌다. 그러나 위로부터 오는 새 예루살렘은 참으로 하나님의 백성들이 거하게 될 성을 의미하는 것이었으며 이 땅 위의 예루살렘을 의미하는 것이 아니었다. 이것은 우리가 유대 민족의 예루살렘으로의 귀환을 통하여 성경의 부분적인 성취를 보게 되는 것과 마찬가지로 오늘날도 기억되지 않으면 안된다. 하나님의 백성은 단지 땅에 있는 성이 아니라 하늘로부터 내려 오는 성을 바라보아야 한다(갈 4 : 25, 26; 히 12 : 22; 계 3 : 12, 21 : 2, 10을 비교해 보라).

창세기 14장은 아브라함의 신앙 성장과정을 통하여 배울 수 있는 매우 중요한 교훈을 말해 준다. 메소포타미아 지역에서 몇몇 군대가 일어나 가나안의 성들을 공격하였는데, 그 중에는 롯이 살고 있는 소돔과 고모라 성도 포함되어 있었다. 이로 인해 롯을 비롯하여 소돔성의 대부분의 거민들이 사로잡히게 되었다(14 : 12).

아브라함의 세력은 상당한 것이었다. 창세기 14 : 14에서 우리는 아브라함이 많은 재산과 함께 다수의 사람들을 거느리고 있었던 것을 알 수 있다. 그러나 아브라함은 자신의 힘으로써가 아니라, 그가 곧 깨닫게 되는 바와 같이 하나님의 능력으로 말미암아 적군을 물리치게 된다(14 : 15, 16).

아브라함이 되돌아 올 때 남아 있던 모든 주민들이 나와서 그를 맞이했다. 아브라함은 그날에 두 왕, 곧 소돔 왕과 살렘 왕 멜기세덱을 만나게 되었다.

세상의 표본이라 할 수 있는 소돔 왕은 아브라함에게 명예와 재물과 사람들로부터의 영광을 제공했다. 반면에 살렘왕 멜기세덱은 아브라함이 아닌 하나님께 영광을 돌렸으며 그 날의 진정한 영웅은 아브라함이 아니라 하나님이시라는 사실을 아브라함에게 일깨워 주었다.

살렘의 왕이며 하나님의 제사장이란 것을 제외하고는 멜기세덱이 어떤 인물인지에 대하여 전연 알려져 있지 않다. 그는 훗날에 그리스도의 모형으로 간주된다(히 7:1이하). 그날에 그는 아브라함에 대한 하나님의 요구처럼 단순하게 나타내 주었다.

한편으로는 사람들로부터의 영광과 찬양 그리고 그들이 제공하는 보상에 직면하고, 또 다른 한편으로는 자신의 삶에 대한 하나님의 요구에 직면하였던 아브라함은 멜기세덱이 자기를 일깨워 줄 때 하나님을 찬양하고 그가 획득한 모든 것의 십일조를 드림과 동시에 소돔 왕으로부터는 아무 것도 취하지 않음으로써 믿음의 행위를 보여 주었다. 아브라함은 하나님을 향하여 열심을 품고 있었다(14:20-23). 이것은 아브라함의 개인적인 믿음의 행위였으며, 그는 자기와 같은 믿음을 갖지 않은 사람들에게까지 강요하지는 않았다. 그의 믿음은 자기 자신 이외의 어느 누구에게서도 대가를 요구하지 않았다(14:24).

이제 우리는 아브라함의 믿음이 급속도로 성장하여 가는 것을 보면서 감동을 받는다. 15장은 하나님께서도 기뻐하셨다는 것을 나타내고 있다. 아브라함이 이 세상이 제공하는 보상(rewards)을 거절한 후에, 여호와께서는 다음과 같은 말로 그를 위로하셨다. "나는 너의 방패요 너의 지극히 큰 상급(reward)이니라." 이 세상에 속한 어떤 하찮은 것들이라도 하나님의 종이 그것을 포기한다면 하나님께서는 측량할 수 없는 영적인 부요로 보상해 주신다.

이 시점에서 아브라함의 가장 큰 염려 가운데 하나는 이 모든 소망을 전달하여 줄 후손이 없다는 것이었다(15:2). 메소포타미아 지역에서 발견되어 번역된 서판들에서, 아브라함이 메소포타미아 지역에서 살았던 시대의 관습들에 관한 기록이 발견되었다. 그 서판들은 어떤 사람에게 자식이 없을 경우에는 그의 종이 상속인이 되는, 즉 아들로 받아 들여진다는 그 당시의 일반적인 관념을 창세기 15 : 2에서 아브라함이 표현하고 있다는 것을 뒷받침해 준다. 이러한 문제는 당시의 아브라함을 매우 걱정스럽게 만들었다.

　이 문제와 관련하여 아브라함은 스스로 해결할 수 없는 문제 하나를 발견했다. 그의 아내가 지금까지 그의 유업을 이을 아들을 낳지 못했음에도 불구하고 하나님께서는 그에게 한 아들과 수많은 자손을 주시겠다고 약속하신 것이다(15 : 5). 이 초자연적인 하나님의 약속에 대한 아브라함의 반응은 여호와에 대한 믿음이었다. 그 믿음의 표현은 하나님을 기쁘게 하였으며, 이로 인해 아브라함에게 의가 전가되었다. 바울은 훗날 하나님 앞에서 의롭게 되는 사람은 모두가 아브라함의 경우와 마찬가지로 믿음으로 그렇게 된다고 말한다(롬 4 : 3이하;갈 3 : 6이하). 이제 여기서 행함으로 말미암는 의와 대조를 이루는 것으로서 믿음으로 말미암는 의라는 위대한 진리가 수립된다. 자기의 행함으로써 하나님께 인정받을 수 있는 사람은 아무도 없으며 오직 믿음으로만 우리는 하나님을 기쁘게 할 수 있다(히 11 : 6).

　여기서 잠깐 믿음이라는 성경적 용어가 지니는 의미에 대하여 간단하게 언급할 필요가 있다고 본다. 히브리어 성경에서 사용된 단어의 어근은 사람이 아이를 품에 안고 흔들어서 재우는 것(민 11 : 12)이나 건물의 기둥(왕하 18 : 16)과 같이 아주 강하고 확실하고 견고한 어떤 것을 의미한다. 그리고 이 단어가 수동형으로 사용될 때에는 "견고하게 혹은 확실하게 만들어지거나 세워지는 것"을 의미한다(사 7 : 9). 사역동사의 형태로 그것은 "확실하게 혹은 견고하게 하다"를 의미한다. 이 사역동사의 형태가 성경에 나타나는 "믿음"이라는 단어의 일반적인 형태이다.

　신약에서 예수님께서 어떤 일의 확실성을 강조하실 때에도 종종 이와 동일한 어근이 사용되었다. 영어성경에는 예수님께서 종종 "진실로 진실로"(verily, verily)라는 말을 하신 것으로 기록되어 있다. 그가 사용한 말(verily, verily)은 믿음을 뜻할 때 사용되는 이 히브리어와 동일한 것이다. 우리도 또한 기도할 때마다 그리고 찬송이 끝날 때, 종종 이 히브리어를 사용한다. 이때 우리는 "아멘"이라는 말을 사용하는데 그것은 "확실함"과 한편으로는 "믿다"를 의미하는 바로 그 히브리어다.

이 모든 것은 믿음에 대한 성경적인 개념이 불확실한 것이 아닌 확실한 사실에 근거하고 있음을 말해준다. 어떤 사람은 말하기를 "나는 그것이 진실하다고 믿는다. 그렇지만 나는 그것이 확실한 것인지 모르겠다"라고 할지도 모른다. 그러나 성경적인 용어에 있어서는 이러한 표현이 불가능하다. 믿는다는 것은 인간의 이성이 아닌 하나님의 말씀의 권위에 기초한 틀림없는 사실을 확신하는 것이다. 아브라함이 여호와를 믿었다고 말할 때, 그것은 그가 하나님께서 자기에게 주신 약속들을 하나님의 말씀의 권위에 입각하여 확신했다는 것을 의미한다.

이렇게 아브라함의 믿음이 확고함을 보시고 하나님께서는 그와 언약을 세우신다(15:8-21). 그 언약은 한동안 고난을 당할 것과 포로로부터의 해방 그리고 풍부한 땅의 상속에 대한 계시를 포함하고 있다(13, 14, 18-20절). 아브라함의 자손이 겪게될 그 경험들은 그리스도 안에서 우리 각 사람을 죄와 사망으로부터 이끌어내어 영원한 나라를 상속하게 하시는 자기 백성 각자를 위한 하나님의 구속사역을 반영하고 있다. 그러므로 창세기 15장은 인간의 구속역사 전체를 가리키는 핵심적인 요소를 많이 포함하고 있다.

15장에 나타난 아브라함의 믿음의 위대한 표현을 접한 후에 우리는 다음 장에서 그의 믿음의 연약함을 읽고는 실망하게 된다. 사라의 몸종 하갈과의 문제에 있어서 아브라함은 믿음으로 행하지 아니하였다.

아직도 여전히 당시의 문화적인 영향력을 많이 받고 있던 아브라함은 자기 아내의 종을 통하여 자식을 얻고자 하는 고대 문헌에 널리 알려져 있는 관습에 의존하였다. 그것은 아브라함이 15:2에서 발견하였던 문제에 대한 인간적인 해결책이었다. 그러나 그의 행동은 믿음으로 말미암은 것이 아니었으며 믿음으로 말미암지 않은 것은 죄이다(롬 14 : 23).

여기에 나타난 아브라함의 죄는 많은 측면에서 아담이 지은 죄와 유사하다. 아브라함은 하나님의 말씀에 주의를 기울이지 않았으며, 하나님의 뜻을 추구하지 않았다. 그리고 그는 영적인 문제를 결정함에 있어서 자기 아내로 하여금 자기를 인도하도록 허용했다. 그는 하나님께 협조하려고 했으나 결국에는 이와 관련한 모든 일에서 불행을 초래하고 말았다(그의 아내 사라, 하갈, 이스마엘, 자기 자신, 그리고 이삭에게까지도).

사라 자신은 그들이 행한 일에 대한 죄를 곧 깨달았지만 그릇되이 반응하였다(16 : 6).

그러나 하나님께서는 아브라함의 가족에게서 죄가 드러났다고 해서 좌절하지 않으셨다. 그는 아브라함을 위하여 설정해 놓으신 자기의 기준을 조금도 낮추지 않으셨다. 대신에 그는 다시금 그의 자녀들을 위한 자신의 목표를 반복하여 말씀하셨다. "나는 전능한 하나님이라 너는 내 앞에서 행하여 완전하라"(17 : 1).

하나님께서는 인간들을 다루시는 모든 일에 있어서 인간의 연약함과 타협하여 자기의 기준을 낮추시는 법이 결코 없으시다. 그는 언제나 인간들을 자신이 설정해 놓으신 그 높은 목표를 향하여 끌어 올리시며 그의 은혜로 인하여 그의 모든 자녀들을 결국에는 그 높은 목표에까지 도달시키고야 말 것이다. 우리는 사랑 안에서 하나님 앞에 거룩하고 흠이 없는 자가 되기 위하여 부름을 받았다. 그의 자녀인 우리는 매번 이 수준에 미치지 못하지만 하나님께서는 우리 안에서 그가 이루시기로 하신 그 높은 목표까지 우리를 다시 부르신다. 오랜 시간이 흐른 뒤에 예수님은 그의 제자들에게 말씀하시면서 "그러므로 하늘에 계신 너희 아버지의 온전하심과 같이 너희도 온전하라"(마 5 : 48)고 하신다. 이보다 더 높은 목표는 없다. 바울도 이것을 빌립보서 3 : 12이하에서 잘 표현하고 있다.

제 2 장/하나님의 백성의 기원 67

"내가 이미 얻었다 함도 아니요 온전히 이루었다함도 아니라 오직 내가 그리스도 예수께 잡힌바 된 그것을 잡으려고 좇아 가노라… 푯대를 향하여 그리스도 예수 안에서 하나님이 위에서 부르신 부름의 상을 위하여 좇아가노라."

아브라함은 여기서 실패하지만 하나님께서는 그를 포기하지 아니하신다. 그는 약속을 새롭게 하시며 새 이름을 그에게 지어 주신다(17:5). 이 때에 하나님께서는 언약과 함께 하나의 성례 곧 육체의 할례를 거행하게 하셨는데, 그것은 하나님께서 행하시는 내적인 성결사역에 대한 외적인 표시였다. 여기서 중요한 개념이 소개된다. 약속들은 아브라함 뿐 아니라 그의 후손까지도 포함하는 것이므로 모든 후손이 다 언약의 표를 받아야 했다. 눈에 보이는 외적인 할례는 그들을 구원하지 못한다. 구원을 위하여 절대 필요한 것은 마음의 내적인 할례 곧 하나님에 의한 마음의 성결이었다.

이것이 언제나 육체에 행하는 할례의 의미였다. 그것은 하나님께서만 이루실 수 있는 내적 사역에 대한 외적인 표시였다. 어떤 사람이 자기 아이에게 할례를 베푸는 것은 그 아이의 마음을 성결케 하심으로 말미암아 하나님만이 그를 구원하실 수 있다는 것을 고백하는 것이었다. 할례는 믿는 자들의 모든 남자 아이들에게 행하였는데, 그렇게함으로써 그들은 하나님께 대한 그들의 신앙을 고백하였으며 또한 그들의 아이가 하나님으로 말미암는 성결을 필요로 하고 있음을 표현하였다. 언제나 마음의 할례가 본질적인 것이다(신 10:16, 30:6; 렘 4:4, 9:25-26; 롬 2:28-29).

구약에 나타난 할례의 예식은 어떤 면에서 신약의 세례에 해당하는 예식이다. 할례와 세례는 둘 다 인간의 구원을 위하여 필수적인 성령의 내적 사역에 대한 외적인 표시이다. 그리고 이 두 예식은 마음의 성결을 상징적으로 나타내 준다. 히 9:14, 10:22; 행 2:38-41; 딛 3:4-7을 비교해 보라.

이 때의 아브라함의 행위는 다시금 믿음의 사람들도 비틀거릴 수 있다는 것을 보여 준다. 그는 이스마엘이 약속의 자손이 되기를 원하였으나 하나님께서는 약속의 자손을 낳을 사람은 바로 사라라고 말씀하신다. 그리고 하나님께서는 아직 태어나지도 않은 아이에게 이삭이라는 이름을 주신다(17:19). 이것은 하나님께서 그 자손에 관해 지대한 관심을 보이고 계심을 보여 준다. 이삭 이외의 다른 후손은 절대로 유업을 잇지 못할 것이다. 아브라함의 모든 참된 자녀들만이 하나님에 의하여 선택되었다. 그리고 그 후손에 대한 약속은 그리스도 안에서 완성된다. 하나의 나라를 이루시려는 하나님의 계획은 하나님의 뜻에 의해서만 성취될 수 있다. 아브라함의 어리석은 노력과 항변은 하나님의 목적을 바꿀 수 없다.

사라의 계속되는 의심은 18장에 기록된대로 자연적인 관점에서 보면 너무 늙어 아이를 낳을 수 없는 그녀가 실제로 이삭을 낳을 것이라는 말을 듣고 웃을 때에 나타난다(18:12). 그녀의 아들의 이름 이삭은 언제나 그녀에게 그 때의 불신앙(unbelief)을 기억나게 해 줄 것이다. 이삭이란 이름은 "웃음"을 의미한다. 본질적으로 사라와 아브라함은 여기서 여호와께는 불가능한 일이 없다는 사실을 깨달아야 했다(18:14).

18:1에 소개된 마므레에서의 사건은, 구약에 있어서 홍수 바로 다음가는, 하나님께서 행하신 심판 가운데서 가장 심각한 심판들 중의 하나에 관하여 말해 준다. 그것은 소돔과 고모라에 대한 심판이다.

아브라함에게로 온 세 사람(18:2)은 후에 여호와께서 두 천사와 함께 인간의 모습을 하고 나타나신 것이라는 사실을 알 수 있다(18:33; 19:1). 인류 역사상 하나님의 그러한 신인동형론적인(anthropomorphic) 출현은 좀처럼 드문 일이다. 이 사건은 한편으로는 아브라함과 그의 가족을 위한 하나님의 계획을 보여 주며, 또 다른 한편으로는 죄악을 심판하시려는 하나님의 계획을 보여 준다. 창세기 18:16에서 이러한 사실을 볼 수 있다.

창세기 19장을 포함하여 창세기 18:16의 주요 주제는 소돔과 고모라에 대한 심판이다. 그럼에도 불구하고 여기에는 믿는 자와 그의 가족을 위한 하나님의 의도와 계획에 관한 중요한 계시가 포함되어 있다. 우리는 이것을 먼저 살펴보게 될 것이다. 그것은 19절에 나타난다.

아브라함과 그의 후손과 맺은 하나님의 언약에 기초하여 하나님께서는 마치 자기 자신과 혹은 거기있던 다른 두 사람과 얘기하듯이 아브라함을 향한 자기의 뜻을 나타내신다. 그는 자기의 특별한 목적 혹은 계획을 가지고 아브라함을 아셨다고 선언하신다. 여기서 "아신다"(known)라는 말은 "~와 알고 지내는 사이"라는 말 이상의 뜻을 의미한다. 그것은 완전한 영향력을 지닌 선택을 의미한다. 말하자면, "내가 …하려는 목적으로 그를 택하였다"와 같은 뜻이다.

다음에는 선택의 목적이 주어진다. "그로 그 자식과 권속에게 명하여 여호와의 도를 지켜 의와 공도를 행하게 하려고…… 이는 나 여호와가 아브라함에게 대하여 말한 일을 이루려 함이니라." 여기서 가장 중요한 것은 믿음의 가정에 설정된 부모의 책임이다. 부모들은 여호와께(다시 말하여 여호와의 뜻에) 순종함으로 자신의 가족을 훈계하여야 한다. 자기 백성을 향하여 품으신 여호와의 이러한 뜻은 여기서 처음으로 '의와 공도를 행하게 하려고'라는 말로 표현되었다. 우리는 의와 공도라는 이 두 단어가 이후로는 하나님께서 자기 백성을 향하여 품으신 그 뜻을 표현하는데 계속적으로 사용된다는 것을 알게 될 것이다. 의와 공도라는 말은 자기 자녀들을 향한 하나님의 뜻을 요약해서 나타내고 있다. 그의 자녀들이 하나님의 뜻을 나타낼 경우에 한해서 하나님께서는 그들에게 자기의 선한 축복들을 베풀어 주실 것이다. 다른말로 하자면, 의와 공도는 하나님의 자녀들의 삶을 특징지워 주는 표시가 될 것이다.

우리는 이미 하나님의 자녀들의 삶에 나타나는 의가 그들의 믿음에 기초하고서만 나타날 수 있다는 것을 살펴보았다. 그들이 먼저 하나님을 의뢰하지 않는다면 그들 자신의 어떠한 행함도 의롭게 되지 못한다. 그러므로 의를 행한다는 것은 곧 믿음으로 말미암아 하나님 앞에서 살아가는 신자가 되는 것을 의미한다. 신자가 믿음 안에서 행하는 모든 것은 하나님의 시각에서 볼 때 의로운 것, 즉 받으실 만한 것으로 간주되어진다. 의라는 말의 의미에 관해서는, 다른 곳에서 생각하게 될 것이다.

여호와께서는 그 날 악한 소돔성을 멸하시려는 자기의 계획을 아브라함과 함께 나누셨다. 이 당시 소돔성의 상태는 홍수 직전의 세상의 상태에 필적할만하였다. 그러나 아브라함은 그곳에 살고 있는 의인들 때문에 소돔성의 멸망을 기뻐하지 않았다(18 : 23). 그 곳에 살고 있는 특정수의 의인들을 보아서라도 소돔성을 용서해 달라는 그의 탄원은 합리적인 생각이기는 했지만 그는 그날 복음 전도에 대한 중요한 교훈을 깨달아야 했다. 요컨대, 심판 아래에 있는 세상 가운데서 살아가는 신자의 임무는 그러한 세상을 안전하게 지키려고 할 것이 아니라 그곳으로부터 사람들을 불러내는 것이다. 여호와께서는 악인을 심판하실 것이다. 세상은 심판을 위하여 간수되고 있다(벧후 3 : 7). 베드로는 오순절에 이렇게 말했다. "너희가 이 패역한 세대에서 구원을 받으라"(행 2 : 40).

소돔 사람들의 악함은 롯이 그들과는 대조적으로 낯선 사람들(두 천사)에 대하여 관심과 사랑을 보이면서 자기가 하나님의 자녀인 것을 나타내는 19장에서 드러난다(19 : 1—3). 그 시점에서 롯이 그들을 하나님으로부터 온 천사들로 알아보았다는 증거는 아무 것도 없다. 소돔성의 사람들은 그 낯선 사람들과 육체적 관계(knowledge)를 가지려는 악한 욕망과 의도를 드러내었다(19 : 5). 여기서 "알다"(know)라는 말은 성경에서 자주 그러하듯이 "성적으로 경험하여 아는 것"을 뜻한다. 자기의 두 딸을 내어준 롯의 행동이 우리에게는 비상수단처럼 보일지도 모르지만 롯의 의도는 자기 집에 든 손님들을 보호하고 더 큰 범죄를 방지하려는 것이었다.

롯이 두 천사의 신분을 알게 되고 또 소돔성이 멸망당하기 전에 그 곳을 떠나라는 그들의 말을 들었을 때 그는 망설였다. 롯의 선택(그는 아브라함을 떠나 소돔 방면으로 갔었다—역자 주)의 어리석음은 이제 명백해졌다. 그는 의인이었으며 하나님의 자녀였다(벧후

2 : 7, 8). 그러나 그는 세상적인 삶에 빠져 있기를 원하는 사람이었다. 훗날 예수님은 롯과 같은 사람에게 적용할 만한 말씀을 하셨다. "너희를 위하여 보물을 땅에 쌓아 두지 말라"(마 6 : 19이하). 롯은 이 세상적인 것들을 버리고 떠나는 것이 힘들었다(19 : 16). 게다가 그의 가족들을 이끌어 낼 만한 분위기는 더욱 아니었다. 그의 몇몇 딸들은 확실히 불신자들과 결혼하였으며 너무도 세상에 깊이 빠져 있어서 아버지의 호소를 듣지 않았다(19 : 14).

단지 결혼하지 않은 두 딸과 그의 아내만이 그와 함께 떠나기 시작했다. 그의 아내 조차도 소돔성의 유혹으로부터 자신을 구출하는 데 성공하지 못하였다.

19 : 26에서 우리는 롯의 아내가 천사들의 말을 거역하고 뒤를 돌아 보았다는 것을 보게 된다. 우리는 이것을 그녀 편에 있는 단순한 호기심에서 비롯된 행위로 간주해버려서는 안된다. 여기서 사용된 "뒤를 돌아 보았다"라는 말은 히브리어 성경에서는 흔히 볼 수 없는 단어이다. 그것은 "신뢰하거나 기대하거나 열망하면서 바라보는 것"을 가리키는 특별한 의미를 가지고 있다. 롯의 아내는 이렇게 뒤를 돌아봄으로써 그 곳에 머물고자 하는 자기의 욕망을 드러내었다. 그녀는 세상을 너무나 사랑했다. 여기서 사용된 것과 똑같은 단어가 이스라엘 백성들이 광야에서 구원받기 위하여 바라보아야 했던 놋뱀 사건에서도 사용되고 있다(민 21 : 9). 이 단어는 또한 요나와 관련하여, 그가 바다 가운데서 고통을 당하면서 여호와의 성전을 믿음으로 바라볼 때에도 사용되고 있다(욘 2 : 4). 이 모든 경우에 있어서 그 말의 의미는 "…을 동경하여 바라보는 것"이며 이것이 바로 롯의 아내의 죄였다. 그녀는 죄악이 가득찬 소돔성을 향하여 동경하는 시선으로 바라다 보았던 것이다.

롯과 그의 두 딸은 그 날 구원을 받았는데 그것은 그들의 의지에 의해서가 아니라 하나님의 자비로 말미암은 것이었다(19 : 16-29). 하나님의 가족 안에서 롯의 계보는 재빨리 끝이 나버리고 만다. 사실 그의 딸들이 그에게서 낳은 아들들은 아브라함의 가족 안에 있는 자들이 아니라 훗날 이스라엘의 대적이 된 자들이었다(19 : 37, 38).

　20장과 21장은 아브라함의 믿음의 성장에 있어서의 마지막 진보를 진술하고 있다. 20장에 나타난 사건은 그의 믿음의 퇴보라고 볼 수 밖에 없다. 이 사건은 아브라함의 믿음에는 아직도 흠이 남아있었다는 증거를 보여준다. 확실히 믿음의 성장에 있어서 그는 하나님께서는 어디에고 안계신 데가 없다는 사실을 깨닫지 못하였다. 아브라함은 하나님을 영화롭게 하지 않는 곳에는 하나님께서 존재하시지 않는 것으로 결론을 내린 것이 분명하다(20 : 11). 12장에서와 같이 그의 죄는 변명의 여지가 없다. 믿음으로 행하지 않는 것은 무엇이나 죄이다.

　그러나 21장에서 하나님은 오랫동안 기다리던 아들 이삭을 주심으로써 아브라함에게 언제나 그를 의지하고 살아야 할 것을 가르치신다. 아브라함은 여기서 하나님의 신실하심에 대한 위대한 교훈을 배운다(21 : 1). 이삭의 출생은 아브라함에게 그의 오랜 상처를 공개하고 또한 그가 하나님의 뜻을 거스리며 서둘러 하갈에게서 아이를 취하려고 행동한 믿음이 부족했던 시절을 상기시켜 주었다. 이 초기의 어리석은 행위는 하나님이 그에게 베푸신 현재의 축복과는 어울리지 않는 것이었다. 그리고 그 결과는 하나님의 백성들이 불신 가운데 행할 때에는 언제나 그렇듯이, 슬픈 것이었다(21 : 9-14).

　이 슬픔의 때에도 틀림없이 아브라함의 믿음은 자라갔다. 그는 고통을 통하여 순종을 배웠다. 그리고 그는 이제 자기의 믿음에 대해 테스트를 받을 준비가 되어 있었다. 이와 관련된 사건은 22장에서 소개된다.

　창세기 22장은 아브라함의 믿음을 시험하는 것에 대해 기록하고 있다. 그것은 가장 어려운 시험이었다. 우리는 아브라함의 믿음이 위를 향하여 매끄럽고 안정된 경사를 이루며 성장하여 간 것이 아니라, 시시때때로 좌절을 경험하면서 둘쑥날쑥하게 성장하여 간 것임을 알게 된다. 이것은 모든 신자들에게서 볼 수 있는 전형적인 신앙성장의 표본이다. 이제, 하나님의 영광을 위하여 아브라함의 믿음은 테스트를 받지 않을 수 없었다. 왜냐하면 여호와께서는 모든 신자들의 본보기가 되도록 하시기 위하여 아브라함을 선택하셨기 때문이다.

아브라함이 응하지 않으면 안될 명령은 가장 어려운 것이었다. 아브라함은 자기 아들을 하나님께 제물로 바쳐야만 했다. 히브리서는 그가 아주 큰 믿음으로 반응하였다고 말하고 있다(히 11 : 17-19). 아브라함은 하나님의 신실하심에 대해서 너무나 철저하게 배웠기 때문에 그는 이제 그의 후손(Seed)을 축복해 주실 것이라고 약속하셨던 바로 그 하나님께서 그가 죽이고자 하는 아들 이삭을 죽음에서 다시 일으켜 주실 것이라고 까지 믿었다(히 11 : 19). 아브라함은 이 일에 관하여 전혀 아무런 의심도 나타내지 않았다.

이삭이 번제할 어린 양에 관하여 질문했을 때 다시금 그의 아버지는 믿음으로 그 질문에 예언적으로 대답했다. "번제할 어린 양은 하나님이 자기를 위하여 친히 준비하시리라"(22 : 7, 8). 그것은 여자를 통하여 사단을 쳐서 멸망시킬 후손을 준비하시겠다던 옛적의 하나님의 약속을 붙잡은 것이었기 때문에 예언적이었다. 그리고 그것은 하나님의 백성을 위하여 죽임을 당할 하나님의 어린 양에 대하여 생생하게 묘사하고 있는 이사야 53장을 앞서 내다 보는 것이기도 했다. 의심할 여지없이 세례 요한은 이 예언을 기억하여 한 때 자기를 따르는 자들에게 이렇게 말하였다. "보라, 세상 죄를 지고 가는 하나님의 어린 양이로다!"(요 1 : 29). 아브라함이 그가 말한 예언의 의미를 이해하고 있었는지 어땠는지 혹은 그가 얼마만큼이나 이해했는지에 대해서는 우리가 말할 수 없지만 확실히 그 날 그의 예언은 그리스도의 오심을 지적하는 것이었다.

아브라함의 순종의 행위 가운데 나타난 하나님의 중재(22 : 12)는 아브라함이 아들을 제물로 삼아 희생제사를 드리는 것이 결코 하나님의 의도는 아니었지만 그가 기꺼이 그렇게 하려고 하지 않으면 안된다는 것이 하나님의 의도였음을 보여 준다. 마치 아브라함이 말한 예언의 부분적인 성취이기라도 한듯, 여기서 하나님은 이삭을 대신하는 제물로 숫양 한마리를 준비하신다(22：13). 그날 처음으로 짐승을 잡아서 드리는 희생제사에 대한 주요한 원리가 아브라함에게 주어졌다. 그것은 대속의 원리였다. 이전에 행해졌던 짐승의 희생이 의미하는 바가 어떤 것이었든지간에 이제 그것들은 하나님께서 자기 백성들이 저희의 죄값으로 인하여 죽임을 당하지 않게 하시려고 대리 속죄제도를 준비하신 것임을 그의 백성들에게 보여 주었다.

다시 한번 더, 가장 적절한 장소에서, 하나님께서는 후손에 관하여 아브라함과 맺은 언약을 새롭게 하셨다. "네 씨가 그 대적의 문을 얻으리라"는 말은 뱀의 후손에 대한 여자의 후손의 승리를 나타내고 있는 창 3：15과 연결되는 분명한 고리이다.

과도기, 아브라함의 죽음과 이삭의 생애
(창세기 23장－28：9)

이 장들은 과도기로 불려질 수 있다. 이삭의 생애는 아브라함과 야곱의 생애가 지녔던 특색과 관심을 끌만한 성질이 결핍되어 있다. 그는 다소 두 산 꼭대기(아브라함과 야곱) 사이의 골짜기와도 같은 인물이었다. 아브라함에게 있어서 이 장들은 다소 점강법적으로(anticlimactic) 전개된다. 23장은 사라를 묻을 장지를 구하는 아브라함의 탐색과 관련되어 있으며 하나님의 약속을 믿는 그의 믿음을 나타내 준다. 그는 비록 아직까지 자기가 소유한 땅이 없고 여전히 그 땅에서 나그네 생활을 하고 있다 할지라도 하나님께서 자기에게 약속하신 그 땅에서 매장지를 구하기로 결정하였다.

24장은 아브라함이 이삭의 아내를 구하는 것에 대하여 말하고 있으며 또 야곱의 일생 가운데 매우 중대한 역할을 하게 될 라반의 가족을 소개한다. 또한 24장은 믿음의 후손을 향하여 하나님께서 가지고 계신 열망에 관한 아브라함의 이해를 강조하고 있다. 아브라함은 하나님께서 자기에게 주신 이 약속의 자녀의 아내가 될 만한 사람을 가나안에서는 발견하지를 못하였다. 왜냐하면 그 곳 사람들은 매우 악하였기 때문이다. 그는 믿음의 후손에 대한 하나님의 관심을 함께 나누었고 이삭에게 맞는 적절한 아내를 구하기 위하여 자기의 고향으로 사람을 보냈다. 여기에서 만약 어떤 여자가 이삭의 아내가 될 자격을 구비하기를 원한다면 아브라함이 그랬던 것처럼 그 여자는 자기의 가족을 떠나 약속의 땅으로 기꺼이 오려고 해야만 했다는 점을 주목하여 보라.

25장 초두에서는 아브라함의 나머지 생애와 죽음에 관하여 이야기한다. 아브라함은 175세까지 살았고(25:7), 사라가 127세에 죽었기 때문에, 확실히 아브라함은 후처인 그두라와 오랜 생애를 함께 지냈다(아브라함은 사라보다 불과 10살 위였으므로 사라가 죽을 때 아브라함의 나이는 137세였다 - 창 17:17을 참조하라). 그러나 아브라함의 모든 후반부의 생애는 단지 몇 문장으로 끝이 나고 있다. 비록 아브라함이 이삭 외에 많은 자녀들을 낳았다 할지라도 이삭 만이 약속의 후손인 것이다(25:2).

이삭의 생애는 한편으로는 아브라함의 생애와, 또 다른 한편으로는 야곱의 생애와 중복되어 나타난다. 이삭에 대해서만 독점적으로 이야기하고 있는 부분은 거의 없다. 사실상, 창세기 26장 한장이 이삭에 대한 기록의 거의 전부이다. 이 장으로부터 우리는 이삭이 많은 점에서 자기 아버지를 닮았다는 것을 추측할 수 있다. 이삭은 그의 아버지와 똑같은 실수를 저지르지만(26:1-11), 대개 그는 아버지의 발자취를 따랐다. 18절은 이삭의 생애를 잘 요약해 준다. 이삭은 자기 아버지 아브라함이 팠던 우물들을 다시 팠으며 그 우물들의 이름도 아버지가 붙였던 이름을 따라 불렀다. 설령 이삭이 다소 활기없는 삶을 살았다 하더라도 그가 위대한 사람의 발자취를 따른 점으로 보아 칭찬을 받아야 한다. 그는 하나님께서 선택하신 씨(seed)였다. 여호와께서는 오래 전에 아브라함에게 하셨던 약속을 이삭에게 새롭게 하셨고(26 : 23-24), 이삭은 자기의 아버지가 보여준 것과 똑같은 믿음으로 반응하였다(26 : 25 ; 12 : 8과 비교하여 보라). 이삭의 나머지 생애는, 이제 곧 우리가 살펴보게 될 그의 두 아들 야곱과 에서의 생애와 함께 얽혀서 나타난다.

야곱—죄인에서 성도가 되기까지
(창세기 25 : 19-33 : 20)

우리는 성경을 통하여 하나님께서 그들의 믿음을 시험하시기 위하여 경건한 여자들에게 자녀를 주시는 것을 잠시 보류하셨던 것을 자주 발견한다. 우리는 이러한 사실을 사라의 경우에서와, 사무엘의 어머니 한나의 경우와, 세례 요한의 어머니 에리사벳의 경우에서도 보게 될 것이다.

각 경우에 있어서 후손(seed)의 탄생은 축복이었고 또 각 경우마다 하나님께서는 후손(seed)을 위하여 자기를 바라보는 사람들에게 자신의 신실하심을 입증해 보이셨다. 창 25 : 19 이하에서 우리는 야곱과 에서의 출생에 대하여 읽게 된다.

하나님께서는 리브가에게 그녀가 두 자녀를 낳게 될 것이라고 하실 때에 장차 올 두 민족에 대하여도 그녀에게 말씀해 주셨다. 하나님께서는 한 아이를 다른 아이보다 더 위대하게 하실 것이라고 하시면서 두 아이 가운데 하나를 친히 선택하셨다(25 : 23). "큰 자가 어린 자를 섬기리라"는 구절은 노아의 예언을 생각나게 한다(창 9 : 25-27). 그래서 또 다시 우리는 하나님의 자녀와 사단의 자녀 사이에 있는 구별(distinction)을 보게 된다. 이제는 동일한 부모에게서 태어나고 심지어는 같은 날 동시에 태어난 두 아이에게서 조차 구별됨이 나타난다.

구별을 만드신 이도 하나님이요, 에서가 아닌 야곱을 선택하신 이도 바로 하나님이시다. 롬 9:6 이하에서 바울은 이 사건으로부터 시작하여 하나님의 선택 교리와 관련된 중요한 교훈들을 논하고 있다. 육체적으로 아브라함의 씨(자손)라고 해서 자연적으로 하나님의 자녀가 되는 것은 아니다(롬 9:7, 8). 구원은 하나님의 약속에 기초하여 하나님의 뜻에 따라 이루어지는 것이다.

자기 백성을 삼고자 하시는 "하나님의 계획"(롬 9:11)은 죄로 인하여 죽은 상태에 있는 사람들을 영원한 생명으로 부르시는 하나님의 택하심에 입각한다(롬 9:11; 엡 2:1-3과 비교하여 보라). 모든 인간의 본성은 부패해 있기 때문에 어느 누구도 자기의 행함으로는 구원을 받을 수 없다. 구원은 오직 자기가 택하신 자들의 마음 가운데 역사하셔서 그들을 영적인 죽음으로부터 그리스도 안에 있는 생명으로 부르시는 하나님의 은혜로만 얻어진다(엡 2:4-9).

두 소년 에서와 야곱의 영적인 면에 있어서의 차이점은 그들의 어린 시절에 대하여 기록해 놓은 사건을 보면 명백하게 드러난다(25:27-34). 에서에 대한 이삭의 편애는 계시된 하나님의 뜻(23절)에 근거한 것이 아니라 오히려 육체적인 욕심(28절)에 근거한 것이었으며, 결국 그것은 개인적으로는 이삭 자신에게와 또 그의 가족들에게 엄청난 고통과 슬픔을 가져다 주었다.

여기에 기록된 사건(25:27-34)은 야곱이 준비했던 약간의 죽을 에서가 스스로 탐내었던 어느 날에 대하여 이야기하고 있다. 육욕에 마음을 빼앗긴 에서의 태도는 그가 한 순간의 육체적인 즐거움을 위하여 장자 상속권을 기꺼이 팔려고 할 때에 잘 나타난다. 그것은 그 자체로는 실질적인 효력이 없는 유치한 거래 행위였다. 그러나 그것은 에서의 본성을 잘 드러내 주는 것이었다. 성경은 그가 자기의 장자의 명분을 경홀히 여겼다고 말한다(34절).

야곱 또한 이 사건 속에서 그다지 좋게 드러나지는 않는다. 그는 자기 형이 요구하는 것을 내어 주지 않고 가지고 있으면서 이기적으로 행동한 것처럼 보인다. 그럼에도 불구하고 그는 부친과 조부의 영적 상속에 대한 깊은 인식과 올바른 판단력을 드러내었다(25 : 31).

이 사건은 에서를 세속적인 사람, 다시 말하자면 그가 하나님의 자녀의 가족 가운데 있는 사단의 자녀라는 것을 나타내 준다. 그의 본성에 대한 훗날의 증거는 이같은 사실을 뒷받침하여 준다. 에서가 그의 아내들을 택했을 때, 그들은 가나안 사람들이었다(26 : 34, 35, 36 : 2, 3). 그리고 야곱이 그를 노하게 했을 때, 그의 마음은 살인할 생각으로 가득 차 있었다(27 : 41). 이것은 형제를 죽인 또 다른 사람 가인을 연상하게 만든다. 히브리서 기자는 우리를 위하여 에서의 본성을 망령되다(profane)고 한 마디로 요약하고 있다(히 12 : 16).

우리는 여기서 야곱이 본래부터 선했기 때문에 하나님께서 그를 부르시고 택하신 것이 아니라는 사실을 다시한번 확인할 수 있다. 하나님께서는 자신의 선하신 뜻을 따라 야곱을 택하셨고 또한 죄인 야곱을 성도 이스라엘로 재창조하신 것이다.

죄인으로서의 야곱은 27절에서 볼 수 있다. 이삭의 계속된 고집이 여기에 기록되어 있는 불행한 사건의 원인이었다. 이삭은 하나님께서 에서를 선택하지 않으셨음에도 불구하고 자기 스스로 에서를 선택하고 그를 축복하려고 하였다(27 : 1). 이삭의 이 죄는 에서로부터 축복을 훔치려고 꾀한 리브가와 야곱의 죄와 혼합되어 나타난다. 리브가는 하나님의 뜻을 알고 있었지만 하나님을 향한 인내와 믿음이 부족했다. 사라와 아브라함이 했던 것처럼 그녀는 하나님을 도우려 했으나 정도를 벗어난 그릇된 방법을 동원했다. 야곱은 다만 부친을 속이기 위한 위장이 탄로나게 되는 것만을 두려워했을 뿐 범죄에 완전히 관련되어 있다(12절).

스스로 저주를 자청하면서까지 두려워하는 야곱에게 쉽게 대답했던 리브가의 행동은 그녀가 기대했던 것보다 더 큰 반향

(repercussions)을 초래했다. 리브가는 사실 이 사건 이후로 아들 야곱을 다시는 볼 수가 없었다. 불과 며칠 간의 이별인 줄로만 알았던 것(44절)이 20년으로 변할 줄이야! 그 때쯤에는 아마 리브가는 죽어 있었을 것이다.

야곱의 죄는 하나씩 하나씩 더 늘어갔다. 먼저 그는 아버지에게 거짓말을 하였고(18, 19절), 다음에는 자신의 죄악 가운데 하나님을 관련시키면서 하나님의 이름을 욕되게 하였다(20절). 야곱의 위장(pretense)은 성공하여 하나님께서 그에게 주시기로 의도하셨던 축복을 받기는 하였으나 죄된 방법으로 받았다. 이삭은 일어난 사건의 자초지종을 알고 난 후에는 결국 하나님의 뜻에 굴복하였다(33절). 우리가 이미 언급한 바와 같이 에서는 하나님의 뜻에 순종하지 않았다(41절).

하나님의 뜻에 대한 이삭의 순종은 창 28:1 이하에서 잘 나타난다. 이삭은 야곱을 떠나보내면서 이번에는 기쁜 마음으로 그에게 축복을 새롭게 하였다. 이렇게 볼 때 이삭은 이번 사건(misdeed)에 대하여 야곱보다는 오히려 자기 자신을 책망하였던 것 같다. 히브리서는 이삭이 믿음으로 야곱과 에서를 축복하였다고 말한다(히 11:20). 한편 에서는 세속적인 생활을 계속하였다(28:9).

야곱은 영적인 거인(giant)과 작별을 하고 가나안을 떠나갔다. 그가 벧엘에서 완전히 홀로 있을 때에 꿈 속에서 하나님을 직접 대면하게 된다(28:12, 13). 여기서 야곱에게 보여진 사닥다리는 훗날 그리스도의 모형으로 언급되어진다(요 1:51). 이 사건에 있어서의 요점은 하나님께서는 그를 필요로 하는 사람이 있는 곳으로 내려오신다는 것을 나타내고자 한 것 같다. 두려운 마음으로 에서를 피하여 도망했던 야곱은 죄인이었으며 또한 혼자였다. 하나님께서는 이러한 야곱이 있는 곳으로 내려 오셔서 야곱에 대한 자기의 사랑을 알리셨다(13-15절). 야곱에게 하신 그의 말씀을 통하여 하나님께서는 안위와 약속을 주신다. 그리고 이것은 사람이 아닌 바로 하나님께서 주시는 참으로 가치있는 축복인 것이다.

야곱의 반응은 유감스러운 점을 많이 남겼다. 그는 사뭇 거만한 자세로 하나님과 흥정을 하려고 했다. "하나님이 나와 함께 계시사 …… 하시오면 여호와께서 나의 하나님이 되실 것이요…… 모든 것에서 십분 일을 내가 반드시 하나님께 드리겠나이다 하였더라"(20-22절). 이같은 야곱의 반응은 하나님의 자비에 대한 아브라함의 영적인 반응(14:20)과 얼마나 큰 대조를 이루는가.

사기꾼 야곱은 그가 머물게 된 메소포타미아에 있는 외삼촌 라반의 집에서 그를 능가하는 호적수를 만나게 된다. 창세기 29장과 30장에 나타난대로 라반은 오며 가며 야곱의 허점을 찔렀다.

야곱에게 몇 번이고 되풀이하여 장애물이 나타나는 데에는 다분히 권선징악(poetic justice)적인 요소가 내포되어 있다. 야곱은 외삼촌에게 속아서 약 20년 동안을 그의 종으로 머물러 있지 않으면 안되었다. 그럼에도 불구하고 이 고난의 시기 동안에 야곱은 자기 자신이 아닌 하나님을 의뢰하는 법을 배웠다. 야곱은 라반의 계략에도 불구하고 그리고 자신의 속임수 없이도 하나님께서 자기를 번성케 하셨다는 것을 알았다(31:7-13).

야곱이 두 아내와 함께 도망갈 때에(31:7이하), 라반이 추적해 와서 그를 붙잡았다. 다시금 하나님께서 두 사람 사이의 충돌을 예방하셨다. 고고학은 우리가 자신의 아버지의 신들을 훔친 라헬의 행위를 이해하는데 도움을 준다. 메소포타미아에서 널리 행해진 관습에 따르면 그와 같은 가족신을 소유한 자녀가 상속권을 가졌다. 야곱 자신은 이 일과 아무런 관련이 없었다.

라반과 마주친 야곱은 다시금 하나님께 대한 자기의 완전한 믿음을 나타내 보였다(31:38-42). 결국 두 사람이 헤어질 때, 그들은 한쪽 편에서 다른 편에 해를 끼치려고 국경을 넘어오는 일이 없도록 각자 기억하기 위하여 두 민족 사이에 국경표시판을 세웠다. 야곱은 그것을 미스바 혹은 "망루"(watchtower)라 불렀다. 49절은 때때로 축복 기도문으로 사용되기도 하지만 적어도 여기에서는 축복

기도가 아니다. 문맥은 두 사람이 서로에게 좋은 뜻을 표현하고 있지 않다는 것을 보여 준다. 오히려 여기서 야곱이 말하고자 하는 근본적인 내용은 "당신이 나를 해치지 못하도록 내가 감시를 할 수 없는 동안에도 하나님께서 계속해서 당신을 감시하실 것이다"라는 것이다.

야곱은 라반의 추적에서 풀려나자마자 이번에는 자기를 멸절시키려고 다가오는 에서의 소식을 접하게 된다(32:1이하). 뒤로는 외삼촌 라반에 의해서 메소포타미아로 도망하는 것이 차단되어 있고, 앞으로는 적개심에 불타는 형 에서와 마주쳐야 하는 그 순간에 야곱은 그의 영적인 상태의 절정에 이르게 된다. 창세기 32:9-12에 나타나는 그의 기도는 대단한 겸손과 신뢰의 정신을 표현하고 있다. 그의 믿음은 이제 아브라함의 믿음과 같은 것이 되었다. 그는 이제 자기 자신의 두뇌를 신뢰하지 않고 오직 하나님의 은혜 만을 신뢰한다. 그는 이제 기도의 근거를 자기가 기억하고 있는 하나님의 약속에다 둔다(32:12).

그날 밤 야곱은 홀로 남아서 밤새도록 어떤 사람과 씨름을 하면서 이상한 경험을 하였다(22절이하). 그날 밤에 그는 이스라엘이라는 새로운 이름을 받았다. 이스라엘이라는 말의 의미는 "하나님과 싸우는 사람"이다. 이 새 이름이 주어진 이유는 야곱이 사람들과 하나님으로 더불어 싸워서 이겼기 때문이다.

그는 자기 자신의 수단을 통해서가 아니라 하나님을 믿는 믿음으로 말미암아 그의 대적인 사람들과 싸워 이겼다. 그리고 그는 하나님을 상대로한 흥정을 통해서가 아니라, 우리 인간이 하나님을 이길 수 있는 유일한 방법인, 그의 겸손과 복종으로 말미암아 하나님과 더불어 싸워서 이겼다.

요약하자면, 하나님께서는 자기의 모든 자녀들을 택하실 때에 그러하셨듯이, 야곱의 경우에 있어서도 그가 본래부터 선하기 때문이 아니라 그를 향하신 하나님의 계획과 뜻 때문에 그를 선택하셨다고 말할 수 있다. 그런 다음에 하나님께서는 그가 부르신 이 죄인들을 그에게 합당한 자들이 되도록 고쳐 나가는 일을 하신다. 야곱의 일생을 개관해 볼 때, 우리는 그가 당한 고난과 역경을 통하여 하나님께서 어떻게 그에게 있는 모든 교만을 태워 버리셨는가 하는 것을 알 수 있다.

창세기 33장에 나오는 에서와 야곱의 재회는 하나님께서 참으로 야곱의 모든 대적들을, 심지어는 에서까지도 주관하고 계시다는 사실을 나타내고 있다. 또한 이것은 다시 한번 에서의 유물론적인 태도를 드러내 준다. 9절에서 에서는 자기는 충분히 가졌으니 그것으로 족하다고 말했다. 확실히 처음부터 그의 큰 관심은 야곱이 자기를 속여서 자기의 물질적인 축복을 빼앗아 갔다는 것이었다. 그러나 실은 그렇지 않다는 것과 자기가 재물을 충분히 가진 것을 깨달을 때 더 이상 그는 야곱을 죽일 생각을 하지 않았다. 그는 야곱이 받은 것과 같은 그러한 영적인 축복을 잃어버렸다는 사실을 깨달았어야 했다. 그러나 그는 그렇지 못하였다. 그는 세속적인 사람이었다.

야곱의 자녀들—하나님의 가족
(창세기 34—50장)

창세기의 마지막 부분은 야곱의 자녀들의 생애 가운데 있어서 여러가지 일화들과 관련되어 있다. 야곱은 아직 살아있기는 하지만, 이제 그는 표면에 나타나지 않는다. 이 부분의 주제는 다음과 같은 질문으로 대신 할 수 있을 것이다. 야곱의 아들들 가운데서 가장 탁월한 사람은 누구일까? 각 사람이 테스트를 받을 때마다 이 질문은 더욱 타당성을 발휘하게 된다.

하나님의 자녀들, 곧 야곱의 아들들이 겪게되는 첫번째 시험은 창세기 34장에 기록된 디나의 사건으로부터 시작되었다. 야곱의 딸

디나는 호기심이 많은 여자였으므로 그녀는 세겜성에 사는 가나안 사람들의 딸들과 매우 친숙하게 되었다. 그 곳에 사는 젊은이들 가운데 세겜이라 불리는 한 청년이 디나를 강간하고는 그녀를 연모하게 되었다. 그 소식을 알게 된 디나의 형제들은 매우 분노하였다(34 : 7).

이스라엘의 가족과 가나안 사람들 사이에 자유로운 혼인관계를 맺게 하자는 세겜의 아비의 제안은 물론 하나님의 뜻에 위배되는 것이었다(9절 이하). 우리는 홍수 이전의 하나님의 자녀들의 죄와 또한 가나안 여인들과 결혼하였던 에서의 죄를 기억하고 있다. 아브라함은 자기의 아들 이삭에게 그러한 일을 행치 말라고 매우 조심스럽게 타일렀었다. 그러나 야곱의 아들들은 거짓말과 세겜 사람들을 속임으로 말미암아 그들과 동일한 잘못을 저질렀다(13절). 특히 야곱의 둘째 아들과 셋째 아들인 시므온과 레위가 이 사건에 깊이 관련되었다(25-26절). 간단히 말하자면, 야곱의 아들들은 전연 부친의 승인도 없이 거짓말을 하고 살인, 도둑질을 자행하였다(30절).

그럼에도 불구하고 하나님께서는 야곱의 가족들이 계속 가나안 땅에 거주하지 않으면 안되었기 때문에 그들을 보호해 주셨다(35 : 5).

창세기 35장은 몇가지 주목되는 다른 일들을 포함하고 있는데 그 것들은 곧 리브가의 유모 드보라의 죽음(8절)과 야곱의 막내 아들 베냐민의 출생(18절), 그리고 야곱의 사랑하는 아내 라헬의 죽음(19절) 등이다.

이러한 불안정한 시기에, 아마도 야곱의 장자 르우벤은 불안함을 느꼈을 것이며, 동시에 자기에게 지워진 책임감으로 괴로워하고 있었을 것이다. 이유야 어쨌든 간에 우리는 그가 자기 아버지의 첩과 통간한 사실을 알게 된다. 성경의 다른 부분들에서 발견할 수 있는 이와 같은 행위를 통하여 우리는, 한 가족 혹은 그 지역의 머리되는 자기 주인의 첩을 취하는 자의 의도를 살펴 볼 수 있다. 따라서 르우벤이 취한 행위는 단순히 육체적인 욕망에서 비롯된 것이 아닌 오만한 행위였다. 그리하여 이때부터 야곱의 처음 세 아들 르우벤과 시므온과 레위는 모두 하나님의 백성의 지도자로서의 적합성에 대해 심각한 의문을 제기하게 하는 행동을 했었다.

창세기 36장은 에서의 자손들의 행적만을 기록하여 이제는 그들이 이스라엘의 가계로부터 분리된 백성이 되었다는 것을 보여준다. 하나님께서는 야곱과 에서 두 사람이 아직 태중에 있을 때 부터 그들을 구별하셨다. 야곱과 에서는 각기 독립된 나라를 형성하기 위한 길목에 위치해 있었다. 야곱은 이스라엘 족속의 선조가 되고 에서는 에돔 족속의 선조가 되었다. 이들 두 족속은 모두가 땅에서 오랜 역사를 가지고 있지만 그들은 서로 전혀 다른 민족이 되었다. 에돔에 대한 마지막 설명은 오랜 후에 선지자 오바댜의 글에 나타난다.

창세기 37장부터 우리는 이 책이 끝날 때까지 계속 등장하는 탁월한 인물인 요셉의 이야기와 그의 형제들의 이야기를 새로이 대하게 된다. 요셉의 어린 시절은 다소 불행했다. 그는 부친의 사랑을 듬뿍 받았지만(3절), 한편으로는 형들의 잘못을 고해 바치는 고자질장이이기도 했다(2절). 이러한 모든 것이 아주 자연스럽게 다른 형제들의 마음 속에 원한이 쌓이도록 하였다. 자기 형제들 뿐만아니라 부모들 위에까지 그가 군림하게 될 것에 대한 꿈을 요셉이 뻔뻔스럽게 이야기한 것 또한 문제를 더욱 악화시켰다(5절 이하). 이에 덧붙여 우리는 집으로부터 멀리 떨어져 있는 형들에게 요셉을 보낸 야곱의 어리석음도 볼 수 있다. 여기서 우리는 실제로 일어난 비극의 모든 요인들을 파악 할 수 있다.

큰아들 르우벤을 통하여 나타난 하나님의 개입이 요셉의 형들이 계획했던 살인을 막았다. 그러나 그들은 이집트를 여행하고 있는 이스마엘 족속에게 요셉을 팔았다. 이 때에 그들은 요셉을 다시 보게 될 것이라고는 상상도 하지 못했다(28절). 이 불미스러운 사건에서, 두 아들은 나름대로 계명을 지키려고 노력하였다. 르우벤은 요셉을 구하려고 하였기 때문이고, 유다는 살인을 막았기 때문이다 (26절). 그러나 그들이 돌아와서 부친에게 했던 거짓말에는 형제들 모두가 관련되었다(29절 이하).

요셉의 이력을 좀 더 추적하기 위하여 38장은 당분간 뛰어 넘기로 하겠다. 39장은 그가 어떻게 해서 애굽에서 번성하게 되었는지를 설명하고 있다. 이때(39장)는 어린 요셉에게 있어서는 시험의 때였다. 요셉은 잘 생겼고 체격이 튼튼해 보였으며, 주인의 아내의 눈에 매력적으로 보였다(39:7). 그녀가 요셉을 유혹하려 했을 때 보여 준 요셉의 대답은 그가 소유하고 있던 깊은 믿음을 잘 드러내 준다. 요셉에게는 주인의 아내와 정사를 갖는 것이 단순히 사회적인 부도덕의 문제로 끝나는 것이 아니라 바로 하나님을 거스리는 죄였던 것이다(9절).

요셉이 비록 유혹에 대한 거절로 인하여 고난을 받기는 하였지만 하나님께서는 감옥 안에서 그를 축복하심으로써 그의 손해에 대하여 보상해 주시었다(39:21). 하나님의 섭리 가운데서, 해몽가(interpreter of dreams)로서의 요셉의 평판이 왕에게까지 이르렀을 때 출옥의 길이 마련되었다. 다시금 우리는 요셉이 결코 자기의 이익을 위하여 행동하지 않고 언제나 하나님의 영광을 위하여 행동하였음을 보게 된다(40:8, 41:16). 우리는 이제 37:2에 나타났던 17세 된 소년 요셉과는 전혀 다른 한 사람을 본다. 하나님께서는 요셉을 기억하셨으며 그를 감옥에 갇힌 죄수의 신분으로부터 높이 그리고 부유하게 끌어올리셔서 바로 왕 다음가는 그 땅의 제 2 인자로 세우셨다(41:37 이하).

이제 갓 서른살이 된 이 사람(41:46)은 권위있는 사람이 되었으며, 또한 하나님의 도우심으로, 하나님께서 바로의 꿈을 통하여 말씀하신 그 기근의 때에 애굽을 구하는 유능한 치리자가 되었다(41:53-57).

요셉의 형제들과 요셉의 재회를 설명하기에 앞서 이제 다시 창세기 38장으로 돌아가보자. 창세기 38장은 야곱의 넷째 아들이면서 또한 요셉의 형제들 중의 하나인 유다의 생애에 일어난 한 에피소드를 말해 주고 있다. 이 장에서 우리는 아주 불유쾌한 시선으로 유다를 보게 된다. 유다는 하나님의 뜻을 거역하고 가나안 여인과 결혼하였다(38:2). 그리고 그는 자기의 자녀들을 바로 양육하지 못하였다. 결국 그의 자녀들은 하나님을 노하게 하는 행동으로 인하여 죽임을 당하고 말았다(6-10절). 그리고 유다는 또한 자기 며느리 다말의 필요를 무시하였다(11절 이하). 그것으로 충분하지 못했든지 그는 후에 계속하여 그 땅의 창녀들을 찾았으며 심지어는 그를 속이고 자신의 후손을 얻으려고 하는 자기의 며느리와도 관계를 맺었다.

그런데 놀랍게도, 유다의 일생에 나타난 이 일련의 수치스런 행위에도 불구하고 하나님께서는 유다의 오만함을 꺾으시고(26절), 다말을 통하여 그에게, 훗날 이스라엘에게 하나님의 축복을 전달하는 통로가 된 아들 베레스를 주셨다(38:29).

하나님께서 요셉을 통하여 바로에게 예고하셨던 기근이 들었을 때, 야곱의 가족은 그 땅의 모든 사람들과 함께 고통을 당하기 시작했다. 그리하여 하나님의 섭리하심으로 야곱의 아들들은 애굽으로 내려갔고 거기서 그들은 다시 볼 수 없을 것이라고 생각했던 요셉을 대면하지 않으면 안되었다. 그들은 어렸을 때 노예로 팔려 갔다가 이제는 성인이 된 요셉을 알아 보지 못했다(42:6 이하).

요셉이 형제들과 벌인 술래잡기 식의 행위는 하나님의 뜻이었음에 틀림이 없다. 이전에 요셉이 시험을 통과해야 했던 것처럼 이제는 그들이 시험받을 차례였다. 요셉이 그들에게 안겨 준 압박을 느끼면서 그 형제들은 자기들의 과거 행위에 대한 후회와 가책의 표시를 나타내었다(42:21).

요셉의 형제들이 시므온을 애굽에 남겨 둔 채로 야곱에게로 돌아가서 '너희가 시므온을 다시 보기를 원한다면 베냐민을 데리고 돌아와야 한다'고 말한 그 땅 주인의 요구를 아버지 야곱에게 일렀을 때 야곱은 마음 속에 쌓였던 비통함을 꾸밈없이 쏟아내었다(42：36).

이 시점에서 장자 르우벤은 다시 한번 시험에 실패했다. 이 경우에 있어서 부친의 요구에 대한 그의 대답은 오히려 잔혹하다고 말할 수 있다(42：37). 그는 자신의 미숙한 방법을 통하여 아버지를 설득하는 데 실패하였다. 다시금 르우벤은 자신이 하나님의 백성의 지도자가 아니라는 것을 나타내 보였다.

이때에 유다가 가족들 가운데 탁월한 자로서 자기 형제들의 지도자로 부각된다. 르우벤과는 대조적으로, 우리는 여기서 베냐민을 위하여 자신을 담보하고 또한 부친을 사랑하는 마음 때문에 형제를 위하여 자기 생명을 기꺼이 내어 놓으려고 하는 유다의 온정적이고 자기 희생적인 모습을 보게 된다(43：8, 9). 그리하여 유다는 다른 형제들에게 결여되어 있는 영적인 자질을 충분히 보여주었다. 이때로부터 자주 나타나는 "유다와 그 형제들"이라는 말은 유다가 획득한 새로운 지도자의 역할을 나타내준다(44：14).

유다의 영적인 성장은 그가 아직 정확한 신분을 모르고 있는 요셉을 만났을 때와 베냐민이 요셉의 잔을 훔친 사건에서 분명하게 드러난다(44：18-34). 유다는 부친에게 한 약속을 지킴에 있어서 충실하였으며 또한 그의 부친과 베냐민에 대한 지극한 사랑을 나타내 보였다. 유다는 종으로 팔려가는 아우 요셉을 그의 형제들과 함께 냉정하게 쳐다볼 수 있었던 지난 날의 태도로부터 엄청난 변화를 보였다. 유다는 베냐민이 저지른 잘못을 생각하면서 베냐민을 위해서 자기의 생명을 기꺼이 바칠 각오를 하고 있었다(44：32-34).

요셉 또한 큰 변화를 보여 주었다. 다소 거만하고 우쭐대던 17세의 소년 요셉은 이제 영적으로 성숙하고 겸손한 사람이 되어 있었다(45：5-8). 자기의 생애와 형제들의 생애에 나타난 하나님의 주권에 대한 그의 통찰력(45：7-8)은 오순절에 행한 베드로의 설교에 필적할 만하다(행 2 : 23, 24). 베드로는 비록 악인들이 악한 자들의 손을 통하여 영광의 주님을 못박아 죽였으나, 그 일은 하나님의 계획 속에서 이루어졌으며, 결과적으로는 그 일이 하나님의 백성들에게 유익을 가져오게 했다는 것을 볼 수 있었다.

야곱이 이집트에 도착하여 요셉과 나눈 새로운 만남 이후에 나타나는 야곱의 축복은 이미 우리가 보아온 것 중에서 많은 부분을 반영하고 있는 함축적인 예언이다(49장). 르우벤과 시므온, 그리고 레위는 성격의 심각한 결함으로 인하여 야곱의 가족 안에서 지도력을 상실하고 말았다(49 : 2-7). 관심은 탁월한 지도력을 발휘했던 유다에게 집중된다(8절). 더구나 그의 대적에 대한 승리에의 예언은 창 3 : 15의 약속을 언급하고 있는 것처럼 보이며, 이것은 오랫동안 기다리던 자손(seed)이 그에게서 나올 것을 예시하는 것이다(49 : 8). 9절에서 나오는 사자의 모습은 후에 하나님의 백성(미 5 : 2-8)에게 적용되며 나아가서는 다윗 집안의 그리스도에게 더욱 특별히 적용된다(계 5 : 5).

유다 지파에게 주어진 홀에 대하여 언급하고 있는 10절은 분명히 하나님의 백성들에게 왕정시대가 도래하게 될 것을 예언하고 있다. 실로라는 이름은 왕중의 왕을 언급하는 것일 것이다. "실로"라는 말은 "그것(홀)이 그에게 속한 자"(him to whom it belongs)라는 의미를 가지고 있으며, 따라서 하나님의 왕국을 가리키는 것으로 해석될 수 있다. 11절과 12절의 피와 붉은색에 대한 언급 또한 메시야적인 함축을 지니며 십자가를 암시한다고 볼 수 있다. 한 가지 분명한 것은 이 단락은 하나님의 백성 중에서 유다가 탁월한 위치를 차지하게 될 것이며 또 유다에게서 구세주가 태어나게 될 것을 보여준다는 것이다.

야곱이 죽은 후, 요셉의 복수에 대한 형들의 두려움은 요셉이 직접 그들을 안심시키는 말을 함으로써 재빨리 완화 되었다(50 : 19-21). 모든 것이 합력하여 선을 이루도록 역사하시는 하나님의 뜻을 거스렸던 자기의 경험이 주는 의미로부터 얻은 요셉의 통찰력은 이 족장 시대에 있어서의 하나님의 백성들에게서 배울 수 있는 전체적인 교훈을 적절하게 요약해 준다. "하나님은 그것을 선으로 바꾸사 오늘과 같이 만민의 생명을 구원하게 하시려 하셨나니"(50 : 20).

하나님의 백성들이 이집트에 머무는 동안 아브라함에게 주셨던 하나님의 약속은 이스라엘의 소망이 되었다.

또한 우리는 자기 백성들과 더불어 역사하신 하나님의 초기 사역을 통하여 그의 백성으로 하여금 사랑 안에서 자기 앞에서 거룩하고 흠이 없게 하시려는 하나님의 계획은 인간들의 실패로 인하여 방해받지 않았음을 알 수 있다. 하나님께서는 죄인들을 택하여 부르시고 그들을 자기의 자녀로 삼으시고 또한 그들을 자신이 원하는 인물로 만들어 가셨다. 셋에서 노아까지, 셈에서 아브라함까지, 이삭에서 야곱을 거쳐 유다에 이르기까지, 하나님께서는 그와 그의 백성들의 대적들을 멸망시키려 오실 그 자손(that seed)을 향하여 꾸준히 활동하셨다. 하나님의 선하신 계획은 인간들의 악행과 실패에 의해서 결코 좌절되지 않았다. 이 맨 처음의 책은 하나님의 주권적인 은혜에 대한 위대한 증거를 담고 있다.

3

구원받은 하나님의 백성

출애굽기—신명기
이집트로부터의 구원
(출애굽기 1장—19장)

요셉의 때에 이집트로 내려간 야곱의 가족은 약 70명이었다. 그들이 이집트로 내려간 것은 오래 전에 아브라함에게 하신 하나님의 말씀에 따른 것이었다(창 15:13). 야곱이 그의 아들을 보기 위하여 이집트로 내려갈 때에 여호와께서는 그에게 하나님께서 그와 함께 동행하시고 그곳에서 그로하여금 큰 민족을 이루게 하시겠다는 말씀으로 그를 안심시켜 주셨다(창 46:3). 하나님께서는 아브라함과 야곱과 요셉에게 그의 백성을 가나안으로 돌아오게 하실 것이라고 말씀하셨다(창 15:14, 46:4, 50:24).
  몇 백년이 지난 지금, 하나님의 백성들은 아직도 이집트에 머물러 있었으며 그것도 노예의 상태로였다. 그럼에도 불구하고 하나님께서는 그들에게 풍성한 축복을 주셨으며 그들을 강성하게 하셨다(1 : 7). 하나님께서 이스라엘 백성을 축복하시자, 이집트 사람들은 그들을 점점 더 혹독하게 대하였다. 그 이유는 이집트의 군주정치 안에서 일어난 변화 때문이었다. 요셉과 이스라엘에 대해 우호적이었던 왕들이 더 이상 통치하지 않게 되었다(1 : 8). 새로운 왕에 대한 언급은, 새로이 나타난 통치 가문으로 이집트에 세워진 새 왕조를 말하는 것이다. 어떤 사람들은 요셉과 그의 가족들이 이집트로 왔을 무렵의 왕들은 한동안 이집트를 통치했던 셈족 계통의 힉소스 왕조였다고 믿고 있다. 셈족 계통의 왕들은 그들과 같은 셈족인 이스라엘 사람들에게 원주민인 이집트 사람들이 이스라엘 사람들을 대하는 것보다 훨씬 더 우호적으로 대해 주었을 것이다.

어쨌든 이제, 이집트인들은 이스라엘에게 적대감을 품고서 그들을 혹독하게 부려먹었다(1 : 10-14). 그들의 잔혹성은 극에 달하여 모든 남자 아이들을 근절시키려고까지 하였으나(1 : 15 이하), 이스라엘 중에 있는 신실한 사람들이 이것을 방해하였다(1 : 17).

자기 아들을 보호하기 위하여 취해진 주목할만한 예방행위 가운데 하나는 모세 어머니의 행동이었다. 이 경건한 여인은 자신의 어린 아기를 보호할 힘이 자기에게 없음을 알고는 하나님께 그를 의탁하기로 결심하고 아기를 갈대상자 속에 넣어 나일강에 띄웠다(2 : 1 이하). 하나님의 섭리에 의하여, 여호와께 자신의 아기를 맡긴 그녀의 행동은 받아들여졌으며, 모세는 죽을 운명에서 건짐을 받았을 뿐 아니라 왕궁에서 양육을 받게 되었다. 게다가 여기에 덧붙여서 모세의 친어머니의 보살핌을 받으면서 자랐다. 그리하여 모세는 친어머니에 의한 자기 신앙의 영적인 양육과 아울러 당시 고대 세계에서 가능했던 교육 가운데서도 최고의 교육을 받을 수 있었다. 하나님께서는 장차 이 아이가 수행해야 할 특별한 일을 준비하고 계셨다.

2장은 자기 백성들을 그들이 당하는 압제로부터 벗어나게 하려다가 실패로 끝나버린 모세의 시도에 대하여 기술하고 있다(2 : 11 이하). 그가 취한 행동은 믿음에서 비롯된 것이었다. 히브리서 기자가 이것을 뒷받침하여 준다(히 11 : 24-26). 그러나 모세가 취한 행동은 실패로 끝이 나 버리고 또한 이집트에서 도망가지 않으면 안되게 되었다. 모세는 아직 자기 백성을 구원하기 위해 하나님께서 그에게 맡기실 위대한 임무를 수행할 준비가 되어 있지 못하였다. 아직도 모세에게는 하나님만을 의뢰하기 위한 겸손과 인내를 배울 시간들이 필요했다. 여호와께서는 모세로 하여금 그가 요구하시는 영적으로 성숙한 단계에까지 이르도록 하시기 위하여 광야에 있는 한 장소를 마련하셨다(2 : 16-22).

한편 하나님께서는 이스라엘과 그들이 당하는 고통을 잊지 않고 기억하고 계셨다(2 : 24). 하나님께서는 이제 막 성숙된 사람 모세라는 인물을 통하여 구원의 길을 준비하고 계셨다(3장).

모세는 양치는 목자였다. 하나님께서 사용하신 위대한 지도자들 가운데 많은 사람들이 하나님의 백성들을 인도하기 전에 목자였다는 사실은 주목할만한 일이다. 물론 우리는 아벨, 아브라함, 이삭, 야곱 등 그들 모두가 양을 치는 사람들이었다는 사실을 기억하고 있다. 훗날 다윗은 자신의 목동 시절을 통하여 자기 백성들을 위하여 깨어서 감찰하시는 하나님의 은혜에 대한 기본적인 진리들을 많이 깨달았다(시 23편을 참조하라). 아모스 선지자도 목자였다. 또한 선지자들은 자주 이스라엘의 지도자들을 목자로 칭하였다. 신약성경에서 예수님은 자신이 선한 목자이며 또한 하나님께서 백성들의 지도자로 임명하신 모든 자들이 본받아야 할 모범이라고 말씀하셨다(요 10장). 그리고 베드로는 교회의 지도자들을 가리켜 양떼를 돌보는 목자들이라고 하였다(벧전 5 : 1-4 ; 행 20 : 28 이하와 비교해 보라).

모세가 약 80세쯤 되었을 때, 하나님께서는 광야의 시내산 혹은 호렙산(시내산의 다른 명칭) 수풀 가운데서 그를 부르셨다(3 : 1).

우리는 우리가 비교해 볼 수 있는 여러 구절들로부터 그의 대략 적인 나이를 알 수 있다(출 7:7과 행 7:23). 이것은 모세가 거의 40년 동안을 장인의 양떼를 돌보면서 광야에서 지냈다는 것을 의미한다. 모세는 최고의 교육을 받고 훌륭한 배경을 가진 사람이었지만, 그럼에도 불구하고 그는 하나님께서 원하시는 사람으로 다시 빚어져야만 했다.

우리는 이제 모세가 이전의 헛된 자만심(self-confidence)을 버렸으며, 또 겸손을 배우는 광야 생활을 통해 자기 자신의 한계를 깨닫고 있었다는 것을 볼 수 있다(3:11). 하나님의 종들에게 있어서 이것은 언제나 필수적인 요소이다. 그러나 하나님의 대답은 적절하고도 남음이 있는 것이었다. "내가 너와 함께 있으리라"(I will be with thee—3:12).

이 문맥 속에서, 하나님께서는 자기 백성들이 알아야만 할 자신의 이름을 계속해서 나타내신다(3:14, 15). 그가 나타내신 이름은 "존재하는 자"(I will be)로 번역 하는 것이 가장 적합할 것이다. 이 문맥에서 우리는 하나님께서 그의 성호를 나타내신 것은 하나님께서 자기 백성과 함께 하실 것이라(God will be with his people)는 사실을 강조하시기 위함이었음을 알 수 있다.

여기에서 계시하신 하나님의 이름은 단순히 하나님의 존재에 대한 표현일 뿐만 아니라 오히려 자기 백성과 함께 임재하시는 하나님에 대한 표현이다. 먼저 12절에서 그는 이렇게 말씀하신다. "내가 너와 함께 있으리라"(I will be with thee). 그리고 이번에는 14절에서 그의 "이름이 존재하는 자"(I will be ; 히브리어의 동사형태에 있어서 12절과 14절의 동사는 정확하게 일치하고 있다—즉 히브리어 be동사의 Qal 미완료 1인칭 단수형이 사용되었다)라고 선언하신다. 그리고 이어 15절에서 이것이 그의 영원한 이름이라고 말씀하신 것을 통하여 우리는 하나님의 백성들이 이제부터는 그를 영원히 자기 백성들과 함께 계시는 하나님으로 알게 될 것이라는 사실을 이해해야만 한다. 따라서 하나님의 개인적인 이름은 히브리어로 야웨(Yahweh, 히브리어 be동사의 미완료 3인칭)이다. 대부분의 성경들은 그것을 여호와(Jehovah)혹은 주님(Lord)으로, 다시 말하자면 "그가 우리와 함께 계시다"라는 말로 표현하고 있다.

　이후에 하나님께서는 성막제도를 통하여 이스라엘의 진 중앙에 그가 임재하여 계시다는 가시적인 표(sign)를 그의 백성들에게 주신다. 그리고 보다 오랜 후에, 다시말해 이스라엘이 타락한 시기에 그들의 대적들이 그들을 위협할 때에 하나님께서는 소망의 징표(sign)로서 한 아기가 이스라엘에 태어날 것이며 그의 이름은 임마누엘('하나님이 우리와 함께 계신다'라는 뜻)이라 부르게 될 것이라고 선언하신다(사 7:14). 예수님께서 베들레헴에서 탄생하실 때 마태는 이 일이 구약성경에서 이사야가 했던 바로 그 예언의 성취였다고 말한다. 예수님은 우리와 함께 거하시는 하나님이시다. 실로 아버지께로 승천하시기 전에 교회에게 주신 예수님의 마지막 말씀은 "볼지어다 내가 세상 끝날까지 너희와 항상 함께 있으리라"는 것이었다(마 28:20). 그리고 승천 이후에 자기 백성들과 함께 하시는 그의 임재에 대한 계속적인 확증을 얻기 원한다면 사도행전 18:9, 10을 참조해 보라.

　그러므로 그 날에 모세에게 임한 계시는 하나님의 백성들에게 크나큰 소망이 되었으며 또한 그들의 모든 필요—하나님께서 자기 백성들과 함께 거주하심—에 대한 위대한 해답이 되었음에 틀림없다. 우리는 앞으로 계속해서 하나님께서 그의 백성들과 진실한 지도자들에게 자기가 그들과 함께 하신다는 사실을 확증해 주고 계시는 것을 보게될 것이다. 하나님께서 자기 백성들과 함께 하시는 것 이외의 다른 어떤 것도 오늘날 세상에 있는 교회의 지속적인 사역을 가능하게 만들 수는 없다.

　이 모든 것에도 불구하고 모세는 여전히 불안했다. 계속적인 그의 두려움은 자기가 부적당하다는 느낌에 기초하고 있었다. 모세가 두려워했던 것은 정확히 말해서 그가 하나님으로부터 받아서 전하는 그의 말을 이스라엘 백성들이 받아들이지 않을 것이라는 것이었다(4:1). 여기에 대한 하나님의 해결책은 하나님께서 모세와 함께 임재하여 계시다는 것을 입증하고 또 그가 행하시고 말씀하신 것에 대한 승인을 이스라엘 백성들로부터 얻을 수 있도록 하시기 위하여 모세에게 이적을 행하는 능력을 주시리라는 것이었다. 출 4:5은 우리에게 모세를 통해서 하나님께서 역사하시려고 하는 이적들의 기능이 무엇인지를 분명하게 가르쳐 준다. 이것은 그의 백성들로 하여금 모세가 자신의 권위로써 그들에게 와서 말하는 것이 아니라, 하나님께로서 보냄을 받았다는 사실을 믿을 수 있도록 하기 위함이었다.

이 단락은 성경에 나타난 이적과 계시 사이의 적절한 관계를 보여 준다는 면에서 매우 중요하다. 분명히 말해서 이것은 모세를 하나님의 대언자로 세워주고 또한 하나님께서 모세에게 말씀하신 것에 대한 권위를 나타내기 위하여 모세에게 주어졌다. 더욱 더 우리가 주목해야 할 사실은 성경에 나타나는 이적들은 새로이 시작되는 계시 시대에 주로 나타난다는 것이다. 기록된 계시 시대의 서문을 여는 모세 시대에는 일련의 이적군(clusters of miracles)들이 나타난다. 훗날 위대한 문서기록 선지자들(writing prophets)의 선두주자들이었던 엘리야와 엘리사 시대를 통하여 우리는 또다른 이적군(clusters of miracles)을 대할 수 있으며 그리고 다니엘 시대를 통하여 보다 적은 양의 이적군을 대하게 된다.

신약성경에서 가장 큰 이적군이 나타나는 것은 복음을 선포하시는 그리스도의 주변에 있으며, 그리고 작게는 그리스도의 부활과 승천을 전후하여 사도들 주변에 있다. 하나님은 특별한 목적을 위하여 그의 종들에게 이적을 행하는 능력을 주셨다. 그리고 그들로 말미암아 나타나는 이적을 통하여 하나님께서는 그들이 하나님으로부터 받은 새로운 계시를 전달하는 자들로서의 권위를 세워 주셨다. 그러므로 새로운 계시시대가 사도시대의 말기에 가서 막을 내릴 때에 이적시대(the age of miracles)도 함께 막을 내렸다고 결론짓는 것이 건전하다고 생각된다.

모세의 저항에도 불구하고 하나님께서는 그를 광야에서부터 이끌어내어 바로왕 앞에 서게 하셨다(4:13, 5:1). 출애굽기 5장에서 11장까지는 모세와 바로왕의 충돌(encounters)에 관하여 이야기해 주고 있다. 여기에 나타난 하나님의 백성들을 자유케 하려는 모세의 이 두번째 시도 마저도 40년 전의 첫번째 시도와 마찬가지로 분명히 실패할 것만 같아 보이지만, 이제 우리는 달라진 모세를 보게 된다. 그는 또다시 광야로 도망가지 않는다. 대신에 그는 하나님께서 그와 함께 하신다는 확신을 구하는 진실한 중보자로서 하나님께 나아간다(5:22, 23). 그리고 하나님께서는 모세에게 자기가 참으로 그와 함께 하신다는 확신을 모세에게 주시면서 그의 이름을 상기시켜 주신다(출 6:2 이하). 여기서 하나님께서 모세에게 그의 이름을 상기시켜 준 것은 '내가 너와 함께 있으리라'는 약속과도 같은 것이었다.

그 날에 모세에게 주신 하나님의 대답은 구속(redemption)에 대한 적절한 어휘들을 포함하고 있다(6:6-8). 여기에서 우리는 애굽 사람들의 무거운 짐으로부터의 구출(6절-마태복음 11:28과 비교하여 보라); 노예 상태로부터의 해방(6절-죄의 종에 대하여 언급하고 있는 로마서 6:17과 비교하여 보라); 구속(6절-로마서 3:24과 비교하여 보라); 양자됨(7절-에베소서 1:5과 비교하여 보라); 하나님에 대한 지식 혹은 믿음(7절-호세아 4:6; 빌립보서 3:10; 디모데후서 1:12과 비교하여 보라); 인도(8절-마태복음 25:21과 비교하여 보라) 등에 관한 표현을 발견할 수 있다.

여기에서 중요한 점은 하나님께서 그 날에 이스라엘을 위한 직접적인 그의 계획에 대하여 말씀하실 때에 하나님의 백성들이 구원의 복음을 세상에 전달하는 데 있어서 필요불가결한 어휘들이 될 단어들을 사용하여 말씀하셨다는 것이다. 7장은 모세의 손을 통하여 나타난 일련의 이적과 표적들에 관하여 기술하기 시작한다. 다시금 모세가 행한 이적은 그가 전한 메시지와 결부되어 나타난다. 그리고 여기에서 우리는 하나님의 선지자들에게 주어진 직무가 어떤 것인가를 분명하게 볼 수 있다. 하나님께서는 그의 선지자들을 모세가 아론에게 했던 것처럼 대하신다. 아론이 모세가 자기에게 일러준대로 말해야 했던 것과 마찬가지로 선지자는 하나님께서 그에게 말하도록 일러주신 것을 전해야만 했다(7 : 1, 2).

여기 저기에 간혹 나타나는 하나님께서 바로의 마음을 강퍅하게 하셨다는 표현에 대해서는 약간의 설명이 필요하다(7 : 3, 13 등 등). 창세기 6 : 5과 8 : 21에서 볼 수 있는 바와 같이 인간의 본성은 항상 악할 뿐이다. 그러므로 여기서 본래 바로왕이 하나님께 복종하려는 쪽으로 기울어지려는 것을 하나님께서 그의 마음을 억지로 아주 완고하게 만드셨다고 추정하는 것은 잘못이다. 여기서 사용된 "강퍅하게 하다"라는 말은 "굳어지게 하다"(made to set)로 번역하는 것이 더욱 바람직하다. 하나님께서 바로왕을 더욱 악하게 만드신 것은 아니었다. 하나님께서는 단지 바로가 악을 행하지 못하도록 제지하는 것을 거절하셨을 뿐이다. 하나님께서는 바로의 마음이 본래의 악한 성질을 따라 굳어지도록 내버려 두셨다. 바울은 그가 악한 사람들에 대하여 말하는 로마서 1장에서 이와 똑같은 현상을 묘사하고 있다. "하나님께서 저희를 부끄러운 욕심에 내어버려 두셨으니… 하나님께서 저희를 그 상실한 마음대로 내어버려 두사…" (롬 1 : 26, 28). 하나님께서 흔히 인간들의 삶 속에서 그러시는 것처럼, 하나님께서 여기서 단순히 바로가 마음 속에 품고 있는 모든 악을 행하지 못하도록 방지하기 위하여 개입하시기를 거부하셨다.

아마도 하나님께서 애굽의 마술사들로 하여금 여호와께서 행하신 몇 가지 이적들에 맞설 수 있도록 허락하신 이유는 모세와 아론의 믿음을 시험하는 동시에 애굽인들의 교만한 마음을 더욱 자극하기 위함이었을 것이다(7 : 11, 22 등). 이 마술사의 행위는 아마도 사실이었을 것이며 단순한 속임수가 아니었을 것이다. 성경은 그들이 그 일들을 행했다고 말한다. 그러나 분명코 그 일들이 그들 자신의 능력으로 행하여지지는 않았다. 아마 그들은 훗날 하나님의 도우심으로 죽음으로부터 사무엘을 불러올린 엔돌의 무녀가 놀란 만큼이

제 3 장/구원받는 하나님의 백성 99

나 놀랐을 것이다.

다음 몇 장은 자기 백성들을 향한 하나님의 특별한 사랑을 나타내 보여 주고 또 애굽인들의 오만함을 꺾어 놓을 여러가지 기적들과 관련되어 있다(8 : 22, 9 : 4, 6 등). 그러나 바로의 마음은 끝까지 굳어 있었다. 바로가 하나님의 뜻에 복종하는 것과 이스라엘 백성들을 떠나 보내기를 완강하게 거부하는 것 사이에서 동요하는 것처럼 보이는 동안에도 그의 타고난 본성인 마음의 강퍅함에는 실제로 아무런 변화가 일어나지 않았다.

11장에서 우리는 이집트에 내린 재앙이 절정에 이르고 있음을 보게 된다. 하나님의 의도는 자기 백성들을 축복하시고 동시에 애굽을 심판하시는 것이었다. 그렇게 하기 위하여 하나님께서는 이스라엘에게 풍부한 재물을 주셔서 그 땅에 임박한 심판을 피하여 떠나도록 하셨다. 이스라엘 백성들에게 주어진 재물은 애굽인들에게서 취한 보석과 패물들이었다(11 : 2, 3). 그 날 밤의 심판은 하루 밤 동안에 애굽의 모든 처음난 것을 전멸시키는 것이었다(11 : 4-6). 이 끔찍한 심판으로부터의 이스라엘의 도주는 유월절 및 무교절과 관련하여 이루어졌다(11 : 7, 12장).

12 : 1-11에 기록된 유월절 어린 양의 죽음에 대한 교훈은 구속의 모든 요소들을 내포하고 있다. 먼저 한 가족을 위한 흠 없는 수양(12 : 3, 5)은 피를 흘리지 않으면 안될(12 : 7; 히 9 : 22; 요일 1 : 7) 하나님의 어린 양(요 1 : 29; 벧전 1 : 19)에 비유된다. 또한 여기에는 죄에 대한 심판이 있다(12 : 13; 마 23 : 33; 눅 21 : 36; 롬 2 : 3; 히 2 : 3, 12 : 25을 참조하라). 하나님께 순종하고 그를 의뢰하는 사람들을 위하여, 그 어린 양은 대속제물이 되었다(12 : 13, 창 22장; 요 1 : 29; 벧전 1 : 18, 19과 비교해 보라). 결국 성례식은 하나님께서 행하신 이 유월절 사건을 기념하기 위하여 세워진 것이었다(12 : 4; 눅 22 : 20; 고전 5 : 7, 11 : 25; 롬 3 : 25과 비교해 보라).

유월절 사건을 통하여 하나님은 또한 신자들의 자녀들이 하나님을 알아감에 있어서 부모의 교육이 얼마나 중요한 비중을 차지하고 있는가 하는 것을 다시 한번 강조하셨다. 아브라함에게 말씀하셨던 바와 같이, 하나님께서는 믿는 부모들에게는 그들에게 주어진 모든 기회를 이용하여 그들 안에 있는 믿음에 대한 이유를 자녀들에게 설명하고 또 그들의 자녀들 앞에서 하나님께 영광돌리는 삶을 살아가야 할 책임이 있다는 것을 다시 한 번 더 명하셨다(12:26, 27).

실제적인 구원 사역은 12:29 이하에 기록되어 있다. 하나님의 도우심으로 이스라엘 자손들이 애굽 사람들의 패물과 의복을 취하게 된 것은 모든 만물에 대한 하나님의 소유권 행사(ownership)와 일치하였다. 하나님은 그날 재물을 이스라엘에게 맡기셨다. 이스라엘은 과거 애굽인들이 그랬듯이 그 재물에 대한 청지기로서의 관리를 훌륭하게 수행해야 할 의무가 주어졌다.

장정들 약 60만명이 애굽을 떠났다. 어떤 사람들은 애굽을 떠난 이스라엘 사람들의 총 인구가 약 250만명 가량 될 것으로 추정한다(12:37).

12:38에 언급된 잡족(mixed multitude; 민 11:4을 참조하라)은 약 400년의 세월이 흐르는 동안에 이스라엘 백성에게로 섞여 들어온 애굽인이나 다른 외국인들로 이루어졌을 것이다. 그러나, 나의 생각으로는, "잡족"이란 말은 이스라엘 백성 중에 섞여 있는 영적인 잡족이라고 말하는 것이 보다 나은 설명인 것 같다. 애굽을 빠져나간 사람들 모두가 하나님의 자녀는 아니었다. 그들 중에는 믿지 않는 자들도 많이 섞여 있었다. 이러한 사실은 이스라엘이 광야에서 받았던 시험에서 분명하게 나타난다. 바울은 확실히 본문에 대하여 이러한 견해를 가지고 있었다(고전 10:1-11). 우리는 또한 히브리서 기자와 유다서의 말씀을 비교해 볼 수 있다(히 3:16-19; 유 5).

출애굽의 시기는 아직도 큰 논란거리로 남아 있다. 12:40에서 우리는 이스라엘이 애굽에 있었던 기간이 430년이었다는 것을 알 수 있다. 이것은 하나님께서 아브라함에게 예언하셨던 고통의 400년(창 15:13)에 필적하는 기간이다. 바울도 또한 믿음에 의한 약속과 율법 부여 사이의 기간을 430년으로 이야기한다. 분명히 바울은 야곱이 애굽으로 내려갈 때에 이미 가지고 있었던 믿음에 의한 약속은 애굽에서 체류한 기간인 430년보다 훨씬 더 오랜 기간 동안 하나님의 백성들이 붙들고 있었던 것이라고 주장한다(갈 3:17). 왕상 6:1은 출애굽으로부터 솔로몬이 왕이 된지 4년째까지의 기간을 480년으로 계산하고 있다.

우리가 가지고 있는 연대 계산에 있어서의 분명한 모순점들과 계산법에 대한 무지로 인하여 보수주의 학자들 간에도 출애굽의 연대 추정에 있어서 일치를 보지 못하고 있다. 대표적인 주장들로서는 약간 이른 B.C. 15세기로 보는 것과 좀 더 늦은 B.C. 13세기로 보는 견해가 있다. 우리는 지금까지 결코 만족스럽게 해결되지 못한 문제를 여기서 해결하려고 시도하지는 않을 것이다. 여기서 참으로 중요한 것은 출애굽 사건이 발생한 세속적인 역사의 연대를 알아내는 것이 아니라 야곱이 애굽으로 내려간지 430년이 경과한 이후에 이 사건이 발생했다는 것을 아는 일이다. 그 동안 야곱의 가족은 애굽인들의 압제의 와중에서도 큰 민족을 이루게 되었다.

유월절 경험의 의미는 13장에서 더욱 자세히 설명되고 있다. 여기서 우리는 여호와께서 이스라엘의 처음 난 것을 구원하여 주시고 그것들이 자기 것이라고 주장하시는 것을 보게 된다. 훗날 여호와께서는 모든 이스라엘의 초태생(first-born)을 대신하여 레위인을 세우셔서 자기의 특별한 일을 하도록 하실 것이다. 이집트의 처음 난 것에 대한 심판은 이집트 전체 백성들에 대한 심판이었다. 그리고 이스라엘의 처음 난 것에 대한 구원은 이스라엘 전체 백성에 대한 구원이었다. 이제 하나님께서는 처음 난 것들을 모두 자기 것이라고 주장하신다. 하나님의 이러한 요구는 사실상 그의 봉사의 직무를 위하여 모든 백성을 자기 것이라고 주장하는 것과 동일한 것이다. 이스라엘 백성들은 모두 하나님께 속하였으며 궁극적으로 그들은 모두 제사장 나라가 될 것이었다(출 19:6).

원수 이집트의 패배는 14장에서는 이야기 형식으로, 15장에서는 시적인 찬양 형태로 기록되어 있다. 이 사건에서 우리는 이스라엘 백성들의 믿음의 약함(14:10-12)과 이스라엘 백성들이 하나님을 신뢰하도록 인도하는 모세의 믿음의 강함(14:13-14)을 동시에 볼 수 있다. 그러나 궁극적인 목표는 하나님의 영광이었다(14:18). 하나님께서 여기서 자기 백성들의 대적들을 쳐부수시리라고 약속하실 때에 우리는 창세기 3:15의 메시지를 상기하게 된다.

15장에 기록된 승리에 대한 모세의 노래는 하나님의 전능하신 사역(1절 이하)과 그의 전능하신 능력(6절 이하)을 찬양한다. 이 찬송은 이스라엘의 하나님의 유일성에 촛점을 맞추고 있다(11절). 또한 이 찬송은 자기 백성을 그의 기업이 되게 하시려는 계획을 반드시 성취하시고야 말 하나님에 대한 강한 확신으로 끝이 난다(17절). 마지막 절인 18절은 그의 백성을 다스리는 하나님의 왕권이 영원하리라는 것을 선언한다. 믿는 자들에게는 여호와 외에는 그 어떤 왕도 결코 있을 수가 없다.

이스라엘 백성들은 그들의 대적의 멸망을 목격한 직후에 곧바로 하나님께 대한 그들의 새로운 믿음에 대한 시련에 직면하게 된다(14:31, 15:22-26). 광야를 통과하는 이스라엘의 여정에서 기록된 대부분의 위치 혹은 그들이 머문 장소는 오늘날에는 확실히 알려지지 않고 있다. 시내산의 위치 조차도 의문시되고 있다. 그러나 이러한 장소들의 정확한 위치를 아는 것보다 더욱 중요한 것은 하나님께서 그의 백성들이 이곳 저곳을 통과할 때에 그들이 여호와를 의지하지 않으면 안될 것을 가르치셨다는 사실을 아는 것이다.

이스라엘 백성들의 빈번한 불평(15:24, 16:2, 17:3 등)은 그 당시의 하나님의 자녀들의 믿음의 연약함과 또한 하나님의 백성들 사이에 있는 불신자들의 존재를 지적해 준다.

백성들이 광야에서 먹을 양식이었던 만나의 약속은 바로 하나님께서 그들의 일용할 양식을 어떻게 공급하셨는가에 대한 본보기이다(16:4-15). 만나라는 이름 자체는 "그것은 무엇인가?"라는 뜻을 가진 히브리어의 두 단어로부터 온 것이다. 다른 사람들이 그것을 어떻게 부르는가에 상관없이 이스라엘 백성들은 분명히 이 이름을 그들의 새 양식에 붙였다.

십계명을 주시기 훨씬 이전에 하나님께서 그의 백성들에게 안식일의 준수에 대해 말씀하신 것은 매우 중요하다(16:22-30). 먼저 이것은 무엇보다도 안식일의 휴식이 하나님의 백성 가운데 이미 법으로 지켜지고 있었음을 보여준다. 안식일의 기원은 창조의 날들에까지 거슬러 올라간다. 안식일의 준수는 모든 사람을 향한 하나님의 뜻이었다. 다음으로 여기에 나타나있는 바와 같이, 안식일의 준수는 그의 백성들이 일상적인 관심사로부터 제 칠일째에는 휴식을 취할 수 있도록 하시기 위하여 육일 동안에 가족을 위하여 충분한 양식을 얻도록 하시겠다는 하나님의 약속과 관련되어 있다는 사실이다. 그러므로 누구도 자신의 필요를 채우기 위하여 안식일에 일하는 것이 금지되어 있었다. 이것은 안식일이 사람을 위하여 만들어졌으며, 사람이 안식일을 위해 있는 것이 아니라고 하신 예수님의 말씀과도 일치한다(막 2:27).

이스라엘 백성들의 불평에도 불구하고 하나님께서는 오랫동안 인내하시는데 그것은 하나님께서 그들의 필요를 채워주시고(17:6) 그들을 원수로부터 구원하실 때(17:8-16)에 잘 나타난다.

18장은 하나님의 백성들이 하나님 나라의 유익을 위하여 세속적인 세상의 지식을 어떻게 이용했는지를 설명하여주고 있다. 모세의 지도력에 관한 그의 장인의 충고는 매우 바람직한 것이었다(18:18-23). 모세가 지혜롭게 처신하여 이 충고에 대하여 호의적으로 반응한 사실은 칭찬할 만한 일이다(18:24). 모세와 같은 위대한 사람들도 다른 사람들로부터, 심지어는 자기보다 더 못한 사람들에게서까지 배울 수 있다. 훌륭한 지도자라 해도 이런 점은 배우지 않으면 안된다.

19장은 출애굽기 1장에서 19장까지의 전체 부분에 대한 절정에 해당한다. 이스라엘이 시내산에 이르러 모세가 여호와께 나아갔을 때, 하나님께서 먼저 그들을 위해 그가 행하신 일들을 이스라엘 백성들에게 상기시켜 주신다. 애굽으로부터의 구원은 독수리의 날개로 업어서 하나님께로 옮긴 것으로 묘사되고 있다. 이때에 하나님께서는 또한 이스라엘로 하여금 거룩한 백성과 제사장 나라가 되게 하시려는 그의 계획을 다시 한 번 강조하신다(19:6). 따라서, 1) 내가 너희를 위하여 행한 것은 무엇인가? 2) 내가 너희를 부른 목적은 무엇인가? 라고 하는 공식이 다시 한번 주어진다.

　신약에서도 또한 우리는 우리를 향한 그의 기대가 뒤따르는 하나님의 사역에 대한 유사한 표현을 볼 수 있다. 바울은 하나님께서 우리를 위하여 행하신 일에 대하여 길게 취급한 다음에 로마서 12:1, 2을 소개한다. 베드로전서 2:1-9은 여기 출애굽기 19장에서 발견할 수 있는 것들과 아주 유사한 말로 하나님의 목적을 표현하고 있다. 우리는 또한 자기 백성들을 향한 하나님의 궁극적인 목표를 표현하기 위하여 "제사장 나라"(Kingdom of priests)라는 말을 사용한 계시록 1:6과 5:10을 비교해 볼 수 있다. 그런 다음에 우리는 하나님의 목표와 그 계획은 결코 변하지 않는다는 것을 알 수 있다.

　무엇보다 우리는 창세 전에 선포된 하나님의 원래의 목적과 일치하게 하나님의 특별한 백성, 거룩한 나라가 되기 위하여 부르심을 받았다(엡 1:4). 그의 백성들을 그가 원하는 사람들로 만들어 가시려는 하나님의 계획이 잇따라 나타난다. 이것이 지금 우리 앞에 주어진 주제(subject)의 두번째로 주요한 부분을 구성하게 된다. 그것은 구원받은 하나님의 백성, 다시 말하자면 하나님의 백성에 대한 율법 수여이다.

하나님의 백성에 대한 율법 수여
(출애굽기 20장-신명기)

우리는 앞으로 여덟 개의 제목으로 나누어 율법의 수여에 관하여 살펴보게 될 것이다. 여덟개의 제목들을 미리 소개하자면 다음과 같다. 십계명 ; 정의의 적용으로서의 율법 ; 성막 ; 배교와 새로운 계시 ; 희생제사 제도 ; 방랑의 세월 ; 여행의 말기 ; 제 2 의 법령.

십계명(출애굽기 20 : 1-17). 먼저 십계명은 그의 백성들을 향하여 설정하신 하나님의 목표와 관련하여 주어졌으며, 그것은 또한 그의 백성들을 향한 하나님의 뜻을 나타내기 위하여 주어졌다는 점을 다시 강조해둔다. 그러므로 십계명은 그의 자녀들을 위한 하나님의 뜻을 그려 놓은 것이라 할 수 있다. 그리고 우리가 십계명을 낡아빠진 것이라고 생각하거나 더 이상 관련이 없는 것으로 여기지 않도록 하기 위해서, 우리는 신약성경이 자기 백성을 위하여 주신 하나님의 율법을 파괴하지 않고 오히려 지지하고 있다는 사실을 기억할 필요가 있다.

요한일서 2 : 3, 4, 7에서 요한은, 우리가 하나님의 계명들을 지킴으로써 우리가 하나님의 자녀라는 것을 나타내게 된다고 진술하고 있다. 로마서 3 : 31에서 바울은 복음의 본질에 대하여 설교한 이후에 복음은 율법을 무익하고 무효한 것으로 만드는 것이 아니라 오히려 반대로 율법을 확고하게 세운다고 — 즉, 복음은 하나님의 자녀로 하여금 율법에 순종하는 것이 가능하도록 만들어 준다고 — 선언했다. 결론적으로 말해서, 우리 주님께서도 율법에 대한 순종은 하나님의 자녀들에게서 당연히 기대되는 것임을 분명한 말씀으로 진술하고 계신다(마 5 : 17-19). 예수님께서는 자신이 나타내고자 하는 율법에 대한 견해에 의심의 여지가 없도록 하시기 위하여 계속해서 십계명에 대하여 설명하신다(마 5 : 21 이하).

십계명은 하나님께서 자기 백성을 위하여 행하신 일을 다시 한번 기억하게 하는 것으로 시작된다. 그러므로 종되었던 집에서 자기 백성들을 인도하여 낸 하나님의 구원에 기초하여, 즉 자기 백성들을 향한 하나님의 사랑의 표현에 기초하여(20 : 2), 그들은 이제 그의 뜻에 순종함으로 하나님께 대한 사랑을 표현해야만 했다(20 : 3 이하). 예수님께서는 "너희가 나를 사랑하면 나의 계명을 지키리라"(요 14 : 15; 요일 5 : 2, 3 참조)고 말씀하셨다. 예수님께서는 또한 하나님을 사랑하고 이웃을 사랑하는 것이 하나님의 모든 율법의 강령이라고 하셨다(마 22 : 34-40). 그러므로 여기서 우리는 다시 한번 자기 백성으로 하여금 사랑 안에서 그 앞에 거룩하고 흠이 없게 하시려는 하나님의 계획을 볼 수 있다.

제 1 계명(20 : 3)에서 "나에게 더하여"(in addition to me)를 뜻하는 "나 외에는"(besides me)이라는 말은 상당히 잘 번역되었다고 할 수 있다. "나 외에"라는 말은 여기서 결코 "나 대신에"라는 의미로 사용되지 않았다. 하나님께서는 여기서 자기 백성의 전적인 헌신을 요구하고 계신다. 하나님을 향한 그들의 삶에는 어떤 다른 신이나 혹은 하나님 이외의 다른 헌신의 대상을 추가할 공간이 절대로 존재할 수 없다.

이스라엘의 악한 왕 아합 시대에 엘리야가 갑자기 나타나서 이스라엘 백성으로 하여금 여호와와 바알 사이에서 머뭇거리는 것으로부터 떠나기를 권고하였다. 엘리야는 양편 사이에서 머뭇머뭇 하는 백성들을 책망하였다(왕상 18 : 21). 그는 백성들에게 여호와와 바알 양편 모두를 따르려고 하지말고 둘 중의 어느 한 쪽을 택하라고 촉구하였다. 예수님께서도 또한 매우 분명한 말씀으로 하나님과 재물을 겸하여 섬길 수는 없다고 선언하신다. 우리는 하나는 멸시하고 다른 하나에 매달리지 않으면 안된다. 곧 하나는 미워하고 다른 하나를 사랑하지 않으면 안된다는 말이다. 우리는 두 주인을 겸하여 섬길 수 없다(마 6 : 24).

야고보도 이와 유사하게 두 마음을 품음에 대하여 경고한다(약 1 : 8). 바울은 분명히 그리스도인의 공동체에 속해 있으려고 하면서도 자기 자신의 배를 신으로 삼고 살아가는 어떤 사람들의 운명에 대하여 애처로운 마음으로 설명하고 있다(롬 16 : 18; 빌 3 : 19). 결론적으로 말해서 예수님께서는 부정한 청지기의 비유를 통하여 두 주인을 섬기려는 시도의 어리석음을 가장 선명하게 설명해 주신다 (눅 16:1-13). 그 비유의 요점은 이 세상의 아들들(사단의 자손) 은 철저하게 그들의 신인 재물을 섬기는 반면에 하나님의 자녀들은 하나님을 섬기는 데 있어서 그처럼 철저하지도 현명하지도 못하다 는 것이다(눅 16:18). 하나님께서는 그의 자녀들에게 오직 자기만 을 섬기는 것을 의미하는 자신에 대한 충성을 요구하신다(16:10- 13).

제 2 계명은 하나님께 대한 올바른 지식을 그 목적으로 하고 있다. 여호와께서는 그의 백성들이 자신을 진실하게 또 올바로 알 아야 할 것을 계속 요구하신다(호 4:1과 6:6을 참조하라).

인간은 자신의 손으로 만든 우상을 통해서든지 아니면 하나님에 대한 헛된 철학적 사고를 통해서든지간에 자기 자신의 헛되고 죄있 는 마음으로 하나님에 대한 나름대로의 개념을 표현하는 것으로는 하나님을 알 수가 없다. 하나님은 자기에 대하여 가지는 인간의 사 고나 개념에 의하여 알려지는 그런 존재가 아니다. 계속하여 여호 와께서는 하나님에 대한 인간의 상상의 산물인 우상을 만들지 말라 고 이스라엘에게 경고하신다(출 34:14-16 등). 이스라엘 백성들 이 하나님께 불순종하여 금송아지 사건(출 32장)에서와 같은 우상 을 만들고자 하였을 때, 그것은 비극적인 결과들을 초래하였다(왕 하 21:7-9을 참조하라).

우리가 바벨론의 창조 신화나 혹은 그리이스 신화와 같은 고대 문헌을 읽게 될 때, 우리는 거기서 사람들이 자기 자신과 닮은 모습 으로 즉 죄있는 인간과 같은 모습으로 그들의 신을 만들려고 하는 경향이 있다는 사실을 알 수 있다.

그러나 만일 제 2 계명이 우리 자신의 악한 마음에서 나온 하나님 에 대한 우리 자신의 개념들을 어떤 방식으로든지 표현하는 것을 금지하고 있다면, 동시에 이 계명은 하나님을 참된 방법으로, 즉 하나님 자신의 계시에 의해서 하나님을 알아가야 할 것에 대해서도 지적하고 있는 것이다. 출 33장에서, 금송아지 사건 이후에 모세는 하나님의 백성들에게 하나님에 대하여 진실되게 가르치기 위하여 하나님을 바로 알기를 열망하였다(33 : 13). 더 나아가 모세가 하나님의 영광을 보여 주실 것을 구하자 여호와께서는 "내가 나의 모든 선함(goodness)을 네 앞으로 지나게 하리라"고 대답하셨다(19절). 여호와께서 그 날 모세에게 실제로 보여 주신 것은 자기 자신에 대한 말씀계시(verval revelation)의 형태로서였다. 이것은 다음 장에서 발견된다(출 34장).

출 34 : 6, 7은 하나님께서 그의 영광과 그의 선하심에 대하여 나타내신 말씀계시이다. 그것은 곧 그의 영광과 그의 선하심이다. 그것은 그의 백성들이 계시시대 전체를 통하여 소유하게 될 하나님에 대한 기본적인 지식이 되었다. 하나님께 대한 이러한 묘사와 지식은 훗날 하나님께서 이스라엘에게 노하셨을 때 이스라엘을 대신한 모세의 중재의 기초가 되었다(민 14 : 18). 그것은 또한 초기의 문서기록 선지자 요엘이 이스라엘을 하나님께로 회개하고 돌아오도록 하는 권면의 기초가 되었다(욜 2 : 13). 그것은 니느웨로 가서 말씀을 선포하기를 꺼려했던 요나의 반항의 기초가 되기까지 했다. 그는 하나님의 이러한 성품에 대해서 잘 알고 있었으며, 또한 그는 니느웨의 구원을 원하지 않았다(욘 4 : 2). 시편 기자는 자주 하나님의 성품에 관한 이 말씀계시를 소망을 위한 기초로서 상기하곤 한다(시 103 : 8 등). 마지막으로 바벨론 유수 이후의 귀환 시대에 가서, 모세에게 주어진 이 계시는 하나님의 백성들을 믿음으로 돌아오도록 하는 부름의 기초가 되었다(느 9 : 17).

신약에 이르러 우리는 요 1 : 1에서 말씀이 하나님이었다는 것과 말씀이 육체가 되어 우리 가운데 거하셨다는 사실을 알게 된다(1 : 14). 그리하여 모세에게서 주어진 하나님의 말씀계시는 그리스도 안에서 육체와 피와 생명을 취하고 사람들의 눈앞에 나타난다. 신약성경의 몇몇 책들은 예수 그리스도께서 바로 보이지 아니하시는 하나님의 형상이라는 사실을 입증하고 있다(빌 2 : 6 ; 고후 4 : 4 ; 골 1 : 15 ; 히 1 : 3 등). 더욱이 신약은 신자들을 가리켜서, 그들은 그들 안에 있는 그리스도의 형상을 나타내고 있으므로 그리스도의 형상을 몸에 지닌 자라고 한다(롬 8 : 29 ; 고전 15 : 49 ; 고후 3 : 18 ; 골 3 : 10 등).

우리는 이제 하나님께서 왜 인간의 손으로 우상을 만드는 것을 금하셨는지를 알 수 있다. 하나님께서는 자기 자신에 대한 훨씬 더 위대한 계시를 준비하고 계셨다. 처음에는 말씀으로, 다음에는 육체로 ; 처음에는 그의 아들을 통하여, 다음에는 그의 아들의 형상을 따르는 믿음으로 그의 자녀들이 된 자들을 통하여 하나님은 자기를 계시하셨다.

출 34 : 6, 7에 나오는 하나님께 대한 이 말씀계시를 깊이 생각할 때 여기서 우리는 회개하는 죄인들을 향한 하나님의 자비—즉, 자비가 많으시고 은혜로우시며 노하기를 더디하시고, 사랑이 충만하시며, 참되시며, 천대에까지 은혜를 베푸시며, 죄를 용서하여 주심과 관련하여—와 죄인들을 향한 하나님의 심판의 엄격함을 동시에 볼 수 있다. 하나님은 결코 죄 혹은 죄의 결과를 간과하시지 않는다. 하나님은 거룩한 분이시므로 그의 백성들 또한 거룩하지 않으면 안된다. 죄는 반드시 하나님 앞에서 다루어져야만 한다. 죄는 사람들이 자신의 죄를 인정하고 하나님을 믿게 될 때에 주어지는 용서를 통해서든지 혹은 그 반대의 경우에 주어지는 형벌을 통해서든지 반드시 다루어져야만 한다. 이 제 2 계명과 출애굽기 34장의 계시는 모두 하나님의 백성들에게 주어진 것이므로 우리는 죄에 대한 경고를 이해해야만 한다. 하나님은 회개하고 자기를 믿는 그의 자녀들을 용서하시는 분이시지만, 그럼에도 불구하고 그들이 지은 죄의 결과를 벌하신다. 다윗에게서 이 문제에 대한 분명한 본보기를 찾을 수 있다. 다윗은 그가 지은 죄에 대한 하나님의 용서를 보증받았음에도 불구하고 그의 나머지 생애 동안에 그 죄의 대가를 지불했으며 또 그 결과는 그의 자녀들과 자손들에게까지 영향을 미쳤다.

제 3 계명은 제 2 계명과 밀접하게 연관되어 있다(20 : 7). 여기서 "일컫다"(to take)라는 말은 "전하다"(to bear)라는 뜻으로 해석하는 것이 더 좋다. 이것은 사람들 앞에서 하나님의 이름을 "옮기다"(to carry) 또는 "전하다"(to bear)라는 의미를 지닌다. "망령되이"라는 말은 "아무런 목적도 없이" 또는 "부주의하게"라는 의미이다. 우리는 흔히 이 계명을 하나님의 이름이 사용되어지는 저주나 욕설과 상반되는 것으로 생각한다. 이 계명은 분명 그런 습관과는 상반되는 것이지만 그러나 그것은 보다 큰 뜻을 지니고 있다. 우리는 하나님의 자녀들이 그들의 매일의 삶 속에서 하나님의 말씀에 대한 순종을 통하여 그의 이름과 형상과 영광을 증거하도록 되어있다는 것을 이미 살펴보았다. 하나님은 그의 이름과 또 그 이름을 통하여 계시된 자신의 모든 본성(nature)을 매우 존중하신다(출 3 : 15).

하나님의 목적은 그의 자녀들을 통하여 그의 이름이 온 땅에 전파되도록 하는 것이다(출 9 : 16, 17). 그래서 시편 기자는 자기의 삶 가운데서 이러한 목적을 나타내고 있으며(시 22 : 22), 또 그는 하나님의 모든 자녀들로 하여금 그렇게 하도록 열심히 권한다(시 34 : 1-3). 사도행전에서는 여호와의 이름이 인간의 구원에 절대 필요한 것으로 나타난다(행 2 : 21, 2 : 38, 3 : 16, 4 : 12, 18, 5 : 40, 9 : 15, 27, 10 : 43). 그러므로 하나님의 모든 행동을 통하여 하나님을 영화롭게 하고 또 사람들에게 그리스도 안에 있는 소망을 올바로 지적해 주는 그러한 방법으로써 사람들 앞에 하나님의 이름을 전해야만 한다. 그래서 우리는 바울이 성도들에게 그들이 하는 모든 일을 주님의 이름으로 하도록 권고하고 있는 것을 발견할 수 있다(골 3 : 17; 딤후 2 : 19을 비교해 보라). 이것이 바로 하나님을 기쁘시게 하는 방법으로 세상 사람들 앞에 하나님의 이름을 전하는 것이다. 제 3 계명은 사람들 앞에 하나님을 전하는 일에 있어서 이와 다른 그 어떤 방법도 금하고 있다.

제 4 계명은 안식일과 관련된 계명이다. 우리가 이미 지적한대로, 안식일 준수는 하나님의 백성들에게 새롭게 주어진 계명이 아니었다(출 16 : 23). 안식일의 원리는 창조시에 설정되었다(창 2 : 1-3). 이 계명은 두 부분으로 나눌 수 있다. 첫째 부분은 안식일을 기억하는 것이다(왜냐하면 그 날은 이미 하나님께서 특별한 날로 제정하셨기 때문이다). 두번째 부분은 세속적인 날들—여기서는 일상적인 일 혹은 행동을 하는 날들을 뜻함—이라 불리는 그 주의 다른 날들로부터 구별하여 그 날을 거룩하게 지키라는 것이다.

이 계명과 관련하여 안식일의 의미와 준수에 대한 여러가지 원리들은 여기서 지적하고 넘어갈 필요가 있다고 생각한다. 안식일에 대한 첫번째 원리는 우리의 필요를 채우기 위한 목적으로, 그 날에 일을 해서는 안된다는 것이다. 우리는 이미 언급한 출 16 : 23 이하의 말씀을 통하여 이 교훈을 알고 있다. 하나님께서는 일곱째날의 사람들의 필요를 채우시기 위하여 주 중의 일하는 6일 동안에 필요를 충분히 공급해 주셨다. 그렇기 때문에 어떤 의미에 있어서 안식일은 신자들이 휴식을 취하면서 충분한 하나님의 공급을 회상함으로써 하나님의 공급을 생각나게 해주는 매개체였다. 안식일에 생계비를 벌기 위하여 일하는 것은 하나님의 공급을 믿는 믿음을 파괴하는 행위였다.

두번째 원리는 우리가 하나님을 경배하기 위하여 그 날을 사용해야 한다는 것이다. 레위기 23 : 3은 안식일을 하나님의 백성들을 위한 성회라고 부른다. 따라서 어떤 사람들(제사장들)은 여러가지 제사장의 임무를 수행해야 하기 때문에 그 날을 매우 적극적으로 일하는 날로 볼 것이다(레 24 : 8 ; 민 28 : 9). 안식일은 하나님의 성소를 공경해야 하는 날이었다(레 19 : 30, 26 : 2).

안식일의 세번째 원리는 그 날을 신자들이 하나님을 기쁘시게 하는 특별한 날이라는 것이다. 이사야는 최초로 안식일을 지키는 신자들에게 그것을 말하고 있으며(사 56 : 2-5), 이사야 58 : 13 이하에서 다시 언급한다. 이사야는 안식일을 가리켜 자기 자신의 즐거움을 추구하는 날이 아니라 하나님을 기쁘시게 하는 날이라고 말한다. 그 날은 하나님과의 교제를 기뻐하는 날로서, 이른바 천국의 기쁨을 맛보는 표본과 같은 날이 되어야 한다.

하나님의 말씀에 계시된 안식일의 네번째 원리는 안식일이 신자들의 믿음을 시험하는 것이라는 사실이다. 예레미야 17 : 21-23에 따르면 이스라엘은 그렇게 시험을 받았다. 그렇게 많은 사람들이 하나님과 교제하는 것보다 세속적인 행위를 더 사랑했다는 사실은 이스라엘 가운데 있는 불신앙의 정도를 나타내 주는 것이었다.

안식일의 다섯번째 원리는 에스겔 20 : 12에서 발견할 수 있다. 안식일은 성화의 필요와 자기 백성을 성화시킴에 있어서의 하나님의 행위의 필요를 하나님의 백성들에게 표징으로 보여 준다. 그래서 안식일에는 하나님의 백성들의 생각은 하나님의 말씀과 또한 날마다 그들로부터 죄를 깨끗하게 씻어 주시는 하나님의 사역으로 채워져야만 한다. 그날은 하나님의 영광을 찬양하기 위하여 그의 자녀들에 있어서의 하나님의 계속적인 사역을 생각하는 시간이다.

마지막으로 우리는 이사야 66 : 23에서 한가지 원리를 더 배우게 된다. 이 땅 위에서의 안식일은 천국의 이상(ideal)을 나타내는 것이다. 이사야는 한 안식일에서 다른 안식일까지, 즉 계속적으로 하나님의 백성들이 하나님을 경배한다는 말로써 천국의 이상을 표현하고 있다. 그래서 안식일에, 하나님의 백성들은 천국에서 계속적으로 드리게 될 경배를 미리 맛보게 되는 것이다(계 22 : 3을 참조하라).

신약으로 넘어와서, 우리는 무엇보다도 안식일이 사람을 위하여 만들어졌으며 사람이 안식일을 위하여 있는 것이 아니라고 말씀하심으로써 안식일 개념을 적절하게 이해하신 예수님의 말씀에 주의를 기울여야 한다(막 2 : 27). 우리는 다양한 본문에서 예수님이 안식일을 어떻게 지키셨는가에 대한 예들을 추적할 수 있다(막 6 : 2 ;

제 3 장／구원받는 하나님의 백성 113

눅 4：31, 13：10). 그리고 또한 예수님의 제자들이 안식일을 어떻게 지켰는가에 대해서도 여러 본문을 통하여 살펴 볼 수 있다(행 13：27, 42, 15：21, 16：13, 17：2, 18：4 등등). 이상의 본문에서 우리는 안식일에 그들이 성경 읽기와 복음전파, 기도와 성경 연구에 전념했다는 사실을 알 수 있다.

몇 가지 경고의 말씀이 안식일 준수와 관련하여 신자들에게 주어진다. 예수님께서 한때 그의 제자들과 함께 안식일을 위반했다는 비난을 받으셨을 때 그는 바리새인들의 안식일 준수는 자비가 없으며(마 12：7), 하나님을 기쁘시게 하는 선행을 금지한다고 일깨워 주셨다(12：11, 12). 이것은 안식일 준수가 자비가 결여된 판단을 하거나 아니면 다른 사람에게 선행을 베푸는 것을 중단하게 만드는 구실로 이용되어서는 결코 안된다는 것을 경고해 주기에 충분하다. 우리가 여기서 볼 수 있는 것처럼 예수님은 안식일에 병을 고치셨다(마 12：31). 예수님은 안식일에 저녁 식사 손님으로 초대되어 가셨다(눅 14：1). 그리고 그는 안식일날 어떤 병자에게 자리를 들고 걸어 가라고 명령하셨다. 왜냐하면 그렇게 하는 것이 하나님을 영화롭게 하는 것이었기 때문이다(요 5：10).

바울도 그리스도인들에게 다른 사람들로 하여금 안식일이나 어떤 다른 날을 지키는 것과 관련하여 그들을 판단하지 못하게 하라고 권면한다(골 2：16 이하). 우리가 안식일을 어떻게 혹은 어떤 식으로 지켜야 하는가에 대하여 다른 사람에게 법률로 제정하도록 허용하는 것은 잘못된 일이다. 안식일 준수는 순전히 신자와 그의 하나님 사이의 문제이다. 우리가 그 날에 해야 할 것과 하지 말아야 할 것은 하나님께 대한 우리의 사랑과 하나님을 기쁘시게 하려는 열망에 기초하지 않으면 안된다. 히브리서 4：1 이하의 말씀과 같이 안식일 준수는 하나님과 함께하는 백성들이 누릴 영원한 안식의 모형이며 또 하늘나라의 축복을 우리가 미리 맛보는 날이 되어야 한다. 그러므로 그 날은 하나님과 그의 백성들이 사랑과 기쁨과 평화와 찬양 가운데서 영원히 함께 거할 하늘 나라에서 행하기를 기대하는 그런 여러 가지 일들을 하면서 보내야 한다.

　신약성경은 특정한 교훈을 통하여서가 아니라 실례를 통하여 한 주간의 첫 날인 주의 날을 그리스도인의 안식일로 소개한다. 우리는 그리스도인의 부활을 기념하여 예배드리는 주의 첫날에 그리스도인들의 모임이 점차 발전되어가는 관행을 발견할 수 있다(행 20 : 7; 고전 16 : 2). 한 주의 마지막 날이 첫번째 창조의 끝을 표시했듯이 한 주의 첫날은 그리스도 안에서의 새로운 창조를 소개한다.

　제5계명은 처음의 네 계명과 마지막 다섯 계명을 분리시키는 분기점과도 같은 중심적인 계명이다. 이 계명이 여기에 적합한 것은, 우리가 이미 살펴보았듯이, 가정이 하나님에 관하여 아이들을 교육시키고 동시에 그들의 동료인 인간과의 관계를 교육시키는 최초의 장소이기 때문이다. 하나님은 부모들이 가정에서 하나님의 진리의 기초적인 원리를 자녀들에게 가르치도록 하셨다(창 1 : 27; 2 : 18 이하; 18 : 19). 하나님은 구원 자체가 가정(여자의 후손)을 통하여 인간들에게 주어질 것이라고 가르쳐 주셨다(창 3 : 15).

　신명기 6 : 4-9에서 하나님께서는 부모들이 하나님의 뜻을 자녀들에게 올바로 가르칠 수 있기 위해서는 먼저 부모들의 마음 속에 하나님과 그의 말씀에 대한 올바른 사랑이 있어야 한다고 주장하신다. 우리는 후에 잠언서 자체가 하나님을 공경하는 법과 다른 사람을 향하여 사랑을 나타내는 법에 관하여 자녀들에게 주는 부모로서의 교훈을 다루고 있다는 사실을 알게 될 것이다. 에베소서 6 : 1-4은 이들 구약성경의 구절들과 동일한 내용을 신약에서 다루고 있다. 부모들은 교회 안에서 중요한 위치에 서 있다. 그들이 만약 하나님께 충실하기만 하다면, 우리는 그들을 통하여 최초로 하나님에 대한 지식을 배우게 된다. 따라서 부모를 공경하는 것은 하나님께 대한 사랑과 공경을 나타내 보이는 것이다. 또한 부모를 공경하는 것은 세상 사람들과 함께 살아가는 것을 배울 수 있는 도구이기도 하다. 오직 이스라엘은 그들이 이 계명을 지키고 신실한 부모들

제 3 장 / 구원받는 하나님의 백성   115

이 하나님의 말씀을 자녀들에게 가르칠 때에만 하나님께서 주신 땅에서 계속적으로 평화를 누릴 수 있었다. 부모를 공경하고 자녀를 훈련하는 일이 깨어질 때 그 땅에서의 이스라엘의 평화도 그렇게 되었다.

다음 네개의 계명들은 함께 묶어서 살펴보기로 한다. 이 계명들은 이웃에 대한 사랑 뿐만 아니라 하나님에 대한 사랑과도 연관되어 있다. 네 계명 모두가 하나님의 사역에 대한 위반과 관련 되어 있다.

제 6 계명은 하나님께서 인간에게 주신 생명을 취하지 말라고 한다.

제 7 계명은 하나님께서 세우신 가정을 침해하지 못하게 한다.

제 8 계명은 하나님께서 주신 다른 사람의 소유물ー이것은 만물의 주인이신 하나님께서 그의 영광을 드러내도록 하시기 위하여 사람들에게 위탁하신 것이기 때문에ー을 취하지 말라고 하신다.

제 9 계명은 하나님으로부터 온 이웃 사람의 명성 혹은 평판에 해를 끼치지 말라고 경고한다. 하나님을 사랑하는 일에 대한 실패는 이웃을 사랑하는 행위 대신에 이웃을 해치는 행위를 초래하게 될 것이다.

제10계명은 이 모든 계명들이 명백한 악행에 의해서 뿐만아니라 마음으로도 어겨질 수 있다는 것을 가르쳐 준다. 하나님께서 중요하게 여기시는 것은 마음이므로 계명들은 단순히 외부적으로만 지켜지는 것이 아니라 마음 속에서부터 우러나오는 순종에 의해서 지켜지는 것이어야 한다. 실제로 눈에 보이는 악행 없이도 마음 속으로 열 가지 계명 모두를 범하는 것이 가능하다. 내 이웃의 가정을 몹시 탐내는 것은 **제 8 계명**에 위배되는 것이다. 그의 아내를 탐내는 것은 **제7계명**을 범하는 것이다. 예수님께서 마 5 : 21, 22, 27 이하에서 이것을 분명하게 보여 주신다. 그러므로 십계명이 주어진 때로부터 여호와 하나님께서는 우리에게 그 계명들을 마음으로부터 지켜야 할 것을 보여 주신 것이다.

다시금 하나님께서는 십계명을 주신 목적이 하나님의 백성들로 하여금 죄를 짓지 않도록 하게 하기 위함이라고 가르쳐 주셨다(20 : 20).

그러나 하나님께서는 그들이 범죄하리라는 사실을 알고 계셨다. 그래서 십계명과 더불어 하나님은 또한 제사와 관련된 율법들을 주셨다(20 : 24-26). 여기서는 제사법이 자세하게 설명되지 않는다. 후에 레위기를 통해서 하나님께서는 제사 제도를 상세하게 설명하실 것이다. 여기서는 제사 제도가 십계명과 함께 소개되었다는 것을 보여 주신 것만으로도 충분하다. 하나님께서 십계명과 함께 제사 제도를 소개하신 이유는 하나님의 열망은 물론 우리가 죄를 범하지 않게 되는 것이지만 그럼에도 불구하고 우리가 죄를 지었을 때에는 우리로 하여금 그 죄 문제를 해결할 수 있는 길을 열어 주시기 위함이었다.

의(justice)의 적용으로서의 율법
(출애굽기 21-14장)

다음의 몇 장은 하나님께서 자기 자녀들로 하여금 그들의 삶의 모든 국면에서 어떻게 그의 뜻(십계명에 표현된대로의 뜻)을 나타내기를 원하시는가를 아주 실제적인 방법으로 보여 준다.

이 전체 부분은 법령(ordinances) 또는 더 좋은 의미로는 의(justice)라 불려진다. 여기에 사용된 단어는 창 18 : 19에서 발견되는 "의"(justice)라는 말과 똑같은 단어이다. 이 부분에서는 하나님의 자녀들이 그들의 이웃과 가지는 모든 관계에 있어서의 하나님의 뜻을 나타내고 있다. 바꾸어 말하여 여기에서는, 하나님의 자녀들이 그들의 매일의 삶 속에서 일어나는 모든 사건들 즉 모든 환경속에서 서로를 향한 그들의 사랑을 나타내는 방법을 보여 주고 있다. 이것이 하나님께서 그의 자녀들의 삶을 계속적으로 감찰하시는 바로 그 의(justice)이다.

이 몇장들에서 다루고 있는 사건들에 대한 간단한 개관은 이 사건들이 어떤 사람의 일생동안 일어날 수 있는 모든 종류의 환경과 관련되어 있다는 것을 보여준다. 여기서 우리는 그의 율법을 그들의 일상 생활의 모든 부분에 적용할 수 있는 방법을 이스라엘에게 나타내 보여 주시는 하나님을 볼 수 있다.

이 장들 가운데 나타나는 많은 세부사항들은 당시의 근동세계 전역에 널리 유포되었던 관습들과 관련되어 있다. 하나님께서는 그의 백성들이 처해 있는 위치에서 그들과 함께 시작하셨다. 우리는 하나님께서 십계명의 수여와 출애굽기 24장에 나타난 하나님의 영광의 계시 사이에 의와 관련된 이 율법이 위치하도록 하셨다는 것을 언제나 기억해야만 한다. 그렇게 하심으로써 하나님은 그들의 모든 삶에 있어서의 헌신과 순종을 요구하셨던 것이다.

원칙적으로 우리는 여기서 우리 삶의 모든 부분들(가장 작은 부분까지도 포함하여) 속에서 하나님의 율법을 적용하려고 힘써야 한다는 사실을 배울 수 있다.

성막(출애굽기 25-31장, 35-40장). 이스라엘에게 성막을 주신 것은 하나님에 의하여 구상된 하늘의 양식(pattern)에 따른 것이다 (25:9). 그러므로 성막의 각 부분이 이스라엘 백성들이 필히 알아야 할 어떤 영적인 진리를 전달함에 있어서 중요한 역할을 한다고 추정하는 것은 매우 타당한 생각이다.

성막의 구조와 그 부속품들과 관련하여 아주 상세한 설명이 주어진다. 성막의 전체적인 모양은 길이가 약 60피이트, 폭이 약 15피이트 정도되는 가죽으로 덮인 구조물이었다. 이 구조물 혹은 텐트는 두 개의 기본적인 부분으로 나뉘어졌다. 그 중의 한 부분은 성소라고 일컬어졌다. 그리고 다른 한 부분은 지성소라 불렸으며 지성소는 성소보다 더 작은 부분이었다. 레위 지파의 제사장들은 하나님의 특별한 지시에 따라 정기적으로 하나님 앞에 있는 성막에서 봉사하도록 되어 있었다(28:3). 그러나 대제사장만이 지성소 안으로 들어갈 수 있었으며, 또한 대제사장도 일년에 한번 속죄일에만 들어갈 수 있었다(레 16:12 이하; 출 30:10).

부속품을 포함하여 성막의 전체적인 목적은 하나님께로 나아가는 데 있어서 필요한 방법들을 백성들에게 가르치기 위함이었다. 다시금 우리는 자기 백성들로 하여금 거룩하고 흠이 없게 하시려는 하나님의 뜻을 상기하게 된다. 그러므로 여호와께로 나아가는 길을 가르쳐 주는 것은 필수불가결한 일이었다. 하나님께서는 이스라엘 진영 가운데 자리잡게 될 이 가시적인 구조물을 통하여 그렇게 하기로 결정하셨다.

성막으로 접근함에 있어서 우리가 최초로 만나게 되는 것은 번제단이다. 여기서 백성들이 가져오는 매일의 제물이 아침 저녁으로 드려지도록 되어 있었다. 이것은 이스라엘에게 그들이 하나님께로 나아가기 위해서는 그들의 죄에 대한 피흘림이 필수적이라는 것을 가르쳐 주기 위한 것이다(히 9:22). 이 번제단 너머에는—아직 성막 바깥인 곳에—제사장들이 성막으로 들어가기 전에 몸을 씻어야 하는 물두멍이 있었다. 이것은 하나님께로 나아가기 위해서는 계속적인 성결이 필요하다는 것을 상징적으로 나타내는 것이다.

성막 안쪽의 성소에는 세 가지의 부속물이 놓여져 있었다. 왼쪽에는 성소 안 전체를 비춰주는 등대가 놓여 있었는데, 그것은 우리가 하나님을 올바로 따르기 위해서는 우리를 인도하여 줄 하나님의 빛을 필요로 한다는 것을 의미한다(시 27:1, 119:105; 잠 6:23). 그리고 오른쪽에는 떡상이 있었는데, 그것은 떡이 흔히 그런 것처럼, 하나님께서 우리의 매일의 삶에 필요한 육체적 힘을 공급해 주신다는 것을 의미한다. 이 성소 안의 세번째 기구는 온 방을 향기로운 냄새로 채우는 분향단이다. 성경에서 향은 흔히 하나님께 드리는 기도의 상달을 나타낸다(시 141:2; 눅 1:10; 계 5:8, 8:3, 4).

큰 휘장 또는 베일이 지성소로부터 바깥쪽에 있는 성소를 분리시키고 있었다. 그리고 휘장 뒤쪽의 지성소 안에는 자기 백성들 가운데 하나님께서 임재해 계신다는 표시인 언약궤가 놓여 있었다. 언약궤 위에는 자비의 보좌가 있었다. 또 자비의 보좌 위로는 날아다니는 모양의 그룹(cherubim)들이 있었다.

우리는 앞서 생명나무로 나아가는 길을 지키는 그룹들을 살펴보았다(창 3:24). 그러나 아마도 여기에 그룹들이 나타난 것은 전체적인 성막의 구조가 영생을 얻게 하는 하나님께로 돌아가는 길을 인간에게 보여 주기 위하여 고안되었다는 것을 나타내기 위함일 것이다.

히브리서 8, 9장에서 우리는 구약시대의 성막 형태가 예수 그리스도를 통한 하나님의 구원사역을 나타내는 것이었다는 사실을 알 수 있다(8:1, 2). 구약시대의 성막은 하늘에 있는 것의 그림자였다(8:5). 그러므로 구약시대의 성막의 모든 구조와 기구는 예수 그리스도 안에서 성취될 구원사역을 나타내는 것이었다(9:1-10).

히 9:11 이하에서는 예수 그리스도께서 구약시대의 성막에 의하여 상징적으로 나타난 모든 것을 성취하셨으며 그는 사실상 우리를 위하여 하나님께로 나아가셨다는 것을 보여 준다. 히브리서 기자가 말하고 있는 전체적인 요점은 구약시대의 성막을 통하여 상징되었던 모든 것이 예수 그리스도 안에서 완성되었다는 것이다. 그는 우리를 위하여 실질적인 하나님의 임재 안으로 들어가셨다(9:24).

그러므로 구약시대의 모든 성막구조는 우리가 하나님께로 나아가는 데 있어서 필요한 모든 것을 성취하기 위하여 오실 그리스도의 사역을 눈에 보이는 것으로 묘사해 놓은 것이었다고 추정하는 것은 매우 타당한 생각이라 할 수 있다.

어린 양으로 매일 제사를 드리던 **번제단**은 세상 죄를 지고 가는 하나님의 어린 양(요 1:29)으로 불리는 신약의 그리스도 안에서 완성된다.

계속적인 성결을 나타내는 **물두멍**은 신약의 두 군데 본문에서 그리스도의 사역과 관련된 것으로 나타나고 있다. 복음서에서 예수님은 제자들에게 한 번 깨끗하게 된 사람은 단지 발을 씻기만 하면(아마도 그의 구속 사역으로 말미암아 한 번에 완성될 죄씻음과 관련하여) 된다는 것과, 그 다음에는 자신의 유익을 위하여 신자들이 영적인 삶 속에서 매일 죄를 고백해야 할 것을 말씀하셨다(13:10). 요한일서 1:7-9도 같은 내용을 담고 있다. 여기서는 예수 그리스도의 피가 모든 죄로부터 우리를 깨끗이 씻어 주지만, 그럼에도 불구하고 우리는 하나님께서 모든 불의에서 우리를 깨끗이 씻어 주실 것을 확신하면서 계속적으로 우리의 죄를 자백해야 한다고 말한다.

등대와 **진설병**은 자기 자신에 대하여 "나는 세상의 빛이다"(요 8:12), "나는 생명의 떡이다"(요 6:35)라고 하신 예수님의 말씀을 상기시켜 준다.

분향단은 히브리서 7:25의 말씀을 생각나게 한다. 여기서는 그리스도에 대하여 "그는 언제나 살아계셔서 그들을 위하여 중재하신다"(이것은 그리스도를 통하여 하나님께로 나아가는 자들을 위한 중재이다)고 말하고 있다.

마지막으로 자기 백성들과 함께 하시는 하나님의 임재를 상징하는 휘장 뒤에 있는 **언약궤**는 "내가 곧 길이요 진리요 생명이니 나로 말미암지 않고는 아버지께로 올 자가 없느니라"고 하신 예수님의 말씀을 분명하게 지적해 준다(요한복음 14:6). 대제사장은 휘장 뒤쪽의 하나님의 임재를 상징적으로 나타내는 곳으로 매년 한 번씩 들어가야 했으나 그리스도께서는 우리를 위하여 단번에 하나님이 계신 곳으로 들어가셔서 속죄 사역을 완성하셨다(히 8:1 이하, 24:28, 10:19-23). 그 결과 예수님께서 십자가 위에서 죽음을 경험하시던 순간에 성전의 휘장이 위로부터 아래까지 찢어져 둘이 되었다. 상징은 더 이상 필요치 않게 되었다. 그리스도께서 성막이 상징적으로 나타내던 모든 것을 성취하셨기 때문이다(마 27:51; 히

10 : 20).

성막이 하나님께서 그의 백성들과 함께 하시는 것을 나타내기 위하여 이스라엘 진영 한 가운데 위치해 있었던 것과 마찬가지로 훗날 하나님의 자녀들은 성전을 통해서도 하나님께로 나아가는 법을 배우게 되었다. 훗날 우리는 하나님의 백성들이 성전을 향하여 기도하는 것을 자주 보게 된다(왕상 8 : 29 ; 욘 2 : 4, 7 ; 시 5 : 5). 그들의 이러한 행위는 하나님께서 그들에게 주신 수단을 통하여 하나님께로 접근하기 위해서였다.

배교와 새로운 계시(출애굽기 32-34장). 하나님께서 성막에 대한 지시를 모세에게 주시는 과정에서, 그리고 실제로 성막이 지어지기 전에 두 가지 사건이 일어난다. 두 사건 모두가 부분적으로는 두번째 계명과 또 이스라엘 백성들의 하나님에 대한 지식과 경배에 관련되어 있다.

32장은 모세가 산꼭대기에 있는 동안에 아론에 의하여 만들어진 금송아지와 관련된 사건을 설명하고 있다. 아론의 행위는 비록 백성들에 의하여 자극되기는 했지만, 그 자신의 관련성과 죄는 부인될 수 없다. 그들의 신으로 추대된 송아지에 대한 언급(32 : 4)은, 고대 근동 지역에 널리 펴져 있던, 보이는 짐승의 등에는 보이지 않는 신들이 존재한다고 생각한 개념과 얼마간의 관계가 있을지도 모른다. 어쨌든, 그것은 분명히 하나님의 특별한 명령에 위배되는 우상 숭배였다.

이 사건에서 우리는 중재자로서의 모세의 사역을 보게 된다. 모세는 그들이 벌을 받을 만한 행동을 하지 않기 때문이 아니라 하나님 자신의 명예와 영광이 관련되어 있기 때문에 이스라엘 백성들을 용서해 주시기를 탄원한다(32 : 11, 12). 모세는 또한 자신의 믿음의 기초인 조상들과 맺은 언약을 상기한다(32 : 13). 이스라엘 백성들을 향한 모세의 관심은 그의 중보 기도에서 아름답게 표현된다(32 : 30-32).

하나님께서 기록하신 책(32, 33절)에 대한 언급은 성경 전체를 통하여 나타난다(시 69 : 28 ; 단 12 : 1 ; 말 3 : 16, 17 ; 빌 4 : 3 ; 계 3 : 5 ; 13 : 8 ; 20 : 15). 생명책은 하나님께서 선택하신 모든 자들의 이름을 담고 있다. 시편 69 : 28에서 우리는 "도말하사"라는 말이 "의인과 함께 기록되지 않게 하사"라는 말과 동일하다는 것을 알 수 있다. 이 구절의 의미는 하나님께서 자기의 마음을 바꾸신다는 것이 아니라 우리의 시각으로 볼 때 의인인 것처럼 보이는 사람들이 생명책에서 도말되어 버린다는, 다시 말하면 결코 의인들 가운데 속하지 못하게 된다는 것이다.

모세의 탄원에 대한 하나님의 대답은 후에 에스겔에 의하여 설명된 바와 같이 각 사람은 자기의 죄에 대하여 반드시 하나님께 책임을 져야 한다는 원칙을 분명하게 세우신다(32 : 33).

33장에서 우리는 하나님의 진리에 대하여 계속해서 질문하고 있는 모세를 발견하게 된다. 그는 여호와의 영광을 보기를 원했다(18절). 그는 분명히 허용될 수 있는 것 이상을 요구하고 있었다(20절). 그럼에도 불구하고 하나님은 모세의 요구에 대하여 그의 이름과 관련된 선하심을 보여 주시겠다고 약속하셨다(19절). 모세는 그 날 하나님의 얼굴은 보지 못하고 뒷모습만 볼 수 있었다(23절). 그러나 더욱 중요한 것은 그 날 모세에게 주어진 말씀 계시였다. 34 : 6, 7에는 하나님의 선하심에 대한 말씀 계시가 모세가 받았던 그대로 기록되어 있다.

우리는 두번째 계명을 연구하면서 이미 이 계시에 대하여 이야기하였다. 이 말씀 계시는 하나님에 대한 지식이 되어서 신자들이 하나님을 필요로 하거나 혹은 하나님께 예배를 드림에 있어서 언제든지 그것을 회상할 수 있게 해 주었다. 우리는 이 구절이 다른 구절들보다 더욱 빈번하게 구약성경에 인용되거나 암시되고 있다는 것을 볼 수 있다. 그 중에 몇몇 구절을 소개하자면 민 14 : 18 ; 욜 2 : 13 ; 욘 4 : 2 ; 시편에서는 매우 빈번하게(예를 들면 시 103 : 8) ; 느 9 : 17 등등을 들 수 있다. 하나님의 백성들은 이 말씀 계시를 기억하고 있었으므로 어떠한 환경 가운데서도 하나님께 기도하고 또 하나님을 어떻게 믿어야 할 것인가를 알 수 있었다. 하나님은 말씀 계시를 통하여 자신을 알려주신 것과 언제나 동일한 분이셨다.

따라서 우리는 말씀이 육신이 되어 우리 가운데 거하신다는 요한복음 1 : 14의 의미를 이해할 수 있다. 육신을 입으신 예수님은 하나님께서 자신에 대하여 계시하셨던 모든 것을 소유하신 분이었다(빌 2 : 6 ; 고후 4 : 4 ; 히 1 : 3).

희생 제사 제도(레위기). 하나님의 특별한 명령에 따라 회막이 세워진 후에 우리는 그 회막으로부터 이스라엘에게 주시는 하나님의 계시를 레위기에서 대할 수 있다(레 1 : 1). 이 계시는 거룩하신 하나님께 드리는 예배 문제를 우선적으로 다루고 있다.

율법을 주실 때에 하나님께서는 희생 제사가 드려져야 할 것을 이미 말씀하셨다(출 20 : 24-26). 그 때에는 이스라엘을 위한 희생 제사 제도에 대한 상세한 설명이 전연 없었다. 이제 레위기는 성막과 관련된 하나님의 계시가 주요 주제가 되었다. 1장에서 6 : 7까지는 희생 제사 제도의 규칙에 관한 여러 가지 법령들을 담고 있다.

우리는 하나님께서 이삭을 대신하게 하셨던 수양의 희생(다시 말해 대리 속죄)을 통하여 희생 제사의 근본적인 의미를 이미 자기 백성들에게 보여 주셨다는 사실을 기억해야 한다. 그 수양은 이삭을 대신하여 죽었다. 다시 유월절에 이스라엘의 가족과 초태생을 대신했던 어린 양의 희생은 그것이 이스라엘 백성들을 위한 대속 제물이라는 사실을 깨우쳐 주었다(출 12장). 그러므로 대속 제물의 피흘림은 신자들로 하여금 누군가가 자기를 위하여 죽지 않으면 안된다는 사실을 계속적으로 상기시켜 줄 것이었다. 히브리서에서는 이러한 사실을 다음과 같이 표현하고 있다. "모든 물건이 피로써 정결케 되나니, 피흘림이 없은즉 사함이 없느니라"(히 9 : 22).

레위기의 처음 몇 장들에서 우리는 이스라엘 백성들의 죄를 대속하기 위하여 요구되는 희생 제사에 대한 상세한 설명을 대하게 된다. 우리는 이 희생 제사를 여러가지 방법으로 분류할 수 있다. 희생 제물의 양(amount)과 관련하여 분류하면, 대개 무리 가운데서 흠없는 수컷으로 택하여 드리는 짐승의 부분적인 번제물과 전체적인 번제물이 있었다. 제물의 재료에 있어서는 짐승 제물과 곡식과 기름, 그리고 과실을 포함한 식물성 제물이 있었다.

희생 제사의 유형에 있어서는 화목제와 속죄제, 그리고 속건제가 있었다. 화목제는 하나님께 감사의 표시로 드려지는 것이었다. 속죄제는 뜻하지 않게 범죄한 사실을 후에 깨달을 때 바로 그 죄에 대하여 드려지는 것이었다. 그리고 속건제는 하나님의 율법에 대한 모든 종류의 위반과 관련된 것처럼 보인다. 그러나 속죄제와 속건제가 때로는 용어의 엄격한 구분이 없이 사용될 때도 있다.

이러한 희생제사를 드리는 사람들은 위에서 말한 모든 종류의 희생제사를 드리려는 개개인의 사람들과 또한 특별한 경우에, 즉 부정한 때에 특별한 제사를 드리려는 개개인의 사람들로 이루어져 있었다. 어떤 제사들은 유월절에서와 같이 모든 가족들을 위하여 드려졌다.

또 어떤 것들은 이스라엘을 위하여 매일 두 차례씩 드려지는 번제와 같이 국가적인 제사에 속한다. 다음으로는 특정하게 지정된 때에 지도자들에 의해 드려지는 특별 제사들이 있었다.

우리는 제사제도의 범위가 매우 광범위하다는 사실을 알 수 있다. 민수기에서 행한 인구조사를 기초로 하여 추정할 때 광야에서의 이스라엘 인구는 약 250만명 정도가 된다. 그렇게 많은 수의 사람들과 또 그들에게서 매일같이 요구되었을 그 엄청난 숫자의 제사를 생각할 때에 우리의 마음은 완전히 압도당하고 만다. 여기에 대하여 신명기 12장의 요구는 모든 제사가 하나님께서 택하신 오직 한 장소에서만 드려져야 한다는 것이었다.

우리는 그러한 임무를 수행한다는 것이 전적으로 불가능하다는 사실을 알고 있다. 하나님은 분명히 여기서 인간이 성취할 수 있는 능력의 한계 이상을 요구하고 계신다. 그리고 바로 그것이 하나님께서 나타내시고자 하는 핵심이었다. 하나님께서는 그렇게도 많은 제물을 그렇게 자주 한 장소로 가져가야 하는 어려움 때문에 제사를 드리는 것이 쉽지 않도록 만들어 놓으셨다. 희생제사제도를 주신 하나님의 의도는 그들 자신의 엄청난 죄와 그들이 처한 곤경을 극복할 수 없는 그들의 전적인 무능력을 사람들에게 강조하시려는 것이었다. 죄가 얼마나 무서운 것인가에 대한 깨달음과 그 결과 그의 백성들이 마음 아파하게 되는 것이 하나님께서 열망하시는 결과였다. 희생제사제도는 대체물을 통하여 하나님께 대한 순종을 나타내기 위하여 설립된 것이 아니라 오히려 하나님 앞에서 죄를 시인하고 죄책감을 깊이 인식하게 하려는 목적으로 하나님에 의하여 설립되었다.

이러한 원리는 후대의 이스라엘 역사에 나타난 사울과 다윗 사이의 커다란 대조를 통하여 잘 설명되어진다. 여기서는 그것을 간단하게 언급하기로 하고 나중에 좀 더 충분하게 살펴보기로 하자. 사울은 희생제사가 하나님을 진정시키기 위한 목적으로 거행되는 단순한 의식에 불과한 것으로 생각하고 있었던 것이 분명하다(삼상 13:8-13; 15:20-21). 그 때에 사무엘이 사울에게 한 대답(삼상 15:22, 23)은 하나님께서는 결코 제사를 율법의 준수를 대신하는 것으로 여기지않고 계신다는 것을 분명하게 가르쳐준다. 이와 똑같은 진리가 구약성경전체를 통하여 반복된다(시 40:6; 사 1:11 이하; 암 5:21-24; 미 6:6). 유감스럽게도 대부분의 이스라엘 백성들은 희생 제사를 성난 하나님을 달래기 위하여 거행되는 단순한 의식으로 생각하고 사울 왕의 뒤를 따랐던 것처럼 보인다. 이후의 역사가 보여주었던바와 같이 이러한 사상은 유대인의 주요 이단이 되었다.

이와는 대조적으로 다윗은 어떤 사람이 죄를 범했을 때 하나님께서는 희생 제사보다 상하고 통회하는 마음을 더욱 원하신다는 사실을 너무나 잘 알고 있었다. 그는 자신의 엄청난 죄에 대하여 그와 같이 자백하고 회개하였다(시 51:16, 17). 희생제사는 자신의 죄와 또 그 죄에 대하여 자기 스스로 아무 것도 할 수 없음을 깨닫고 상한 마음을 갖도록 하기 위한 것이었다. 희생제사가 어떤 사람의 하나님께 대한 순종을 대신할 수는 없었다. 그것은 제사드리는 사람으로 하여금 거룩하신 하나님 앞에서 상한 마음을 가지고 겸손해질 것을 가르쳐 줄 뿐이었다. 이것이 다윗에게 일어난 일이었으며 또한 하나님께서는 그를 기뻐하셨다.

물론 희생제사제도는 그 자체로서 죄를 제거하기에는 불충분하였다. 오히려 희생제사제도는 우리 죄를 위한 참된 희생제물이었으며 그를 믿는 사람들의 죄를 인한 형벌을 제거하기 위하여 죽으셨던 예수 그리스도의 실제적인 사역을 통하여 완성된 하나님의 구속사역의 필요성을 지적해 주는 것이었다. 이것은 히브리서의 주요 주제들 중의 하나를 형성한다(7-10장).

레위기의 나머지 부분은 예배와 제사제도와 관련된 여러가지 규례들을 담고 있다. 제사제도와 관련하여 제사장으로서의 특별한 기능을 담당할 아론과 그의 아들들의 성직 임명에 많은 관심이 기울여진다(6, 8-10장). 이스라엘 백성들을 대신하여 제사장들이 제사를 드려야 했던 것은, 구약의 제도는 그리스도의 사역보다 훨씬 열등한 것이었으며 그것은 단지 그리스도의 사역의 필요성을 지적해 줄 뿐이라는 히브리서 기자의 강조점을 뒷받침해 준다. 제사장들과 관련된 규칙들에는 하나님을 위하여 드려진 제물 가운데서 일정 부분을 그들의 몫으로 취하도록 하는 규례들도 포함되어 있다(7:32 이하).

하나님의 모든 규례들에 대한 완전한 순종이 지니는 중요성은 나답과 아비후에게 일어난 사건을 통하여 알 수 있다. 우리는 그들이 여호와 앞에서 다른 불을 가지고 분향했다는 사실을 보게 된다. 이 다른 불은 여호와께서 명하시지 않은 불로 규정지어진다(10:1). 그러므로 우리는 그들이 행한 일이 특별히 이상한 것이었다고 가정할 필요가 없다. 그들의 행위는 규정된 예배에 첨가된 것으로서 전혀 새로운 고안물이었다. 그러나 그것은 하나님의 진리를 왜곡시켰으며 또한 하나님께서 제사장들의 직무에 대하여 설정해 놓으신 전체적인 목적을 위협하는 것이었다. 다시금 우리는 하나님께서 자기 백성들이 적절하게 존중하는 법을 배워야 할 그의 말씀을 얼마나 중요하게 여기시는가 하는 것을 알 수 있다.

11장에서 24장까지의 결례(cleanliness)의 율법들은 하나님께서 정결한 것과 부정한 것 사이에 만들어 놓은 구별의 개념을 백성들에게 가르쳐 주실 목적으로 고안되었다. 이렇게 하여 하나님께서는 부정한 것과 대조를 이루는 거룩한 것(하나님을 위하여 구별된 것)에 대한 감수성을 그의 백성들에게 주입시키셨다. 특히 하나님께서는 이스라엘 백성들이 그의 백성이 아닌 다른 민족들과는 반대로 하나님의 백성으로서의 그들 자신의 거룩함을 인식하게 되기를 열망하셨다. 이것은 레위기 20 : 24-26에 명백하게 진술되어 있다.

사실 읽기가 매우 힘들게 느껴지는 다소 장황한 이 규례들 가운데서, 우리는 "이웃 사랑하기를 네 몸과 같이 하라"(19 : 18)는 한절을 우연히 발견하게 되고, 갑자기 우리는 이 모든 규례들이 우리와 무관한 법들이 아니라 바로 하나님과 우리 자신들에 대하여 많은 것을 말해주고 있다는 사실을 깨닫게 된다. 하나님께서는 자기에게 불순종하고 다른 사람을 해치려는 경향이 있는 죄인들을 향하여 자신의 모든 뜻을 상세하게 설명하고 계셨던 것이다. 그들은 비록 하나님의 백성들이기는 했지만 이방문화에 둘러싸여서 살아가고 있었다. 하나님께서 말씀하신 수많은 율법들 가운데서 단지 일곱 마디의 말로 된 이 구절이 우리가 이미 지적했던 바와 같이 율법의 본질이었다. 여기서 발견할 수 있는 모든 규례는 예수님에 의해서 정확하게 정의된, 온 마음을 다하여 하나님을 사랑하고 이웃을 자기 자신처럼 사랑하라는 위대한 계명에 관한 상세한 설명이었다.

사랑의 법이 이 모든 규례에 고루 영향을 미치는 정신이라는 사실은 희년에 관한 규례들에 의하여 잘 입증된다(25장). 하나님의 백성들의 달력 속에는 풍부한 유산을 그들에게 제공하여 주심을 통하여 나타난 하나님의 사랑을 상기시키고(23, 24절) 또한 매 50년마다에는 하나님께서 맨 처음 그 땅을 주셨던 사람들이나 혹은 그 땅의 상속자들에게 모든 땅을 되돌려 줌으로써 서로를 향한 그들의 사랑을 나타내 보이도록 하는 시간표가 설정되어 있었다(25-28절).

맹세에 관한 부분(27장)은 특별한 위임(commitment)이 여호와께 드려질 수 있었던 점들을 포함하고 있다. 위임에는 사람과 재산과 집이나 토지까지도 포함되었다. 이러한 것들에 대한 위임은 하나님께 드리는 특별한 예물을 통하여 이루어졌으며, 이러한 위임은 하나님 앞에서 보다 높은 수준의 청지기직을 수행할 수 있는 방법을 제시하여주었다. 이미 하나님께서 그의 것으로 요구하신 것, 즉 짐승의 첫 새끼(26절, 출 13:2)나 십일조(30절)와 같이 이미 하나님께 속한 것은 모두 이러한 특별한 방법으로서의 위임에서 제외되었다. 위임과 관련된 이 전체적인 부분은 로마서 12:1, 2에 기록된 로마의 그리스도인들에게 주는 바울의 권면과 같이 우리의 온 몸이 우리가 드릴 합당한 예배인 산 제물로서 하나님께 드려져야 한다는 것을 지적해 주고 있다.

방랑의 세월(민수기 1-20장). 이제까지 성막으로부터 기본적인 법률을 수여하신 여호와께서는 여전히 성막으로부터 모세에게 인구조사를 실시하라고 지시하신다. 광야 생활 40년 끝에 실시하였던 두번째 인구 조사(26장)와 더불어 이 인구 조사는 20세 이상으로 전쟁에 참가할 수 있는 남자들만 포함하도록 되어 있었다(1:2, 3). 그 결과 전체 수는 육십만 삼천 오백 오십명이었으며(1:46), 레위인은 여기에 포함되지 않았다(1:47). 다음에는 각 지파들의 행진 순서가 정해졌다. 단 지파와 그와 연합한 두 지파는 맨 앞에서 길을 인도하였다. 그리고 유다 지파와 그와 연합한 두 지파는 우측에, 에브라임 지파와 그와 연합한 두 지파는 후미쪽에 각각 위치하였다.

출애굽기 13:2에서 하나님께서는 애굽에서의 심판으로부터 이스라엘의 초태생을 구원하실 때에 사람이나 짐승을 무론하고 초태생은 그에게 돌리라고 요구하셨다. 이스라엘의 장자들은 특별히 하나님의 소유로 구별되어 있었다. 그러나 이스라엘의 모든 장자들로 하여금 하나님을 위한 특별한 봉사자가 되게 하는 대신에 하나님은 이 봉사의 일을 위하여 레위 지파를 선택하셨다. 그리하여 이스라엘의 모든 장자들과 레위 지파의 모든 장자들과 레위 지파의 모든 남자들에 대한 목록이 작성되었다. 레위 지파의 남자들은 이만이천명으로 계수되었고(3:39), 이스라엘의 장자의 수는 이만이천이백칠십삼명(3:43)이었다. 여호와께서는 이스라엘의 모든 장자를 대신하여 레위인을 취하셨다. 숫자상의 차이에 대해서는 초과한 장자들의 숫자만큼 속전을 받도록 이만이천명을 제외한 나머지의 장자들은 각각 다섯 세겔의 속전을 지불하였다(3:44-51).

이렇게 하여 여호와께서는 온 이스라엘을 자기의 것으로 주장하셨다. 왜냐하면, 우리가 이미 알고 있듯이 장자들을 구원하심으로써 여호와께서는 모든 이스라엘 백성들을 구원하셨으며, 또한 이제는 그를 위한 전임 봉사자들인 레위 지파에 의하여 대표되는 장자들을 선택하심으로써 그는 사실상 모든 이스라엘 백성들에 대한 소유권을 주장하시면서 그들 모두를 자신을 위한 봉사자들로 간주하시기 때문이다. 4장은 하나님을 섬김에 있어서 레위인이 행하여야 할 여러가지 임무에 관한 법률들을 기록하고 있다.

5장과 6장에는 이스라엘 백성들이 약속의 땅으로 갈 준비를 할 때에 하나님과 그의 백성들 사이의 관계와 관련되는 여러가지 법들이 기록되어 있다. 5장의 질투와 관련된 법은 가정을 위협할 수 있는 간음의 문제를 다루고 있다. 간음의 여부를 알아보기 위하여 사용된 방법은 고대 근동 지방의 다양한 문화권 내에서 사용되었던 다른 법률들과 유사한 점이 있다. 이 5장에 나오는 법률이 다른 문화권 내에서 사용되었던 법률들과 다른점은 가정을 향한 하나님의 관심과 이스라엘 자손에 대한 하나님의 축복 때문에 그것이 하나님의 권위 아래 놓여 있었다는 점이다. 6장의 나실인에 관한 율법들은 레위기 27장에 이미 기록되어 있는 맹세의 율법들에 속하는 특별한 유형의 서원이다. 확실히 이스라엘 중에는 나실인이 거의 없었다. 그들은 구별된 거룩한 삶의 본보기로서 하나님을 섬겼다. 다른 여러 맹세의 법들과 마찬가지로 여기 이 나실인에 관한 법은 봉사에 대한 아무런 강제성이 없을지라도 개개인이 자발적으로 하나님을 섬겨야 할 것을 백성들에게 보여주기 위하여 제정된 것 같이 보인다. 하나님께서는 그에게 드려지는 모든 종류의 특별한 위임이 마음에서부터 자발적으로 우러나온 헌신의 결과로서 드려지기를 열망하셨다.

시내 광야를 떠나기 위한 마지막 준비과정을 보여주는 7장에서부터 9장까지에는 이스라엘의 등불을 켜는 방법, 그리고 레위인들의 정결예식이나 유월절규례와 같이, 이미 주어진바 있는 여러가지 율법들을 생각나게 하는 것들이 기록되어 있다.

10장에서 12장까지는 이스라엘 백성들이 실제로 시내 광야를 출발하여, 여행을 하는 도중에 백성들의 삶 가운데서 처음으로 하나님의 율법을 시험하는 사건들을 기록하고 있다.

유감스럽게도 이스라엘 백성들의 믿음은 연약했다. 많은 사람들이 하나님의 율법을 지키지 않았다. 그들은 곧 불평을 늘어놓기 시작했으며(11 : 1), 하님께서는 이스라엘 중에서 불순물을 제거하기 시작하셨다(11 : 1). 우리는 이스라엘이 혼합된 군중(잡족)으로 이루어져 있었다는 사실을 알고 있다. 혼합된 군중이란 말의 의미는 확실하지가 않다. 어떤 사람들은 이 말을, 그들이 다양한 외국인들로 구성되었다는 것을 의미한다고 생각한다. 그러나 내 생각에는, 그 혼합은 역사의 시초부터 있었던 혼합, 다시 말하면 여자의 후손과 뱀의 후손, 곧 하나님의 자녀와 사단의 자녀 사이에서 볼 수 있는 혼합과 같은 종류의 것이었다. 광야에서의 유형교회였던 이스라엘 백성들 중에는 하나님을 믿는 진실한 신자들과 불신자들이 함께 섞여 있었다. 그의 백성들을 대하심에 있어서 언제나 그러하시듯이, 여기서도 하나님께서는 그들의 이러한 상태를 그대로 방치하지는 아니하실 것이다. 하나님께서는 그의 교회를 언제나 정결하게 하신다. 그러므로 여기서 불평하는 자들을 죽이신 것은 하나님께서 교회를 정결케 하시는 행위였다.

고린도전서 10 : 1-6 에서 보듯이 바울도 이 사건을 그와 같이 이해하고 있다. 바울은 이스라엘 백성들 모두를 하나님의 유형 교회의 일원으로 보고 그들을 가리켜 "우리 조상들"이라고 말한다. 그러나 동시에 바울은 하나님께서 그들 중 다수를 기뻐하지 않으셨으므로 그들이 광야에서 멸망을 받았다고 말하고 있다. 유다서 5절은 하나님께서 이스라엘 백성들을 애굽에서 구원하여 내신 후에 그들 가운데 자기를 믿지 않는 사람들을 멸하셨다는 사실을 설명하면서 사실상 동일한 사건을 다루고 있다. 우리는 유형 교회가 하나님의 진실한 백성과 일치하는 것이 아니라는 사실을 결코 잊어서는 안된다. 교회 안에는 언제나 혼합된 무리가 존재하는 것이다.

모세 자신의 믿음도 시내 광야에서부터 가나안으로 여행하는 동안에 시험을 받았다. 먼저, 그는 자기 자신의 한계를 발견하게 되었으며(11 : 14), 하나님께서는 그의 요청을 들어 주셨다(11 : 16 이하). 하나님께서는 사람들의 필요를 외면하신 채 그들이 감당할 수 있는 능력 이상으로 시험하시는 분이 결코 아니시다(고전 10 : 13).

다시금 모세 자신의 가족인 그의 형 아론과 누이 미리암이 그의 지도력에 도전함으로써 그를 시험하였다(12 : 1 이하). 그러나 하나님께서는 그를 지지하셨으며 다른 사람들 위에 높이 올리셨다(12 : 6 이하).

그러므로, 가나안에 채 도착하기도 전인 불과 몇달 사이에 백성들은 그들의 삶 가운데서 하나님의 뜻이 이루어지도록 하는데 있어서 커다란 약점과 무능력을 이미 나타내 보이고 말았다.

그들이 약속의 땅으로 들어가기를 거절 하였던 일은 사실상 놀라운 일이 아니다. 이스라엘 백성들과 그 지도자들 중 어느 누구도 여호와 앞에서 그를 경배하고 섬기면서 그 땅을 받아 누릴 아무런 준비가 되어 있지 않았다. 가나안 땅을 탐지하러 갔다가 ⅓정도의 호의적인 보고와 함께 ⅔정도의 경계심과 두려움을 안고 돌아 온 정탐꾼들이 고한 13 : 27-29의 보고는 지도자들의 믿음이 얼마나 부족했는지를 잘 나타내준다. 이들 지도자들 가운데 한 사람인 갈렙은 그 땅을 상속받을 만한 믿음을 가지고 있었던 것으로 보인다(30절). 그 "지도자들"이 얼마나 백성들의 생각에 이끌리고 있으며 실제로 가나안 땅에 들어가기를 반대하고 있는가를 주목해 보라(31절 이하). 이 구절은 인도함을 받아야 할 백성들의 변덕스러운 기질에 따라 결정이 좌우되는 참으로 교회가 필요로 하지 않는 유형의 리더쉽을 강조하고 있다.

또 다시 모세는 하나님과 하나님의 백성들 사이에 위대한 중재자로 나타난다. 그는 하나님께서 백성들을 쳐서 멸하려 할 때에 그들을 위하여 중재하였다(14 : 11-19). 용서를 간구하는 중에 모세는 하나님께서 전에 시내산에서 그에게 주셨던 하나님의 계시로 거슬러 올라간다(민 14 : 19을 출 34 : 6, 7과 비교해 보라). 하나님의 즉각적인 응답은 모세가 하나님으로부터 받은 계시를 충성스럽게 붙잡고 있는지 어떤지를 알아 보시기 위하여 하나님께서 한 번 더 그가 말씀하신 것에 의하여 모세를 시험하셨다는 것을 지적해 준다.

이스라엘 백성들이 약속의 땅에 들어가기를 거절하고 또 불평하였기 때문에 하나님께서는 다시금 이스라엘 가운데서 모든 불신앙을 제거하기 시작하셨다. 그는 약속의 땅으로 들어갈 것을 믿었던 자들만을 취하셨다(14 : 26-35).

모세가 경험한 다음의 시련은 고라 일당의 반역이었다(16, 17장). 모세의 리더쉽에 대한 이 두번째 도전은 이들 불신자들의 마음 속에 있었던 반역의 정도를 보여 주었다. 그들은 스스로 자신이 거룩하다고 주장했지만 그들의 정신과 말은 정반대로 나타나고 있었다(16 : 3). 그 날 하나님께서는 다시금 회막에 임하셔서 모세와 함께 서시고는 그의 리더쉽의 정당함을 입증하시고 반역자들을 멸하셨다. 이스라엘 백성들이 이것을 승인하지 않았다는 사실은 이스라엘 백성 가운데 불신이 얼마나 널리 퍼져 있었는가를 보여 준다 (16 : 41 이하).

이 사건 후에 다시 한 번 아론의 권위가 반복해서 강조되었다. 왜냐하면 고라와 그 일당이 아론과 같은 지파에 속해 있었기 때문이었다(17 : 1−11). 레위 자손들 또한 한 번 더 하나님께서 그들을 위하여 설정하신 특별한 봉사의 직무를 위하여 정결케 함을 받았다.

하나님께서 광야에서 방랑 기간을 통하여 모든 불신자들을 이스라엘 중에서 멸하시기 시작할 때에 비극은 잇달아 계속하여 일어났다. 이 기간 동안에 일어난 불과 몇몇 사건들만이 우리에게 기록으로 전해지고 있다. 20장은 백성들이 원망하는 동안에 모세가 그의 믿음을 따라 일관되게 행동하지 않고 또 이스라엘 백성들 앞에서 하나님을 영광스럽게 하지도 않았던 한 사건을 기록하고 있다 (20 : 10−13). 그 결과로 하나님께서는 모세가 약속의 땅으로 들어가는 것을 허락하지 않으셨다.

모세의 죄과는 그가 지난 날에 했던 바대로 여호와를 믿지 아니한 것이었다. 그러므로, 그는 백성들 앞에서 하나님을 영화롭게 하지 않았다(12절). 그가 행한 것이 우리에게는 매우 사소한 일처럼 보일지도 모른다. 특히 그토록 오랜 세월을 참아오다가 터뜨린 그의 분노에 대하여 누가 비난할 수 있겠는가? 그러나 그가 치루어야 할 형벌은 무거웠다.

여기서 여호와께서는 다시 한번 더 그의 앞에서는 어떤 죄도 하찮은 것이 없다는 것을 그의 교회에 나타내 보여 주신다. 입법자인 모세까지도 항상 하나님의 법에 복종하고 그것에 의하여 하나님께 영광을 돌리지 않으면 안된다. 법의 목표가 하나님께 있다고 하는 아주 중요한 사실이 여기에서 명백하게 나타난다. 그날 모세는 하나님을 향한 사랑이나 혹은 백성들을 향한 사랑을 보여주지 못하였다. 하나님께서는 외관상 우리 죄의 극히 적은 것조차도 결코 간과하시지 않는다. 물론, 모세는 용서를 받았으나 그의 죄로 인한 결과를 감수해야만 했다. 그는 가나안 땅에 들어갈 수가 없었던 것이다.

범죄 후에 모세는 하나님의 자녀가 받아야 하는 징계를 받음으로써 그가 진실로 하나님의 자녀이며 사생자가 아니라는 것을 보여주었다(히 12:7, 8). 우리는 여기서 하나님의 꾸지람을 들었을 때 가인이 취했던 빈정거리는 듯한 반응이나 훗날 사무엘로부터 자기 죄에 대하여 지적을 받았을 때 사울이 취했던 반응과는 뚜렷한 차이점을 볼 수 있다. 모세와 다윗은 하나님의 자녀들이 하나님의 징계에 직면하였을 때 어떻게 행동하여야만 할 것인지를 잘 보여준다.

20장은 미리암(1절)과 아론(28절)의 죽음에 대하여 기록하고 있다. 아론이 죽기전에, 그의 직무는 그의 아들 엘르아살에게로 승계되었다(25절 이하).

여행의 말기(민수기 21-36장). 이스라엘 백성들이 가나안 땅에 가까이 접근함에 따라 여행은 곧 끝이나려 하고 있었다. 그럼에도 불구하고 그들 중에는 여전히 하나님을 믿지 않는 사람들이 섞여 있었다(유다서 5절을 비교해 보라). 이스라엘 백성들이 아직 가나안 땅 밖에 있을 동안에 하나님께서 대적 가나안을 쳐서 승리케 하여 주셨음에도 불구하고 어떤 사람들은 원망하고 불신하였다(21:1-5). 하나님께서는 아직도 믿지 않는 나머지 사람들을 제거하시기 위하여 이스라엘의 온 진영에다 불뱀을 보내셨다(21:6). 이것은 믿지 않는 자들에 대한 하나님의 심판이었다.

그러나 자신의 죄를 뉘우치고 자백하는 자들, 곧 회개하는 마음을 지닌 사람들을 위하여 하나님께서는 구원의 방편으로 놋뱀을 예비하셨다. 그 뱀을 바라보는 것이 곧 사는 길이었다. 여기서 또 다시 우리는 특별히 사용된 "쳐다보다"(9절)라는 말이 평범한 의미의 단어가 아니라는 사실에 주의하지 않으면 안된다. 그것은 열망하고 기대하면서 바라보는 것을 의미한다. 이 문맥을 고려할 때 그것은 틀림없이 믿음으로 바라보는 것을 의미한다. 예수께서는 이 사건을, 들리워진 자신에 비유하셨다. 예수님께서는 들리워진 자기를 믿는 자마다 영생을 얻게 될 것이라고 말씀하신다(요 3:14, 15).

그 날 모세가 놋뱀을 높이 들었을 때 하나님을 믿는 모든 자들은 그들을 치료하시기 위해 하나님께서 예비하셨다는 것을 믿으면서 그 뱀을 바라보았으며 또 놋뱀을 쳐다본 사람들은 모두가 고침을 받았다. 그러나 불신자들은 그 날에 죽임을 당했다. 어떤 의미에서 이 놋뱀을 높이 들어올린 사건은 하나님을 믿는 자들에게 우리의 진정한 대적인 사단, 곧 뱀으로부터의 승리를 주리라는 창세기 3:15에 나타난 하나님의 약속과 아주 유사하거나 관련이 있는 것으로 보인다.

다음의 몇장들은 요단 동쪽 땅의 정복에 관하여 기록하고 있다. 발락과 발람에 관한 사건들에 많은 주의가 기울여진다. 발람은 성경에서 다소 이상한 인물로 남아 있다. 그 사람의 평판은 널리 알려져 있었다. 모압 땅의 발락은 발람이 아직 메소포타미아에서 살고 있을 때 그의 소식을 전해 듣고 있었다(22:5). 그는 발람이 축복과 저주의 능력을 가지고 있다고 생각하였다(22:6).

발람은 그의 지혜를 구하기 위하여 여호와를 의지하였던 것 같다(22:8). 그가 어떻게 여호와를 알았는지에 대해서는 알려진 바가 없다. 그러나 라반이 야곱의 하나님을 알았던 것을 기억해 보라. 그리고 아브라함의 조상들이 오랜 기간 동안 그 곳에서 살고 있었다. 아브라함과 야곱이 그 곳을 떠난 후에도 하나님에 대한 약간의 실제적인 지식이 동방에 남아 있었던 것은 가능한 일이었다.

하나님께서는 발람에게 그가 이스라엘을 축복하셨다는 사실을 분명히 밝히셨으며 그래서 발람은 이스라엘 백성들을 저주할 수 없었다(22:12). 발람은 처음에는 하나님의 말씀에 순종하여 가기를 거절했으나 마침내 발락이 내건 보상을 바라는 자기의 마음의 욕망을 무심코 드러내었다(22:19). 하나님께서는 발람의 가고 싶어하는 생각에 반대하신다는 뜻을 나타내신 후에 그가 가는 것을 허락하셨지만 단지 이스라엘을 축복하는 것만을 허용하셨다.

발락의 격렬한 항의에도 불구하고 발람은 네 차례나 하나님의 뜻을 따라 이스라엘을 축복하였다(23 : 7 이하, 18절 이하, 24 : 3 이하, 15절 이하). 발람은 자기가 분명히 발락의 보상을 바라고 있음에도 불구하고 하나님의 말씀에 의해 꼼짝못하게 에워싸여 있는 것처럼 느꼈다. 소돔 왕의 보상으로 인해 부자가 되는 것을 거절했던 아브라함과는 달리(창 14 : 23), 발람은 헤아릴 수도 없을 만큼 많이 보이는 이 보상들을 열망하고 있었던 것이 분명하다. 성경은 여기서 그가 네번에 걸쳐 이스라엘을 축복한 후에 자기 곳으로 돌아 갔다고 말한다. 그 말은 그가 메소포타미아로 돌아갔다는 것인지 아니면 단지 모압에 있는 자기 숙소로 돌아갔다는 것인지 확실하지가 않다. 성경은 후에 발람에 대하여 좀 더 말해 준다.

25 : 1 이하에서 우리는 모압 여자들과 음행한 이스라엘 자손에 대하여 읽을 수 있다. 틀림없이 그들은 그 여자들과 성관계를 가졌으며 또한 그들의 신들을 경배하기까지 했다. 따라서 그들은 하나님과 맺은 언약을 깨뜨렸으며 하나님을 진노하게 만들었다. 이 사건으로 인하여 2,400명이 죽었다(25 : 9). 그리고 31 : 16에서 우리는 이스라엘 자손과 모압의 미디안 족속들과의 혼합이 발람의 꾀를 따라 이루어졌었다는 것을 알 수 있다. 여기서 우리는 분명히 발생하였음이 틀림없는 사건을 재구성해야만 한다. 틀림없이 보상을 받지 못한 것에 대하여 실망한 발람은 하나님께서 자기에게 이스라엘을 저주하는 것을 허락하지 않으실 것을 알고는 모압으로 하여금 이스라엘 자손을 유혹하도록 충고하였으며, 그것은 이스라엘 자손이 하나님을 대적하여 범죄하도록 하는 원인이 되었다.

발람이 이 충고로 인하여 보상을 받았는지 어쨌는지 우리는 알 수가 없다. 어쨌거나, 그는 그것을 즐기며 살지는 못하였다. 그는 미디안 족속들과의 싸움에서 죽임을 당하였다(31 : 8). 더 나아가서 발람의 악한 꾀에 대한 통찰력은 이 사건에 대하여 언급하고 있는 유다서 11절과 요한계시록 2 : 14에서도 볼 수 있다. 사실 유다서에서는 교회 안에서까지 나타나는, 믿음이 없고 하나님을 경외하지 않는 사람들의 실례로서 발람의 이름을 사용하고 있다.

방랑의 40년 말기에 행하여진 두번째 인구조사는 당시 이스라엘의 규모가 첫번째 인구조사 때와 크게 달라지지 않았음을 보여 준다. 40년에 걸쳐서 불신자들을 제거하시는 동안에 하나님께서는 더 좋은 후손, 곧 보다 잘 훈련되고 보다 잘 순종하는 후손들을 주셔서 이제는 약속의 땅으로 들어갈 수 있도록 이스라엘 백성을 축복하셨다. 그 땅으로 들어가기를 거절했던 처음 세대는 이제 모두 다 죽었다(26 : 64).

모세의 훌륭한 성품이 그가 죽은 이후의 이스라엘 백성들을 위한 관심을 통하여 나타난다. 이스라엘 백성들을 위하여 후계자를 세워 주실 것을 하나님께 탄원하면서 모세는 계속해서 진실한 중재자로서 활동한다(27 : 16). 여호와께서는 그날 여호수아를 후계자로 지명하심으로써 모세를 안심시키셨다(27 : 18).

가나안 땅은 광야 생활에서 살아남은 이들 이스라엘 자손들에게 주어지도록 되어 있었다(26 : 52). 따라서 그 땅을 정복하고 분배하는 것이 여호수아의 임무였다. 그들에게 분배된 땅은 동일한 가계 안에 영구적인 기업으로 남아 있을 것이었다(26 : 55). 27장 초두에는 죽은 사람의 딸들이 그들의 정당한 몫을 요구했을 때의 문제가 거론되고 있다(27 : 1). 여기에 대해 여호와께서는 남자들과 마찬가지로 모든 여자들도 그들의 가족의 기업에 대한 정당한 권리가 있다고 말씀하셨다. 그리고 후에는 이것이 발전되어 땅의 소유권이 한 지파에서 다른 지파로 옮겨가는 것을 방지하기 위하여 여자 상속인들은 자기가 속한 지파 내에서만 결혼하도록 하였다(36장을 보라).

요단 동편 땅의 정복이 시작되었을 때 르우벤 지파와 갓 지파와 므낫세 반 지파는 그들의 가축 떼를 인하여 그들이 정복한 땅에 남아 있기를 원하였다(32 : 1 이하). 그들은 다른 지파가 각자의 기업을 받기 전까지는 자기들이 거할 땅을 받아 누리지 않을 것을 조건으로 하여 그 땅을 받았다.

기업에 관한 이 실례들을 통하여, 우리는 모든 사람을 향한 하나님의 관심과 또 자기 백성들의 마음 속에 세우고 계셨던 서로를 향한 사랑의 결속과 책임감을 발견하게 된다. 그 땅의 실제적인 주인은 하나님이었으며, 이스라엘 백성들에게 하나님을 향한 신실한 믿음이 있는 한 그들이 그 땅을 사용할 수 있었다. 이것은 이스라엘 백성들이 하나님께 순종할 것을 조건으로 하여 맺은 그 땅에 대한 축복의 옛 언약이었다. 하나님께 대한 그들의 순종은 근본적으로 하나님과 다른 사람에 대한 지속적인 사랑을 나타내 주는 것이었다. 그들이 다른 사람들의 권리에 대하여 관심을 가지는 한에 있어서만 그들은 사랑을 나타내 보일 수 있었다. 이스라엘 백성들이 자기 중심적이 되고 다른 사람을 사랑하는 데에는 관심을 갖지 않고 남의 필요를 잊어버릴 때에는 그 때마다 하나님께서 그들로부터 모든 것을 거두어가실 것이었다. 여기서 우리는 이스라엘 백성들이 여호와의 땅으로 함께 들어간 것과 마찬가지로 그들 서로를 향한 책임감이 그들 속에 스며들도록 하기 위하여 한 원리를 세우시는 하나님을 보게된다.

제 2 의 법령(신명기). 신명기라는 이름은 두번째의 율법을 의미한다. 이 책은 오랜동안의 광야 여행의 말기에 이스라엘에게 선포한 모세의 메시지와 관련되어 있다. 그것은 율법의 해석과 광야 생활을 통한 이스라엘의 경험에 대한 설명을 제외하고는 전혀 새로운 법이 아니었다. 이 메시지가 선포된 장소는 요단 동편 곧 여리고 바로 맞은편이었다. 아라바는 요단 계곡을 가리킨다(1:1).

첫번째 강화(1:4-4:40)는 주로 하나님께서 이스라엘을 어떻게 다루어 오셨는가에 대한 역설적인 회고로 이루어져 있다. 여기서 강조점은 이스라엘과 관계를 맺어 오신 하나님의 유일성에 주어진다(3:24; 4:39). 이 유일성은 여호와께 대한 이스라엘의 태도에 따라 하나님께서 이스라엘을 축복하시고 또 징계하셨다는 점에서 나타난다. 이스라엘 앞에서의 그의 유일하심에 비추어 여호와께서는 이스라엘을 부르셔서 자기 백성이 되게 하시고 그들에게서 완전한 순종을 요구하신다(4:1). 이스라엘이 여호와를 기쁘시게 하기 위해서는 하나님의 말씀에 순종하지 않으면 안되었다. 그리고 하나님의 계시 가운데서 어느 것도 함부로 변경시킬 수가 없었다(4:2). 하나님의 말씀에 대한 순종은 그의 백성으로서의 이스라엘의 유일성을 말해주며 그들을 둘러싸고 있는 모든 열국으로부터 그들을 구별되게 만들어 줄 것이었다(4:6, 7).

십계명이 주어질 때 보았던 것처럼 하나님께서는 단지 율법에 대한 외형적인 복종만을 요구하신 것이 아니라 마음으로부터 우러나오는 순종을 요구하신다. 따라서 여기에서 다시금 마음의 문제가 강조되고 있다. 만약 그의 백성들이 하나님께 전적으로 순종하도록 되어 있다면, 그들이 하나님께 순종한다는 것은 마음의 문제이다(4:9).

마음에 관한 주제는 신명기의 주요 주제들 가운데 하나이다. 이 주제가 신명기에서 차지하는 중요성을 알아보기 위하여 몇몇 구절들에서 그것을 살펴 볼 수 있다. 4:9에서 하나님께서는 순종은 마음으로부터 우러나오는 것이어야만 한다고 가르치신다. 사람의 마음은 하나님으로부터 떠나 방황하기 쉬운 경향이 있기 때문에, 여호와께서는 이 백성들이 하나님께 순종하고 또 그를 사랑하고 두려워하도록 하기 위해서는 그들 속에 새로운 마음이 절실하게 요구된다는 것을 강조하신다(5:29). 10:16에서는 마음에서 우러나오는 순종의 중요성을 마음의 할례라는 말로 표현하고 있다. 여기서 우리는 할례의식이 하나님의 백성들의 구원을 위하여 필요한 내적인 성결에 대한 외적인 표시로 행하여졌음을 알 수 있다.

계속해서 마음에 관한 주제를 조사해 나가면 29:4에 이르게 되는데, 여기서 모세는 하나님께서 아직 이스라엘 백성들에게 순종할 수 있는 마음, 즉 새로운 마음을 주시지 않았다는 것을 인식하고 있다. 그들은 여전히 불신 가운데 있었다. 그러나 30:6에서 모세는 하나님의 뜻에 순종하는 마음을 주시기로 한 약속에 관하여 언급한다. 그것은 마음에 행한 할례이며 정결케 된 마음이며 또한 거듭난 마음이다. 신명기의 본문 속에 내포되어있는 이 마음에 관한 주제를 통하여 하나님께서는 그가 이스라엘 백성들에게 요구하고 있지만 그들 스스로의 힘으로는 할 수 없는 것을 당신께서 직접 준비하시겠다는 것을 보여 주고 계신다.

4장에서 마음에 관한 주제의 도입에 덧붙여서 모세는 또한 이스라엘은 유일하신 하나님의 백성이기 때문에(20절), 우상숭배를 금하라고 다시금 경고한다(15절).

신명기 전체를 통하여 주목할 만한 점은 이스라엘의 장래의 영적인 상태와 관련된 예언적인 요소이다. 우리는 이것을 4장에서 처음으로 보게 된다. 모세는 이스라엘이 하나님을 섬기는 일에 실패함으로 말미암아 형벌을 받게 될 날을 예고하고 있다(4 : 25 이하). 그는 또한 그들이 하나님께로 돌아올 수 있는 길을 제시해 준다(29절). 이스라엘이 회개하고 돌아올 때 그 죄를 기꺼이 용서해 주실 것이라는 하나님에 대한 모세의 확신은 의심할 여지 없이 하나님께서 일찍이 모세에게 주셨던 그 계시에 근거한 것이다.

첫번째 메시지는 이스라엘을 향하신 하나님의 유일성과 열국들 중에서의 이스라엘이 가지는 유일성을 강조하는 것으로서, 이스라엘의 하나님의 유일성을 강조하는 것으로 적절하게 끝을 맺고 있다. 여기에서 이보다 중요한 주제는 없다(4 : 39).

처음 설교와 두번째 설교 사이에 간단한 역사적 사건을 기록하고 있다(4 : 41-43). 이스라엘 백성들에게 가나안 땅으로 들어가게 될 것을 확신시키면서 이제 모세는 아직 요단을 건너가기 전임에도 불구하고 가나안 땅에 세 도피성을 정한다.

두번째 강화(4 : 44-26 : 19)는 첫번째 강화에서와 똑같은 배경을 담고 있다. 이것은 하나님의 백성들을 세상으로부터 구별해 주는 하나님의 율법에 대한 회고로 시작된다. 5 : 6-21에는 십계명이 다시 나타나고 있는데, 이것은 출애굽기에 기록되어 있는 시내산에서 받은 원래의 것과 아주 사소한 차이를 보이고 있을 뿐 특별한 변화를 보이지 않는다. 하나님께서는 그가 요구하시는 율법 준수(즉 마음으로부터의 순종)를 이스라엘 백성들 스스로의 힘으로는 이행할 수 없다는 사실을 인정하신 것이 분명하다. 5:29은 창세기 18:19과 비교될 수 있을 것이다. 여기서 우리는 그의 백성들을 대하시는 하나님의 불변성을 볼 수 있다. 하나님께서는 자기 백성들을 향한 그의 계획을 결코 바꾸지 아니하신다.

이제 6장으로 넘어가보기로 하자. 여기에서 올바른 믿음의 자세는 하나님을 전적으로 사랑하는 것으로 규정된다. 의로운 사람의 마음 속에는 하나님 이외의 다른 어떤 것을 사랑할 만한 여지가 조금도 있을 수가 없다(6:4). 그러나 하나님에 대한 우리의 사랑에는 다른 사람에 대한 사랑이 포함되어 있다. 훗날 사도 요한이 지적하는 바와 같이, 우리가 만약 서로 사랑하지 않는다면 그것은 우리의 마음 속에 하나님에 대한 사랑이 없기 때문이다(요일 4:20). 신명기 6:4로부터 시작되는 이 단락은 "들으라"는 뜻의 히브리 단어인 **쉐마**라는 말로 시작하기 때문에 **"쉐마"**(the Shema)라고 불려진다.

이 단락은 부모의 의무와 관계된 특별한 교훈을 담고 있다. 이 단락은 이 부분만 따로 취급되어서는 안되며 창세기 18:19과 십계명의 제 5 계명과 같은 구절들과 관련해서 취급되어져야 한다. 하나님의 교회는 하나님께서 친히 그에게로 불러내신 가족들에 의해서 세워진다. 그러므로 모세는 부모된 자들에게 하나님을 믿고 사랑할 것과 또 그들의 자녀들에게 하나님을 믿고 사랑할 것을 가르쳐 주고 지시한다.

하나님께서는 교회 교육이 가정에서부터 시작되어야 한다고 명하셨다. 주일학교나 방학 중에 열리는 성경학교가 여기서 요구되어지는 것을 결코 대신할 수는 없을 것이다. 기독교 계통의 학교에서조차도 가정에서의 부모의 교육을 대체할 수는 없다. 그것은 모든 그리스도인 부모들에게 피할 수 없는 의무로서 지워진 부모의 임무이다. 이 명령이 심각하게 받아들여질 때에 하나님의 백성들은 제 5계명이 약속한 대로 번영을 누릴 수 있다.

7장에서 모세는 하나님께서 이스라엘을 선택하신 이유를 강조한다. 하나님께서는 그들을 거룩하게 하시려고(하나님을 위해 구별되게 하시려고) 선택하셨다. 이것은 온 땅에서 그들을 특별한 국가로 만든다. 하나님께서 그들을 자기 백성으로 선택하신 이유는 언제나 그리고 오직 하나님의 사랑에 기인한다. 이것 이외에는 더 이상 생각할 수가 없다(7, 8절).

가나안 입성을 위한 첫번째 시도가 이스라엘 백성들의 불신앙으로 인하여 실패로 끝난 지 40년이 지난 지금에 와서 모세는 이스라엘 백성들의 신앙을 그들 자신에게 두지 않고 하나님 안에 세우려고 애쓴다(7:17, 18, 23). 그는 이스라엘 백성들에게 지난 40년간의 방랑이 가르쳐 주는 교훈을 배우라고 권면한다(8:2-5). 특히 그들은 여호와의 말씀에 대한 확신을 굳세게 할 필요가 있었다(3절).

한때는 이스라엘 백성들의 문제가 그들의 대적에 대한 두려움이었지만 이제는 또 다른 문제가 발생하였다. 이스라엘 백성들은 영적인 교만으로 인해 위협을 당하고 있었다. 그들은 자기들의 의로움으로 인해 그 땅을 받을 만한 공로가 있기 때문에 하나님께서 그 땅을 그들에게 주신다고 생각해서는 안되었다. 하나님이 그 땅으로부터 가나안 사람들을 쫓아내시는 것은 그들의 악함 때문이었다(9:4, 5). 여기서 다시 한번 더 우리는 온 세상에 미치는 하나님의 주권 교리를 발견하게 된다. 모든 것이 하나님께 속해 있으며 그는 자기의 기뻐하시는 자들에게 그것을 나누어 주신다. 하나님은 만물의 주인이시다.

10:12에서 다시 한 번 모세는 마음으로부터 우러나오는 순종을 강조하고 또 전심으로 하나님을 사랑하며 마음을 다하여 여호와를 섬기라는 말로써 전체 율법을 요약하고 있다. 여기에서 마음의 문

제가 다시 한번 더 강조되고 있음을 알 수 있다. 이스라엘 백성들이 하나님께 기꺼이 순종하기 위해서는 마음에 할례를 행하는 것(성결한 마음)이 반드시 필요하였다(10：16).

11：26에서 모세는 이스라엘 백성들에게 축복과 저주 중에서 양자 택일할 것을 요청한다. 이스라엘이 하나님께 순종한다면 축복을 받을 것이지만 그렇지 않을 경우에는 저주를 받게 될 것이다. 하나님의 축복은 이들 특권을 부여받은 백성들에게 특별한 책임감을 가져다 준다. 이것은(11：26-28) 다른 모든 나라 백성들 위에 뛰어난 하나님의 축복을 누리는 특권을 가진 하나님의 백성들은 또한 동시에 그 특권에 따르는 책임 혹은 그들의 불신앙에 대한 커다란 고통을 예상하지 않으면 안된다는 진리를 강조하기 위한 것이다. 훗날 이스라엘의 역사는 한편으로는 축복과 순종의 관계와, 그리고 다른 한편으로는 저주와 불순종 사이의 관계를 잘 설명해 줄 것이다.

12장은 모든 제사가 한 제단에서 이루어져야 한다는 것을 언급하고 있다(11, 14절). 레위기에 명시된 제사제도를 살펴 보면서 우리는 그토록 많은 사람들의 죄를 위하여 매일같이 요구되는 수많은 제물 때문에 한곳에서 모든 제사를 드려야 한다는 것이 얼마나 어려운 일인가 하는 것을 주목해 보았다. 그리고 바로 이것이 하나님께서 나타내고자 하시는 요점이었다. 이스라엘 백성들이 그것을 이행하는 것이 아무리 힘들다고 할지라도 하나님은 오직 한곳에서 드려지는 제사라야 그가 그것을 받아 주실 것이라는 사실을 가르쳐 주고 있었던 것이다. 그리고 의심할 여지도 없이 이 한 장소는 하나님께서 지시하신 곳으로서, 참된 희생 제사가 드려진 한 장소였던 갈보리를 가리킨다.

13장은 이스라엘에게 임하는 하나님의 계속적인 축복을 위협하는 요소에 대하여 말하고 있다. 이러한 위협은 이스라엘 가운데서 일어날 거짓 선지자들이나 혹은 거짓 선생들의 형태로 나타난다. 비록 그들이 사람들을 설득하기 위하여 감동을 불러 일으킬만한 이적을 행하거나 혹은 장차 일어날 일을 옳게 예언한다고 할지라도, 만약 그들이 계시된 하나님의 말씀에 위배되는 것을 가르친다면 그들을 따라가서는 안될 것이었다. 여기에서 모세의 율법은 잇따라 주어질 모든 계시와 가르침의 표준으로 제시되고 있다. 하나님의 백성들에게 있어서 최고의 권위를 가지는 것은 무오한 하나님의 말씀이다. 선지자나(13:1) 가족의 일원이나(13:6) 심지어는 전체 성읍 거민들 가운데(13:12, 13) 그 어떤 사람에게도 하나님의 말씀에 어긋나는 것을 가르치도록 허락되지 않았다.

그의 백성들 중에서도 특별히 가난한 자들에 대한 하나님의 관심이 15장에 나타나있다. 여기서 하나님은 사람들을 해칠 목적으로 혹은 이익추구를 위한 수단으로 율법을 사용해서는 안될 것을 모세를 통하여 경고하신다. 훗날에, 예수님께서는 바로 그와 같은 죄를 범한 바리새인들을 책망하셨다(막 7:10-13).

이스라엘 백성들을 통치할 장래의 왕들에 대한 흥미있는 경고가 17장에 나타난다. 이 경고들과 오랜 훗날에 있었던 솔로몬의 실제 행위 사이의 유사성에 대한 놀라운 묘사는 모세에게 주어졌던 위대한 영적 통찰력을 보여준다. 사실 모세는 그들의 순종과 불순종 여하에 따라 그들에게 최선의 것과 최악의 것이 일어날 것에 대하여 이스라엘 백성들을 준비시켰던 것이다 (17:14-7).

하나님께서는 장차 올 다른 선지자들을 통하여 더 많은 진리들을 계시해 주실 것이기 때문에, 앞서 거짓 선지자들에 대하여 경고하셨던 것처럼(13:1 이하) 이제는 참된 선지자들에 대하여 이스라엘 백성들이 취할 태도를 가르쳐 주신다(18:15-19). 참된 선지자는 모세와 같은 선지자일 것이다. 다시 말하여 그는 모세를 통하여 주신 하나님의 말씀과 일치하는 선지자일 것이다. 그는 또한 사람의 생각이 아닌 하나님의 말씀을 따라 가르칠 것이다. 모세에게 있어서와 마찬가지로 그가 말하는 것은 권위를 가지게 될 것이다. 왜냐하면 그가 말하는 것은 하나님의 말씀이기 때문이다(19절). 여기에 나타난 참된 선지자에 대한 시험은 부차적인 것이다. 이것은 언제나 모세를 통하여 주어진 계시에 입각한 우선적인 시험에 종속되어 있다. 왜냐하면 하나님께서는 앞서 반드시 성취될 일을 정확하게 예언하는 선지자일지라도 이미 계시된 말씀에 어긋나는 것을 가르치는 자는 거짓 선지자라고 말씀하셨기 때문이다(13 : 1, 2). 그러나 참된 선지자의 가르침은 하나님의 말씀과 조화를 이룰 것이다 (이러한 원리에 대한 신약의 표본이라 할 수 있는 사도행전 17 : 11과 비교하여 보라).

20장에서 우리는 이스라엘의 대적들과 관련하여 주어진 두 개의 상이한 교훈을 대하게 된다. 이스라엘에게 주시기로 약속된 가나안 이외의 땅에 사는 사람들과는 평화의 조약을 맺거나, 혹은 만약 그들이 평화의 조약을 체결하기를 거절할 경우에는 공격을 가하도록 했다(20 : 10-12). 그러나 반대로 이스라엘에게 주시기로 약속하신 가나안 땅에 거하는 사람들은 철저하게 멸망시키도록 되어있었다 (20 : 16-19). 훗날 여호수아가 이스라엘의 전 역사에 걸쳐서 유해한 것으로 입증된 심각한 문제에 봉착하게 된 것은 바로 이 율법을 지킴에 있어서 실패했기 때문이다(수 9 : 3-15).

22장은 하나님의 관심이 이스라엘과 인간들에게 뿐만 아니라 지구상의 미미한 피조물들에게까지도 미치고 있음을 반영하는 구절들을 포함하고 있다(22 : 6, 7). 이것은 하나님께서 그가 창조하신 모든 피조물들에 대해 얼마나 큰 관심을 갖고 계신가 하는 것과 또한 각 피조물들의 필요를 얼마나 잘 알고 계시는가 하는 것을 보여준다. 하나님께서는 적들로부터 각 피조물들을 보호하여 주시고 또 그 필요를 따라 먹을 것을 공급하여 주신다. 이러한 교훈은 욥기 38-41장과 마태복음 6 : 25-34에서 볼 수 있는 바와 같이 하나님의 백성들에게 큰 위로를 가져다 준다.

두번째 강화의 나머지 부분(24-26장)은 하나님 나라의 백성들 사이의 여러가지 관계들에 대한 다양한 율법을 포함하고 있다. 이 율법 중에서 우리는 이혼과 관련된 율법을 24 : 1-4에서 볼 수 있다. 여기에서 이혼은 훗날 예수님께서도 친히 말씀하셨듯이(마 19 : 7, 8) 남자들의 마음 속에 있는 죄 때문에 허락된 것이라고 생각하는 것이 좋다. 모세가 여기서 허용한 이혼의 경우는 아내가 더 이상 그 남편으로부터 사랑을 받지 못할 때이다. 남편이 아내의 부정함을 발견했을 때(24：1), 그가 아내에게 심한 고통을 가하거나 상처를 입히지 않도록 하기 위해서 이혼이 허용되었던 것이다. 그러나 마태복음에서 주님이 가르치신대로 처음부터 이혼이 허용된 것은 아니었다. 하나님께서는 결코 이혼을 좋은 것으로나 혹은 바람직한 것으로 여기지 않으신다.

또한 여기에는 가난하고 의지할 데 없는 사람들에 대한 하나님의 관심이 아주 분명하게 드러난다. 학대받는 아내에 대한 그의 관심에 덧붙여, 24：14에는 가난한 품꾼에 대한 관심이, 24：17, 19에는 나그네와 고아와 과부에 대한 관심이 나타나 있다. 심지어는 소까지도 공평하게 대우하여야만 한다(25：4). 이 법은 바울에 의해 말씀의 사역자들에 대한 원리로 적용되었다. 말씀의 사역자들도 마찬가지로 그들이 말씀으로 섬기는 사람들로부터 필요를 공급받도록 되어 있다(고전 9：9).

또한 여기에는 각자가 지은 죄에 대한 개인적인 책임에 관한 원리도 포함되어 있다(24：16). 그러나 훗날 이스라엘 백성들은 이 원리가 바르게 적용되지 않는다고 믿었다. 그들은 조상들이 지은 죄로 인하여 자기들이 벌을 받고 있다고 원망하였다(렘 31：30; 겔 18：2-4).

두번째 강화는 하나님께서 자기 백성들을 위하여 세우신 목표에 대한 마지막 진술과 함께 끝이 난다(26：19).

27-30장은 자기 백성들과 더불어 맺으신 하나님의 언약의 갱신에 대하여 기록하고 있다. 먼저 모세는 하나님께서 그의 백성들로부터 기대하시는 것을 행하라고 한다. 그것은 곧 하나님의 모든 계명을 지키는 것이다(27：1). 그리고 여기에 이어 하나님의 뜻을 백성들에게 일깨워주는 교훈들이 계속된다. 모든 백성들이 율법을 보고 기억할 수 있도록 하기 위하여, 앞으로 들어갈 땅의 중앙에 돌

판을 세워서 그것을 기록해 놓도록 하였다(27 : 2-8).

27 : 11 이하에 기록된 그리심 산과 에발 산의 의식은 이스라엘 백성들에게 다시금 하나님과 맺은 언약의 중요성을 진지하게 일깨워 주기 위한 것이었다. 세겜 근처의 가나안 땅의 중앙에 위치해 있는 두 산은 좁은 골짜기를 사이에 두고 둘로 나누어져 있었다. 두 산의 낮은 기슭에 서서 마주보고 있는 백성들은 상대편의 말소리를 쉽게 들을 수 있었다.

여기에 기록되어 있는 대부분의 저주들은 실제로 그 죄를 범한다고 해도 사람들에게는 쉽게 발각되지도 않을 은밀한 죄들에 관한 것이다. 이러한 점은 그것들을 특별히 위험한 죄들로 만들어 놓았으며, 그 결과 무서운 저주들이 그 죄들의 뒤를 따라다녔다. 우리는 훗날 여호수아 시대에 가서 한번의 은밀한 범죄가 이스라엘 백성들에게 얼마나 큰 손실을 가져오게 했는가를 볼 수 있다(수 7 : 1이하).

이스라엘과 맺은 하나님의 언약의 핵심은 28장에서 분명하게 설명되고 있다. 이스라엘 백성들이 하나님의 말씀에 순종하는 한에 있어서, 그들은 가나안 땅에 계속 거주하면서 번영을 누릴 수 있을 것이다(28 : 1-14). 그러나 만약 그들이 하나님의 자녀로서의 삶을 살아가는데 실패한다면, 그 때에는 하나님께서 그들을 심판하셔서 그 땅에서 거주하는 것과 번영을 누리는 것이 끝나게 하실 것이다(28 : 15-68). 심판에는 각종 저주들(28 : 20 이하)과 재난들(28 : 25 이하), 그리고 포로됨(28 : 36 이하)과 고통(28 : 47 이하)과 열국 중에 흩음(28 : 64 이하)이 포함되어 있다.

계속되는 이스라엘의 역사를 통하여 우리는 이러한 심판이 불순종하는 이스라엘에게 얼마나 철저하게 임하였는가 하는 것을 볼 수 있다. 이것이 바로 하나님께 순종하고 그의 계명들을 지켜야 하는 이스라엘의 능력에 입각한 옛 언약이었다. 옛 언약은 이스라엘이 하나님께 순종하는 한에 있어서만 가나안 땅에서 번영을 누릴 것을 약속하여 주었다.

히브리서 기자가 보다 확실하고 보다 큰 약속—즉 천국에서 누릴 영원한 기업-인 그리스도의 순종과 사역에 근거한 새 언약에 대하여 말하고 있는 것은 조금도 이상할 것이 없다(히 8:6-13). 옛 언약은 하나님의 백성들에게 새 언약의 필요성을 일깨워 주는 역할을 하였다. 새 언약은 옛 언약과 같이 인간의 행위에 의존하지 않고 오히려 하나님의 은혜와 예수 그리스도를 통한 사역에 의존한다. 옛 언약의 실패로 인하여 약속의 땅은 상실되었다. 반면에 예수 그리스도를 통한 새 언약의 성취로 말미암아 그리스도를 믿는 자들에게는 영원한 기업이 보장되었다. 이 기업은 가나안 땅과 같이 쇠하여지는 것이 아니다(벧전 1:3-5).

옛 언약에 대하여 말하고 있는 여기에서까지도 모세는 새 언약의 필요성과 또 새 언약이 필히 세워지게 될 것을 이야기하고 있다(30장). 장차 도래할 새 언약의 소망은 마음의 변화(마음의 할례-6절)에 기초할 것이다. 이것이 예수님께서 요한복음 3장에서 말씀하신 거듭남과 동일한 것이라는 데에는 의심의 여지가 없다.

바울은 그가 전파하던 복음의 문맥 속에서 이러한 새 언약에 대한 약속들을 생각하였다. 바울은 로마서 10:6-8에서 바로 여기에 나타난 구절들(30:11 이하)을 인용하고 있다. 그리고 우리는 여기서 모세가 옛 언약에 대한 인간 중재자 역할을 하면서도 하나님의 백성들을 위하여 보다 나은 약속들을 가지신 자기보다 훨씬 위대한 분이신 예수 그리스도께서 중재하시는 더 위대한 언약을 보고 지적할 수 있도록 허락되었다는 것을 알 수 있다.

31-33장에는 40년 동안 그토록 신실하게 인도했던 이스라엘 백성들에게 주는 모세의 마지막 고별사가 기록되어 있다. 모세는 그의 마지막 권면을 통하여 백성들이 여호와를 전적으로 신뢰하도록 하기 위하여 노력하였다(31:6). 여호와께서는 모세에게 이스라엘 백성들이 앞으로 신앙을 저버리게 될 것을 볼 수 있는 통찰력을 주셨다. 32장에 기록된 긴 시는 앞으로 나타날 이스라엘의 실패에 대하여 말하고 있다. 이것은 이스라엘의 어두운 장래에 대한 시적인

표현이다. 그러나 이 시를 기록한 목적은 이스라엘 백성들로 하여금 그들 스스로가 아닌 여호와를 의뢰하도록 인도하기 위함이었다. 이 시 혹은 노래는 앞으로 일어날 일에 대하여 성실하게 대비할 수 있도록 하기 위하여 모든 이스라엘 백성들에 의해서 기억되고 또 그들의 자녀들을 가르치기 위한 것이었다(31:19).

이 시 자체는 이스라엘을 향한 하나님의 선하신 행위와 또한 이스라엘의 잇따른 반역과 그로 인한 징계에 대하여 이야기하고 있다. 이 시는 하나님께서 자기 백성들을 위하여 행하실 속죄사역에 대한 소망을 피력하면서 끝이 난다(32:43).

시를 낭독한 다음에 모세는 다시 한번 이스라엘이 이행해야 할 언약의 조건에 대하여 간단하게 언급한다(32:46-47). 이 구절이 하나님께서 일찍이 아브라함에게 말씀하신 것(창 18:19)과 또 신명기 6:4 이하의 말씀과 아울러 십계명의 제 오계명과 어떻게 연결되고 있는가를 주목해 보라. 이 옛 언약은 하나님께 대한 이스라엘 백성들의 순종의 영속성에 근거하고 있었다.

33장은 모세가 이스라엘 백성들을 한지파씩 차례를 따라 마지막으로 축복하는 내용을 담고 있는데, 이것은 창세기 49장에 기록되어 있는 야곱의 축복을 어느정도 생각나게 하여준다.

신명기는 모세의 죽음과 그에 대한 높은 찬사와 함께 끝이난다. 신명기의 마지막 한장까지도 모세가 기록했다고 고집할 필요는 없다고 본다. 그 문체에 있어서 신명기의 이 마지막 장은 여호수아서의 초두에서 볼 수 있는 문체와 매우 흡사한 점을 가지고 있다. 따라서 신명기의 이 마지막 한장은 모세의 전체 저작물들에 대한 결어(epilogue)로서 또한 동시에 모세오경과 뒤따라 나오는 자신의 저작물인 여호수아서의 연결을 위하여 여호수아가 기록하였다고 생각하는 것이 가장 바람직할 것이다.

모세오경을 다시 살펴 보자면, 창세기의 처음 두장은 하나님의 창조와 또한 자신의 형상을 따라 창조하신 인간을 향한 하나님의 목적에 대하여 설명하고 있음을 알 수 있다. 창세기 3장에서 우리는 그를 향한 하나님의 목적을 이행하는데 인간이 실패한 것을 목격하는 동시에 또한 우리는 여기서 스스로의 힘으로 그의 백성들을 구원하시기 위한 하나님의 직접적인 구원계획을 발견할 수 있다. 창세기 4-11장은 하나님께서 그의 은혜로 말미암아 신실한 백성들의 계보를 보존하기 위하여 얼마나 오랜 기간에 걸쳐서 노력하셨는가 하는 것을 보여 준다. 그리고 창세기 12장은 신실한 하나님의 백성들의 조상이 될 아브라함을 소개한다. 창세기의 나머지 부분에서는 아브라함과 이삭과 야곱을 통하여 하나님의 가족이 되었던 믿음의 사람들의 계보를 추적한다.

출애굽기 1-19장은 이제 이집트에서 거대한 민족을 형성하면서 성장하여 온 이 하나님의 백성들을 여호와 하나님께서 어떻게 그 대적들로부터 구출하여 주셨는가 하는 것을 말해준다. 모세오경의 나머지 부분에서는 이스라엘 백성들이 하나님의 백성으로서의 삶을 어떻게 살아가야 할 것인가 하는 것을 가르쳐 주고 있다.

출애굽기 20장부터 민수기 전체를 통하여 우리는 이스라엘 백성들이 하나님을 기쁘시게 하기 위하여 요구되는 특별한 수단이었던 희생제사제도와 함께 하나님의 율법이 이스라엘에 수여되는 것을 볼 수 있다. 우리가 이미 살펴보았듯이 회막과 희생제사제도는 하나님께서 순종과 예배를 통하여 요구하시는 모든 것을 궁극적으로 성취하신 그리스도를 가리키고 있다. 이스라엘 백성들의 광야에서의 40년 생활을 회고하는 신명기는 율법을 해석하고 또 이스라엘이 그 율법을 지킴에 있어서 실패하게 될 것을 예언하고 있으며, 마지막에는 그들의 죄로부터 자기 백성들을 구원하실 하나님의 구속에 대한 소망을 지적하여 준다.

모세오경은 확실히 우리가 하나님의 말씀 계시의 나머지 부분을 이해함에 있어서 반드시 알고 있어야만 할 기초를 이루고 있다. 우리는 지금 공부해 나가고 있는 구약성경의 나머지 부분에서 뿐만 아니라 신약성경에서도 이 모세오경을 빈번하게 언급하고 있음을 볼 수 있다.

4
가나안 땅의 상속

여호수아

    여호수아서는 각각 12장씩의 거의 같은 분량을 가진 두 부분으로 쉽게 구분할 수 있다. 모세오경을 통하여 우리는 여호와께서 아브라함을 통하여 한 가족을 불러내서 그 가족으로 하여금 이집트에서 한 민족을 이루게 하신 것과 또한 이스라엘을 노예상태로 부터 구출하여 내셔서 그들을 하나님의 백성으로 삼으시고 시내산에서 그들에게 율법을 수여하신 것을 살펴 보았다.

    이제 이스라엘이 광야에서의 연단을 통하여 성숙하여지고 가나안 땅으로 들어갈 준비를 갖추게 되었으므로, 여호수아서는 하나님께서 그의 후손들에게 가나안 땅을 기업으로 주시겠다고 아브라함에게 하셨던 약속을 어떻게 이행하셨는가 하는 것을 보여 준다.

    여호수아서는 일종의 구약의 종말론이라 할 수 있다. 이 책은 하나님께서 그들을 위하여 예비해 두신 기업을 받아 누릴 백성들에 대해 말하고 있다. 그러므로 가나안 땅은 하나님께서 그의 모든 자녀들을 위하여 예비해 두신 영원한 처소의 모형인 것이다. 비록 옛 언약을 통하여 이스라엘 백성들이 잠시동안 가나안 땅을 소유하고 있었지만 그러나 히브리서 기자가 우리에게 보여 주듯이 아브라함까지도 하나님의 약속의 진정한 성취는 가나안 땅을 훨씬 넘어선, 사람의 손으로 짓지 않고 하나님께서 직접 만드신 영원한 도성으로 말미암아 이루어질 것을 알고 있었다(히 11:10, 16). 이것은 구약과 신약에서 모두 새 하늘과 새 땅(사 65:17, 66:22; 벧후 3:13; 계 21:1) 혹은 새 예루살렘(계 21:2)이라고 부르는 것이다.

여호수아서는 가나안 사람들로부터 가나안 땅을 빼앗는 것에 대한 기록이므로, 우리는 우선적으로 땅 위에 있는 어떤 왕국이나 민족에 대하여 그러한 일을 행할 수 있는 그의 권리에 대한 하나님 자신의 선언을 살펴 볼 필요가 있다. 우리는 앞에서 신명기를 통하여 가나안 사람들이 가나안 땅에서 쫓겨나야만 했던 이유를 살펴 보았다(신 9:4, 5). 나아가 예레미야 27:5에서, 하나님은 자기가 땅과 그 위에 있는 모든 것을 만들었으며 그가 보시기에 좋다고 생각하는 사람들에게 그것을 나누어 주셨다고 선언하신다.

여호수아 1장에서 우리는 모세가 죽은 다음에 이스라엘 백성들을 가나안 땅으로 인도할 지도자로 여호수아가 위임되는 것을 볼 수 있다.

여기서 우리는 하나님과 관련하여 "나"라는 1인칭 대명사가 현저하게 많이 사용되고 있음을 목격할 수 있다. 가나안 땅을 주시겠다고 약속하신 분도 하나님이시며 또한 지도자 여호수아를 통하여 그 약속을 성취하실 분도 하나님이시다. 이 약속은 일찍이 모세에게 하셨던 하나님의 말씀을 생각나게 하여준다. 즉 그것은 여호와께서 모든 세대에 걸쳐서 자기 백성들에게 말씀하신 "내가 너와 함께 하리라"는 잘 알려진 약속이다(1:5).

이제 이스라엘 백성들은 그들의 삶에 대한 표준과 하나님께 대한 모든 종류의 봉사에 대한 척도로서, 기록된 하나님의 말씀을 가지게 되었으므로 그들이 형통하기 위해서는 그 말씀을 준수해야 할 것을 다짐한다(1 : 7). 이 구절은 하나님 앞에서 형통하기 위해서는 하나님의 말씀을 준수해야 한다고 주장하는 창세기 18 : 19과 신명기 6 : 4 이하의 말씀을 상기시켜 준다. 이러한 원리는 오늘날에도 여전히 진리이며 또한 앞으로도 항상 그럴 것이다.

여호수아가 이스라엘 백성들의 지도자로 위임된 후에 그들은 가나안 땅을 정복하기 위한 준비작업에 착수한다. 그리고 이미 요단 동편 땅을 그들이 기업으로 받았던 르우벤 지파와 갓 지파와 므낫세 반 지파는 그들의 형제들이 기업을 얻기까지는 자기들의 땅에 정착하지 않겠노라고 엄숙하게 맹세했던 일을 기억하도록 요청받는다(1 : 12 이하).

여호수아가 명하는 모든 것을 기꺼이 이행하고자 하는 백성들의 모습은 이전에 모세의 지도 하에 있던 그들의 조상들이 가나안으로 들어가서 그 땅을 차지하는 것을 거절했던 모습과는 너무도 판이하다(1 : 16-민수기 14장을 보라). 이들은 새로운 세대의 사람들로서 숫자에 있어서는 40년 전과 별로 다를 바가 없지만 보다 큰 믿음을 소유하고 있었다.

가나안 땅으로 들어가기에 앞서 요단강 건너편에 있는 가나안 땅의 첫번째 요새인 여리고로 두 명의 정탐꾼이 파송되었다(2 : 1 이하). 그들이 파송된 목적이 정확히 무엇이었는지에 대해서는 알 수가 없다. 아마도 그들의 임무는 여호와께서 가나안 땅의 정복을 위하여 미리 준비해 두신 고무적인 소식을 가지고 돌아오는 것이었을 것이다.

여리고에 당도한 두 정탐꾼은 라합이라는 기생의 집으로 들어갔다. 여리고 왕이 정탐꾼들을 체포하기 위하여 찾을 때에 라합은 생명의 위험을 무릅쓰고 그들을 숨겨 주었다. 2 : 9에서 라합은 자기가 왜 이같이 행동하였는지를 말하여 준다. 그녀는 이미 하나님과 그의 백성 이스라엘에 대하여 알고 있었으므로 이스라엘의 하나님을 믿기로 개종한 사람이었다(2 : 11, 12, 13). 히브리서는 라합이 정탐꾼들을 영접한 것은 믿음에 의한 행위였다고 말해 준다(히 11 : 31). 야고보서에서도 라합은 구약에 나타난 신앙의 대표적 인물 두 사람 가운데 한 사람으로 소개되고 있다(약 2 : 25).

구약성경에서 하나님을 믿어서 하나님의 백성들의 숫자에 들게 된 이방인들을 발견하기란 쉬운 일이 아니다. 구약시대는 이방인들에게로 복음을 확장하는 시대가 아니라 오히려 이와 같은 사건을 통하여 장차 세상의 모든 이방인들이 하나님의 나라로 들어오게 될 것에 대한 약속을 주는 시대였다. 이렇게 이방인들이 하나님의 나라에 포함된다는 사실은 일찍이 노아의 예언에서 암시되었다(창 9 : 27). 구약시대에 이방인이 하나님의 백성들 가운데 들게 된 다른 주목할 만한 예로서는 유다의 아내 다말, 모압 여인 룻, 헷 족속 우리야의 아내 밧세바, 그리고 엘리사 시대의 수리아 사람 나아만 등을 들 수 있다. 위에 소개된 네 여인들은 모두 마태복음 1장에 기록된 예수님의 족보에서 볼 수 있는 인물들이다.

혹 어떤 사람들은 여기서 라합이 여리고 사람들에게 진실을 말해 주지 않고 그들을 속였다는 점에서 도덕적 딜레마를 발견해 낸다. 그러나 성경은 그러한 딜레마에 대해서는 일체의 언급도 하지 않고 있다. 우리가 조금 전에 확인한 바와 같이 라합의 행위는 그녀의 위대한 믿음을 나타내 주는 것이었다고 신약성경이 증거한다. 전쟁 중에 이러한 일이 발생했다는 것을 감안한다면 우리는 이 문제를 쉽게 해결할 수 있을 것이다. 성경은 종종 전쟁 중에는 하나님의 백성들이 속임수를 사용해도 아무런 비난을 받지 않았음을 기록하고 있다. 그 가운데 하나의 예를 바로 이 여호수아서에서 볼 수 있다(수 8 : 15). 그럼에도 불구하고 누구도 그러한 경우들로부터 거짓말을 정당화해서는 안된다. 거짓말이 때로는 정당화될 수 있다는 원칙을 펴거나 혹은 성경에 기록된 그러한 사건들로부터 출발하여 오늘날 널리 행하고 있는 소위 상황 윤리라고 하는 유해한 교리를 주장하는 것은 성경을 오용하는 것이다. 거짓말의 경우는 그리스도께서 이혼과 관련해서 말씀하신 것과 비슷한 점이 매우 많은 것처럼 보인다. 인간의 마음의 완악함 때문에 어떤 상황하에서는 거짓말이 허용되지만 처음부터 그랬던 것은 아니다(마 19 : 8). 하나님께서는 거짓말이나 속임수를 인간 행위의 한 적절한 부분으로 계획하지는 않으셨으나 때로 그것은 뚜렷한 비난을 받지 않고도 허용되어졌다.

두 정탐꾼의 보고는 매우 낙관적이었다(2 : 24). 그래서 이스라엘 백성들은 하나님께 모든 영광을 돌려드리기 위하여 하나님께서 명하시는 방법을 따라 요단강을 실제로 건너게 되었다(3, 4장). 하나님께서 요단강 물을 마르게 하는 이 기적을 베푸신 목적은 3 : 7에 나타나 있듯이 여호수아를 크게 하시기 위하여 다시 말하면 백성들로 하여금 하나님께서 여호수아와 함께 하신다는 확신을 갖도록 하기 위함이었다. 요단강은 작고 얕은 강이다. 홍수 때에 조차도 그 강은 대단한 강이 못되었다. 따라서 기적이 없이도 쉽게 건널 수 있었을 것이다. 그러나 그 기적은 하나님께서 모세와 함께 하셨던 것처럼 여호수아와도 함께 하신다는 사실을 보여 주었다.

이 사건을 기념하기 위하여 돌비를 세운 사실이 4장에 기록되어 있다. 여호와께서 명하신 방법대로 강을 건넌 결과가 4 : 14에 나타난다. 우리는 그 돌들이 하나님을 영화롭게 하기 위한 기념비였음을 명백히 알 수 있다(4 : 20-24). 그러나 훗날 아모스 4 : 4에서 말하고 있듯이 이 돌들이 숭배의 대상이 되거나 아니면 이스라엘 가운데서 잘못 사용되어졌을 가능성도 있다. 우리는 훗날 이스라엘 백성들이 모세가 광야에서 만들었던 놋뱀을 오용하여 숭배의 대상으로 삼았던 사실을 확실히 알고 있다(왕하 18 : 4).

백성들은 요단강을 건너자마자 하나님께서 모세를 통하여 제정하여 주셨던 두 가지 성례식을 그 새로운 땅에서 거행하였다(5장). 이로써 이스라엘 백성들은 하나님의 백성으로서 하나님께 다시금 성별되어진 것이다.

　광야에서는 왜 할례를 행하지 않았는지에 대해서는 알 수가 없다. 그러나 설령 이스라엘 백성들은 그 예식을 대수롭지 않게 여겼을지 몰라도 하나님은 그렇지 않았다. 한때 모세는 그의 아들에게 할례를 행하는 것을 소홀히 했다가 거의 죽을 뻔 했었다(출 4 : 24-26). 하나님께서는 그 외부적인 표징을 통하여 그들의 마음을 성결하게 해야 할 내적인 필요성을 강조하고 계셨다는 사실을 기억하라. 이것은 결코 가벼운 문제가 아니다.

　유월절도 이 때에 지켜졌는데 이와 때를 같이 하여 만나가 그쳤다(12절). 그 이유는 의심할 나위 없이 그들이 마침내 땅의 소산물을 통하여 음식 문제를 해결할 수 있는 곳에 도착했기 때문이었다.

　5장 마지막에 기록되어 있는 흥미있는 사건은 분명히 하나님께서 가시덤불 속에서 모세를 만나셨던 순간부터 자기 백성들을 구원하시려는 하나님의 사역이 시작되었다는 것을 상기시켜 주기 위하여 의도되었을 것이다. 두 사건 모두에 있어서 하나님의 뜻에 따르지 않고서는 아무도 하나님께 가까이 갈 수 없다는 진리를 드러내기 위하여 하나님의 거룩하심이 강조되었다. 우리가 하나님께 대하여 지나치게 조심성없는 태도를 가지는 것은 인간의 교만과 관련된 것으로서 하나님께서는 이런 태도를 허락하지 않으신다.

　6장은 실제로 여리고성이 함락당하는 사건을 기록하고 있다. 성을 점령하는 방법은 하나님의 은혜로 말미암아 그 성이 이스라엘에게로 양도되었다는 것을 보여 주기 위하여 계획되어졌다. 또한 여리고는 앞으로 점령하게 될 가나안 땅의 첫 성이었으므로 이스라엘의 초태생이 하나님께 드려졌던 것처럼 하나님께서는 그 성에 속한 모든 것을 그에게 구별하여 드릴 것을 요구하셨다(6 : 17).

　여기서 "바치다"(devoted)라는 말은 모든 살아있는 피조물들은 하나의 예외도 없이 모두 죽일 것과 또 그 성에 속한 재물들은 모두 하나님께 드려야 한다는 것을 의미한다(19절).

여리고 성을 점령한 후에 여호수아는 누구든지 그 성벽을 다시 건축하는 자는 저주를 받을 것이라고 경고했다. 왜냐하면 하나님께서 그 성을 철저히 파멸시킬 것을 원하셨기 때문이다. 수세기가 지난 다음 사람이 감히 그 성을 재건하려 했던 불신의 시대에 이르러 이 엄중한 저주는 그대로 실현된다(왕상 16 : 34).

하나님께서 그의 백성들에게 주시는 매우 중요한 교훈이 7장에 기록되어 있다. 유다 지파의 아간이라는 사람이 하나님의 명령을 어기고 여리고 성에서 빼앗은 재물들 가운데 얼마를 자신의 것으로 취하였다. 그는 틀림없이 자기가 취한 물건이 아주 적은 양이었기 때문에 발각되지 않을 것이라고 생각했을 것이다. 그러나 그는 하나님을 염두에 두지 않고 있었던 것이다. 하나님께서는 아간의 행동을 다 알고 계셨다. 이 일로 인하여 이스라엘은 여리고보다 훨씬 작은 성인 아이 성을 공격하다가 호되게 패배하고 말았다.

아이 성과의 싸움에서 이스라엘이 패배한 이유가 11절에 나타나고 있다. 그것은 이스라엘이 죄를 범했기 때문이었다. 한 사람의 행위에 대하여 모든 백성들이 책임을 져야 하고 또 모두가 영향을 받게 되는 것을 주목해 보라. 그리스도의 교회 안에서 한 사람이 실패할 때에는 모든 사람이 고통을 받게 된다. 다른 무엇보다도 위선은 하나님의 백성들과 그들의 영향력을 파괴시킨다. 위선적인 백성들은 그들의 대적과 능히 맞설 수가 없었다(12절). 아간의 죄에 대한 형벌은 가혹하게 여겨질런지도 모른다(25절). 그러나 그것은 모든 백성들의 행복이 걸려있는 문제였다. 신약성경에서 우리는 이 사건과 동일한 문제를 안고 있는 아나니아와 삽비라의 사건과 또한 그들이 이 사건에서처럼 엄중한 처벌을 받은 것을 볼 수 있다(행 5 : 1 —11). 하나님께서 오늘날의 교회 안에 있는 모든 위선자들을 단번에 죽이지 않으신다고 해서 이 문제가 더 이상 하나님께 중요하지 않다는 것을 의미하는 것은 결코 아니다. 하나님께서는 그의 말씀을 통하여 자신이 그 문제를 어떻게 생각하고 있으며, 또 교회가 그 문제를 묵인해 버리는 것이 얼마나 위험한 일인가를 분명하게 가르쳐 주신다.

아이 성의 정복은 에발 산에서의 율법 기록에 대한 설명과 함께 8장에 기록되어 있다. 30-35절에 묘사되어 있는 의식은 신명기 27:11-14에 기록된 특별한 지시와 관련하여 행하여진 것이다.

9장은 7장에 기록된 위선자 아간의 사건에 이어 이스라엘의 안녕에 대한 두번째 위협을 기록하고 있다. 이때의 위험은 불신자들과의 타협이었다. 출애굽기 23:32과 신명기 7:2에서 보는 바와 같이 하나님께서는 그러한 타협에 대하여 이미 엄하게 경고하셨다. 그러나 여호수아와 및 그와 함께 한 이스라엘 백성들은, 아마도 아침 때문에, 그 땅의 가나안 사람들과 평화 조약을 체결하였다. 여기서 중요한 사실은 그들이 하나님의 뜻을 구하지도 아니한 채 그렇게 결정 해 버렸다는 것이다(14, 15절). 비록 그들이 이후에 그 가나안 사람들을 종으로 삼아 노역을 하게 함으로써 벌을 주기는 했지만 이것조차도 바람직하지 못한 결과를 낳게 되었다. 가나안 사람들에게 자기들의 더럽고 힘든 일을 시키자는 생각이 재빨리 퍼져 나갔으며 이후에는 다른 사람들도 여호수아의 모범을 따라 그와 같은 일을 행하게 되었다. 그것은 이스라엘에게 해를 가져다 주는 것이었다(삿 1:35).

이스라엘의 안녕을 위협하는 두가지 요소 곧 위선과 불신자들과의 타협은 계속 되풀이하여 이스라엘을 위협하였을 것이다. 위선과 불신자들과의 타협은 오늘날에도 그리스도의 교회의 능력을 계속적으로 위협하는 요소로 남아있다.

10장에서 12장까지는 나머지 땅들에 대한 정복이 여호수아의 지휘 하에서 빠른 속도로 잇달아 일어난 것과 관련되어있다. 이 부분에서 상당히 흥미있는 부분은 10:12, 13에 기록되어 있는 여호수아의 기도이다. 그는 싸움이 계속되는 동안에 태양이 그대로 머물러 있을 것을 기도했다. 우리가 알다시피 이 기적은 전 인류 역사상 유일한 것이었다. 이것을 어떤 자연적인 현상으로 설명하려는 많은 시도들이 있긴 하지만 여기에 기록되어 있는 분명한 말씀의 뒷받침을 받지 못하고 있다. 우주의 주관자이신 하나님께서는 원하시기만 하면 이런 일을 분명히 하실 수 있었을 것이며, 또한 그가 이스라엘을 위하여 싸우셨기 때문에 여호수아의 기도에 응답하기를 기뻐하셨다는 것을 우리는 알 수 있다.

10장은 남쪽 지방의 정복을 기록하고 있다. 11장은 북쪽 지방의 정복을 추적하고 있으며 12장은 정복에 대한 전체기록을 요약하고 있다. 여기서 여호수아서의 첫번째 주요 부분이 끝이 난다.

여호수아서의 두번째 부분은 주로 요단 서편에 정착하기로 되어 있던 아홉 지파와 므낫세 반 지파에게 땅을 분배하는 것에 대하여 기록하고 있다. 그리고 각 지파들에게 할당된 통상적인 기업 이외에도 도피성을 선정하는 것과 또 각 지파들 가운데 그 기업이 흩어져 있었던 레위 지파의 성읍들을 선정하는 것에 대한 기록도 찾아 볼 수 있다(20, 21장).

요단 동편에 거할 지파들이 자기들의 땅으로 돌아가기 시작하는 22장에 기록된 사건은 당시의 이스라엘 백성들이 하나님의 말씀을 대하였던 신중한 태도를 보여 준다. 그들은 실로 믿음의 사람들이었다. 문제는 신명기 12장에서 경고한대로 하나님께서 지정해 주신 오직 한 군데의 제단 이외의 또 다른 제단을 세우는 것과 관련한 위험이었다. 이 동편에 거하는 지파들이 세운 제단이 제사를 위한 것이 아니라 단순히 이전의 요단강에서 취하였던 돌들과 같이 기념비에 불과하다는 것이 알려지자 위험은 사라졌다(22 : 28).

여호수아서는 여호수아의 고별사를 끝으로 막을 내린다. 그는 하나님께서 그에게 권고하셨던 것과 같이 백성들을 권고하고 있다(23 : 6 ; 1장을 참조하라). 옛 언약이 진술하는 바와 같이, 이스라엘의 지속적인 번영은 그들이 하나님의 뜻에 계속적으로 순종하느냐 않느냐에 달려 있었다(23 : 12, 13, 16).

24 : 2에서 여호수아는 우리가 알고 있는 아브라함의 이교도적인

배경, 즉 아브라함의 조상들에 대하여 말하고 있다. 여기서 여호수아는 이스라엘을 향하신 하나님의 은혜의 역사를 다시 회고하고 있으며 다음으로는 매우 귀중한 어떤 것, 곧 여호와께 대한 믿음과 헌신에 대한 자신의 개인적인 증언을 백성들에게 남기면서 말을 마치고 있다(24 : 14, 15).

여호와를 향한 헌신에 대하여 백성들이 보여 준 열정에도 불구하고(24 : 16 이하의 절들) 여호수아는 하나님 앞에서 신실하게 살고자 할 때에 겪게 되는 어려움과 위험에 대하여 단호하게 경고한다. 아마도 여호수아는 여기서 모세가 그의 마지막 권면시에 장차 다가올 견디기 힘든 시기들에 관해 경고하였던 것을 회상하고 있었을지도 모른다(신 32장을 참조하라).

15절에 기록된 여호수아의 도전적인 증언과 권면은 항상 하나님의 백성들에게 선택을 요구한다. 여호수아와 마찬가지로 훗날 그리스도께서도 "한 사람이 두 주인을 섬길 수 없다"(마 6 : 24)고 선언하셨다. 또한 갈멜산에서의 엘리야도 범죄하여 머뭇거리는 이스라엘 앞에서 똑같은 선택을 요구했다(왕상 18장). 계시록에 기록되어 있는 일곱 교회들에 보내는 메시지중 가장 엄한 책망이 라오디게아 교회에 떨어졌는데, 그 교회는 차지도 않고 뜨겁지도 않은 미지근한 상태였다(계 3 : 15, 16). 하나님께서는 자기에 대한 전적인 헌신이 불가피하다는 것을 명백히 가르쳐 주셨음에도 불구하고 교회 안에는 하나님만을 진정으로 섬기려하지 않고 두 주인을 섬기려고 하는, 다시 말하자면 하나님과 세상을 동시에 만족시키려고 하는 사람들이 언제나 많이 존재해온 것이 사실이다. 이런 자들은 하늘의 시민권을 누리는 동시에 세상의 삶도 즐기려는 사람들이다. 그러나 그것은 불가능한 일이다.

여호수아의 죽음에 관한 기록은 하나님의 말씀을 기록할 선지자로 계승된 어떤 사람에 의하여 이루어졌다. 그는 아마도 이름이 밝혀지지 않은 사사기의 제자였을 것이다.

이 사람의 생애와 그가 이스라엘에 미친 영향력은 여호수아 24 : 31에 요약되어 있다.

5

이스라엘의 영적인 퇴보

사사기, 룻기, 사무엘상 1, 2장

우리는 이제 연대적으로 보아 이스라엘 역사에 있어서 가장 암울했던 시기들 중의 한 시대를 살펴보게 되었다. 어느 정도의 기간이 이 사사 시대에 속하는지에 대해서는 정확하게 알 수 없다. 출애굽 자체의 시기에 대해서도 확실하지가 않다. 어떤 사람들은 보다 이른 시기로 보아 주전 15세기라고 주장하는 반면에 또 어떤 사람들은 그럴듯한 증거를 내세워 보다 늦은 시기인 주전 13세기경이라고 주장한다. 한때는 일반적으로 보수주의자들은 좀 더 이른 시기로 보고 자유주의자들은 좀더 늦은 시기로 보는 경향이 있었다. 그러나 오늘날에는 이런 식으로 말할 수 없게 되었다. 좋은 논점을 가진 많은 보수주의자들이 이제는 주전 13세기 출애굽을 주장하고 있다. 성경은 이 문제에 대해서 전혀 명백하게 말하고 있지 않으며 우리 또한 출애굽의 정확한 시대에 대해서 집착해야 할만한 아무런 이유를 가지고 있지 않다.

이와 마찬가지로 사사 시대의 기간에 대해서도 확실하지가 않다. 성경에 나타난 사사들 개개인의 기간을 모두 합하면 출애굽과 다윗시대(다윗 시대는 확실히 BC 1000년 이전으로 추정된다) 사이에서 우리가 생각할 수 있는 것보다 훨씬 더 많은 년 수가 요구될 것이므로 이 기간의 사사들 개개인의 연대가 연대순으로 잇달아 나타난 것이 아니라는 사실을 분명히 알 수 있다. 그러므로 우리는 개개인의 사사들이 활동했던 그 시기에는 여러 사사들이 나라 안의 각기 다른 지역에서 동시에 활동하고 있었다고 단정지을 수 있다.

우리는 성경이 명백하게 말해 주지도 않는 연대기를 밝히는 데에 너무도 많은 노력을 낭비하는 실수를 범해 왔는지도 모른다. 오히려 이스라엘 역사의 이 암흑기를 통해서 받을 수 있는 교훈들을 살펴 보는 것이 보다 현명할 것이다.

사 사 기

여호수아서와 같이, 사사기는 두 개의 기본적인 부분으로 나누어진다. 첫 부분(1-16장)은 이 시기의 이스라엘 역사의 순환 주기를 다루고 있으며, 뒷 부분(17-21장)은 당시의 이스라엘의 영적인 상태에 대한 몇 가지 예를 다루고 있다.

여호수아 시대의 영향력은 사사기 1장에서 사라진다. 우리는 먼저 여호수아가 죽은 후에도 이스라엘 백성 중 일부가 하나님의 뜻을 구하고 또 그 뜻에 순종하고자 하는 것을 볼 수 있다(1:1-3). 1장에서 지적하고 있는 바와 같이 이것은 여호수아가 정복하는 일을 완성하지 못하고 나라 도처에 수많은 저항 세력들을 남겨두었다는 것을 보여 준다(1:22, 27, 29-34).

뿐만 아니라 우리는 많은 족속들이 여호수아 9장에 기록된대로 여호수아의 본을 따라서 하나님께서 명령하신대로 정복한 가나안인들을 멸망시키지 않고 자기들의 노예로 삼아 노역을 시킨 것을 알 수 있다(1 : 28, 30, 33, 35).

이러한 그들의 상태에 노한 여호와께서는 천사를 보내어 그들이 하나님의 명령에 불순종한 것으로 인해 고통을 겪게 될 것을 경고하셨다(2 : 2, 3). 하나님의 이같은 말씀에 백성들이 회개의 반응을 보인 사실은 당시의 백성들이 아직도 영적으로 깨어 있다는 것을 말해 주는 좋은 실례이다. 그들은 그들의 죄로 인해 슬퍼하였던 것이다(2 : 4, 5).

여호수아가 생존해 있던 때를 기억하고 있는 사람들이 있을 동안에는 백성들이 여호와께 충실하였다(2 : 7). 그러나 그 세대조차도 매우 중대한 실수 한 가지를 범하고 말았다. 그들은 자기들이 하나님으로부터 배운 것을 자녀들에게 가르치라는 신명기 6 : 4 이하의 명령을 따르지 않았던 것이다. 이러한 그들의 불순종으로 말미암아 그들 뒤에 오는 모든 세대가 하나님과 모세의 율법에 대해서 아무 것도 모르게 되는 결과를 초래하고 말았다(2 : 10).

부모들이 그들의 자녀를 가르치는 일을 소홀히 여긴 것은 하나님께서 이스라엘을 불러내셔서 그는 그들의 하나님이 되고 그들은 그의 백성이 되리라는 내용의 언약을 맺은 하나님의 목적에 근본적으로 부딪히는 것이었다. 하나님께서 아브라함에게 처음으로 말씀하시고(창 18 : 19), 후에 이스라엘 모든 백성들에게 특별히 말씀하신(신 6 : 4 이하) 부모들의 의무에 관한 명령은 무시되어져서 최악의 결과를 초래하였다. 이스라엘에 전체적인 불신 세대가 일어난 것이다. 하나님의 백성들의 훗날 역사를 통하여 이와 똑같은 죄와 그 결과가 우리 시대에까지 되풀이되고 있음을 볼 수 있다. 오늘날 교회가 겪고 있는 대부분의 불행들은 그리스도인 부모들이 자녀들에게 하나님의 법을 가르치는 일과 그들 앞에서 그 법대로 살아가는 일을 소홀히 여긴데서 비롯되었다.

사사기 2장에 기록된대로 불신 세대의 출현은 사사기의 나머지 장들에서 전개되어지는 순환의 연속으로 가는 문을 열어 놓았다.

그 순환의 형태는 2 : 11-23에 잘 나타나 있으며, 그것은 다음과 같은 구조로 이루어져 있다. 1) 백성들은 하나님께 대한 예배를 저버리고 악을 행한다(11-13절). 2) 하나님은 진노하셔서 대적들을 일으키심으로써 그들을 괴롭히도록 하신다(14, 15절). 3) 곤란 중에 처한 백성들은 여호와께 도움을 구한다(15절). 4) 여호와께서는 원수들의 손에서 그들을 구하시기 위하여 사사들을 세우신다(16절). 그리하여 이러한 순환은 이스라엘 백성들이 하나님을 곧 잊어버리고 악으로 돌아갔을 때에 다시 시작되었다(17절 이하). 하나님께서 이스라엘을 벌하시기 위하여 열국을 일으키신 목적은 3 : 1-6에 나타나있다. 그들은 이스라엘의 믿음을 시험하고 강하게 세우기 위하여 그 땅에 남겨진 것이었다.

우리는 3 : 7에서 시작되어 16장까지 이어지는 순환의 기록을 볼 수 있다. 여기서 우리는 이 시대의 이스라엘 역사를 기록해 놓은 7개의 각기 다른 순환 주기를 발견할 수 있다.

첫번째 주기(3 : 7-11)는 진노하신 하나님께서 이스라엘을 대적할 메소포타미아 왕들을 보내지 않으면 안되었던 이스라엘의 죄악상을 말해 준다. 이스라엘이 고통 중에서 하나님께 울부짖은 후에야 여호와께서는 갈렙의 친족 옷니엘을 세우셔서 이스라엘을 구하도록 하셨다. 이 경우에 있어서 우리는 다른 많은 경우에서와 같이 여호와의 영이 사사 옷니엘에게 임하여 사사로서의 임무를 수행할 수 있는 지혜와 특별한 능력을 주셨다는 것을 알 수 있다(10절).

구약 시대에 있어서의 성령의 정확한 기능에 대해서는 분명하지가 않다. 그는 창조사역과 이스라엘을 인도하심에 있어서 능동적으로 함께 하셨으며, 특별히 특정인들에게 특별한 임무를 수행할 수 있는 능력을 부여하셨던 것이 분명하다. 그는 이스라엘의 광야 생활 중에 몇몇 사람들에게 그렇게 역사하심으로 그들로 하여금 하나님께서 명령하신 성막을 숙련된 솜씨로 지을 수 있도록 하셨다(출 31:1-4;참조. 삼상 10:6). 우리는 또한 하나님의 말씀을 기록하기 위해 부르심을 받은 예언자들로 하여금 성령께서 하나님의 말씀을 기록하도록 인도하셨다는 것을 안다(벧후 1:21). 그러나 오순절 이후의 신약에서 보게 되는 것과 같이 하나님의 영이 구약시대에는 하나님의 자녀들과 늘 함께 계시지 않았던 것 같다. 이 시대, 즉 사사시대에 있어서 성령께서는 얼마동안 특정한 사람들에게 임하셨다가 후에는 그들을 떠나셨던 것으로 보인다. 이것은 옷니엘의 경우를 통하여 명백히 알 수 있다(10절).

두번째 주기(3:12-30)는 이스라엘의 대적인 모압 왕 에글론을 죽이는 다소 잔학한 이야기를 담고 있다. 어떤 사람들은 그러한 유혈이 낭자한 장면들이 성경에 있는 것을 불평하기도 하며, 기독교적인 기준에 어긋나는 내용이 기록되어 있다하여 성경의 오류를 찾아내려 하기도 한다. 그러나 요한계시록에서는 이보다 더욱 피비린내나는 장면들이 많지 않은가? 그것들은 모두 죄가 피흘리기를 요구한다는 사실을 강조한다. 구약이나 신약성경이 어떤 사람들에게 너무 잔학하게 보인다면 그것은 그들이 삶과 죽음의 진정한 문제와 세상에서 존재한 모든 사람들 개개인 위에 머물러 있는 지옥의 무서운 위협을 전혀 무시하고 있기 때문이다.

세번째 주기(3:31)에 대해서는 아주 간단하게만 언급되어 있을 뿐, 자세한 설명이 없다.

네번째 주기(4:1-5:31)는 남자들이 교회에서 지도자로서의 책임을 제대로 수행하지 못할 때 하나님께서는 그 임무를 이행할 여자들을 세우실 수 있었으며 또 때때로 그렇게 하셨다는 것을 말해준다. 그러나 우리는 이것으로부터 하나님께서 남자들에게처럼 여자들에게도 교회에서의 통상적인 지도자의 위치를 허락하셨다고 결론지어서는 안된다. 그리스도께서 이혼에 대해 말씀하신 바와 같이 이 문제에 대해서도 마찬가지로 처음부터 그렇지 않았다(5 : 7—참조. 마 19 : 7, 8 ; 딤전 2 : 9—15). 4 : 8에 분명히 기록되었듯이, 드보라가 지도자로 택하여진 이유는 마땅히 지도해야 할 남자들이 그 일을 기꺼이 하려고 하지 않았기 때문이었다.

5장에 기록된 드보라의 승리에 대한 시적인 표현은 그날의 승리자는 드보라가 아니라 여호와 하나님이시라는 것을 명백히 밝혀주고 있다. 심지어는 하늘의 별들까지도 이스라엘의 대적 시스라와 싸웠다(5 : 20). 이것은 점성술에 대한 언급이 아니라 여호수아 10 : 12, 13에서 보여 주는 것처럼, 천체까지도 다스리는 하나님의 주권이 인간의 생명과 운명을 뜻대로 좌우할 수 있다는 것을 보여준다.

다섯번째 주기(6 : 1—10 : 5)는 사사 기드온을 통하여 이스라엘의 대적 미디안의 손으로부터 이스라엘을 구원한 일에 대해 언급한다. 이 시기는 이스라엘의 영적인 면에 있어서 특별히 낮은 수준의 기간이었다. 하나님께서는 한 무명의 선지자를 보내셔서 백성들의 믿음 없음을 꾸짖으셨다(6 : 7—10).

기드온에 대한 소명은 모세와 여호수아에 대한 소명을 어느 정도 연상시켜 준다. 다시금 하나님께서는 그가 부르셔서 그의 일을 하도록 보내시는 사람과 함께하실 것을 약속하신다(6 : 15, 16).

6 : 17에 기록된 표징에 대한 기드온의 요구와 이어서 6 : 36—40에 기록된 양털에 관한 사건은 결코 기드온의 믿음을 나타내주는 것이 아니다. 표징에 대한 기드온의 주장은 그의 영적인 힘을 나타내 주는 것이 아니라 오히려 그의 영적인 연약함을 나타내 주는 것이다. 비록 그가 믿음의 사람으로 불리워지고 있기는 하지만(히 11 : 32, 33) 표징의 요구가 명백히 보여주듯이 여기에 나타난 그의 믿음은 연약하다는 것을 알 수 있다.

기드온이 바알의 제단을 부숴뜨리고 여호와의 단을 쌓았을 때 보여준 하나님께 대한 순종이 오히려 그의 믿음에 대한 보다 훌륭한 증거였다(6 : 26, 27 : 참조). 이와같은 예로써 창 12 : 4에 나타난 아브라함의 믿음의 순종과, 창 6 : 22에 나타난 노아의 순종이 있다). 우리는 여기서 자녀가 부친을 인도하고 있음을 본다. 기드온의 아버지는 아들의 솔선적인 인도에 따라 하나님께 대한 믿음을 명백히 보여 주고 있다(6 : 30-32).

36절 이하에 기록된 양털 사건은 이미 말한 바와 같이 기드온의 믿음의 강함을 보여 주는 것이 아니라 약함을 보여주는 것이다. 하나님께서는 그와 함께 계셔서 그가 승리를 얻도록 하시리라고 약속하셨지만 기드온은 한번도 아닌 두번씩이나 표징을 요구했다(36, 37, 39절). 오늘날에도 "양털을 늘어놓음"으로 하나님의 뜻을 분별하기 원하는 어떤 사람들의 관행은 그들이 처해있는 상황 속에서 구체적인 응답이 있어야 할 것을 요구한다. 그리고 그들은 믿음이 매우 연약한 사람들로서 눈에 보이는 표적이 없이는 하나님께 기꺼이 순종하려고 하지 않는다.

7장에 나타나 있는 바와 같이 기드온과 함께 싸울 사람들을 선택하는 방법이 중요한 의미를 차지한다고는 믿지 않는다. 많은 사람들이 이 방법의 중요성을 보여 주려고 했다. 그들은 말하기를 어떤 사람들은 손으로 물을 마시는가 하면 또 다른 사람들은 무릎을 꿇은 자세로 물을 마시면서 서로 자기 방법이 보다 적합하다는 것을 입증하기 위해 애를 썼다고 한다. 그러나 나는 이것이 요점이 아니라고 자신있게 말할 수 있다. 요점은 그 날의 승리가 사람에 의해서가 아니라 하나님으로 말미암아 주어졌다는 것을 보여 주시기 위해서 하나님께서 대부분의 사람들을 제외시키려고 하신데 있다. 원하시기만 했다면 그가 선택한 사람들이 적어도 일만 명의 능력있는 사람들일 수도 있었을 것이다.

하나님께서 미디안 진영의 사람이 꾼 꿈을 기드온에게 알게 하신 것은 기드온에게 승리를 얻도록 하시겠다는 하나님의 약속을 다시 한 번 확신시키기 위한 것이었다(7 : 9-14). 7장의 후반부는 하나님께서 미디안 사람들의 마음에 혼란과 공포심을 불어 넣어서 그들을 쫓아내신 것을 다루고 있다.

우리는 에브라임 사람들의 노를 풀게 한 기드온의 지혜와 외교술을 발견할 수 있다. 사실 그는 자신과 자기가 이끄는 적은 수의 무리가 한 일은 에브라임 사람들이 한 일에 비교할 수도 없을 만큼 보잘 것 없는 것이라고 말함으로써 그들을 칭찬하여 주었다.

이스라엘 백성들이 기드온을 왕으로 추대했을 때(8：22 이하) 기드온은 왕이 되기를 거절하면서, 동시에 여호와께서 이스라엘의 왕이심을 선언함으로써 사람들과 하나님 앞에서 지극한 겸손을 보여 주었다(8：23). 모세가 오래 전에 선언했던 것처럼(출 5：18) 참으로 여호와 하나님만이 이스라엘의 정당한 왕이셨다.

그런데 이와 같이 고백했던 기드온이 자기가 방금 선언했던 그 하나님으로부터 어떻게 그렇게 즉시 백성들의 마음을 떠나게 할 수 있었는가 하는 점은 이해하기가 어려운 일이다. 그러나 그는 그렇게 했다(8：24-28). 기드온과 그의 가족에 대한 이야기는 불행하게 끝이 난다. 그것은 분명히 기드온이 어리석게도 백성들에게 올무가 되게 하는 에봇(제사장의 의복)을 만들었기 때문이었다(27절).

기드온의 70명의 아들들 가운데(그는 많은 아내를 거느렸다) 오직 한 사람 요담만이 아비멜렉의 살육으로부터 살아 남았다. 그는 또한 아비멜렉에게 저주를 퍼붓고 난 후에 도망을 다녀야만 했다(9：7 이하). 그 저주는 세겜 사람들과 아비멜렉 모두가 다 기드온과 그의 아들들을 잘 대접하지 아니하였으므로 그들이 서로를 파멸시키리라는 것이었다(9：19, 20). 9장의 나머지 부분은 그 저주가 어떻게 이루어졌는가에 대해서 말해 준다.

여섯번째 주기(10：6-12：15)는 입다의 이야기와 그가 어떻게 이스라엘을 암몬 자손으로부터 승리하도록 지도하였는가에 대한 것이다. 입다는 이스라엘 백성들이 그를 필요로 하기 바로 직전까지는 그들로부터 멸시를 받았다(11 : 1 이하). 한동안 암몬 자손은 이스라엘을 괴롭혔고 이전처럼 백성들은 여호와께 부르짖어 도움을 구했다(10 : 10). 그러나 이번에는 여호와께서 도움을 구하는 그들의 기도를 즉각적으로 응답하시지 않고 그들의 불신을 꾸짖으셨다(10 : 13). 이스라엘 백성들이 진실한 회개의 증거를 보이고 나서야 비로소 하나님께서는 구원자 입다를 세우셨다.

입다의 승리는 하나님의 도우심으로 말미암아 이스라엘의 원수 암몬 자손을 복종시킨 것이었다(11 : 33). 입다의 이야기의 비극은 그가 패배하지 않기 위해서 그 자신을 위한 보증을 구하면서 성급하게도 막대한 대가를 치루어야 하는 불필요한 맹세를 했다는 점이다(11 : 30, 31). 어떻게 보면 입다는 하나님께서 자기에게 승리를 주시도록 뇌물을 쓰면서 흥정을 하고 있었던 것이다. 그는 이미 하나님께서 자기와 함께 하신다는 모든 확증을 갖고 있었다(29절). 그가 자신의 집으로 돌아올 때에 대문에서 그를 맞이할 사람이 자기 가족들 중의 한 사람일 것이라는 사실을 왜 미처 생각지 못했는지 이해가 안된다.

여기서 알아야 할 것은 하나님께서는 결코 입다 뿐아니라 어느 누구와도 흥정을 하시는 분이 아니라는 사실이다. 하나님께서는 결코 그러한 맹세를 원하지 않으신다. 하나님께서는 이미 입다와 함께 하시면서 승리를 얻게 하시겠다는 확신을 주셨다. 맹세와 관련한 모든 구상은 입다 자신에게서 나온 것이었다. 더구나 하나님께서는 입다가 한 일을 결코 너그럽게 보아 넘기지 않으셨다. 입다의 맹세는 하나님의 자녀들이 마땅히 행해야 하는 일의 본보기로서 하나님의 말씀에 기록된 것이 아니었다. 정반대로, 입다가 한 일은 하나님의 율법에 대한 범죄 행위였다. 비록 그가 하나님께 맹세했다고 하더라도 하나님께서 그것을 요구하신 것은 아니었다. 그리고 무엇보다도 하나님의 율법에 위배되는 맹세를 지킬 필요는 없었던 것이다. 다시 한번 우리는 여기서 위대한 믿음의 행위가 아니라 하나님의 백성들이 본받아서는 안될 죄를 보게 된다. 물론 입다 자신이 성도들의 무리 가운데 들기는 하였지만 그의 생애 가운데서 이 일은 결코 모범적인 것이 못되었다(히 11 : 32).

마지막 일곱번째 주기(13-16장)는 삼손과 블레셋 사람에 대한 것으로서 널리 알려진 주기이다. 나면서부터 삼손은 하나님의 지시에 따라 그 부모에 의하여 하나님께 바쳐진 나실인이 되었다(13 : 3-5). 다른 사사들과 마찬가지로 삼손도 하나님의 성령에 감동되었다(13 : 25).

입다와 기드온이 그랬던 것처럼 삼손도 비록 히브리서 11장에서 믿음의 사람들 중에 들기는 하지만, 그럼에도 불구하고 그는 하나님의 자녀들이 본받아야 할 좋은 본보기는 아니었다. 한가지 예를 들자면 그는 하나님의 뜻을 어기고 블레셋 여자와 결혼하기를 원했다(14 : 2).

삼손이 블레셋 사람들을 상대로 하여 때때로 엄청난 숫자의 블레셋 사람들을 죽이는 일련의 사건들은 두말할 나위 없이 모두 원수들의 손에서 이스라엘을 구원하시려는 하나님의 계획의 일부분이었다(14 : 5-15장).

16장에서 우리는 삼손의 마지막 생애를 살펴볼 수 있다. 블레셋 여인과의 순탄하지 못한 결혼 생활에서 확실히 얻은 것이 아무 것도 없었던 까닭에 삼손은 블레셋의 한 성읍인 가사로 가서 다른 여인과 가까이 하게 되는데, 그녀는 창기였다(16 : 1 이하). 이 죄로 인하여 삼손은 거의 생명을 잃을 뻔하였다.

다음으로 삼손이 계속하여 죄악에 죄악을 더하게 된 것은 또 다른 여인, 들릴라를 사랑한 것 때문이었다. 들릴라가 블레셋 사람의 방백들을 아주 잘 알고 있었던 것으로 보아 그녀도 아마 블레셋 사람이었을 것으로 생각된다(16 : 4, 5). 처음부터 그녀는 삼손보다 돈과 그녀 자신을 더 사랑했다(16 : 5). 그녀는 삼손을 배반하고 그를 원수들의 손에 넘겨 줄 기회를 찾다가 마침내 그 일에 성공을 거두었다(16 : 18-21).

제 5 장/이스라엘의 영적인 퇴보   171

삼손의 마지막 행위는 아마도 삼손의 생애 가운데서 가장 위대하면서도 가장 사심이 없는 행위였다고 말할 수 있을 것이다. 그는 하나님께서 자기를 세우셨던 본래의 일을 할 수 있는 나실인의 상태로 돌아가기 위해 머리가 다시 자랄 때까지 참을성있게 기다렸다. 그는 백성들을 구원하는 이 마지막 순간의 행위를 성취하기 위하여 엄청난 고통을 견뎌냈던 것이다. 그러나 이 행위 조차도 하나님과 자기 백성들을 위해 봉사하려는 생각보다는 오히려 개인적인 앙갚음에 대한 생각이 앞섰을지도 모를 일이다(16 : 28).

대체로 보아 이스라엘을 구원하기 위해 세워진 일련의 사사들은 때때로 불신앙적인 행동을 하였다. 우리는 모든 시대를 통하여 수많은 영웅들을 보게 되지만 여호와 하나님과 함께 동행하였던 진정한 영적 지도자는 거의 없었음을 또한 알 수 있다. 그들 가운데 대부분은 믿음의 삶을 보여 주는 본보기가 되지 못하였다. 우리는 모세와 여호수아, 그리고 앞으로 나올 사무엘과 같은 사람이 아무도 없었음을 발견할 수 있다. 사사들의 지도력이 이처럼 약했던 것은 주로 모든 백성들이 무력하고 당시의 영적인 상태가 빈약했기 때문이었다.

사사시대가 이스라엘에 있어서 영적인 암흑기라고 적절하게 불리워지게 된 사실은 17-21장에 기록된대로 그 시대에 발생한 두 가지 이야기를 통하여 잘 설명되고 있다.

첫번째 이야기는 17장과 18장에 기록되어 있는데 자기 어머니로부터 은 얼마를 훔쳤던 것이 분명한 미가라는 사람에 관한 이야기이다(17 : 2). 어떤 이유로 해서 그는 그 은을 자기 어머니에게 돌려 주었고, 그 어머니는 그것으로 **한 신상을 만들어서** 여호와께 드려야 한다고 결정했다(3절). 그리하여 둘째 계명과 여덟째 계명을 어기게 되었으며 또한 그가 그의 어머니를 공경하지 않았기 때문에 다섯째 계명도 어기게 되었다. 이것으로 인해 저자는 다음과 같이 논평하게 된다. "그 때에는 이스라엘에 왕이 없었으므로 사람마다 자기 소견에 옳은대로 행하였더라"(17:6). 이 문장은 사사기의 후렴이라 불려져도 좋을 것이다(참조. 18:1; 19:1; 21:25).

저자가 사사기를 기록할 당시의 이스라엘에 인간 왕이 있었는지 없었는지에 대해서는 자신있게 말할 수가 없다. 그러나 17:6의 이 표현이 의미하는 바 한 가지는 틀림없이 이스라엘 백성들이 하나님과 그의 말씀을 거절했었다는 사실이다. 그들의 마음 속에는 그들의 왕이신 여호와의 통치가 임하지 않고 있었다. 그러나 하나님께서는 이미 오래 전부터 그들의 왕으로 선언되어 오셨다(출 5:18; 삿 8:23). 그 시대는 죄악으로 가득찬 시대였다.

미가의 죄는 그가 한 레위인을 자기 개인의 제사장으로 고용했을 때에 더욱 가중되어졌다(17:10-13). 하나님께서는 그 같은 일을 결코 허락하지 않으셨다. 그것은 레위인들의 직무에 대한 남용이었다.

그 당시에 몇몇 지파들은 틀림없이 아직도 완전히 정착하지 못한 상태로 있었다. 단 지파의 몇 사람이 미가와 그의 제사장을 우연히 만나게 되었다(참조. 18장). 그들은 결국 그들의 지파를 위하여 제사장을 훔쳐갔다(18:19, 20). 이것 역시 하나님께서 허락하지 않는 일이었다. 제사장과 우상들을 도로 찾으려는 미가의 시도는 그를 대항하는 단 지파 사람들의 협박으로 인해 좌절되었다(18:25). 그리하여 한 사람의 죄는 한 지파 전체의 죄가 되고 말았다(18:30). 여기서 우리는 그 당시 이스라엘에 만연되어 있던 일종의 무법천지에 대한 한가지 실례를 보게 된다. 이것이 바로 사사들이 이끌려고 애썼던 유형의 사람들이었다. 인간적으로 볼 때 그것은 희망이 없는 일처럼 보였다.

이 전체적인 이야기 가운데서 가장 유감스러운 부분은 아마도 18:30에서 그 제사장의 이름이 마지막으로 불려질 때, 그가 바로 모세의 직계 자손으로 판명되었다는 점이다. 이것은 하나님의 자녀들 가운데서 파괴를 일삼으며 매우 빠르게 움직이는 사단의 힘에 대해서 말해 준다. 하나님의 사람 모세의 가족조차도 사단의 간계에서

제 5 장／이스라엘의 영적인 퇴보 173

놓여나지 못했던 것이다. 이 모세의 손자는 영적으로 굉장히 낮은 상태에까지 떨어져서 자기의 조부 모세의 율법을 반역하게 되었던 것이다.

두번째 이야기는 19-21장 사이에 기록되어 있다. 이 이야기 또한 한 레위인과 베들레헴이 관련되어 있다(19:1 참조. 17:7). 이것은 끔찍하고 아주 비참한 이야기이다. 한 레위인이 베들레헴에서 첩을 얻었는데 그 첩은 후에 그를 떠나 베들레헴에 있는 자기 아버지에게로 돌아가 버렸다(19:2). 그 레위인은 첩을 데려오기 위해 베들레헴으로 갔다가 장인에게 붙들려 억지로 며칠을 유한 후에 마침내는 첩과 함께 에브라임으로 돌아가기 시작했다.

그가 히브리인의 성읍에서 유숙하기 위하여 이방인의 성읍 여부스(예루살렘)를 스쳐 지나친 다음에 이스라엘이 저지른 범죄 행위를 주목해 보자. 그는 히브리인의 성읍을 찾아서 베냐민 지파에 속한 유대인 성읍 기브아로 들어갔다. 그러나 그 성읍은 적의와 냉대로 가득차 있었다(19:12-15). 기브아 성읍은 소돔과 고모라의 특징을 많이 지니고 있었음을 입증해 주었다(여기서 우리는 오랜 훗날의 이사야서의 말씀과 비교해 볼 수 있다—사 1:9). 그 성읍에는 천사들을 보고 도움을 필요로 하는 사람들인 줄로 생각하고 그들을 환대해 주었던 소돔성의 이방인이었던 롯과 매우 흡사하게 그 레위인을 환대해 준 한 이방인 거류민이 있었다(19:16 이하). 소돔성에서와 꼭 마찬가지로 여기서도 역시 베냐민 사람들이 그 거류민과 레위인 객을 찾아와서 욕설을 하면서 그 레위인과 상관할 것(성적인 관계를 가짐, 즉 남색)이라고 하였다(19:22). 그 레위인을 자기 집으로 들어오도록 요청했던 그 거류민은 롯이 앞서 천사들을 위해 그랬던 것처럼 그의 딸과 또한 그 레위인의 첩을 찾아온 사람들에게 내어 주었다(23, 24절).

베냐민 지파의 그 악한 무리들은 밤새도록 그 첩에게 행음하였으며 결국 그 여자는 죽고 말았다(27, 28절). 그 레위인이 보여준 반응(19：29)은 끔찍하게 보이기는 하지만 베냐민의 전 지파를 응징하기 위하여 온 이스라엘의 관심을 집중시키는 데는 효과적이었다 (20장 참조).

전쟁이 끝났을 때 베냐민 지파에는 소수의 사람들만이 남게 되었다. 그리하여 한 지파가 거의 없어져버릴 위기에 처하고 말았다. 베냐민 지파는 결코 다시는 강해지지 않았으며 결국에는 유다 지파와 합해지고 말았다. 이스라엘 사람들이 베냐민 지파의 남은 자들을 위하여 아내를 얻어 주는 문제를 해결하려고 사용했던 교묘한 방법은 하나님의 법을 어기지 않고서는 이루어지는 일이 아무것도 없을 때까지 그들이 어떻게 죄 위에 죄를 더하여갔던가 하는 것을 설명해 주고 있다(21장 참조).

이 사사기로부터 이끌어낼 수 있는 교훈의 결론으로서 우리는 사사 시대가 근본적으로 영적인 혼돈의 시대였다는 것을 알 수 있다. 또한 십계명의 항목들이 거의 모두 위배되는 실례들을 볼 수 있다. 그 실례들이란 부모를 공경하지 않음, 도적질, 우상을 만드는 것, 다른 신을 숭배함, 탐욕, 거짓말, 살인, 간음 등이다. 이런 것들이 그 당시의 삶의 방식이었다.

무엇이 이러한 영적 혼란을 가져다 주었는가? 사사기 1장에서 우리는 그 해답을 찾을 수 있다. 그것은 가나안 사람들로부터 이스라엘을 구원하신 하나님을 아는 여호수아와 부모들이 틀림없이 너무 바빠서 자녀들에게 하나님의 말씀을 가르칠 시간을 가지지 못했기 때문이었다. 그들은 신명기 6：4 이하에 있는 하나님의 특별한 명령에 불순종하였다. 이것은 전 세대에 걸쳐서 이스라엘 백성들이 하나님을 모르고 또한 하나님이 이스라엘을 위하여 행하신 일도 모르게 되는 결과를 가져오게 하였다(2：10). 그리고 이것은 다시금 우리가 사사기에서 보는대로 영적인 무지와 혼란을 가져다 주었다. 사사기는 하나님의 말씀을 신실하게 자녀들에게 가르치는 경건한 부모들이 절실히 필요하다는 것을 강조해 준다. 그렇지 않으면 자녀들은 여호와 하나님의 말씀을 알지 못하게 될 것이다.

이야기의 다른 측면
엘리멜렉과 엘가나와 그들의 가족
룻기, 사무엘상 1, 2장

 사사기가 사사시대의 일반적인 영적 상태를 보여 주기는 하지만 그것이 전부라고는 말할 수가 없다. 이스라엘에는 그 시대의 불신앙적인 추세를 따르지 않는 경건한 부모들이 다소 있었다. 우리는 이것이 엘리멜렉과 엘가나의 가족들을 통하여 예증되고 있음을 볼 수 있다. 앞서 창조기사에서도 보았듯이 여호와께서는 가정의 중요성에 대해서 크게 강조하셨다. 룻기와 사무엘서는 하나님께서 믿음의 가정을 얼마나 축복하셨는가 하는 것을 잘 설명해 주고 있다.
 룻기는 나오미와 결혼한 엘리멜렉의 가족이 겪은 경험들을 기록하고 있다. 홍미롭게도 사사기에서 보았던 몇몇 비천한 인물들이 그러했던 것처럼 이들 두 사람도 베들레헴 출신이었다(1:1). 그들은 그 땅에 기근이 들었기 때문에 모압 땅으로 가서 거기서 얼마동안 살게 되었다. 그러는 동안에 엘리멜렉과 나오미의 두 아들이 모압의 이방 여인과 결혼하였다. 아마도 이 일 때문에 그 두 아들이 죽었을 것이다. 그러나 경건한 나오미는 자기 고향으로 돌아가기를 원하였다.
 나오미는 두 자부가 자기들의 고향 모압을 떠나려 할 것이라고는 기대하지 않았다. 그런데 그 둘 중의 하나인 룻은 나오미와 나오미의 하나님을 그녀 자신의 백성들과 그들이 섬기는 신들보다 더 좋아했다(1:16, 17). 16절은 룻의 위대한 믿음과 헌신을 설명하기 위하여 자주 인용되어 왔다. 그리고 그것이 사실이다. 그렇지만 우리는 그것이 또한 하나님께 대한 헌신과 자부에 대한 사랑이 룻을 감동시켜 그녀로 하여금 자기 백성을 떠나 시어머니를 따라 낯선 땅으로 함께 가도록 만들었던 나오미의 영적인 상태를 설명하고 있다는 사실을 간과해서는 안된다.

룻기에서 보여 주듯이 하나님의 섭리 가운데 베들레헴으로 돌아간 룻은 또 다른 경건한 사람 보아스를 만나게 되고 하나님의 축복으로 말미암아 두 사람은 결국 결혼하게 된다. 그리하여 그들은 또 다른 하나의 경건한 가정을 이루게 되었다(2-4장). 그 믿음의 가정으로부터 결국 저 위대한 다윗 왕(4:22)과 또 그보다 훨씬 뛰어나신 주 예수 그리스도(마 1:1)께서 태어나게 되었다.

여기서 다시금 우리는 이방 여인인 룻이 믿음의 사람들의 대열 속으로 들어가게 되는 것을 본다. 다시한번 더 하나님께서는 온 세상 중에서 나온 백성들이 하나님의 백성들 가운데 들게 될 날이 올 것이라는 징표를 보여주셨다.

하나님께서는 자신의 삶에 나타난 하나님의 임재를 통하여 이방 여인을 하나님께로 인도한 신실한 나오미를 축복하셨다. 하나님께서는 룻을 위하여 경건한 남편을 예비하셨으며 또한 그들로 하여금 예수 그리스도에게서 정점에 이르게 되는 한 경건한 가정을 이루게 하셨다. 이 죄많고 사악한 시대에도 모든 사람이 다 잃어버린 바 된 것은 아니었다. 왜냐하면 하나님께서는 자비로우셔서 이스라엘에게서 빛이 꺼져버리도록 내버려 두시지 않으실 것이기 때문이었다.

엘가나와 그의 아내 한나의 가정도 또한 사사시대의 이스라엘에 경건한 사람들이 존재하고 있었음을 보여 주는 좋은 실례이다. 엘가나는 사사기 17장에 나오는 마가라는 사람(삿 17:8)과 또 사사기 19장에 나오는 레위인이 살았던(삿 19:1) 곳과 같은 장소인 에브라임 산지의 사람이었다. 그의 영적인 삶은 가족과 함께 회막이 있는 실로(삼상 1:3-참조. 수 18:1)에 가서 정기적으로 여호와께 경배를 드렸던 것으로 잘 설명이 된다. 하나님께서 택하신 한 장소에서 제사를 드리라는 하나님의 명령(신명기 2장)에 대한 엘가나의 순종과 하나님의 성전과 분리하여 자신들의 성전을 세웠던 단 지파의 불순종 사이의 대조를 주목해 보라.

엘가나의 아내 한나는 엘가나의 또 다른 아내인 브닌나와 적대적인 관계에 있었다(삼상 1 : 6, 7). 자식이 없었던 한나는 아들을 열망하였으며 또한 이 일로 하나님께 마음을 다해 기도하였다. 아들을 산 제물로 하나님께 바치겠다는 한나의 서원과 입다의 어리석은 맹세를 비교하여 보라(삼상 1 : 11-참조. 삿 11 : 30, 31). 한나가 본질적으로 기도하고 있는 것을 알아차리지 못한 엘리의 실수는 그 시대의 영적인 방탕을 바로 지적해 주는 것이다(1 : 12-13). 그 당시의 사람들은 기도를 거의 하지 않았기 때문에 이스라엘의 제사장조차도 그것을 인식하지 못했던 것이다.

하나님께서 한나에게 아들을 주셨을 때 그녀는 아이의 이름을 사무엘이라 지었다. 그 이름의 뜻은 "그의 이름이 하나님이시다"라는 것인데, 이것은 자기에게 이 아들을 주신 하나님께 대한 찬양이었다. 사무엘은 경건한 가정에서 양육을 받다가 마침내는 여호와께 드려졌다(1 : 22, 25, 28). 그리하여 한나와 그녀의 남편은 하나님 앞에서 부모로서의 신실함과 하나님께 대한 사랑을 입증하였다. 그들은 자기들의 아들을 여호와께 드려서 그를 평생동안 섬기도록 하겠다고 했던 약속을 소중히 여기고 있다는 것을 보여 주었던 것이다.

2장에 나타나는 한나의 기도는 성경에 기록된 가장 아름다운 기도들 중의 하나이다. 그것은 그녀의 믿음과 하나님의 말씀에 대한 그녀의 영적인 통찰력이 매우 깊다는 것을 나타내 준다. 무엇보다도 그것은 영적인 암흑기에 있어서 어떤 사람들의 마음 속에 역사하신 하나님의 위대한 사역을 보여 주는 것이다.

이 기도에서 한나는 하나님께서 어떻게 교만한 자를 낮추시며 겸손한 자를 높이시는가에 대한 이해를 보여 주고 있다(2 : 1, 3, 4, 6, 7). 따라서 그녀는 하나님께서 그들을 높이시도록 하기 위해서는 하나님의 백성들이 깨어지고 통회하는 마음으로 드려야 하는 제사의 참된 목적을 이해하고 있다. 또한 한나는 인간의 모든 일상사에 미치는 하나님의 거룩하심과 주권에 대하여서도 말하고 있다(2 : 6, 7, 8). 그녀는 특히 악인들은 심판하시는 반면에 자기 백성들을 지키시는 하나님께 대한 확신을 나타내고 있다. 한나의 영적인 깊이는 그녀가 그녀의 부모 혹은 남편에게서 배운 많은 것들을 반영하고 있음이 분명하다. 그녀의 기도는 그녀가 하나님의 율법을 알고 있으며 또한 그것이 하나님의 자녀들에게 주는 의미까지도 이해하고 있었다는 것을 보여 준다.

 이제 여기서 이 장을 마무리지어야 하겠다. 우리는 이스라엘의 암흑기가 하나님의 진리의 빛과 그의 선한 목적들을 이길 수 없었다는 것을 알 수 있다. 비록 이스라엘의 대부분의 사람들이 악했다고 할지라도 거기에는 그 다수를 따라 살지 않고 진지하게 하나님을 따르는 사람들이 있었다. 교회가 영적으로 어두운 상태에 처해 있을 때에도 하나님께서는 여전히 몇몇 충성된 사람들을 일으키신다. 우리 각자는 이렇게 질문해 볼 수 있다. "나는 무엇을 할 수 있는가?" 나오미와 보아스, 엘가나와 한나는 우리에게 그 해답을 보여 준다. 그들은 하나님께서 말씀을 통하여 그들에게 일러주신, 부모로서 그리고 하나님의 자녀로서의 의무를 이행하는데 있어서 충실하였던 사람들이다. 그들을 통하여 하나님께서는 구약 시대에 있어서 가장 위대한 하나님의 자녀들 가운데 두 사람이었던 사무엘과 다윗을 세우셔서 이스라엘을 여호와께로 돌이키게 하는 일을 하게 하셨다.

6

하나님 백성들의 신앙 부흥과 번영

사무엘상 2 : 12―열왕기상 11장
밝아오는 여명―사무엘
(사무엘상 2 : 12―7장)

우리는 앞에서 사사 시대의 양면성, 즉 그 시대의 만연된 죄악상과 소수의 무리에게서 보여지는 영속적인 선에 대해서 살펴 보았다. 하나님께서 개입하시기 전까지 이스라엘에게 있어서 문제는 갈수록 심각하였다. 앞에서와 같이, 우리는 여기에서도 하나님께서 경건한 사람들을 일으키셔서 그들로 하여금 하나님을 섬기면서 신실하게 살도록 하시고, 또 그들을 통하여 이스라엘 백성들의 진로를 수정하시는 것을 보게 된다.

엘리의 두 아들의 삶을 통하여 우리는 당시의 이스라엘에 널리 퍼져있던 악한 무리들의 전형을 다시 한번 보게 된다. 엘리의 두 아들은 여호와 하나님을 모르는 사람들이었다. 따라서 그들은 그 시대가 만들어낸 인물들이었다(2:12). 이어서 그들이 범한 죄악의 실례가 제시되어진다. 분명히 이 제사장들은 하나님께 대한 자기의 의무에 게을렀을 뿐만 아니라 하나님께 속한 제물까지도 자기 몫으로 가져가는 탐욕스러운 사람들이었다. 모세의 율법에 규정된 순서를 무시한 채 백성들이 가져온 제물을 빼앗아 가는 그들은 분명 양심이 마비된 사람들이었다(2:15-참조. 레 3:3-5, 16). 그들의 죄는 하나님의 주목을 받을 수 밖에 없었다(2:17).

그들과는 달리 사무엘은 여호와를 섬겼다(2:18). 여기서 우리는 앞으로 다가올 일들에 대한 암시를 발견할 수 있다. 하나님께서는 사무엘을 지켜보시면서 위대하고도 신실한 사역을 감당할 사람으로 그를 준비하셨던 것이다(2:21).

엘리 제사장은 그의 아들들이 행한 모든 일들과 관련하여 결코 결백하지 못하였다. 그는 두 아들이 지은 죄-제사와 관련한 문제뿐만 아니라 회막문에서 수종드는 여자들과 동침한 죄까지도-를 알고 있었다(2:22). 여자들이 회막에 있었던 사실 자체로서는 아무런 잘못이 없었다. 모세의 율법은 여인들로 하여금 회막문에서 수종드는 일을 하도록 규정해 놓았다(출 38:8). 그러나 엘리의 아들들과 그 여자들 사이에 있었던 일은 율법에 위배되는 행위였다. 그것은 분명히 가나안 사람들의 종교적 관행을 모방한 행위였다. 우리는 고고학적인 증거를 통하여 여기에 묘사되어 있는 것과 같은 성적인 방탕을 수행하는 것이 가나안 사람들의 종교의식의 일부분을 차지하고 있었다는 사실을 알고 있다.

엘리는 그의 아들들이 저지른 죄악을 알고 있었음에도 불구하고 그들을 단지 말로만 책망했을 뿐 그들이 죄를 더 이상 저지르지 못하도록 애써 막으려고는 하지 않았던 것이 분명하다(2:22 이하). 25절로 보아 엘리의 아들들은 하나님께 죄를 회개하는 것을 거절함으로 말미암아 용서받을 수 없는 죄를 범한 것처럼 보인다. 그러한 죄에 대해서는 용서도 없고 벗어날 길도 없다. 이것이 그들의 죄였다. "여호와께서 그들을 죽이기로 뜻하셨음이었더라"는 구절은 단순히 하나님께서 그들을 구원하시기 위하여 은혜 가운데 개입하시는 일을 하시지 않기로 결정하셨다는 것을 의미한다. 마치 모세 시대의 이집트의 바로 왕이 그랬던 것과 마찬가지로 그들은 마음이 강퍅해져서 회개할 줄을 몰랐다.

다시 한번 더 우리는 이 두 사람과는 너무도 판이한 사무엘을 보게 된다(26절). 여기에는 이스라엘을 하나님께로 돌아오게 하는 도구로 사용된 사무엘을 준비하시는 하나님의 은혜가 있었다.

여호와께서는 엘리가 그의 아들들을 꾸짖기는 했어도 그들의 죄를 통하여 이익을 취하는 죄를 명백히 범한 그를 경고하셨다(2 : 29). 30절의 "그러므로"라는 단호한 말과 함께 엘리와 그의 집에 내리는 하나님의 심판이 선언되기 시작한다. 아론의 자손 엘리는 제사장직을 수행하는데 실패하였다. 엘리와 그의 아들들은 죽음과 함께 그 직분에서 물러나게 될 것이었다(2 : 34).

35절에서 우리는 엘리와 아론의 제사장 직분보다도 더 뛰어난 제사장 직분을 허락하실 것이라는 하나님의 약속을 대하게 된다. 이 약속은 사무엘을 일으키셔서 제사장 직분을 담당하게 하실 것을 가리킨다고 곧 바로 적용할 수도 있을 것이다. 그러나 이 약속에는 훨씬 더 위대한 의미가 내포되어 있다. 사무엘은 단지 궁극적이고 보다 위대한 제사장을 지시하여 주었을 뿐이다. 하나님께서는 사무엘에게 제사장직을 맡기지 않으셨다. 아론의 제사장직은 실패하고 말았다. 그러므로 여호와께서는 궁극적으로 보다 위대한 제사장직, 곧 실패하지 않을 한 제사장직을 세우실 것을 약속하셨던 것이다. 히브리서 기자는 7 : 11 이하에서 보다 위대한 제사장직은 자기 자신을 우리 죄를 대신하여 완전한 희생제물로 드리신 완전한 제사장이신 예수 그리스도께 속한 것이라고 말하고 있다. 엘리의 아들들의 죄악상과 엘리 자신의 제사장직에 대한 실패와는 대조를 이루는 사무엘의 영적인 성장과 각성과 관련한 주제가 계속 이어진다. 사무엘은 장차 혼란 상태에 빠져 있던 이스라엘을 인도해 낼 사람이었다(3 : 1).

그 당시의 이스라엘의 영적인 상태가 3:1에서 다시금 진술되고 있다. 당시에는 여호와의 말씀이 희귀하였고 이상이 흔하지 않았다. 하나님께서는 새로운 계시를 주시지 않으셨으며, 또한 이미 나타내신 계시도 백성들 사이에 전파되지 않고 있었다. 하나님의 말씀을 알고 있거나 말씀에 주의를 기울이는 사람은 거의 없었다.

그러나 하나님께서는 포기하지 않으셨다. 3절에 언급된 하나님의 등불은 하나님의 진리와 빛을 상징적으로 나타내는 것이다(삼하 21:17; 22:29; 왕상 11:36; 15:4; 시 119:105 등등). 그것이 의미하는 바는 인간의 죄악에도 불구하고 하나님의 은혜는 이 때에도 계속되었다는 것이다. 그 계속되는 은혜의 증거는 사무엘이 하나님의 부르심을 받아 여호와의 선지자로 세움을 입는 바로 이 3장에서 나타난다(3:19-4:1).

당시 이스라엘 백성들이 그들의 믿음을 여호와께 두지 아니하였기 때문에 하나님께서는 이스라엘을 그들의 대적 블레셋의 손에 붙여 패하게 하심으로써 이스라엘의 오만함을 꺾어 놓으셨다. 그것은 마치 사사 시대의 양상과도 같았다(4:1, 2).

백성들은 그들의 믿음을 하나님의 인격에 두지 않았다. 오히려 그들은 하나님을 그들이 원하는대로 조종하기 위한 수단으로써 법궤에다 그들의 믿음을 두었다. 그들은 하나님이 나무 상자 속에 갇혀 있다고 생각하고 있었으므로 그 상자를 전쟁터로 가져가면 하나님께서 자기들을 돕지 않을 수 없을 것이라고 간주했다(4:3-5). 훗날에는 이스라엘 백성들이 그들의 믿음을 하나님께가 아니라 성전에 두게 된다. 그래서 그들은 성전이 예루살렘에 있기 때문에 하나님께서는 예루살렘을 결코 원수의 손에 멸망하도록 내버려 두지 않으실 것이라고 생각하는 잘못된 믿음을 갖게 되었던 것이다. 이 두 경우 모두에 있어서 이스라엘 백성들의 믿음이 잘못되었음이 증명되었다.

이제 법궤는 빼앗기고 말았으며, 엘리의 두 아들은 죽임을 당하고 군대는 패배하였다. 온 이스라엘은 슬픔에 잠기게 되었다(4:

21).

　하나님께서는 법궤를 블레셋의 수중으로 넘어가게 하셨다. 그럼에도 불구하고 하나님께서 블레셋으로 하여금 자기들의 신이 이스라엘의 하나님보다 더 위대하다는 생각을 할 수 없도록 만드신 사실은 매우 흥미롭다. 여호와께서는 친히 블레셋을 벌주시고 그들을 낮추셨던 것이다(5, 6장). 여호와께서는 이스라엘 사람들에게까지도 법궤를 소홀히 다루거나 무례하게 대하는 것을 허락지 않으셨다(6:19-21). 훗날에는 다윗마저도 그 교훈을 배우게 된다(삼하 6:1-11).

　결국 하나님의 백성들은 그 오만한 콧대가 꺾이어 여호와 앞에서 비탄에 잠기게 되었다. 하나님께서는 그 때를 위하여 이미 그의 사람을 준비해 놓으셨으며, 백성들이 하나님 앞에서 죄를 깊이 뉘우칠 때에(7:2), 사무엘을 보내어 그들이 어떻게 하면 하나님과의 교제를 회복할 수 있는지를 가르쳐 주었다.

　사무엘은 이스라엘 백성들을 위하여 그들이 여호와께로 돌아올 수 있는 방법을 세가지 단계로 설명해 주었다. 여기에 기록된 회개에 대한 설명(7:3, 4)은 아주 뛰어난 지침으로서 개인이나 교회 할 것 없이 상한 마음을 가지고 하나님께로 돌아가기를 원하는 사람 누구에게나 적용할 수 있다.

　첫째로, 회개의 조건이 올바르지 않으면 안된다. 그것은 마음으로부터 기인된 것, 곧 상하고 뉘우치는 마음으로부터 우러나오는 것이어야 한다. 따라서 이 **첫번째 단계**는 이전에 행하던 죄악을 그치도록 만든다. 이스라엘에게 있어서 이것은 그들 중에 있는 이방신들을 제하여버리는 것을 의미하였다. 모든 진실한 회개는 회개에 합당한 행위, 즉 악행을 그치는 것으로 나타나야만 한다. 어떤 사람이 하나님과의 교제를 끊게 만드는 죄악을 계속 행하기를 고집한다면 그는 하나님과의 올바른 관계를 회복하게 되리라는 기대를 할 수가 없는 것이다. 그는 자기가 죄인이라는 것과 하나님께 대하여 범죄하였다는 것과 또한 그 죄를 뉘우치고 있다는 것을 고백하지 않으면 안된다.

두번째 단계로서 이스라엘은 여호와께로 마음을 돌이켜 그 분만을 섬겨야 했다. 이것은 단순히 악을 그치는 것만으로는 충분하지 못하며 하나님께서 보시기에 선한 것과 옳은 것을 행하지 않으면 안된다는 것을 의미한다. 훗날에 엘리야는 백성들을 향하여 하나님과 바알 사이에서 머뭇머뭇하지 말고 오직 여호와만 섬길 것을 요구했다(왕상 18 : 21). 예수님께서도 먼 훗날 제자들을 향하여 한 사람이 두 주인을 섬길 수 없다고 경고하셨다(마 6 : 24-참조. 마 4 : 10 ; 신 6 : 13).

이스라엘의 회복에 있어서 **세번째** 단계는 하나님께 속한 것이었다. 백성들이 이 일들을 마음으로부터 실행하였을 때, 다음으로 여호와께서는 그들을 대적 블레셋으로부터 구원해 주셨다.

사무엘이 회복의 방법을 가르친 후에 이스라엘 백성들은 신실하게 사무엘의 말에 순종하였다. 먼저 그들은 거짓 신들을 제하여 버렸다(7 : 4). 다음으로 그들은 죄를 고백하고 자신을 여호와께 다시 위탁하였다(7 : 5-8). 마지막으로 여호와께서는 블레셋과의 싸움에서 이스라엘에게 승리를 안겨 주심으로써 응답해 주셨다(7 : 9-11).

그 날 하나님께서 행하신 일을 기념하여 에벤에셀에 세운 돌은 이스라엘이 요단강을 건널 때, 하나님의 도우심을 생생하게 기억하게 할 목적으로 길갈에 세웠던 돌과 유사한 것이었다. 에벤에셀이라는 말은 "도움의 돌"이란 뜻을 가지고 있다. 말하자면, 그것은 당시의 이스라엘에게 임한 하나님의 축복에 대한 흔적이었다.

이 일 후에 사무엘은 여러 해 동안에 걸쳐서 이스라엘을 다스렸다. 그는 이스라엘의 마지막이자 가장 위대한 사사였음에 틀림없다. 아마도 그는 해마다 전역을 순회하면서 백성들을 다스렸을 것이며 또한 그들의 영적인 상태가 증진될 수 있도록 하기 위하여 모세의 율법을 가르치는 영적인 문제까지도 다루었을 것이다.

왕을 세움—사울
(사무엘상 8-15장)

8장의 초두에서 우리는 사무엘의 아들들이 엘리의 아들들과 유사한 죄인들이었음을 읽게 된다. 그러나 여기에는 하나의 커다란 차이점이 있다. 성경은 엘리의 두 아들의 죄에 대하여 비난하는 가운데 많은 부분을 엘리의 잘못을 비난하는 데 할애하고 있다. 훗날의 다윗에 대해서도 이와 같이 말할 수 있다. 그의 아들들은 다윗이 범한 많은 잘못을 그대로 반영하고 있었던 것이다. 그러나 사무엘에 대해서는 아무런 비난이 없다. 사실상 사무엘은 성경에 나타난 인물들 가운데서 비판적이거나 부정적인 말을 한 마디도 듣지 않은 극소수의 사람들 가운데 하나이다. 이 말은 사무엘이 죄가 없는 사람이었음을 의미하는 것은 아니다. 그렇지만 그것은 인간에게 주어지는 고도의 찬사임에는 틀림이 없다.

사무엘의 두 아들의 죄는, 그들이 아버지로부터 가르침을 충실하게 받았음에도 불구하고 아버지의 길로 행치 아니한 그들 자신의 잘못에서 기인된 것이다(3절). 이것을 통하여 우리는 때로 부모들이 그들의 책임을 충실하게 이행한다고 할지라도 자녀들이 순종치 않을 때도 있다는 것을 알 수 있다. 자녀들의 잘못에 대하여 부모들이 언제나 비난을 받아야 하는 것은 아니다. 이 특별한 죄에 대해서는 훗날 바울과 베드로가 목회자들에 대하여서도 경고한 바 있다(딤전 3:3; 6:10; 딛 1:11; 벧전 5:2). 정의에 대한 왜곡은 훗날 이스라엘의 통치자들이 흔히 범한 죄에 속하는데 이로 말미암아 그들은 선지자들로부터 자주 책망을 받았다.

8장 전반부에 기록되어 있는 이스라엘 백성들의 반응은 신명기 17:14, 15에서 모세가 명한 말을 기억나게 하여 준다. 이스라엘 백성들은 장차 언젠가 그들이 자기들 위에 왕을 세우기를 원하게 될 것이라는 경고를 받은 바 있는데 이제 그 일이 일어나고 있는 것이다. 하나님의 유일한 백성인 이스라엘 백성들은 분명히 그들의 생득권(birthright)을 팔고 다른 민족들과 같이 되려 하고 있었다. 사무엘은 낙담하였다. 그러나 하나님께서는 그에게 이스라엘의 그 같은 반응이 사무엘 개인의 실패가 아니라고 말씀해 주셨다. 결국 그들은 사무엘이 아니라 하나님께서 그들의 왕이 되시는 것을 거절하였던 것이다(8：6, 7). 그러나 여호와께서는 그가 그 일을 관리하시겠다고 알려 주셨다(8：9). 여호와께서는 여전히 이스라엘을 다스리고 계셨다(출 15：18).

백성들이 왕을 요구한 것으로 인하여 장차 이스라엘이 겪은 불행에 대한 묘사는 지난 날 이스라엘 백성들에게 내리신 하나님의 축복과는 현저한 대조를 이룬다. 여호와께서는 자기 백성들에게 자녀들과 들판과 포도원과 감람원을 주셨다. 그러나 왕은 이 모든 것을 백성들에게서 빼앗아 갈 것이다(8：11 이하). 그리고 마침내 그들은 하나님께서 그들에게 주신 모든 것 뿐만 아니라 하나님과의 교제까지도 상실하고야 말 것이다(8：18).

그들은 자기들을 다스리며, 자기들 앞서 나가서 싸워 줄 왕을 원하였다(8：20). 하나님께서는 백성들을 위하여 이러한 모든 일들을 다 해 주셨으며 그들을 결코 버리지 않으셨다. 그러나 그들의 왕들은 유다의 마지막 왕이 예루살렘이 멸망하기 직전에 그랬던 것과 마찬가지로 결국에 가서는 그들을 돌보지 않게 될 것이었다.

그 날 사무엘이 예언한 것은 그가 말한 그대로 정확하게 성취되었다. 사실상 백성들은 이렇게 말하고 있었다. "우리는 보이지 않는 왕 앞에서 믿음으로 행하기 보다는 보이는 왕 앞에서 눈으로 보면서 행하기를 원한다."

하나님께서는 이스라엘을 다스릴 한 왕을 허락하셨다. 그러나 분명히 그는 그 모든 일들을 간섭하고 계셨다. 바로 이러한 때에 청년 사울이 그의 부친이 암나귀들을 잃어버린 때를 즈음해서 사무엘을 만나게 되는 방법은 하나님께서 이스라엘의 왕을 선택하려 하신다는 것을 나타내 준다. 이스라엘에 사울보다 더 준수한 사람이 아무도 없었다는 9 : 2의 진술은 하나님께서 왕의 직책을 담당할 자로서 가장 적합한 사람을 선택하여 이스라엘 백성들에게로 인도해 주셨다는 것을 의미한다. 이렇게 가장 준수한 사람이 실패했다는 사실은 가장 탁월한 인간마저도 하나님의 백성들을 이끌기에는 충분하지 못하다는 진리를 강조해 준다. 오직 한 분만이 하나님의 백성들을 참되게 이끌 수 있다. 그는 바로 하나님 자신이시다.

하나님께서 사울에 대하여 말씀하실 때에 왕이라는 용어를 의도적으로 피하신 것 같이 보이는 것은 흥미로운 일이다. 하나님께서는 사울을 왕이 아닌 지도자로 부르셨다. 9 : 16에 사용된 용어는 마치 하나님께서 사울을 왕이라기 보다는 오히려 사사로 간주하고 있는 것처럼 보여서 사사 시대를 생각나게 해 준다.

처음에 볼 수 있는 사울의 겸손은 모세와 아주 유사한 점을 가지고 있다(9 : 21). 10장에 나타난 바와 같이 사울이 왕으로 기름부음을 받을 때에 그의 새로운 소명에 대한 세가지 징조가 주어진다. 그 징조들은 하나님께서 그의 나라에 속한 특별한 봉사의 직무를 위하여 심지어는 오늘날의 복음 사역자들을 위하여서도 예비해두신 일반적인 방법과 관계되는 것 같이 보이기 때문에 주목해 볼 만한 가치가 있다.

첫번째 징조는 사울을 그가 이전에 가지고 있던 책임으로부터 놓여나게 하는 것이었다. 암나귀들이 발견되었기 때문에 그는 이제 더 이상 그 문제로 인하여 염려할 필요가 없어졌다(10 : 2). 두번째 징조는 사울이 육체적인 필요에 직면하게 된 것이었다. 그는 먹을 것조차 없는 빈털털이였다(9 : 7). 이제 그에게는 양식이 외부로부터 공급되어진다(10 : 3). 마지막 징조는 성령이 사울에게 임하여 하나님을 섬기고 그의 뜻을 행할 수 있도록 한 것이었다(10 : 7. 출 3 : 12과 수 1 : 9과 비교해 보라). 그러므로 하나님 나라의 특별한 섬김을 위하여 부름받은 하나님의 종은 그가 맡고 있던 이전의 임무와 책임에서 벗어나게 된다. 그리고 그는 생활의 필요들을 약속받게 되며 또한 하나님께서 그에게 맡긴 사역을 감당할 수 있게 하는 성령의 은사들을 받게 되는 것이다.

10 : 8에 나타난 사무엘의 지시는 하나님을 위하여 어떤 새로운 직무를 떠맡기 전에 사울이 행해야 하는 관습과 관련된 것이었던 것 같다. 이 관습을 행함으로써 사울은 그의 성공이 하나님의 축복과 인도에 의존하고 있다는 사실을 항상 기억하게 될 것이었다. 또한 그것은 사울과 백성들에게 하나님께서 여전히 그들의 왕이시라는 사실을 언제나 상기시켜 줄 것이었다.

사무엘은 사울이 새로운 왕으로 즉위하게 된 것을 선포하면서 이스라엘 백성들이 왕을 구한 그 일이 여호와께 대한 범죄 행위라는 사실을 상기시켜 주려고 했다(10 : 19). 더 나아가서 그는 왕으로 뽑힌 사람이 바로 하나님께서 선택하신 자라는 사실을 지적하였다(10 : 24). 그리고 대다수의 백성들이 하나님의 선택을 환영했다(10 : 24, 27).

왕을 구하는 이스라엘 백성들의 요구를 들어 주시면서 여호와께서는 그 자리에 가장 적합한 사람을 선택할 수 있도록 그들을 인도하셨다는 사실을 다시금 강조하고자 한다. 그런데도 그가 실패했다는 사실은 하나님의 선택이 잘못되었음을 나타내는 것이 아니라 하나님의 백성들의 왕이 되기에 충분한 자격을 갖춘 사람은 아무도 없다는 것(심지어는 가장 훌륭한 사람이라 할지라도)을 말해 준다.

11장에서 우리는 왕이 된 사울의 첫번째 행위를 볼 수 있다. 여기서 그는 훌륭하게 처신하였다. 길르앗 야베스 백성들을 대적의 손에서 구출해 내던 전쟁이 끝날 무렵에 사울은 이스라엘의 영웅이 되었으며 겉으로 보기에는 모든 이스라엘이 하나로 뭉쳐서 사울을 지지하는듯 했다. 그를 반대하는 사람들에게 보복을 가하려고 하지 않은 그의 지혜 또한 칭찬할만하다(11 : 12, 13).

사무엘의 고별사는 우리가 12장에서 보는 바와 같이 매우 감동적이다. 아무도 사무엘의 말에 대항하여 책임을 묻지 못했던 것으로 보아 그의 정직성은 명백하게 드러난다(12 : 4). 하나님의 백성으로서의 이스라엘의 역사를 회고한 후에 사무엘은 마지막 권면을 하였다(12 : 14, 15). 그것은 이스라엘이 여호와께 순종하는 한 그 땅에서 그들을 축복하시겠다고 하신 하나님의 언약과 분명한 관련을 맺고 있다는 사실을 알 수 있다.

처음으로 이스라엘 백성들은 왕을 구한 그들의 죄를 인정하였다(12 : 19). 아마도 그들은 사무엘의 죽음을 예상하면서 사울이 그같이 경건한 사람을 대신하기에는 너무나 불충분하다는 사실을 깨달았을 때 회개하였을 것이다. 그럼에도 불구하고 사무엘은 백성들을 안심시키려고 노력하였다(12 : 20 이하). 사무엘은 여기서 이스라엘이 계속적으로 하나님의 축복을 누릴 수 있는 방법을 제시한다. 그들은 하나님께 충실해야만 했다. 그리고 사무엘은 기도로 그들을 지원할 것이다. 이스라엘 백성들은 이 순간에 크게 위안을 받았다.

13장에 나타난 바와 같이 결국 이 유망한 청년 사울이 불안정한 기초를 형성하게 된 것은 유감스러운 일이다. 사울의 타락 시초에 블레셋과의 또 다른 싸움이 있었다. 사울은 사무엘이 와서 10 : 8에 언급한 방식을 따라 제사를 드리는 것을 더 이상 기다릴 수가 없었다. 그래서 백성들이 흩어지기 시작하는 것을 본 사울은 자기 혼자서 제사를 드리고 말았다. 이 행위로 말미암아 사울은 자신의 영적인 깊이가 심히 부족하다는 것을 무심코 드러낸 셈이 되었다.

사무엘이 그의 죄를 지적하였을 때 사울은 변명의 구실을 찾기에 급급하였다. 사울에게 있어서 자신의 죄를 스스로 인정하는 것은 어려운 일이었다.

13절에 기록된 "왕이 망령되이(foolishly) 행하였도다"라는 사무엘의 책망은 해석이 요구된다. 영어에서 우리는 foolish act를 어리석은 행위를 의미하는 ridiculous act 혹은 stupid act와 같은 뜻으로 생각한다. 그러나 이 단어에 해당하는 히브리어 원문의 단어는 전혀 다른 의미를 가지고 있다. 성경에서 말하는 어리석은 자(the fool)는 마치 하나님이 없는 것처럼 행동하며 살아가는 사람을 뜻한다. 그런 사람이 인간의 눈으로 보기에는 아주 존경받을만하고 심지어는 높이 찬양받을만한지도 모른다. 세상 사람들은 그를 어리석은 자라고 말하지 않겠지만, 그러나 하나님의 관점에서 볼 때에는 그의 행위와 삶은 하나님을 거스리는 것이며 하나님 앞에서 아무런 변명의 여지도 갖지 못하는 자로서, 그는 어리석은 자이다.

이 시점으로부터 우리는 사울의 급속한 쇠퇴를 볼 수 있다. 이미 다윗은 하나님의 새로운 선택의 영역에 들어와 있었다. 여기에서 다윗은 단지 "하나님의 마음에 맞는 사람"으로 알려지고 있을 뿐이다(13 : 14). 그러나 비록 그가 사람에게는 알려지지 않았다 할지라도 그는 이미 하나님에 의하여 선택된 사람이었다.

바로 다음 장인 14장에서 우리는 사울이 백성들 앞에서 어떻게 무너지기 시작했는가를 볼 수 있다. 그는 용사들에게 그 날의 전쟁에서 이기기 전까지는 아무런 음식도 먹지 못하게 하는 어리석은 요구를 함으로써 군대의 사기를 저하시켜 오히려 승리를 놓치고 말았다(14 : 24). 그것은 현명한 군대 지휘관으로서는 취할 태도가 아니었다.

그의 약점에도 불구하고 사울은 계속하여 이스라엘을 승리로 이끌었고 성경은 계속해서 그의 군대를 통솔하는 능력을 칭찬하고 있다(14 : 48).

아말렉 왕 아각의 문제에서 우리는 두번째로 사울의 영적인 부패 행위를 발견하게 된다(15절). 하나님께서는 마치 여호수아 시대의 여리고에 행한 바와 같이 특별히 아말렉과 그 모든 소유를 멸절하라고 명령하셨다. 사울의 불순종하는 행위(15 : 8, 9)는 사울과 사무엘이 다시 만나게 되는 원인이 되었다.

"내가……후회하노니"(11절)란 말은 약간의 문제를 제기한다. 그 말은 하나님께서 인간처럼 그 마음을 바꾸시거나 실수를 범하기도 한다는 것을 의미하지는 않는다. 이러한 해석은 같은 장에 나오는 15 : 29에서 입증되고 있다. 그것은 마치 하나님께서 실수를 범하신 것처럼 보이지만 사실은 하나님의 뜻을 행함에 있어서의 사울의 전적인 실패를 강조하고 있다. 실질적인 강조점은 아무도, 심지어는 가장 훌륭한 사람까지도, 하나님의 백성들을 스스로 통치하기에는 충분하지 못하다는 것이다.

사무엘과 다시 만난 자리에서 사무엘이 사울의 불순종한 행위를 지적하자 사울은 또 다시 자기의 결백을 주장한다(15 : 13, 14). 사울은 자기의 의도가 선한 것이었다고 고집하였지만, 그리고 비난의 방향을 자기 자신에게서 백성들에게로 전환시키려고 노력하였지만, 사무엘을 속이지는 못했다(15 : 20, 21).

22절과 23절에서 우리는 제사제도의 설립을 통하여 나타내고자 하신 하나님의 목적을 살펴 볼 수 있다. 제사제도는 결코 하나님의 율법에 대한 순종의 대용물로서 주어지지 않았음이 분명하다. 레위기를 통하여 제사제도에 대하여 살펴 보았듯이 제사의 목적은 백성들에게 그들의 죄를 깨닫게 하고 또 하나님의 도움이 필요하다는 것을 강조하는 데 있었다. 사울에게 있어서 제사는 분명히 "나는 하나님의 율법을 엄격하게 지키지 않았으므로 여기 하나님을 진정시킬 좋은 희생 제물을 가지고 왔다"는 식의 순종에 대한 일종의 대용물이었다.

사울의 이러한 자기 변명적인 태도와 훗날 하나님의 선지자로부터 자기 죄가 드러나게 되자 즉시 그 죄를 시인했던 다윗의 태도 사이에 나타나는 대조는 매우 중요하다. 시편 51편에서 다윗은 자신의 죄에 대하여 마음으로부터 우러나는 슬픔을 보여 주고 있으며, 또한 제사제도에 대한 올바른 이해를 나타내고 있다. 즉 제사제도는 죄인으로 하여금 상하고 통회하는 마음을 갖도록 하기 위하여 있다는 것이다(시 51 : 16, 17).

사울 편에서의 죄에 대한 시인까지도 틀림없이 진정한 것이 아니었다. 그는 "예, 내가 그렇게 범죄하였습니다. 그러니 우리가 함께 가서 여호와께 경배합시다"라고 말하는 것처럼 보인다(15 : 25).

사울의 비극적인 실패는 장차 이스라엘이 실패하게 될 것을 미리 경고하여 주는 것에 불과하였다. 이사야 1 : 11 이하를 비롯한 선지서의 수많은 본문을 통하여 우리는 전체적으로 보아 이스라엘은 제사제도의 진정한 의미를 파악하는 데 실패하였으며, 따라서 그들의 예배는 여호와께 열납되지 못하였다고 단정할 수 있다. 그들은 겸손한 마음으로 예배하지 않고 도리어 거만한 마음으로 예배하였다.

그러므로 사울의 비극은 이스라엘의 비극이었다. 이스라엘 백성들은 다른 민족들처럼 눈에 보이는 힘의 상징인 한 인간으로서의 왕을 원했다. 하나님의 관점에서 보았을 때 사울은 실패하였다. 그리고 사울 자신과 이스라엘 백성들이 크게 정도를 벗어나게 된 결과 사울은 하나님께 대한 순종보다는 오히려 편의주의를 고집하게 되었다.

이 모든 것에 있어서 사무엘은 모범적이었다. 그는 자신이 평생 동안 섬겨 온 그 하나님을 백성들이 거절하였을 때 개인적으로는 상처를 입었지만, 그럼에도 불구하고 그는 그들을 위하여 기도하기를 그치지 않았으며 또한 결코 그들을 버려두지도 않았다. 사울이 두번째 잘못을 범한 후에도 사무엘은 계속하여 가능한 한 이스라엘의 행복을 위하고 하나님의 영광을 나타내기 위하여 힘껏 노력하였다(15:31).

다윗의 부상(The Rise of David)
(사무엘상 16-31장)

앞으로 우리는 하나님께서 사울을 대신하는 왕으로서 다윗을 선택하시는 것을 보게 될 것이다. 다윗은 이미 "여호와의 마음에 맞는 사람"이라고 소개된 바 있었다(13:14; 행 13:22과 비교해 보라). 하나님께서는 이제 명백하게 사울을 버리시고 새로운 왕을 선택하기로 하셨다(16:1).

여호와께서는 여전히 가정 문제를 다루고 계시며, 그리고 다시금 하나님의 나라에서의 가정의 중요성과 부모된 자에게 주어진 책임을 어떻게 강조하고 계신가 하는 것을 주목해 보라(16:1). 하나님께서 선택하신 사람은 12절까지는 이새의 아들이라고만 가리켜지고 있다. 여호와께서는 주저없이 새로운 왕을 선정하셨다(1절).

여기서 우리는 중요한 교훈 하나를 얻을 수 있는데 그것은 인간의 선택과 하나님의 선택 사이의 차이점에 관한 것이다. 인간은 이스라엘 백성들이 사울을 향하여 가졌던 태도와 같이 외모를 본다. 사울은 사람들에게 좋은 인상을 심어 주었지만, 그러나 하나님께서는 마음, 다시말해 인간의 외모 저변에 있는 인간의 참된 모습을 보신다(16:7).

우리는 그 날 성령께서 다윗에게 **영원히 임하여** 오신 것을 알 수 있다(16:13). 그것은 사울에게 성령이 임하였다가 떠난 것과는 다른 것이었다. 다윗은 성령에 의하여 크게 감동되었다. 왜냐하면 그는 백성들을 인도하기 위하여 하나님께서 택하신 자였으며 또한 장차 그의 후손으로 오실 그리스도를 상징하는 인물이 될 것이었기 때문이다.

사울에게 임한 악신에 대한 언급(16:14)은 우리가 만약 "악"이라는 말이 성경에서 두 가지 의미로 사용된다는 것을 기억하기만 한다면 문제될 것이 없다. "악"이라는 말은 하나님과는 아무런 관련이 없는 "도덕적인 악"을 의미할 수도 있고, 또는 언제나 하나님으로부터 오는 죄인에 대한 하나님의 심판을 의미할 수도 있다. 여기서 사울에게 내린 악신은 후자의 의미에 해당하는 것으로서 하나님께서 보내신 심판의 신으로 이해되어져야 한다.

사울의 신하 중 한 사람이 사울의 고통을 진정시켜줄 천부적인 재능을 지닌 수금 연주자로 다윗을 추천한 것은 결코 우연의 일치가 아니었다(16:18). 일찍이 모세를 바로의 궁전에서 준비시키셨던 것과 마찬가지로 하나님께서는 그의 종 다윗으로 하여금 국가적인 업무처리와 전쟁 수행능력을 훈련받을 수 있도록 하시기 위하여 사울의 궁전으로 들어가게 하셨다. 또한 오래 전에 바로 왕이 요셉에게 호의를 베풀었던 것과 마찬가지로 사울 왕이 다윗에게 호의를 보이게 된 것도 결코 우연의 일치가 아니었다. 주권자되시는 하나님께서는 자신의 영광과 그를 믿는 사람들의 행복을 위하여 언제나 모든 일을 주관하고 계신다.

17장에 나타나는 골리앗과 다윗의 싸움에 대한 설명은 매우 잘 알려져 있다. 우리는 다윗에게 골리앗과 싸울 기회가 주어졌을 때에 다윗이 승리의 확신을 자기 자신에게 두지 않고 여호와께 두었던 점을 주목해야만 한다. 다윗은 이러한 확신을 갑자기 갖게 된 것이 아니라 자기 자신의 삶을 통하여 하나님께서 그를 보호하시는 것을 목격하여 온 오랫동안의 체험에서 얻어내었던 것이다(17 : 34—37). 그는 말로써 그의 믿음을 나타내었을 뿐만 아니라 그 날의 승리의 영광을 모두 여호와께 돌림으로써 행동으로도 그의 믿음을 나타내 보였다(17 : 45—47).

다윗의 승리는 두가지 결과를 초래하였다. 그 하나는 요나단과 가까운 친구 관계를 맺게 된 것이었고(18 : 2, 3), 또 다른 하나는 사울 왕으로부터 끊임없는 질투를 받게 된 것이었다(18 : 9). 사울은 자기의 왕좌를 위협하는 이 사람을 죽이기로 결심함으로써 그의 진정한 모습을 다시금 나타내 보였다(18 : 11, 17). 그러나 사울의 이같은 노력에도 불구하고 여호와께서는 다윗과 함께 하셨으며 또한 그를 번성케 하셨음이 분명하다. 이렇게 하여 하나님의 자녀와 사단의 자녀 사이의 적대관계가 여기서 분명하게 드러난다(18 : 29).

19—26장은 다윗에 대한 사울의 잔혹한 추적에 대하여 이야기 한다. 다윗을 위한 요나단의 중재도 별 소용이 없었다(19 : 1—10). 다윗이 사울의 낯을 피하여 달아나지 않을 수 없게 되자 요나단과 다윗은 눈물을 흘리면서 헤어졌다. 20 : 14 이하에 기록된 감동적인 장면은 아마도 이후에 일어날 사건들에 대한 지침이 될 것이다. 우리는 훗날의 역사에서 베냐민 족속은 유다 족속의 보호 아래 있었

기 때문에 생존할 수 있었다는 사실을 간과해서는 안된다. 더 오랜 훗날 사울 왕의 후손으로 역시 사울이라는 이름을 지닌 사람은 위대한 다윗의 자손 예수 그리스도를 섬기는 데 자신을 헌신하게 될 것이다(사도행전 9장).

요나단은 그의 겸손과 온유, 그리고 자신의 영광과 권세를 희생하면서까지 하나님을 영화롭게 하고 또 하나님의 뜻을 행하고자 하는 열망으로 인해 자주 거론되어진다. 그는 참으로 성경에 나오는 고상한 인물들 가운데 한 사람이었다.

다윗이 자기 집에서 사울을 피하여 도망할 때에 그의 아내 미갈은 다윗을 위하는 것처럼 보이지만 그녀의 말은 이 때에 있어서조차도 다윗에 대한 사랑이 부족하다는 것을 무심코 드러내고 있다(19:13-17). 사울은 다윗을 잡는 데 실패하였다. 왜냐하면 그 일은 하나님의 뜻에 어긋나는 것이었기 때문이다(19:20).

21-24장에 기록된 두번째 도주 때에 다윗은 놉의 제사장을 위험에 빠뜨렸다. 훗날 다윗은 아히멜렉의 죽음에 대한 책임을 자기에게로 돌린다(22:22). 아히멜렉이 만일 다윗이 사울을 피하여 도망하고 있는 중이라는 사실을 알고 있었더라면 다윗에게 어떻게 반응했을런지에 대해서는 알 수가 없다. 아히멜렉은 다윗이 사울을 위한 임무를 띠고 온 줄로 생각하고 그에게 거룩한 떡과 골리앗의 칼을 주었다. 사울의 관점에서 보았을 때 아히멜렉의 이같은 행위는 자기의 대적을 도와주고 선동하는 것이었다.

다윗이 자기의 부모를 모압 왕에게 위탁한 일은 다윗의 증조모가 모압 여인 룻이었다는 사실을 상기시켜 준다(룻 4:17).

우리가 살펴본대로 아히멜렉의 죽음은 다윗이 거짓말을 했기 때문에 비롯된 것이다(22:11 이하). 다윗은 아히멜렉의 아들 아비아달을 자기와 함께 거하도록 하였지만, 아비아달은 전혀 만족을 느끼지 못하고 있었을지도 모른다. 훗날 다윗의 죽음이 가까왔을 때, 아비아달은 다윗이 왕위 계승자로 선택한 그의 아들 솔로몬을 대항하는 역모(revolution)에 가담한다(왕상 1:7).

엔게디(24장)와 십(26장) 황무지에서 다윗은 사울이 자기의 수중에 들어왔음에도 불구하고 그를 죽이지 않음으로써 여호와께 대한 자신의 믿음을 보여 주었다. 사울은 다윗의 이같은 행동들을 도무지 이해할 수가 없었다. 그리고 "여호와의 기름부음을 받은 자"라는 칭호가 이제는 사울 자신에게보다도 다윗에게 더욱 적합한 명칭이 되었음에도 불구하고 사울은 다윗이 했던 것처럼 여호와의 기름부음을 받은 자를 존중하지 않았다.

27-31장에서는 사울의 종말에 대해서 이야기하고 있는데, 이 때는 또한 다윗이 사울에게서 받던 박해도 종말을 고하는 때였음을 입증하고 있다. 이미 사무엘은 죽었다(25:1). 사울은 기진맥진해 있었지만 다윗은 아직도 자신이 안전하다고는 생각하지 않았다(27:1).

대적 블레셋 사람들이 사울의 군대와 싸우려고 다가오기 시작했을 때 사울은 자포자기한 상태에서 필사적으로 이미 죽은 사무엘에게서 다시 한번 더 조언을 구해보려고 하였다(28:1 이하). 사울이 이렇게 중개자를 통하여 죽은 사무엘과 대화를 나누기 위해 필사적으로 노력했던 이유는 의심할 나위 없이 하나님과의 모든 대화가 단절되었기 때문이다(28:6).

그 여인도 사무엘이 실제로 나타나서 사울에게 이야기했을 때에 사울만큼이나 놀랐던 것이 분명하다(28:12). 우리는 성경이 마술을 인정하고 있다고는 생각하지 않는다. 하나님께서는 다시 한번 더 사무엘을 통해서 하나님의 심판을 사울에게 알려 주는 것이 그의 뜻에 합당하다고 여기셨기 때문에 사무엘이 나타나는 것을 허락하셨던 것이다. 하나님께서는 애굽에서 지팡이를 뱀으로 변하게 하는 마술을 허락하셨던 것과 꼭 마찬가지로 여기서도 이 마녀가 사무엘을 불러내는 것을 허락하셨다. 그러나 그것은 이 여인이 자기 스스로 그렇게 할 수 있는 능력을 가지고 있었기 때문이 아니라 하나님께서 그녀와 사울에게 교훈을 주시고자 하셨기 때문이었다.

사울의 전사 장면이 사무엘상의 마지막 장을 장식하게 된다. 사무엘상 31장에 나타난 사울의 죽음에 관한 묘사와 사무엘하 1장의 아말렉 사람이 다윗에게 고한 사울의 죽음에 대한 보고는 서로 모순이 되는데 이것은 다윗의 적을 살해한 것에 대한 보상을 받고자 하는 그 아말렉 사람의 열망에서 비롯된 것이었다. 그의 거짓말은 자기 자신의 죽음을 초래하고 말았다.

사울의 통치를 평가하면서 그의 비극적인 삶을 통하여 우리는 다음과 같은 결론을 얻을 수 있다. 그것은 사울이 비록 백성들을 다스리는 왕으로서의 직무를 수행함에 있어서 인간적인 견지에서 볼 때에는 가장 적합한 인물이었을런지 모르지만, 그러나 그의 전반적인 통치는 가장 훌륭한 사람마저도 하나님의 백성들을 인도하기에는 충분하지 않다는 사실을 입증해 주었다는 것이다. 오직 하나님만이 참된 왕이시다. 오직 하나님만이 하나님의 백성들을 올바로 통치할 수 있다. 이것이 결국에는 자신의 한계를 인정하고 여호와를 의뢰했던 지도자 다윗의 혈통을 통하여 하나님께서 친히 오셔야만 했던 이유이다. 다윗의 위대함은 인간적인 견지에서 사울보다 우수한 그의 탁월함에 의해서가 아니라 참된 위대함은 하나님 앞에서의 겸손과 하나님께 대한 전적인 신뢰에 있다는 것을 인정한 그의 겸허하고 통회하는 마음에 의해서 나타난다. 다윗은 이스라엘의 진정한 왕은 자기 자신이 아니라 하나님이시라는 사실을 늘 인식하고 있었다.

다윗의 통치
(사무엘하 1-24장)

다윗은 보상을 기대하면서 사울을 죽인 것에 대한 공로를 인정받고자 하는 한 무명의 아말렉 사람으로부터 사울의 패배와 죽음에 관한 소식을 전해 들었다. 그 아말렉 사람의 동기가 무엇이었든지 간에, 그가 전한 말은 사무엘상 31장에 기록되어 있는 사울의 죽음에 관한 성경의 묘사와는 달랐다(삼하 1:10). 틀림없이 그는 자기 노력의 대가로 어떤 보상을 기대하고 있었지만 보상은 커녕 사울이 살아있는 동안 사울에게 진실하였던 다윗에 의하여 죽임을 당하고 말았다(1:14-16).

다윗의 솔직한 심정이 19-27절에 기록되어 있는 그의 노래를 통하여 아름답게 표현되어 있다. 다윗은 사울에 대하여 어떻게 "생전에 사랑스럽고 아름다운 자"(23절)라고 말할 수 있었는지 의아한 생각이 든다. 그러나 사실상 다윗은 여기서 요나단과 사울을 결부시켜서 생각하고 있다. 따라서 다윗은 아마도 요나단에 대한 사랑의 눈으로써 사울을 바라보았을 것이다. 이 노래는 또한 다윗에 대해서도 무엇인가를 말해 주고 있다. 비록 사울은 다윗을 수년에 걸쳐서 핍박하였지만 다윗 편에서는 사울을 향한 어떤 적개심의 증거도 찾아볼 수가 없다. 다윗은 사울이 자기를 대하여 시기하고 화를 내는 이유를 이해하고 있었던 것으로 보인다. 따라서 그는 사울을 향한 최대한의 인내심만을 보여 주었다. 아마 모르기는 해도 두 사람의 관계가 적대적인 관계로 변하기 전에 다윗과 사울 사이에는 어떤 아름다운 교제의 경험이 있었을 것이다.

다윗은 이스라엘 왕국을 통치하게 되는 모든 과정에 있어서 매우 신중한 태도로 여호와의 인도를 따랐다(2:1). 그는 유다 지파의 왕이 되자마자 즉시 왕으로서의 권위를 행사하여 이전의 왕 사울에게 충실했던 사람들의 공로를 치하하였다(2:4).

사울의 군대장관 아브넬이 사울의 살아남은 아들 이스보셋을 왕으로 세우려고 하였을 때, 다윗은 통치권의 문제가 아직은 정착되지 않은 상태였으므로 아브넬의 그같은 행위를 반역이라고 생각하지 않았다. 다윗은 사울의 신하들을 향하여 놀라운 인내심을 발휘하였다. 이것은 다시금 여호와께서 약속하신대로 그의 왕위를 확고히 세워주실 것이라는 사실에 대한 다윗의 믿음을 나타내 준다.

2장에서는 처음으로 다윗의 조카인 요압에 관하여 언급한다. 역대상 2:16과 비교하여 보라. 이 때 혹은 이보다 더 일찍부터 요압은 다윗을 따르는 사람들의 지도자로 출현했으며 아브넬의 군대를 패주시키는 데 숙련된 솜씨를 보여 주었다(2:17). 그는 또한 전쟁에서 그의 동생을 죽인 아브넬에게 악의에 찬 적대감을 나타내었다(2:18-32).

아브넬은 오랫동안 사울의 아들 이스보셋을 섬겼다(3:1). 이스보셋이란 이름은 상당히 흥미로운 이름이다. 그가 살아있었을 때에는 분명히 에스바알이라고 불려졌을 것이다(대상 8:33과 9:39을 비교해 보라). 에스바알은 주님(the Lord)을 의미하는 셈족의 보편적인 이름인 바알을 사용하여 "하나님의 사람"이란 뜻을 가지고 있다. 그러나 훗날 호세아 시대에 가서 바알이라는 이름은 페니키아인의 풍요의 신과 관련하여 사용되었으므로 하나님께서는 더 이상 자신이 그 이름으로 불려지는 것을 허락하지 않으셨다(호 2:16을 참조하라. 그리고 왕상 18:21 이하를 비교해 보라). 그리하여 훗날에는 바알이라는 이름이 히브리인들의 이름 가운데 등장할 때면 바알을 "수치"라는 의미를 지닌 보셋이라는 말로 바꾸는 관행이 생기게 되었다. 그러므로 사실상 이스보셋이란 이름은 "수치의 사람"이란 뜻이다. 어떤 사람들이 가정하는 것처럼 만약 사무엘하의 하나님의 말씀 중 이 부분을 엘리야가 기록했다면 바알 숭배의 열렬한 반대자였던 그가 실제적인 이름으로 에스바알을 사용하는 것을 얼마나 꺼려했을 것인가에 대해서도 이해가 된다.

다윗이 헤브론에서 온 이스라엘 전체를 다스릴 왕좌를 기다리는 동안에 여섯 아들이 태어났는데 그 중 셋-암논, 압살롬, 아도니야-은 훗날 다윗에게 크나큰 슬픔을 가져다 주었다.

아브넬의 힘이 크게 확대된 시점에서 이스보셋은 아브넬이 그의 부친 사울의 첩을 취한 것에 대하여 아브넬을 책망하였다(3:7). 이스보셋의 이러한 책망은 우리가 앞에서도 이미 살펴보았던 것처럼 아브넬의 반역 행위를 비난하는 것이었다. 그것이 사실이든 아니든간에, 이 책망으로 인하여 아브넬이 다윗에게로 넘어가려 하였으므로 이스보셋은 값비싼 대가를 치뤄야만 하였다.

사울의 집에 비해 상대적으로 우세한 위치를 빠른 속도로 확보해 가고 있던 다윗은 사소한 일로 여겨질지도 모르는 한 가지 요구를 제시하였다. 그는 사울의 딸로서 지금은 다른 사람과 결혼해 있는 자기 아내 미갈을 돌려달라고 하였다(삼상 25 : 44). 미갈과 그녀의 두번째 남편 사이의 이별이 유감스러운 일이기는 하지만 우리가 기억해야 할 것은 미갈이 이 두번째 남편과 결혼한 것은 혼인 계약을 위배한 것이었다는 사실이다. 다윗이 그녀를 도로 취할 권리를 가지고 있었던 것은 틀림없는 사실이지만 그 두 사람은 다시는 행복하게 함께 살지 못했던 것 같다(6 : 16). 이유가 무엇이 되었든지간에 혼인 계약이 깨어졌을 경우에는 참으로 적절한 해결책이란 있을 수가 없다.

아브넬과 다윗이 맺은 협약과 그들이 계획한 앞으로의 평화는 요압이 아브넬을 살해함으로써 무위로 끝나고 말았다. 요압이 아브넬을 죽인 이유는 아마도 부분적으로는 전쟁에서 아브넬이 자기 동생을 죽인 것에 대한 복수 때문이었을 것이다. 요압의 동생 아사헬이 죽은 것은 비극적인 일이기는 했지만, 그러나 분명히 아브넬의 잘못은 아니었다(2 : 19-23). 또한 요압은 다윗의 신임을 자기보다 훨씬 더 많이 받고 있는 아브넬이 자기보다 높은 지위를 가지게 될 것을 두려워했던 것이 틀림없다. 다시금 다윗은 아브넬을 칭찬하고 요압을 정죄함으로써 이 사건에 대한 그의 태도를 나타내었다(3 : 31-34). 다윗은 결코 요압을 용서하지는 않았지만 그렇다고 그가 요압을 처벌한 것도 아니었다. 그 이유는 분명하지가 않다. 다윗의 말년의 생애가 보여 주듯이 다윗이 징계를 소홀히 한 것은 그의 가장 큰 결점들 중의 하나였다.

이스라엘 백성들은 이제 다윗에게로 와서 스스로 그에게 예속되었다(5 : 1 이하). 이 때로부터 여섯 해 동안에 걸쳐서 다윗은 계속하여 승리를 거두었다(5장-10장). 그 과정에서 다윗은 사무엘 시대로부터 오랜 기간 동안 아비나답의 집에 머물러 있던 법궤를 옮겨 왔다(삼상 7:1을 보라). 다윗을 불쾌하게 만들었던 웃사에게 내린 심판은 하나님을 영화롭게 하고 또 하나님 앞에서 사람들이 겸손한 마음을 갖도록 하기 위하여 하나님으로부터 임하는 다른 모든 심판들과 동일한 것이었다. 수행원들 가운데 있던 다윗조차도 하나님의 율법을 존중하고 거기에 복종하지 않으면 안되었다. 그 누구도 하나님의 율법 위에 서지는 못하였다. 다윗 뿐만 아니라 이미 우리가 살펴 보았던 바와 같이 율법의 수여자였던 모세조차도 예외는 아니었다(출 4:24-26).

다윗은 그가 획득한 성이자(5:6-9) 하나님께서 경배를 받으실 영원한 장소인 성전이 세워질 예루살렘(7장)으로 법궤를 옮겨가려고 마음먹었다.

여호와께서는 성전을 건축하고자 하는 다윗의 열망에 대하여 흡족해 하셨다. 그러나 다윗의 열망에 대한 응답으로 여호와께서는 다윗을 어리둥절하게 만드는 약속을 주셨다. 여호와께서는 장차 올 다윗의 자손(7:12)과 견고하게 세워질 왕국(7:13)과 그 자손이 세울 하나님의 집(7:13)에 대하여 말씀해 주셨다. 어떤 점에 있어서 여호와께서는 솔로몬에 대하여 말씀하고 계셨다. 다윗에게서 시작된 왕국은 솔로몬을 통하여 계속 이어질 것이다. 그러나 궁극적으로 여호와께서는 보다 위대한 다윗의 자손과 그가 세울 보다 위대한 왕국에 대하여 그리고 하나님의 백성들의 죄와 그들의 구원을 위하여 언젠가 희생제물로 드려지게 될 보다 위대한 집인 예수 그리스도의 몸에 대하여 말씀하고 계셨다. 결국 다윗의 왕국이 영원토록 견고하게 세워지는 것은 솔로몬에게서가 아니라 바로 예수 그리스도에게서였다(7:16).

다윗은 하나님께서 영광을 받으시기 위하여 이 모든 일들이 이루어질 것이라는 하나님의 은혜와 결정에 놀라움을 금하지 못했다(7:20 이하). 그러나 다윗은 자기가 교만해지거나 자신을 신뢰하게 되지 않기 위하여 자신의 약함을 인정하고 계속적으로 하나님을 의뢰해야 할 필요성에 대하여 기억하려고 했다.

11장은 성경에 기록된 가장 유감스러운 에피소드들 중의 하나로 시작된다. 저자는 다윗이 그의 군대를 이끌고 출전하지 않음으로써 문제가 발생할 수 있는 기회를 스스로 만들었다는 것을 암시해 준다. 다윗은 자신이 직접 출전하는 대신에 하찮은 사람으로 여겼던 요압을 싸움터로 보내었다. 다윗은 한가하게 시간을 보내다가 목욕을 하고 있는 한 여인을 목격하게 되었다. 그녀는 아름다왔다. 다윗이 유혹을 느낀 것까지는 잘못이 없었다. 그러나 그녀가 결혼했다는 사실을 알았을 때 그는 그녀에 대한 생각을 떨쳐 버렸어야 했다. 그럼에도 불구하고 다윗은 자신의 욕망에 이끌려서 그녀를 왕궁으로 불러 성적인 관계를 가졌다. 자기의 욕망을 채운 후에 다윗은 그녀를 집으로 돌려보내었다(11:4).

그런데 그녀가 임신을 하게 되었으며, 이것은 문제를 더욱 악화시켰다. 자신의 죄를 은폐하기 위하여 다윗은 전쟁터로 나가 있던 그녀의 남편을 찾아서 집으로 가게 하였다. 이것은 그로 하여금 그의 아내와 동침하게 함으로써 그녀의 임신이 자기로 말미암았다고 생각하도록 만들기 위함이었다. 그러나 그녀의 남편은 다윗이 그에게 부과한 임무 이상으로 자기 임무를 충실히 이행하려는 사람이었다. 동료들이 들판에 나가 전쟁을 하고 있는 동안에 아내와 즐긴다는 것은 그의 양심이 허락하지 않았다.

다윗은 이번에는 우리아를 술에 취하게 만들어서 아내와 동침하게 하려고 시도해 보았으나 그것 역시 소용이 없었다. 마침내 그는 자신의 죄를 감추기 위해서 적군의 힘을 빌어서 우리아를 살해하고 말았다. 무뢰한이었던 요압은 우리아를 죽게 하는 임무를 좋아했던 것이 틀림없다. 그리고 아마도 그는 다윗의 죄에 대하여 알고 있었을 것이다. 다윗은 이 두 가지의 끔찍한 죄를 범하는 것 외에도 자신의 악한 계획을 성취하기 위하여서는 여러명의 병사들의 생명을 희생시키는 것조차 꺼리끼지 아니하였다(11:17).

다윗은 우리아의 미망인을 취하여 자기 아내로 삼았다. 그러나 다윗은 그것으로써 모든 문제가 끝났다고 생각하고 있었을런지 모르나 여호와께서는 다윗의 소행을 잊지 않으셨다(11 : 27).

다윗에 대한 나단의 접근 방법은 필요할 경우에는 왕들까지도 책망해야 하는 임무를 부여받은 하나님의 종으로서의 선지자가 보여 준 하나의 전통적인 본보기였다. 몇 차례에 걸쳐서 사무엘이 사울과 대면했을 때와 마찬가지로 여호와의 선지자 나단은 다윗의 죄를 책망하기 위하여 그와 대면했다.

여기서 다윗의 정직성이 시험되었다. 그리고 이 시험은 그가 죄를 범한 사실에 대한 것이 아니라 그가 자기 죄에 직면하게 될 때에 그의 실제적인 모습이 어떤 유형의 사람으로 나타나게 될 것인가 하는 것에 대한 것이었다. 이것은 마치 사울이 자기 죄를 부인함으로써 불신의 마음을 드러내고, 가인이 하나님을 향하여 화를 내고 또 자기 동생 아벨을 살인함으로써 자신의 실제적인 모습을 드러내었을 때와 비슷한 경우였다.

다윗의 위대함이 여기서 드러나고 있으며, 그것은 그가 하나님의 마음에 합한 사람이었음을 보여 준다. 그의 단순한 고백은 "내가 죄를 범하였노라"는 것이었다(12 : 13). 죄를 고백하고 나서 곧바로 다윗은 "여호와께서 당신의 죄를 사하셨으므로 당신이 죽지 아니하리이다"라는 확증을 받았다(12 : 13). 자기 죄에 대한 다윗의 단순한 고백은 마음을 살피시는 여호와께서 나단을 통하여 그토록 빨리 다윗의 죄를 용서하신 사실로 보아 진실한 것이었음에 틀림없다. 다윗은 마음 깊숙한 곳에서 우러나오는 말을 하였으며 또한 하나님 앞에서 겸손하고 통회하는 마음을 가졌음을 보여주었다. 여호와께서는 언제나 그의 종들에게서 이런 모습을 보기를 원하신다.

우리는 시편 51편을 통하여 좀 더 완전하게 드러난 다윗의 마음을 살펴 볼 수 있다. 시편 51편에는 밧세바와 헷 사람 우리아에게 범한 자신의 죄에 대한 다윗의 보다 철저한 회개와 기도가 나타나 있다. 시편 51편을 비롯한 시편의 다른 부분들에 대해서는 앞으로 다시 살펴 볼 기회가 있겠지만 이 시편 51편과 관계된 몇 가지 중요한 사항들을 여기서 지적하고 넘어가고자 한다.

먼저, 다윗은 참으로 여호와께서는 기록된 말씀으로 자신을 계시해 오신 분이시라는 확신을 가지고 하나님께로 나아간다. 그는 시내산에서 주어진 바로 그 하나님의 계시를 회고하면서 하나님의 자비와 인자에 대하여 언급하고 있음이 분명하다(시 51:1; 출 34:6, 7을 비교해 보라). 다윗은 또한 출애굽기 34장에 기록된 바로 그 계시에 의하여 하나님께서 죄를 간과하지 않으시리라는 것을 알고 있었으며, 그러기에 자기의 죄를 도말해 달라고 하나님께 간구했다(시 51:2).

다윗은 또한 그의 죄가 근본적으로 여호와께 대한 것이라는 사실을 알았다(시 51:4). 그는 우리아와 밧세바 그리고 사실상 이스라엘의 전체 군대에 대해 범죄하였지만 근본적으로 그의 범죄행위는 하나님께 대한 것이었다. 모든 종류의 죄는 근본적으로 여호와를 상대로 저질러지는 것이므로 사람이 자기의 죄를 여호와께 고백하기 전까지는 문제의 해결을 기대할 수 없다.

다윗은 하나님의 자녀된 자들이 가지는 여호와께 자신의 죄를 고백할 수 있는 특권을 알고 있었다. 그는 또한 하나님의 자녀였으므로 자신의 죄를 숨기거나 무시해 버릴 수는 없으며, 다만 그 죄를 가지고 빛 가운데로 나아갈 수 있을 뿐이라는 사실에 대해서도 알고 있었다(시 32:3-5). 다윗은 자기가 구원 자체를 상실한 것이 아니라 구원의 즐거움을 상실했다는 것을 깨달았다. 그는 여전히 하나님의 자녀였으며(시 51:12), 또한 여전히 하나님의 자녀들이 마땅히 해야 할 일—다른 사람들이 하나님을 섬기도록 그들을 인도하는 일—을 다시금 수행할 수 있기를 갈망하고 있었다(시 51:13).

시편 51:16, 17에서 다윗은 자신의 회개가 마음에서부터 우러나오는 진정한 회개라는 것을 보여 준다. 사울이 생각했던 것처럼 하나님의 노여움을 가라앉히기 위하여 형식적으로 제물을 바치는 것은 하나님의 뜻이 아니다. 다윗의 희생제사의 진정한 목적이 죄인들로 하여금 상하고 통회하는 마음을 갖도록 하는 것이라는 사실을 이해하고 있다. 이것이 바로 다윗의 모습이며 또한 이것이 바로 하나님께서 그를 기뻐하신 이유인 것이다.

하나님의 모든 자녀들은 이 점을 이해하고 있지않으면 안된다. 하나님께서는 우리가 죄에 대하여 다윗과 같이 느낄 수 있기를 원하신다. 그 분은 이 세상에서 살아가는 우리에게서 죄의 가능성을 찾지 않으시고 우리가 범죄할 때에 우리에게서 상한 마음을 보기를 원하신다. 그 분은 우리가 여호와 앞에서 통회하기를 원하신다. 사무엘의 어머니 한나가 깨달은 바와 같이 하나님께서는 겸손한 자들을 높이시고 교만한 자들을 낮추신다(삼상 2:5-10).

이 시점으로부터 다윗의 생애는 연이은 비극으로 가득차게 되는데, 이러한 비극들의 대부분은 그의 가정으로부터 비롯된 것이었다. 여기서 우리는 또 하나의 중요한 사실을 깨닫게 된다. 그것은 죄에 대한 용서는 이 세상에서 경험하게 되는 죄의 결과로부터 자유롭게 된다는 말과 다르다는 것이다. 다윗은 여호와 앞에서의 그의 위치와 관련하여 죄의 용서에 대한 확증을 받았지만, 그럼에도 불구하고 그는 그의 나머지 생애에 영향을 미치게 될 그 죄의 슬픈 결과에 관한 경고를 받았다(12:10-12).

많은 신자들이 이 사실을 제대로 이해하지 못하고 있다. 그러나 이 사실을 이해하는 것은 매우 중요하다. 내가 누군가에게 거짓말을 한다고 해도 뒤에 가서 회개하면 용서를 받을 수 있다. 그러나 그 거짓말에 대한 결과는 지워지지 않는다. 나의 거짓말로 인하여 어떤 사람이 부당한 일을 당할지도 모르며, 또 어떤 사람은 그가 마땅히 받아야 할 것을 거절당할지도 모른다. 그리고 또 어떤 사람은 그의 평판에 손상을 가져오게 될지도 모른다. 그러한 결과들은 원상태대로 되돌려질 수가 없다. 내가 제한속도를 어기고 부주의하게 운전하다가 어린아이를 치어 죽일 수도 있을 것이다. 내가 신자이고 하나님께 나의 죄를 고백한다면 하나님께서는 나를 용서하실 것이다. 그럼에도 불구하고 그 아이가 죽었다는 사실에는 변함이 없으며, 그 아이의 부모는 마음이 찢어지는 아픔을 겪게 된다. 그리고 나는 감옥에 가야 할지도 모르며, 또한 나의 가족들은 나의 부주의로 인하여 고통을 받게 될 것이 분명하다. 이러한 결과들은 피할 수 없는 것들이다. 이처럼 죄에 대한 용서와 이 세상에서 겪게 되는 죄의 결과들로부터의 해방은 동일한 것이 아니다.

사울과 다윗의 차이점은 한 사람은 죄를 짓고 다른 한 사람은 그렇지 않았다는 점에 있는 것이 아니었다. 또 한 사람은 죄를 범한 후에 비극적인 삶을 살았고 다른 한 사람은 그렇지 않았다는 점에 있는 것도 아니었다. 범죄한 이후의 그들의 삶은 두 사람의 경우에 있어서 모두 비극으로 가득차 있었다. 두 사람의 차이점은 한 사람은 상한 마음과 그에 따르는 용서가 없었으므로 그를 지탱해 줄 하나님과의 교제를 갖지 못했던 반면에, 다른 한 사람은 이 모든 것들을 가지고 있었으며, 실제적으로 그가 비극 가운데서도 영적으로 성장하였다는 점이다.

다윗의 생애에 있어서의 비극들은 그의 아들들에게 그대로 반영되어진다. 먼저, 불법적인 잉태로 말미암아 태어난 아이가 죽고 말았다. 이것은 그 아이가 아니라 다윗이 벌을 받은 것이었다(12 : 23). 왜 이와 같은 잇따른 비극이 있어야만 했을까? 다윗은 죄를 범함으로 말미암아 여호와의 말씀을 업신여겼으며, 그것은 곧 여호와 자신을 업신여긴 것이었기 때문이다(12 : 9, 10). 이 일은 다윗이 의뢰하는 여호와께 크나큰 불명예를 초래하였다. 만약 다윗에게 죄로 인한 나쁜 결과들이 나타나지 않았다면, 세상 사람들은 죄를 범하는 것을 정당한 것으로 여겼을 것이다. 이와 유사성이 있는 것으로서, 우리는 하나님을 향한 모세의 참을성 없는 행위가 그에게 얼마나 무서운 결과를 가져다 주었는지를 이미 살펴 보았다. 모세는 비록 실수를 범하게 되는 그 시점에 이르기까지의 오랜 기간 동안 그의 직무를 매우 훌륭하게 수행하였음에도 불구하고 이스라엘 백성들을 가나안 땅으로 인도하는 것이 허락되지 않았다. 여호와께서는 어느 누구도, 심지어는 그의 가장 충성된 종들이라 할지라도 잘못을 관대히 보아 넘기지 않으실 것이며, 그의 말씀을 잠시라도 업신여기는 것을 누구에게도 허용하지 않으실 것이다.

13장은 다윗의 딸이 자신의 아들 암논에 의해서 강간당하는 사건을 기록하고 있다. 여기에는 다윗이 자신의 욕망을 채우기 위하여 우리아의 아내를 취하였을 때의 추악함이 그대로 반영되어 있다. 13장은 또한 자기의 누이동생을 강간한 암논을 죽임으로써 복수를 한 다윗의 아들 압살롬에 대해서도 언급하고 있다. 여기에는 다윗이 우리아를 살해한 것이 반영되고 있다. 그리고 압살롬이 다윗에게서 도망한 사실은 다시금 밧세바에게서 태어난 아들을 잃었을 때의 다윗을 생각나게 해 준다.

15장부터 18장까지에 기록되어 있는 자신의 부친 다윗에 대한 압살롬의 연이은 배반행위는 이스라엘의 가계 중 하나인 우리아의 집에 대한 다윗의 배반행위를 반영하고 있다. 또한 압살롬의 음모는 그 모든 비극적인 사실에도 불구하고 다윗의 생애 가운데 있었던 가장 아름다운 사건들 몇몇을 우리에게 보여 준다.

다윗이 피신하는 장면에서 우리는 그의 진실한 친구들에게서 나타나는 사랑의 위대한 본보기들을 볼 수 있다(15 : 21). 그리고 우리는 다윗이 이 모든 일이 하나님의 손에 달려 있다는 것과 그가 하나님의 도우심을 구해야 한다는 것과 또한 필요하다면 어떤 벌이라도 감내하겠다고 하는 다윗의 각성을 볼 수 있다. 그 모든 일들을 통하여 다윗은 하나님을 경외하게 된다(15 : 25, 16 : 10—12). 그는 여호와를 의뢰하였으며, 그의 믿음은 헛되지 아니하였다. 사실상 모든 것은 자신의 목적과 자신의 선하신 뜻을 이루게 하시려고 인간의 목적을 굽게 하시는 하나님의 수중에 있었다(17 : 14).

우리는 다윗이 반역하는 아들을 향하여서도 여전히 사랑을 품고 있었던 것을 알 수 있다. 의심의 여지 없이 그는 하나님의 마음을 닮은 마음의 소유자였다(18 : 5). 충동적이고 교만하며 허영심이 강한 다윗의 친척 요압은 다윗의 그러한 마음을 이해할 수 없었으며 다윗의 감정은 아랑곳하지 않고 압살롬을 잔혹하게 살해하고 말았다(18:9-15). 어찌보면 현명한 것같이 보이기도 하겠지만 다윗에 대한 요압의 조언마저도 잔인하고 악한 의도를 담고 있었다. 그것은 다윗을 위로하기 위해서가 아니라 그의 마음을 더욱 아프게 하기 위하여 계획된 것이었다(19:1-6).

다윗의 고난은 여기서 그치지 않았다. 20장은 사울의 지파에 속한 세바라는 인물의 인도를 따라 일어난 이스라엘의 또 다른 모반에 대하여 기록하고 있다. 이 반란은 특별한 목표도 없이 일어났으며 또 재빨리 진압되었다. 그러나 이 사건은 다시 한번 요압의 사악함을 나타내 주었다. 요압은 다윗이 새로이 군대장관으로 임명한 아마사를 살해하였다(20:4-10). 자기의 위치를 지킴에 있어서 위협적인 존재로 보였던 아브넬을 살해했던 것과 마찬가지 이유로 이번에는 아마사를 살해한 것이다. 오래 전에 이 사람을 징계하지 못한 것이 다윗에게는 계속적으로 괴로움을 주는 결과가 되고 말았다.

성경은 다윗의 나머지 생애에 대하여는 아주 간략하게 기록하고 있다. 22장과 23장에는 하나님을 찬양하는 다윗의 시 몇 편이 소개되어 있다. 22장에서 다윗은 하나님께서, 자기의 생명을 빼앗으려고 하는 모든 사람들로부터 어떻게 자기를 구원하여 주셨는가에 대하여 노래한다. 그는 자기의 구원자로서의 하나님을 찬양하고(1절 외 기타), 또한 확실하고 틀림이 없는 하나님의 말씀을 찬양하고 있다(31절 외 기타). 마지막 절에서 그는 약속의 후손에 관하여 언급하고 있는데, 이것은 의심할 여지없이 다윗의 후손으로 오실 메시야를 가리킨다(51절; 마 1:1과 비교해 보라).

23장에서 다윗은 자기가 기록한 글이 하나님의 성령으로 말미암은 것임을 분명하게 주장한다(23:1, 2). 그는 이제 그와 그의 후손에게 주신 하나님의 약속에 대하여 생각한다. 그리고 여기서 다윗은 그 약속을 영원한 언약이라고 부른다. 이것을 사무엘하 7:9 이하의 말씀과 비교해 보라. 시편 기자가 시편 1편에서 분명하게 표현하였듯이, 다윗도 세상에는 오직 두 종류의 인간들만이 존재하고 있다는 것을 분명히 깨달았는데, 그들은 곧 의로운 자와 불의한 자, 경건한 자와 불경건한 자, 구원받은 자와 버림당한 자, 용서받은 죄인과 회개하지 않는 죄인이다(23 : 5-7).

사무엘하 마지막 장에서 우리는 다윗 자신과 이스라엘에 슬픔을 가져다 준 다윗의 죄에 대하여 다시 한 번 더 언급한 기록을 볼 수 있다. 모든 죄가 그러하듯이 다윗의 죄는 그의 교만으로부터 비롯되었다. 그는 그의 통치 하에 있는 인구를 조사하는 것을 즐거워하였다. 그렇게 함으로써 다윗은 자신의 교만과 허영심을 드러내 보였다(24 : 3, 9). 그는 이 일을 행한 후에 곧바로 마음의 가책을 느꼈으며(24 : 10), 자신의 죄에 대한 결과를 지켜보아야만 하였다. 다시금 우리는 여기서 다윗이 문제의 해결책으로 하나님의 자비를 바라는 것을 보게 된다(24 : 14). 바르게 말해서 다윗은 이 죄에 있어서 혼자가 아니었다. 24 : 1에 기록된대로 이스라엘의 모든 백성들이 여호와를 노하게 했으며, 따라서 이스라엘 백성들 전체가 징벌을 받지 않을 수 없었다. 여기서 다시한번 하나님의 마음을 닮은 다윗의 위대한 마음을 엿볼 수 있다. 다윗은 자기 자신에 대해서보다도 오히려 백성들에 대해서 더욱 크게 염려하였다(17절).

역대하 3 : 1에 의하면 다윗이 단을 쌓기 위한 곳으로 샀던 장소는 모리아라고 불려지는데, 그곳은 아마도 오래전 아브라함이 자기 아들 이삭을 제물로 드리기 위하여 단을 쌓았던 곳과 같은 장소인 것으로 보인다. 창세기 22장을 참조하라.

이것으로 다윗의 활동적인 통치는 막을 내린다. 다윗의 생애는 다른 여러 사람들의 생애와 맞물려 있다. 그리고 사무엘상하 2권의 책을 통하여 우리는 매우 흥미진진한 몇명의 인물들 혹은 대조적인 인물들을 연구할 수 있다.

먼저 엘리와 사무엘이라는 대조적인 인물이 있다. 엘리는 비록 진리를 알고 있기는 하였지만, 자기 아들들과 함께 죄 가운데 살면서 그들의 악행과 타협하였기 때문에 하나님의 관점에서 보았을 때 실패자였다. 그는 그의 집에서 무력한 존재였다. 사무엘은 하나님을 향한 그의 성실함과 훌륭한 헌신으로 인하여 하나님의 관점에서 보았을 때 성공자였다. 그는 언제나 자기 자신을 인간을 기쁘게 하는 사람이라기보다는 오히려 하나님의 종으로 인식하고 있었다.

  또한 사울과 다윗 사이에서도 대조가 이루어진다. 사울은 처음에는 유망한 사람이었지만 결국 그의 마음은 하나님으로부터 멀어지고 말았다. 그는 영적인 사람이 아니라 편리한 것을 구하며 사는 사람이었다. 헛된 자만심이 그의 일생을 가득채우고 있었고 결국에는 그것 때문에 망하고 말았다. 다윗도 처음에는 이스라엘을 위한 위대한 희망을 나타내 보여 주었다. 그는 하나님의 관점에서 보아 올바른 마음을 소유하고 있었기 때문에 하나님을 기쁘시게 할 수 있었다. 다윗도 사울과 마찬가지로 죄를 범하였으며, 또 그의 죄가 작은 것이 아니었지만 그는 사울이 결코 깨닫지 못했던 사실, 즉 죄를 어떻게 다루어야 할지를 알고 있었던 것이다. 바로 여기에서 다윗의 위대함이 드러난다. 자기가 저지른 죄로 말미암은 무서운 결과로 인해 고통을 당한 때에도 그는 그 슬픔의 한 가운데서 영적으로 성장하였다.

  마지막으로 요나단과 요압 사이의 대조를 발견할 수 있다. 요압은 역할에 있어서 주님(the Lord)이 아닌 자기 자신을 더욱 기쁘게 하려는 사람이었으므로 실패자였다. 다윗을 섬기고 있는 동안에도 그는 언제나 다윗을 위하기보다는 자기 자신의 유익을 우선적으로 추구하였으며 결국에 가서는 다윗에게 전혀 신실하지 못하다는 것을 입증하고 말았다. 요나단도 요압과 마찬가지로 종속적인 위치에서 일하였다. 그러나 그는 비록 이스라엘의 왕자였지만 자기 자신보다는 주님(the Lord)을 더욱 기쁘시게 해 드리기를 원하는 사람이었으므로 스스로 겸손하였다. 결국에 가서 그는 높임을 받았으며 구약성경 전체를 통하여 가장 순결한 인물들 중의 한 사람으로 후세에 빛나고 있다.

제 6 장/하나님 백성들의 신앙부흥과 번영 211

솔로몬의 통치
(열왕기상 1-11장)

열왕기상의 처음 몇 장은 다윗의 통치에서 솔로몬의 통치로 넘어가는 과도기, 즉 자신의 왕위를 계승할 자를 가리는 다윗의 선택을 보여 준다.

말년에 있어서까지도 다윗은 땅에서의 평화를 누리지 못하였다. 다윗의 임종이 가까왔을 무렵에 이르러 그의 아들 중 하나인 아도니야가 다윗의 왕국을 자기 수중에 넣으려고 하였다(1:5). 여기서 우리는 다윗이 자기 아들들을 훈련시키는 일에 실패했다는 매우 흥미있는 사실을 발견하게 된다. 다윗은 아도니야의 잘못된 행위에 대해서 한 번도 문책하지 않았다(1:6). 따라서 어떤 면에서 아도니야 편에서의 이 반역행위는 다시금 다윗의 실패를 반영해 준다.

그리고 이번에는 지금까지 언제나 다윗과 함께 있었던 두 사람, 요압과 제사장 아비아달이 그릇된 편에 서게 된다.

다윗의 편에 선 사람들은 사건의 성질에 관하여 염려하면서 다윗이 자기의 계승자로 선택한 솔로몬의 어머니 밧세바에게 그 위험한 상황을 보고하였다. 여기서 다윗 편에 속한 사람으로 언급되고 있는 시므이는 전에 다윗을 저주한 적이 있는 그 사람과 동일 인물인 것으로 보인다(삼하 16:5 이하와 19:18-21을 비교하여 보라).

다윗은 그 사건에 대한 소식을 전해들었을 때 급히 자기가 신임할 수 있는 사람들을 불러서 아도니야의 추종자들이 있는 곳으로 충분히 가까이 다가가서 솔로몬을 왕으로 임명하도록 하였다. 이것은 아도니야와 그의 추종자들에게 새로운 왕의 즉위식을 알림으로써 그들의 시도가 가망성이 없는 것이라는 사실을 그들에게 알리기 위함이었다.

아도니야는 곧 혼자가 되었으며 솔로몬에게 자비를 구했다. 솔로몬은 그의 이복형제에 대하여 놀라울 정도의 관대함을 보였다(1:

52, 53).

　죽음을 앞두고 다윗이 솔로몬에게 내린 지시는 야곱이나 앞서간 다른 족장들이 남긴 유언을 생각나게 한다(2:1-4). 이 지시에서 다윗은 왕을 비롯한 모든 백성들이 신실한 삶을 살아가는 데 있어서 반드시 필요한 기초로서 모세의 율법을 특별히 언급하고 있다. 이 지시는 모세가 죽은 이후에 여호수아에게 주신 하나님의 말씀과도 일치하는 것이다(수 1장).

　다윗은 계속하여 그의 통치기간동안에 죄를 범하고도 징계를 받지 않은 몇몇 사람들에 관한 또 다른 지시를 하였다. 그는 먼저 요압과 그가 행한 모든 악행을 언급하였다(2:5). 다윗은 또한 자기를 저주한 적이 있는(2:8) 시므이에 대해서도 언급하였다. 다윗은 이들 두 사람 모두를 죽일 것을 요구하였다(2:6, 9).

　마지막에 가서 다윗의 마음 속에서 그러한 쓴뿌리를 보게 되는 것은 다소 유감스러운 일이다. 그러나 다윗은 정당하였으며, 또한 그는 하나님께서 결코 죄를 간과하지 않으신다는 것과 하나님께서 징계하기를 원하시는 때가 이르면 징벌되지 않은 그 사람을 반드시 벌주시리라는 것을 알고 있었다. 요컨대, 다윗은 하나님의 기름부음을 받은 자를 거스려 범죄한 이 두 사람을 자기가 직접 처벌하지 않은 것 때문에 자기 아들 솔로몬이 고통당하는 것을 원치 않았던 것이다. 그는 또한 하나님의 기름부음 받은 자를 공경한 사람들은 보상을 받게 된다는 것에도 관심을 가지고 있었다(2:7).

　솔로몬의 통치의 시작이 열왕기상 2:12에 기록되어 있다. 새로운 왕이 된 솔로몬이 처음 한 일은 부친의 유언을 실행하는 것이었다. 첫번째 문제는 아도니야가 최근에 있었던 자기의 실패로부터 빚어진 일을 깨닫지 못하고 있다는 것이 명백해졌을 때 나라 안에서 일어났다. 마음 속으로 그는 솔로몬이 자기를 대신하여 나라를 다스린다는 사실에 여전히 분개하고 있었으며 자기의 동생이 그에게 얼마나 큰 관용을 베풀었던가 하는 사실을 깨닫지 못하고 있었던 것 같다(2:15).

그가 다윗과 마지막으로 잠자리를 함께 했던 여자 아비삭을 요구했을 때(2 : 17), 그는 한 사람의 아내를 구하는 이상의 행동을 하고 있었다. 그는 반역을 범하고 있었던 것이다. 이미 우리가 살펴 보았던 바와 같이 어떤 사람의 부친의 첩과 동침하는 것은 그 사람이 소유할 상속을 자기 것으로 주장하는 것과 같은 것이다. 솔로몬은 아도니야의 행동을 이와 같이 해석하였으며, 이러한 이유 때문에 그는 아도니야를 죽이라는 명령을 내렸다(2 : 22-25).

아비아달이 솔로몬 위에 서려고 하는 아도니야를 지지했음에도 불구하고 솔로몬은 그를 향하여도 아주 관대하였다. 그리고 아비아달이 제사장 직무에서 해임된 것은 오래 전에 하나님께서 엘리 집안에 내리신 저주와 관련하여 이루어졌다(2 : 27; 삼상 2 : 27-36과 비교해 보라).

이제 요압은 자기의 차례가 이른 줄을 알게 되었다. 우리는 그가 비겁자처럼 도망한 것을 볼 수 있다(2 : 28). 그러나 솔로몬이 결정을 내리자 오래동안 지연되어 오던 요압에 대한 심판은 마침내 이 무자비한 사람에게 이르렀던 것이다. 그는 표면상으로는 바른 편에 속하여 있었지만 실상은 다윗과 그의 진실한 친구들에게 무익한 사람이었다. 어떤 사람이 진정한 하나님의 자녀가 아니면서, 그럼에도 불구하고 하나님의 백성들과 행동을 같이 하려고 할 때는 언제든지 그는 하나님과 그의 백성들의 선한 이름에 많은 해를 끼치게 된다. 하나님께서는 언제나 위선자들을 미워하신다(수 7 : 25; 행 5 : 1-11).

이제는 시므이 한 사람만 남게 되었다. 솔로몬이 시므이를 너그럽게 대했던 것은 아마도 솔로몬과 아도니야 사이에 분쟁이 있을 때에 시므이가 솔로몬 편에 섰던 사실 때문이었던 것 같다(2 : 36-38). 그러나 그가 하나님의 기름부음을 받은 사람 다윗을 저주했다는 사실은 여전히 하나님을 노하게 하고 있었으므로 시므이는 예루살렘을 떠나지 말라는 경고를 잊어버리게 되었으며, 솔로몬은 그를 처형하지 않으면 안되었다. 솔로몬은 이 심판을 하나님께서 시므이에게 내리시는 심판으로 인식하였으며, 또 그를 죽이도록 명령하였다. 여호와께서 오래전에 아브라함에게 하신 말씀이 그대로 이루어졌다. 그것은 곧 아브라함의 참된 자손을 저주하는 자들은 저주를 받을 것이라는 말씀이다(창 12 : 3).

3장은 인간 솔로몬의 매우 복잡한 성격에 관한 이상한 기사로 시작되고 있다. 그의 성격에서 볼 수 있는 대조적인 점은 성경에 나타나는 매우 불가사이한 일들 중의 하나로 남아 있다. 한편으로 그는 가장 헌신적이고 경건한 사람들 중의 하나로 나타났다. 그러나 또 다른 한편으로, 결국에 가서 그는 이스라엘 백성 중에서 가장 비난 받을 인물들 중의 한 사람으로 드러나고 말았다.

내가 믿기로는 솔로몬의 복잡한 성격을 이해할 수 있는 가장 좋은 방법은 3장에서부터 11장 사이에 나타나는 그의 세 가지의 다른 특징들을 각각 추적해 보는 것이다. 그러면 이제 먼저 그의 장점들에 대해서, 그 다음은 약점(무절제함)에 대해서, 그리고 마지막으로는 그의 죄에 대해서 함께 살펴 보기로 하자.

1) **솔로몬의 장점**. 솔로몬의 여러가지 장점들 가운데서도 매우 탁월한 장점으로서 하나님께 대한 그의 사랑을 들 수 있다(3 : 3).

우리는 이 사랑이 마지막에 가서는 차가운 밀랍으로 변해 버린 것을 보게 될 것이다. 성경은 여기서 적어도 한때는 그가 여호와를 사랑했다고 분명히 가르치고 있다.

우리는 솔로몬의 겸손(3 : 7)과 책임에 대한 예리한 분별력(3 : 9)을 통해서 솔로몬이 가지고 있는 다른 또 하나의 칭찬할 만한 특성을 발견할 수 있다.

3장은 계속해서 그의 탁월하고 불가사이한 지혜(3 : 28)에 대하여 말하고 있다. 그는 또한 예루살렘에서 자기 이전시대와 이후시대에 살았던 모든 인물들을 능가할 만한 놀라운 재능과 은사를 가지고 있었다(4 : 32). 그는 일생동안 엄청난 양의 지식을 축적하여 그를 만나는 모든 사람들을 깜짝 놀라게 했다(4 : 33, 34).

우리는 솔로몬이 성전을 봉헌할 때 하나님께 드린 기도가 기록된 부분에 이르러서 성경에 기록되어 있는 가장 아름다운 기도들 가운데 하나를 읽게 된다(8 : 22 이하). 그는 확실히 깊은 종교적인 체험을 소유한 사람이었다.

솔로몬의 기도 그 자체는 하나님과 그를 따르는 백성들에 대한 위대한 사랑을 나타내 보여 준다. 그는 훗날 이스라엘에게 다가올 시련을 예기하면서 하나님께서 이스라엘 백성들을 도와 주셔서 고난을 극복하게 해 주실 것을 보증으로 요구하고 있다. 그는 이스라엘 백성들이 포로로 잡혀가게 될 것까지도 내다보고 있다(8 : 46 이하).

스바 여왕까지도 솔로몬을 찬양할 수 밖에 없었다(10 : 1 이하). 확실히 이 사람은 성공한 사람이었음에 틀림없다. 그러나 이러한 여러가지 칭찬할·만한 장점들을 가지고 있었던 반면에 그에게는 무시할 수 없을 정도의 성격적인 결함이 있었다.

2) **솔로몬의 약점(무절제함).** 나는 인간 솔로몬에게서 반복하여 나타나고 있는 약점을 묘사하기 위하여 "무절제함"이라는 용어를 사용하고자 한다.

우리는 솔로몬이 가지고 있는 무절제한 성격을 그의 예배 행위에서까지도 찾아볼 수 있다. 그는 하나님께 예배할 때에 단순한 제사를 드리는 것으로 만족하지 못하고 제단에서 일천 마리의 짐승을 제물로 바치었다(3 : 4). 아마도 그는 그의 부친 다윗이 고백한 것과 같은 제사제도의 완전한 의미를 이해하지 못했던 것 같다(시 40 : 6과 시 51 : 16, 17).

솔로몬의 무절제는 또한 그의 생활방식에서도 나타난다. 이러한 무절제는 4 : 22-26에 묘사되어 있다. 그는 외견상으로 보기에 단순한 방식으로는 아무 것도 할 수 없었으며 언제나 과시하고 뽐내면서 살아가는 것을 좋아했다.

그밖에 여호와의 집을 건축함에 있어서도 그는 하나님께서 바라시는 것 이상으로 지나치게 무절제한 모습을 보여 주었다. 그는 성전의 모든 것들을, 심지어는 마루까지도 금으로 입혔다(6:21, 22, 30). 그는 아마도 성전의 영광은 성전에 입힌 금의 양에 비례한다고 생각했던 것 같다. 훗날 여호와께서 솔로몬이 지은 성전의 영광보다 포로 귀환 이후에 보다 검소하게 지은 성전의 영광이 더욱 클 것이라고 말씀하신 것은 주목할만한 가치가 있다(학개 2:7-9). 아마 예수님께서도 성전의 금에 엄청난 중요성을 부여하는 바리새인들에게 말씀하시면서(마 23:16, 17) 금과 관련한 솔로몬의 강박관념을 언급하신 것 같다. 결국 금은 하나님을 영화롭게 한 것이 아니라 인간을 영광스럽게 하였다.

솔로몬이 금에 대해 가졌던 강박관념은 전혀 쓸모없는 물건인 황금방패를 만들었을 때(10:17)와 아름다운 상아에 금을 입혀서 보좌를 만들었을 때에도 계속적으로 나타난다(10:18). 이러한 일들을 통해서 우리는 솔로몬의 허영심을 엿볼 수 있다.

나는 솔로몬의 생애에 나타나는 이렇게 현저한 무절제를 통하여 그의 영적 부패를 설명할 수 있는 실마리를 찾을 수 있다고 생각한다. 앞에서 언급한 모든 장점들에도 불구하고 그가 영적으로 부패되었다는 것은 의심의 여지가 없다.

3) **솔로몬의 죄.** 솔로몬의 죄는 명백하게 드러난다. 그리고 여기에서 유감스러운 일은 자기가 범한 죄들에 대하여 회개하였다고 하는 추호의 증거도 없다는 사실이다. 먼저, 그는 불신자인 이방 여자와 결혼하였으며, 심지어는 결혼을 이용하여 이교도 세력과 동맹관계를 맺기까지 하였다(3:1).

그의 야심적인 기질과 관련된 솔로몬의 또 다른 죄는 이스라엘 백성들 가운데서 노역꾼을 징집한 일이었다(5:13). 그렇게 함으로써 솔로몬은 이스라엘 백성들을 노예로 삼았던 것이다(5:13). 훗날 이것은 솔로몬의 아들 시대에 가서 왕국의 분열을 가져오게 하는 모반(rebellion)을 부채질하였다.

그가 여호와의 집을 짓는 데 소요된 기간보다 훨씬 더 오랜 기간에 걸쳐서 자신이 거할 집을 더욱 크게 지은 사실을 통하여 우리는 그의 교만함과 이기심의 정도를 엿볼 수 있다. 6:2, 38과 7:1, 2을 비교하여 보라. 그가 성전을 짓는 데는 7년이 걸렸지만, 자기 집을 건축하는 데는 13년이 걸렸다. 여호와의 전의 크기는 솔로몬의 집에 비하여 거의 절반에 불과했다.

솔로몬의 마음은 그의 부친 다윗과 같이 하나님 앞에서 올바른 것이 아니었음이 분명하다. 그의 죄악과 무절제로 인해 11장에 이르게 되면 솔로몬은 버림받은 사람으로 묘사되어진다. 그의 아내들과 첩들─그들 중 많은 수가 이방 여인들이었다─에 대한 무절제는 여호와께서 경고하신 바와 같이(11:1-4) 그로 하여금 다른 신들을 섬기도록 하였다. 결국 솔로몬에 대한 마지막 평가는 후대에 오는 여러 악한 왕들의 것과 같은 것이었다. "그는 여호와의 눈 앞에서 악을 행하였다"(11:6).

신명기 17:14-17에 나타난 교훈은 솔로몬의 실패의 원인이 되었던 목록과 거의 일치한다. 하나님께서 모세를 통하여 오래전에 이스라엘 왕국의 타락의 원인이 될 일을 정확하게 명시하신 것과 또한 선지자 사무엘의 예언이 마침내 그대로 이루어졌다는 것은 흥미로운 사실이다(삼상 8:10-17).

신약성경이 유독 솔로몬의 영광에 감명을 받지 못하고 있는 점을 주목해 보는 것은 중요하다. 솔로몬은 신약성경에서 매우 드물게 그것도 조금도 칭찬하지 않는 방법으로 언급되어 있다(마 6:29). 솔로몬이 누렸던 모든 영광은 들에 핀 한 송이 꽃에도 비교될 수 없었다. 이것은 솔로몬이 누렸던 거의 모든 영광이 하나님으로부터 난 것이 아니라 인간으로부터 비롯된 가짜 영광이었다는 것을 지적해 주는 것처럼 보인다.

우리는 솔로몬의 일생으로부터 교훈을 찾으려 하고 있다. 여기서 우리가 주목해야 할 한가지 사실이 있다. 그것은 솔로몬은 그의 믿음에 대한 어떠한 시련이나 시험이 없이 일생을 살았다는 점이다. 솔로몬의 일생은 그의 아버지나 아브라함, 야곱, 요셉, 모세, 그리고 사무엘과 같은 다른 여러 하나님의 위대한 사람들과는 대조적으로 너무나 안일했으며 고난과 시련으로부터 격리되어 있었다. 앞에서 거론된 사람들은 연거푸 일어나는 시련들과 직면하면서 믿음 안에서 성장했다. 그러나 솔로몬은 이것을 전혀 알지 못하였다. 그러므로 우리는 이러한 사실을 통하여, 우리 믿음은 시련을 통하여 테스트를 받는 것이 중요하다는 교훈을 얻게 된다. 그래서 신약성경에서도 이러한 교훈을 가르치고 있다(요 16:33; 벧전 1:6-9; 히 12:4-11).

솔로몬의 생애에 대한 나머지 기록은 그에 대한 하나님의 진노와 또 그에 따라 솔로몬과 그의 왕국에 닥칠 필연적인 징벌에 대하여 말해 주고 있다(11:9-13). 가장 큰 징벌은 나라의 분열이었다. 그러나 하나님께서는 또한 솔로몬의 여생동안 그를 괴롭힐 대적들을 일으키셨다(11:14 이하). 이 대적들 중 얼마는 훗날 솔로몬의 후계자들과 많은 분쟁을 일으켰다(11:26).

선지자 이사야를 통하여 열 지파를 여로보암에게 주시겠다고 하신 하나님의 말씀은 틀림없이 그가 이행하실 합법적인 제안이었다. 그러나 유감스럽게도 여로보암은 수많은 하나님의 백성들에 대한 지도자로서 마땅히 갖추어야 할 조건들과 책임을 진지하게 받아들이지 않았다. 이 때문에 여로보암은 북쪽 왕국을 급속도로 쇠퇴하도록 만들고 말았다.

솔로몬은 말년을 대적들과 싸우면서 또 경쟁자들을 두려워하면서 보내야 했다. 그의 생애는 불명예스럽게 끝이 나고 말았다(11:40 이하). 솔로몬의 영혼의 영원한 운명에 대해서는 우리가 무엇이라고 판단을 내릴 수가 없다. 나는 솔로몬의 초기에 있어서 그가 여호와를 사랑했다고 기록된 말씀들을 잊을 수가 없다. 이 말씀이 그의 말년에도 여전히 적용될 수 있는지 어떤지에 대해서는 단정을 내리기가 어렵다. 다시 말하거니와, 솔로몬의 영원한 운명에 대해서 판단하는 것은 우리에게 속한 문제가 아니다. 그것은 오로지 하나님의 영역에 속한 문제인 것이다.

7

선지자 시대

열왕기상 12장—열왕기하 25장

위대한 선지자 시대를 연구함에 있어서 간략한 연대기표를 작성하는 것은 연구에 큰 도움이 될 것이다. 이 연대기를 작성함에 있어서 연대(dates)는 확정적인 것이 아니라 대략적인 것임을 밝혀둔다. 나와 견해를 달리하는 사람들도 있을 것이다. 그러나 참으로 도움이 되는 것은 연대가 아니라 이 시대에 살았던 인물들과 또 그들과 관련하여 일어났던 사건이다. 그럼에도 불구하고 이 연대기는 이스라엘과 유다 왕국 안에서 발생했던 사건들과 인물들 뿐만 아니라 이방 나라들에서 일어났던 사건과 인물들까지도 함께 묶어 주므로 연구에 도움이 될 것이다.

p.224에 있는 연대기는 예루살렘의 멸망과 바벨론 포로시대까지를 나타내 주고 있다.

우리가 선지자 시대로 명명되어 온 역사의 한 시대를 연구하기 시작하면서 우선 왜 이 시대를 선지자 시대라는 이름으로 부르게 되었는가를 설명하는 것이 좋을 듯하다. 선지자 시대는 문서기록 선지자들이 두드러지게 활동했던 시대를 가리킨다. 물론 어떤 의미에서 선지자 시대는 선지자로 불려졌던 최초의 사람인 아브라함 시대에 벌써 시작되었다(창 20 : 7). 그러나 문서 기록 선지자들의 시대는 대략 엘리야와 엘리사 시대로부터 시작되었다고 할 수 있다. 그들이 비록 보존된 어떤 기록물을 남기지는 않았지만(확실하지는 않다고 하더라도) 그럼에도 불구하고 그들은 엘리사가 죽은 시기인 9세기에 예언 활동을 시작했던 문서기록선지자들의 선구자였다. 여기에 대해서는 나중에 좀 더 이야기하기로 하겠다.

열왕기상 12-14장은 통일 이스라엘 왕국의 마지막 왕이며 솔로몬의 아들인 르호보암의 통치에 대한 기록을 싣고 있다. 우리는 여기서 르호보암의 어리석음을 볼 수 있다. 그리고 그는 그의 부친과 할아버지가 그들의 전성기에 그랬던 바와 같은 현명한 왕이 아니었다는 사실을 즉각 알아차릴 수가 있다. 그는 건전한 충고를 받아들이지 않았다. 그것은 어느 통치자에게나 해당되는 결점의 표시이다. 르호보암이 실패한 부분적인 이유는 아마도 그의 부친 솔로몬을 모방한 듯 싶은 압제로 백성들을 다스리고자 했던 그의 욕망 때문이었다(12 : 10, 11).

여로보암의 지휘 하에 일어난 모반은 11장이 보여 주는 바와 같이 여호와께로 말미암은 것이었다(12 : 15). 다윗 왕국에 남은 지파는 유다 지파와 베냐민 지파 뿐이었다(12 : 21). 하나님께서는 르호보암이 열 지파를 다시 찾기 위하여 싸우러 가는 것조차 허락하지 않으셨다(12 : 24).

그러나 여로보암도 나라를 분리하기 전의 왕들보다 조금도 나은 점이 없다는 것이 즉시 판명되었다. 르호보암에 대한 그의 반역은 하나님께로 말미암은 것이었지만 여호와께 대한 그의 반역은 북이스라엘 왕국을 계속적인 슬픔의 도가니로 몰아넣는 것이었다. 그는 여호와를 의뢰하지 않았다. 그는 스스로의 지혜로 북쪽의 열 지파를 자기에게 묶어두려고 노력하였다(12 : 26, 27). 그가 하나님께 순종하기만 하면 그를 축복해 주시겠다는 하나님의 약속을 무시한 채 그는 하나님께서 자기 이름을 두시려고 택하신 한 장소 외에 또 다른 예배의 중심지들을 임의로 만듦으로써 의도적으로 불순종했던 것이다(신명기 12장과 비교하여 보라). 그는 하나님께서 택하지 않으신 다른 장소를 예배 처소로 정하여 백성들에게 제공하였다. 벧엘과 단은 훗날의 선지자들이 이스라엘 백성들에게 깨우쳐 준 바와 같이 이스라엘 백성들 가운데 죄악의 온상이 되었다(12 : 30).

여로보암은 부당한 예배 장소 뿐만아니라 부당한 제사장(31절)을 세우고 부당한 절기(32절)를 정하기까지 하였다. 따라서 구약시대에 있어서의 교회의 분리는 그와 관련된 모든 사람에게 있어서 비극적인 것이었다. 그러나 이것은 우리에게 하나님의 백성들이 더 이상 함께 걸어갈 수 없게 되었을 때의 교회 분리에 관한 몇가지 교훈을 남겨 주고 있다. 우리는 여기서 교회의 분리에 관한 네 가지 측면을 관찰할 수 있다.

첫째, 신실하지 못한 교회와 특히 신실하지 못한 지도자들에 대한 심판으로서 분리를 가져오게 하신 분은 바로 하나님이셨다. 그렇게 하심으로써 하나님께서는 자기 교회를 세울 보다 좋은 기초를 찾고 계셨다. 11 : 11과 31절 그리고 12 : 15의 비교는 하나님께서 그렇게 하셨다는 사실을 분명하게 해 준다. 따라서 우리는 교회가 하나님을 영화롭게 하는 일에 실패함으로 말미암아 하나님께서 그의 교회를 기뻐하시지 않을 때에는 교회의 분리가 일어날 수도 있다는 결론을 내릴 수 있다.

둘째, 죄가 교회를 분열시키는 원인이 되었다. 이것은 첫번째 관찰과 밀접하게 관련되어 있다. 요셉과 그의 형제들의 경우에서나 혹은 그리스도를 십자가에 못박은 무리들의 경우에서 보듯이 하나님께서는 종종 그의 선한 목적을 이루어 가심에 있어서 악인들의 죄악을 이용하신다. 열왕기상 11 : 9-11은 성경의 다른 곳에서와 마찬가지로 이 문제를 명백하게 해준다(11:33; 12:8-14).

셋째, 우리는 하나님께서 북쪽 이스라엘과 남쪽 유다 양쪽에 모두 관심을 갖고 계셨음을 알 수 있다. 하나님께서 한 쪽만 위하시고 다른 한 쪽은 위하시지 않았다고 말할 수는 없다. 하나님께서는 만일 유다가 자기에게 순종하면 유다를 축복하여 주시고(11:13, 36, 39) 이스라엘이 자기에게 순종하면 이스라엘을 축복해 주실 것이었다(11:37, 38; 열왕기하 17:13과 비교해 보라). 엘리야, 엘리사, 호세아, 아모스를 비롯한 북쪽 이스라엘 왕국에 보내진 선지자들의 긴 목록은 북 이스라엘에 대한 하나님의 관심을 나타내 주는 증거이다.

넷째, 북 이스라엘과 유다 양쪽 모두에게 잘못이 있었다고 말할 수 밖에 없다. 여로보암과 르호보암은 둘 다 죄를 범했다(12:25, 26; 13:33; 14:22; 15:3). 두 사람에게는 "반역"과 "하나님으로부터 돌이켜 떠남"이라는 죄가 있었다(14:30; 15:6).

이 모든 것을 통하여 볼 때 하나님께서는 다른 무엇보다도 그의 말씀에 신실하게 순종하는 사람에게 관심을 기울이신다는 사실을 배울 수 있다. 이것이 바로 하나님께서 그들 각자에게 원하시는 것이었다(9:4; 14:8; 15:4, 5).

결국 처음에는 보다 옳다고 생각되었던 쪽이 마침내는 가장 큰 실패자가 되고 말았다. 이스라엘은 신실한 선지자들과 신자들을 많이 소유하고 있었지만 훌륭한 지도자가 없었다. 반면에 유다는 왕국 분열 초기에는 거의 옳다는 인정을 받지 못하는 것 같았으나 아사, 여호사밧, 웃시야, 히스기야, 요시야와 같은 훌륭한 왕들을 많이 배출해 냄으로써 결국 북이스라엘보다 오랜 기간에 걸쳐서 더욱 충성스러웠다는 것이 판명되었다.

결론적으로 말하자면 누가 옳은가 하는 문제는 인원수에 의하여 판단할 것이 아니라 어떤 교회가 하나님의 말씀과 관련하여 더욱 신실한가 아닌가 하는 것에 의하여 결정되어야 한다는 것이다. 그러므로 사실상 분리 그 자체로서는 아무 것도 결정할 수 없으며 오직 많은 시간이 흐른 뒤에 어느 한쪽 편이 다른 쪽보다 더욱 신실하다는 것이 입증된 다음에라야 판단이 가능하다.

　다음에 오는 13장과 14장은 하나님께서 여로보암의 죄악들을 간과하지 않으셨다는 것을 보여 준다. 여로보암에 의하여 세워진 제단을 타파할 요시야의 출현과 관련된 놀라운 예언이 무명의 선지자에 의하여 예언된 바 그대로 실현되었다(13 : 1, 2—열왕기하 23장과 비교해 보라).

　이름이 알려지지 않은 이 선지자의 비극적인 최후는 하나님의 말씀은 언제나 또한 누구에게나, 특별히 하나님께서 그의 대언자로 부르신 자들에게서 진지하게 받아들여져야 한다는 하나님의 분명한 교훈을 다시 한 번 강조해 준다(모세에게 임한 비극적인 심판과 또 다른 것들을 참고해 보라).

　하나님께서는 언젠가 여로보암에게 솔로몬 왕국의 멸망을 예언하였던 것처럼 이제는 여로보암 자신의 불신앙으로 인하여 그가 멸망을 당할 것이라고 예언하셨다(14 : 13, 14).

　14장의 나머지 부분은 악으로 특징지워지는 르호보암의 통치에 대하여 이야기하고 있다(22절 이하). 이 때에는 이집트의 강력한 왕 시삭에 의해서 솔로몬이 만든 금방패와 보물들을 이집트에 모두 빼앗길 정도로 솔로몬의 영광이 사라지기 시작하던 때였다(25절 이하).

　아마도 그 시대를 가장 잘 요약한 말이 30절에 기록된 것인 듯 싶다. 여호와께 불순종한 이들 두 왕이 살아있는 동안 구약의 두 교회 사이에는 항상 전쟁이 끊이지 않았다.

　15장부터는 북쪽 왕국 이스라엘이 B.C. 722년에 멸망하기까지 두 왕국 중 하나를 먼저 살펴 보고 그 다음에 다른 한 왕국을 살펴 보기로 하자. 15장부터 열왕기상 마지막 장까지 우리는 유다의 아비암, 아사, 여호사밧과 이스라엘의 나답, 바아사, 엘라, 시므리, 오므리, 아합의 통치에 대하여 배우게 될 것이다. 이것은 약 B.C. 950년부터 B.C. 850년에 이르는 대략 100년간의 기간에 해당된다.

연 대	이스라엘의통치자	유다의 통치자	주변국가의 통치자	선지자	특별한 사건
1000-950	다윗/솔로몬		히 람(페니키아)	나 단	966-성전건축
950-900	여로보암 1 세	르호보암	시 삭(이집트)	아히야	930-왕국분열
	나 답	아비얌	벤하닷(시리아)	예 후	
	바아사	아 사			
900-850	엘 라	여호사밧	살만에셀 3 세(앗시리아)	엘리야	878-오므리가 사마리아 건축
	시므리			엘리사	
	디브니				
	오므리				
	아 합				
	아하시야				
	요람(여호람)				
850-800	예 후	여호람(요람)	하사엘(시리아)	요 엘	
	여호아하스	아하시야(아달랴)			
		요아스			
800-750	요아스	아마샤	디글랏빌레셋 3 세	요 나	
	여로보암 2 세	웃시야(아사랴)	불(앗시리아)	아모스	
	스가랴			호세아	
	살 룸				
	므나헴				
750-700	브가히야	요 담	르 신(시리아)	이사야	732-다메섹의 멸망
	베 가	아하스	살만에셀(앗시리아)	미 가	722-사마리아 함락
	호세아	히스기야	사르곤 2 세(앗시리아)		701-예루살렘이 포위됨
			산헤립(앗시리아)		
650-600		므낫세	아수르바니팔(앗시리아)		
		아 몬			
		요시야	바로느고 2 세(이집트)	스바냐	621-요시야가 율법서를 발견함
				나 훔	
				예레미야	612-니느웨 멸망
		여호아하스	느부갓네살(바벨론)	하박국	605-다니엘이 바벨론으로 잡혀 감
		여호야김			
600-550		여호야긴	나보니더스	다니엘	597-첫번째 예루살렘 공략
		시드기야	벨사살(바벨론)	오바냐	586-예루살렘 함락

안정의 시대
(B.C. 950-850년경)

　북쪽 왕국과 남쪽 왕국 양편 모두에 있어서 이 시기는 안정의 시대였다. 먼저 유다에서는 세 번째로 왕위를 계승한 불신앙적인 왕 아비얌이 3년 동안 나라를 다스렸다(15:2). 이 때에 하나님께서는 유다가 이스라엘처럼 타락한 길로 행하지 않도록 보존하시기 위하여 간섭하셨다. 이것이 바로 "그 하나님 여호와께서 다윗을 위하여 예루살렘에서 저에게 등불을 주시되…"(4절)라는 말의 의미이다. 사무엘상 3:3에서도 유사한 구절을 발견할 수 있다(또한 사무엘하 21:17; 열왕기상 11:36과도 비교해 보라). 이 구절들이 나타내는 의미는 모두가 비슷하다. 하나님의 빛은 인간의 영적 생명이므로 하나님께서는 그것이 꺼져버리도록 그냥 내버려 두지 않으셨다. 하나님께서는 그의 백성들이 죄악에 깊이 빠져서 절망적인 상태가 되기 전에 언제나 간섭하셨다. 우리는 이러한 사실을 성경 전체를 통하여 또 성경이 완결된 이후의 기독 교회사를 통하여 알 수 있다.

　아비얌의 아들 아사에게서 우리는 유다왕국의 일부 왕들에게서 볼 수 있는 신앙의 부흥을 보게 된다(15:12, 13). 그의 통치기간 중 많은 시간이 그의 전임자들이 행했던 악을 척결하는 데 소요되었다. 열왕기를 기록한 저자는 단 한가지 분야에서만 그의 흠을 잡고 있다. 아사는 하나님의 율법에 모순되는 산당을 제거하지 않았던 것이다(15:14-신명기 12장의 '오직 한 제단'에 대한 언급을 참조하라). "아사의 마음이 여호와 앞에 온전하였다"는 구절은 하나님께서 제시하신 길을 따라 걸으며 하나님의 뜻을 행하고자 했던 그의 간절한 열망을 표현해 주는 말이다. 열왕기상 8:61을 참조하라. 간단히 말해서, 진실하게 판단할 수 있는 유일의 기준이 되는 하나님의 판단에 근거하여 볼 때, 그 말은 아사를 하나님의 참된 자녀로 선언하고 있는 것이다.

그러나 다윗과 솔로몬과 마찬가지로 아사 또한 약점을 가지고 있었다. 북 왕국 이스라엘에 대항하기 위하여 시리아의 벤하닷을 고용한 것은 요아스(열왕기하 12 : 17 이하)와 선지자 이사야 시대의 아하스(열왕기하 16 : 7 이하 ; 참조. 이사야 7장)와 같은 후대의 다른 왕들이 취했던 것과 유사한 행위였다. 이러한 행위는 언제나 하나님의 능력보다는 인간적인 동맹관계를 더욱 신뢰하는 것으로서 왕에게 있어서의 믿음의 부족을 지적해 주는 것이다.

이 북 왕국 이스라엘을 살펴 보면 오므리와 아합의 시대로 이어지는 왕들의 계승이 급속하게 이루어지고 있음을 알 수 있다. 여로보암의 아들 **나답**은 아버지와 조금도 다를 바가 없는 악한 왕이었다. 따라서 하나님께서 그의 선지자 아히야를 통하여 예언하셨던 것처럼 여로보암 왕조의 멸망은 재빨리 다가왔다(15 : 29 ; 참조. 14 : 9-16).

여로보암 왕조를 멸망케 하는 데 있어서 도구로 사용된 **바아사도** 나은 바가 조금도 없다는 것이 판명되었다(15 : 34). 그리하여 또다른 하나님의 선지자 예후가 일어나서 바아사의 집 또한 멸망하리라는 사실을 예언하였다(16 : 1-3). 따라서 이스라엘 왕국은 바아사의 아들 **엘라**의 재위 중에 그의 군대 장관 시므리의 손에 넘어가고 말았다(16 : 8-10). 시므리는 왕위에 오른 지 일주일을 살다가 죽고 왕위는 이제 오므리의 손으로 넘어갔다(16 : 17, 18).

유다가 아사의 통치 하에서 안정을 누리는 동안 이스라엘은 잦은 왕위 계승으로 네 번씩이나 왕이 바뀌면서 불안정한 시대가 계속되었다. 그러나 마침내 **오므리**가 출현하여 왕국 초기로부터 그 때까지 한 번도 누려 본 적이 없는 안정된 통치를 하는 데 성공하였다 (16 : 23).

우리가 오므리의 훌륭함을 이야기할 때는 그의 정치력을 말하는 것이지 그가 종교적으로 훌륭했다는 말은 아니다. 하나님의 관점에서 볼 때 이스라엘에는 훌륭한 왕이 한 사람도 없었다. 모두가 똑같은 비문(epitaph)을 남겼는데 그것은 그들이 이스라엘로 하여금 범죄케 한 여로보암의 길을 걸었다는 것이다. 그러나 정치적인 면에서 오므리는 많은 업적을 남겼다. 첫째, 그는 수도 사마리아를 건축했는데 그것은 매우 뛰어난 결정이었다(16 : 24). 사마리아는 남북으로 통하는 모든 길목을 지킬 수 있는 요지에 위치하고 있었을 뿐 아니라 쉽게 함락할 수 없는 높은 자연 방어벽을 지닌 평원 위에 위치해 있어서 성을 방어하기에는 매우 용이한 곳이었다. 앗시리아의 연대기를 보면 그로부터 이스라엘은 언제나 "오므리 왕국"으로 불렸을 정도로 다른 나라들 사이에서 오므리의 평판은 대단한 것이었다. 훗날 오므리의 집안을 멸망시킨 예후조차도 앗시리아인의 기록에는 "오므리의 자손"으로 알려졌다.

오므리의 죽음에 이어 이스라엘에는 사상 유래없는 가장 악한 통치 시대가 도래 하는데 그것은 바로 아합의 시대이다(16 : 29, 30). 그는 죄악에 죄악을 더하여 바알을 숭배하는 페니키아 이교도인 악한 이세벨과 결혼하기까지 했다. 아합은 하나님께서 모세를 통하여 경고하신 모든 것을 무시하고 솔로몬의 전례를 따라 이세벨을 위하여 그녀의 신을 숭배할 장소를 사마리아에 세워 주었다(신 7 : 1-5).

그 당시 백성들의 지나친 사악함을 예증하고 있는 것이 벧엘 사람 히엘의 행위이다. 그는 하나님의 종 여호수아의 말에 대한 공공연한 반역으로 여리고를 재건함으로써 하나님의 말씀을 무시했던 것이다(16 : 34 ; 참조. 수 6 : 26). 이처럼 우리는 아합 시대를 통하여 하나님의 일과 하나님의 뜻에 대한 철저한 경시풍조를 발견하게 된다.

인간의 사악함이 어떤 특정한 수위에 다다랐을 때는 전에도 그러셨듯이 하나님께서 직접 개입하실 때인 것이다. 그리하여 하나님께서는 아합과 그의 왕국의 죄악에 맞서 싸우시기 위하여 위대한 선지자 엘리야를 보내셨다.

17장에서 19장까지는 엘리야와 아합 사이의 위대한 대결과 또 이 사건을 통하여 하나님께서 주시는 위대한 교훈에 대해서 이야기하고 있다. 엘리야의 출현과 관련해서는 어떠한 경고도 주어지지 않았다. 이 위대한 사람은 갑자기 아합 앞에 나타나서는 자기의 말이 없으면 다시는 비가 내리지 않을 것이라는 선언을 하였다(17:1). 우리는 아합과 그의 신하들이 이상한 복장을 한 이 낯선 사람을 보고 얼마나 비웃었을지 충분히 상상할 수 있다(열왕기하 1:8을 참조하라). 그들은 엘리야가 하나님의 권위에 의지하여 이야기하자 더욱 더 조롱했다. 그 때에 아합은 엘리야를 어떻게 생각했을까?

그러나 그 후로 정말 엘리야의 말대로 비는 내리지 않았다. 그 동안 엘리야는 17장의 나머지 부분이 말해 주는 바와 같이 하나님의 돌보심을 받고 있었다.

엘리야는 이세벨의 모국에서 가까운 페니키아의 사르밧 과부의 집에 머무는 동안 많은 표징을 통하여 오래 전 모세와 같이 그가 하나님의 선지자이며 대언자임을 입증하였다. 엘리야가 과부의 죽은 아들을 다시 살려 놓았을 때 고백한 그 과부의 말을 통하여 우리는 다시 한 번 더 성경적인 기적은 하나님께서 자기의 대언자로 선택하신 사람들에게 권위를 부여하기 위하여 주어졌다는 사실을 알게 된다(17:24; 참조. 출 4:1-5).

엘리야는 모세 때의 첫번째 이적시대에 이어 두번째의 이적시대를 여는 사람이었다. 우리는 엘리야와 그의 후계자 엘리사 시대를 통하여 나타난 수많은 이적들을 목격하게 된다. 그리고 이와 함께 엘리야와 엘리사는 그들 이후에 나타나게 될 문서기록 선지자들로 말미암는 두번째로 위대한 계시시대가 도래하고 있음을 알려주고 있다.

18장에서 우리는 다시 한 번 엘리야와 아합 사이의 대결을 목격하게 된다. 엘리야를 향한 적대감이 더욱 커졌음에도 불구하고 이번에는 아합의 태도가 훨씬 더 정중하게 변했다. 그는 엘리야를 이스라엘을 괴롭게 하는 자라고 불렀다(18:17). 엘리야의 대답은 어느 시대에 있어서나 하나님의 진리를 위해 싸우고 또 교회의 죄악들을 책망하다가 교회를 괴롭힌다는 비난을 받는 하나님의 백성들이 사용했던 전형적인 답변이었다. "내가 이스라엘을 괴롭게 한 것이 아니라 당신과 당신의 아비의 집이 괴롭게 하였으니 이는 여호와의 명령을 버렸고 당신이 바알들을 좇았음이라"는 엘리야의 말은 하나님의 교회와 하나님의 백성들이 안고 있는 모든 문제들의 핵심을 지적하고 있다. 문제는 언제나 하나님의 말씀으로부터 어떤 사람들이 이탈하기 때문에 일어난다.

갈멜산에서의 대결은 바알의 선지자들과 제사장들의 주장이 거짓된 것임을 그대로 노출시켰다. 그들이 자기들이 섬기는 신이 살아있는 존재라는 어떤 증거를 나타내 보이는 일에 실패한 다음 엘리야의 차례가 되었다(18 : 30 이하).

엘리야가 행한 모든 것은 하나님께 영광을 돌려드리려는 의도에서 비롯된 것이었다. 엘리야의 행동은 이스라엘에게 오랜 믿음의 기초, 즉 선조들의 하나님께로 돌아가야 한다는 교훈을 보여 주었다. 야곱의 아들들의 수대로 취한 열 두개의 돌은 옛적에 하나님을 신뢰하는 족장들에게 내리셨던 하나님의 축복을 상기시켜 주었다. 또한 그의 기도에서 엘리야는 족장들의 시대와 이스라엘이 초기에 가졌던 믿음시대를 생각나게 했다(18 : 36).

자기의 행하는 모든 일이 하나님의 말씀에 따른 것임을 주장하면서(18 : 36) 엘리야는 다시금 자신의 영광이 아닌 하나님의 영광을 드러내려고 노력하였다. 그가 언급한 말씀이란 그 당시 하나님께서 그에게 주셨을지도 모를 어떤 특별한 새 명령이라기 보다는 모세를 통하여 기록된 하나님의 말씀이라고 생각하는 것이 옳을 것이다.

엘리야의 신학은 견고하고 분명했다. 그는 백성들의 마음이 돌이켜질 때에야 비로소 그들이 하나님을 믿을 수 있을 것이라는 사실을 알고 있었다(37절). 이후에 이것은 백성들이 하나님을 믿게되기 위해서는 하나님께서 그들의 마음을 자기에게로 돌이켜 주시지 않으면 안된다고 하는 선지자들의 메시지의 핵심이 될 것이었다. 이와 마찬가지로 신약성경에서 예수님께서도 우리가 하나님의 나라를 보기 위해서는 거듭나지 않으면 안된다고, 즉 하나님에 의해서 자신에게로 돌이켜진 마음을 갖지 않으면 안된다고 말씀하신다(요한복음 3장).

그래서 엘리야는 일찍이 사무엘이 사용했던 방법과 유사한 방법으로 백성들에게 회개를 촉구하면서 옛날의 바로 그 하나님의 길로 되돌아 가자고 권면하고 있는 것이다. 사무엘상 7 : 3을 비교해 보라. 하나님께서는 불을 내려보내심으로 엘리야의 기도에 응답하셨다. 그리고 그 증거를 목격한 백성들은 바알을 이기신 하나님을 소리높여 찬양하였다(39절).

바알 선지자들을 죽이는 행위는 우리에게 매우 끔찍하게 여겨질지도 모른다. 그러나 우리는 이 거짓 선지자들이 하나님의 모든 백성들을 위태롭게 만들었다는 것과 이스라엘 나라 안에 바알의 선지자들이 존재한다는 그 자체만으로도 하나님의 명령에 명백하게 위배되는 것이라는 사실을 잊어서는 안된다. 하나님께서는 이미 오래 전에 그러한 사람들에 대한 적절한 처벌을 선포해 놓으셨다(신 13 : 5).

우리에게는 이번에야말로 이스라엘의 전면적인 신앙부흥을 기대할 수 있을 것으로 보이지만 실은 그렇지 않았다. 바알의 숭배자들이 패배하였다는 소식을 전해듣고 분노한 이세벨이 엘리야를 그 땅으로부터 도망치게 만들었던 것이다(19 : 2 이하). 바로 얼마 전에 여호와께서 하나님이시라고 선언했었던 군중들은 어디로 갔는가? 그들의 회심은 진정한 것이 아니었음이 분명하다. 엘리야는 이제 자기만 홀로 남았으며 패배하였다고 느끼고 있었다(19 : 10).

하나님께서는 엘리야와 그 후에 오는 모든 믿는 자들에게 지극히 중요한 교훈 하나를 가르치시기 위하여 엘리야로 하여금 이렇게 약한 영적 상태에까지 도달하는 것을 허락하셨던 것이다. 먼저 하나님께서는 엘리야를 하나님께서 그의 종 모세를 통하여 처음으로 자기의 말씀을 주셨던 시내산(호렙산)으로 돌아가게 하셨다(19 : 8). 그리고 나서 하나님께서는 엘리야로 하여금 갈멜산에서 모든 것을 태워버린 불의 기사와 같이 강력한 외적인 표적 혹은 능력을 많이 보게 하셨다(19:11 이하). 그러나 매번의 강한 외적인 표적 후에는 다음과 같은 구절이 되풀이되고 있다. "그러나 여호와께서 바람(지진, 불) 가운데 계시지 아니하였다." 이어서 우리는 이러한 외부적인 표적 다음에 오는 "세미한 소리"라는 단어를 발견하게 된다(19:12).

하나님께서 엘리야에게 가르치고자 하신 것은 무엇이었을까? 간단히 말해서 그것은 백성들의 마음은 강력한 표적이나 능력에 의해서 돌이켜지는 것이 아니라 "세미한 소리"로 사람들의 마음을 향하여 말씀하시는 하나님의 말씀에 의해서 돌이켜진다는 것이다. 이와 유사한 말씀을 스가랴 4:6에서 볼 수 있다. "만군의 여호와께서 말씀하시되 이는 힘으로 되지 아니하며 능으로 되지 아니하고 오직 나의 신으로 되느니라." 이제 우리는 하나님의 권위를 소유한 수많은 하나님의 선지자들에 의하여 선포된 "여호와께서 말씀하시기를 …"이라는 형태의 하나님의 말씀을 듣게 될 것이다. 훗날 베드로가 모든 표적과 불가사이한 일과 심지어는 하늘로서 나오는 하나님의 음성을 듣는 것보다 "더욱 확실한 것"으로 선언한 것이 바로 이 기록된 하나님의 말씀이다(벧후 1:18-21). 이것은 또한 신명기 30:11-14에서 하나님께서 '너희에게 있는 하나님의 말씀은 구원하는 능력을 가졌다'고 선언하실 때와도 동일한 의미를 가진다. 로마서 10:6 이하와 비교해 보라.

바로 이때로부터 하나님께서는 선지자들을 통하여 소개될 복음을 엘리야와 엘리사를 통하여 준비하고 계셨다. 백성들의 마음을 하나님께로 돌이키게 할 수 있는 것은 바로 하나님의 말씀이었으며 능력있는 표적이 아니었다.

19장의 나머지 부분은 엘리야가 땅으로부터 들림을 받기 전에 수행해야 할 어떤 특별한 임무와 관련하여 기록하고 있다. 그는 시리아를 다스릴 하사엘, 이스라엘을 다스릴 예후, 그리고 그의 후계자가 될 엘리사에게 기름을 부어야 했다(19:15, 16).

아합이 악하였음에도 불구하고 하나님께서는 아합 당대에는 이스라엘에게 자비를 베푸셔서 그들을 그들의 대적 시리아의 손에서 구원해 주셨다. 익명의 선지자들과 하나님의 사람들 몇 명이 아합에게 승리를 확신시켜 주기 위하여 하나님과 아합 사이를 왕래하며 연락하는 일에 사용되어진다(20 : 13, 22, 28). 35절에서 우리는 다른 곳에서 "선지자의 무리"라고도 불리는(삼상 10 : 10) "선지자의 아들들"이라는 말을 처음으로 대하게 된다. 그것은 추측컨대 아마도 선지자들이 하나님과 그의 말씀에 대한 지식을 쌓도록 훈련을 받는 학교인 것 같다. 그리고 여기서 "아들"이라는 말은 제자나 학생을 의미하는 것인듯 싶다.

이스라엘의 첫번째 왕 사울과 마찬가지로 아합은 하나님께서 허락하신 것 이상으로 그의 대적에게 관대하셨다(20 : 34 참조. 삼상 15 : 9). 아합은 책망을 받았다(42절).

21장에 나타난 나봇의 포도원 사건은 다시금 이세벨의 사악함과 아합의 나약한 성격을 나타내 주고 있다. 나봇은 하나님의 말씀에 순종하기 위하여 왕의 요구를 거절하였다(참조. 레 25 : 23 ; 민 36 : 7). 적어도 하나님의 말씀의 초보를 배우며 자라난 아합은 나봇이 옳다는 것을 알았다. 그러나 이세벨은 페니키아인의 개념으로 왕을 이해하고 있었으므로 왕권은 어떠한 권위 아래에도 놓이지 않는—심지어는 하나님의 율법까지도 초월하는—절대적인 것이라고 생각했다. 그러므로 이세벨은 오래 전에 사무엘이 이스라엘의 왕들이 행하게 될 일에 대하여 경고한 것들을 이행하기 시작했다(삼상 8 : 11-17을 참조하라). 더욱이 이세벨은 훨씬 도를 지나쳤으며 음모를 꾸며서 나봇을 죽이기까지 하였다(21 : 13).

다윗이 하나님께 범죄하였을 때 다윗을 다루셨던 것과 유사한 방법으로 하나님께서는 아합 왕의 심각한 죄를 책망하기 위하여 다시 한번 더 그의 선지자를 보내셨다. 이번에는 희망의 여지라고는 조금도 없었으며 오직 통렬한 심판만이 있을 뿐이었다(21 : 17 이하). 아합의 통치기간을 통틀어서 예의를 차린 오직 하나의 행동은 이 심판의 소식을 전해 들은 뒤에 취한 그의 확실한 참회였다(21 : 27). 이 일로 인하여 그는 엘리야가 예언한대로 그의 가계에서 일어나게 될 모든 끔찍한 일들을 직접 목격하지 않아도 되는 자비를 얻었다 (21 : 29). 그러나 결국 이 말이 의미하는 바는 아합이 곧 죽을 것이라는 뜻이므로 특별히 위안이 되는 말은 아니었다.

열왕기상의 마지막 장은 여호사밧이 아합과 맺은 불행한 동맹에 대한 기묘한 설명을 담고 있다. **여호사밧**의 통치에 대하여는 이 장의 마지막 부분에 가서야 비로소 언급된다. 여호사밧 자신은 22장 초두부터 소개되어 있지만 그의 통치에 대한 이야기는 41절부터 시작된다. 먼저 43절을 살펴 보자. 여기서 우리가 배울 수 있는 것은 여호사밧은 하나님을 섬기려고 애썼던 자기 아버지 아사 왕을 닮았다는 사실이다. 그러나 그는 불경건한 아합 왕과 평화조약을 체결하는 중대한 실수를 범하였다(44절).

이제 22장 첫 부분에서 다루고 있는 아합과 여호사밧 사이에 있었던 그 기묘한 동맹 관계에 대하여 살펴보기로 하자. 이스라엘 백성과 유다 백성 사이에 아무런 구별도 두지 않은 여호사밧의 유감스럽고도 잘못된 판단은 그의 영적인 생활에 있어서의 중대한 오점을 드러내 준다(22 : 4). 왜냐하면 하나님의 백성들이 하나님의 뜻을 거역하며 살아가는 사람들과 동맹 관계를 맺는 것에 대해서 성경은 언제나 반대하고 있기 때문이다. 아브라함이 가나안 사람들과의 어떠한 결혼 관계를 맺기도 피하였던 족장시대로부터, 그리스도인들로 하여금 불신자들과 부당한 멍에를 매지 못하게 한 바울의 경고에 이르기까지(고후 6 : 14), 우리는 하나님께서 신자와 불신자 사이에 이미 반목 관계를 설정해 놓으셨다는 사실을 발견하게 된다 (창 3 : 15). 신자가 하나님께서 설정하신 이 구별을 무시할 때는 언제든지 그는 자신의 삶과 그를 따르는 사람들의 삶을 위태롭게 만들게 된다.

여호사밧이 전쟁에 대한 결정을 내리기 전에 하나님의 선지자로부터 조언을 구하려 하였을 때(5절) 그는 훗날 그리스도께서 경고하신 바와 같이 "진주를 돼지에게 던지는" 죄를 범했다(마 7:6). 불신자인 아합은 하나님의 뜻에 대해서는 아무런 관심이 없는 사람이었다. 그에게 있어서 종교적인 문의(inquiry)나 종교적인 생활은 참으로 어리석은 것이었다. 먼저 아합은 거짓 선지자들을 데려옴으로써 여호사밧을 설득하려 하였다(6절). 그리고 후에는 여호사밧으로 하여금 자기를 대신해서 죽임을 당하게 하려고 하였다(30절). 아합의 이러한 행동은 결과적으로 여호사밧을 거의 죽을 뻔하게 만들었다(32절). 그래서 우리는 "저희가 돌이켜 너희를 찢을 것이라"고 하신 예수님의 말씀이 참되다는 것을 깨닫게 된다(마 7:6). 다시 말하여 여호사밧이 종교적으로 다루려고 했던 사람 아합은 결국 자신을 구원하기 위하여 여호사밧을 멸망시키려 했으며, 나아가서는 시리아와 유다라는 두 대적을 한꺼번에 제거하려는 희망을 품고 있었는지도 모른다.

아합의 노력에도 불구하고 도리어 아합 자신이 죽임을 당했다는 사실과 그 죽음이 발생한 특별한 방법은 하나님의 뜻을 거스리려는 인간의 모든 노력에도 불구하고 자신의 선한 목적을 따라 모든 일을 통제하시는 하나님의 주권에 대하여 이야기해 주고 있다. 결국 하나님의 말씀이 승리를 거두었다(38절—21:19과 비교해 보라).

훗날 무역 사업에서 여호사밧이 아합의 아들과 동맹 관계를 맺는 것을 거절한 사실이 기록되어 있는 것으로 보아 여호사밧은 아합의 일로 큰 교훈을 얻었던 것이 분명하다(22:49).

아버지 아합에 이어 이스라엘의 왕이 된 아하시야의 통치의 시작은 열왕기하 1장에서 11장까지에 이르는 왕들의 두 번째 시기가 도래하였음을 알려 준다.

반역의 시대

(B.C. 850-800년경 ; 열왕기하 1—11장)

열왕기하의 처음 열한장은 이스라엘 왕국에서 아합의 씨를 멸절시킨 예후의 통치로 점점 이끌고 가는 동시에 그의 시대까지 포함하는 비극적인 시대를 다루고 있다. 여기서는 또한 아합의 집과 여호사밧의 아들인 유다의 여호람의 집 사이에 맺어진 혼인관계로 인한 유다의 타락을 다루고 있다.

엘리야와 엘리사에 대한 이야기가 이 시대와 함께 얽혀 있으므로 그 당시에 통치하였던 왕들의 연속성을 잃어버리기가 쉽다.

여호사밧의 통치기간은 아합, 아하시야, 그리고 요람이라고도 불린 여호람을 포함하는 이스라엘의 여러 왕들의 통치기간과 겹쳐진다. 이 시대가 야기하는 또 다른 혼동은 당시의 유다와 이스라엘 두 나라 왕들의 이름이 같은 경우가 빈번하다는 사실이다. 이것은 아마도 우리가 이미 알고 있는 바와 같이 여호사밧과 아합 시대에 맺어진 두 가계 사이의 친밀한 관계 때문이었던 것 같다. 이와 같은 불신앙적인 동맹관계가 가져다 주는 위험은 다시금 그것이 이스라엘과 유다 왕실 사이의 실제적인 결혼으로 이어지고 있다는 점에서 발견된다. 여호사밧의 아들은 아합의 딸(이세벨의 딸이기도 한)을 아내로 맞이함으로써 결국 유다 왕국에 이세벨의 사악함을 들여 놓고 말았다(열왕기하 8:16—18).

이스라엘 왕국에서 아합의 아들이자 왕위 계승자였던 아하시야는 오래 살지 못했다. 그는 단지 이년 동안 나라를 다스렸을 뿐이며 그 동안 자기 아버지의 악을 계속해서 행하였다(왕상 22:15—53). 그러나 그의 어머니 이세벨은 계속 살아서 이스라엘과 유다를 더럽힌 그녀의 악독을 계속 토해 내었다.

아하시야는 얼마나 악하였던지 사고로 떨어져 병이 났을 때에도 하나님께 도움을 구하지 않고 에그론의 신 바알세붑에게 도움을 청하였다(왕하 1 : 2). 이전 세대에 살았던 어떤 악한 사람들은 비록 심판을 당하기 직전이기는 하였을 망정 하나님께 도움을 구하였었다(왕상 21 : 27-29). 그러나 고통 중에 있는 왕이 이방신을 찾고 있는 지금 이스라엘의 영적인 상태는 극도로 낮게 떨어졌다. 이후로 바알세붑이라는 명칭은 사탄과 동의어로 사용된다(마 10 : 25).

아하시야는 하나님으로부터 심한 책망을 받았으며 또한 결코 병상에서 일어나지 못할 것이라는 말씀을 들었다(왕하 1 : 3, 4). 1 : 9-16에 기록된 에피소드는 하나님의 종 엘리야가 하늘로 올리워가기 전에 주어진 마지막 사건이다. 이 사건에서 우리는 오만한 사람들을 향한 하나님의 진노와 겸비한 사람들을 향한 하나님의 자비를 동시에 발견할 수 있다.

아하시야의 아들 여호람이 이스라엘 왕국에서 그의 아버지의 왕위를 이어 받았으므로 당시의 유다와 이스라엘 두 나라 왕의 이름이 동일하게 되었다(1 : 17). 여호사밧의 아들 여호람은 아합의 딸과 결혼한 바로 그 사람이다. 추측컨대 유다의 여호람은 그의 부친 여호사밧과 한 동안 공동 통치자로 있었던 것 같이 보인다. 왜냐하면 1 : 17에서는 이스라엘의 여호람이 유다의 여호람 왕 제 2년에 왕위에 올랐다고 기록되어 있는 한편 3 : 1에는 이스라엘의 여호람이 여호사밧 왕 제 18년에 왕위에 올랐다고 기록되어 있기 때문이다.

이스라엘의 여호람에 대한 기록 가운데 가장 긍정적인 말은 그가 악을 행하기는 하였으나 그의 부모만큼 악을 행하지는 않았다는 것이다(3 : 2). 엘리야가 하늘로 올리워가고 엘리사가 선지자들 중에서 엘리야의 후계자가 된 것은 바로 이 여호람이 이스라엘의 왕으로 있을 때였다. 이스라엘 왕 여호람의 통치에 대하여 이토록 많은 주의를 기울이는 이유는 엘리사의 활동이 바로 그의 당대에 최초로 시작되었다는 사실 때문이다. 이것이 바로 이스라엘에서 비교적 중요하지 않은 왕이라 할 수 있는 여호람의 통치에 대하여 아홉 장 씩이나 할애하고 있는 이유이다.

엘리사에게 있어서 강한 도전이 주어진 것은 열왕기하 2장에 기록된 엘리야의 승천 때부터이다. 이러한 사실은 엘리야가 승천하려고 할 당시에 있었던 모든 선지자들에게도 분명하게 알려졌다. 엘리사는 엘리야 곁에 머무는 일에 있어서 매우 신중하게 처신했다. 엘리야가 엘리사에게 계속해서 뒤에 남아 있으라고 지시한 것은 분명히 자신의 소명에 대한 엘리사의 위임(commitment)을 시험하려는 의도였다.

엘리야는 하늘로 승천하면서 죽음을 경험하지 않고 하늘로 올라간 소수의 그룹에 들게 되었다. 엘리야를 제외하면 홍수 이전의 경건했던 사람 에녹만이 죽음을 경험하지 않고 승천했다. 그리고 오직 예수님만이 부활하신 후에 승천하실 것이었다. 그리스도께서 다시 오시는 마지막 때에는 많은 사람들이 그리스도를 맞이하기 위하여 산 채로 공중으로 올라가게 될 것이다(고전 15:51). 엘리야가 승천하는 중에 그의 겉옷이 엘리사에게 떨어졌고 엘리사는 그의 사역을 이어받게 되었다.

오랜 후에 말라기는 주의 날이 이르기 전에 엘리야가 다시 올 것이라고 예언하였다(말 4:5). 예수님께서는 세례 요한의 도래로 이 예언이 성취되었다고 해석하셨다(마 11:14). 또한 엘리야는 모세와 더불어 변화산에서도 예수님과 함께 나타났다(마 17:3).

"이스라엘의 병거와 그 마병이여"라고 엘리야를 부른 엘리사의 외침은 이스라엘의 모든 군대보다도 더 위대하고 중요한 엘리야의 위대함에 대한 찬사이다(왕하 2:12). 훗날에는 똑같은 찬사가 이스라엘 왕 요아스에 의하여 엘리사에게 주어졌다(왕하 13:14).

엘리사를 통하여 나타난 일련의 열 다섯 가지 기적들이 상당히 오랜 기간에 걸쳐서, 사실상 초기 문서기록 선지자들의 시대에 이르기까지 기록되어 있다.

엘리사가 행한 **첫번째** 기적은 전에 엘리야가 행했던 것과 동일한 것으로서 엘리야를 모방한 것이었다(2:14；2:8과 비교해 보라).

두번째 기적은 나쁜 물을 고친 것이었다(2:19 이하). 세번째 기적은 42명의 어린아이들을 곰 두 마리를 통해서 멸절시킨 사건이다. 이 사건은 기적으로 보이지 않을지도 모른다. 그러나 어린아이들에 대한 엘리사의 잔혹성을 비난하려는 사람들에게는 다음과 같은 이의를 제기할 수 있다(2:23-24). 이 사건과 관련하여 우리는 두 가지 사실을 기억할 필요가 있다. 첫째로, 엘리사가 아닌 하나님께서 곰들을 보내셨다는 사실이다. 둘째로는, 그 아이들의 말은 아마도 하나님의 종에 대한 그들의 부모들의 조소를 반영하고 있었을 것이라는 사실이다. 확실히 그들은 윗사람을 공경하라는 가르침을 받지 못했음이 분명하다. 하나님의 율법에 대한 불순종은 언제나 그 벌로써 죽음을 동반한다. 따라서 이 아이들(혹은 그 부모들까지도)은 그 날 하나님께서 내리신 심판으로 말미암는 벌을 마땅히 받아야만 했다.

네번째 기적은 모압의 메사 왕의 배반과 관련되었다(3:4-27). 우리는 또 다른 근거인 모압에서 발견된 비석을 통해서도 이 메사 왕을 알 수 있다. 고고학자들에 의하여 발견된 그 돌에는 이스라엘에 대한 그의 반역에 대하여 메사가 친히 기록한 글이 새겨져 있다. 그 기록에서 메사는 자기가 섬기는 신의 도움으로 자기가 아합의 아들을 이겼다고 자랑하였다. 다시 한 번 여호사밧은 여호람의 강권에 못이겨 이스라엘과 합류했다. 그리고 또 다시 여호사밧은 하나님의 선지자로부터 하나님의 뜻을 구하자고 주장했다(3:11). 이번에는 하나님께로부터 보냄을 받아 지시한 엘리사 외에는 어느 누구도 그들의 동맹이 어떻게 모압을 이기고 승리할 것인지에 대하여 예언하지 않았다. 하나님께서 역사하심으로 말미암아 모압 사람들은 마치 피로 가득찬 것처럼 보이는 골짜기의 물을 보았다(3:22, 23). 이러한 광경을 목격한 모압 사람들은 동맹군들이 서로 싸워서 서로를 쳐 죽인 것으로 잘못 추측하였다(3:23). 그것은 모압의 배반을 종결시키는 치명적인 실수였다.

다섯번째의 기적은 과부의 기름이 기적적으로 늘어난 사건이었다

(4:1 이하). **여섯번째** 기적은 너무 늙어서 잉태할 수 없는 한 여인에게 아이를 가지게 될 것이라는 약속을 한 사건이었다. 그녀는 수넴 여인이었다(4:8 이하).

이후에 그 수넴 여인이 아이를 낳았는데, 몇 년 후에 그 아이가 병이 들어 죽고 말았다(4:17 이하). 그러자 이 여인은 갈멜산에 있는 엘리사를 찾아 가서 그를 자기 집으로 데리고 갔다. **일곱번째** 기적은 그 아이를 죽음에서 일으킨 사건이었다(4:35).

여덟번째와 **아홉번째** 기적은 음식과 관련하여 일어났다. 그 중 하나는 우연한 일로 독이 들어간 음식을 엘리사가 깨끗하게 만든 것이다(4:41). 또 다른 하나는 적은 양의 음식으로 많은 무리를 먹인 사건으로서, 예수님께서 행하신 두 번의 기적과도 유사한 것이었다(4:42).

5장은 나아만의 문둥병과 관련된 매우 흥미있는 기적(**열번째** 기적)을 기록하고 있다. 나아만은 이스라엘의 적국인 시리아의 군대 장관이었다. 그럼에도 불구하고 그는 이스라엘의 한 선지자가 기적을 행할 수 있다는 소식을 들었을 때 그를 찾아 갔다. 엘리사로부터 요단강에 가서 일곱 번 목욕을 하라는 말을 들었을 때 나아만은 시간만 낭비했다는 생각으로 분개했다. 그러나 그의 현명한 종이 그에게 순종하라고 충고했다. 그리고 나아만이 순종하자 문둥병으로부터 고침을 받았다(5:14).

그 사건은 나아만을 설득하여 그로 하여금 하나님을 믿는 확고한 신자가 되게 하였다(5:15). 그의 회심은 진심에서 우러난 것으로 보인다(5:17 이하). 그러나 엘리사의 종 게하시의 거짓된 행동은 그가 바라던 부가 아닌 나아만의 문둥병을 그에게 가져다 주었다 (27절). 이것이 **열한번째** 기적이었다. **열두번째** 기적은 도끼 머리를 떠 오르게 한 것이었다(6:6).

열세번째 기적은 엘리사의 종에게 보인 하나님의 군대에 대한 환상이었다(6:17). 시리아의 왕은 이스라엘이 그들이 계획하고 있는 일들을 언제나 알고 있는 것처럼 보였으므로 매우 화가 났다. 그는 엘라사라는 선지자가 시리아에서 계획하는 모든 일을 이스라엘 왕에게 일러준다는 사실을 알고는 엘리사를 사로잡으려고 하였다. 시리아의 군대가 엘리사를 잡으려고 그가 있는 성으로 갔을 때 그들은 눈이 어둡게 되어 아무 것도 볼 수 없게 되었다. 그리고 그들은 이스라엘의 수도 사마리아로 포로가 되어 이끌려 갔다(6 : 19).

엘리사가 행한 **마지막** 기적은 사마리아 사람들이 굶주림에 지쳐 있을 때 사마리아를 에워싸고 있던 시리아가 사마리아 사람들을 위하여 풍성한 음식을 남겨 놓은 채 갑작스레 패배한 사건이었다(7장). 엘리야가 승천하기 전에 하나님께서는 그에게 세 가지 임무— 즉 시리아를 다스릴 왕으로 하사엘에게 기름붓는 일, 이스라엘의 왕으로 예후에게 기름을 붓는 일, 그리고 자기의 후계자 엘리사에게 기름붓는 일—를 부여하셨다(왕상 19 : 16). 엘리야는 자신이 땅 위에서 활동하는 기간 중에 부여받은 세 가지 임무 가운데 마지막 임무를 성취하였다. 그러나 그렇게 하면서 그는 나머지 두 가지 임무를 엘리사에게 위임하려고 생각하고 있었음이 분명하다.

왕하 8장에서 우리는 엘리사가 벤하닷을 대신하여 시리아의 왕이 될 하사엘에게 기름붓는 것을 목격하게 된다. 이 장은 또한 여호사밧의 아들 유다의 여호람과 아합과 이세벨의 딸 사이에 이루어진 혼인관계에 관하여 기록하고 있다(8 : 18). 우리가 이미 언급한 바와 같이, 이 혼인관계는 다시금 유다의 영적 수준을 떨어뜨렸을 뿐 아니라 다윗의 전반적인 가계를 위태롭게 만들었다. 그러나 다시금 하나님의 지속적인 은혜가 나타났으며, 하나님께서 다윗을 위하여 그 계보를 보전하셨다(8 : 19—왕상 11 : 36을 비교해 보라). 이 시대는 하나님께서 유다의 여호람에게 진노를 나타내신 사실을 통하여 알 수 있듯이 반역의 시대였다(20, 22절). 8년이라는 비교적 짧은 기간을 통치한 후에 여호람이 죽고 그의 아들 아하시야가 즉위했다. 아하시야의 어머니 아달랴는 북왕국 아합의 딸이자 오므리의 손녀였다(8 : 26).

예상되었던 바와 같이 유다의 아하시야는 이스라엘의 여호람(요람)과 동맹관계를 맺었으며, 또 두 왕은 서로 친족이었기 때문에 매우 가까이 지냈다(8 : 29).

이러한 시점에서 여호와께서 개입하시기 시작했다. 엘리사는 오래 전에 하나님께서 엘리야에게 내리신 명령 중 세번째의 것을 이행하기 시작했다. 그는 선지자의 생도들 가운데 한 사람을 선택하여 이스라엘의 왕이 될 예후에게 가서 기름을 붓도록 하였다. 예후는 오므리의 혈통을 멸절시키고 이스라엘 안에서 바알 숭배를 근절하기 위하여 하나님에 의해서 선택되었다(9 : 8).

아하시야가 이스라엘의 여호람을 방문하고 있는 동안 예후는 왕에 대한 반역을 도모했다. 결국 예후는 여호람(9 : 24)과 유다의 아하시야(9 : 27)를 모두 죽였다. 그 후에 예후는 이스라엘로 가서 오만하고 허영심이 강한 이세벨을 죽였다(9 : 30 이하). 그 다음에는 아합의 모든 아들들과 자손들을 멸절시켰다(10 : 11). 예후는 유다 왕 아하시야의 모든 형제들까지 살해하였다. 왜냐하면 아하시야 역시 아합의 자손들로부터 영향을 받았기 때문이었다.

이스라엘과 유다의 집을 멸절시키는 과정에서 예후는 레갑의 아들 여호나답을 만나게 되었다(10 : 15). 예후는 훗날 예레미야서에서 믿음의 대표적인 족속으로 언급되기도 한(렘 35 : 6-19), 이스라엘 가운데 있는 이 훌륭한 족속에 대한 경의를 나타내 보였다.

이스라엘 내에서의 바알 숭배에 대한 근절은 매우 효과적이었다. 유다에서는 바알 숭배가 계속 되었지만 이스라엘에서는 다시는 바알 숭배가 일어나지 않았다(10 : 18 이하). 여호나답과 더불어 예후는 이스라엘에서 모든 바알 숭배자들을 진멸하였다(10 : 28).

그는 이제까지 행한 모든 일에서 하나님의 뜻을 좇았지만 유감스럽게도 하나님을 경외하지는 않았다. 이 때문에 그가 행한 대량 학살은 하나님을 기쁘시게 하기 보다는 도리어 악행이 되었다. 따라서 훗날 호세아 선지자는 이스라엘에서의 죄를 비난하고 있다(9 : 30 이하와 호세아 1 : 4을 비교해 보라). 예후의 죄는 아합 집의 모든 사람을 죽인 데 있는 것이 아니라 하나님을 섬기기 위하여 그 일을 하는 대신에 개인적인 이익을 얻기 위하여 그 일을 행한 데 있었다(10:31).

이것은 사실상 하나님의 백성으로서의 이스라엘의 파멸을 의미하였다. 사실 호세아는 그들이 하나님의 백성이 아니라고 선언하였다. 열왕기하 10:32; 호세아 1:4, 9 등을 비교해 보라.

그토록 많은 아합의 친족들이 죽임을 당하는 가운데서도 아합의 딸은 흥미로운 상황에서 예루살렘에 살아남아 있었다. 그녀는 이제 확실한 왕위 계승자였으므로 자신의 경쟁자, 즉 다윗의 자손들을 모두 죽이려고 안간힘을 썼다(11:1). 그러나 하나님의 섭리로 한 사람이 구원되어 적당한 시기가 올 때까지 숨겨져 있었다(11:2, 3).

한살 난 아하시야의 아들 요아스는 아달랴가 스스로 성공적으로 왕위를 확보했다고 생각하고 있는 동안에 육년 동안 성전에 숨겨져 있었다(11:3). 요아스를 보호했던 제사장 여호야다가 그의 생존을 유다에 알렸을 때, 온 유다는 변화를 수용할 준비가 되어 있었음이 틀림없다(11:12, 14).

이스라엘의 마지막 전성기
(B.C. 800-750년경; 열왕기하 12-15:7)

유다의 요아스는 그의 영적인 능력에 관련하여 길고도 혼합된 통치를 하였다. 여호와께 대한 그의 믿음은 그의 보호자이자 의논상대였던 제사장 여호야다에게 의존되어 있었다(12:2). 그는 성전 수리에 관심을 나타내 보였는데 이는 아마도 여호야다의 영향을 받은 것으로 보인다(12:4 이하). 여호야다가 생존해 있는 동안은 일반적으로 선한 뜻과 상호신뢰를 가진 시기였다(12:15).

그러나 대적들로부터 위협을 받게 되자 요아스 왕은 여호와를 의뢰하지 않고 세속적인 뇌물을 의지했다(12:17, 18). 그는 자기를 위협하던 시리아의 하사엘 왕에게 돈을 주고 위기를 모면했다.

우리는 요아스가 암살당한 이유를 여기서는 알 수 없지만 역대기에서 여호야다 제사장이 죽은 이후의 그의 통치 시기에 대하여 좀 더 알게 될 것이다. 제사장 여호야다가 죽은 이후의 그의 삶은 영적으로 침체되어 있었으며 또한 악하고 복수심에 불타고 있었음을 알 수 있다.

이제 다시 북 왕국으로 돌아가 보자. 여기서 우리는 이스라엘로부터 바알 숭배를 근절시켰던 예후의 아들 **여호아하스**의 악한 통치를 대하게 된다. 예후는 여호와께 충성스럽지 못하였음이 입증됐으며, 그의 아들도 그의 악한 길을 뒤따랐다. 따라서 예후의 집은 하나님께서 멸절시키신 아합의 집과 다를 바가 없었다(13:1 이하).

하나님께서는 사사 시대에 행하셨던 것과 같이 다시금 이번에는 시리아에서 대적들을 일으키셔서 잦은 침략을 통하여 이스라엘을 괴롭히도록 하셨다. 이스라엘을 침략하는 데 사용된 사람은 시리아의 하사엘과 벤하닷이었다. 그 두 사람은 모두 세속 역사의 기록에도 등장하는 인물이다(13:3).

시리아의 압제 하에서 이 예후의 아들은 여호와 앞에서 약간의 성실함을 나타내 보이면서 여호와께 도움을 요청하였다. 이러한 상황은 참으로 사사시대를 연상하게 한다. 하나님께서는 그의 부르짖음을 들으시고 이스라엘을 그 압제자들의 손에서 구원해 주셨다(13:4-6).

이스라엘의 여호아하스를 계승하여 왕이 된 사람은, 여호아하스와 마찬가지로 사악한 그의 아들 **요아스**였다(13:11). 이 즈음에 엘리사는 늙어서 죽을 기한이 가까왔으나 여전히 이스라엘 백성들로부터 존경을 받았다. 이스라엘의 요아스 왕은 전에 엘리사가 엘리야를 가리켜 호칭했던 것처럼 엘리사를 이스라엘의 병거와 마병이라고 부름으로써 그의 위대함을 인정하였다(13:14; 참조. 2:12).

엘리사의 마지막 명령에 대한 요아스의 열정의 부족은 시리아에 대하여 완전한 승리를 거둘 수 있는 기회를 놓치게 하고야 말았다. 아마도 그는 그런 척 했던만큼 엘리사를 실제로 존중하는 사람은 아니었던 모양이다.

엘리사와 관련하여 일어난 마지막 한 가지 기적은 그의 사후에 일어난 것으로, 엘리사의 무덤에 던져진 시체가 그의 뼈에 닿자 그 시체가 다시 살아난 사건이었다. 여기서 우리는 선지자들의 위대함과 권위에 대한 하나님의 지속적인 증거를 엿볼 수 있다(13 : 21).

우리는 이스라엘의 계속적인 죄에도 불구하고 이스라엘에게 끊임없이 베푸시는 하나님의 자비를 보면서 놀라지 않을 수 없다. 아주 오래 전에 모세에게 선포하신 바와 같이 하나님의 오래 참으심은 의심할 여지가 없다(13 : 23 ; 출 34 : 6을 비교해 보라).

이 무렵 유다에서는 요아스의 아들 **아마샤**가 통치하고 있었다. 그는 여호와의 뜻에 민감했으며 또 모세의 율법에 순종하고자 하는 열의를 가지고 있었던 것 같다(14 : 5, 6).

유다의 아사와 이스라엘의 바아사 이후 처음으로(왕상 15 : 32) 이스라엘과 유다는 서로 사이가 멀어져서 싸움을 하게 되었다(14 : 8 이하). 이것은 여호사밧과 아합 시대 이후로 두 나라 사이에 있어온 동맹관계가 깨어지는 것을 의미했다. 이 전쟁의 결과 유다가 이스라엘에게 패하게 되었다(14 : 12). 이스라엘은 예루살렘 성으로 쳐들어가서 성전을 수탈하기까지 했다(14 : 14).

아마샤는 유다의 왕으로서는 너무나 어리석은 사람이었으므로 암살을 당하여 죽고 그의 아들 **아사랴**(웃시야)가 열여섯살에 왕이 되었다(14 : 21). 아사랴는 유다의 왕들 중에서 가장 오랜 기간 동안 왕위에 머물러 있었다. 이사야 선지자가 소명을 받을 때까지 그는 약 50년 동안이나 왕위에 있었다(사 6 : 1).

유다 왕 아마샤의 통치 기간 중간 쯤에 이스라엘에서는 마지막으로 강력한 왕이 나타나서 나라를 다스리기 시작했다. 그는 이스라엘의 **여로보암 2세**로 알려져 있다. 웃시야만큼 오랜 기간은 아니었지만 그 역시 오랫동안 통치를 하였다. 그는 이스라엘에서 약 41년을 다스렸다.

그가 채택한 여로보암이라는 이름은 의미심장한 것으로 당시의 하나님을 향한 반역적 태도를 나타내는 것이다. 그는 솔로몬이 죽은 이후의 왕국 분열 시에 처음으로 이스라엘을 범죄하게 만들었던 왕 여로보암 1세의 이름을 선택하였다.

성경에서는 여로보암 2세를 아주 간략하게 소개하고 있을 뿐이지만 사람들의 눈에는 아마도 그가 성공적으로 통치했다고 판단될 만한 점들을 가지고 있었던 것 같다(14 : 25, 27, 28). 그리고 성경의 역사서에 그 이름이 나타나는 문서기록 선지자들에 관하여 언급하기 시작한 때가 바로 여로보암 2세 때였다. 역사서에 최초로 등장하는 그 문서기록 선지자는 바로 가드헤벨 사람 아밋대의 아들 요나였다(14 : 25).

웃시야로도 잘 알려진 유다의 아사랴와 이스라엘의 여로보암 2세의 긴 통치는 이스라엘의 종말이 가까왔음을 암시해 준다. 여로보암이 하나님께서 보시기에 악하게 행하는 동안 웃시야는 여호와를 기쁘시게 하려고 노력하였다(15 : 3). 그리하여 유다를 향한 하나님의 끊임없는 특별한 은총은 북 왕국 이스라엘이 멸망한 후에도 여러 해 동안 지속되었다.

이스라엘의 말기

(B.C. 750-722; 열왕기하 15 : 8-17 : 41)

급속하게 교체되는 이스라엘 말기의 왕들은 국내에서의 모반과 또 그보다 훨씬 더 큰 위협이었던 앗시리아에 의한 침략의 와중에서 나라를 다스렸다. 여로보암 2세의 아들 **스가랴**는 겨우 여섯 달을 통치했을 뿐이다. 그는 살룸에게 죽임을 당하면서 왕위를 내 주고 말았다. 그리고 **살룸**은 단 한 달 동안을 통치하다가 므나헴에게 살해되었으며, **므나헴**은 10년 동안 왕위에 머물러 있었다(15:17 이하).

그리고는 마침내 앗시리아의 세력이 가나안 땅에까지 미치게 되고 이어서 이스라엘을 침략했다. 그 당시 이스라엘을 위협했던 앗시리아의 그 위대한 왕은 성경에서는 불(Pul)로 알려진 디글랏 빌레셀 3세였다(15:19).

웃시야가 여전히 유다의 왕위에 있는 동안 므나헴의 아들 **브가히야**는 그의 아버지 뒤를 이어 2년 동안을 통치하다가 사마리아에서 그의 군대장관 베가에 의해 죽임을 당하였다(15:25).

베가는 즉위하여 약 20년 동안 이스라엘을 다스렸다. 그는 이사야 선지자가 처음으로 유다에서 예언사역을 시작하고 또 웃시야 왕이 사망한 무렵부터 통치하기 시작했다(15:27). 디글랏 빌레셀은 이스라엘과 시리아에 대한 활동을 증가시키기 시작했다. 그는 실제로 북쪽에서 이스라엘 왕국에 속한 땅들을 점령하였다(15:29).

이 무렵에 이스라엘의 마지막 왕이 된 **호세아**가 베가를 죽이고 B.C. 722년에 사마리아 성이 함락될 때까지 9년을 치리하였다.

그러나 호세아가 왕위에 오르기 이전 시대인 이스라엘의 베가 왕과 시리아의 르신 왕이 다스리던 시대부터 이들 두 나라는 유다에 대적하여 동맹을 맺고 예루살렘을 공략하려고 위협했다(15:37). 이러한 때에 **요담**이 아버지 웃시야를 대신하여 유다를 다스리고 있었다. 이스라엘과 시리아의 공략이 있기 전에 요담이 죽고 유다의 가장 악한 왕들 중의 하나인 **아하스**가 그의 아버지 뒤를 이어 왕이 되었다(16:1-4).

이사야 7장을 통하여 우리는 시리아와 이스라엘이 유다의 아하스를 위협하고 있을 때 하나님께서 그 두 나라로 하여금 예루살렘을 취하도록 내버려 두지 않으실 것이라는 사실을 이사야가 아하스에게 어떻게 보증하게 되었는가 하는 것을 알 수 있다. 그러나 열왕기하 16:7이하에서 보는 바와 같이 아하스는 하나님을 의뢰하는 것보다

제 7 장/선지자 시대   247

　인간적인 동맹관계를 더욱 신뢰하고 있었으므로 자기의 대적들과 맞서기 위하여 앗시리아에 도움을 청하였다. 다시금 그는 하나님께 대한 그의 불신앙을 나타내 보였다.
　아하스의 악한 행위로 말미암아 B.C. 732년에는 앗시리아의 손에 다마스커스(다메섹)가 멸망되었다(16:9). 그 다음 10년 후인 B.C. 722년에는 이스라엘의 수도 사마리아가 함락되었다(17:6). 그러나 앗시리아 사람들은 거기서 멈추지 않았다. 앞으로 연구하게 되겠지만 B.C. 701년 경의 유다의 히스기야 왕 때에 그들은 예루살렘을 침략하기에 이른다. 이렇게 아하스의 책략은 자기 아들 히스기야 시대에 가서 자신의 왕국을 거의 멸망 직전의 상태에까지 이르도록 만드는 결과를 초래하고 말았다. 여기에 대해서는 다음 기회에 좀 더 자세히 거론하기로 하자.
　이제 이스라엘의 마지막 왕 호세아의 통치시대로 다시 돌아가 보자(왕하 17:1 이하). 여기서 우리는 세상역사에 알려져 있는 살만에셀 5세가 호세아를 자기 지배하에 두고 그로 하여금 공물을 바치도록 강요한 사실을 알게 된다(17:3). 호세아가 이집트 왕에게 도움을 요청하기 위하여 뇌물을 바치자 앗시리아 왕은 사마리아를 포위하였다. 성경은 앗시리아 왕이 호세아 9년에 사마리아를 취했다고만 기록하고 있다(17:6). 성경 이외의 자료들로부터 우리는 당시의 앗시리아 민족이 B.C. 722년에 사마리아를 점령하는 데 실제적인 공로자로 생각되는 사르곤 2세의 통치를 받고 있었다는 것을 알 수 있다(17:6). 앗시리아의 정책에 따라 이스라엘 백성들은 다른 여러 나라의 땅으로 이주되었으며(17:6), 또 다른 여러 나라의 백성들이 사마리아에 거주하도록 옮겨졌다(17:24).
　그리하여 이스라엘의 북쪽 왕국의 역사는 끝이 난다. 그 백성들은 앗시리아 제국 전체에 걸쳐서 흩어졌으며 영원히 잊혀지고 말았다.
　이 시점에서 열왕기서는 하나님께서 역사의 오랜 기간에 걸쳐서 이스라엘 백성들을 다루어 오신 것을 요약하여 말하고 있다. 이스라엘의 죄목, 즉 이스라엘을 멸망케 한 죄목들이 여기서 여러 가지로 열거되고 있지만, 그들이 범한 본질적인 죄는 하나님의 끊임없는 관심과 이스라엘을 자기에게로 돌이키게 하려고 선지자들을 끊임없이 보내셨음에도 불구하고 여호와께 죄를 범한 것이었다(17 : 7, 13). 하나님의 선지자들에 의하여 전달된 바와 같이 하나님의 말씀에 대한 유익하고도 합당한 반응은 하나님께 대한 믿음이었다. 이스라엘은 이것을 나타내 보이기를 거절하였다(17 : 14). 그리하여 하나님께서는 그들이 더 이상 하나님의 백성이 되지 못하도록 이스라엘을 자신의 눈 앞에서 제하여 버리셨다.

이스라엘을 심판하시면서 여호와께서는 유다를 남겨 두셔서 바벨론 포로 때까지 136년 동안을 한 민족으로 여호와 앞에서 계속 살도록 하셨다. 그러나 유다도 역시 불순종함으로 말미암아 결국은 선지자들이 계속하여 선포하였듯이 유다의 남은 자만이 구원을 얻게 될 것이었다.

후기 역사에 나오는 사마리아인의 기원은 왕하 17장 후반부에 기록되어 있다. 우리는 앞에서 이미 살펴 보았던 바와 같이 여러 곳으로부터 옮겨져 온 사람들이 사마리아에 거주하게 되었다는 사실을 알 수 있다(17 : 24). 이 낯선 사람들이 여호와를 경외하지 않았기 때문에 여호와께서는 사나운 짐승들을 통하여 그들을 징계하셨다 (17 : 25). 그 곳의 신을 진정시키는 법을 배우기 위하여 사마리아 사람들은 이스라엘 식으로 예배하는 법을 그들에게 가르쳐 줄 이스라엘 제사장 한 사람을 데려왔다. 그 결과로서 일어난 종교적 혼합에 관하여 17 : 33에서 "그들이 여호와도 경외하고 자기의 신들도 섬겼다"라고 요약하고 있다. 사마리아에서 발달하여 사마리아인들의 종교로 정착된 이 새로운 종교의 부적절성은 17장 마지막 절에 분명하게 기록되어 있다.

사마리아 사람들은 유다 사람들이 바벨론 포로에서 돌아오던 때와 예수님 당시에 있어서 성경에서 특별한 중요성을 가지는 사람들이다. 오늘날에도 그리심산에서 예배하며 모세의 글에 대한 그들 자신의 역본을 가지고 있기는 하지만 성경의 다른 부분은 배척하면서 살고 있는 사마리아인들이 있다. 그들은 오늘날 이스라엘 안에 극히 소수의 사람들로 존재해 있지만 여전히 분류가 가능하다. 그러나 여호와를 경외하고 그들 자신의 신들도 섬기는 혼합된 그들의 종교는 오늘날 "종교계"의 많은 부분들, 심지어는 교회에 출석하는 사람들과도 공통된 점들을 많이 가지고 있다.

다음 몇몇 장에서 우리는 이스라엘의 문서기록 선지자들을 연구하면서 이제 막 경험하기 시작한 시대에 대하여 좀 더 충분히 연구하게 될 것이다.

유다의 말기
(B.C. 725-586 ; 열왕기하 18 : 1-25 : 30)

이제 유다로 다시 돌아가 보기로 하자. 16장에서 우리는 아하스의 악한 통치에 대해서 이미 살펴 보았다. 그는 예루살렘에서 16년 동안 왕위에 머물러 있었으며 가장 악한 왕들 가운데 하나였다. 그러나 그가 죽자 그의 아들 **히스기야**가 나라를 다스리기 시작했다(18 : 1). 히스기야는 그의 부친과는 크게 대조적으로 유다의 가장 훌륭한 왕들 가운데 하나였다. 그는 그의 조상 다윗을 닮은 사람이었다(18 : 3). 그의 위대함은 여호와를 섬기는 그의 믿음에서 입증된다(18 : 5).

여호와 하나님은 모세와 여호수아, 그리고 다윗과 함께 하셨던 것처럼 히스기야와 함께 하셨다(18 : 7).

우리가 이미 앞에서 살펴보았듯이 히스기야 시대에는 살만에셀이 사마리아를 포위 공격하였으며 722년에는 사마리아가 앗시리아의 수중으로 넘어갔다(18 : 9). 우리는 자신의 아들이 훗날 여호와를 의뢰했던 것처럼 여호와를 의뢰하지 않던 아하스가 다마스커스(다메섹)와 사마리아를 공격하기 위하여 앗시리아를 최초로 고용한 사실을 기억하고 있다. 그 결과 앗시리아는 B.C. 732년에 다마스커스를, B.C. 722년에는 사마리아를 취하였고 이제 B.C. 701년경에는 예루살렘의 문을 두드리고 있었다(18:13 이하).

히스기야는 처음에 자기 자신의 수단으로써 앗시리아 왕을 달래 보려고 하였으나(18:14-16), 아무런 쓸모가 없었다. 앗시리아 왕은 예루살렘과 그 왕 히스기야의 무조건적인 항복을 원했다(18:19-35).

앗시리아 왕은 그의 사신을 통하여 유다의 항복을 요구했다. 당시 앗시리아의 왕 산헤립이 보낸 사람들 가운데 하나인 랍사게는 예루살렘 사람들 앞에서 행한 긴 연설을 통하여 유다의 하나님에 대한 멸시와 부정이 담긴 태도를 나타내었다. 처음에 그는 하나님께서 예루살렘을 불쾌하게 여기셔서 앗시리아를 통하여 그 백성들을 징계하고 있다는 뜻을 넌즈시 알렸다(18:22, 25). 그러나 나중에 가서는 하나님이 예루살렘을 앗시리아의 손에서 구원해 낼 수 없을 것이라고 하면서 이스라엘의 하나님을 조롱하였다(18:32).

당시의 앗시리아 연대기에서 산헤립이 유다 왕 히스기야를 새장 속의 새처럼 가두었다고 자랑한 사실로 보아 성경에 나타난 앗시리아 왕의 허풍이 앗시리아 연대기나 역사적 기록에 그대로 반영되었음을 알 수 있다.

훌륭한 왕 히스기야의 믿음은 이제 큰 시험에 직면하게 되었다. 히스기야 자신이 고안해 낸 수단은 실패로 끝났다. 그는 사실 새장 속에 갇힌 새처럼 무기력했다. 그러나 그에게는 믿음이 있었으므로 이 암담한 때에 여호와께로 향했다(19:1). 우리는 히스기야가 그의 온 믿음을 그의 하나님 여호와께 둘 때의 위대함을 볼 수 있다. 그의 용기는 그의 선조 다윗의 용기와도 흡사했다(19:4-참조. 삼상 17:36).

그는 당시의 하나님의 선지자 이사야에게로 사람을 보냈다. 이사야는 일찍이 이 때와 유사한 상황에서 히스기야의 부친 아하스에게 보냄을 받아 가서, 예루살렘이 시리아와 이스라엘에게 멸망당하지 않을 것이라는 사실을 확증시키려 했었다는 것을 기억하라(16 : 5, 6 ; 이사야 7장과 비교해 보라). 이 때에 아하스는 여호와를 믿지 않았으며 대신에 스스로를 보호하기 위하여 앗시리아에게 도움을 요청했었다. 그 때에 저지른 아하스의 불신앙의 결과로 말미암아 앗시리아는 이제 예루살렘까지도 멸망시키려고 위협하고 있는 것이었다.

그러나 히스기야는 여호와를 의뢰했다. 그는 하나님의 사자 이사야를 바라 보았으며 이사야는 그에게 예루살렘이 앗시리아인에게 망하지 않을 것이라고 확증해 주었다(19 : 6, 7). 이와 동일한 기록이 이사야 36장에서 38장 사이에 나타나 있다.

다시금 앗시리아인들이 히스기야의 하나님께 도전하였으며(19 : 10 이하), 그리고 다시 한 번 히스기야는 하나님을 의뢰하면서 여호와께 아름다운 믿음의 기도를 드렸다(19 : 14 이하).

이사야도 다시 한 번 히스기야에게 주권자되신 하나님께서 이 큰 대적 앗시리아를 물리치실 것을 확신시키기 위한 전언을 보냈다(19 : 20 이하 ; 참조. 시 2편). 히스기야에게 보낸 메시지에서 이사야는 그 사건에 대한 하나님의 완전한 통제와 하나님 자신과 유다의 모든 대적들을 물리치시는 하나님의 절대적인 능력을 밝히 드러내었다(19 : 23-28).

다시금 남은 자에 대한 언급이 나타난다(19 : 31). 이것은 문서기록 선지자들이 가졌던 중요한 주제들 중의 하나인데, 하나님의 자녀이며 구원받을 자들로서 유다에 있는 진실한 신자들을 가리킨다.

하나님의 뜻에 의해 앗시리아 진영을 휩쓸고 지나간 역병의 종류에 대해서는 밝혀지지 않았지만 이 사건으로 말미암아 앗시리아 군대는 예루살렘 공격을 중단하고 본국으로 돌아갔다(19 : 35). 이 사건 이후로 앗시리아의 힘은 급격히 쇠퇴하여 마침내 바벨론이 앗시리아를 전복시키고 고대 근동에서 지배적인 세력으로 등장하게 되었다.

20장은 히스기야가 병들어 죽게 되었을 때의 일과 또 바벨론에서 온 사신들의 아첨에 부응하여 그들에게 자신의 모든 보물들을 드러내 보인 그의 허술한 행동에 대해서 기록하고 있다(20 : 15). 그의 죄는 교만의 일종으로서 그에게 문병 차 신하들을 보낸 바벨론 왕의 아첨에 부응한 것이었다. 히스기야의 죄는 기브온 사람들의 요구에 마음대로 응해 버린 여호수아와 그와 함께한 이스라엘 사람들의 죄와 유사하였다(수 9 : 14, 15).

히스기야 시대에 있어서 또 다른 하나의 사건이 언급되어야만 한다. 왕하 20 : 20에 보면 히스기야 시대에 성중으로 물을 끌어들이기 위한 수로가 만들어졌다는 기록이 있다. 이것은 예루살렘이 포위되어 있는 동안 성 안으로 물을 공급하기 위하여 만들어졌음이 분명하다. 예루살렘의 옛날 성벽 안에는 물이 없었다. 모든 샘 근원들이 성 밖에 있었다. 이러한 환경은 성이 포위되어 있는 동안에 예루살렘을 매우 불리한 국면에 처하게 했기 때문에 히스기야는 샘 근원으로부터 물을 안전하게 저장할 수 있는 성벽 안의 못이나 저수지까지 물을 끌어들이기 위한 엄청난 공사에 착수했던 것이다.

그가 팠던 수로 혹은 터널은 오늘날에도 여전히 존재하고 있다. 1800년대의 후반기에 몇 명의 소년들이 실로암 못에서 수영을 하던 중 그 터널이 어떻게 파졌는지에 대하여 히스기야 당시에 기록된 비문을 발견해 내었다. 오늘날에는 사람들이 그 터널을 따라 걸어 다닐 수가 있으며 터널을 파는 데 사용된 곡괭이의 흔적을 실제로 볼 수도 있다. 그 터널은 아직도 지하 샘에서부터 실로암 못으로 알려져 있는 보다 낮은 위치의 못까지 물을 끌어 들이고 있다.

히스기야가 죽은 후에는 그의 아들 므낫세가 유다를 통치했다. 그는 조부 아하스 만큼이나 나쁜 왕이었으며 그의 부친 히스기야를 조금도 닮지 않은 왕이었음이 판명됐다(21 : 2-6). 그는 유다 왕들 중 가장 악한 왕들 가운데 한 사람으로 평가된다(21 : 9). 사실 므낫세의 악행은 비록 그의 당대에는 그렇지 않았다 할지라도 예루살렘을 마지막 몰락의 지경으로 몰고 갔다(21 : 11, 12). 사마리아를 잰

줄과 아합의 집을 다림보던 추에 대한 언급(21:13)은 일찍이 이스라엘에 대한 하나님의 공의로운 심판을 말함이다. 이 구절은 아모스 7:8과 비교될 수 있을 것이다.

므낫세 이후에는 그와 마찬가지로 사악한 그의 아들 **아몬**이 불과 이년 동안 나라를 다스렸다(21:19-22). 결국 아몬은 그의 악행으로 인하여 살해당하고 말았으며(21:23), 그의 아들 요시야가 8세라는 아주 어린 나이로 유다를 다스리기 시작했다.

요시야는 유다에서 마지막으로 가장 신실하고도 충실한 왕이었으며 그의 위대한 조부 히스기야를 닮은 왕이었음이 입증됐다. 그의 공적에 대한 기록이 22장과 23장에 나타나 있다. 가장 먼저 그는 여호와의 전을 깨끗이 수리하는 일에 앞장섰다(22:3 이하). 성전을 수리하는 과정에서 오랫동안 잃어버렸던 것이 분명한 율법책이 발견되었다(22:8).

이 율법책에 대해서는 많은 의견들이 제기되어 왔다. 성경의 신빙성을 의심하는 어떤 사람들은 그것이 모세의 율법이 아니라 훨씬 이후 시대의 문서라고 주장한다. 그들은 신명기가 이 시기에 쓰여진 것으로 본다. 성전에서 발견된 그 책은 주로 신명기로 이루어져 있었던 것으로 보인다. 그러나 그 책이 바로 모세의 책이었다는 사실을 의심할 만한 근거는 아무 것도 없다. 요시야에 의해서 단행된 그 이후의 개혁 조치들은 신명기의 내용을 따라 행해진 것으로 보인다.

여호와께서는 그 책에서 발견한 심판의 말씀으로 인하여 요시야가 진심으로 회개하는 것을 보고 기뻐하셨다(22:19).

요시야는 백성들 가운데 큰 개혁을 일으켜서 유다를 하나님께로 돌이키게 하려고 애를 썼다(23:1 이하). 심지어 그는 오래 전에 여로보암이 세웠던 예배의 장소인 벧엘까지 가서 여로보암 시대에 그 이름없는 선지자가 예언한대로 그 곳을 파괴해 버렸다(23:15, 16 -참조. 왕상 13:2).

이 때에 거행된 유월절 행사는 신명기 16:2-8: 23:21의 법률에 따른 것이었다. 그는 또한 신명기 18:10-12의 말씀에 따라 유다에서 죄악으로 가득찬 모든 관습들을 폐지시켰다. 그러나 그가 행한 모든 것이 실제로 유다를 변화시키지는 못했다. 요시야가 열심히 그리고 진정으로 유다를 여호와께로 돌이키게 하려고 노력하였음에도 불구하고 결국 실패로 끝이 난 것이 분명한 것 같다. 예레미야 선지자는 이 시대에 대하여 언급하면서 백성들이 하나님께로 돌이키는 척하기는 했지만 전심으로 그렇게 한 것은 아니었다고 말했다(렘 3:10).

여호와께서는 요시야의 종교개혁에도 불구하고 유다를 벌하시기로 작정하셨다(23:26 이하). 그리고 아마도 하나님께서는 장차 다가올 그 무서운 날들로부터 요시야를 보호하시기 위하여 므깃도에 있은 바로느고와의 전투에서 요시야를 죽게 하신 것 같다(23:29). 요시야가 죽은 뒤 B.C. 586년, 예루살렘의 최후 멸망이 있기까지 네 명의 왕이 빠른 속도로 교체되면서 유다를 다스렸다.

유다의 마지막 네 왕 중 첫번째 왕은 **여호아하스**였다. 그는 악한 왕이었으며 이집트로 잡혀가기 전까지 아주 짧은 기간 동안만 왕위에 머물러 있었다(23:31 이하). 그는 요시야의 아들이었다.

여호아하스를 왕위에서 물러나게 만든 이집트 왕은 역시 요시야의 아들이자 여호아하스의 동생을 왕위에 오르게 했다. 그의 이름은 엘리야김이었으나 왕이 되면서 **여호야김**으로 바뀌었다(23:34).

역시 악한 왕이었던 여호야김 시대에 바벨론의 느부갓네살이 와서 예루살렘을 포위하였다(24:1 이하). 이것이 예루살렘의 종말의 시초였다. 바벨론 사람들은 세력이 매우 막강하였으므로 유브라데 강에서부터 이집트까지 그들의 제국을 확장하였다(24:7). 그들은 이 때에 유다의 가장 뛰어난 소년들 몇 명을 바벨론으로 데려갔다(단 1:1 이하).

여호야김이 죽은 후 그의 아들 **여호야긴**이 왕이 되어 짧은 기간을 통치하였다(24:8). 이 때에 느부갓네살이 다시 예루살렘을 공격하여 여호야긴을 포함하여 유다의 가장 뛰어난 많은 사람들을 바벨론으로 잡아 갔다(24 : 10-16). 그 당시에 아마도 에스겔과 같은 사람들이 대부분 바벨론으로 잡혀 간 것으로 보인다. 그들은 후에 바벨론에서 포로 기간 동안 여호와를 섬겼다(24 : 14 ; 겔 1 : 2).

유다에는 아직 꼭두각시왕이 있기는 하였으나 이제 예루살렘은 바벨론의 지배 하에 놓이게 되었다. 느부갓네살은 맛다니야를 왕으로 삼고 그에게 시드기야라는 이름을 지어 주었다(24 : 17). **시드기야**의 통치는 매우 불안정하였으며 어떤 기회에 그는 느부갓네살을 배반해 버렸다(25 : 1 이하). 이로 인해 시드기야가 통치한 지 11년째되는 B.C. 586년에 드디어 예루살렘 성이 함락되고 시드기야의 두 아들은 그의 목전에서 죽임을 당하였으며, 시드기야는 두 눈이 뽑혀 소경이 된 채로 바벨론으로 잡혀 갔다(25 : 7). 유다 왕국의 종말이 온 것이었다. 그러나 이것이 결코 하나님 나라의 종말을 의미하는 것은 아니라는 사실을 보여주는 것이 바벨론 유수 때와 그 이후 선지자들의 임무가 된 것이다.

예레미야서를 통하여 우리는 유다를 통치했던 마지막 왕들과 당시의 영적인 상태에 대한 기록을 발견할 수 있다. 후에 예레미야서를 연구하면서 이러한 점들에 대해서 좀 더 자세히 살펴보게 될 것이다.

느부갓네살은 예루살렘과 성전에 있던 모든 보물을 바벨론으로 가져갔다. 이 물건들은 하나님께서 바벨론을 전복시킬 고레스 (Cyrus)를 일으키셔서 예루살렘으로 다시 돌려 보내실 때까지 바벨론에 남아 있었다(25 : 9-11). 예루살렘 성전과 그 기구들은 이때에 모두 파괴되었다.

그달리야의 짧은 통치와 이스마엘에 의해 그가 살해당한 사건에 대한 설명(25 : 22-26)은 예레미야 40장-45장 사이에 보다 상세하게 진술되어 있다.

이 마지막 몇 년 동안 하나님께서는 그의 은혜의 표시로서 바벨론 왕을 움직이셔서 느부갓네살에게 항복하여 바벨론에 포로로 잡혀 간 여호야긴에게 자비를 베풀도록 하셨다. 확실히 에스겔은 이와 같은 시기에 바벨론으로 잡혀 갔던 것이 분명하다(25 : 27-30 ; 참조. 겔 1 : 1-3).

필자는 역대기가 바벨론 포로에서 돌아온 후에 기록되었고 또 열왕기에 기록된 유다 역사와는 다른 목적으로 집필되었기 때문에 역대기에서 발견되는 유다 역사의 유사한 기록에 대해서는 대개의 경우 언급하지 않았다. 그러나 후에 역대기를 살펴 볼 때 그 책이 열왕기에서는 주어지지 않은 몇가지 정보를 제공하고 있다는 점을 주목하게 될 것이다.

이제 우리는 선지시대를 다루고 또 이것을 역사적 배경으로 사용함에 있어서 적절한 연대적 순서를 따라 각 선지자들에 대하여 차례로 연구하게 될 것이다.

8

주전 9세기의 선지자들

―요엘, B.C. 850년경―

우리는 이제 B.C. 9세기에 말씀 사역을 시작한 이스라엘과 유다의 성경기록 선지자들에 대해서 연구하게 된다. 모든 선지자들에 대한 우리의 연구는 물론 7장에서 다루었던 선지자 시대라고 하는 역사적 배경과 관련을 맺고 있다.

우리는 그들의 저작물을 우리가 가질 수 없거나 혹은 최소한 그 자체로는 확인할 수 없는 것들이라고 언급했던 여러 선지자들을 이미 알고 있다. 여기서 그들 중 몇 명의 선지자들의 이름을 나열해 보면 다음과 같다: 나단, 아히야, 예후, 엘리야, 그리고 엘리사. 그러나 이제 우리는 그 저작물이 성경에 보존되어 있는 선지자들을 공부하게 될 것이다.

그 중에서 먼저 요엘에 대하여 연구해 보기로 하자. 요엘서에 대하여 이렇게 초기 기록설을 주장하는 데에는 문제가 없지 않다. 요엘을 훨씬 후기의 선지자로, 심지어는 마지막 선지자들 가운데 하나로 분류하는 사람들도 많이 있다. 문제는 요엘서 자체의 내용 가운데 요엘 선지시대에 관한 뚜렷한 증거가 없다는 점이다.

그러나 필자는 요엘을 초기 문서기록 선지자에 속하는 이른 시기로 보는 것이 보다 타당하다고 생각한다. 요엘서의 내용은 그것이 제사장들이 매우 영향력이 있고 백성들의 영적인 지도자로 활동하던 시기에 기록되었다는 것을 보여 준다. 이런 일은 솔로몬 시대 이후의 이스라엘 역사에서는 흔하지 않은 경우였다. 그러나 B.C. 800년대의 중기에서 말기에 이르는 시기에는 제사장들이 영향력을 행사하였으며 심지어는 강력한 지위를 누리기까지 하였다. 이때는 제사장 여호야다에 의하여 여러 해 동안 비밀리에 길러진 소년, 유다의 요아스가 통치하던 시기였다. 우리가 기억하는대로 아달랴는 다윗의 모든 자손을 죽이려고 했었다(유다의 아달랴와 요아스의 통치에 대한 앞장의 설명을 참조하라).

엘리야의 후계자였던 엘리사도 요아스의 시대까지 활동하고 있었으므로 그 시대에 존재했을지도 모르는 요엘과 같은 하나님의 선지자들 가운데 한 사람에 의해서 소개된 메시지를 승인했을 것이다.

여호야다가 살아있을 동안에는 요아스가 선한 왕이었다. 따라서 그 때에는 제사장의 지위가 상승했을 것이 틀림없다. 나중에 논의하게 될 것이지만 이른 연대에 대한 또 다른 증거가 있다.

요엘서는 그 자체가 논리상 네 부분으로 나누어진다. 첫번째 부분은 그 땅에서 방금 발생했던 무서운 사건, 즉 메뚜기 재앙을 다루고 있다. 이 부분은 1:2-2:11에 해당한다.

두번째 복음은 더욱 나쁜 일이 일어나지 않도록 백성들에게 회개를 권고하시는 하나님의 부르심을 포함하고 있다. 그들은 광야에서 하나님께서 모세를 통하여 그의 백성들에게 주셨던 계시에 의해서 하나님께로 돌아와야만 한다. 요엘은 그들을 진정한 예배에로 부르면서 만약 그들이 회개한다면 보다 큰 축복들이 주어질 것을 약속하고 있다. 이 부분은 2:12-32를 포함한다.

세 번째 부분인 3:1-13은 세계의 모든 민족 위에 임할 확실한 심판에 대하여 이야기하고 있다. 여호와께서는 이스라엘 뿐만 아니라 모든 나라의 하나님이시며 만물을 지배하시는 분이시다. 이 부분에서 그는 대부분의 선지자들에게서 나타나는 확실한 주제인, 모든 나라에 다가올 심판의 확실성과 악인들은 멸망하는 반면에 하나님께 그 믿음을 둔 하나님의 백성들은 구원을 얻으리라는 구원의 확실성에 대하여 강조한다.

요엘서는 결단의 시간은 바로 지금이라는 것을 환기시키면서 끝을 맺는다(14-21절). 심판의 날은 지연되지 않을 것이며 인간들은 하나님과 화목하든지 심판을 받든지 하지 않으면 안된다.

이제 각 부분을 좀 더 면밀하게 살펴보기 위하여 처음으로 되돌아가서 먼저 첫절을 보기로 하자. 요엘의 예언은 다른 많은 선지자들과 마찬가지로 "여호와의 말씀"이라는 말로 시작하고 있다(예레미야 1:2; 에스겔 1:3; 호세아 1:1을 비교해 보라). 이러한 표현은 여기에 기록된 것이 틀림없는 하나님의 말씀이며 단순히 하나님에 대한 인간의 생각들을 모아놓은 것이 아니라는 점을 상기시켜 준다. 여기에 모세시대 이후에 세움을 받아서 모세와 같이 바로 그 하나님의 말씀을 말하고 기록할 수 있는 권위를 부여받은 한 사람이 있다. 다른 모든 선지자들의 메시지와 같이 그의 메시지는 모세 오경에 기록된 것과 완전한 조화를 이루며 또 하나님의 백성들에게는 완전한 권위를 행사하게 될 것이다.

그 사람은 바로 브두엘의 아들 요엘이다. 우리는 그가 기록한 요엘서나 혹은 성경의 다른 책에서도 요엘 자신이나 그의 아버지에 대하여 더 이상 아무 것도 알 수가 없다.

첫번째 부분(1:2-2:11)은 최근 온 땅을 휩쓸고 지나간 끔찍한 메뚜기 재앙으로 주의를 모은 다음 이 재앙이 하나님의 백성들을 위협하고 있는 훨씬 더 큰 재앙을 시사하고 있다는 것을 보여 준다. 여기에는 메뚜기들이 아주 인상적인 방법으로 묘사되어 있어서 그것은 사람들이 쉽게 잊어버릴 수 없을 정도의 끔찍한 사건이었음을 알 수 있다. 그것은 결코 무시할 수 없는 사건이었다. 아마도 여기에 열거된 메뚜기의 종류는 메뚜기의 네 가지 다른 종류를 가리킨다기 보다는 오히려 동일한 메뚜기에 의해 발생한 네 가지의 서로 다른 국면들을 보여 주는 것일 것이다. 그러나 이것은 확실하지가 않다(1:4). 다만 분명한 것은 그것이 여러 세대에 걸쳐 기억되어질만큼 끔찍한 사건이었다는 사실이다(1:3).

3절의 아이러니를 주목해 보는 것은 흥미로운 일이다. 일찍이 여호와께서는 부모들이 그 자녀들에게 하나님께서 행하신 놀라운 일들을 이야기해 주고 하나님의 진리를 가르쳐 주어야 할 것을 모세를 통하여 보여 주셨다(신 6:4 이하). 그러나 우리가 기억하는 바와 같이 사사기 2장에 의하면 부모들이 분명히 이 일을 행하지 못하였기 때문에 그 결과로 모든 세대가 여호와를 알지 못하거나 또는 여호와께서 행하신 일들을 알지 못한 채 자라났다(삿 2:10).

이제는 다가올 세대들에 전해질 사건이 일어났다. 이미 말한 바와 같이 그들이 자기들을 위하여 하나님께서 행하신 놀라운 일들에 대하여 이야기하지 않았기 때문에 이제는 저들에 대한 하나님의 심판에 관하여 전하여야만 할 것이다.

5-7절은 참으로 끔찍한 메뚜기 재앙에 대하여 기술하고 있다. 그 사건은 술주정꾼들을 그들의 무감각 상태에서 깨우기에 충분했다. 여기서 메뚜기는 훗날 요엘이 진하는 메시지의 내용이 될 침략이라는 의미로 사용되었다. 메뚜기떼는 그들이 지나가는 길에 있는 모든 것을 먹어치운다. 이 일은 하나님의 백성들로 하여금 최근에 일어난 이 가공할 만한 사건을 회상하게 함으로써 그들의 마음 속에 공포심을 불러일으키기 위하여 의도된 것이었다.

이제 백성들은 그 무서운 사건으로 말미암아 비탄에 잠긴다(8-12절). 모든 것이 부족한 상태이다. 제사장들은 계속 드려져야 할 희생제물이 끊어진 것을 인하여 애통해 한다. 농부들은 밭과 포도원과 과수원 어느 곳에서도 전혀 소출을 얻지 못함으로 인하여 애곡한다. 백성들은 이 모든 사실을 알고 있다. 그리고 이 모든 것 때문에 백성들은 매우 슬퍼한다. 그러나 이제 요엘은 메뚜기 재앙으로 인하여 생긴 식량의 상실보다도 더욱 나쁜 어떤 것, 즉 그 땅에서 일어난 훨씬 더 무서운 일을 소개한다. 그것은 하나님의 백성들 사이에서 기쁨이 사라져 버린 것이다(1 : 12).

말하자면 그것은 다음과 같은 말이다. "너희들은 너희에게 일어난 외형적으로 드러난 무서운 황폐를 보고 있다. 그러나 하나님께서는 이스라엘에게 임할 훨씬 더 나쁜 영적인 황폐, 즉 기쁨이 백성들에게서 떠나버린 것을 보고 계신다."

하나님과 그의 백성들 사이에서 영적인 기쁨은 언제나 필수적인 관계를 이루어 왔다. 그것은 하나님과 그의 백성들 사이에 있는 사랑의 결속을 나타내는 표시이다. 하나님께 대한 백성들의 관계에 있어서 기쁨이 전혀 없다면 이것은 마치, 나무와 포도 넝쿨의 하얀 가지들이 끔찍한 메뚜기 재앙이 땅을 휩쓸고 지나간 것을 나타내 주는 것처럼 그 관계가 붕괴하고 있다는 결정적인 증거인 것이다.

요엘은 백성들에게 너무 늦기 전에 돌이켜서 여호와 하나님 안에서 얻을 수 있는 그들의 기쁨을 소유하라고 촉구하고 있다. 백성들이 물질적인 열매가 상실된 것에 대하여 관심을 두고 있는 동안 하나님께서는 그들의 영적인 열매의 상실, 즉 그의 백성 가운데서 기쁨이 사라진 것에 대하여 관심을 가지고 계신다.

시편 51편에서 다윗은 자신의 죄로 말미암아 영적인 기쁨을 잃어버린 것을 애통해 하면서 여호와께 그것을 회복시켜 주실 것을 간구하였다(51 : 12). 이제는 대규모로, 기쁨이 하나님의 백성들로부터 사라져 버렸으며, 그것이 회복되지 않는다면 더욱 나쁜 결과를 초래할 것이다. 그러므로 요엘은 계속해서 영적 지도자들에게 백성들을 회개에로 인도하라고 촉구한다(1 : 13, 14). 그리고 희생제사는 진정한 회개의 영으로 드려질 때에라야 의미있는 것이라고 말한다. 희생제사는 합당하게 드려질 때에만 그 의미를 가지게 된다는 것은 이미 이스라엘 역사의 초기에서부터 강조되어왔다. 훗날 선지자들은 백성들의 마음이 여호와 하나님으로부터 멀리 떠났기 때문에 이스라엘의 모든 예배에서 행해지는 희생제사가 하나님께서 받으실 수 없는 단계에까지 이르렀다고 선포하곤 했다(이사야 1장; 아모스 5:21-23을 비교해 보라).

여호와께 부르짖으라는 반복적인 요청(1:14)은 틀림없이 하나님 앞에서와 하나님의 임박한 심판에 대한 깨달음 앞에서 자신의 죄에 직면하여 부르짖은 니느웨의 부르짖음과 같이(욘 3:8), 또는 고난 중에 부르짖은 요나의 부르짖음과 같이(욘 2:1 이하), 하나님 앞에서 통회하라는 촉구임을 알 수 있다. 앞으로 요나서의 메시지를 살펴 보게 될 때에 가서야 우리는 더욱 충분히 요엘서와 요나서를 비교해 볼 수 있게 될 것이다.

1:15을 시작하면서 요엘은 그 땅에서 방금 일어났던 사건인 메뚜기 재앙을 앞으로 도래할 여호와의 날, 즉 하나님과 인간 사이에 있을 최후의 심판날에 비교하고 있다. 다시 한 번 더 그는 메뚜기 재앙으로 인한 식량의 부족을 더욱 나쁜 현상이라 할 수 있는 예배 장소인 하나님의 전에 있는 백성들 가운데서 기쁨과 즐거움이 결핍된 사실과 비교한다(1:16). 하나님과 그의 백성들 사이에서 모든 것이 올바르다면 예배처소에는 기쁨과 즐거움이 존재할 것임이 분명하다. 그러나 예루살렘에 있는 하나님의 전에서는 그것을 찾아볼 길이 없다. 그러므로 선지자는 물질적인 식량의 부족보다도 훨씬 더 나쁜 재앙, 곧 그 땅을 덮친 영적인 재앙에 대해서 경고하고 있다. 다윗의 시편과 초창기 세대가 남긴 승리의 노래들 가운데 그토록 명백하게 넘쳐 흐르고 있는 여호와로 말미암는 기쁨과 즐거움이 어디에 있단 말인가? 하나님의 백성들 사이에서 그 기쁨과 즐거움이 사라져 버린 것이다. 여기서 여호와께서는 훗날에 가서 그가 강조하실 것, 즉 하나님께서는 예배하는 자들의 마음에 관심을 가지시며 의식과 예배 그 자체에 관심을 가지고 계신 것이 아니라는 사실을 분명하게 보여 주신다.

19절에서, 요엘은 땅을 덮친 재앙을 불에 비유한다. 이후로 하나님의 심판은 모든 것을 남김없이 소멸하는 불에 자주 비교된다.

그러나 이방인들의 군대에 의하여 이스라엘 백성들에게 내려질 하나님의 심판을 알리는 후기 선지자들의 경고는 시작에 불과하다. 요엘은 이 개념을 2장 초두에 끌어 들이면서 "시온에서 나팔을 불며 나의 성산에서 호각을 불라"(2:1)고 경고한다. 백성들은 "여호와의 날"을 준비하라는 요청을 받는다. 다시 한번 우리는 요엘과 훗날의 선지자들이 빈번하게 이 용어를 사용하는 것을 볼 수 있다(2:1, 11, 31; 3:14; 스바냐 1:14-16; 말라기 4:1-5). 의심할 나위 없이 그것은 궁극적으로는 하나님과 인간 사이의 마지막 심판과 만물의 종말을 가리키는 한편, 동시에 그것은 종말 이전에 하나님께서 민족들과 개인들에게 내리시는 보다 제한적인 형태의 대결과 심판을 가리키기도 한다. 2-11절은 임박한 심판을 적군의 침입에 비교하고 있다. 때로는 여기에 사용된 용어가 방금 땅을 휩쓸고 지나간 메뚜기 재앙을 묘사하는데 보다 알맞은 것처럼 보이지만, 때로는 그 땅에 침입해올 실제적인 인간들의 군대를 가리키는 것처럼도 보인다. 다시 한번 더 우리는 소멸하는 불에 대한 유추를 볼 수 있다 (2:3). 여기서 반드시 기억해야 할 것은 그 심판이 바로 하나님의 심판이라는 사실을 명심하는 것이다. 그 군대가 땅을 휩쓸고 지나간 메뚜기 떼를 가리키든지 아니면 훗날 그 땅을 침략할 앗시리아나 바빌로니아와 같은 나라의 군대를 가리키든지 상관없이 그 군대는 바로 하나님의 통제 아래서 그의 뜻을 행하는 하나님의 군대인 것이다(2:11).

이스라엘 백성들에게 주는 이 메시지를 신약성경에서 에베소 사람들에게 주신 주님의 유사한 메시지와 비교해 보는 것은 유익한 일일 것이다. 계시록 2:1-7에서 주님께서는 사도 요한을 통하여 에베소에 있는 그리스도인들에게 이와 유사한 경고를 하고 계신다. 비록 그들이 여전히 정통신앙을 고수하고 있고 또 복음을 위한 열심을 가지고 있다 하더라도 하나님의 백성들로부터 요구되어지는 하나님의 사랑(성령의 첫 열매)이 부족하였으므로 그들이 회개하고, 그 사랑으로 이스라엘이 주님 안에서 기쁨을 누렸던 것과 같이 회복하지 않는다면 하나님께서는 에베소 교회를 심판하셔서 그 교회를 그의 앞에서 옮겨 버리실 것이다.

이 두 경우 모두에 있어서 우리는 하나님을 사랑하고 그 안에서 기쁨을 누리는 사람들의 마음에 대한 하나님의 관심을 알 수 있다. 백성들의 마음이 하나님과 일치하지 않는다면 율법이나 의식이나 복음에 대한 모든 외적인 일치는 무가치한 것이다. 바로 여기에 전 교회사에 있어서 나타나는 하나님과 모든 믿는 자들 사이의 한 영원한 원칙이 있다. 그것은 오늘날 우리에게도 똑같이 적용된다. 우리는 우리의 정통파적 관행과 예배의식이 마음에서부터 우러난 것인지 아닌지 알아보기 위하여 우리 스스로를 시험해 보지 않으면 안된다. 그것이 하나님께 문제되는 것이다.

2:12에서 우리는 요엘의 메시지 가운데 두 번째 부분이 시작되고 있음을 보게 된다. 그것은 2장 끝까지 계속된다. 백성들에게 그들이 지금 당면하고 있는 영적인 문제로 주의를 끌면서 요엘은 이제 침략과 심판에 대한 대응책, 즉 임박한 재난을 피할 수 있는 해결방법을 제시한다. 그것은 종종 이스라엘 백성들이 시도하였던 바와 같은 인간들과의 동맹에 의해서 되는 것이 아니라 오히려 하나님께 대한 진정한 회개와 그를 믿는 믿음으로 말미암아 가능한 것이다. 영적인 문제들은 영적인 해결책을 필요로 하는데 이것은 대부분의 사람들에게 있어서 참으로 깨닫기 어려운 교훈이다.

요엘은 여기서 사무엘이 일찍이 이와 유사한 영적인 부패행위를 일삼던 이스라엘 백성들에게 권면한 것과 같은 류의 진정한 회개를 촉구하고 있다(삼상 7:3을 비교해 보라). 그는 "너희 모든 마음", "너희 마음을 찢으라", "너희 하나님 여호와께로 돌아오라"와 같은 말들을 사용하고 있다. 이 말들을 사용해서 그는 우리 마음 속에서 오직 하나님의 말씀으로만 가능한 종류의 영혼의 찔림이 있어야 할 필요성을 강조한다. 하나님께서는 그의 자녀들에게서 죄로 인하여 상한 마음을 보기 원하신다. 다윗이 익히 알고 있었던 바와 같이 죄에 대한 진정한 회개와 자백은 자신의 죄로 인하여 상한 마음을 필요로 한다(시편 51:17). 레위기에서 공부한 바와 같이 백성들로 하여금 이와 같은 종류의 진정한 회개에 이르게 하는 것이 모든 희생제사제도의 목적이었다. 여기서 내면으로부터 우러나오는 회개는 하나님께서 요구하시는 내적인 상한 마음의 밖으로 드러난 표시인 옷을 찢는 것과 대조를 이루면서 강조되고 있다. 하나님 앞에서의 죄에 대한 이러한 솔직한 종류의 자백은 하나님과 그의 자녀들 사이에 올바른 관계를 회복하기 위해서는 언제나 요청되는 일이다(요일 1:8-10과 바울이 죄에 대한 자기 자신의 영적인 투쟁을 보여주고 있는 로마서 7장을 비교해 보라).

여기서 그러한 회개를 위한 기초를 이루는 것은 언제나처럼 기록된 하나님의 말씀이다. 하나님의 말씀은 내적인 마음을 꿰뚫는 하나님의 검이며 또한 우리가 영적인 존재라는 사실을 가르쳐 준다(히 4:12, 13). 요엘서에 인용된 말씀은 출애굽기 34:6에 근거한 것으로서 모세에게 주신 하나님 자신의 속성에 대한 하나님의 계시이다(요엘 2:13). 하나님께서는 자비롭고 은혜로우시며 노하기를 더디하시며 인자와 진실이 많으신 하나님이시기 때문에 우리가 회개하기만 한다면 우리는 용서에 대한 희망을 가질 수 있다. 앞으로 우리는 이스라엘의 선지자들과 시편 기자들에 의해 인용된 출애굽기 34장의 그 위대한 구절을 또다시 보게 될 것이다. 그것은 하나님의 성품에 대한 말씀계시였다. 그 구절을 공부할 때 관찰했던 바를 다시 한 번 살펴 보는 것이 좋을 것이다.

5-17절은 전쟁으로의 부름을 대신하게 하는 예배로의 부름이다. 2:1과 비교하여 보라. 그것은 기도를 통하여 백성들의 참된 중재자 역할을 담당하는 진실로 회개하는 제사장들에 의하여 인도되는 진정한 예배여야 한다.

이러한 예배가 행해진다면 "애통하는 자는 복이 있나니 저희가 위로를 받을 것임이요"라는 마태복음 5:4의 주님의 말씀대로 분명코 축복이 뒤따라 올 것이다(요엘 2:14을 참조하라).

온 땅을 벌거숭이로 만든 침입자들과 재앙을 대신하여 풍성함이 있게 될 것이다(18-20절). 18절의 "그 때에"라는 말은 여호와께로의 진실한 복귀가 있을 때 다음과 같은 일들이 일어날 것이라는 사실을 의미한다. 백성들이 회개하고 돌이키기만 한다면 하나님께서는 자비를 나타내셔서 곡식과 식품을 풍성하게 얻게 하실 것이다(19절). 그리고 북방의 군대는 제거될 것이다(2:4-11의 이스라엘을 위협하고 있는 군대). 흔히 군대를 통한 하나님의 심판을 말할 때 후에 앗시리아와 바벨론으로 지칭되는 북쪽으로부터 온 군대로 보통 말하여진다.

공포와 두려움 대신에 기쁨이 있을 것이다(2:21-27). 지금 잃어버린 그 기쁨은 백성들이 회개하고 하나님을 신뢰하기만 한다면 그들이 잃어버린 모든 것을 회복시킬 수 있다고 하나님께서 약속하신 바대로 되돌아올 것이다(23, 25절). 그 때에는 상실되었던 하나님과의 교제도 회복될 것이다. 따라서 백성들은 여호와 하나님을 알게 될 것이다(교제하게 될 것이다).

심판 대신에 하나님의 성령의 선물이 주어질 것이다(2:28-32). 하나님께서는 백성들에게 그의 성령을 부어주셔서 모세가 전에 이스라엘에 대하여 소원한다고 말한 바와 같이 모든 백성들을 선지자 되게 하겠다고 약속하신다(민 11:29).

하나님께서는 이스라엘 백성들이 진실로 상한 마음으로 회개하고 자기에게로 돌아온다면 그 때에는 그들을 축복하시겠다고 약속하셨다. 그는 땅을 회복하시고 백성들을 다시금 물질적으로나 영적으로 번성하게 하실 것이다. 그러나 유감스럽게도 이스라엘은 회개하지 않았다. 그들은 상하고 통회하는 심령으로 하나님께 나아오지 않았다. 적어도 민족적인 회개가 일어나지는 않았다. 우리가 역사적인 고찰을 통하여 보듯이 그들이 계속해서 악을 행하였으므로 마침내 하나님께서는 요엘로부터 시작하여 대대로 선지자들을 통하여 경고하셨던 바와 같이 북쪽 나라들로 하여금 이스라엘을 대항하게 하셨다(2:20).

사도 베드로가 말한 바와 같이 여기서 주어진 하나님의 교회에 대한 약속들은 오순절까지는 이루어지지 않았음을 알 수 있다(행 2 : 16-21). 요엘서에 주어진 놀라운 약속들은 예수 그리스도께서 오시기 전까지는 이루어질 수 없었다. 예수 그리스도께서 십자가에 달려 죽으시고 또 그의 피로 사람들의 마음을 진실로 새롭게 하실 때까지 그 약속들은 이루어지지 않았다.

우리 주님께서는 죄가 빼앗아 가버린 그 기쁨을 자기 백성들에게 다시 나누어 주기 위하여 오셨다(요 15 : 11). 그는 자기 백성들로 하여금 진실로 열매맺는 삶을 살도록 하기 위하여 오셨다(요 15 : 1 이하). 주님께서 여기서 그의 교회인 이스라엘에게 하나님의 축복을 누리기 위한 조건으로서 요구하신 것을 그 백성들은 결코 달성할 수가 없었다. 그래서 주님께서는 친히 오셔서 그가 자기 백성들에게 요구하셨던 모든 것을 예수 그리스도의 인격 안에서 성취하셨다. 그리하여 그리스도 예수 안에서 하나님의 풍성한 축복이 이스라엘에게 주어지게 되었다. 따라서 오순절에 베드로는 그토록 오랫동안 교회에 이루어지지 않고 보류되었던 그 하나님의 약속들이 이제야 비로소 부은바되고 실행되었다고 정당하게 선포할 수 있었던 것이다.

그러나 그 동안 하나님께서는 이스라엘에서 하나님의 은총을 입어 회개하며 여호와의 이름을 부를 백성들을 찾고 계셨다(2 : 32). 히브리서 기자가 우리에게 가르쳐 주듯이 이 백성들은 약속을 받지 못하였지만 멀리서 그것을 바라보면서 죽었다(히 11 : 13, 39, 40). 이들은 구약시대의 남은 자들로서 하나님께서 친히 부르셔서 그리스도께서 오시기 전에, 심지어는 이스라엘과 유다가 모두 불순종하고 심판받는 중에서도 구원하신 사람들이다.

"누구든지 여호와의 이름을 부르는 자는 구원을 얻으리라"는 약속(2 : 23)은 인류의 초기 역사까지 거슬러 올라간다(창 4 : 26 ; 12 : 8 ; 26 : 25). 그리고 이 약속은 거짓된 것에 대항하는 진실한 남은 자들, 즉 모든 시대에 있어서의 참된 교회의 성격을 특징지워 준다.

이 약속은 또한 오순절 이후의 위대한 복음전파 시대에 이르고 있으며, 이스라엘 중에서 뿐만 아니라 모든 나라들 가운데서 사람들을 자기에게로 부르시는 하나님의 끊임없는 사역을 보여 준다(롬 10:13).

요엘서 3:1-13은 이 책의 세 번째 부분에 해당한다. 이 부분에서 여호와께서는 모든 나라와 모든 백성들에 대한 하나님 자신의 심판의 확실성을 보여주신다. 우선적으로 그는 분명히 열국 가운데서 자기 백성들을 구원해 내실 것이다(3:1). 다음으로 그는 그의 백성들을 제외한 모든 인류에 대한 심판을 시행하실 것이다(3:2). 우리는 역사의 초기 단계에 이미 하나님께서 자기 백성을 가리키는 여자의 후손과 사탄의 자녀를 가라키는 뱀의 후손 사이에 명확한 구분을 지어 놓으셨다는 사실을 기억하고 있다. 결국 여호와께서는 인간들 가운데서 이 두 가지 범주만을 인정하신다. 이제 요엘서에서 하나님께서는 역사 이래로 자기 백성들을 대적해 온 사탄의 모든 자손들과 모든 나라들은 그의 심판으로 말미암아 멸망을 당할 것이라고 선포하신다.

여기에 언급된 나라들은 두로, 시돈, 블레셋, 헬라(Greece), 스바 등이지만 이들 나라들은 의심할 나위 없이 역사상 모든 나라들을 대표하고 있다(3:4-9). 3:12, 13에 묘사된 심판장면은 계시록 14:17-20에 기록된 열국에 대한 마지막 심판장면과 매우 흡사한 면을 보여 준다. 그것은 보습을 쳐서 칼을 만들고 낫을 쳐서 창을 만들라는 명령에 의해 상징적으로 나타나고 있다(3:10). 그것은 열국들이 자기들은 하나님 없이도 번성하고 평화를 누릴 수 있다고 생각할 바로 그 때에 하나님께서는 그들과 싸우기 시작하실 것을 의미한다. 참으로 그리스도께서 말씀하신대로 종말이 있기 전까지는 전쟁과 전쟁의 소문이 늘 있을 것이다(마태복음 24:6-8). 훗날 여기서 사용된 상징은 하나님께서 그를 믿는 사람들에게 주신 복음과 관련하여 사용되었다. 즉, 하나님께서 그를 의뢰하는 사람들에게 약속하신 영원한 평화와 관련하여 여기에 나타난 상징이 반대로 사용된 것을 볼 수 있다(사 2:4;미 4:3).

요엘서의 마지막 부분(3:14-21)은 만민에게 있어서 지금이 결정적인 시간이라는 사실을 분명히 하고 있다(3:14). 여호와께서는 모든 사람에게 알려지실 것이다. 따라서 모든 사람은 노호하며 날뛰는 사자(3:16 상반절)와 같은 여호와 아니면 피난처와 산성으로서의(3:16 하반절) 여호와와 대면하지 않으면 안될 것이다. 하나님께서는 창세 전에 목적하신 바대로 사랑 안에서 그 앞에 거룩하고 흠이 없는 백성들을 소유하실 것이다(엡 1:4-요엘 3:17을 비교하라). 그러나 하나님을 대적하는 나머지 사람들은 하나님을 마치 으르렁거리며 날뛰는 사자와 같이 여기게 될 것이다. 하나님의 집(거룩한 새 예루살렘)에는 이방인들(하나님과 화해하지 못한 자들—이사야 52:1과 계시록 21:27과 비교해 보라)을 위한 공간이 없다.

마지막 구절들인 3:18-21은 물질적인 번영에 관한 표현으로서 다시 한번 더 하나님을 거절하는 나라들과 대조를 이루는 하나님의 백성들, 곧 부름받는 자들, 남은 자들, 신자들에게 주어질 하나님의 축복들에 대하여 기술하고 있다.

이렇게 볼 때 요엘서의 대부분은 요엘 이후 시대의 선지서들에서도 찾아볼 수 있는 내용들이다. 백성들이 회개하지 않을 때 교회에 내려질 심판에 대한 경고; 이스라엘을 심판하시기 위하여 하나님께서 일으켜 세우실 나라들에 대한 예언; 회개를 촉구함, 백성들이 회개할 때 주실 축복의 약속; 하나님을 의뢰하는 남은 자들에게 주시는 소망; 역사에 속한 모든 나라들에 대한 하나님의 심판의 확실성; 그리고 여호와께 속하여 평화와 안녕을 누리느냐(남은 자들을 위하여) 아니면 하나님 없이 심판과 멸망을 당하느냐(열국들, 곧 사탄의 자녀들을 위하여) 하는 인류의 최후 운명.

이러한 메시지는 오늘날 그리스도의 교회에 속한 우리에게 많은 교훈을 준다. 하나님께서는 지금도 여전히 우리가 세상 가운데서 그를 영화롭게 하는 하나님의 자녀라는 증거를 보시기를 원하고 계신다. 하나님 앞에서 통회하는 심령이 없이는 이스라엘과 유다와 같이 기독교에 대한 외적인 요구들만 계속 행하다가 멸망의 올무 속으로 빠져들 위험성이 많다. 여호와께서는 B.C. 9세기의 이스라엘에 대해서 뿐만 아니라 20세기의 오늘날의 교회에 대해서도 그러한 신앙은 받아들이지 않으실 것이다. 에베소 교회에 주신 메시지를 통하여 주님께서는 교회가 하나님께 받아들여지기 위해서는 정통교리만으로는 충분하지 못하며 하나님을 향하여 또한 서로를 향하여 마음 속에 기쁨과 사랑이 있지 않으면 안될 것을 가르쳐 주셨다(계시록 2 : 1-7).

그러므로 우리는 우리 자신의 마음에 관해서 스스로 시험해 볼 필요가 있다. 여호와께 드리는 예배에 마땅히 있어야 할 기쁨이 우리에게 없다면, 이러한 상황은 우리 또한 옮겨지지 않기 위해서는 우리와 우리 하나님 사이에 가로놓여있는 죄를 회개하는 상하고 통회하는 마음이 있어야 할 것을 요구한다.

요나, B.C. 800년경

요나가 역사적으로 B.C. 8세기 초에 근접한 인물이었을지도 모르지만 여기서 우리는 요나를 B.C. 9세기의 선지자 가운데 배치하기로 한다. 요나는 구약성경의 역사서에 특별히 언급된 몇 안되는 선지자들 중의 한 사람이다(왕하 14 : 25). 열왕기하의 내용을 토대로 하여 우리는 그의 사역이 8세기에 통치한 여로보암 2세의 통치 기간 이전이나 아니면 그의 통치 기간 중에 시작되었을 것이라고 추정할 수 있다. 열왕기와 그가 기록한 요나서 모두에서 그는 아밋대의 아들로 알려지고 있다(욘 1 : 1). 열왕기에는 그가 나사렛 근처의 마을인 가드헤벨 사람이라는 보다 상세한 내용이 기록되어 있다.

선지자 요나의 역사적 사실성에 대해서는 구약의 역사서와 신약의 예수 그리스도의 말씀을 통하여 입증되고 있다. 예수님께서는 자신의 죽음과 부활을 요나의 경험에 비교하신다(마 12 : 39-41). 예수님께서는 요나의 사건을 기독교의 유효성을 위해서는 역사성이 확실해야만 하는 사건들, 곧 예수님 자신의 죽음 및 부활과 비교하심으로써 요나서의 내용이 역사적으로 정확한 사실이라는 것을 분명하게 가르치신다. 예수님께서 자신의 죽음과 부활과 같은 중요한 역사적 사건을 구약성경에 나오는 하나의 우화(parable)에 비교하셨다는 것은 상상할 수 없는 일이다. 지금 우리는 많은 사람들이 요나서의 역사적 사실성과 니느웨에서 일어난 사건들에 대해 의심을 품어 왔기 때문에 예수님의 말씀을 거론하고 있는 것이다. 예수님의 말씀은 마치 그가 이러한 의심들을 미리 예상하시고 특별히 요나와 관련하여 일어난 모든 사건들의 역사성을 강조하신 것처럼 보인다.

요나서는 주전 9세기와 8세기를 역사적인 배경으로 하여 이해되지 않으면 안된다. 당시는 앗시리아가 세계에서 강국으로 부상하고 있던 시기였다. 앗시리아인들은 메소포타미아 지역에 살던 사람들이었다. 분명하게 이름이 언급되지는 않았지만, 아마도 그들은 요엘 시대 때부터 이미 위협적인 세력으로 등장한 북방으로부터 온 사람들이었을 것이다(요엘 2 : 20). 우리가 도표를 통해 이미 살펴본 바와 같이 앗시리아는 살만에셀 3세 때인 B.C. 900년경부터 강국의 자리에 오르기 시작했다.

이 거대한 제국의 수도가 바로 니느웨였다. 결국 니느웨는 하나님의 백성들에게 위협적인 존재였다. 따라서 우리는 요나가 니느웨로 가서 그 백성들에게 하나님의 임박한 진노에 대하여 경고하기를 싫어했던 이유를 이해할 수 있다. 요나는 사실 니느웨가 멸망하기만을 바랐다. 의심할 여지도 없이 요나는 이스라엘의 왕들과 이스라엘 백성들의 죄악으로 인하여 하나님의 심판이 내릴 것이라는 사실―요엘도 실제로 그러한 경고를 했었다―을 잘 알고 있었다. 우리는 요나가 하나님으로부터 니느웨로 가서 하나님의 뜻을 전하라는 명령을 받았을 때(1:2) 왜 하나님이 니느웨를 지구에서 쓸어버려서 이스라엘에게 다가오는 엄청난 위협을 제거해 주시기만을 바랐는가 하는 것을 이해할 수 있다(1:3). 요나는 하나님의 명백한 뜻과는 정반대되는 방향으로 가기를 원했다.

실제로, 요나는 뒤에 가서 그가 당시에 왜 하나님을 거역하고 싶어했는지에 대한 이유를 분명하게 이야기한다. 요나서 4:2에서 그는 "주께서는 은혜로우시며 자비로우시며 노하기를 더디하시며 인애가 크시사 뜻을 돌이켜 재앙을 내리지 아니하시는 하나님이신 줄을 내가 알았음이니이다"라고 하나님께 대답했다. 어떻게 요나는 하나님께서 이런 하나님이신 줄을 알았을까? 요엘서에서 보는 바와 같이(요엘 2:13), 하나님께서는 모세에게 하신 말씀을 통해서 이미 오래 전에 자신을 계시하여 주셨다(출 34:6, 7). 요나는 하나님께서 이렇게 자비로운 분이시며 니느웨에 대해서도 그런 자비를 베푸시리라는 것을 알고 있었기 때문에, 니느웨의 멸망을 간절히 바라면서 하나님을 피하여 도망갔던 것이다(1:3).

요나서의 **첫번째 부분**(1:1-16)은 하나님의 위임과 요나의 불순종에 관하여 기록하고 있다. 요나가 명백한 하나님의 뜻(그에게 계시된 하나님의 말씀)을 거역하였을 때 하나님께서 개입하셔서 아무도 하나님의 뜻을 거스릴 수 없다는 것을 가르쳐 주신다. 니느웨를 멸망으로 부터 구원해 내시려는 하나님의 은밀한 뜻은 하나님의 계시된 뜻에 순종하지 않으려는 요나에 의해서 방해받지 않을 것이다. 여기서 하나님의 뜻에 대한 두 가지 범주를 구분하는 것과 또 이 두 가지를 혼동하지 않는 것은 매우 중요하다. 즉, 하나님의 계시된 뜻을 인간이 불순종할 수는 있을지 모르지만 어느 누구도 하나님의 은밀한 뜻이나 계획을 변경시킬 수는 없다.

하나님께서 개입하신 방법은 인간의 모든 일에 대해서 가지는 하나님의 주권을 나타내 준다. 우리는 1 : 4에서 하나님께서 강풍을 보내셨음을 알 수 있다. 그리고 1장에서 우리는 하나님께서 요나와 관련된 자신의 목적을 성취하시기 위하여 행하시는 흥미진진한 일련의 사건들을 볼 수 있다. 하나님께서는 요나가 아무런 구조 수단이 없는 상태에서 바다 한가운데로 던져지기를 원하셨다. 이것은 요나를 겸손하게 만들어서 도망하려고 했던 그 하나님을 전적으로 의뢰하도록 만드시기 위함이었다(1 : 15). 4절과 15절 사이에 기록된 일련의 사건은 하나님께서 바다 위에 바람을 던지심으로 펼쳐진다. "던지다(hurl)"라는 뜻을 가진 히브리어가 이 부분에서 세 번 발견된다. 첫째로, 하나님께서 바람을 **던지신다**. 그 다음에는 사공들이 배와 생명을 구하기 위하여 바람에 대응하여 짐을 바다에 **던진다**(5절). 마지막으로 사람들이 요나를 바다로 **던진다**(15절). 영역본들은 이 세 구절에서 다양한 단어들을 사용했지만 히브리어 원문에서는 모두 같은 단어를 사용함으로써 인간을 다루시는 데 있어서의 하나님의 주권을 강조하고 있다. 하나님께서 요나를 물 속에 두기를 원하셨으며 이 일이 사공들의 손을 빌어 일어난 것이다.

요나를 아무런 의지할 수단이 없는 상태에 처하도록 하시는 과정 속에서 여호와께서는 요나와 함께 불행한 항해를 했던 그 소수의 사람들에게 자비를 베푸셨다. 그들의 안전을 위하는 일에 있어서도 하나님께서 모든 것을 주관하셨다.

특히 사공들이 큰 두려움에 사로잡혀 있었던 사실을 주목해 보라(1 : 5). 이러한 시점에서 그들은 각자 자기들의 이방신을 부르는 분명한 이교도들이었다. 이 사공들은 요나에 대한 하나님의 심판을 목격하면서 처음에는 두려워 떨었고 다음으로는 하나님의 진리를 배우게 되었다.

다시 한번 하나님의 주권은 제비를 던져서 요나가 뽑혔을 때에 나타났으며, 그 일은 분명히 우연이 아니었다. 그것은 하나님께서 그렇게 의도하셨기 때문이었다(1 : 7). 그리하여 이제 요나는 마지 못해 이스라엘의 하나님, 자기 백성들의 하나님, 그가 피하여 달아

나러 했던 그 하나님에 대한 증인이 되었다. 틀림없이 이 이방인들에게 증인 구실을 하는 것이 요나 자신의 뜻은 아니었을 것이다. 그러나 하나님께서는 그렇게 되기를 원하셨으며, 또한 그렇게 되도록 지배하고 계셨다. 요나는 사공들에게 그의 하나님에 대한 진리를 전파했다(1 : 9). 그가 육지에 관해서 이야기했을 때 사공들의 관심을 끌었을 것이 분명하다. 폭풍이 몰아치는 이 시점에서 그들에게는 육지라는 말보다 더 관심을 끄는 단어가 없었을 것이다. 그는 바다와 육지를 동시에 통치하시는 그의 하나님을 의뢰해야 할 것을 그들에게 가르쳐 주었다.

사공들은 요나를 구하려고 애를 썼다(1 : 13). 그러나 하나님께서는 요나가 바다 속으로 들어가야 한다고 결정하셨다. 결국 그들은 하나님의 뜻에 굴복하게 되었지만 우리는 그들이 그 과정을 통하여 하나님께 대하여 어떤 지식을 가지게 되었는가 하는 것을 주목해 보아야 한다. 그들은 자신의 뜻대로 행하시는 그 분의 주권을 인정하였다(1 : 14). 그리고 그들은 이제 하나님을 언약관계를 나타내는 히브리식 호칭인 "여호와"로 불렀다. 그들은 요나를 바다에 던짐과 동시에 바다가 고요해지는 것을 보고는 더욱 더 여호와를 두려워하였다(1 : 16). 폭풍에 대한 그들의 두려움이 이제는 폭풍을 지배하시는 여호와께 대한 두려움으로 바뀌어졌다. 그들은 진정한 개종을 경험한 것으로 보인다. 그들은 여호와께 제물을 드리고 서원을 하였다(1 : 16). 우리는 이 경험의 진실성을 거부할 권리를 갖고 있지 않다. 이 사건 이후로 그들에게 일어난 일을 우리는 알지 못한다. 성경은 여기서 하나님의 자비에 그들을 맡겨 두고, 요나에게 촛점을 맞추고 주목한다.

그러면 요나는 어디에 있었는가? 그 또한 하나님의 자비를 입고 하나님께서 있기를 원하신 바로 그곳, 바다 한가운데 있었다(1 : 15).

요나서의 **두 번째 부분**은 1장의 마지막 절부터 시작된다. 이 두번째 부분은 바다로부터 요나의 구원과 요나의 하나님께 대한 고백에 대하여 기록하고 있다(1:17-2:10). 이 부분은 균형이 맞지 않지만 그럼에도 불구하고 세 부분으로 나누어진다.

첫째로, 우리는 요나를 구출하기 위한 하나님의 준비에 관한 기록을 볼 수 있다. 요나가 거친 바다 한가운데서 빠른 속도로 가라앉고 있을 때 하나님께서는 이미 바다로부터 그를 구원하실 방편으로 거대한 물고기를 준비해 놓으셨다(1:17). 아마도 여호와께서는 요나가 바다 속으로 던져지기 훨씬 전부터 그 물고기를 준비해 놓으셨을 것이다. 이것은 우리로 하여금 요나를 삼킨 그 물고기의 본질에 대한 대논쟁을 벌이도록 만든다. 많은 사람들은 오늘날에 알려져 있는 어떠한 물고기나 고래의 뱃속에서 인간이 3일 동안 생존한다는 것은 불가능한 일이라고 주장해 왔다. 또 어떤 사람들은 요나와 유사한 식으로 고기 뱃속에서 살아난 사람이 있는지를 조사하려고 무던히도 애를 썼다. 이 두 경우에 있어서 모두 요점을 놓치고 있다. 하나님께서는 요나를 구출하시려는 목적을 위해서 그 물고기를 준비하셨다. 우리가 요나를 삼킨 물고기와 똑같은 물고기를 발견할 수 있느냐 없느냐 하는 것은 문제가 되지 않는다. 여호와께서는 바로 **그 목적**(that purpose)을 위해서 **그 물고기**(that fish)를 **준비**하셨다!

요나가 물 속에서 살아날 수는 없었다. 그는 물 속으로 가라앉고 있었으며, 가라앉으면서 그는 자기가 죽어가고 있다고 생각했을 것이다. 바로 그 때 커다란 물고기가 거친 바다로부터 요나를 구출하였다.

요나서의 **두번째 부분**의 제 2부는 요나가 물고기의 뱃속에서 하나님의 다음 조처를 기다리면서 한 기도와 증언을 기록하고 있다. 우리는 여기서 분명하게 나타나는 요나 자신의 인격적인 믿음을 볼 수 있다(2:1-9).

그의 기도에서 요나는 그와 관련하여 일어날 일에 대하여 말하고 있다. 고통(바다 속으로 던져짐) 가운데서 요나는 하나님께 기도했고 하나님께서는 그에게 응답하셨다(2 : 2). 이것은 요나의 실제적인 체험에서 비롯된 고백이지만 요나는 그것을 확대시키고 있다. 그는 자기가 물 속으로 들어간 것을 마치 지옥 그 자체 속으로 떨어진 것처럼 느꼈다. 그러나 그는 가라앉으면서 하나님께 부르짖었고 하나님은 그 소리를 들으셨다(2절).

3절부터 6절에서 그는 물 속에 빠져 있는 동안에 가졌던 경험을 확대시켜 나간다. 그가 여호와께서 자기를 물 속으로 던지셨다고 믿은 사실을 주목해 보라. 성경은 앞에서 사공들이 요나를 바다에 던졌다고 말한다. 그러나 이제 요나는 하나님의 계획이 이 사공들을 통하여 이루어지고 있음을 알게 되었다.

물에 빠진 사람이 느끼는 감정이 이 구절들에 기록되어 있다. 물의 범람, 파도와 큰 물결은 그를 깊은 물 속에 가라앉도록 만들었다. 그가 이 모든 것을 하나님께서 행하신 일—"주의 파도(thy waves)와…주의 큰 물결(thy billows)…"—로 고백하고 있다는 점을 주의해 보라.

더욱 중요한 점은 그가 하나님으로부터 영적으로 버림을 받았다고 느낀 점이다(2 : 4 상반절). 그러나 가장 심각한 영적 절망의 그 순간에 요나는 여호와께서 그의 소망이심을 기억하였다. 그는 믿음으로 하나님의 성전을 바라 보았다(2 : 4 하반절). 하나님의 말씀이 가르쳐 주듯이, 성전은 우리가 하나님께로 나아가는 길이다. 우리는 여러 가지 구조와 기구를 갖춘 성막이 하나님께로 나아가는 올바른 방법을 하나님의 백성들에게 가르칠 수 있도록 계획되었다는 사실을 기억하고 있다. 열왕기상 8 : 30을 비교해 보라. 이 무기력함과 재난 가운데서 드린 요나의 기도는 자기를 도와 주실 하나님을 바라보는 믿음 안에서 드려진 행위였다. 여기에 사용된 "바라보다"라는 단어는 전에 우리가 예를 들면서 언급한 바 있는, 소돔성을 바라본 롯의 아내의 경우와 광야에서 장대 위에 달린 뱀을 바라보라는 명령을 받은 하나님의 자녀들의 경우에 사용된 것과 똑같은 단어이다. 히브리어에서 이 단어를 사용할 때에는 언제나 단순히 "눈으로 바라보다"라는 의미가 아닌 "~을 향하여 열망하며 바라보다" 혹은 "~을 향하여 잔뜩 희망을 가지고 바라보다"라는 의미를 가진다. 따라서 요나는 성전을 향하여 믿음과 소망을 가지고 바라보았다는 말이다.

요나는 물 속으로 계속 가라앉고 있었으므로 힘이 다 소모되고 말았다(2:5, 6). 이제 하나님은 그의 유일한 희망이었다. 이제는 그가 피하여 도망하려고 애썼던 바로 그 하나님만이 그를 도와 주실 수 있었다. 그리고 그가 커다란 물고기의 뱃속으로 들어가게 되었을 때 그는 과연 하나님께서 참으로 자기를 구해 주셨다고 생각하였다(2:6 하반절). 7절은 전체적인 경험에 대한 요약에 해당한다.

그리고 결론적으로 요나는 하나님과 함께한 자기의 모든 경험으로부터 한가지 교훈을 이끌어 내었다(2:8). 이 구절이 분명하게 의미하는 바는 자기를 향하신 하나님의 뜻을 피하여 도망가려 했던 요나는 바로 하나님의 자비를 피하여 달아나고 있었다는 사실이다. 그는 얼마나 어리석었는가! 하나님 없이 우리 스스로의 힘으로 무엇을 할 수 있다고 생각하는 것은 참으로 어리석다. 그것은 가장 헛된 생각이다.

요나의 전체 기도는 여호와께 대한 위임으로 끝을 맺고 있다(2:9). 요나는 이제 하나님께 감사하며 또 이후로는 하나님께 순종할 것을 다짐한다. 구원은 여호와께로 말미암는다는 그의 결론은 요엘이 일찍이 선언한 내용을 반영한 것이다(요엘 2:32).

두 번째 부분의 마지막 내용은 요나의 고백과 기도에 대한 하나님의 응답을 기록하고 있다(2:10). 하나님께서는 요나를 삼킨 그 물고기를 명하여 요나를 다시 육지에 내려놓도록 하셨다. 요나는 이제 하나님께서 처음에 그가 있기를 원하신 곳, 즉 하나님의 뜻을 실행할 수 있는 위치로 돌아가게 되었다.

요나서의 **세번째** 부분은 3장과 4장의 일부를 포함한다. 여기에는 하나님께서 요나에게 주신 사명과 하나님의 명령에 대한 요나의 순종에 관한 내용이 기록되어 있다. 이제 여호와께서 명령하시자 요나가 곧 순종했다(3：1-3). 요나가 니느웨를 여행하는데 3일이 걸린 것으로 기술한 것은 서로 다른 해석들을 많이 유발시켜 왔다. 그 말이 니느웨가 너무 방대한 도시이기 때문에 그 곳을 통과하거나 혹은 그 주위를 둘러보는 데 3일이 걸린다는 것을 의미한다고 하면 의문의 여지가 있다. 그러나 요나에게 내린 명령과 관련된 문맥을 살펴 보면 오히려 그 의미는 요나가 하나님께서 명령하신 메시지를 선포하면서 그 도시의 거리를 통과하는데 3일이 걸린 것으로 보는 편이 더 바람직하다.

우리는 요나가 전한 메시지의 일부분만을 보고 있는 것인지 어떤지는 알 수 없지만 요나가 전한 메시지는 간단했다(3：4). 요나가 니느웨에 머물기를 도무지 싫어했던 것으로 보아 아마도 그의 메시지는 매우 간단했을 것이다. 그는 니느웨의 구원을 예상하면서 마음이 유쾌하지 못했다.

백성들의 반응이 3：5-9에 나타나 있다. 그들은 하나님을 믿었으며(5절), 진실한 회개의 표시로서 금식을 선포하였다. 왕까지도 요나의 메시지를 듣고는 마음이 감동되어 통회하는 마음을 갖게 되었다(6절). 백성들의 지도자로서 왕은 백성들에게 하나님 앞에서 회개할 것을 촉구하였다(7, 8절). 더구나 그는 백성들로 하여금 그들의 악한 길에서 떠나 진정한 개혁이 일어나도록 하였다.

9절에서 우리는 요엘서 2：14에 나타나는 요엘 선지자의 말을 연상하게 되는 표현을 대하게 된다. 이 백성들은 하나님께서 그의 맹렬한 진노를 돌이키실 것이라는 희망을 가지고 하나님을 바라보았다. 10절에서 우리는 그들의 회개에 대한 하나님의 응답을 발견한다. 하나님께서는 자기가 내리실 것이라고 말씀하신 재앙을 철회하시고(repent of the evil) 행하지 않으셨다.

다른 유사한 본문에서와 같이 이 말이 인간들이 이전에 범한 잘못을 고치면서 뉘우치는 것과 똑같은 방식으로 하나님께서도 후회하신다는 것을 의미한다고 생각해서는 안된다. 하나님은 그렇게 시시한 분이 아니시다. 이것은 기꺼이 용서하시려는 하나님의 용서의 신속함을 인간적인 용어로 나타내는 하나의 표현수단이다. 그것은 변화를 의미하지만 하나님께 있어서의 변화가 아니다. 하나님께서 사람들의 마음을 변화시키시면 그가 이전에 선언하신 심판을 행하실 필요가 없게 된다. 이것은 하나님의 자비를 나타내는 한가지 방법이다. 종종 하나님께서 다가올 심판을 경고하실 때는 인간이 마땅히 받아야 할 처벌에 대하여 말씀하신다. 그러나 하나님께서는 또한 자주 자비로써 인간들의 마음을 변화시키시기 때문에 그들이 받아 마땅할 심판이 실제로는 그들에게 임하지 않는다.

요나서 2장과 3장에서 우리는 매우 흥미로운 유사한 구조를 발견할 수 있다. 2장에서 우리는 요나가 당한 재난과 하나님께서 그 재난으로부터 요나를 구원하시기 위하여 큰 물고기를 준비하신 사건에 대하여 읽게 된다. 그 다음으로 우리는 재난 가운데서 행한 요나의 회개와 기도를 보게 되며 다음에는 하나님께서 요나의 기도에 응답하셔서 바다로부터 그를 육지의 안전한 곳으로 구원하신 사실에 대하여 읽게 된다. 이와 유사하게 3장에서 우리는 니느웨 백성들이 하나님의 심판 아래 놓이게 됨으로써 그들에게 임박한 재난을 보게 된다. 또한 하나님께서는 요나를 준비하셔서 그들이 심판으로부터 벗어날 수 있는 길을 제공하고 계신 것을 볼 수 있다. 그 다음으로 우리는 요나가 바다에서 부르짖었던 것과 같은 니느웨 사람들의 회개와 하나님께 대한 부르짖음을 보게 된다. 마지막으로 우리는 하나님께서 요나를 바다에서 구출해 내신 것과 마찬가지로 니느웨 사람들을 임박한 심판으로부터 구원하심으로써 그들의 회개에 응답하시는 것을 목격하게 된다.

요나의 경험과 니느웨 사람들의 경험 사이에 유사점이 있다는 것은 명백하다. 여호와께서는 그가 죄인들을 어떻게 자비롭게 다루시는가를 가르쳐 주시기 위하여 요나로 하여금 이러한 경험을 하게 하셨다. 그것이 요나에게 주는 분명한 교훈이었음에 틀림이 없으나 요나는 그것을 늦게서야 깨달았다.

 4장은 요나가 비록 하나님의 두 번째 명령에 순종하기는 했으나 마지못해 그렇게 했다는 것을 보여 준다. 그는 사실 그 결과로 인하여 기분이 상했다. 그는 화가 났다. 그는 니느웨에 나타날 하나님의 자비를 예상하고는 그것을 원치 않았다(4:2). 3절에서 그는 아마도 지금의 자기의 고통을 엘리야의 그것과 비교하고 있는 것처럼 보인다(열왕기상 19:4). 그러나 요나는 엘리야가 아니었으며 이 순간에 있어서도 그러했다. 요나는 하나님께서 자기에게 베푸신 자비를 통하여 가르치셨던 교훈을 어쩌면 그렇게도 빨리 잊어버릴 수가 있었을까?

 하나님께서는 "너의 성냄이 어찌 합당하냐?"고 물으셨다(4:4). 그러나 요나는 대답하지 않았다. 그는 단지 성 밖으로 나가서 들판에 앉아 니느웨에 무슨 일이 일어나는가를 보려고 하였다. 아마도 그는 여전히 니느웨 사람들이 멸망당하기를 바라고 있었을 것이다(4:5).

 요나서의 **마지막 부분**(4:6-11)은 6절에서 시작한다. 이 부분에서 여호와께서는 다시 한 번 더 요나에게 인간을 자비로 다루시는 하나님 자신에 대한 교훈을 가르치신다. 이 부분의 몇몇 요소들은 요나의 성격상의 커다란 헛점을 지적하기 위한 의도에서 비롯된 것으로 다소 익살스럽기까지 하다.

 이 구절들에 사용된 어휘들은 문맥의 흐름에 비추어 볼 때 웃음을 자아내게 하는 것들이다. 하나님께서는 태양으로부터 요나를 보호하시기 위하여 그의 초막을 덮을 넝쿨을 준비하신다. 성경은 그것을 하나님께서 그를 악한 상황에서 구해 내시기 위함이라고 말하고 있다(4:6).

 그것은 마치 하나님께서 "자, 요나야, 너는 고집이 세고 완고해서 내가 너를 바다에서 구해 줌으로써 네게 가르치고자 했던 요점을 다 잊어버렸구나. 우리 다시 한번 더 노력해 보지 않으련? 너는 햇볕에 노출되어 있구나. 태양이 너를 아주 불편하게 하는데도 말이다. 그러나 내가 그 악한 상황으로부터 너를 구원해 주마"라고 말씀하고 계신 것처럼 보인다.

여기서 "악한 상황"이라는 말은 보통 요나가 전에 바다에서 당한 고난과 같은 아주 심각한 고통을 두고 하는 말이다. 너무나 우둔하고 너무나 완강해서 뜨거운 태양열 아래 스스로 나앉은 이 고집이 센 사람이 처해 있는 상황을 묘사하기 위하여 이런 단어들을 사용한 것은 매우 익살스러워 보인다. 어느 누구도 요나에게 뜨거운 햇볕 아래 앉아 있으라고 말하지 않았다. 그가 스스로 그렇게 했다. 이러한 단어들을 선택하신 하나님께서는 요나를 부끄럽게 하시려는 의도를 가지고 계셨던 것이 분명하다.

식물이 자라난 것에 대한 요나의 반응도 마찬가지로 우습기 짝이 없었다. 그는 몹시 기뻐했다(4:6). 하나님께서 방금 한 도시 전체를 멸망으로부터 구원하셨을 때 요나는 그것을 두고 화를 내었으나, 이제는 자기가 태양으로부터 안전하게 보호받을 수 있다는 이유 때문에 "몹시도 기뻐한" 것이다. 어쩌면 요나의 가치 판단력이 그렇게도 정도를 벗어날 수 있었을까.

그러나 이번에는 하나님께서 요나를 다루시는 방법을 바꾸어서, 하나님의 은혜 없이 사는 삶이 어떤 것인가를 가르쳐 주시기 위하여 그의 자비의 손길을 거두어 버리셨다. 하나님께서는 그 넝쿨을 없애버리기 위하여 벌레를 준비하셨다(4:7).

요나를 삼켰던 물고기 사건에서와 마찬가지로 이 넝쿨과 벌레 사건에 있어서도, 오늘날 우리가 그렇게 빨리 자라는 식물을 발견할 수 있는가 없는가 혹은 그 식물을 시들게 만든 벌레가 어떤 종류의 벌레인가 하는 것은 중요한 문제가 아니다. 여기서 중요한 점은 이 모든 일이 요나를 다루시려는 하나님에 의하여 특별히 예비되었다는 사실이다.

요나의 반응은 예상한대로였다. 그는 다시금 넝쿨을 잃어버린 것에 대하여 화를 내었다. 더구나 뜨거운 바람이 불어 요나를 괴롭게 하였을 때 그는 죽기를 원했다(4：8). 여전히 요나에게 바깥에 머물러 있어야 한다고 말한 사람은 아무도 없었다. 그가 그 곳을 피하여 가는 것은 자유로웠다. 그러나 그는 거기서 죽기를 더 바랐다.

이 시점에서(9절 이하) 하나님께서는 요나를 가르치기 시작하신다. 그는 요나가 단지 24시간 동안 살아 있었을 뿐인 보잘 것 없는 넝쿨을 잃은 것에 대해서는 분을 내면서도 니느웨의 모든 백성들이 생명을 잃을 뻔했던 엄청난 위협에 대해서는 전혀 관심을 나타내 보이지 않았음을 지적하신다(4：10). 여호와께서는 여기서 니느웨 시민들의 생명을 염려한 자신의 가치 판단과 보잘것 없는 식물에 관심을 둔 요나의 가치판단을 비교하신다. 사실상 요나의 관심은 자기 자신에 대한 것이었다. 그는 불편을 느꼈으며, 그로 인해 화를 내었다.

여호와께서 니느웨 사람들에 대해 좌우를 분별치 못하는 자들이라고 묘사하신 것은 아마도 그들의 영적인 무지를 비유적으로 말씀하신 것일 것이다.

우리는 요나서가 주는 교훈을 통하여 많은 적용들을 이끌어 낼 수 있다. 우리는 요나에게서 우리 자신에 관한 많은 것들을 발견할 수 있을 것이다. 우리는 요나의 영적인 둔감함에 대해서 머리를 흔들지도 모른다. 그러나 우리는 요나보다 나은가? 하나님께서 우리를 위하여 얼마나 많은 일들을 행하셨는가를 생각해 보라. 그리고 우리에게 베푸신 하나님의 자비를 다른 사람들에게 적용하는 일에 있어서는 우리가 얼마나 느리게 반응하고 있는가 하는 것을 생각해 보라. 우리는 하나님께서 우리를 위하여 행하신 일들에 대해서는 감사하게 여기고 있다. 사실 하나님께서 우리를 위하여 행하신 일들에 대해서는 얼마나 기뻐하고 있는지 모른다. 그러나 우리는 예전의 우리와 같이 아직도 잃어버린 상태에 있는 사람들을 위해서는 동일한 열정을 나타내 보여 주지 못하고 있다.

요나와 마찬가지로, 우리는 하나님께서 우리에게 원하시는 것이 무엇인지 알고는 있지만 그의 형상을 우리 자신에게 반영하지 못하고 있기 때문에 우리의 삶을 통하여 하나님을 영화롭게 하는 일에 실패하고 있다. 우리는 하나님께서 우리에게 보여 주신 것과 동일한 자비와 오래참음을 다른 사람들에게 보여 주지 못하고 있다. 그러나 이것이야말로 하나님께서 우리에게 열망하시는 것이다.

우리는 선교하는 일을 태만히 해 왔다. 우리는 우리가 전에 하나님의 진노 아래 있었던 것처럼 지금도 여전히 하나님의 진노 아래 놓여 있는 사람들을 향하여 무관심한 채로 남아 있다. 에베소서 2 : 3을 보라. 요나서의 메시지는 분명히 "내가 네게 자비를 베푼 것처럼 너는 가서 다른 사람들에게 자비를 베푸는 나의 사신이 되라"는 것이다. 따라서 이 책은 위대한 선교 지침서이다.

우리가 간과해서는 안될 마지막 한 가지 사실이 이 책 속에 내포되어 있다. 그것은 구약시대에 있어서 이스라엘의 멸망을 초래한 궁극적인 원인이 니느웨나 바벨론과 같은 외부의 대적들 때문이 아니라는 것이다. 그들은 단지 하나님의 진노를 나타내기 위하여 사용된 도구에 불과했다. 이스라엘 백성들에게 멸망이 임한 것은 그들이 교만으로 가득차서 요나처럼 그들의 삶을 통하여 하나님의 영광을 드러내는 일에 실패했기 때문이었다. 이처럼 이스라엘은 외적인 적 때문이 아니라 내적인 이기심 때문에 멸망하였다.

우리가 이미 살펴 본 열왕기하에 나타난 이스라엘 역사에 대한 요약을 보아서도 그들이 하나님의 말씀듣기를 거절했기 때문에 심판을 받았다는 것을 알 수 있다. 앞으로 후기 선지자들에 대한 공부를 하면서도 알게 되겠지만 이스라엘 백성들은 서로를 향하여 하나님의 사랑을 나타내기를 거절했으며 그들의 일상생활의 동기는 매우 이기적이었다. 부자들은 사치에 휩싸여 살면서 가난한 신자들을 압제하고 그들이 가진 것은 무엇이나 다 빼앗아 갔다.

우리는 요나서가 다른 선지서들과는 매우 상이한데 왜 선지서에 속해 있는가 하는 의문을 가질 수도 있을 것이다. 그러나 우리가 메시지에 대한 분석과 요나의 경험을 통하여 아는 바와 같이 성경의 선지자적 메시지가 아주 분명하게 나타나 있음을 알 수 있다. 그것은 엄청난 심판을 당하지 않기 위해서는 하나님의 뜻에 복종해야 된다고 하는 이스라엘과 하나님의 백성들에게 주는 하나의 시의적절한 경고였다.

많은 점에 있어서 요나서의 메시지는 신약성경이 에베소 교인들에게 주는 메시지에 비교된다. 에베소 교회에게 하신 말씀에서 그리스도께서는 그들이 처음 사랑을 회복해야 할 것과 그의 앞에서 옮겨지지 않도록 주의하라고 경고하신다(계 2:1-7). 에베소 교회에 보낸 편지에서, 바울은 하나님의 사랑을 받는 자녀로서 하나님을 본받는 자가 되어야 할 것과 사랑 가운데서 행해야 할 것을 권고하였다(엡 5:1, 2). 몇 십년이 지난 그 당시 에베소 교회는 비록 건전한 교리를 가르치는 일에는 열심을 내고 있었지만 서로 사랑 가운데서 행하는 일에는 분명히 실패했기 때문에 심판의 위험에 처하게 되었다.

요나와 마찬가지로 그들은 하나님에 대한 진리, 즉 그가 원하시는 것을 알고 있기는 하였지만, 그들의 매일의 생활 속에서 그리고 서로를 대함에 있어서 하나님의 영광을 나타내는 일에는 실패하였다.

이런 점에서도 우리는 요나서와 요엘서의 메시지 사이에 있는 어떤 분명한 관계성을 볼 수 있다. 요엘도 또한 백성들에게 단순한 외견상의 일치에 의해서는 보상될 수 없는 하나님과의 즐거운 교제 가운데로 되돌아 올 것을 권면하고 있다. 하나님께서는 언제나 마음의 동기를 보고 판단하신다. 우리는 거기에 합격 아니면 불합격 둘 중에 하나이다.

9

솔로몬의 어리석음을 반박하는 글들

―전도서와 아가서―

선지서들에 대한 개관을 계속 진행하기에 앞서 여기서는 일반적으로 현재 우리가 살펴 보고 있는 책들과 같은 시대에 속하는 것으로 보이는 두 작품을 먼저 소개하고자 한다. 예언서가 아니면서도 이 책들은 선지자들의 메시지와 다를 바 없는 메시지를 담고 있다.

나는 우리가 솔로몬 이후의 어떤 시대에 기록된 전도서와 아가서 두 작품을 통하여 솔로몬과 그의 친족들이 끼친 나쁜 영향을 반박하고 있는 내용들을 대하게 될 것이라고 확신한다. 솔로몬은 백성들의 마음 속에서 가장 훌륭한 모든 것의 표본이었다는 사실을 기억하라. 그는 다윗의 선택을 받은 자로서 부와 지혜와 권력을 소유한 사람이었다. 그러므로 하나님께서 솔로몬의 잘못된 행위를 기쁘게 여기지 않으셨다는 것을 나타내주기 위하여 어떤 조치를 취하지 않았다면 솔로몬의 말년의 행동은 당대의 젊은이들과 후세의 사람들에게 커다란 영향력을 발휘했을 것이다.

물론 우리가 앞서 공부한 역사서에서 하나님께서 솔로몬을 기뻐하시지 않았다는 사실을 보기는 했으나 솔로몬 시대에 매우 근접하게 살았던 많은 사람들은 틀림없이 이러한 사실을 알지 못했을 것이다. 어쨌든, 르호보암, 아비얌과 같은 솔로몬 이후의 잇따른 유다의 왕들은 솔로몬의 발자취를 그대로 따랐다. 따라서 그 왕들이 한번도 여호와께 충성된 왕을 가져보지 못하였을 때의 이스라엘이 따랐던 길과 동일한 길로 유다를 인도한 것은 당연한 결과였다.

나는 전도서와 아가서(때로 솔로몬의 노래라고도 불리움)가 둘 다 솔로몬과 그의 친족들의 나쁜 영향을 반박하기 위해 쓰여졌으며 또한 그 당시의 하나님의 진실한 백성들에게 솔로몬의 본보기와는 현저한 차이를 보이는 하나님의 뜻을 가르쳐 주기 위하여 쓰여진 것이라고 생각한다.

이제 이 두 권의 책을 한 권씩 차례로 살펴 보면서 현저하게 나쁜 영적인 영향력 아래 있던 한 시대의 하나님의 백성들에게 주는 메시지를 생각해 보고 동시에 이 메시지가 오늘날의 신자들에게는 어떤 관계가 있는가 하는 것을 알아보기로 하겠다.

전 도 서

이 책의 제목인 "Ecclesiastes"라는 말은 교회 혹은 설교, 즉 메시지에 관한 것이라는 의미이다. 따라서 전도서는 어느 정도 설교와 유사한 것으로 간주되어야 할 것이다.

전도서의 첫번째 문장(1:1)은 "설교자(preacher)" 혹은 이 말이 번역된 히브리어를 그대로 말하자면 "코헬레트(Kohelet)"라는 단어를 포함하고 있다. 이 단어의 본질적인 의미는 어떤 모임에서 사회를 보는 사람을 가리킨다. 따라서 "설교자(preacher)"라는 번역이 좋은 번역이기는 하나 "의장(moderator)"이라고 번역하는 것이 보다 정확한 번역이라 할 수 있다.

1절에서 언급된 설교자가 솔로몬을 가리키는 것처럼 보일지도 모르지만 설교자의 신분은 전연 알려지지 않는다. 그리고 다윗의 아들이라는 칭호는 유다의 모든 왕들에게 적용될 수 있는 칭호이다. 예수님께서도 훗날 다윗의 아들이라는 칭호를 가지고 탄생하셨다 (마 1:1).

1절에서 말하는 설교자의 신분이 누구라 하더라도 그가 이 책의 저자라는 것을 의미하지는 않는다. 왜냐하면 설교자의 말이 실제로 이 책에서 때로 길게 언급되기도 하지만 저자는 분명히 1절과 2절에 소개된 설교자의 말과는 정반대의 입장을 취하고 있기 때문이다.

이 책의 윤곽은 다음과 같이 구성되어 있다. 1:1-2:23에는 설교자의 진술이 우선적으로 소개된다. 그리고 2:24-12:8은 설교자의 주장에 대한 반박이 뒤따른다. 그리고 이어서 마지막으로 전체적인 결론이 주어진다.

이제 책의 첫 부분을 살펴 보기로 하자. 우리는 여기서 설교자의 우선적인 주제가 "헛되고 헛되니… 모든 것이 헛되도다"(1:2)라는 것을 알 수 있다. 또한 이 구절은 이 책의 말미에도 나타나서(12:8) 이 말로써 토론을 끝맺고 있는 것을 볼 수 있다.

인생에 대한 이같은 주제 혹은 견해는 1:2-2:23에서 더욱 자세하게 설명되고 있다. "헛되고 헛되다"라는 말 이외에도 설교자와 이 책의 저자에 의해서 동시에 사용되고 있는 말이 또 있는데 그것은 바로 "해 아래서"라는 말이다. 그리고 여기서 "해 아래서"라는 말은 제한된 시야와 해 아래의 공간에 그 존재가 한정된 인간에 의해서 관찰되는 인생을 말하는 것이며, 인간과는 다르게 보시고 더 넓은 시각으로 관찰하시는 하나님의 관점에서의 인생을 언급하는 것은 아니다.

이제 솔로몬은 물론이고 또한 솔로몬의 아들 르호보암과 또 하나님을 기쁘시게 하는 삶을 살지 못한 유다의 다른 왕들을 비롯한 솔로몬의 친족들을 묘사하기 위하여 의도된 설교자의 관점을 살펴보기로 하자.

틀림없이 유다의 불신앙적인 왕들이 끼친 파괴적인 영향력은 엄청났을 것이다. 그 당시와 그 이후에 활동한 하나님의 선지자들이 전한 메시지는 모든 지도자들(왕, 제사장, 그리고 선지자들)이 다 죄악으로 가득찼다는 것을 지적하고 있다.

"모든 것이 헛되다"는 설교자의 진술은 그의 관점을 요약하여 말하는 것이며 이것은 또한 어수선한 삶(왕상 11장)을 살았던 말기의 솔로몬의 견해였음이 분명한 관점을 잘 요약해 주고 있다. 설교자는 자기 자신의 삶을 음미하면서 모든 것에 노력을 기울여 보았지만 그 어느 것에서도 삶의 의미를 발견할 수 없다는 것을 깨닫게 되었을 것이다.

설교자는 하나님의 창조와 섭리에 관하여 살펴보았지만 그가 내릴 수 있었던 유일한 결론은 모든 것이 지루하고 단조롭다는 것이었다(1:4-11). 해가 뜨고 지는 것, 바람이 부는 것, 빗물이 강으로 흐르고 또 그 강물이 바다로 흐르는 것, 이 모든 것이 그에게는 권태롭게 여겨질 뿐이었다. 그것들이 그에게는 축복이 아니었다(1:8). 이러한 그의 관점은 "하늘이 하나님의 영광을 선포하고 궁창이 그 손으로 하신 일을 나타내는도다"(시편 19:1)라고 선포한 시편 기사의 관점과는 좋은 대조를 이룬다. 시편 기자는 자연계시를 보면서 세상 만물이 하나님의 영광을 드러낸다고 선포하고 있다(19:4-6).

인생의 의미를 발견하기 위하여 설교자는 자신이 할 수 있는 모든 수단을 다 동원해 보려고 애를 썼다. 그의 수단은 방대했다. 그는 많은 지혜를 소유하였기에 그 지혜를 통하여 삶의 의미를 발견해 보려고 노력했다(1:12-18). 그러나 그는 하나님께서 자기에게 주신 그 지혜를 시험해 본 후에 그 지혜는 슬픔과 고민만을 가져다 주었을 뿐이라고 결론짓게 되었다(1:18).

다음으로 그는 막대한 재산을 소유한 자만이 누릴 수 있다고 생각되는 환락과 즐거움을 추구하였다(2:1-3). 또 다시 그는 실망과 허탈감에 빠지게 되었다(2절).

이제 그는 큰 집들을 짓고 사업을 크게 해 보기로 마음먹었다(2:4-7). 자신의 재력을 동원하여 그는 온갖 종류의 집들을 짓고 여러 명의 종들과 수많은 가축 떼로 자기 땅을 가득채웠다. 이것으로 만족할 수가 없어서, 그는 엄청난 부를 축적하고 자신을 위하여 최고의 주연을 베풀기도 해 보았다(2:8-11). 그러나 결론은 역시 그 모든 것이 헛수고에 그칠 뿐이라는 것이다. 그는 자신이 소유하기를 원하는 물건은 무엇이든 다 가져보았다(2:10). 그러나 이 모든 것이 그가 찾고 싶어하는 것, 즉 인생에 부여된 어떤 의미를 깨닫게 하여 주지는 못하였다(2:11).

그의 결론은 유감스럽기는 하지만 예상할 수 있는 것이었다. 그는 삶을 싫어했다(2:17). 그는 자기의 모든 수고를 싫어하였다(2:18, 19). 그러므로 그는 인생에 대하여 실망하게 되었다(2:20).

이 시점에서 우리는 잠시 멈추어서 솔로몬의 삶에 대하여 곰곰히 생각해 보지 않으면 안된다. 솔로몬이 인생에 대하여 이런 식으로 생각하게 된 이유는 무엇일까? 열왕기상 1장-11장에 묘사된 솔로몬의 일생을 고찰해 볼 때, 특히 11장에 기록된 솔로몬의 말기를 살펴볼 때 우리는 그가 "너는 내 앞에서 다른 신을 섬기지 말라"는 하나님의 첫째 계명을 어겼다는 사실을 알 수 있다. 솔로몬이 소유했던 부, 지혜, 권력, 그리고 아내들이 모두 하나님의 수중에 있었다. 그러나 그의 일생은 하나님이 아닌 이러한 것들에 바쳐졌다. 첫째 계명을 어김으로써 그는 훗날 "한 사람이 두 주인을 섬기지 못한다" (마 6:24)고 하신 예수님의 경고를 어기고 말았다. 이와 유사한 것으로 야고보는 두 마음을 품은 사람에 대하여 경고하고 있다(약 1:5-8). 또한 차지도 덥지도 않고 미적지근한 교회를 향하여 경고하신 예수님의 말씀을 참조하라(계 3:15-17).

하나님께서는 계속해서 그의 백성들이 자기에게 전적으로 헌신할 것을 촉구하신다. 그의 백성들의 마음이 하나님과 또 다른 주인 혹은 다른 신들 사이에서 양분되어 있을 때, 그들의 삶은 솔로몬의 생애처럼 결국 큰 불행으로 끝이 나고 말 것이며 그들은 하나님의 자녀들이 누릴 수 있는 풍성한 삶을 결코 알 수도 발견할 수도 없다.

틀림없이, 솔로몬의 영향은 이후의 오랜 세월에 걸쳐서 이스라엘 백성들에게 엄청난 영향력을 발휘했다. 엘리야 시대에 가서 우리는 하나님과 바알 사이에서 머뭇거리고 있는 백성들을 책망하는 그 위대한 선지자를 발견하게 된다. 그는 백성들의 잘못을 지적하고 그들로 하여금 그들의 입장을 분명히 할 것을 촉구한다(왕상 18 : 21). 예수님 당시에 있어서조차도 이것은 여전히 하나님의 자녀들에게 하나의 문제로 남아 있었다. 그래서 예수님께서는 이 세대의 아들들(그들 자신의 이익을 끊임없이 추구하는 사람들)이 하나님의 아들들보다 더 지혜롭다는 것을 가르치기 위하여 불의한 청지기에 대한 비유를 말씀하셨다(눅 16 : 8, 9). 물론 그 비유를 통하여 예수님께서는 하나님께서 악인들의 악한 삶을 기뻐하신다는 것을 가르치고자 한 것은 분명히 아니었다. 오히려 예수님께서는 악인들은 악을 행하는 일에 있어서 일관되고 또 예상이 가능한 반면 하나님의 자녀들은 부끄럽게도, 그들이 행하는 일에 있어서 일관되지도 않고 예측할 수도 없다는 것을 보여 주셨다.

다시 전도서로 돌아가기로 하사. 2 : 24에서 우리는 1장에서 소개된 것과는 다른 새로운 관점을 발견하게 된다. 따라서 이 관점은 전도서를 기록한 저자의 관점이며 솔로몬의 관점은 아니다. 그것은 솔로몬의 절망적인 결론과 유감스러운 모범을 반박하기 위하여 쓰여졌다.

솔로몬의 것과 반대되는 주제, 즉 하나님께서 주시고자하는 메시지는 하나님께로부터 주어졌고, 또 하나님을 경외하며 믿음 안에서 행하는 일과 삶 속에는 기쁨과 의미가 있다는 것이다. 2 : 24-26을 주목해 보라. 저자는 진실로 좋은 삶은, 솔로몬이 느낀 인생의 허무와는 대조적으로 자신에게 주어진 일(매일의 일과)이 하나님께로부터 온 것이라는 사실을 알고, 또 그 일을 통하여 하나님을 기쁘시게 하기 위하여 노력하는 가운데 기쁨을 얻는 삶이라고 단언하고 있다.

이 개념은 하나님의 자녀들의 모든 삶에 있어서 가장 기초적인 부분에 해당한다. 하나님께서 인간을 창조하셨을 때 인간에게 일을 주시고 또 그 일을 성취해야 할 의무를 부여하셨다는 사실을 기억하라.

계속 이어지는 절들을 통하여 전도서의 저자는 하나님의 영광을 위하여 일하는 가운데 누리게 되는 기쁨에 대한 이 주제를 발전시키고 있다. 3:13에서 그는 이 일을 하나님의 선물이라고 부른다. 참으로 이 일은 하나님과 함께 하는 일이다. 22절에서 그는 이 즐거움을 가리켜 인간이 누릴 분복(proper portion)이라고 지칭한다.

앞에서 설교자의 편에서 내린 허무라는 결론과 5:18-20의 당당한 결론 사이에 있는 큰 대조를 주목해 보라. 그것은 마치 로마서 8장 마지막 부분에서 바울이 내린 위대한 결론과도 흡사하다.

우리는 이 여러 장들에서 일과 의미있는 삶을 통하여 누릴 수 있는 기쁨을 묘사한 저자의 진술과 되풀이하여 암시하고 있는 솔로몬 자신의 허무한 일생 사이에 있는 대조를 주목해 보지 않을 수 없다. 6:1-3을 비교해 보라.

7:18에서 다시금 하나님을 경외할 것에 대한 주의가 요청되고 있다. 기쁨이란 단순히 일 속에서가 아니라 여호와를 경외하는 가운데 행하여지는 일을 통하여 얻을 수 있는 것이다. 여호와를 경외하는 자는 악인과 대조를 이룬다(8:12, 13).

일을 통하여 얻는 즐거움은 솔로몬이 그의 모든 지혜와 부와 권력에도 불구하고 결코 발견하지 못했던 영속적인 가치를 지니고 있다. 여호와께 대한 소명의식을 가지고 자기에게 주어진 일을 행하고 또 여호와를 기쁘시게 하기 위하여 자기의 일을 행하는 하나님의 자녀는 이미 그 일이 하나님께 받아들여진다는 확신을 가지고 있다(9 : 7).

전도서 전체에 걸쳐서 나타나는 이 위대한 주제는 오늘날의 그리스도인의 삶 가운데서 가장 간과하기 쉬운 주제들 중의 하나이다. 따라서 이 주제는 새롭게 강조되어질 필요가 있다. 전도서는 바울이 그의 서신서들에서 광범위하게 다루었던 것과 동일한 진리를 우리에게 가르쳐 준다. 하나님의 자녀는 그에게 주어진 일, 다시 말하면 그의 삶 가운데 있는 모든 것이 여호와를 위하여 존재하며 인간들을 위하여 있는 것이 아니라는 사실을 깨달아야만 한다. 비록 지루하게 여겨지는 일이라 할지라도 그것이 주님께 드려져야 할 것으로 행하여진다면 그 일은 즐거움이 될 수도 있고 인생에 참된 의미를 가득 채워줄 수도 있다. 바울은 우리가 상상할 수 있는 여러 가지 일들 가운데 가장 견디기 어려운 환경에서 일하는, 로마 이교도들의 노예로 있는 사람들에게까지 이렇게 말할 수 있었다는 사실을 주목해 보라(엡 6 : 5-8; 골 3 : 22-24).

우리가 오늘날 전도서 기자와 바울이 가르쳐 주고 있는 바와 같이 우리의 일상적인 직책이 무엇이든지간에 우리 모두가 하나님을 위하여 존재하는 전임사역자(full-time laborer)라는 사실을 알 수만 있다면 우리는 상관을 기쁘게 하거나 승진을 하거나 또는 정상에 오르기 위하여 그 일을 하지 않고 도리어 하나님을 기쁘시게 하기 위하여 그 일을 할 수 있을 것이다. 그렇게 될 때 우리 그리스도인들은 모든 분야에서 우리에게 주어진 임무에 충실하고 헌신하여 세상 사람들보다 더욱 우수하게 되어 우리의 선행이 하나님의 영광을 위하여 한결 돋보이게 될 것이며 전에는 결코 열리지 않던 전도의 문도 쉽게 열리게 될 것이다. 사람들은 틀림없이 우리가 수행하는 일을 보고 우리가 그들과 다르다는 사실을 알게 될 것이다.

전도서는 일할 기회가 지나가 버린 늙은 세대의 모습을 통하여 인생의 참된 의미에 대한 결론을 내리고 있다. 그것은 주로 아직 자신의 인생여정을 하나님의 말씀에 따라 설정할 수 있는 기회를 가진 젊은이들을 대상으로 하여 이야기되고 있다.

  젊은 사람들은 인생을 그들이 원하는 대로 살아갈 수 있다고 생각하는 허무적 경향을 띠기 쉽다. 그러므로 그들이 인생을 자신이 원하는대로 살아가려 하고 하나님께 드려져야 할 것으로 여기지 않는다면, 하나님의 관점에서 볼 때 그들은 인생에서 실패할 것이라고 하는 경고를 받게 된다(11 : 9, 10).

  12 : 1-7에는 아름답기는 하나 애처롭게 보이는 노년의 때에 대한 묘사가 뒤따른다. 헛된 인생을 산 늙은 세대에게 노년은 불행한 때이다(1절). 그들의 삶에는 더 이상 아무런 즐거움이 없다(11절). 빛이 희미해지기 시작하고 눈은 어둡게 된다(2절). 팔(집을 지키는 자들)과 다리(힘있는 자들)는 힘이 빠지기 시작하고 약하게 떨리기까지 하므로 이제는 더 이상 원하는 곳으로 옮겨 갈 수도 없다(3절). 이빨(맷돌질하는 자들)이 빠지고 시력마저 희미해진다(3절). 그들은 매우 힘들게 겨우 알아들을 수 있는가 하면 동시에 아주 작은 소리에도 깜짝 놀라게 된다(4절). 어둠과 죽음이 가까이 다가올 때 그들은 두려워한다(5절). 식욕이 없어지므로 메뚜기를 비롯한 세상의 온갖 진미도 더 이상 원치 않는다(5절). 5절-7절은 하나님과 올바른 관계를 맺지 못한 노인에게 있어서의 죽음과 모든 희망과 의미의 종말을 아름답게 시적으로 묘사하고 있다.

  이 전체 부분(12 : 1-7)은 창세기 3 : 19 말씀을 매우 자세하게 묘사한 것이라 할 수 있다.

  9절에서부터 전도서의 결론이 시작된다. 솔로몬과 같이 지혜로운 사람이 어떻게 그토록 의미없는 삶을 살 수 있었을까? 그러나 그의 삶이 전혀 의미가 없는 것만은 아니었다. 그의 엄청난 지혜는 많은 것을 가르칠 수 있었다. 그는 하나님께 쓰임을 받아 우리가 나중에 공부하게 될 잠언서의 많은 부분을 기록하였다(12 : 9, 10).

  우리는 후에 잠언서를 공부하면서 여기 언급된 "지혜자의 말씀"이 잠언 22 : 17-24 : 22과 24 : 23, 24에 우리를 위하여 기록되어 있다는 점을 주목하게 될 것이다. 또한 그것들이 우리를 얼마나 격려하는 말인가 하는 것도 알게 될 것이다. 잠언의 모든 말씀은, 그것을 솔로몬이 썼든지 다른 사람이 썼든지간에, 사실은 모두 한 목자, 곧 여호와께로부터 온 말씀이라는 사실을 주목하라(11절).

13절과 14절에 주어진 전도서의 결론은 다시 한 번 우리에게 여호와를 경외할 것과 또 그의 뜻에 합당한 일을 하면서 살아갈 것을 권면하고 있다. 하나님은 모든 사람과 그들의 모든 행위에 대한 마지막 심판자이시다. 사람들은 그들이 여호와를 기쁘시게 하는 삶을 살았느냐 그렇지 않았느냐에 따라 흥하거나 망하게 된다.

바울이 에베소서 2:1-10에서 말한 바와 같이 우리는 우리의 행위에 의해서가 아니라 은혜로 구원을 받는다. 그러나 우리는 "하나님께서 전에 미리 예비하심으로 우리로 그렇게 살아가도록 하신" 선한 일을 위하여 그리스도 안에서 구원함을 얻었다(엡 2:10).

아 가 서

아가서(솔로몬의 노래라고도 불리움)의 배경은 전도서의 그것과 유사하다. 솔로몬과 또 유다의 왕위를 이은 그의 후계자들의 삶은 하나님의 백성들에게 있어 커다란 장애물이었다. 이들은 한편으로는 유다 왕의 신분으로서 호사스럽게 생활하면서 동시에 그들의 삶을 통하여는 하나님의 뜻을 공공연하게 무시하였다. 솔로몬은 절제할 줄 모르고 세속적이며 허영심이 강하고 호색적인 그의 말기의 삶을 통하여 참으로 그가 하나님의 자녀가 닮아서는 안될 본보기라는 것을 나타내 보여 주었다.

그럼에도 불구하고 솔로몬과 그의 자손들은 당시의 의인들이 쉽게 도전할 수 없는 위치에 있었다. 이러한 때에 어떻게 하나님의 메시지가 백성들에게 전달될 수 있었겠는가? 가능한 방법은 전도서와 아가서와 같은 글들을 통한 길 뿐이었다. 그것은 하나님께 대한 배교가 성행하고 있는 환경 가운데 처해 있는 하나님의 진실한 백성들에게 주는 메시지로서, 불신앙적인 통치자들의 악영향과 대조를 이루는 하나님의 보다 큰 뜻을 보여 주는 것이었다.

우리 앞에 놓여진 이 책은 드라마 형식으로 기록되었다. 그렇다고 해서 아가서가 무대 위에서의 공연을 위하여 쓰여졌다는 말은 아니다. 이런 일이 행해졌다는 암시는 성경에 전혀 나타나 있지 않다. 그러나 아가서의 형식은 이 책의 본문 전체를 이야기식으로 이끌어가는 특정한 등장인물을 내포하고 있는 까닭에 드라마 형식이라 할 수 있다. 이 책은 화자에 대한 아무런 도입도 없이 출현한 등장인물들 간의 대화를 기록한 것이다.

나는 아가서를 세 명의 주요 등장인물들의 출현을 통해서 해석한다. 그들은 이야기의 여주인공인 술람미 여인, 주인공인 목자, 그리고 악역을 맡은 솔로몬이다. 또한 이따금씩 이야기하는 예루살렘 여자들이 있다. 이 책의 제목을 제공해 주는 1:1은 이 책에 "아가서"라는 제목을 붙이게 된 배경과 또 이 구절의 히브리어가 단순히 이 책이 솔로몬과 관련된 것이라고 말하고 있는 것으로 보아 이 책이 솔로몬에 관한 것임을 말해 준다. 그러나 이것이 솔로몬이 이 책의 저자임을 나타내는 것은 결코 아니다.

이 이야기의 배경은 서로 분리되어 있지만 동일한 내용을 담고 있는 세 구절, 곧 2:7; 3:5, 그리고 8:4을 보아 알 수 있다. 이 구절들은 또한 전체적인 이야기를 네 부분(혹은 장면)으로 나누어 주는 역할을 하고 있다. 그 구절들은 목자와 그의 연인 술람미 여자가 그들의 가정이 있는 들판에서 평화롭고 안전하게 함께 있었음을 말해 주고 있다. 그리고 몇몇 역본에서 "**그가** 원하기 전에는(until he please)"이라고 번역된 것은 히브리어 원문을 따라서 "**그녀가** 원하기 전에는(until she please)"으로 번역하는 것이 옳다.

이 드라마의 전체적인 요점은 술람미 여자가 솔로몬의 후궁으로 있기보다는(이때 그녀는 안정을 잃고 있었다) 들판에 나가있는 그녀의 목자와 함께 있어야만 한다는 것이다. 따라서 우리는 술람미 여인의 눈을 통하여 최근 그녀 자신의 삶 가운데서 일어난 사건을 회고해 볼 수 있다. 이제 그녀는 목자와 함께 안전하게 있으면서 이전에 자신의 삶 속에서 일어났던 일을 돌이켜 본다. 이 드라마는 그녀가 정신을 차릴 때까지 목자를 버려두고 떠나가서 한동안 솔로몬과 함께 살았던 일을 묘사하고 있다.

처음 세 장면은 동일한 사건에 관한 이야기를 갈수록 상세하게 이야기해 주고 있다. 첫번째 장면은 이야기를 도입하고 사건의 개요를 전달해 준다. 두 번째 장면은 첫번째 장면보다 좀 더 상세하고 세 번째 장면은 가장 상세하게 진행된다.

장면 I(1:2-2:7)은 솔로몬의 왕궁에 있는 술람미 여자를 묘사하고 있다. 이 드라마 전체를 통하여 우리는 오직 대사 중에 사용된 남성과 여성 대명사를 통하여서만 화자의 정체를 식별할 수 있다. 목자 혹은 솔로몬이 술람미 여자에게 이야기할 때는 "당신"이라는 여성 대명사를 사용하여 이야기하고 있다. 또 술람미 여자가 솔로몬이나 목자 혹은 다른 사람들에게 이야기할 때는 "당신"을 뜻하는 적절한 남성 혹은 여성 대명사를 사용한다. 영어의 "당신"이라는 단어는 남성 대명사와 여성 대명사 사이의 차이가 없기 때문에 영어로 된 번역본들은 누구에게 이야기하고 있는지를 분명하게 나타내 주지 못한다. 이런 점에 있어서는 오직 히브리어만이 도움이 될 수 있다. 최근의 넣넣 영역본들은 여백을 통하여 이러한 구분들을 명시해 주려고 노력한 흔적이 보인다.

화자들이 남자임을 확인할 수 있도록 도움을 주는 또 다른 두드러진 표시가 있다. 목자가 술람미 여인에게 이야기할 때에는 시종일관 전원적인 용어를 사용하는 반면 솔로몬은 궁중용어를 사용하며 또한 자신의 애정을 부와 사치에 관련시켜 이야기한다. 앞으로 공부를 진행하는 동안 이러한 점들에 주목하게 될 것이다.

장면 I에서 우리는 솔로몬의 궁전에 있는 술람미 여인을 발견할 수 있다. 여기서 술람미 여인은 자기의 부정함을 뉘우치면서 그녀

제 9 장/솔로몬의 어리석음을 반박하는 글들 297

가 목자를 그리워하고 있다.

장면 I의 첫째 부분(2-7절)은 술람미 여인이 자신의 부정에 대하여 뉘우치는 말과 그녀의 목자를 그리워하면서 그를 찾는 내용을 담고 있다. 4절은 그녀가 현재 솔로몬의 궁전에 머물고 있다는 사실을 말해 주는 실마리가 된다. 따라서 술람미 여자는 지금 그녀가 있어야 할 적합한 자리를 떠나 있는 것이다. 그녀는 시골 여자였으므로 궁중의 고상한 생활에는 익숙하지를 못했다(5, 6절). 그녀가 지키지 못한 자신의 포도원에 대한 언급은 우리에게 그녀가 당면한 문제가 무엇인가에 대한 실마리를 제공해 준다. 나중에 우리는 침입자들로부터 보호되어야 할 포도원이 그녀의 몸에 비유되고 있다는 사실을 알게 될 것이다. 여기서 그녀는 자기가 마땅히 지켰어야 할 솔로몬의 침입으로부터 자기 몸을 지키지 못했음을 고백하고 있다. 7절의 첫부분에서 그녀는 목자를 찾는다. 그녀는 목자와 함께 가기를 원한다. 7절 마지막 부분은 다시금 그녀가 "얼굴을 가리운 자" 같은 솔로몬의 후궁에 속하지 않았다는 것을 암시해 준다.

장면 I의 두 번째 부분인 8절은 예루살렘 여자들이 술람미 여인을 향하여 말하는 후렴구에 해당한다. 예루살렘 여자들은 술람미 여자가 목자를 찾아다니는 동안 방향을 가르쳐 주고 격려를 하고 있는 것처럼 보인다. 그리고 후에 그들은 음탕한 욕망을 가지고 술람미 여인을 따라다니는 솔로몬을 책망한다. 본질적으로 예루살렘 여자들은 술람미 여자에게 이렇게 말하고 있다. ㅡ"양떼들이 있는 곳으로 가지 않는다면 어디서 목자를 찾을 수 있겠어요?"

장면 I의 세 번째 부분인 9-11절은 술람미 여자를 자기 곁에 묶어 두려고 그녀에게 구애하는 솔로몬의 유혹을 묘사하고 있다. 히브리어 성경은 그녀가 구애를 받고 있음을 확실하게 보여 준다. 구애하는 데 사용된 용어는 목자의 것이 아니라 솔로몬의 것이다. 보석, 금, 은과 같은 사치스런 용어들에 주의하여 보라. 솔로몬이 아니고는 누가 그녀를 바로의 병거의 준마에 비교할 수 있겠는가? 그는 이집트의 공주와 결혼까지 하지 않았는가? 솔로몬은 여기서 술람미 여자를 자기와 함께 머물도록 하기 위하여 자기 왕국의 사치품들을 그녀에게 제안하고 있다.

장면 Ⅰ의 그 다음 부분인 12절에서부터 14절은 솔로몬의 식탁에 앉아 있는 동안에도 술람미 여인의 마음이 목자에게 가 있다는 것을 분명하게 보여 준다. 그녀는 전원적인 용어를 사용하여 목자를 향한 생각을 표현하고 있다. 특히 14절을 보라. 다음으로 장면 Ⅰ의 마지막 부분인 1:15-2:6사이에서 우리는 술람미 여인과 목자와의 대화를 통하여 그들이 진정한 연인 사이라는 것을 알 수 있다. 다시금 이 부분의 대화 전체에 나타나고 있는 전원적인 용어를 주목하여 보라. 15절에서 목자는 술람미 여인에게 자기의 사랑을 이야기한다. 1:16-2:1에서는 술람미 여인이 목자에 대한 자기의 사랑을 이야기한다. 여기에 사용된 모든 말은 그녀가 살고 있는 시골의 전원적인 용어로 이루어져 있다. 2:3-6에서 그녀는 그들이 지금 행복한 가운데 함께 머무르고 있는 목자의 시골 집으로 목자가 자기를 어떻게 데려왔는가에 대하여 이야기함으로써 말을 끝맺고 있다. 앞에서도 이미 살펴 본 바와 같이 장면 Ⅰ과 장면 Ⅱ 사이를 나누어 주는 것은 2:7로서, 예루살렘 여자들에게 말하는 후렴구이다.

장면 Ⅱ(2:8-3:5)는 장면 Ⅰ에서 제기된 다소의 문제들에 대해서 좀 더 상세하게 묘사해 준다. 여기에는 술람미 여자가 목자와 함께 지낼 때의 경험에 대한 상세한 설명이 나타나 있다. 장면 Ⅱ의 첫번째 부분인 2:8, 9은 술람미 여인이 솔로몬의 궁전에 있을 동안에 그녀로 하여금 도시 생활의 유혹을 뿌리치고 평화로운 전원 생활로 돌아와 자기와 함께 있도록 하려는 목자의 요청을 자세하게 설명해 준다. 여기서 목자는 노루와 어린 사슴에 비유되고 있으며 또한 솔로몬의 궁전에 있는 술람미 여자를 찾아와서는 창문을 통하여 그녀를 바라보고 있다.

10절-14절에는 술람미 여인이 자기에게 돌아오도록 부르고 있는 긴 인용문이 실려 있다. 그녀를 목자로부터 돌아서도록 유혹했던 솔로몬의 궁전생활에서 떠나오기를 요청하는 목자의 평화로운 전원적인 용어들을 다시금 주의깊게 살펴 보라.

15절-17절에서 우리는 목자에 대한 술람미 여인의 확신을 대하게 된다. 다시금 사용되고 있는 전원적인 용어를 살펴 보라. 그녀는 다시 한번 더 자신의 마음을 목자에게 주고 있다.

장면 Ⅱ의 나머지 부분(3:1-4)은 술람미 여인이 사랑하는 사람을 발견하기까지 어떻게 찾아다녔는가 하는 것을 이야기해 준다. 처음에 그녀는 성중에서 사랑하는 사람을 찾아다녔다(2절). 그녀는 성 안의 파수꾼에게 사랑하는 사람의 행방을 물어보기도 하였다(3절). 결국 그녀는 사랑하는 사람을 발견했고 두 사람은 결혼했다. 이러한 사실은 "내가 그를 내 어미 집으로 이끌어갔다"(4절)는 말이 분명하게 뒷받침해 준다. 아가서 8:2과 창세기 24:67을 비교해 보라.

장면 Ⅱ는 2:7에서 본 것과 똑같은 후렴(5절)에 의하여 장면 Ⅲ과 분리된다.

장면 Ⅲ(3:6-8:3)은 지금까지 장면 Ⅰ, Ⅱ에서 소개된 이야기를 가장 상세하게 설명하고 있다. 이 장면은 솔로몬이 어떻게 술람미 여자에게 그녀의 목자를 떠나도록 유혹하였는가에 대하여 이야기함으로써 시작된다. 장면 Ⅲ의 첫 부분인 3:6-11은 솔로몬이 술람미 여인 곁을 지나가다 그녀를 발견하고 그녀를 유혹했을 때의 솔로몬의 영광스러운 행차에 대하여 묘사하고 있다. 솔로몬의 지나친 사치와 그가 사용한 향료들을 부각시키고 있는 묘사를 주목하여 보라.

들판에서 돌아온 것으로 보아 그는 분명히 어떤 국가적 임무를 수행하고 있었음이 분명하다. 그는 지나치게 향료를 많이 사용하고 있는데 그 일은 부자들만이 할 수 있는 일이다(6절). 그는 싸움에 능하고 칼을 잘 쓰는 용사 60인의 호위를 받고 있었으나 습격의 두려움에서 벗어나지 못하였다(8절). 다음으로 9절과 10절에서는 그가 탄 마차가 매우 화려하게 치장된 것으로 묘사하고 있다. 이것은 우리가 열왕기상을 공부하면서 살펴 본 바와 같이 성전과 궁전을 건축하면서 보여준 그의 무절제함을 생각나게 해 준다. 그의 어머니가 씌워 준 왕관에 대한 11절의 언급은 어떤 의미에서는 솔로몬에 대한 모욕일지도 모른다.

장면 Ⅲ의 다음 부분인 4:1-15에는 술람미 여인을 유혹하는 솔로몬의 긴 대사가 실려있다. 이것은 이미 장면 Ⅰ(1:9-11)에서 소개된 바 있는 술람미 여인에 대한 솔로몬의 유혹을 보다 상세하게 설명하는 것이다. 솔로몬은 그녀의 육체적인 아름다움에 큰 관심을 기울이면서 그것을 아주 열정적으로 묘사하고 있다(1-5절). 6절에서 솔로몬은 그 여자를 육체적으로 알기를 원한다고 제안한다.

7절과 8절에서 솔로몬은 술람미 여자에게 그녀가 지금 살고 있는 레바논의 시골 집에서 나와 자기와 함께 왕궁에서 살자고 권한다. 그는 그녀에게서 본 모든 것을 좋아하고 있으며 그녀의 아름다움에 매혹되어 있다(9절). 그는 그녀의 아름다움이 폐쇄된 동산이나 봉한 샘과도 같은 시골 레바논에서는 빛을 보지 못할 것이라고 생각한다. 그는 자기의 욕망에로 그녀를 끌어들이고 싶어한다(12-15절).

16절에서 우리는 술람미 여인이 스스로 솔로몬의 유혹에 말려드는 것을 보게 된다. 그녀는 자기의 동산(몸)을 솔로몬에게 내어 준다. 술람미 여인은 자기의 포도원을 지키지 못하였다. 1:6을 비교하여 보라. 솔로몬은 술람미 여인을 아름다운 동산으로 묘사하면서 그녀가 자기에게 그녀의 동산을 열어주기를 갈망했었다. 그러므로 그녀는 16절에서 사실상 "내가 여기 있습니다. 마음껏 즐기세요"라고 말하고 있는 것이다.

5:1에서 우리는 솔로몬이 술람미 여인을 탐닉한 사실을 알 수 있다. 그런 다음 솔로몬은 수치스럽게도 자신의 친구들을 불러 그들도 마찬가지로 방종하게 만든다. 이것은 자기 아내의 아름다움을

제 9 장/솔로몬의 어리석음을 반박하는 글들 301

찬양하는 친구들에게 아내 와스디를 내어주려 했던 페르시아의 왕을 연상케 하는 일이다(에스더 1 : 10, 11).

장면 Ⅲ의 그 다음 부분인 5 : 2-8은 솔로몬의 왕궁에 있는 술람미 여인을 묘사해 준다. 밤중에 그녀는 자기를 부르는 목자의 소리를 듣는다(2 : 8-14을 비교해 보라). 그녀가 망설이다가 드디어 문을 열었을 때는 그는 이미 가버리고 없었다. 그녀는 목자를 기다려야만 했다. 목자가 문틈을 통하여 술람미 여인에게 문을 열고 그녀가 속한 곳으로 다시 돌아올 것을 요구할 때 목자가 사용한 전원적인 용어를 다시 한 번 주의깊게 살펴 보라(2절). 그러나 술람미 여자는 지금은 잠자리에 들었기 때문에 다시 일어날 수 없다는 구실을 댄다(3절). 그러나 목자는 포기하지 않고 그녀의 방으로 들어오려고 애를 썼다(4절). 마침내 그녀가 일어나서 목자를 위하여 문을 열었을 때 그는 이미 가버리고 없었다(6절). 그것은 아마도 술람미 여인이 솔로몬의 향수 냄새를 너무 많이 풍겼기 때문이었을 것이다 (5절).

이제 그녀는 열렬하게 목자를 그리워하게 된다(6절 참조. 3 : 2). 여기서 성을 지키는 자들이 그녀에게 아무런 동정도 베풀지 않고 오히려 그녀를 때린 사실을 주목하여 보라. 다음으로 그녀는 예루살렘 여자들에게 호소하였다(8절). 9절에 나타난 예루살렘 여자들의 반응은 본질적으로 "네가 네 연인 목자를 찾으려고 우리에게 도움을 구하는데 그가 그토록 특별한 사람인가?"하는 것이다. 예루살렘 여자들의 이러한 질문은 그녀에게 목자를 아름다운 말로 상세하게 묘사할 기회를 제공해 주고 있다(10-16절).

이 묘사에서 그녀는 마치 그녀의 목자가 세상에서 가장 뛰어난 사람이라고 말하기라도 하는 것처럼 솔로몬이 사용하던 용어와 전원적인 용어를 동시에 사용하고 있다. 그러나 그녀가 진실로 사랑하고 이제 진정으로 돌아가기를 갈망하는 목자에 대하여 묘사하고 있으므로 그 용어는 전원적인 것이 지배적이다.

예루살렘 여자들은 술람미 여인의 말을 듣고 난 후 그녀의 목자를 찾는 일을 돕고자 한다(6:1). 물론 목자는 그가 마땅히 있어야 할 곳, 즉 그의 양떼와 함께 들판에 나가 있다(6:2, 3). 1:8을 참조하라.

그러나 이제 다시금 솔로몬이 등장한다. 장면 Ⅲ의 다음 부분은 술람미 여인을 자기에게로 돌이키기 위하여 유혹하는 솔로몬의 두 번째로 긴 대사이다(6:4-13). 솔로몬은 그녀가 어떻게 그 아름다움으로 자기의 넋을 빼앗았는가에 대하여 이야기한다(5절). 그리고 그녀는 그의 많은 후궁들 가운데서 제일가는 여인이라고 말한다(8, 9절).

그는 다시금 그녀의 동산(몸)에 들어가서 맘껏 즐기고 싶어한다(11절). 여기서 말하고 있는 사람이 솔로몬이라는 것은 틀림없는 사실이다(12절). 그는 그녀를 자기에게로 돌아오라고 부르며 또 계속해서 그녀의 아름다움을 자기 친구들과 나누려고 한다(13절).

이제 예루살렘 여자들이 솔로몬의 욕망을 책망한다(14절).

솔로몬은 예루살렘 여자들의 충고를 무시한 채 계속해서 그녀를 유혹하려고 애쓰면서 관능적인 말로써 그녀의 아름다움을 다시 한 번 더 묘사한다(7:1-9).

그러나 이번에는 술람미 여인이 솔로몬의 유혹에 넘어가지 않는다(7:10-8:3). 그녀는 목자와 함께 들판으로 돌아가기로 결정한다(11절). 그녀는 자기 집이 있는 시골에서의 전원생활을 이야기한다. 그녀는 목자와 결혼하여(8:2- 참조. 3:4) 그와 함께 살기를 갈망한다(8:3- 참조. 2:6).

장면 Ⅲ과 장면 Ⅳ를 나누는 것은 8:4에 의하여 이루어진다. 그 나머지 부분이 네 번째 장면 곧 마지막 장면을 이루고 있다. 따라서 마지막 장면은 8:5-14에 해당한다. 이 장면에서 우리는 술람미 여인이 왕의 자리에 있는 솔로몬을 등지고 목자에게로 돌아올 때 진정한 사랑의 승리를 목격하게 된다. 5절에서 7절은 술람미 여인과 그녀의 목자가 경험한 것과 같은 그러한 시련을 견디어낼 수 있게 하는 진실한 사랑의 지속적인 성격에 대하여 말해 주고 있다. 7절은 술람미 여인의 사랑을 사려고했던 솔로몬을 엄하게 책망한다.

　마지막 장면의 다음 부분인 8절에서 12절은 술람미 여인의 과거의 삶과 그녀의 모든 경험이 의미하는 바를 나타내 준다. 그녀가 어렸을 때 그녀의 인생은 앞으로 어떻게 될지 불투명했다. 술람미 여인이 어렸을 때, 그녀가 아름다운 아가씨로 성장하기 이전에, 그녀의 오빠들은 그녀를 힘써 돕기로 결정했다(8절). 만약 그녀가 성벽(쌀쌀하고 냉담한) 같은 사람이 된다면, 그들은 그녀를 매력적인 아가씨로 만들고자 했을 것이다. 그리고 만약 그녀가 문(쉽사리 아무에게나 마음의 문을 여는)과 같은 사람이 된다면, 그들은 그녀의 주위에 보호벽을 설치했을 것이다(9절).

　술람미 여인은 자기가 만민에게 개방되지 않은, 확실히 솔로몬과 같은 이들에겐 열리지 않는 성벽과 같은 사람이 되어야 한다는 것을 깨닫는다(10-12절). 솔로몬은 그녀를 되찾으려고 노력했지만 결국 그녀는 그녀의 진실한 사랑의 대상인 그녀의 목자에게로 돌아갔다(11, 12절). 12절에서 그녀는 본질적으로 이렇게 말하고 있다. "솔로몬, 당신은 당신의 돈과 재물이나 지키세요. 나는 오직 목자만을 원할 뿐이니까요."

　아가서 전체의 드라마는 목자(13절)와 술람미 여인(14절)이 서로 주고 받는 사랑스런 대화로써 끝을 맺는다.

　결론적으로 이 책을 기록한 목적이 무엇이라고 말할 수 있겠는가? 어떤 사람들은 이 책이 진실한 사랑과 거짓된 사랑 사이의 대조를 보여 준다고 말한다. 다시 말해서 그것은 피상적이고 본능적인 솔로몬의 사랑과는 대조적으로 술람미 여인의 불충실한 탈선에도 불구하고 그녀를 끊임없이 사랑한 목자의 사랑에서 보여지는 것과 같은 사랑을 말하고 있다는 것이다.

　그러나 이 책은 단순한 사랑을 주제로 하여 쓰여진 것이 아니다. 이 책은 하나님의 백성들이 하나님께 불성실하고 여호와를 버리고 다른 신들을 섬길 때 조차도 하나님께서는 그들을 향하여 여전히 신실하시고 사랑을 베푸셨다는 이야기를 담고 있다. 아가서의 이러한 메시지는 그들을 향한 하나님의 사랑에도 불구하고 마치 부정한 아내와도 같이 방종하는 이스라엘에 대하여 특별히 처음 세 장에서 생생하게 묘사하고 있는 호세아서의 메시지와 유사한 점이 있다.

나는 솔로몬과 그의 친족들이 하나님의 백성들로 하여금 하나님을 떠나 이방신들을 섬기도록 하기 위하여 많은 영향력을 행사했다고 생각한다. 그러나 선한 목자이신 여호와께서는 절대로 그의 백성들을 포기하시지 않고 그들을 찾으시며 그들을 자기에게로 돌아오라고 부르신다. 전도서와 마찬가지로 아가서도 하나님께서 원하시는 것은 솔로몬에게서 볼 수 있는 것과 같은 헛된 삶이 아닌, 하나님과 그의 백성들 사이의 올바른 관계라는 사실을 가르쳐 주고 있다.

이 책의 메시지는 당시에 전해지기 시작했던 선지자들의 메시지와 마찬가지로 하나님의 백성들이 쉽게 이해할 수 있었을 것이다. 그리고 이 책의 메시지는 마치 1세기의 박해 가운데 처한 하나님의 백성들에게 요한계시록이 주어졌을 때와 마찬가지로 당시의 하나님의 백성들에게 커다란 격려가 되었을 것이다.

요한계시록과 마찬가지로 이 아가서는 하나님의 백성들로 하여금 그들을 하나님으로부터 떠나게 하려는 소위 종교 지도자들에 의해서조차도 유혹당하지 않고 하나님을 성실하게 섬길 것을 격려하는 책으로 언제까지나 남아 있을 것이다. 그리스도께서도 그의 초기 사역기간에 교회 안에서 지도자의 자리에 있기는 하지만 참된 하나님의 목자가 아닌 삯군 목자와 거짓 목자들에 대하여 경고하셨다. 이와 마찬가지로 하나님께서는 이 책을 통하여 이스라엘을 하나님에게서 떠나도록 하려는 솔로몬과 그의 자손들과 같은 거짓 목자들에 대하여 경고하신다. 이 책은 우리로 하여금 하나님께 대한 믿음이 없는 자들의 헛되고 거짓된 약속들을 따르지 말고 오히려 우리를 사랑하시고 우리를 위하여 자신을 내어주신 하나님을 바라보아야 할 것과 또 그 분께 신실해야 할 것을 가르쳐 준다.

10

주전 8세기의 선지자들

아 모 스

　이제부터 우리는 아모스를 시작으로 하여 이스라엘과 유다 두 나라가 영적으로 급속도로 부패하여 갔던 시기인 B.C. 8세기에 사역했던 선지자들을 살펴보게 된다. B.C. 8세기가 채 끝나기도 전에 이스라엘은 멸망하였고 유다는 대적들의 공격을 받아 기진맥진해 있었으며 수도인 예루살렘은 포위당하고 말았다.
　아모스는 여로보암 2세때에 활동한 선지자로 그의 메시지는 주로 북쪽 이스라엘 왕국에 관한 것이었다. 당시 북쪽에서는 디글랏 빌레셀 3세가 요나가 그토록 두려워했던 북방 민족 앗시리아의 왕으로 있으면서 세력을 떨치고 있었다. 그리고 남쪽에서는 웃시야가 오랜 기간에 걸쳐 유다의 왕으로 재위해 있었다.
　대부분의 이스라엘 백성들은 그들이 과거 오랜 세월동안 지내왔던 것보다 더욱 향상된 생활을 누리고 있었기 때문에 외부 침략의 위험을 망각하고 있었다. 여로보암 2세는 자기 나름대로(적어도 그 당시의 부유한 사람의 견지에서 볼 때) 성공적인 통치를 펴고 있었다. 그러나 하나님의 관점에서 볼 때, 그의 통치는 악한 것이었다. 그는 악을 행한 북쪽 이스라엘 열왕들이 걸었던 길을 그대로 따랐던 것이다. 백성들은 솔로몬의 죄악들을 모방하여 사치와 죄악 가운데서 살았다.

아모스서는 주로 열국들과 하나님의 백성인 이스라엘에 대한 심판을 경고한 책이다. 1:1-2:8은 이방 나라들과 또한 그들과 마찬가지로 하나님을 거역한 이스라엘에 대한 하나님의 심판에 관하여 길게 소개하고 있다. 그리고 아모스서의 나머지 부분은 모두가 이스라엘과 관련된 내용으로 이루어져 있다.

2장의 나머지 부분에서는, 이스라엘을 향한 하나님의 사랑에 비추어 볼 때 이스라엘이 범한 죄는 전연 변명의 여지가 없는 것으로 드러난다.

3장-5:15에서는 이스라엘의 죄악상을 열거한다. 그리고 이어서 약 한 장(5:16-6:14)에 걸쳐서는 범죄한 이스라엘에게 닥칠 재앙에 대하여 기록하고 있다. 이 심판에 대한 본문은 북쪽 이스라엘 왕국에 대한 필연적인 심판과 관련하여 아모스 선지자에게 주어진 일련의 환상을 포함하고 있다.

그런 다음 9:8에서는 심판의 메시지에서 소망의 메시지로 갑작스레 전환하고 있다. 아모스서는 참된 하나님의 백성들인 남은 자들에게 이 소망의 메시지를 전하면서 끝이 난다.

이제 아모스서를 처음부터 좀 더 상세하게 살펴보기로 하자. 1:1에서 우리는 아모스의 고향과 직업을 알 수 있다. 그는 예루살렘의 남쪽에 위치한 드고아 출신으로서 그의 직업은 목자였다. 이 책의 후반부에서 그는 또한 자신이 무화과 나무(Sycamore fig) 재배자였다는 것을 말해준다(7:14).

앞에서 이미 언급한 바와 같이 아모스는 여로보암 2세 때에 활동한 선지자였다. 그 시기는 이스라엘 백성들이 전대미문의 번영을 누르고 있던 때였으므로 심판과 재난의 메시지를 전하기에는 참으로 부적절하게 생각되는 시기였다. 이 시대는 또한 죄악에 있어서도 유래를 찾아볼 수 없을만큼 심각한 시대였으나 이스라엘의 부유층과 지도자들은 이러한 사실에 주의를 기울이지 않았다.

아모스서의 첫번째 부분(1:1-2:8)은 죄인들에 대한 하나님의 심판의 메시지를 소개하고 있다. 이 메시지는 여로보암 시대의 지진이 일어나기 2년 전에 주어졌다(1:1). 우리는 이 지진이 정확히 언제 일어났는지에 대해서는 알 수가 없지만, 그것은 수세기 이후의 스가랴 선지자 시대에까지 기억되어질 정도로 인상적인 사건이었다(슥 14:5). 아마도 그 지진은 아모스가 전하는 메시지의 긴박함을 백성들에게 일깨우기 위하여 언급되었을 것으로 생각된다.

아모스가 전한 전체 메시지의 주제가 되는 구절이 아모스 1:2에 나타나 있다. 아모스는 요엘 3:16을 분명하게 인용하고 있다. 요엘은 여호와께서 시온에서부터 부르짖으실 그날은 하나님의 대적들에게는 공포의 날이 될 것이지만 하나님의 백성들에게는 하나님께서 친히 그들의 피난처가 되실 것이라고 선포했었다. 우리는 이것이 바로 아모스가 전하고자 하는 메시지의 본질임을 알 수 있다. 왜냐하면 아모스는 불신세계와 교회에 있는 하나님의 대적들에게 하나님의 심판이 틀림없이 임할 것이라고 말할 뿐만 아니라 여호와를 의뢰하는 자들에게는 소망의 메시지를 전하고 있기 때문이다.

아모스서의 첫번째 부분(1:1-2:8)은 세 나라를 한 묶음으로 한 두 부류의 국가 집단에 임할 하나님의 심판을 예언하고 있다. 첫번째 집단인 1:3-1:10은 대대로 이스라엘과 적대관계에 있었던 민족들로서, 이스라엘과는 아무런 혈연관계도 없는 이방민족, 곧 시리아(다마스커스), 블레셋(가사), 그리고 페니키아(두로)가 이 집단에 속한다.

그리고 1:11-2:3에 기록된 두번째 집단은 이스라엘과 어느 정도 혈연관계가 있는 민족들을 다루고 있다. 이 두번째 집단은 에돔(야곱의 형 에서의 후손)과 암몬과 모압(아브라함의 조카 롯의 후손)을 포함하고 있다(창 19 : 37, 38).

사실 두 집단에 속한 각 나라에 임할 심판을 예언함에 있어서 사용된 양식은 서로가 매우 유사하다. 첫째로, 저자는 공식화된 말로 서두를 시작한다. "서너 가지 죄로 인하여…"라는 말은 "계속적인 죄"를 나타내기 위한 히브리식 문체이다. 다음으로 저자는 각 나라 백성들(첫번째 집단에서는 주요 도시 명칭을, 두번째 집단에서는 민족 명칭을 사용함)이 범한 특별한 죄악을 나열한다. 마지막으로 심판이 선포되는데, 그것은 언제나 그 땅을 파괴시킬 불로 나타난다. 심판의 수단으로 불을 사용하는 비유적인 표현법은 일찍이 요엘에 의해서 소개되었다(요엘 1 : 19).

여기서 주목하지 않으면 안될 것은 모든 경우에 있어서 하나님을 대적하는 특별한 행위가 사람들을 향하여 저질러진 잔혹한 행위로 나타났다는 사실이다. 때로는 희생자가 이스라엘 사람들이다(1 : 3, 13). 또 어떤 때는 희생자의 국적이 알려지지는 않았어도 이스라엘 사람들로 추측되는 경우가 있다(1 : 6, 9, 11). 때로는 희생자가 이방 백성들로 나타나기도 한다(2 : 1).

이 모든 경우에서 우리는 이스라엘 백성들이 그들과 조상대대로 원수관계에 있었던 나라들이 하나님을 노하시게 했다는 것과 그들에게 하나님의 심판이 임할 것이라는 사실을 알고는 기뻐하였을 것을 확신할 수 있다.

그러나 다음 순간 아모스는 자신의 나라인 남쪽을 향하여 눈을 돌리면서 똑같은 방식으로 유다를 정죄한다(2 : 4, 5). 여기서 유다의 죄는 하나님의 율법을 멸시한 것이다(4절). 유다에 대한 하나님의 심판 선언 역시 이스라엘에게는 만족스런 소식이었을 것이다. 왜냐하면 이제 이스라엘과 유다는 더 이상 동맹관계가 아닌 적대관계에 놓이게 되었기 때문이다.

마지막으로 아모스는 바로 이스라엘에게 초점을 맞추고 있다. 그는 이제 조심스럽게 여호와의 말씀을 전하고 있다. 이스라엘의 죄과를 묻는 방식은 위의 나라들과 동일하다. 그러나 여기서 지적하고 있는 죄들은 하나님을 사랑하고 이웃을 사랑하라는 하나님의 계명을 어긴 죄이다.

이스라엘이 하나님의 백성들 중에 있는 가난한 자들에 대한 책임과 관련된 하나님의 계명(특별히 신명기 15:7 이하에 기록된)을 어긴 것을 지적하는 이 본문에서 우리는 두 가지 사실을 주목해 볼 필요가 있다. 첫째로, 신명기에 언급된 가난한 자들은 세상의 가난한 자들이 아니라 "너희 형제 중에 있는 가난한 자들", 다시 말해서 하나님의 자녀들 가운데 있는 가난한 자들을 가리킨다는 것이다. 둘째로, 이 본문에서는 가난한 자들에 대한 동의어로서 "의인", "궁핍한 자", "겸손한 자" 등의 단어를 사용하고 있다는 점이다. 따라서 우리는 여기서 말하는 이스라엘의 죄가 일반적인 사회에 대한 것이 아니라 특별히 하나님의 백성들에 대한 것이었다고 결론지을 수 있다.

특히 시편기자는 하나님의 진실한 자녀들을 가리키는 말로서 "가난한 자", "궁핍한 자", "의로운 자", 그리고 "겸손한 자"라는 용어들을 사용한다. 그러므로 이 본문은 문맥의 흐름으로부터 끄집어내어 신자들이 오늘날 세상에 있는 가난하고 사회적, 경제적 혜택을 누리지 못하는 사람들을 도움으로써 사회를 구원하려고 노력하는 것이 하나님의 뜻이라고 가르친다면 그것은 성경 말씀을 곡해한 것이다. 근본적으로 아모스는 여기서 이 세상의 부를 좀 더 많이 가진 교회 안의 사람들이 좀 덜 가진 교회 안의 사람들을 부당하게 대하는 것과 관련하여 교회 내에 존재하는 죄의 문제를 다루고 있다. 사실상 그러한 자들은 하나님의 참된 자녀들을 학대함으로써 이익을 취하는 자들이다.

뿐만 아니라 그들은 성전에서 수치스런 행위를 함으로써 하나님의 이름을 더럽혀왔다(7, 8절).

아모스의 서론 부분은 2:8에서 끝난다. 2장의 나머지 부분에서는 이스라엘의 행위가 특별히 용서받을 수 없는 이유에 대하여 매우 간단하게 요약하고 있다(1:9-16). 이스라엘의 역사에서 하나님께서는 언제나 사랑과 자비로 이스라엘을 대하셨다. 하나님께서는 이스라엘에게 풍성한 축복을 내려 주시고 또한 그들의 모든 대적을 물리쳐 주셨다. 그러나 이스라엘 백성들은 그들의 하나님께 대한 존경심을 조금도 나타내 보이지 않았다(2:12).

그러므로 여호와의 심판이 임할 때에는 이스라엘이 의지하던 인간의 힘과 자랑거리는 모두 무너지고 말 것이다(2:13-16).

아모스서의 다음 부분(3:1-5:15)은 이스라엘의 죄와 그에 따르는 하나님의 심판에 관한 주제를 더욱 확대시키고 있다. 이 부분은 하나님께서 이스라엘이 범한 죄악의 가증스러움을 다시금 지적하심으로써 시작된다. 즉 이스라엘은 그들에게 베푸신 하나님의 특별한 사랑에도 불구하고 범죄하였다(3:2). 다음으로 아모스는 일련의 인과관계에 대한 실례들(3:3-6)을 나열함으로써 그가 지금 무엇때문에 이 메시지를 북쪽 이스라엘 백성들에게 전하고 있는가 하는 이유를 보여준다. 아모스는 하나님께서 말씀하셨기 때문에 이 메시지를 전하지 않을 수 없으며 잠자코 있을 수가 없는 것이다(3:8; 참조. 렘 20:9; 고전 9:16).

3:9-12에 묘사된 장면은 사마리아의 지형과 관련된 교훈을 담고 있다. 높은 산에 위치한 사마리아는 평지 위에 우뚝 솟아있다. 그러나 그 평지 주변에는 사마리아가 위치한 산보다 더 높은 산들이 산재해 있다. 여러 나라들은 마치 거대한 원형극장에서 무대(사마리아)를 바라보는 것처럼 이 산들 위에 앉아서 사마리아를 바라보도록 부름을 받는다. 그 무대에서 하나님께서는 모든 나라에 대한 하나님의 심판의 본보기로서 이스라엘 위에 무서운 심판을 수행하실 것이다. 그리고 하나님의 심판의 도구로 사용될 이스라엘의 대적은 의심할 여지없이 요엘이 이미 언급한 바 있는 바로 그 북방세력이다(요엘 2:20). 심판은 북쪽으로부터 올 것이다. 사마리아

를 정복한 앗시리아와 예루살렘을 정복한 바벨론이 나온 곳이 바로 북쪽으로부터이다.

이스라엘 안에는 비록 이스라엘이 멸망할지라도 자신들은 살아남을 것이라고 믿는 얼마간의 죄인들이 있었던 것이 분명하다. 그러나 3:12의 묘사는 이스라엘과 사마리아의 반역자들 가운데서는 남은 자가 하나도 없을 것이라는 사실을 생생한 방식으로 가르쳐 주고 있다. 사자에게 삼키워진 양에게 있어서 귀나 다리 한 조각 남은 것은 실상 아무런 쓸모가 없을 것이다. 이 구절은 남은 자들이 구원을 얻을 것이라는 사실을 가르치는 것이 아니라 오히려 그와 정반대의 사실인, 죄인들에 대한 철저한 심판을 가르쳐 준다. 하나님의 교회 안에 머물고 있는 하나님의 백성이 아닌 죄인들은 구원를 얻지 못할 것이다.

여호와의 심판이 한번 시작되면, 그 때에는 사마리아의 모든 헛된 사치품들을 일일이 찾아내어 그것들을 모두 파괴시켜 버릴 것이다(3:13-4:3). 상아궁에 대한 언급은 고고학적인 연구를 통하여 분명하게 입증되었다. 상아궁은 상아로 된 장식판자를 붙여서 만든 것으로 당시의 이스라엘 가옥들 중에서 아직도 남아 있는 것들이 있다. 4:1-3에서는 특별히 사마리아의 살찐 여자들이 심판의 표적이 되고 있다. 여기서 그들은 살찐 암소들이 생산되는 매우 기름진 지역인 바산의 암소라고 불리워진다. 비록 지금은 그들이 자기들이 가진 부를 탐닉하고 있지만 결국에는 사로잡혀 멸망당하고 말 것이다.

4:4-5에서는 인간이 만든 거짓된 예배를 의지하는 그들의 믿음이 가지는 허구성을 지적하고 있다. 우리가 여기서 기억해야 할 것은 이 모든 제사의식은 여호와께서 명하신 진실된 예배의 대용물로서 여로보암 1세에 의해 고안되었다는 사실이다(왕상 12:26-33).

여호와의 오래참으심이 4:6-11에 아름답게 묘사되어 있다. 또한 여기서 우리는 그들의 오랜 역사를 통한 이스라엘 백성들의 완고함을 나타내 주는 실례를 볼 수 있다. 신명기 28:20-25에서 예언된 재앙이 이미 이스라엘 위에 임하여 이스라엘의 회개를 촉구하였지만 이스라엘은 등을 돌리고 말았다.

여호와께서는 이스라엘을 자기에게로 돌아오게 하였고 애써 노력하셨다는 것을 매우 극적인 방법으로 여러번에 걸쳐서 말씀하신 후에 12절에서는 상상할 수 없을 정도로 무서운 심판을 이스라엘 위에 내리실 것이라고 선언하신다. 12절에서 여호와께서는 그가 내리실 심판이 무엇인지에 대해서는 일러주지 않으셨지만 여호와께서 그 일을 반드시 **행하실** 것이기 때문에 이스라엘은 그들의 하나님을 만날 준비를 하는 편이 좋을 것이라고 말씀하신다.

요엘이 그랬던 것처럼 여호와께서 아모스를 통하여 그의 말씀을 듣고 있는 이스라엘 백성들에게 회개를 촉구하실 수 있는 가장 적절한 시점은 바로 지금이었다(요엘 2:12, 13; 아모스 5:1-3).

아모스는 이스라엘 백성들에게 회개와 아울러 여호와를 찾으라고 촉구한다. 그는 이스라엘 백성들에게 여호와를 찾되 하나님의 뜻에 위배되는 불법적인 예배처소에서가 아닌 여호와께서 계신 곳, 즉 하나님의 계시된 뜻과 일치하는 곳에서 그들이 버렸던 공법과 정의가 행해지는 곳에서 찾으라고 촉구한다(5:7).

그러나 이스라엘 백성들은 여호와의 뜻에 순종함으로써 그를 찾는 대신에 하나님과 그의 보내신 자들을 모두 배척하였다(5:10). 그들은 하나님의 자녀들을 학대하였으며 결과적으로 하나님께서 명하신 정의에 위배된 삶을 추구하고 있었다(5:11-13).

이제 아모스는 근본적으로 백성들에게 악한 행실을 그치고 그들이 마땅히 추구해야 할 하나님의 자녀로서의 삶을 살아갈 것을 권면하고 있다(14, 15절). 여기서 남은 자에 대한 언급은 회개하고 여호와께 순종하는 자들에게만 희망이 있다는 것을 분명히 해준다.

아모스서의 그 다음 부분(5:16-6:14)은 이스라엘 백성들이 그들의 죄에서 돌이키려고 하지 않기 때문에 그 땅에 재앙이 잇따라 임할 것을 주로 기술하고 있다. 아마도 어떤 사람들은 계속해서 죄악 가운데 살면서도 여호와의 날을 열망하고 있었을 것이다. 그들은 여호와의 날은 이스라엘을 위한 좋은 소식(여호와께서 이스라엘의 모든 대적을 멸하시는 날)이 될 것이라고 생각하고 있었다. 그러나 사실상 그 날은 대부분의 이스라엘 백성들이 멸망하게 될 날을 가리킨다. 그 이유는 이스라엘이 하나님의 대적이 되었기 때문이다. 여기서 여호와의 날은 가장 어두운 용어들로 묘사되어 있기 때문에 그날은 모든 죄인들에게 있어서 결코 즐거운 날이 아닐 것이다(5:18-20; 참조. 요엘 1:15; 2:1, 2, 22). 심판은 바로 하나님의 집인 교회 안에서부터 시작되지 않으면 안된다(벧전 4:17).

이스라엘 백성들의 종교적인 행사들이 하나님 앞에서 어떤 공로를 인정받을 수 있는지에 대해서 의문의 여지를 조금도 남기지 않기 위해서 하나님께서는 5:21-24에서 그 문제에 대한 분명한 답변을 제시하신다. 여기서 우리는 다시금 여호와께서 의에 대한 그의 표준을 제시하시면서 그 땅에서 진정한 정의의 홍수가 일어나야 할 것을 요구하고 계신 것을 볼 수 있다(5:24). 그러나 참된 예배와 봉사에 대한 인위적인 대용물들은 단지 그들을 포로로 잡혀가게 할 따름이다(26, 27절).

이스라엘은 이러한 메시지에 대해서 어떻게 반응하고 있는가? 6:1-6에 의하면 그들은 아무런 반응을 보이지 않았다. 이스라엘 백성들은 그들의 사치스럽고 추잡한 생활에 만족을 느끼면서 여전히 안일한 상태에 머물러 있다. 그들은 하나님의 종들이 말하는 것을 믿으려고 하지 않는다(6:3). 이스라엘 백성들은 그들의 오랜 관습을 좇아 행하면서 교회가 내부로부터 부패해가고 있다는 사실에 대해서는 조금도 관심을 기울이지 않는다(6:5). 여기서 악기와 관련하여 "다윗처럼"이라고 말한 것은, 이스라엘 백성들이 그들의 나태함을 시편기자가 하아프를 가지고 많은 시편 가운데 한 편을 지었던 그 영감의 순간들에 비유하면서 자기들의 방탕을 그 경건한 시편기자와 관련시키려고 했을 때, 조소적인 태도를 나타내기 위하여 사용된 것이 분명하다.

6:7-14에서 여호와께서는 이스라엘이 멸망할 것을 분명하게 말

씀하신다. 온 나라 사람들은 사로잡히게 될 것이며(6 : 7), 모든 환락은 끝이 날 것이다. 하나님께서는 요엘을 통하여 경고하셨던 한 나라를 일으키실 것이다(6 : 14).

이스라엘에 임할 임박한 심판과 관련된 아모스서의 마지막 부분 (7 : 1-9 : 8 상반절)은 아모스가 보았던 일련의 환상들로 이루어져 있다. 그 환상들은 아모스와 이스라엘로 하여금 심판의 의미를 깨닫게 하기 위하여 주어졌다.

첫번째 환상은 요엘의 메시지를 생각나게 해 주는 메뚜기 환상이다(7 : 1-3; 요엘 1 : 2-4을 살펴보라). 아모스는 이 환상의 의미를 깨닫고는 이스라엘이 그러한 운명에 처하지 않게 해 달라고 하나님께 간구하여 그 목적을 달성한다.

두번째 환상은 불에 의한 심판의 장면이다. 이 환상 역시 아모스에게는 견딜 수 없는 것이었으므로 아모스는 모세가 광야에서 이스라엘을 위해서 그랬던 것과 마찬가지로 다시 한번 이스라엘을 위하여 하나님께 간구한다(7 : 4-6).

그러나 **세번째 환상**은 아브라함이 소돔을 위하여 탄원하고 난 후에 침묵할 수 밖에 없었던 것처럼 아모스로 하여금 침묵하게 만든다(7 : 7-9). 여기서 여호와께서는 이스라엘 백성들을 향하여 다림줄(plumb line)을 붙잡으심으로써 그가 이스라엘을 어떻게 평가하고 계신가 하는 것을 아모스에게 보여 주셨다. 이 환상은 다림줄에 의하여 이스라엘에 대한 측량이 실시된 후에 심판이 행하여진다면 이스라엘이 심판을 받아야 함에는 더 이상 의문의 여지가 있을 수 없다는 것을 의미한다. 7 : 9에 나타난 위협을 주는 칼은 앞장들에서 언급한 불에 의한 심판과 동일한 것이다. 이것은 이스라엘에 비하면 너무도 강대한 나라들에 의하여 발생할 전쟁의 폐허를 암시한다.

이 시점에서 아모스가 배척을 당한 사건이 나타난다(7 : 10-17). 벧엘의 거짓 제사장이 사마리아에 있는 여로보암 왕에게 아모스가 벧엘에서 문제를 불러 일으키고 있다는 말을 전한다. 아모스에 대한 그 거짓 제사장의 말이 아모스가 참된 선지자라는 사실을 입증해 준다는 것은 흥미로운 일이다. 그 거짓 제사장은 스스로 성소를 왕궁이라고 부른다. 그것은 분명히 하나님의 성소가 아니었다(7 : 13). 아모스를 벧엘에서 떠나라고 하면서 거짓 제사장 아마샤는 아모스가 이익을 얻기 위해서 예언하고 있는 것처럼 말한다(7 : 12).

아모스의 대답은 자신의 예언사역을 부인하려는 것이 아니라, 오히려 그 당시에 많이 존재하던 거짓 선지자들로부터 자신을 분리시키려는 것이었다. 거짓 선지자들은 돈을 벌 목적으로 예언하는 직업적인 사람들이었다(7 : 14, 15). 아모스의 답변은 우선 아마샤 개인에게로 집중되어진다. 아마샤는 아주 특별하고도 개인적인 방법으로 하나님의 능력을 깨닫게 될 것이다. 그러나 아울러 온 이스라엘에 임할 심판을 통해서도 하나님의 능력을 감지하게 될 것이다(7 : 17).

아모스 8장 전 장은 언어유희 형식으로 이루어진 네번째 환상으로 채워져 있다. 영역본을 통해서는 이 네번째 환상을 이해하기가 불가능하다. 여호와께서는 히브리어에서 "keets"로 발음되는 여름 과일 한 광주리를 아모스에게 보여 주신다. 그런 다음 여호와께서는 이스라엘의 끝(히브리어로 "kates")이 이르렀다고 선언하신다. 그리고는 다시 한번 더 하나님의 자녀들에 대한 이스라엘 백성들의 죄가 열거되어진다(8 : 4-6). 그들은 재물과 권력에 대한 욕망으로 말미암아 가난한 자들을 속이고 학대하고 있으며 좀 더 많은 이득을 취하기 위해서 안식일이 빨리 지나가지 않는다고 늘 조바심을 한다(5, 6절). 하나님께서는 말씀하신다. "내가 저희의 소행을 결코 잊지 아니하리라."(7절)

한 때는 하나님의 축복을 입은 자들이었던 이 백성들에게 임할 여러가지 재앙 가운데서 8 : 11에 기록된 하나님의 말씀을 듣지 못하는 기근만큼 무서운 것은 아무것도 없다. 어디로 가든지 그들은 이제 더 이상 하나님의 예언이나 말씀이 전파되는 것을 듣지 못할 것이다. 사울왕이 그의 말기에 그러한 날을 경험하였다(삼상 28 : 6). 이제는 그 일이 온 이스라엘 위에 임할 것이다. 계속적으로 하나님께 순종하기를 거부하고 반역을 꾀하는 이 이스라엘 백성들은 이제 아무런 희망도 갖지 못하게 된다(14절).

마지막 환상(9 : 1 이하)은 아직 남아 있을지도 모른다고 기대했던 한가닥 희망마저도 여지없이 앗아가 버린다. 호화스러운 집들이 파괴될 뿐만 아니라 이제는 이스라엘 백성들이 하나님께 예배하기 위하여 세웠던 제단마저도 부서질 것이며 그들 자신의 머리는 떨어지는 제단의 돌에 맞아 깨어질 것이다(9 : 1).

그 때에는 아무런 피난처도 없을 것이며(9 : 2-3), 심지어는 그들이 포로로 잡혀갈 나라에서조차도 피할 곳이 없을 것이다(9 : 4). 8 상반절은 이스라엘 내의 불의한 자들에 대한 최후의 말씀이다.

아모스가 주의를 돌려서 그 땅에 남아 있는 의인들에게 소망을 주는 때는 바로 이 시점이다(9 : 8 하반절-15). 여호와께서는 일단의 백성들을 취하여 심판의 와중으로부터 그들을 보호하실 것이다. 여기서 여호와께서는 이스라엘 안에 존재하는 그의 백성들과 죄인 혹은 불의한 자들 사이를 분명하게 구별하신다. 후자는 멸망을 당할 것이지만 남은 자들은 구원을 얻을 것이다(9 : 9, 10).

11절의 다윗에 대한 언급은 다윗의 집과 그의 후손을 통하여 그의 백성들을 구원하시려는 하나님의 계획이 계속되는 것을 가리킨다.

아모스서는 한 백성을 사랑의 관계를 가지고 그 앞에서 거룩하고 흠이 없게 하시려는 하나님의 지속적인 계획에 근거한 기쁨과 기대에 대하여 언급함으로써 끝이 난다(9 : 13-15; 참조. 엡 1 : 4). 축복은 농작물의 풍성함을 나타내는 용어들로 표현되어진다. 왜냐하면 구약성경 전체를 통하여 농작물의 풍부함은 하나님께서 그의 백성들에게 주시는 축복을 묘사하는 방법인 동시에 그의 백성들에 대한 사랑을 보여주는 방법이기도 했기 때문이다. 그러나 우리가 기억하지 않으면 안될 것은 아브라함 이래로 하나님의 그러한 축복들은 세상 사람들이 누리는 일시적인 축복을 훨씬 초월한 어떤 것을 나타내고 있다는 사실이다(히 11:8-10; 12:22; 13:14).

결론적으로 우리는 아모스서는 자신의 매일의 삶으로부터 신앙을 분리시키는 진실되지 못한 신앙인들을 대상으로 쓰여졌다고 말할 수 있다. 그들은 야고보가 먼 훗날 "정결하고 더러움이 없는 경건은 곧 고아와 과부를 그 환난 중에 돌아보고 또 자기를 지켜 세속에 물들지 아니하는 이것이니라"(약 1:27)고 아주 분명하게 설명한 경건에 관한 원리를 무시하는 자들이다.

아모스가 이 진실하지 않은 신앙인들에게 말한 바는 곧 하나님께서 그들의 죄를 묵인하지 않으시고 벌하실 것이라는 사실이다. 그러한 사람들은 하나님의 백성들 가운데 들지 못한다. 그들은 설 곳이 없을 것이다. 그러나 하나님께서는 이스라엘 중의 의로운 자들, 다시 말하면 그의 백성에 속한 의인들과 겸손한 자들, 가난한 자들과 궁핍한 자들, 곧 신실한 자들을 구원하실 것이다(2:6, 7).

하나님께서는 왜 이스라엘을 멸하시는가? 그것은 하나님께서 교회를 너무나도 사랑하셔서 교회가 죽어가도록 내버려 두실 수가 없었기 때문이다. 하나님께서는 이번 한번만이 아니라 하나님의 백성들이 그의 기대를 저버릴 때마다 계속해서 교회를 청결하게 하시고 정비하신다. 우리는 하나님께서 결코 그의 교회를 이 세상에서 타락하도록 내버려 두시거나 방관하지 않으실 것이며 교회가 잘못되려 할 때마다 흔들어서 불필요한 부분을 제거하시고 새로운 삶을 살도록 하실 것이라는 진리 안에서 큰 위안을 얻을 수 있다.

호 세 아

호세아서는 아모스서와 마찬가지로 유다의 웃시야 왕과 이스라엘의 여로보암 2세 때를 배경으로 하고있다. 호세아 역시 이스라엘의 수도인 사마리아가 멸망하기 바로 직전에 주로 북쪽 이스라엘 왕국을 상대로 그의 메시지를 전한다.

호세아의 메시지는 다섯 부분으로 나누어진다. **첫번째 부분**(1 : 2 —3 : 5)은 아내 고멜과의 사이에 있었던 호세아의 슬픈 경험과 이 사건을 통하여 하나님께서 호세아와 이스라엘에게 가르치신 교훈을 다루고 있다. **두번째 부분**(4 : 1—14)은 이스라엘에 대한 하나님의 고발 내용을 간단하게 요약해 놓았다. **세번째 부분**(4 : 15—19)에는 유다에 대한 간단한 메시지가 기록되어 있다. **네번째 부분**(5 : 1— 10 : 15)은 이스라엘에 대한 하나님의 소송을 그 결말에 이르기까지 전개하고 있다. 마지막으로 **다섯번째 부분**(11 : 1—14 : 9)은 인간의 죄와 실패를 이겨내는 하나님의 자비를 나타내고 있다.

호세아의 부친의 이름은 브레리이다(1 : 1). 그러나 우리는 그에 대하여 더 이상 아무것도 모른다. 호세아라는 이름은 "구원"이란 의미를 가지고 있으며, 모세의 후계자 여호수아를 포함한 네 명의 다른 사람들도 이 이름으로 불리워졌다. 우리가 호세아에 관한 지식을 얻을 수 있는 또 다른 유일한 자료는 바로 호세아서 자체로서, 이 책에 기록된 선지자의 개인적인 경험을 살펴보는 것이다.

메시지의 주요부분은 1 : 2에서 시작한다. 첫번째 부분은 "**고멜과의 사이에서 겪은 호세아의 경험에서 얻어지는 교훈**"이라고 부르도록 하겠다(1 : 2—3 : 5).

다른 선지자들의 경우에서와 마찬가지로 호세아의 경우에 있어서도 역시 그가 기록한 것은 그 자신의 말이 아니라 하나님의 말씀이다(1 : 1, 2). 1 : 2에 나타난 하나님의 명령은 해석상의 문제를 야기시킨다. 무엇보다도 2절에 나타난 하나님의 명령은 하나님께서 성경의 모든 곳에서 금지하고 있는 어떤 일을, 다시 말하자면 불의한 여자, 곧 악한 일을 행하는 여자와 결혼할 것을 호세아에게 명령하실 것처럼 보인다. 하나님은 결코 모순되게 일하시는 분이 아니신 까닭에 우리는 하나님께서 호세아에게 악을 행하라고 명령하시지 않았다는 것을 전제하지 않으면 안된다. 어떤 사람들은 이 일은 결코 실제로 일어나지 않았으며 단지 상징에 그칠 뿐이라고 주장한다. 그리고 특정한 이름들이 호세아의 아내와 그녀의 아버지와 관련하여 거론되고 있다. 더욱이, 이 첫번째 부분의 전체적인 핵심은 고멜과의 사이에서 겪은 호세아의 경험과 이스라엘과 겪은 하나님의 경험을 비교하는 데 있다. 따라서 만약 이 일이 실제로 일어나지 않았다면 첫번째 부분은 그 의의를 상실해 버리고 말 것이다.

가장 바람직한 설명은 호세아가 그의 결혼생활을 돌이켜 보면서 하나님께서 이 경험을 통하여 그를 인도하셔서 이스라엘이 어떻게 신실하지 못한 아내와 같이 행하였음이 입증되었는지를 이스라엘에게 가르칠 수 있도록 하셨다는 사실을 깨닫게 되었다는 것이다. 호세아는 아마도 자기와 결혼한 여자가 첫 아이를 임신하게 되었을 때의 어느 시점에서 그 여자가 매춘부였다는 사실을 깨닫게 되었을 것이다.

호세아는 괴로와하는 대신에 이 경험이 그의 주권자되신 하나님의 통제 하에서 선한 목적을 이루기 위하여 일어난 것으로 본다. 전체적인 부분을 이해할 수 있는 실마리는 온 이스라엘 땅이 여호와를 대적하여 매춘 행위를 하고 있다고 진술한 2 하반절에 있다. 호세아가 이 당시에 의로운 사람과 혼인하는 것이 불가능하지 않았다면 그가 그러한 태도를 유지하기는 어려웠을 것이다.

이스르엘이라는 이름(1 : 4)은 아합의 집을 멸하도록 하나님으로부터 임명되었던 이스라엘 왕 예후의 행위를 상기시켜 준다. 예후가 이세벨을 죽인 곳이 바로 이스르엘이었으며(왕하 9 : 30-37), 또한 그 성에서 예후는 아합의 칠십명의 아들을 죽일 것을 명령하였다(왕하 10 : 1-11). 이 모든 일을 예후는 여호와의 명령을 따라 행하였다(왕하 9 : 7-10). 그렇다면 하나님께서 지금 책망하고 계신 예후의 죄는 무엇이었을까? 그것은 예후가 악한 마음, 곧 악한 동기를 가지고 이 모든 일을 행하였기 때문에 대학살 후에도 이스라엘이 조금도 나아지지 않았다는 것이었다(왕하 10 : 29 이하).

로루하마라는 둘째 아이의 이름이 지니는 중요성(1:6)은 "사랑을 받지 못한다"라는 그 이름의 의미와 같이 하나님께 응답하기를 거절해 온 이스라엘 백성들에게 하나님의 심판이 임할 것을 선언하고 있다는 점이다. 그럼에도 불구하고 여호와께서는 유다 족속에게는 그의 사랑이 계속 나타날 것을 선언하심으로써 회개하고 돌아올 소수의 이스라엘 백성들에게 소망을 심어 주신다(1:7).

마지막 아들의 이름은 "나의 백성이 아니다"라는 의미를 가진 로암미이다(1:9).

그러므로 우리는 아모스의 세 자녀를 통하여 이스라엘 백성들의 몰락하여가는 모습을 보게 된다. 마치 이스르엘이 상기시켜 주듯이 이스라엘 백성들은 마음으로 하나님을 경외하기를 거절했으며 그 결과로서 하나님의 사랑을 받지 못하게 되었고 결국에는 더 이상 하나님의 백성이 아닌 자들로서 하나님으로부터 끊어져 나가게 되었다. 이로써 그들과 맺었던 출애굽기 19장의 언약은 폐지된 것이다.

그러나 여호와께서는 한 백성을 택하시려는 계획에 방해받지 않으실 것이며, 이스라엘의 실패에도 불구하고 한 백성을 택하기로 결정하신다(1:10-2:1). 훗날 바울은 이 구절이 궁극적으로 하나님의 백성 안에 이방인들도 포함하게 될 것을 예언하고 있다고 말한다(롬 9:26). 하나님의 백성들 모두가 결국 한 지도자(1:11) 아래서 연합하게 되리라는 개념은 분명히 다윗에게 그의 보좌를 영원히 세우시겠다고 하신 하나님의 언약(참조. 3:5)으로 거슬러 올라가며, 나아가 다윗의 위대한 자손인 예수 그리스도에게서 성취된다(마 1:1; 고전 8:6).

여호와께서는 2:2-7에서 이스라엘과 쟁론을 벌이신다. 2:2에 사용된 "쟁론"이라는 말은 법률적인 용어이다. 그것은 이스라엘에 대한 하나님의 소송을 의미한다. 이스라엘은 매춘부와 같이 행하여 연인들을 따라 갔지만 하나님께서는 그들로 하여금 떠나지 못하게 하시기로 결정하셨다(2:6). 하나님께서는 이스라엘이 멸망을 받아야 할 것으로 여기지 않으시고 사랑으로 이 일을 하신다(2 : 3).

그러나 이스라엘의 신실하지 못한 행위에 대하여는 징벌할 필요가 있다. 하나님께서는 이스라엘을 벌거숭이로 만드심으로써 그들을 징벌하신다(2 : 8-13). 이스라엘이 처음에 가지고 있었던 모든 것은 하나님께서 주신 것이었다(2 : 8). 이제 이스라엘이 하나님의 선물을 올바르게 사용하기를 거절했기 때문에 다시 말해서 여호와를 섬기기를 거절했기 때문에 하나님께서는 그 모든 것을 이스라엘에게서 빼앗아가실 것이다. 이스라엘이 그들에게 허용되었다고 생각했던 모든 축복들, 곧 곡식과 옷(2 : 9), 즐거움(2 : 10-참조. 요엘 1 : 12과 아모스 5 : 21, 8 : 10), 그리고 양질의 농산물들(2 : 12)이 이제는 제공되지 않을 것이다. 여호와께서는 이스라엘로 하여금 수치심을 느끼도록 하시기 위하여 이 모든 것을 벌거벗은 천한 여인처럼 묘사하신다.

여기서 바알숭배에 관하여 언급한 것(2 : 13)은 이스라엘 백성들이 아합의 통치시대로부터 바알을 좇아 숭배하고 하나님을 떠났었기 때문이다(참조. 왕상 16 : 29-32).

2 : 6에 언급된 바와 같이 하나님께서 이스라엘을 에워싸시는 이유는 이스라엘로 하여금 회개하고 여호와께로 돌아오도록 하시려는 선한 의도 때문인 것으로 보인다(2 : 14-20). 지금까지 이스라엘의 죄에 대하여 말씀하신 하나님께서는 이제 이스라엘에게 위로의 말씀을 하신다(2 : 14). 이렇게 여호와께서는 이사야를 통하여 사용하셨던 방법을 이곳에서도 그대로 사용하신다. 이사야서에서 하나님은 거의 서른아홉장에 걸쳐서 유다의 죄에 대하여 말씀하신 후에 40장에서는 위로의 말씀을 하기 시작하신다(사 40 : 1 이하).

우리는 마치 어떤 사람이 그의 부정한 아내를 자기에게 돌아오게 하려고 애쓰는 것과 같이 하나님께서 얼마나 애타게 그의 백성들이 자기에게로 돌아오기를 원하시는가 하는 것을 알 수 있다. 이스라엘을 자기에게로 돌아오게 하시려고 여호와께서는 마치 모세 시대 때에 이스라엘 백성들이 광야에서 여호와만을 전적으로 의뢰할 수 밖에 없었던 것처럼 그들을 광야의 경험으로 되돌아가게 만드신다 (2:14, 15).

16절에서 우리는 언어유희가 사용되고 있음을 보게 된다. 여호와께서는 더 이상 그의 백성들이 자신을 가리켜 "내 바알"(비록 "바알"이라는 말이 "주님(Lord)"을 의미하는 가장 좋은 셈족어였다고 할지라도)이라고 부르는 것을 용납하지 않으실 것이다. 그 명칭은 바알이라는 페니키아인들의 신의 이름을 연상시켰기 때문에 하나님께서는 더 이상 그 이름으로 일컬어지기를 원하지 않으셨다(2:17). 그의 백성들에 의해 불리워질 하나님의 이름은 "내 남편"이란 의미를 지닌 "이쉬(Ishi)"이다.

18-19절에서 하나님께서는 확실하고 분명한 용어로 그의 백성과의 언약을 새롭게 갱신하시겠다고 말씀하신다. 이 새로운 언약은 이스라엘이 지킬 수 없었던 옛 언약과는 달리 하나님 자신의 사랑의 사역에 기초한 언약이다. 백성들이 여호와를 알 것이라는 약속은 참되게 하나님을 아는 변화된 마음, 다시 말해서 마음으로부터 하나님을 알게 될 것을 의미한다(2:20). 이스라엘의 실패는 마음으로, 다시 말해서 참되게 여호와를 알지 못했다는 것이었다(2:8; 4:6; 5:4; 11:3). 우리는 후에 호세아가 백성들에게 여호와를 알라고 권유하는 것을 보게 될 것이다(6:3, 6). 모든 경우에 있어서 "알다"라는 말은 하나님께서 그의 모든 자녀들에게 요구하시는 하나님께 대한 특별한 믿음을 가지는 것을 의미한다(창 15:6을 보라).

21-23절은 하나님께서 천지창조 이전부터 친히 계획해 오신 바 사람의 관계 안에서 하나님 앞에 거하게 될 하나님의 백성들의 장래 소망을 다시금 시사해 주고 있다(엡 1:4). 다시금 그것은 하나님의 백성 가운데 들게 될 이방인들을 포함하는 하나님의 모든 백성들을 바라보고 있다(참조. 1:11).

매우 간략한 호세아서 제 3장은, 여호와께서 부정한 이스라엘을 다루심에 대해 호세아가 배운 교훈을 그 자신의 개인적인 비극에 적용하도록 여호와께서 어떻게 그를 도우시는가 하는 것을 보여 준다(3:1-3). 그리하여 호세아는 그 자신의 개인적인 고통을 통하여 당시의 이스라엘을 향한 하나님의 대언자가 될 수 있었다.

호세아서의 두번째 부분(4:1-14)은 이스라엘에 대한 고발을 간략하게 다룬다. 다시금 하나님께서는 "쟁론"이라는 말을 사용하신다(4:1). 간단하게 말해서, 이스라엘 백성들은 하나님께서 기대하셨던 정의와 거룩함 대신에 죄악으로 가득찬 삶을 살아왔다(4:1, 2). 그리하여 그들은 자신이 하나님의 백성이 아니라는 것을 스스로 증명하였던 것이다. 그들의 지도자인 선지자들과 제사장들도 백성보다 나은 것이 없었다(4:4, 5).

이스라엘 백성들은 하나님께서 그의 말씀을 통하여 가르쳐 주셨던 지식을 거절해 버렸다(4:6-10). 그들이 의와 정의에 대한 하나님의 기준인 하나님의 율법에 의거하여 살기를 거절했기 때문에 그들의 삶은 죄악으로 가득차 있었다(4:7, 8). 그러므로 여호와께서는 그들이 틀림없이 징벌을 받을 것이라고 경고하신다(4:9, 10).

그들은 하나님의 뜻을 행하기를 거절했을 뿐만 아니라 그들이 궁지에 처해있다는 사실조차도 깨닫지 못하는 죄를 범하고 있다(4:11-14). 옳은 해답을 온갖 그릇된 장소에서 찾으면서 그들은 마치 술취한 사람들처럼 거짓 신들을 좇아 비틀거리며 나아가고 있다. 그들의 마음은 진실에 대하여 무디어져 있다.

여기서 호세아는 **유다에게 주는 개인적인 메시지**를 짤막한 막간의 이야기로 삽입한다(4:15-19). 유다는 이스라엘이 유죄 판결을 받은 상태에 있음을 깨닫지 않으면 안되며, 또한 이스라엘 혹은 그들이 범한 죄악과 결코 관련을 맺어서도 안된다. 그 이유는 의심의 여지도 없이 유다 역사를 살펴볼 때 유다가 이스라엘과 자주 동맹 관계를 맺었다가 언제나 손해를 입었었기 때문이다(참조. 왕상 22:1-4).

호세아서의 메시지 중 주요 본문은 **호세아가 이스라엘에 대한 고**

소를 전개하기 시작하는 5 : 1에서부터 시작된다(5 : 1-10 : 15).

첫번째 요점은 이스라엘의 죄가 너무 광대하고 깊어서 하나님께로 돌아갈 수 없다는 것이다(5 : 4). 이스라엘의 문제는 곧 악한 마음의 문제이며 죄악된 마음은 그들이 여호와를 찾는 것을 방해하였다(5 : 6). 7절에 언급된 이스라엘이 낳은 사생아는 물론 그들이 불법적인 자식을 낳은 부정한 아내와 같이 묘사되었던 1장-3장의 내용과 관련되어 있다. 그것은 언약의 파기를 의미한다. 이스라엘은 여호수아가 죽은 후에 일어났던 상황과 마찬가지로 그들의 모든 자녀들을 하나님을 알지 못하는 세대로 양육하고 있다(삿 2 : 10).

그러므로 유일한 해결책은 하나님께서 2 : 6 이하에서 암시하셨던 것과 같이 큰 고통을 통과하게 하신 후에 얼마간의 백성들로 하여금 회개하도록 하시는 것이다(5 : 8-15).

그래서 호세아는 여호와의 손으로부터 에브라임(이스라엘)에 임할 압제와 고통에 대하여 이야기한다(5 : 11-14). 하나님을 사자와 같이 묘사한 것은 요엘 3 : 16과 아모스 1 : 2을 상기시켜 준다. 이스라엘이 회개하고 돌아와 여호와께 도움을 구하지 않는 한 이스라엘이 도움을 입을 수 있는 길은 있을 수가 없다(5 : 15). 이것은 아모스의 말과 일치한다(아모스 5 : 6; 9 : 8 이하). 광야에서 제정된 모든 제사제도는 백성들로 하여금 통회하는 마음을 갖도록 하려는 목적을 위하여 존재했었다. 그것이 바로 여기서 하나님께서 요구하시는 것이다.

따라서 호세아가 이 시점에서 백성들로 하여금 회개하고 여호와께로 돌아갈 것을 촉구한 것은 매우 적절한 일이다. 호세아의 권유는 하나님과 올바른 관계를 맺으라는 복음 전도자의 강력한 호소이다(6 : 1-3). 하나님은 이스라엘을 심판할 수 있는 능력뿐만 아니라 이스라엘을 치료할 수 있는 능력도 가지고 계신다(6 : 1). 6 : 1에 나타난 생생한 묘사는 여호와께서 찢는 사자이실 뿐만 아니라 치료할 수 있는 의사라는 것을 보여준다. 훗날 이사야도 의사로서의 하나님에 대한 비유법을 사용한다(사 1장).

셋째 날에 일으키시리라는 말(6:2)은 제 삼일에 일어날 그리스도의 부활을 암시한다고 보아도 좋을 것이다. 왜냐하면 우리가 그리스도를 믿는다면 그리스도의 부활은 곧 우리 자신의 부활이기도 하기 때문이다. 실제로 이스라엘에서는 세례 요한이 오기까지 대중적인 회개운동이 일어나지 않았고 또 그 일이 있고난 얼마 후에 즉시 여호와께서는 우리를 위하여 예수 그리스도를 통하여 죄와 사망을 이기셨다. 고린도전서 15:4에서 바울은 그리스도께서 성경대로 삼일만에 죽은 자 가운데서 일어나셨다고 말한다. 아마도 그는 호세아 6:2의 말씀을 인용하고 있는 듯하다.

그러나 다시 한번 이스라엘은 그들이 여호와께로 돌아가는 것이 그들의 선을 근거로 한 것일 수 없다는 사실을 명심해야만 한다(6:4-11). 여호와 한 분만이 참된 선의 기준이시다. 그러므로, 인간의 "선"은 하나님의 기준과는 거리가 멀다. 인간의 선을 보이는 것으로 나타낼 수는 없겠지만 굳이 비유하자면, 그것은 재빨리 사라지는 한 조각 구름과도 같은 것이다(6:4). 이것은 에브라임(이스라엘) 뿐만 아니라 유다에 있어서도 마찬가지이다. 여호와께서는 그의 선지자들을 계속적으로 보내셔서 이스라엘에게 그들의 행위가 하나님 앞에서 올바르지 못하다는 사실을 가르쳐 주셨다(6:5). 그러나 이스라엘 백성들은 의식과 제사제도를 구원에 이르는 수단으로 의지하고 있었기 때문에 계속해서 하나님께로 나아가지 못하고 있었다. 여호와께서 진실로 원하시는 것이 무엇인가 하는 것을 요약해 놓은 6절 말씀은 우리가 이미 살펴보았던 말씀과 일치한다(삼상 15:22; 시 51편; 아모스 5:21 이하).

7절의 아담에 대한 언급은 아마도 에덴동산에서 하나님과 아담 사이에 세워진 행위언약, 곧 아담이 하나님께 온전하게 순종하는 동안은 살 수 있을 것이지만 범죄하는 날에는 죽을 것이라고 하는 언약을 지키지 못했던 아담의 죄를 가리키고 있는 것 같다(2:16, 17). 따라서 이 구절은 단순히 우리 인간은 타고난 상태로서는 선을 행할 수 없는 영적으로 죽은 존재라는 사실을 가르쳐 준다. 바울은 훗날 다음과 같이 말한다. "모든 사람이 죄를 범하였으매 하나님의 영광에 이르지 못하더니"(롬 3:23).

하나님께서 일찍이 말씀하신대로 이스라엘의 죄악상은 벌거숭이가 된 채로 폭로되지 않으면 안된다(7:1-7; 참조. 2:10). 이스라엘의 영적인 질병이 완전하게 드러나기 전에는 치료란 있을 수가 없다(7:1). 여기서 이스라엘의 죄는 모든 사물과 모든 사람을 태워버리는 달구어진 화덕에 비유되고 있다(7:4-7). 하나님께서는 이스라엘의 죄를 속속들이 다 알고 계시며 그것을 묵인하지 않으실 것이다(7:2).

일련의 회화적인(graphic) 표현을 통하여 호세아는 이제 스스로를 도울 수 없는 이스라엘의 전적인 무능함을 묘사한다(7:8-16). 첫째로 백성들은 반쯤 구운 케이크에 비유된다(7:8-10). 얼핏보면 그들의 상태가 우량한 것처럼 보일지 모르지만 좀 더 자세하게 살펴보면 그들은 용납할 수 없는 존재로 비춰지게 된다. 그들은 어리석게도 스스로의 부족한 것을 알지 못하기에 여호와께로 돌아오지도 않는다.

다음으로 이스라엘 백성들은 어리석은 비둘기에 비유된다(7:11, 12). 그들은 어리석어서 누구에게 도움을 요청해야 할지 결정을 내리지 못한다. 여호와께로 달려와야만 할 시기에 그들은 이집트의 동맹국들과 앗시리아의 동맹국들 사이에서 이리저리 급히 다니면서 방황하고 있다.

마지막으로 이스라엘 백성들은 겉으로는 강력해 보이지만 화살을 당길 때의 압력을 견디지 못하고 부러져 버리고 마는 속이는 활에 비유된다(7:13-16). 훗날 유다의 요시야 시대에서와 마찬가지로 분명히 이 당시 이스라엘 안에는 약간의 외형적인 개혁이 있었다. 그러나 그 개혁은 마음으로부터 비롯된 것이 아니었다(7:14). 이스라엘이 돌아온 것은(그것이 무엇이든지간에) 여호와께로가 아니라 단지 어떤 의식적이고 종교적인 겉모습으로의 복귀였다(7:16). 그들이 예전과 다름없이 줄곧 하나님의 뜻을 어기고 악을 꾀한 것으로 보아 그들의 개혁은 확실히 위선적이었으며 진실한 것은 아니었다(7:13, 15).

이 모든 것은 여호와의 심판이 불가피하다는 것을 의미한다(8:1-14). 여기서 나팔을 부는 것은 하나님의 심판이 임박하였음을 알리는 비상신호를 의미하는 것이다(8:1; 참조. 5:8과 요엘 2:1).

이스라엘 백성들은 여호와를 아노라고 주장하지만(8:2), 그들이 알아온 모든 것은 그들 자신의 손으로 만든 그들의 우상이며, 하나님께서는 이것을 참된 예배로 인정하지 않으실 것이다(8:4-7). 또한 그들은 여호와를 의뢰하기보다는 오히려 이방나라들과 동맹을 맺음으로써 그들 자신의 안전을 도모하였다(8:4-7). 이스라엘 백성들은 제사제도를 변형시키고 그들 나름대로의 목표와 기준을 설정해 왔다(8:13, 14).

따라서 여호와께서는 그들의 제사를 받지 않으시고(8:13) 그들을 다른 나라의 노예신분으로 되돌아가게 하실 것이다. 9:13에 언급된 이집트는 이스라엘 백성들에게 이전 400년 동안의 노예생활을 생각나게 해 준다. 그들이 성을 건축하고 계획을 세울 것이나 하나님께서는 그것을 모두 멸하실 것이다(8:14).

하나님께서 이스라엘을 고소하신 부분중 마지막 부분은 이스라엘이 하나님과의 언약을 깨뜨린 것에 따르는 결과들을 나열하고 있다(9:1-10:15). 옛 언약은 이스라엘이 가나안 땅에서 하나님의 계속적인 축복을 누리기 위해서는 계속적으로 하나님을 경외하고 그의 계명들을 지키지 않으면 안될 것을 규정해 놓았다는 사실을 기억해야만 한다. 하나님께서는 많이 인내하며 오래 참으심으로 이스라엘로 하여금 신앙을 지키게 하시려고 애쓰셨지만 결국 이스라엘은 실패하고 말았다는 것이 분명해졌다. 그러므로 이스라엘의 불신앙에 대한 결과들이 반드시 뒤따라와야만 했다.

첫째로, 이스라엘에서 참된 예배가 끝이 날 것이다(9:1-9). 여기서 여호와께서는 이스라엘 백성들이 포로되어 잡혀갈 땅에서는 하나님께 예배할 기회가 주어지지 않을 것임을 분명히 하신다(9:3

—5). 왜냐하면 그들은 하나님께 예배할 수 있는 기회가 있었을 때에 그에게 예배하기를 거절했기 때문이다.

둘째로, 이스라엘에는 지속적인 열매가 없을 것이다(9:10-17). 이것은 포로되어 잡혀가는 이스라엘에게 장래에 대한 소망이 없다는 것을 의미한다. 전에 하나님께서는 이스라엘을 열매가 풍성한 포도나무가 되게 하고 또 그의 백성으로 삼으시기 위하여 부르셔서 많은 자녀들을 허락하셨지만 이제는 그들이 불순종했기 때문에 아무런 열매를 맺지 못할 것이며 장래에 대한 소망도 없을 것이다(9:11, 12, 14, 16).

셋째로, 이스라엘 왕국과 아울러 그들의 역사는 종말을 고하게 될 것이다(10:1-15). 이스라엘 백성들이 하나님을 그들의 왕으로 모시기를 거절했기 때문에 그들은 어떤 왕도 얻지 못하게 될 것이다(10:3). 그들과 그들이 소유한 모든 재산은 앗시리아로 옮기워 갈 것이다(10:6 이하). 사마리아에서는 왕위를 이를 자가 끊어질 것이다(10:7).

에브라임(이스라엘)은 여기서 길들이지 못할 고집센 암소로 묘사된다(10:9-11). 그러나 여호와께서는 이스라엘 백성들에 대한 고소를 마무리하는 시점에서까지 다시금 그들에게 순종할 것을 요구하신다(10:12). 스스로를 도울 능력이 없는 이스라엘 백성들은 하나님께 도움을 요청하지 않으면 안된다.

하나님의 은총에 대한 메시지는 여기서 끝이 났다고 보아도 좋을 것이다. 그러나 자비와 사랑이 풍성하신 여호와께서는 **그의 은총이 어떻게 우리의 죄를 이기는가** 하는 것에 대하여 마지막 장들을 통하여 보여 주신다(11:1-14:8).

여호와께서는 먼저 이스라엘 백성들이 이집트의 종이 되었을 때에 그가 보여주신 이스라엘에 대한 사랑을 이야기하신다(11:1). 그는 이스라엘 백성들을 이집트에서 불러내어 그의 자녀로 삼으셨다. 훗날 이 구절은 마태에 의하여 인용되어 하나님께서는 이미 어린 예수를 이집트에서 불러내어 팔레스틴으로 돌아오게 하실 계획을 세우고 계셨다는 것을 나타내 보여준다. 그리고 마태복음의 인용구절은 우리의 대속주이신 예수님께서 그가 구원하게 될 그의 백성들과 어떻게 동일시되고 계신가 하는 것을 보여 준다(마 2 : 15).

여호와께서는 잇따른 선지자들을 통하여 그의 백성들을 계속해서 부르셨다. 여호와께서 그의 백성들을 다루심에 있어서 자녀를 다루시듯 하다가 어떻게 고집센 동물을 다루듯 하지 않으면 안되게 되었는가 하는 것을 주목해 보라(11 : 3, 4).

이스라엘은 하나님의 온갖 인내와 사랑에도 불구하고 하나님께로 돌아오기를 거절했기 때문에 형벌을 받아 마땅했다(11 : 5-7).

그러나 이렇게 처량한 처지에 있는 이스라엘을 하나님께서는 불쌍히 여기셨다(11 : 8-11). 하나님께서는 한 백성을 택하여 거룩하고 흠이 없게 하실 것이다. 그는 이스라엘을 결코 포기하지 않으실 것이다(11 : 8). 하나님께서는 아드마와 스보임(소돔과 고모라 만큼은 잘 알려져 있지 않은 성읍)에게 하셨던 것처럼 이스라엘을 다루시지는 않을 것이다(창 14 : 8).

여기서 다시금 하나님을 울부짖는 사자에 비유하는 표현이 나타난다. 그러나 이번에는 하나님께서 큰 소리를 발하시면 그의 백성들이 세계 만국으로부터 떨면서 그에게로 나아올 것을 보여 준다(11 : 10, 11). 이 구절은 우리가 이미 1 : 10-2 : 1에서 살펴보았던 것처럼 세계 만국으로부터 한 백성을 이끌어 내시기로 하나님께서 결정하신 것에 대하여 언급하고 있음이 분명하다.

하나님께서는, 비록 북 왕국 에브라임은 그에게서 거절되었지만, 유다를 통하여 신실한 백성들을 일으키시는 일을 계속할 것임을 분명히 밝히셨다(11 : 12). 이스라엘에 남아있는 하나님의 자녀들을 위한 유일한 답변은 여호와를 **기다리라**는 것이다(12 : 6). "기다리다"라는 매우 중요한 이 말은 후기 선지서들에서 핵심을 이루는 단어로서, 백성들에게 그들 안에서 어떤 소망을 찾으려는 노력을 단념하고 하나님에게서 해답을 찾으라고 촉구하는 말이다.

　다음 부분인 12 : 7-14 : 3은 최종 판결을 내리기 전에 소송에 대한 검찰측과 변호인측의 주장을 신중하게 검토하는 재판관의 신중함과도 같다. 한편으로 이스라엘은, 속이고 살면서도 허영심과 교만으로 가득차 있다(12 : 7, 8). 그러나 다른 한편으로, 하나님께서는 이스라엘이 이집트에서 노예상태로 있을 때부터 그들을 위한 계획을 가지고 계셨다(12 : 9, 10).

　한편으로 이스라엘은 죄악으로 가득차 있다(12 : 11). 이스라엘 땅은 하나님께 대한 거절을 상징하는 제단들로 가득차 있다. 그러나 다른 한편으로 하나님께서는 야곱을 부르시고 인도하신 날로부터 이스라엘을 신실하게 보호하여 오셨다(12 : 12).

　한편으로 이스라엘은 우상숭배를 통하여 끊임없이 하나님을 노하시게 했다. 이스라엘 백성들은 마치 아무런 실체가 없는 연기와도 같다(12 : 14-13 : 3). 그러나 다른 한편으로 하나님은 그들의 유일한 소망이요 그들의 유일한 참 하나님이시다(13 : 4, 5).

　한편으로 이스라엘 백성들은 형벌을 받아야 마땅하다. 그들 스스로가 그 모든 것을 초래케 했다. 그들이 의지했던 그들의 지도자들은 한결같이 그들의 기대를 저버렸다(13 : 6-13). 그러나 다른 한편으로 하나님께서는 지옥과 사망을 이길 능력을 소유하신 분이시며 그들을 구원하실 수도 있다(13 : 14).

　결론적으로, 여호와께서는 회개하지 않는 죄인들은 마땅히 멸망을 당해야 한다는것을 분명히 하신다(13 : 15-16). 그러나 자신의 죄를 깨닫고 하나님의 자비를 구하면서 하나님을 바라보는 사람들은 구원을 받을 것이다(14 : 1-13).

　재판관되시는 여호와의 최종판결이 14 : 4-8에 나타나 있다. 그는 이스라엘을 치료하실 것이다. 이스라엘 백성들이 곤궁으로부터 헤어나와 살아남을 수 있는 것은 오로지 하나님의 값없이 주시는 은혜에 의해서만 가능한 일이기 때문에 하나님께서는 그들을 값없이 거저 사랑하실 것이다. 그러므로 여호와께서는 이스라엘 백성들을 부르셔서 당신 안에서 피난처를 얻도록 하실 것이다(14 : 7).
  이제까지 우리는 호세아서를 통하여 이스라엘이 다른 무엇보다도 하나님을 대적한 자신의 엄청난 죄를 깨닫게 된 것과 또한 이스라엘이 스스로의 힘으로는 자신을 바로잡는 어떤 일도 할 수 없다는 사실을 깨닫게 되었다는 것을 알 수 있다. 이스라엘은 스스로를 하나님의 자비에 맡기고 그 안에서 피난처를 찾지 않으면 안된다.
  만약 이것이 이스라엘에게 적용될 수 있는 것이라면 모든 사람에게 있어서도 역시 마찬가지이다. 호세아는 그의 메시지를 통하여 배울 수 있는 교훈들을 일반적으로 적용함으로써 메시지를 끝맺는다(14 : 9). 하나님께서는 하나님을 믿으며 살아가는 사람들을 구원하시고 축복하실 것이다. 아브라함이 그랬고(창 15 : 6), 하박국이 재차 단언하고 있듯이, 그들은 믿음으로 의롭게 된 사람들이다(합 2 : 4). 그러나 회개하고 하나님께로 돌아와 도움을 요청하기를 싫어하는 자들, 곧 죄인들은 멸망을 당할 것이다.

이사야서

  이사야 선지자는 북쪽 이스라엘과 시리아의 말기에 남쪽 왕국 유다에 그의 메시지를 전했다. 그는 웃시야 말년에 부르심을 받아 히스기야 시대에 이르기까지 훌륭하게 예언사역을 감당하였다(1 : 1).
  이사야서의 메시지를 자세하게 살펴보기 전에 우선 내용을 간단하게 요약해 보는 것이 도움이 될 것이다.
  처음의 몇 장들에 있어서 우리는 이사야서가 반복적인 싸이클(cycle)에 의하여 전개되고 있다는 것을 알 수 있다. 그리고 그 싸이클은 1) 하나님의 계획 2) 유다의 죄 3) 죄에 따른 심판 4) 남은 자들에게 주어지는 소망의 순서로 이루어져 있다. 우리는 이러한 싸이클을 특별히 1장부터 12장까지의 내용을 통하여 볼 수 있다.

이사야서의 그 다음 부분(13-27장)은 하나님께서 그의 백성들을 훈련하시고 징벌하실 때에 이용되었던 나라들에게 임할 하나님의 심판을 다루고 있다. 이 부분도 역시 하나님을 믿는 남은 자들에 대한 구원을 언급함으로써 끝이 난다.

세번째 부분(28-35장)은 이방 나라들과 유다를 막론하고 모든 악한 자들에게 임할 재앙과 또한 여호와를 의뢰하는 자들에게 주어질 구원을 선언함으로써, 앞에서의 두 부분(1-27장)을 적용하고 있다.

간략한 역사적 사실을 통하여 심판과 구원의 원리들을 설명하고 있는 그 다음 부분(36-39장)은 이사야서의 처음 세 부분과 마지막 부분을 분리시켜 준다.

이사야서의 마지막 부분은 40장에서부터 시작되며, 전반부에 나타난 구원에 관한 주제를 더욱 발전시켜 나간다. 특별히 이 부분은 여호와를 의뢰하는 여호와의 참된 백성들, 곧 남은 자들을 위한 메시지이다.

이제 하나님의 계획, 인간의 죄, 죄에 따른 심판 그리고 남은 자들에 대한 구원의 순서로 이루어진 첫번째 부분을 시작으로 하여 각 부분들을 좀 더 자세하게 살펴보기로 하자.

반복적인 싸이클(이사야 1-12장). 이사야서 제 1장은 이사야서 전체에 대한 서론으로서의 역할을 하는 동시에 처음의 열두장에서 특징적으로 나타나는 싸이클의 첫번째 실례를 제공해 준다. 이사야서 1장은 또한 이 책 전체의 메시지를 요약하고 있다. 그리고 1장은 이사야서의 마지막 장인 제 66장에 나타난 전체 메시지의 결론 부분과 유사한 방식으로 끝을 맺는다.

하나님의 계획은 2절의 후반부에 간략하게 진술되어 있다. 여기서는 아무런 설명도 없이 그의 자녀들을 선택하신 하나님의 계획에 대하여 말하고 있다. 그러나 우리는 하나님께서 이 자녀들로 하여금 하나님과 또한 다른 사람들과 사랑의 관계를 맺고 하나님 앞에서 거룩하고 흠이 없게 하시려는 계획을 가지고 계셨다는 것을 하나님의 이전의 모든 계시들을 통하여 알고 있다. 그러므로 여기에서는 "양육하였다"는 단어를 사용하여 단지 그 계획을 암시하는 것만으로도 충분하였다.

다음에는 싸이클의 두번째 부분인 **유다의 죄**가 소개된다(2 하반절-5절). 이스라엘은 여호와를 거역했으며 또 여호와를 알지도 못했다(3절). 그러므로 이스라엘은 범죄한 나라요 행악자들의 자손으로 불리운다(4절). 이렇게 하여 이스라엘 백성들은 여기서 거룩한 자로 불리워지는 여호와를 멸시했다.

하나님의 거룩하심은 이사야서의 주요 주제들 가운데 하나이다. 이 용어를 통하여 우리는 성품과 인격과 계획에 있어서의 하나님의 완전한 조화를 이해할 수 있다. 하나님은 거룩하시기 때문에 어떠한 결점도 없는 분이시다. 따라서 4절에서 하나님의 거룩하심은 하나님의 백성으로 여겨졌던 이스라엘 백성들의 죄악과는 정반대의 위치에 있다. 이스라엘이 범한 죄의 정도는 5절에서 온 머리와 온 마음이라는 단어들로 강조되고 있다.

그들의 죄에 대한 **필연적인 심판**이 뒤따른다(6-8절). 요엘과 아모스 선지자가 이미 가르쳐 준 것처럼 하나님께서는 이스라엘로 하여금 무릎을 꿇게 하시기 위하여 상하고 멍들게 하셨다. 먼저 요엘 선지자를 통하여 소개되고 다음으로 아모스 선지자에 의하여 발전된 불 심판(요엘 1:19; 아모스 1:4 등)이 여기서도 등장한다(7절).

그러나 여기서도 인간 스스로의 약점과 실패에도 불구하고 한 백성을 취하시려는 하나님의 결정을 근거로 하여 **유효한 소망**이 주어진다. 9절은 남은 자가 전연 없었던 소돔과 고모라와는 판이하게 심판으로부터 살아남을 자가 있을 것이라는 사실을 분명히 함으로써 소망을 주고 있다. 더욱이 그들이 살아남을 수 있는 근거를 제공하시는 분은 바로 하나님이시다. 하나님께서 남은 자들을 두시기로 결정하셨다. 그렇기 때문에 이 남은 자는 스스로의 공적이나 힘으로 살아남는 자와는 다르다.

이와 같이 이사야서의 최초의 아홉절(1:1-1:9)을 통하여 우리는 이사야서에서 처음으로 나타나는 싸이클, 곧 하나님의 계획, 유다의 죄, 죄로 인한 필연적인 심판, 그리고 남은 자들에게 주어지는 소망의 메시지를 보게 된다.

다음에는 이스라엘의 죄에 대한 유일한 해결책을 다룬 간략한 메시지가 뒤따라 온다(10-20절). 여기서 유다 백성들은 그들에게 그들이 범한 죄의 심각성을 상기시켜 주는 소돔과 고모라의 백성으로 불리워진다(10절). 의식적인 제사제도에 거는 그들의 모든 희망은 하나님께서 그들의 습관적인 기도를 포함한 모든 종교적인 삶을 전적으로 거부하심으로써 좌절되고 만다(11-15절). 모든 제사제도와 기도는 오래 전에 모세를 통하여 여호와께서 직접 제정하신 것이다. 그러나 백성들이 외견상으로만 따를 뿐 마음으로는 준행하지 않았기 때문에 하나님께서는 이제 어떤 형식을 통한 예배이건간에 마음으로부터 우러나온 것이 아닌 형식적인 예배는 받아들이지 않겠다는 것을 분명하게 말씀하신다.

이것은 전혀 새로운 사실이 아니다. 이미 오래 전에 하나님께서는 가인의 마음이 하나님으로부터 떠나 있었기 때문에 그가 드리는 제사를 거절하셨다. 가인은 악한 자에 속하였던 반면(요일 3:12), 그의 아우 아벨은 믿음으로 하나님께 제사를 드렸으므로 그의 제사는 열납되었다(히 11:4).

그러므로 백성들이 그들의 마음을 정결하게 하며 의로운 마음으로부터 비롯된 삶을 살지 않는 한 이스라엘은 하나님을 기쁘시게 할 수가 없다(1:16, 17). 우리는 하나님께서 여기서 요구하시는 것을 다른 곳에서도 동일하게 요구하신 것을 보았다(암 5:14; 호 6:4-6을 비교하여 보라). 메시지의 핵심은, 백성들의 마음이 악하기 때문에 그들 스스로은 결코 하나님의 요구를 충족시킬 수 없을 것이라는 사실이다.

18-20절은 이사야 53장을 예상하고 있으며, 마음으로 기꺼이 바라는 자들에게 하나님께서만 하실 수 있는 일, 곧 정한 마음에의 소망을 제공해 준다. 15절에 기록된, 죄로 인하여 피가 가득한 손은 죄로 인하여 피가 가득한 마음으로부터 기인된 것이므로 오직 하나님의 깨끗케 하시는 일을 통하여서만 깨끗함을 받을 수 있다.

이스라엘이 하나님의 도움을 필요로 한다는 사실을 다시 한번 강조하기 위하여 이사야 선지자는 이스라엘의 완고한 죄악을 취급하는 주제로 되돌아온다(1:21-23). 여기에 나타난 죄악에 대한 묘사는 우리가 이미 공부한 다른 선지서들에서도 볼 수 있는 전형적인 표현이다(아모스 2:6이하를 비교하여 보라).

제 1장의 결론 부분은 여호와께서 어떻게 그의 모든 대적을 물리치시고 징벌하시며 또 다른 한편으로는 어떻게 남은 자들을 구원하실 것인가 하는 것을 보여준다(1:24-31). 성결함을 얻기 위하여 하나님을 바라보지 않는 자들은 제하여질 것이다. 그들은 하나님의 대적들이다(24, 25절). 그들은 회개하고 돌아와 하나님을 믿기를 싫어하는 죄인들이다(28-31절). 그들은 결국 하나님의 심판의 불 속으로 던져질 것이다(아모스 9:10을 비교하여 보라).

그러나 하나님께로 회개하고 돌아와 그를 의뢰하며 살아가는 하나님의 참된 백성들인 남은 자들은 그들에게 적용되는 하나님의 의와 공평으로 말미암아 구원을 얻을 것이다(26, 27절). 성경의 다른 곳에서와 마찬가지로, 여기서 시온은 하나님의 참된 백성들로 간주된다. 따라서 사람들은 회개하고 하나님을 믿음으로써 구원을 얻든지 아니면 그것을 거절하고 멸망에 이르든지 양자택일하지 않으면 안된다.

제 2장부터 제 4장은 1:2-9에 소개된 것과 동일한 싸이클을 반복하고 있다. 이 싸이클은 여기서 더욱 충분하게 전개된다.

첫째로 이사야는 2:1-4에서 **하나님의 선한 계획**에 대하여 설명한다. 여기서 말하는 말일은 한 백성을 택하시려는 하나님의 계획이 세상 열방에까지 이르러서 하나님의 선택받은 자들을 세상 모든 백성들로부터 이끌어 내실 그 때를 가리킨다(2:2). 하나님의 백성들은 하나님의 말씀을 사랑하고 또 그 말씀을 깨닫고 순종하기를 열망하는 사람들로 세상에서 구별될 것이다(2:3-참조. 시편 1). 요엘 3:10 말씀은 역전될 것이며 하나님의 백성들은 전쟁무기로써가 아닌 성령의 검인 하나님의 말씀으로써 이길 것이다(참조. 마 26:52; 엡 6:17). 이 구절들은 틀림없이 복음이 세상 끝까지 선포될 때를 가리킨다. 다시 말해서 이 구절들은 하나님의 백성들로 하여금 그들 스스로의 힘으로는 결코 할 수 없었던 일을 할 수 있게 하는 그리스도의 지상명령(至上命令)과 성령강림 이후 시대를 가리킨다.

다음으로 우리는 싸이클의 **두번째 단계**인 백성들의 **죄악상**을 볼 수 있다(2:5-8). 하나님의 선한 계획과는 대조적으로, 이사야 선지자가 그의 메시지를 기록한 시대에 살았던 백성들은 실제로 세상의 풍습과 죄로 가득차 있었다(2:6-8).

이 싸이클의 두번째 단계인 백성들의 죄악은 싸이클의 **세번째 단계**인 범죄한 백성들에 대한 **불가피한 하나님의 심판**을 초래하는 직접적인 원인이 된다(2:9-4:1). 여기서 하나님의 심판에 대한 주제는 크게 확대되어진다. 요엘 선지자와 마찬가지로 이사야는 심판의 날을 가리켜 여호와의 날이라고 한다(2:12). 요엘 1:15 이하와 비교하여 보라. 그 때에는 여호와 한 분만이 높임을 받으실 것이므로 교만한 자들은 낮아질 것이다(2:12, 17). 예루살렘과 관련하여 이 날의 중요성에 대한 상당한 관심이 주어진다(3:1-12). 백성들이 헛되이 의존했던 모든 것들은 사라져버릴 것이다(3:1-3). 예루살렘 성은 멸망할 것이다(3:8). 통치자들(3:13-15)과 사치품들을 좋아하는 여자들(3:16-24)에게 특별한 책망이 가해진다(암 4:1-3; 6:1-6을 비교하여 보라). 심판은 예루살렘 성을 대항하여 전쟁을 일으켜서 그 주민들을 포로로 잡아갈 나라들의 형태로 임할 것이다(3:25, 26-참조. 암 6:7 이하).

그러나 자비가 많으시고 그의 선한 계획을 포기하지 않으시는 하나님께서는 싸이클의 **마지막** 단계에서 다시 한번 **남은 자들에게 소망을 주신다**. (4 : 2-6).

예루살렘에는 모든 악한 것으로부터 깨끗함을 받은 얼마간의 남은 자들, 곧 하나님의 거룩한 백성들이 남아 있을 것이다(4 : 3). 그들은 하나님의 **참된** 예루살렘의 **진정한** 시민들이다. 여기서 우리는 히브리서가 우리에게 하나님의 진실한 자녀들이 믿음으로 살면서 이 땅의 예루살렘 성 너머로 눈을 돌려 새 예루살렘, 곧 그들의 본향인 참된 예루살렘을 항상 바라보았다는 것을 보여주고 있음을 기억하지 않으면 안된다(히 11 : 9, 10; 12 : 22-24; 13 : 14. 갈 4 : 25, 26; 계 3 : 12; 21 : 2, 10을 비교하여 보라).

제 5장과 제 6장은 비유와 하나님으로부터 온 이사야의 소명을 다룬 형식을 통하여 또 하나의 싸이클의 각 국면들을 보여준다.

싸이클은 우리가 이미 잘 알고 있는 **첫번째** 단계인 하나님의 선한 계획을 이야기함으로써 시작된다. 여호와께서는 포도원을 조성하셨다. 그리고 여호와께서는 그 포도원으로 하여금 좋은 열매를 생산해 낼 수 있도록 하는 데 필요한 모든 일을 다 수행하셨다(5 : 1, 2). 앞으로 보게 되겠지만 여기서 포도원은 이스라엘을 상징한다. 그들은 여호와께서 좋은 열매맺기를 기대하시는 백성들이다. 우리는 이것을 1 : 2 상반절과 비교해 볼 수 있다.

그러나 이스라엘은 하나님의 기대를 충족시키지 못하였다. 그 대신에 이스라엘 백성들은 하나님을 대적하여 죄를 범했으며 나쁜 열매를 맺었다(5 : 2-4). 여기서 다시금 우리는 반복적으로 나타나는 싸이클의 **두번째** 단계인 이스라엘 백성들의 죄와 실패를 발견하게 된다(1 : 2-5을 비교하여 보라).

그리고는 싸이클의 **세번째** 단계인 죄에 대한 필연적인 심판이 뒤따른다(5 : 5, 6). 다시금 우리는 하나님의 깨끗케 하심을 볼 수 있다.

7절은 강조를 위하여 이스라엘의 죄와 실패를 요약하고 있다. 우리는 여기서 아주 흥미있는 언어유희를 대하게 되는데, 영어 번역본에는 많은 것이 상실되어 있다. 하나님께서는 정의(히브리어로 mishpat)를 바라셨으나 압제(히브리어로 mispach)를 얻으셨다. 하나님께서는 의로움(히브리어로 sedaka)을 바라셨지만 대신에 부르짖음(히브리어로 seaka)을 얻으셨다. 이중으로 나타나는 동음이의어로 된 언어유희는 감동적이면서도 기억할 만한 것이다. 하나님의 뜻이 정의와 의로움이라는 똑같은 용어로 표현되고 있다는 사실을 다시금 주목할 필요가 있다. 창세기 18:19을 비교하여 보라.

제 5장의 나머지 부분에서는 이스라엘에 대한 하나님의 심판이 확대되고 있다. 이 부분에는 우리가 이미 공부한 다른 선지서들을 기억나게 해 주는 많은 요소들이 있다(5:8; 왕상 21:17-21. 앞으로 살펴보게 될 렘 22:13-17; 미 2:2; 합 2:9-12; 5:11, 12; 암 6:3 이하; 5:13; 호 4:6; 5:23; 암 2:6 이하; 5:26-30; 욜 2장). 심판은 예루살렘과 전쟁을 일으켜 그 성을 황폐하게 휩쓸고 지나갈 싸우는 나라들의 형태로 임할 것이다(5:26-30).

마지막으로, 제 6장에서 우리는 싸이클의 네번째 단계인 남은 자들에 대한 소망을 보게 된다. 여기서 이 네번째 단계는 이사야의 소명과 사역을 포함하고 있는데, 이것은 남은 자들에 대한 소망을 나타내기 위한 것으로서 이사야 선지자가 왜 자기의 소명 사건을 이사야서의 첫머리가 아닌 적절한 위치에 기록하고 있는가 하는 것을 설명해 준다. 이것은 오래 전에 하나님께서 엘리야에게 나타내 보여주신 것—다시 말하자면, 하나님의 신실한 백성들에게 주어질 소망은, 하나님의 말씀이 그 말씀을 전하는 선지자들의 마음을 사로잡을 수 있도록 하기 위하여 하나님의 말씀을 전파할 선지자들에 대한 하나님의 부르심과 얽혀 있다는 것—과 일치한다(열왕기상 9장에 대한 이 책의 설명을 참조하라).

이사야의 소명사건은 사실상 소망에 대한 근거를 제공해 준다. 이사야의 소명사건은 그가 하나님의 영광과 거룩하심 가운데서 하나님의 환상을 보는 것으로 시작된다. 이사야는 죄인이 거룩하신 하나님 앞에 서 있을 때와 마찬가지로 압도당한다(6:5).

여호와께서는 곧 이사야에게 그가 여호와로 말미암아 정결하게 되었다는 말씀을 통하여 안심시켜 주신다(6:6, 7). 이렇게 이사야는 자기의 죄와 하나님의 깨끗케 하심에 대한 필요성을 인식하고 있었기 때문에 여호와께서는 그의 죄가 사해졌다는 것을 보증하신다(7절). 따라서 이사야에게 있어서 1:18에 표현된 조건은 실제적인 것이다. 그러므로 이사야서는 하나님의 모든 참된 자녀에게서 일어나지 않으면 안될 일에 대한 모범이라 할 수 있다. 모든 하나님의 자녀는 자신의 죄를 깨닫고 오직 하나님 한 분만이 제공하실 수 있은 깨끗케 하는 능력을 받기 위해 하나님께 도움을 요청하지 않으면 안된다.

이제, 이사야는 하나님의 증인과 또 교회를 향한 하나님의 메신저(messenger)가 되기 위하여 부름을 받는다(6:8-13). 이것은 힘든 사역이 될 것이며 대부분의 백성들이 그의 메시지를 믿지 않을 것이지만 남은 자들은 믿을 것이다. 이사야의 메시지를 믿는 남은 자들은 거룩한 씨라 일컬어진다(6:13). 다시 한번 우리는 참 소망은 남은 자들에게만 주어진다는 사실을 보게 된다.

제 7장은 이번에는 그 시대의 역사적인 사건들로 구성된 싸이클을 볼 수 있는 또 다른 기회를 제공해 준다. 역사적 상황은 1절과 2절에 묘사되어 있다. 당시 유다 나라는 아하스가 통치하고 있었다. 그는 북쪽에 있는 나라들인 시리아와 이스라엘로부터 위협을 받았다.

이 때 선지자 이사야는 아하스 왕에게 가서 하나님께서 아하스의 대적들을 쳐부수고 포위당한 예루살렘을 구원해 주실 것이기 때문에 전혀 두려워할 필요가 없다고 위로해 주었다(7:4). 아하스에게 요구된 것은 여호와를 의뢰하고 그를 믿는 것이었다(7:9). 이것이 싸이클의 첫번째 단계인 **한 백성을 택하시려는** 하나님의 선한 계획을 형성하고 있다. 의미심장하게도, 이사야의 아들은 "남은 자는 돌아올 것이다"라는 뜻을 가진 스알야숩(Shear-iashub)이라는 이름으로 불리고 있다. 호세아의 자녀들에게서와 마찬가지로 이사야는 스알야숩이라는 바로 그 이름을 통하여 이스라엘에게 메시지를 전하고 있다.

싸이클의 두번째 부분은 하나님의 말씀에 대한 아하스의 불신과 그로 인해 **하나님 앞에서 범한 그의 죄를** 통하여 볼 수 있다(7:10-16). 여기서 아하스는 하나님을 시험하기를 원하지 않는 것처럼 위장하고 있기 때문에 아하스의 죄가 그다지 분명하게 드러나지 않을지도 모른다(7:12). 그러나 열왕기하 16:7-9에서 우리는 아하스가 그의 대적들을 쳐부수기 위하여 하나님을 의뢰하는 대신에 그의 대적들을 물리쳐 주도록 앗시리아 왕에게 뇌물을 주었다는 사실을 발견할 수 있다. 물론 앗시리아 왕 디글랏 빌레셀은 어차피 시리아와 이스라엘을 침략할 의도를 가지고 있었기 때문에 이 아하스의 요청을 기꺼이 받아들였다. 그리하여 디글랏 빌레셀은 시리아와 이스라엘을 물리쳐 줄 것을 조건으로 하고 아하스에게서 대가를 받았다. 디글랏 빌레셀은 B.C. 732년에 시리아의 수도 다마스커스를 취하였고 10년 후인 B.C. 722년에는 사마리아를 점령했다.

이 역사적 사건이 가지는 중요성은 그 사건이 하나님의 백성들의 구세주로 오실 한 아기에 대한 초기 예언들의 근거를 마련해 주었다는 것이다.

그 아기의 탄생은 여기 7:14에 예언되어 있다. 그 아기는 처녀의 몸에서 탄생할 것이다. 이 약속이 아하스에게가 아니라 그 아기가 태어나야 할 하나님의 백성 곧 다윗의 집에 주어졌다는 사실은 주목할 만한 일이다.

근래에 와서 14절이 동정녀 탄생을 약속한 것이 아니라 단지 젊은 여인에 의한 탄생을 약속한 것이라고 주장하는 사람들이 있다. 그러나 여기서 처녀를 나타내는 데 사용된 단어는 다른 곳에서도 항상 처녀를 의미하는 문맥 가운데서 사용되고 있다. 이 외에도, 구약성경에 대한 최초의 번역본인 헬라어 70인경은 **오직** 처녀로만 해석할 수 있는 헬라어 단어를 사용하고 있다. 게다가, 하나님의 백성들에게 있어서 소망의 징표가 되는 동정녀 탄생의 핵심은 동정녀 탄생이 바로 하나님의 초자연적인 섭리에 대한 증거, 곧 기적이라는 점이다. 마지막으로, 더욱 중요한 의미를 가지는 것으로서, 신약성경은 이 구절(사 7 : 14)을 예수 그리스도의 동정녀 탄생을 예언하는 것으로 이해하고 있다(마 1 : 23; 누가복음 1 : 27, 31-35을 비교하여 보라). 이 아기의 탄생은 하나님의 백성들의 소망과 육신을 입고 오시는 하나님의 도래에 대한 징표가 될 것이다(눅 2 : 10, 11).

여기에 주어진 임마누엘이라는 이름은 "우리와 함께 하시는 하나님"을 의미한다. 이 이름은 자기 백성을 저희 죄에서 구원하시기 위하여 그의 백성들과 함께 하시려고 육신을 입고 오실 여호와의 도래를 가리킨다. 여호와께서 처음으로 모세를 부르셨을 때 그는 모세와 함께 하실 것을 약속하셨다. 여호와께서는 그 약속을 계속적으로 상기시켜 줄 매개체로서 자신의 이름을 제시하셨다(출애굽기 3장에 대한 이 책의 설명을 참조하라). 그 후로 하나님께서는 계속해서 그의 백성과 함께 하시는 그의 임재에 대하여 설명하셨다. 이제 하나님께서는 이사야를 통하여 약속된 그 처녀가 한 아들을 낳을 때 육신을 입으신 새롭고 특별한 모양으로 그의 백성들과 함께 하시겠다고 약속하고 계신다.

아하스의 불신앙으로 인하여 싸이클의 **세번째 국면인 심판**이 뒤따라온다(7 : 17-20). 이제 하나님께서는 그 땅을 침략할 이방 나라의 이름을 구체적으로 지적하신다. 그 나라는 앗시리아이다(17절). 앗시리아는 여기서 그들이 비록 하나님의 통제하에 있기는 하지만 파괴자의 성질을 가지고 있기 때문에 접촉하는 곳마다 잘라버리는 세낸 삭도로 묘사되고 있다(20절).

마지막으로 이 역사적인 사건은 **남은 자**들을 위하여 약속된 **소망**으로 끝나고 있다(7 : 21-25). 풍부한 버터와 꿀은 하나님의 심판 후에 살아남은 자들(남은 자)에게 주어질 축복을 의미한다(22절).

제 8장부터 제 12장까지는 이사야서의 첫번째 단락의 결론 부분으로서 이미 소개된 네 가지 주제가 뒤섞여서 나타난다. 이 부분은 여호와를 믿는 모든 자에게 주어질 하나님의 은혜와 위대한 소망과 함께 절정을 이룬다.

먼저, 이사야 자신의 아들이 처녀에게서 태어날 한 아들에 대한 상징으로 나타난다. 이사야의 아들의 이름은 하나님께서 아하스에게 약속하셨던 것과 같이 유대의 대적인 시리아와 이스라엘의 패배를 암시한다(8:1-4).

북쪽 왕국 이스라엘은 하나님의 온화한 징계(실로아 물-6절)를 거절했기 때문에 멸망을 당한다. 그러므로 이스라엘은 큰 하수 곧 앗시리아에 의해 멸망을 당할 것이다. 그러나 앗시리아는 유다의 국경에서 발걸음을 멈추지 않을 것이다(8절). 앗시리아 왕은 홍수같이 유다로 휩쓸고 내려올 것이다.

이제 유다에게 용기를 북돋워주는 말씀이 주어진다. 우리와 함께 하시는 하나님, 곧 임마누엘로 인하여 유다는 계속적으로 나라를 지탱하게 될 것이다(8, 10절). 따라서 우리는 임마누엘의 약속이 일차적으로는 아하스 시대에 유다의 당면한 대적들, 곧 시리아, 이스라엘 그리고 앗시리아로부터 유다를 구원하시겠다는 약속으로 주어졌다는 것을 알 수 있다. 그러나 보다 완전한 의미로, 임마누엘은 하나님의 모든 백성을 그들의 대적인 사탄과 죄로부터 구원하실 것에 관한 소망과 관련된 약속이다(마 1:21을 비교하여 보라).

이사야는 8:16-22 말씀에서 이 소망에 대하여 개인적으로 반응하고 있다. "나는 여호와를 기다리며 그를 바라볼 것이다"(17절)라고 단언함으로써 이사야는 그들의 유일한 소망으로서 하나님의 구원을 기다리던(바라보던) 구약시대의 모든 하나님의 백성들의 증언에 함께 참여하고 있다. 히브리서 기자는 이 구절(사 8:18)을 인용하여 우리의 원수 사탄을 물리치신 예수 그리스도의 사역에 적용함으로써 이 해석을 확증해 준다(히 2:13-15).

제 8장을 결론짓는 말씀인 19-22절은 이 소망에 관한 말씀을 거

부하는 모든 자에게 주는 경고를 담고 있다(8：20). 이 장의 마지막에서, 이사야는 소망에 관한 하나님의 말씀을 거절하는 자들은 결코 아침을 보지 못할 것이라는 앞에서 말한 진리를 강조하기 위하여 주로 어둠과 슬픔을 의미하는 단어들을 사용한다(22절).

제 9장은 제 8장에 나타난 세상의 연장이다. 불신자들에게 임할 어두움과는 대조적으로, 훗날 하나님의 백성들에게는 큰 빛이 비친 것이다(9：1). 마태복음 4：15, 16은 예수께서 가버나움 지역으로 오심으로 말미암아 이 구절들(1, 2절)에 나타난 예언이 성취되었다고 말한다. 따라서 다시금 우리는 1절의 "후에는"이라는 말이 예수께서 육신을 입으시고 도래하실 때를 가리킨다는 것을 알 수 있다.

다시 한번 더 아기의 탄생을 중심으로 한 소망에 관한 주제가 전개된다(9：6, 7). 이번에는 그 아기가 인간의 아들일 뿐만 아니라 또한 바로 하나님 자신이라는 사실이 밝혀진다(6절). 한편 그는 다윗의 왕위 상속자이실 뿐만 아니라 공평과 정의를 행하시는 그의 신실하심을 통하여 자신이 아브라함의 참된 후손이심을 입증하실 것이다(7절-창 18：19을 비교하여 보라).

여호와께 그 믿음을 둔 사람들에게 주어지는 이 복된 소식은 북쪽 이스라엘 왕국에서 예증된 바와 마찬가지로 하나님을 거절해 온 교만하고 거만한 자들에게는 나쁜 소식임이 입증될 것이다(8-21절). 다음으로 아모스서의 말씀을 다소 생각나게 하는 10：1-4 말씀에서 이사야는 하나님의 자녀들을 압제하는 그 땅의 악인들에게 임할 엄중한 재난을 선포한다.

이사야서의 두번째 부분(13-27장)에 대한 예고편으로서, 이사야는 주제에서 약간 벗어나 하나님의 진노의 막대기인 앗시리아에 대하여 간단하게 다루고 있다(10：5-19). 하나님께서는 이스라엘과 유다를 징계하시기 위하여 앗시리아를 사용하실 것이라고 말씀하셨다(8：4-8). 그러나 앗시리아는 하나님을 섬기고 기쁘시게 하기 위한 선한 동기에서 하나님의 뜻을 수행하지 않고 교만으로 행했다(10：7-11).

이 단락은 우리에게 역사의 주권자되시는 하나님의 사역을 아주 뛰어나게 묘사해 준다. 하나님께서는 악한 사람들과 악한 나라들을 취하셔서 그의 계획을 성취하는 데 사용하신다. 그러나 그들은 악한 마음으로부터 비롯된 일들을 계속 행해 왔기 때문에 스스로 징벌을 받도록 되어 있다(10:12-14). 그러한 악한 나라들과 백성들은 도끼나 톱에 비유된다(10:15). 그들의 본성은 파괴적이다. 그들은 자르고 쪼개고 찢기 위하여 존재한다. 그러나 톱이 목수의 손에서 그의 뜻대로 움직이는 것과 마찬가지로 뛰어난 장인이신 하나님의 손 안에서 그들은 하나님의 계획을 성취시킨다. 이러한 사실에 대한 가장 좋은 예는 물론 가장 극악무도한 범죄인 동시에 하나님의 주권적인 계획을 성취시키기도 한 예수님을 십자가에 못박은 사건이다(사도행전 2:23).

이사야서의 첫번째 부분의 나머지인 10:20-12:6은 소망에 관한 주제를 다루면서 그것을 성공적인 절정으로 이끌어간다.

이사야는 다시 한번 남은 자들에 대하여 말한다(10:20-22). 그들은 여호와를 의지하는 사람들, 곧 구원받은 사람들이다. 그들은 이스라엘 백성들 전체가 아니라(22절), 진실한 이스라엘 백성들, 곧 하나님의 참된 자녀들이다.

제 11장에서 이사야는 다시금 백성들의 관심을 장차 태어날 그 아들 안에 있는 소망으로 돌리게 하고 있다. 여기서 그 아들은 이새의 줄기에서 난 싹이라 불리운다(11:1). 불신앙적인 이스라엘과는 달리 그 아들은 하나님을 기쁘시게 하는 열매를 맺을 것이다(11:1; 참조. 5:1 이하). 그의 사역은 훗날 예수 그리스도의 사역에 적용되는 말로서 2절부터 5절 사이에 묘사되어 있다(마 3:16; 요 1:32). 그는 믿는 자들을 위하여 그들이 스스로 이룰 수 없었던 일을 성취할 것이라는 사실을 다시금 주목해 보라. 여기서 구세주의 사역으로 말미암아 은혜를 입은 자들인 신자들 곧 하나님의 자녀들은 아모스 2:6-8에서와 유사한 방식으로 가난한 자들과 겸손한 자들이라 불리운다(4절).

이렇게 해서 우리는 에덴 동산에서 처음으로 약속된 그 후손 곧 여자의 후손과 관련된 계시의 사슬(chain of revelation)을 보게 된다 (창 3:15). 후에 그는 아브라함의 후손으로 태어날 것이며(창 22:18), 그 다음에는 다윗의 후손으로 태어날 것(사 9:7)이라고 알려진다. 또한 그는 처녀에게서 태어날 것이며(사 7:14), 바로 하나님 자신이라고 알려진다(사 9:6). 물론 이 모든 것은 예수 그리스도의 인격(person) 안에서 완전히 성취된다. 이것은 마태복음 1장의 핵심을 이루고 있다.

 2:2 이하의 말씀을 생각나게 해 주는 11:6-10에 묘사된 평화스런 장면은 하나님의 자녀들이 영원히 하나님께로 모여들 때 만연하게 될 궁극적인 하나님의 평화를 가리킨다. 남은 자들에 대한 주제는 11장의 나머지 부분에서 두드러지게 나타난다(11:12, 16).

 남은 자들에 관한 가장 명확한 개념은 일종의 남은 자들에 관한 증거라 할 수 있는 12장에서 발견된다. 그들은 그들의 죄에 대한 하나님의 진노와 하나님의 애정어린 안위와 용서를 동시에 알고 있는 사람들이다(1절). 그들은 하나님을 그들의 힘이 되시는 분(그들이 곤경에 처했을 때 그들을 위하여 무엇인가를 하실 수 있고 또 해주시는 분—2절)으로 알고 그를 의뢰한다. 결론적으로 말하면, 다른 사람들이 하나님의 진노를 두려워하여 떨면서 하나님으로부터 숨으려고 도망할 때에, 죄를 회개하고 하나님을 믿음으로 말미암아 하나님과 화목한 이 남은 자들은 기뻐하면서 감사와 영광을 하나님께 드린다(3, 4, 5절). 하나님께서는 진실로 그의 백성들인 남은 자들과 함께 하신다(6절).

 이것으로 이사야서의 첫번째 주요 단락인 제1장-12장은 끝이 난다. 우리는 이 단락이 네가지 중심 주제, 곧 하나님의 선한 계획, 이스라엘의 죄, 죄로 말미암는 필연적인 심판, 그리고 마지막으로 남은 자들에 대한 승리에의 소망을 다루고 있다는 것을 알고 있다. 한 걸음 더 나아가서, 남은 자들에 대한 이 소망은 하나님의 자녀들을 위하여 하나님의 모든 뜻을 성취하려 오실 신인(the Man-God)이신 예수 그리스도의 인격과 사역에 집중된다.

여러 나라들에 대한 하나님의 심판(이사야 13-27장). 이사야서의 두번째 주요 단락(13-27장)은 하나님께서 그의 백성들을 징계하시기 위하여 사용해 오신 이방 나라들이 악할 뿐 아니라, 하나님께 순종하려는 열망에서가 아니라 죄악된 교만과 오만으로부터 그들의 행동이 비롯되었기 때문에 여호와께서는 그들 또한 심판하실 것이라고 하는 10:5-19에 이미 소개된 바 있는 사상을 확대하여 설명하고 있다.

이 단락이 전체 메시지 중에서 비록 중요한 부분을 차지하고 있기는 하지만 우리는 이 부분을 상세하게 다루지는 않을 것이다. 왜냐하면 이 단락 자체가 하나님께서 모든 나라의 죄를 다 아시며 모든 것이 하나님께 헤아린 바 된다는 것을 분명하게 보여주고 있기 때문이다.

그러므로 하나님께서는 그가 일으키실 메대를 통하여 죄악으로 가득찬 바벨론을 심판하실 것이라고 선언하신다(13:1-14:23). 이 단락 중에는 종종 사탄의 멸망에 대한 언급을 담고 있는 것으로 해석되는 구절들이 포함되어 있다(14:12-15).

그러나 그 구절들이 사탄에 대해서는 이차적으로 언급하고 있는 반면에, 문맥을 살펴볼 때 근본적으로는 교만하고 야심만만한 바벨론의 통치자들에 관하여 말하고 있는 것이 분명하다. 누가복음 10:18과 요한계시록 9:1과 같은 신약성경의 본문들은 이 구절들이 사탄의 멸망과 관계가 있다고 하는 주장을 뒷받침하기 위한 논증구절로 지적되어진다. 확실히 사탄의 태도와 그의 교만이 여기에 나타난다. 하나님과 같아지려는 욕망(14절)은 틀림없이 사탄이 에덴 동산에서 아담과 하와의 마음 속에 심어주었던 제안이다.

14:24-27에서 이사야는 앞에서 언급한 바 있는 앗시리아(10:5 이하)로 다시금 눈을 돌려서 그 나라도 역시 멸망당할 것을 가르쳐 준다. 다음에 계속되는 단락에서는 이스라엘의 역사와 관련을 가지

면서, 이스라엘을 심판하시려는 하나님으로부터 자주 쓰임을 받아 온 다른 나라들을 하나씩 차례로 다루고 있다. 그 나라들은 블레셋 (philistia, 14 : 28-32); 모압(15 : 1-16 : 14); 다마스커스(17 : 1-14); 이디오피아(18 : 1-7); 이집트(19 : 1-20 : 6) 등이다.

이 부분에서 우리는 특별히 두가지 사실을 주목할 필요가 있다. 첫번째 사실은, 이 여러 나라들 위에 임할 심판에 대한 본문에는 이스라엘의 남은 자들에 대한 소망의 메시지가 군데군데 삽입되어 있다는 것이다(14 : 1-3, 32; 16 : 5). 두번째 사실은, 노아가 예언하고(창 9 : 27) 여호와께서 아브라함에게 약속하신 것과 마찬가지로 (창 12 : 3) 하나님의 왕국에 포함될, 이방 나라들에 속한 사람들에게 주어지는 종국적인 소망이 여기서도 발견된다는 것이다. 여기에 대해서는 이사야 19 : 19-25을 살펴보고 이사야 2 : 2-4을 참조하라.

제 20장에서 우리는 앗시리아 사람들이 이집트와 이디오피아에 대한 공격의 예시로서, 블레셋을 침략하여 아스돗을 취한 사건에서 알 수 있듯이 한 악한 나라를 들어서 다른 악한 나라를 징벌하시는 하나님의 원칙을 나타내 주는 역사적인 실례를 보게 된다.

제 21장에서는 다시금 바벨론의 멸망에 초점이 맞추어진다(21 : 9). 여기서 "함락되었도다 함락되었도다 바벨론이여"하는 탄성은 이 세상의 모든 나라와 사탄의 왕국 자체가 확실히 멸망할 것임을 알리는 하나님의 말씀의 부르짖음이다(요한계시록 14 : 8과 18 : 2을 살펴보라).

제 22장에서는 열국들에 임할 심판에 대하여 다시 이야기하기 전에 침략과 포로의 위협에 직면한 예루살렘을 향하여 특별한 경고가 주어진다(22 : 9). 예루살렘 주민들은 지금까지의 역사가 주는 교훈을 깨닫지 못하였기 때문에 위험에 빠진다(22 : 11). 하나님께서 그의 선지자들을 통하여 회개를 촉구하셨으나 그들은 회개하기를 거절했다(22 : 12-14). 요엘서 1 : 8-14을 비교하여 보라.

이 단락에서 셉나(15절)는 히스기야 시대의 서기관(왕하 18 : 18)

이었으나 그가 성실하지 못하다는 사실이 확실히 입증되었기 때문에 여호와의 집에서 감독의 직무를 맡아보던 자리를 엘리아김에게 내어주게 된다(20절). 그리고 셉나의 뒤를 이어 감독의 직무를 맡게 된 엘리아김은 다윗의 집의 열쇠를 위임받는 사람으로 묘사되고 있다(22절). 이러한 점에서 엘리아김은, 요한계시록 3:7에서 볼 수 있는 바와 같이 그리스도의 모형이 된다.

제 23장에서 이사야는 다시 열국들에 대한 심판, 특히 페니키아에 대한 심판을 이야기한다. 이 장에서 이사야는 특별히 그러한 모든 심판들이 내려지는 위대한 목적—말하자면 모든 영광의 교만을 욕되게 하며 세상의 모든 존귀한 자로 멸시를 받게 하려는 것—을 진술하고 있다(23:9).

마지막으로 열국들에 임할 심판과 관련하여 이사야는 제 24장에서 모든 나라들(심지어는 열국들과 마찬가지로 범죄한 이스라엘과 유다까지는 포함하여)에 미치는 하나님의 주권에 대하여 일반적이고도 간결한 진술을 덧붙이고 있다(24:2). 심판 후에 세상에 임할 혼돈에 대한 묘사는 창조시 하나님께서 질서를 가져오시기 이전의 땅의 혼돈 상태와 유사하다(창 1:2을 참조하고 이사야 24:1, 3을 비교하여 보라). 하나님께서 정하신 율법을 어김으로 말미암아 오염된 땅에 대한 묘사는 현재 우리 시대의 가장 큰 문제들 가운데 하나인 공해문제를 연상케 한다(24:5). 하나님의 심판의 대단원을 알리는 마지막 전면적인 심판은 21절 말씀에 나타나는데 그것은 곧 하늘과 땅에 있는 사악한 영의 세력들이 멸망을 받을 것이라는 말씀이다. 에베소서 6:12을 비교해 보라.

열국에 대한 심판을 기록한 전체 단락의 결론으로서 이사야는 다시 한번 남은 자들을 위한 큰 소망을 지적해 준다(25-27장). 이사야는 이 장들을 하나님께 대한 개인적인 증언의 형식으로 구성하고 있다. 그는 하나님께서 힘있는 나라들 위에 계시는 주권자이시고(25:2), 하나님을 의지하는 연약한 자들의 보호자이시라는 사실에 감사하고 있다(25:4-참조. 4:5). 무엇보다도 이사야는 자기 백성들을 위하여 사망을 이기시는 하나님을 찬양한다(25 : 8). 9절은 여호와 하나님 안에 있는 그 참된 소망과 믿음을 "여호와를 기다리다"라는 개념으로 표현하고 있다. 8 : 17과 제 12장을 비교하여 보라.

 제 26장은 하나님의 백성들을 위한 노래이다(26 : 1). 찬송 중에 이사야는 여호와께 그 믿음을 두는 자들에게 임할 평화를 스스로 누리고 있다(3, 4, 12절). 그는 또한 하나님을 추구하는 그 자신의 열망을 나타내고 있다(8, 9절). 이사야는 백성들을 자기에게로 돌아오게 하시려고 그들에게 내리신 하나님의 징계가 거둔 훌륭한 효과에 대하여 찬양한다(16-18절). 여기에는 심지어 육체의 부활에 대한 소망까지도 표현되어 있다(19절-에스겔서 36, 37장과 다니엘서 12 : 1, 2을 비교하여 보라). 창세기 3 : 15에서 최초로 약속되고 마지막 심판 때에 완전히 성취될(계 20장) 사탄의 패배도 여기에 나타나 있다(27 : 1). 따라서 하나님의 백성들은 마지막에 가서 풍성한 결실을 거두게 될 것을 확신할 수 있다(27 : 6-참조. 제 5장, 옛 언약 하에서는 열매를 맺는 일에 실패했었다).

 마지막으로 우리는 하나님의 백성들을 깨끗케 하고 남은 자들을 보존하시기 위하여 열국을 통하여 이스라엘 백성들을 징계하신 것은 모든 나라 가운데서 한 백성을 부르시고 보존하셔서 하나님의 거룩한 백성이 되게 하시려는 선한 목적에서 비롯되었다는 사실을 주목하지 않으면 안된다(27 : 7-9, 12, 13).

 이사야는 지금까지 하나님의 뜻에 복종하기를 싫어하는 유다와 열국들 안에 있는 모든 죄인들을 하나님께서 심판하실 것이라는 사실을 입증해 왔다. 하나님께서는 또한 자신의 죄를 깨닫고 구원을 얻기 위하여 하나님을 기다리면서 회개하고 하나님을 의뢰하는 사람들을 유다로부터, 궁극적으로는 모든 나라들로부터 구원해 주실 것이다.

 악을 행하는 자들에게 미칠 재앙(이사야 28-35장). 이제 전반적인 강도를 더욱 높여서 이사야 선지자는 악인들 위에 닥칠 재난을 엄숙하게 선포하면서, 다른 한편으로는 하나님을 의뢰하는 남은 자들에 대한 소망을 선언한다(제28-35장). 이 단락 전체는 이 두가지 주제로 구성되어 있다. 제 1장의 마지막 부분과 마찬가지로 여기서도 하나님의 심판과 하나님의 축복, 재난과 소망, 사망과 생명 사이의 양자택일이 있을 뿐이다.

교만한 자들에 대한 재앙(28:1-8). 그들은 술에 취한 사람처럼 교만에 취해 비틀거리는 자들로 묘사되어 있다(1, 3, 7, 8절). 그들이 즐겨 마시는 독한 술은 이스라엘의 지도자로서의 그들의 능력을 파괴시킨다(7절). 7절과 8절은 독주를 탐닉하는 것에 대한 분명한 고발이다. 그러나 이 구절들조차도 남은 자들에게는 소망을 심어 준다(5절).

하나님의 말씀을 통하여 가르침을 받는 자들에 대한 소망(28:9-13). 그러면 누가 하나님의 말씀의 가르침을 받는 자들인가? 누가 남은 자들인가? 진리를 배우는 자들은 마치 어린 아이가 배우는 것과 같이 여기서도 조금, 저기서도 조금 하는 식으로 배우면서 진리를 깨달아간다. 왜냐하면 사람들은 본래 진리를 서서히 익혀가기 때문이다(10절). 유다 안에 불신이 널리 퍼짐으로 인하여 하나님께서 생소한 방언을 사용하는 사람들을 통하여 그들에게 말씀하실 것이나 그 때조차도 대부분의 사람들은 하나님을 믿지 않을 것이다(11-13절). 이것은 아마도 오순절에 일어났던 사건을 가리키는 듯하다(사도행전 2:1-21; 참조. 고전 14:22).

진리를 멸시하는 유다 지도자들에게 미칠 재앙(28:14, 15). 이들은 그들 자신이 지어낸 거짓말로 하나님의 말씀을 대신하여 가르치는, 하나님의 말씀을 멸시하는 사람들이다. 그들은 사탄과 동맹 관계를 맺고 하나님 대신에 사탄의 보호를 받으려고 한다(15절). 여기서 우리는 말세에 대한 베드로의 말을 비교해 볼 수 있다(벧후 3:3). 그들의 거짓된 피난처를 남은 자들의 피난처와 대조시켜 보라(사 4:5, 6).

시온에 있는 돌로 말미암는 소망(28 : 16-29). 이 단락은 분명히 메시야에 관한 것이다. 이 단락은 장차 오실 구세주를 지시하고 있으며 그를 하나님의 백성들의 기초석에 비유하고 있다(16절 ; 롬 9 : 33 ; 10 : 11 ; 벧전 2 : 6을 살펴보라). 장차 오실 구세주에 대한 유일하고도 합당한 관계는 믿음의 관계이다(16절). 오직 그 분 안에만 하나님께서 그의 자녀들의 삶에서 나타나기를 기대하시는 공평과 정의가 있다(17절 ; 창 18 : 19 ; 사 5 : 7). 모든 죄인들에게 임할 하나님의 심판으로부터 벗어나기 위해서는 백성들이 하나님의 말씀을 멸시하는 자들이 되지 않고 그 말씀에 대한 믿음을 가지는 것이 불가피한 일이다(22절).

거짓된 예배를 드리는 자들에게 임할 재앙(29 : 1-21). 예루살렘은 여기서 "하나님의 사자"를 의미하는 아리엘이라 불린다(1절). 이러한 상징적 표현은 아마도 하나님을 시온에서 부르짖는 사자로 묘사한 요엘과 아모스의 말에서 비롯된 것 같다(욜 3 : 16 ; 참조. 암 1 : 2). 또한 사자는 다윗의 보좌와도 관련이 있다.

여기서 문제시되고 있는 것은 백성들이 예배의식(ritual of worship)을 계속 수행하면서(1절) 입술로는 하나님을 영화롭게 하는 말을 하고 있지만 그들의 마음은 하나님에게서 멀리 떠나 있다(13절)는 사실이다. 백성들은 잘못 생각하고 있다. 하나님께서 처음부터 정하신 바와 마찬가지로, 믿음 안에서 마음으로부터 하나님을 예배하지 않는 자들은 하나님께 용납될 수가 없다(창 4 : 4, 5-참조. 히 11 : 4 ; 요일 3 : 12). 그들은 마음 속으로 자기들이 원하는 대로 생각할 수 있으며 그 생각이 하나님께는 알려지지 않을 것이라고 생각하기 때문에 그들에게 재앙이 닥쳐 온다(15절).

여호와를 경외하는 남은 자들에 대한 소망(29 : 22-24). 아브라함처럼 이 남은 자들은 하나님의 말씀을 귀하게 여기며 하나님을 영화롭게 하는 삶을 살아가려고 애쓰는 사람들이다. 그들이 실수를 범하고 바른 길에서 벗어나 방황할지라도 하나님께서는 오래 참으시는 가운데 그들을 진리로 인도하신다(24절).

반역하는 자녀들에게 미칠 재앙(30:1-14). 여기에 나타난 비유적 표현은 광야에서의 경험으로부터 온 것이다. 이 단락은 그들의 불신앙으로 인하여 결국 죽임을 당하고 말았던 광야에서의 수많은 사람들의 반역을 상기시켜 준다(1, 2절; 참조. 고전 10:1-5; 히 3:17; 유 5). 그들은 하나님을 경외하는 남은 자들(29:23)과는 대조적으로 하나님의 율법을 듣기를 싫어했다(9절). 진실한 선지자들에 대한 그들의 적대행위(10절)는 아모스가 말한 것과 유사하다(암 2:12, 7:13). 그러므로 하나님의 말씀을 멸시하는 자들로서 그들은 멸망을 면치 못할 것이다(12, 13절).

죄에서 돌이키고 하나님을 기다림으로써 얻는 소망(30:15-33). 여기서 돌이켜서 안식을 얻으라는 초청은 여호와를 기다리라고 부르는 초청과 똑같은 것이다(15절). 우리는 나중에 하박국이 다가올 징벌의 날을 기다리지 않으면 안되었던 것과 또한 믿음 안에서 안식하는 법을 깨닫게 된 것을 보게 될 것이다. 따라서 이 단락은 유다 땅의 신자들에게 예루살렘의 죄로 말미암아 그 도시에 다가올 고난을 불의한 자들과 함께 직면하지 않으면 안될 것을 가르쳐 주고 있다(18-20절). 하나님께서는 평화롭고 고요한 목소리로 그의 백성들을 계속적으로 인도하시고 축복하실 것이다(21절; 참조. 왕상 19:12). 하나님께서 그의 신실한 자들에게 내리시는 축복은 물질적인 비유를 통하여 영적인 진리를 가르치시는 하나님의 구약적 관례를 따라 농업적인 축복의 관점에서 묘사되고 있다.

하나님께 도움을 구하기보다는 오히려 사람을 바라보는 자들에게 임할 재앙(31:1-9). 여기서는 하나님을 의뢰하기 보다는 오히려 사람들과의 동맹관계에 의존하려는 이스라엘과 유다의 많은 왕들의 관례가 비난의 대상이 되고 있다(31:1, 3, 6, 8). 또한 호세아 7:11을 비교하여 보라. 이사야서 자체 내에 기록되어 있는 두 군데의 역사적 본문을 통하여 우리는 인간적인 동맹관계에 의존하려는 아하스 왕(7장)과 여호와를 의뢰하는 히스기야 왕(36-38장) 사이에 있는 첨예한 대조를 볼 수 있다.

장차 임할 의의 왕 안에 있는 소망(32 : 1—8). 앞에서 언급한 바 있는 그 의로운 왕과 그의 왕국은 결국 승리할 것이다(1절-참조. 9 : 6, 7; 11 : 4, 5). 하나님의 은혜는 그 왕국 안에서 역사할 것이며 보지 못하는 자들로 하여금 볼 수 있도록 할 것이며 듣지 못하는 자들로 하여금 들을 수 있도록 할 것이다(3, 4절-참조. 6 : 9, 10). 하나님께서는 학대받는 그의 자녀들을 계속해서 지켜보고 계시며 그들의 원수를 갚아 주실 것이다(5-8절). 이것을 통하여 우리는 예수님께서 행하신 기적들이 영적인 소경과 귀머거리까지도 고치시는 하나님의 능력을 나타내 준다는 것을 알 수 있다.

안일한 여자들에게 임할 재앙(32 : 9—15). 다시금 이사야는 잘못을 범하고 있는 여자들에게 특별한 책망을 가한다. 3 : 16 이하와 아모스 4 : 1 이하를 비교하여 보라. 11절은 호세아서의 처음 몇 장들에 기록되어 있는 호세아의 말을 생각나게 해 준다. 이 단락이 전달하고자 하는 메시지는 하나님께서 인간의 역사에 개입하셔서 그들의 마음을 변화시키기 전에는 사태가 더욱 악화되리라는 것이다. 15절에서 이사야는 요엘서를 통하여 주어진 그 약속을 회고하고 있다(욜 2 : 28).

하나님의 의와 공평을 바라는 자들에게 주어진 소망(32 : 16—20). 이 단락의 바로 앞 절(15절)은 하나님의 영의 도래와 그 결과로서 생기는 결실이 풍성한 밭에 대하여 말하고 있다. 그 말씀에 의지하여 이제 이사야 선지자는 하나님의 영의 도래로 맺히게 될 성령의 열매는 하나님께서 그의 자녀들에게서 요구하시는 의와 공평임을 선언한다(창 18 : 19; 사 5 : 7-참조. 갈 5 : 22, 23). 오직 하나님의 성령의 선물과 그의 사역을 통해서만 백성들은 하나님과 평화를 누릴 수 있고(17절), 참된 안전을 보장받을 수 있다(18절).

시온에 있는 반역적인 죄인들에게 임할 재앙(33 : 1—16). 다시 한번 양자택일에 관한 메시지가 나타난다. 하나님께서는 악한 자, 즉 분명히 그의 자녀가 아니면서 그의 도성인 시온 성에 사는 자들을 벌하시고 제거하실 것이다(33 : 1, 14). 그러나 하나님께서는 여호와를 의지하고 살면서, 그를 기다리며 또한 삶을 통하여 그들 안에 하나님의 의와 공평이 있음을 보여주는 자들에게는 은혜를 베푸실 것이다(2, 5, 15, 16절). 여기서 우리는 하나님께서 그의 백성들 가운데서 죄인들을 제거하시는 것과 마찬가지로 심판은 하나님의 집에서부터 시작하지 않으면 안된다는 원리를 분명하게 볼 수 있다(14절). 아모스도 역시 동일한 원리를 가르쳐 주었다. 아모스 3:2을 보라. 훗날 하박국은 특별히 이 주제에 의지하여 메시지를 전한다(또한 벧전 4:17을 비교하여 보라).

우리의 왕이신 여호와 안에 있는 소망(33:17-24). 우리는 이제까지 우리의 소망이 한 인격, 곧 장차 오실 우리 왕이신 여호와께로 더욱 더 집중되는 것을 보았다. 하나님께서는 맨 처음 모세에게 약속하신대로 그의 백성들과 함께 하시리라는 약속을 반드시 지키실 것이다(출 3:12). 이제 하나님께서는 자기 백성들을 통치하시고 구원하실 왕으로서 육신을 입고 오실 것이 분명해졌다(21, 22절; 이사야 7:14; 9:6, 7; 11:1-5을 비교해 보라). 여호와께서는 그의 백성들의 유일하신 참 왕이심이 선포될 때 사무엘상 8장의 사건들은 매우 하찮은 것으로 보인다. 모세와 이스라엘 백성들이 홍해를 건너면서 '하나님은 왕이시다'라고 선언한 것이 여기서 확인된다(출 15:18). 하나님께서는 결단코 그의 보좌를 포기하지 않으신다.

우리는 이제 더 일련의 재앙과 소망에 관한 단락의 마지막 국면을 살펴보게 되었다. 이 단락에서 거론된 모든 것을 요약하면서, 이사야는 하나님의 진노를 사는 자들에게는 재앙이 임할 것이라고 결론을 내린다(34:1-17). 하나님을 노하시게 하고 그에게 반역하는 열국과 그 백성들은 영원히 형벌을 받게 될 것이다(2, 3, 8, 10절). 나머지 구절들은 세상 나라들이 완전히 멸망될 것과 또 그 결과로써 사람들이 한 때 반역의 성읍들을 건축했던 곳에는 작은 짐승들이 번성하게 될 것을 보여 준다(4, 11-15절).

동시에 하나님의 긍휼히 여기심을 받는 자들에게는 소망이 있을 것이다(35 : 1-10). 하나님께서는 앞에서 언급된 그 광야와 사막을 축복의 장소로 만드실 수 있다. 1절과 2절에서 하나님께서는 34 : 11-15에서 묘사된 황폐에 대하여 말씀하신다. 그 곳은 하나님의 백성들을 위한 축복의 장소로 변할 것이다. 여호와께서 주실 장래의 축복들을 누릴 수 있는 특권을 부여받을 자들은 여호와를 의지하고 살아가는 약한 자들, 힘없는 자들, 그리고 두려워하는 자들이다(3, 4절). 앞에서 이미 말씀하신 것처럼, 하나님께서는 소경의 눈을 볼 수 있도록 여실 것이며 귀머거리의 귀를 들을 수 있도록 고쳐주실 것이다(5, 6절). 다시금 우리는 예수님께서 소경의 눈과 귀머거리의 귀를 열어주시면서 사람들을 자기에게로 돌아오게 하는 하나님의 은혜의 시대가 사실상 이미 도래했다는 사실을 지적하신 일을 기억하게 된다(마 11 : 5).

앞서 2 : 2, 3에 기록된 시온으로 가는 대로(大路), 곧 하나님의 백성들이 하나님께 나아가는 길이 준비될 것이다(8절). 이 거룩한 길은 인간이 하나님께로 나아갈 수 있는 유일한 길이다. 그러므로 확실히 이 길은 신약성경이 예수 그리스도 안에만 있는 것으로 선언한 그 구원의 길이다(요 14 : 1-6). 하나님의 대적, 곧 불신앙 가운데서 살아가는 죄인들은 아무도 예수님으로 말미암아 하나님께로 나아갈 수가 없을 것이다(8, 9절-참조. 계 21 : 26, 27).

역사적인 예증들(이사야 36-39장). 이사야서의 네 번째 주요 단락인 36장-39장은 여호와께 대한 믿음의 교리에 관한 역사적인 예증으로 구성되어 있다. 우리는 이미 열왕기하 18-20장의 연구를 통하여 이 단락과 관련된 사건들을 다루었다. 여기서 우리는 이사야서의 이 장들은 제 7장과 대조하면서 연구해야 한다는 사실을 주목해야만 할 것이다. 7장에서 우리는 하나님도 믿지 않고 하나님보다는 오히려 인간의 힘을 더 의지한 히스기야의 부친 아하스의 경우를 보았다. 그의 대적 시리아와 이스라엘을 물리치기 위하여 앗시리아와 동맹한 결과 아하스는 시리아와 이스라엘 뿐만 아니라 심지어는 유다 자체에 대한 침공까지도 부추기는 결과를 가져오게 하고 말았다. 왜냐하면 앗시리아의 왕이 아하스의 생각대로 유다의 국경에서 침략의 발걸음을 멈추려 하지 않고 B.C. 701년에는 바로 예루살렘 성문에 이르기까지 계속해서 진군해 왔기 때문이다. 그 사이에 아하스는 죽었지만 그의 이같은 처사는 그의 아들 히스기야로 하여금 강력한 적군과 맞서지 않으면 안되도록 해 놓았다. 이 모든 것은 아하스가 여호와를 의뢰하지 않았기 때문이었다.

제 36장-39장에서 우리는 히스기야가 그의 부친 아하스와는 정반대로 신실한 선지자 이사야의 격려를 받으면서 얼마나 하나님을 담대하게 의뢰하였는가 하는 것을 볼 수 있다. 그리고 하나님께서는 히스기야가 인간을 의뢰하지 않고 하나님을 의지하였기 때문에 예루살렘을 앗시리아의 손에서 구원해 주셨다.

하나님의 백성들에게 주어지는 소망(이사야 40-66장). 이제 마지막으로 이사야서의 마지막 주요 단락인 40-66장을 살펴보게 되었다. 지금가지 우리는 앞 장들에서 이사야가 하나님의 계획, 이스라엘의 죄, 죄로 말미암는 징계, 그리고 남은 자들에 대한 소망이라는 주제들을 섞어서 메시지를 전하는 것을 보았다. 그러나 이 마지막 단락은 이미 소개된 소망에 관한 주제를 더욱 발전시킨 것이기 때문에 남은 자들에게만 주어진다. "너희는 위로하라. 내 백성을 위로하라"는 말씀은 바로 그 남은 자들에게 적용되는 말씀이다. 하나님의 남은 자들은 이사야 당대를 비롯해서 언제나 교회 안에 남아있는 신실한 신자들을 가리킨다.

이 마지막 단락은 전체를 세 부분으로 나눌 수 있으며 또 각 부분들은 모두 다음과 같은 메시지 혹은 하나님의 말씀과 관계를 가지고 있다 : 1) 약속과 관련된 하나님의 말씀(40장-55장) ; 2) 명령과 관련된 하나님의 말씀(56장-62장) ; 3) 심판과 관련된 하나님의 말씀(63장-66장).

하나님께서는 그의 말씀을 통하여 마음을 변화시키시는 그의 위

제10장/주전 8세기의 선지자들 357

대한 사역을 성취하실 것을 이미 말씀하셨다는 사실을 명심하라. 우리가 살펴본 바와 같이 이러한 사실은 시내산에서의 엘리야의 경험에서 암시되었다(열왕기상 19장에 관한 이 책의 설명을 참조하라). 이 마지막 단락의 첫번째 부분인 40장-55장에서 하나님께서는 바로 이 진리를 밝히 드러내신다. 전체단락 40장-55장은 하나님의 말씀에 관한 두 가지의 강력한 증언을 내포하고 있다. **첫번째 증언**은 하나님의 말씀은 영원히 설 것이라는 것이다(40 : 8). **두번째 증언**은 하나님의 말씀은 헛되이 하나님께로 돌아오지 않으며 하나님께서 기뻐하시는 일을 이루며 하나님께서 명하여 보내신 일에 **형통할 것**이라는 것이다(55 : 11). 그러므로 우리는 여기서 하나님의 말씀에서 표현되고 선지자들을 통하여 계시된 하나님의 약속은 결코 실패하지 않을 것이라는 증언을 볼 수 있다. 인간들은 사실상 실패를 거듭했다.

이 전체 단락(40-66장)을 시작하면서 사용된 "위로하다"라는 단어는 12 : 1의 말씀을 생각나게 해 준다(40 : 1, 2). 하나님께서는 그를 믿는 자들, 곧 그의 남은 사들을 위한 위로의 말씀을 가지고 계신다. 단락 초두의 이 "위로하다"라는 말은 전체 단락이 하나님의 자녀들에 대한 위로의 메시지라는 것과 또 이 단락이 위로의 근거들을 열거하게 될 것을 말해 준다.

하나님께서는 비천한 자들을 높여 주시기 때문에 위로가 있다(40 : 3-5). 하나님께서 자주 말씀하신 바대로 하나님께서는 겸손한 자들을 높이시며 교만한 자들을 낮추신다(4절; 참조. 삼상 2장; 사 2 : 11 등). 복음서 저자들은 이 구절을 그리스도의 선구자인 세례 요한과 그의 직무에 적용하였다(마 3 : 3; 눅 3 : 4-6). 결국, 하나님께서는 자신들의 실패로 인하여 낮아져서 하나님의 능력에 대한 필요성을 깨닫는 자들을 높이실 것이다.

다른 모든 것은 실패할지라도 하나님의 말씀은 실패하지 않을 것이기 때문에 위로가 있다(40 : 6-8). 구원은 육체와 피(인간의 능력)를 통하여 올 수 없고 그의 말씀에 선언된 바와 같이 하나님의 능력을 통하여 오지 않으면 안된다.

하나님께서는 그의 양무리의 목자이시기 때문에 위로가 있다(49 : 9-11). 여기서 여호와께서는 위대한 목자로 묘사된다. 하나님의 팔은 그의 양떼, 곧 믿는 남은 자들을 단번에 그리고 동시에 구원하시고 보호하실 만큼 강력하시며(10절), 또한 그들을 품 안으로 모으실 만큼 부드러우시다(11절; 시 23편; 요 10:1-18을 비교해 보라).

하나님께서는 주권자이시기 때문에 위로가 있다(40:12-31). 이 구절들은 우리에게 하나님의 위대하심에 대한 장엄한 묘사를 제공해 준다. 하나님께서는 그의 창조능력에 있어서 위대하시며(12절), 지식에 있어서 위대하시며(13, 14절), 역사상 열국을 다루심에 있어서 위대하시다(15-17절; 참조. 제 13-24장). 하나님께서는 너무나 위대하시므로 인간들은 그 앞에서 무가치한 것으로 드러난다(22-24절). 하나님께서는 그의 능력에 있어서 위대하시다(26절).

하나님께서는 너무나 위대하시기 때문에 모든 것을 아시며 아무 것도 그의 눈을 피하여 도망하지 못한다. 하나님께서는 그 자신의 필요성을 아시며 그의 주권적인 능력으로 그를 섬기는 자들에게 능력을 배푸실 수 있다(28, 29절). 그러므로 여호와를 의뢰하는 남은 자들에 대한 유일한 해답은 여호와를 섬기는 것, 다시 말하면 하나님을 바라보고 그들의 필요에 대한 하나님의 응답과 그들의 유익을 위한 하나님의 행동을 기다리는 것이다(31절).

여기서 발견되는 "기다리다"라는 단어는 선지자들의 메시지 중에서도 핵심적인 단어에 속한다. 그것은 나태가 아닌 하나님께서 그의 자녀들에게 행하시겠다고 하신 약속을 실행하실 것을 기대하면서 살아가는 것을 의미한다.

이사야는 이미 8:17 말씀 초두에서 여러 번 이 단어를 사용했다. 이사야가 이 "기다리다"라는 단어를 사용한 것을 개관해 보는 것은 우리로 하여금 이 단어의 중요성을 분명하게 이해할 수 있도록 도와 줄 것이다. 8:17에서 이사야는 여호와께서 그 얼굴(은혜)을 그의 백성들에게 나타내시기까지 여호와를 기다리겠다는 그 자신의 의지를 표현하고 있다. 25:9에서 이사야는 여호와를 기다리겠다는 자신의 이러한 의지가 하나님의 모든 자녀에게 있어서 올바른 자세라는 것을 보여준다. 모든 사람은 하나님의 구원을 기다린다. 26:8, 9에서 이사야는 이 기다림이 영혼에서부터 우러나오는 하나님께 대한 열망이라는 것을 보여준다. 30:18에서는 하나님께서 구원을 베푸시기 위한 적절한 때를 기다리고 계시기 때문에 하나님의 자녀들도 기다리지 않으면 안된다는 것을 보여준다. 그리고 하나님을 기다리는 모든 자는 축복받은 사람들 가운데 들게 된다(참조. 마 5:3-12). 마지막으로 33:2에서 이사야는 하나님의 자녀가 가지는 확신은 하나님을 바라보며 그를 섬기는 모든 사람을 구원하실 수 있는 하나님의 구원의 팔에서 비롯된다는 것을 보여준다.

아브라함과 맺은 하나님의 언약이 실패하지 않을 것이기 때문에 또한 위로가 있다(41:1-16). 하나님의 구원계획의 확실성은 오로지 하나님의 영원하신 능력과 존재에 근거한다. 하나님을 지배할 수 있는 사람이나 하나님의 의지나 계획을 바꾸어 놓을 수 있는 사람은 하나님 이전에도 없었고 하나님 후에도 아무도 없을 것이다(41:4).

8-14절은 하나님께서 땅 끝에서부터 부르실 사람들까지 포함한 그의 모든 백성들을 감싸고 있는 하나님의 선한 계획을 아름답게 묘사하고 있다. 아브라함과의 사귐과 또한 아브라함과 그의 자손에 대한 선택에 근거하여(8절-참조. 창 18:19), 하나님께서는 세상 만국으로부터 한 백성을 부르실 것이다(9절). 그의 모든 백성에게 하신 하나님의 약속은 바로 모세를 처음 부르실 때 그에게 하신 약속과 꼭 같다(출 3장). "내가 너와 함께 할 것이다"(10절). 여기서 하나님의 자녀들에게 주신 격려의 말씀 세 마디를 주목하여 보라: "내가 너를 굳세게 하리라… 내가 너를 도와 주리라… 내가 너를 붙들리라"(10절). 창세기 12:3에서 아브라함에게 약속하신 것과 마찬가지로 하나님께서는 이제 아브라함에게 하셨던 바로 그 약속을

모든 믿는 자들에게 적용하신다(11절).

14절에서 하나님께서는 자신을 그들의 구속자라고 부르시면서 출애굽기에서 사용하셨던 용어를 그대로 사용하신다. 만국으로부터 온 아브라함의 자손에 대한 전체적인 개념은 로마서 4:16-18; 9:6-8에서 바울에 의하여 보다 상세하게 설명된다.

하나님께서는 긍휼히 여기시는 하나님이시기 때문에 위로가 있다(41:17-29). 선지서에서는 "가난한 자들", "궁핍한 자들" 그리고 이와 유사한 용어들이 믿는 자들에 대한 동의어로 사용된다(17절). 하나님께서는 자기들의 곤경을 인식하는 무력한 자들의 필요를 알고 계시며 그들의 부르짖음에 응답하실 것이다. 사람들이 그들을 도울 수 있는 존재는 오직 하나님 한 분 밖에 없다는 사실을 알기 위해서는 낮아져야만 한다(20절). 사람들 가운데서는 아무런 도움도 찾을 수 없다는 것이 분명하다(28, 29절).

하나님께서 선택하신 종이 사람들 가운데서 나와 하나님께서 원하시는 모든 일들을 성취하실 것이기 때문에 위로가 있다(42:1-25). 여기서 "종"이라는 용어는 메시야 즉 그리스도에게 적용되고 있음이 분명하다. 그는 처녀에게서 태어날 그 아기이며(7:14), 진실로 육체를 입고 오실 하나님이시다(9:6, 7). 하나님께서는 그리스도 안에 그의 완전한 기쁨이 있다고 선언하신다(1절; 참조. 마 3:17). 이방인에게로 복음이 전파되리라는 약속과 그리스도가 당할 고통에 대한 예언이 연결된다(2, 3절). 그리스도는 하나님께서 처음부터 그의 자녀들에게 요구해 오신(창 18:19) 그 의(that justice. 하나님의 모든 법에 대한 온전한 순종)를 완전하게 성취하실 것이다(4절). 하나님께서는 구세주 그리스도가 하나님 자신과 동등한 존재라는 것을 이 구절에서 분명하게 밝히신다(6-8절).

하나님의 백성들은 어두움에 있으며 하나님의 빛을 필요로 한다. 그들은 하나님의 복음에 대하여는 소경이요 귀머거리이다. 그들이 보고 듣기 위해서는 하나님의 능력을 필요로 한다. 이사야 6:9-13을 비교하여 보라.

율법은 그의 백성들을 향하신 하나님의 뜻을 완전하게 나타내고 있지만 백성들 스스로의 능력으로서는 그 율법을 준수할 수도 하나님을 기쁘시게 할 수도 없다(22절). 이것이 바로 그들이 하나님의 모든 의와 공평을 완전하게 행할 수 있는 장차 올 하나님의 종을 필요로 하는 이유이다.

하나님께서 그의 백성들을 구원하시려는 계획을 계속적으로 수행하시기 때문에 위로가 있다(43:1-21). 여기서 여호와께서는 그가 유일한 구세주이시라는 사실을 분명하게 보여주신다. 이스라엘 백성들은 다른 누구도 기대해서는 안된다. 출애굽기 3:15 말씀에서 하나님께서는 자기 백성들을 사랑하시기 때문에 그들과 함께 하실 것을 약속하셨다(4절). 다시금 하나님께서 그의 백성들을 만국으로부터 부르실 것을 어떻게 보여주고 계신가 하는 것을 주목해 보라(5, 6, 7절).

사도행전 1:8을 생각나게 하는 말씀에서, 하나님께서는 그의 증인이 되게 하시려고 구원하신 그의 백성들을 부르신다. 하나님께서는, 그들을 구원하신 참된 목적은 그들이 하나님을 알고(하나님을 믿고), 또한 하나님이 유일한 구세주이심을 선포하는 것이라고 가르쳐 주신다(10, 11절). 우리는 모두 그의 영광의 찬송이 되기 위하여 부르심을 받았다(21절; 참조. 엡 1:6, 12, 14).

하나님께서 그의 자녀들의 죄를 진실로 용서해 주시기 때문에 위로가 있다(43:22-28). 제멋대로 하도록 버려진 사람들은 하나님을 부르지 않을 것이다(22절). 사람들은 하나님께서 그들에게 회개와 겸손을 가르치시기 위하여 제정하신 의식적인 율법을 올바르게 준행하지도 않을 것이다(23절). 이사야가 이 책의 1장에서 말했던 바와 마찬가지로 백성들의 죄가 하나님께는 대단한 짐이요 피곤함이다(24절; 참조. 1:13, 14). 우리는 이미 요엘, 아모스, 그리고 호세아의 책들을 통해서도 이러한 사실을 보았다.

그러나 하나님께서는 죄가 하나님께나 우리에게 더 이상 짐이 되지 않도록 하시기 위해서 단번에 그의 자녀들의 죄 문제를 완전하게 해결하실 것이다(25절). 인간의 능력에 속한 모든 희망은 헛되어 죄를 제거할 수가 없다(27절). 그러므로 오직 하나님 안에만 소망이 있다.

하나님께서는 그의 백성들을 소생케 하시며 그들에게 생명을 주실 것이기 때문에 위로가 있다(44 : 1-23). 하나님의 자녀들 각자가 가지는 하나님과의 인격적인 관계는 그가 하나님을 처음 믿을 때가 아니라 하나님을 믿기 훨씬 이전부터 시작한다. 하나님께서는 그들이 태어나기 훨씬 이전인 모태에서부터 그의 자녀들을 만드시고 조성하셨다(2절). 그리고 바울은 하나님께서 세상을 창조하시기도 전에 우리가 그리스도 안에서 선택되었다는 사실을 말해 준다(엡 1 : 4).

메말라서 추수를 기대할 수 없는 대지 위에 하늘로부터 단비가 내리듯이 적당한 때가 오면 하나님께서 선택하신 그의 자녀들 위에 하나님의 성령이 충만하게 임하여 오실 것이다(3절). 이것은 앞서 요엘서의 예언(욜 2 : 28)과 이사야 32 : 15 말씀을 생각나게 한다. 이사야 44 : 5은 성령께서 하나님의 자녀들에게 임하여 오셔서 그들에게 영원한 생명을 소유하게 하신 후에는 그들 모두가 하나님의 자녀들임을 스스로 깨닫게 될 것을 보여준다.

능력의 하나님으로 말미암는 이 놀라운 소망은 자기들이 새겨만든 우상을 섬기는 무지한 사람들이 가지는 소망과는 엄청난 대조를 보인다(6-20절). 하나님께서 계획하신 구원만이 믿는 자들로부터 하나님을 찬양하게 하는 반응을 불러 일으킨다(21-23절).

하나님께서 모든 역사의 중심이 되시고 그가 의도하신대로 그의 백성들의 행복을 위하여 모든 일을 수행하실 것이기 때문에 위로가 있다(44 : 24-46 : 13). 이 단락에서 여호와께서는 천지창조(24절)와 인간의 모든 역사와 사건(25절)을 통하여 증명된 바와 같이, 그가 만물을 지배하신다는 사실을 증거하심으로부터 시작하여 그의 종들을 통하여 말씀하신대로 그의 자녀들의 유익을 위하여 그의 선한 계획을 성취하시기로 결정한 데서 절정으로 이끄신다(26절).

곧 이어 여호와께서는 지금까지 사람들이 들어보지 못한 한 이름을 말씀하시면서 아직까지 역사상에 출현하지도 않은 대제국의 장래의 통치자를 부르고 계시는데, 그의 이름은 고레스(Cyrus)이다(44:28; 45:1). 하나님께서는 그의 백성들로 하여금 하나님께서 진실로 현재에 뿐만 아니라 장래까지도 포함하는 인간의 모든 역사와 생명의 주권자되심을 확신하도록 하시기 위하여 하나님의 계획을 도울 고레스의 도래를 예언하셨다고 말씀하신다(45:4).

이 단락은 유일무이하신 참 하나님으로서의 이스라엘의 하나님의 위대하심에 대한 주제를 확대하고 있다(5절). 하나님의 위대하심은 특히 빛과 어두움(창조의 시작을 생각나게 하는 것—창세기 1장)을 창조하시고 평화와 환난(evil)을 창조하신 하나님의 능력에서 나타난다(45:7). 여기서 우리는 "악(evil)"이라는 말이 하나님의 뜻에 대한 인간의 불법적인 행위나 아니면 하나님께서 악을 행한 자들에게 내리시는 결과적인 심판을 가리킬 수도 있다는 것을 명심할 필요가 있다. 동일한 히브리어 단어가 위의 두 가지 의미를 다 나타낼 수 있는데 물론 여기서는 후자의 의미로 사용된 것이 분명하다. 하나님은 그를 의뢰하며 살아가는 자들에게는 평화를 가져다 주시며 그를 떠나서 살아가는 자들에게는 악(심판)을 가져다 주신다(9:6; 26:12; 32:17; 48:22; 53:5; 57:21 그리고 또한 26:3을 비교하여 보라).

하나님은 우리 인간들이 올바른 관계를 맺고 살아가야 할 유일하신 하나님이시다. 그러므로 하나님과 화해하지 않는 자들은 엄청난 위험에 처하게 된다(45:9). 물론 이러한 사실은 우리의 필요에 대한 해답을 홀로 가지고 계시는 이 주권자 하나님을 모든 사람이 바라보도록 그들을 초청하게 하는 원인으로 작용한다(45:22-24).

우주의 주인이신 하나님께서는 모든 자연과 모든 역사를 지배하실 수 있는 능력을 가진 분으로서, 스스로 존재하시는 구원주이시다(46:10, 11). 그러므로 하나님께서는 그의 뜻을 행하고 그의 백성들을 바벨론의 포로생활로부터 해방시키도록 하시기 위하여 미래의 인간역사에서 고레스(Cyrus)를 일으키실 것이다. 이 분이 바로 이스라엘의 하나님이시다!

하나님께서는 회개하지 않는 악한 자들을 분명히 심판하실 것이기 때문에 위로가 있다(47장). 우리가 성경에서 이미 살펴본 바와 같이 바벨론은 하나님의 왕국에 대항하는 세상 나라들을 대표한다. 그들도 역시 하나님의 지배하에 있다. 오래 전에 여호와께서 이스라엘에게 말씀하셨던 것과 마찬가지로 이제 그는 다시금 하나님과 하나님의 백성들의 대적들을 멸망시킬 것이라고 말씀하신다(47:1).

하나님께서 바벨론에 대하여 진노하시는 이유는 바벨론 사람들이 하나님의 백성들을 대우하는 태도에서 나타난다(47:5, 6). 진실로 하나님께서는 이스라엘을 바벨론의 손에 넘기실 것이다. 그러나 바벨론 사람들은 하나님을 섬기는 의미에서가 아니라 오히려 교만한 백성의 입장에서 이스라엘을 대우할 것이다(47:7, 10). 하나님께서 바벨론의 행위에 대하여 말씀하실 때 과거시제를 사용하고 계시다는 사실을 주목해 보라. 이런 경우가 종종 있는데 이것은 하나님께 있어서는 미래도 이미 지나간 과거와 마찬가지로 확실하다는 사실을 알게 해 준다.

우리는 또한 바벨론에 대한 마지막 심판이 아무런 호소력을 갖지 못하게 될 것을 주목해야 한다. 그것이 곧 마지막이 될 것이다(11절). 그들의 모든 마술과 인간적인 확신도 끝이 날 것이다(12, 13절).

하나님께서는 틀림없이 그의 백성들을 그에게로 부르실 것이기 때문에 위로가 있다(48-50장). 그렇다고 이것이 하나님께서 이스라엘의 죄악을 간과하실 것을 의미하는 것은 아니다. 물론 하나님께서는 이스라엘 안에 많은 위선자들이 존재하고 있다는 사실을 알고 계신다(48:1, 2). 하나님께서는 그들에게 장차 바벨론으로부터 자기 백성들을 구원하실 것을 말씀하여 주시는데 그 이유는 그 일이 있을 때에 그들로 하여금 자기들의 우상이 그들을 구원하였다고 말하지 못하게 하시기 위함이다(5, 6절). 하나님께서는 그의 자녀들을 마침내 구원해 주실 것이지만 전쟁과 포로의 고통을 면하게 하시지는 않을 것이다(9, 10절). 하나님께서는 그의 자녀들이 그를 믿지 않는 이스라엘의 나머지 사람들과 함께 사로잡혀 가는 것을 허락하실 것이다. 그러나 이 모든 일은 피할 수도 있는 것이었다. 그 일은 단지 이스라엘 백성들이 하나님의 명령을 지키지 않고 하나님의 뜻을 귀하게 여기지 않았기 때문에 일어났다(48:18). 이제 하나님께서는 혹독한 고통(바벨론)의 용광로 가운데서 이스라엘을 깨끗케 하실 것이며 악한 자들은 거기서 평화를 누리지 못할 것이다(48:22).

49장은 의인화될 이스라엘에 대한 묘사를 제공해 준다. 참된 이스라엘 백성들은 하나님에 의하여 모태로부터 택함을 받았다(49:1). 후에 이와 동일한 일이 하나님의 자녀들 중의 한 사람인 예레미야와 관련하여 이야기될 것이다(렘 1:5을 보라). 하나님께서는 그의 백성들을 이집트로부터 불러내셔서(49:3), 광야에서 그들과 언약을 맺으셨을 때 그들 중에서 영화롭게 되기를 원하셨다. 그러나 이스라엘은 광야에서와 그 이후의 그들의 모든 역사에서 겪은 고통스런 경험을 통하여 그들이 하나님의 뜻을 행할 수 없다는 사실을 깨달았다. 이스라엘의 수고는 헛되었다(4절). 이러한 사실은 사사시대에 명백하게 드러났으며 그 후에도 이스라엘은 너무나 약하여 스스로를 구원할 수 없으며 또한 너무나 불의해서 하나님을 섬길 수 없다는 사실을 아무 것도 바꾸어 놓지 못했다.

그러나 하나님께서는 결코 포기하지 않으신다. 그는 이스라엘을 다시금 자기에게로 돌아오게 하실 것이다(5절). 하나님께서는 그의 백성들을 위한 위대한 계획들을 가지고 계신다. 하나님의 백성들은 하나님의 영광이 될 뿐만 아니라 열국 가운데서 그를 영화롭게 할 것이다(6절). 하나님께서 아브라함에게 약속하신 것은 반드시 성취되어야만 한다. 아브라함의 후손을 통하여 만민이 복을 받게 될 것이다(창 22:18을 보라).

당시 이사야가 이 메시지를 전할 때만 해도 유다는 버림을 받은 것처럼 보였다. 후에 예루살렘이 함락되었을 때에는 더더욱 그렇게 보였다. 그러나 하나님께서는 오래 전에 이집트에서 이스라엘을 잊지 않으셨던 것과 꼭 마찬가지로 그들을 버리거나 잊지 않으셨다(49:14, 15).

여기서 주는 교훈은 분명하다. 하나님의 참된 백성들은 유형교회(이 경우에서는 이스라엘)가 하나님께 불순종했을 때 매우 큰 고통을 당할 것을 예상하지 않으면 안된다. 그럼에도 불구하고 하나님께서는 그를 의뢰하는 그의 백성들을 잊지 않으신다. 하나님께서는 그들을 보존하셔서 그들로 하여금 열국중에서 그의 증인이 되게 하실 것이다. 바울은 유대인들이 복음을 거절했을 때 사도들이 방향을 바꾸어 이방인에게로 가야만 한다는 사실을 보여 주기 위하여 6절을 인용하고 있다는 것에 주목하라(참조. 사도행전 13:47과 마태복음 28:20).

앞서 호세아를 통하여 주어진 주제로 되돌아와서 이사야는 이제 남편이 이혼증서를 주어 그의 아내와 갈라서는 것처럼 비록 하나님께서 그의 백성들과 관계가 멀어지기는 했지만, 그럼에도 불구하고 하나님께서는 그들을 다시 구원하실 수 있다는 사실을 보여준다(50:1, 2). 이 장(50장)의 나머지 부분에서 이사야는 진실한 신자들을 대표하는 자로서 이야기한다. 하나님께서 개입하셔서 그들에게 순종이 가능하게 하셨다(5절). 그러므로 진실한 신자들은 무슨 일이 닥치더라도 감수할 수 있으며 또한 하나님께서 그들을 결코 버리지 않으실 것이라는 사실을 확신할 수 있다(5절). 이것은 하나님께서 바벨론 포로의 필요성을 하박국에게 보여주신 후에 하박국이 그의 책 제 3장에서 내린 결론과도 매우 유사하다. 여기에 기록된 것 중의 많은 부분이 그리스도의 고난을 생각나게 해 준다. 틀림없이 그리스도께서는 우리를 위하여, 우리를 대신하여 고통을 당하셨으며 친히 손바닥으로 맞으셨다(마 26:67; 27:30). 그럼에도 불구하고 이사야는 여기서 하나님께서 그의 교회를 심판하시고 깨끗케 하셔야만 할 때 모든 신자들이 겪게 되는 고통에 대하여 이야기하고 있다.

앞에서 우리가 말한 바와 같이, 하나님의 자녀들을 위선자들과 구별하는 한 가지 기준은 여호와를 의뢰하고 살아가는 그들의 믿음이다(50 : 10 ; 참조. 사 12 : 2).

하나님께서는 아브라함과 맺으신 언약을 영속적으로 지켜나가실 것이기 때문에 위로가 있다(51 : 1–52 : 2). 후에 바울이 그랬던 것과 마찬가지로 이사야도 여기서 아브라함의 때로 거슬러 올라가 하나님께서 그의 백성들과 맺으신 언약에 호소한다. 이사야는 하나님의 모든 자녀들(의를 추구하는 자들)을 하나님께 대한 믿음 위에 설립된 동일한 언약에서 태어난 아브라함의 자손으로 이해하고 있다(참조. 롬 4 : 1–18). 이것이 바로 하나님께서 그의 자녀들에게 주시는 위로이다(51 : 3).

하나님께서는 다시금 그가 그의 자녀들에게서 요구하시는 것(의와 공평—창 18 : 19)을 그들을 위하여 친히 준비하실 것이라고 밝히 말씀하신다(사 51 : 4, 5). 그러므로 하나님께서는 그의 백성들의 구원을 자신의 구원이라고 부르신다. 우리가 하나님의 자녀라는 증거는 곧 하나님께서 우리 마음 속에서 그의 구원사역을 이루어 오셨다는 증거이기도 하다. 우리는 의(우리에게 있어서도 아브라함처럼 평가되는 하나님의 의—창 15 : 6)를 알고 있으며 그렇기에 하나님의 율법을 우리 마음 속에 품고 있다(7절).

요엘 시대에 상실되었던 그 기쁨과 즐거움(요엘 1장)은 하나님께서 죄와 사망으로부터 구원해 주신 사람들 속에서 발견될 것이다(51 : 11). 그러므로 우리의 위로의 근거는 바로 하나님, 다시 말하자면 하나님과 그의 사역에 있다(51 : 12).

그 날에 하나님의 백성들에 대한 특별한 구별은 그들이 그들에게 맡겨진 하나님의 말씀, 곧 인간에게 주신 하나님의 메시지를 가지고 있을 것이라는 사실이다. 그 때에 하나님의 모든 백성들은 땅에서 하나님의 선지자, 곧 하나님의 대변자들이 될 것이다. 그들은 그들을 구원하시고 그들을 하나님의 자녀로 삼으시는 하나님의 직접적인 사역으로 말미암아 마음 속에 하나님의 말씀을 소유하게 될 것이다(참조. 신 18:18; 30:14 그리고 롬 10:8).

이스라엘이 빠져있던 영적인 무감각은 술취한 사람의 경우와 유사하다(51:17 이하). 하나님께서는 이제 그의 앞에서 똑바로 걷도록 하기 위하여 고통을 경험하게 한 그의 백성들에게 맑은 정신을 소유하게 하실 것이다. 하나님께서는 모든 불신자들을 그의 교회에서 제거하실 날이 올 것이라고 약속하시면서 그의 백성들의 최종적인 상태를 바라보고 계신 것이 분명하다(52:1, 2).

그렇다면 우리는 여기서 하나님께서 죄악 세상에서 살고 있고, 또한 불신자들과 위선자들로 가득찬 유형교회에 속해 있는 그의 백성들에게 상황이 언제나 그렇지만은 않을 것이라는 사실을 계속적으로 확신시키고 계시다는 것을 깨달아야 한다. 영원한 미래의 교회는 흠이 없을 것이다. 그 교회는 사랑의 관계 안에서 하나님 앞에 살 수 있는 거룩한 백성들로 가득찰 것이다(엡 1:4을 보라). 하나님께서는 이러한 그의 계획을 결코 포기하지 않으실 것이며 현재의 상태와는 정반대가 되는 흠이 없는 교회를 만드실 것이다. 그러므로 이 땅에서의 교회(그리스도께서 다시 오시기까지)가 불완전하기 때문에 하나님께서 때때로 그의 백성들에게 이러한 사실을 상기시켜 주시는 것은 반드시 필요한 일이다.

하나님께서 그의 구원계획을 선포하셨기 때문에 소망이 있다(52:3-55:13). 약 800년 후에나 성취하실 그 구원계획을 생생하게 나타내 주신 하나님께 대한 소망에 관하여는 일찍부터 무수히 많은 의문이 제기되었을 것이다. 그러나 하나님께서는 그의 자비하심 가운데서 틀림없이 그 일을 이루어 가신다. 그러므로 우리는 이 장들에서 이사야가 예수 그리스도를 통한 하나님의 구원사역을 직접 목격한 증인이었다고 생각되어질 정도로 생생하게 기술해 놓은 그리스도의 사역에 대한 예언을 대하게 된다.

52:3-12에서 이사야는 이제 막 계시되려고 하는 하나님의 구원

계획을 소개한다. 먼저 하나님께서는 이사야에게 하나님의 계획은 이스라엘에게 아무런 대가도 요구하지 않을 것이라고 말씀하신다. 그들은 하나님께 지불할만한 가치가 있는 것은 아무 것도 가지고 있지 않다. 그들의 영적 상태는 빈털털이가 되었으며 따라서 그들에게는 하나님께 드릴 것이라고는 아무 것도 없다. 그러므로 하나님의 계획은 그들이 하나님께 지불해야 하는 것은 아무 것도 포함하지 않을 것이다. 사실상 이스라엘은 그들의 영적인 빈곤을 인식하기만 한다면 하나님의 구원을 받아들일 준비를 갖출 수 있다(52 : 3, 4).

하나님께서는 앞서 40 : 9에서 하셨던 것과 마찬가지로 그가 막 나타내려고 하는 이 계획을 "좋은 소식"이라고 하신다(52 : 7). 좋은 소식의 본질적인 내용은 하나님께서 여전히 통치하신다는 것이다(7절). 이것은 이스라엘 백성들에게 그들의 모든 불안정하고 불확실한 과거 역사에도 불구하고 불변하시는 이스라엘의 하나님께서는 여전히 모든 것을 돌보고 계신다는 사실을 말해 준다. 이제까지 일어난 일 가운데서 이스라엘의 하나님께서 다루지 못할 만큼 어려운 일은 아무 것도 없었다.

52 : 13—53 : 12에서 우리는 선포된 하나님의 구원 계획의 핵심을 알 수 있다. 이 단락 전체를 통하여 나타나는 종에 관한 주제로 되돌아와서(사 41 : 8, 9; 42 : 1, 19; 43 : 10; 44 : 1, 2, 21, 26; 45 : 4; 48 : 20; 49 : 3, 5, 6), 여호와께서는 여기서 한 사람의 종을 소개하신다. 그 종은 모든 일에 있어서 현명하게 처신할 것이다(52 : 13). 이로써 우리는 그가 이스라엘과는 달리 일관되게 하나님의 말씀을 알 뿐만 아니라 그 말씀에 순종할 것이라는 사실을 알 수 있다. 이것이 현명한 처신에 대한 성경적인 의미이다. 그러므로 하나님의 종 이스라엘은 실패할지라도 그는 성공할 것이다.

여기서 그 종의 성공을 예언하는 중에 그의 소박한 모습에 대한 묘사—그는 승리자로서의 면모를 나타내지 않을 것이다(14절)—가 삽입되어 있다. 이 구절에 대한 설명을 필요로 한다면 다음 장을 기다려야 할 것이지만 그럼에도 불구하고 우리는 여기서 이 구절을 주목하지 않으면 안된다.

다음에 오는 15절은 그의 성공에 대하여 계속해서 이야기한다. 그는 많은 민족들에게 물을 뿌릴 것이다. 많은 민족들에게 물을 뿌릴 것이라는 말은 아마도 민수기 19:18-21에 나타난 성결하게 되는 예식과 관련이 있는 것같다. 민수기 19:18-21에서 우리는 정한 자가 부정한 자에게 정결케 하는 물을 뿌려서 그 사람을 정결케 하듯이 부정한 물건을 깨끗케 할 성결한 사람에 대한 이야기를 대하게 된다. 후에 에스겔도 하나님으로 말미암아 그의 모든 백성들을 깨끗하게 할 이 성결하게 하는 예식에 대하여 언급하게 될 것이다. 이 후자의 문맥에서 볼 때 성결하게 하는 예식은 성령의 구원사역과 명백하게 동일시된다(겔 36:24-27).

신약성경에서 성령으로 말미암는 이 성결하게 하는 사역은 그리스도의 사역을 통하여 믿는 자들에게 부어주시는 성령의 새롭게 하심과 거듭남의 사역으로 불리운다(딛 3:3-7). 그러므로 히브리서 기자는 구약성경의 의식적인 물뿌림을 성령에 의한 물뿌림, 다시 말해서 성령에 대한 중생의 사역에 대한 상징으로 본다(히 9:13, 19; 10:22).

52장의 말씀은 열국이 물뿌림을 당할 때 그들은 아직 전파되지 않은 것을 볼 것이며 아직 듣지 못한 것을 깨닫게 될 것이라는 것을 암시한다(15절). 이것은 영적인 일에 눈멀고 무지한 사람들에게 생명력을 불어넣고 또한 장차 올 하나님의 초청에 응답할 수 있게 하는 중생 혹은 거듭남이라는 불가사의한 사역을 가리킨다. 이것은 훗날 예수님께서 니고데모에게 "사람이 거듭나지 아니하면 하나님의 나라를 볼 수 없다"고 하신 말씀과 조금도 다를 바가 없다(요 3:3).

그러므로 하나님께서 이사야에게 선지자로서의 소명을 부여하시면서 그에게 경고하신 듣는 자들의 눈멂과 무지함은 하나님에 의하여 다루어질 것이며, 하나님께서는 그들에게 하나님의 진리를 볼 수 있는 눈과 그것을 이해할 수 있는 마음을 주실 것이다. 이것이 바로 거듭남 자체가 가지는 의의이며 모든 건전한 교리들이 한결같이 믿는 자 편에서의 회개와 믿음의 표현보다 중생이 먼저 일어나야 한다고 규정하는 이유이기도 하다.

이사야 53장은 그리스도와 관련된 예언으로, 신약에서 자주 증언하는(예. 사도행전 8 : 32, 33을 보라) 하나의 질문을 제기함으로써 시작된다(53 : 1). 그 질문은 히브리어의 대구법(parallelism) 형식으로 되어 있다. 히브리어에서의 대구법은 두번째 행에서도 첫번째 행과 동일한 사상을 표현하는 방식으로서, 동일한 내용을 다른 언어들을 사용하여 반복적으로 진술하는 것을 말한다. 이것은 히브리 시의 전형적인 특징이다. 그러므로 이 경우에 있어서 "우리의 전한 것을 누가 믿었느뇨?"라는 질문은 "여호와의 팔이 뉘게 나타났느뇨?"라는 두번째 행에서 해답을 찾을 수 있다.

앞에서도 말한 바와 같이 여호와께서 성령을 통하여 먼저 그에게 나타내지 않으신다면 누구도 믿을 수가 없다. 따라서 믿음을 소유하게 될 사람들은 하나님의 구원이 나타내어진 바 된 사람들이다. 하나님의 팔로 표현된 구원에 관한 묘사는 우리가 이미 살펴본 40 : 10, 11에서 하나님의 팔을 통치자와 다정한 목자로 묘사한 것과 일치한다.

이미 52 : 14에서 우리는 하나님의 구원과 구원을 위해 보내심을 받은 하나님의 종은 아름다운 모양으로 나타나지 않을 것이라는 예언을 들었다. 53 : 2, 3에서 이사야는 이러한 사실을 상세하게 설명하고 있다.

그는 소출을 기대할 수 없는 메마른 땅에서 돋아난 식물과도 같다(2절). 이 말은 그가 땅의 산물이 아니라는 것을 나타내 준다. 따라서 그 종은 그의 배경 혹은 환경으로 인하여서는 성공을 거두지 못할 것이다.

앞에서 이미 언급한 바 있는(사 7 : 14을 보라) 그의 동정녀 탄생에 대한 예언 또한 그의 출생이 인간의 행위가 아닌 하나님의 행위로 말미암은 것임을 나타내 준다. 그는 이새의 줄기에서 태어날 것이지만(11 : 1) 다윗의 혈통의 소산은 아니다.

한 사람의 인간으로서 그에게는 사람들을 매혹시킬만한 것이 아무것도 없다(2절). 이것은 결코 그의 용모가 추하게 생겼다는 것을 의미하는 것은 아니다. 그렇다고 그가 남자다운 준수한 풍채를 가지게 될 것을 의미하는 것도 아니다. 이것은 그의 성공이 그의 외모에 의존하지 않을 것을 의미한다.

사실 그의 일생은 험난한 것이 될 것이었다. 그는 멸시를 받았다(3절). 이 말은 단순히 사람들이 그에게서 아무런 위대한 가치를 발견하지 못했다는 것을 의미한다(사람들은 그를 목수의 아들로 대했다는 말이다). 그는 슬픔을 아는 고난의 사람이었다. 고난이 그를 둘러싸고 있었다. 어려운 생활이 그를 떠나가지 않았다. 그는 세상 사람들이 사업에 성공한 사람으로 부르는 그런 인물이 아니었기에 멸시를 받았다(사람들로부터 가치없는 인물로 여겨졌다).

바로 이러한 이유에서 이사야 선지자는 여호와의 종의 용모가 구세주로서의 면모를 나타낼 수 없을만큼 보잘 것 없다고 예언하였던 것이다.

그러나 이제 4-6절에서 이사야는 그의 외모가 보잘것 없이 보이는 데에는 그럴만한 이유가 있다고 설명한다. 그는 우리가 져야 마땅한 슬픔과 고통을 우리를 대신하여 지셨다(4절). 그가 자신의 죄값으로 인하여 당하는 것처럼 보였던 고통은 사실상 그가 우리를 위하여 대신 당하신 고통이었다. 그것은 우리가 죄인이기 때문이었으며 그는 우리가 받아야 할 형벌을 대신하여 받으셨다. 따라서 사람들은 그가 하나님으로부터 매를 맞고 고통을 당하는 것이라고 비난하였지만 사실은 그들 스스로를 비난하는 것이었다. 그들이 목격한 대로 여호와의 종이 당한 고통은 실제로는 그들이 당했어야 마땅한 것이었다.

여기에 나타난 대속의 개념(한 사람이 죄인과 하나님 사이에 평화를 가져다 주기 위하여 다른 사람들을 대신하여 고통을 당하는 것)은 창세기 22 : 8, 13에서 최초로 계시되었으며 다음으로는 유월절 사건에서 다시 나타났다(출 12 : 3-7; 12 : 13). 그리고 후에는 희생제사 제도의 설립을 통하여 계시되었다가 여기서는 하나님의 한 충실한 종이 죄로 인하여 스스로의 능력으로는 신실하게 될 수 없는 모든 종들을 위한 대속물이 되었다는 개념으로 발전하면서 완전한 의미에 이르게 된다.

1 : 6에 나타난 바와 같이 이스라엘 백성들에게 생겼던 상처와 종기는 하나님의 종이 우리를 대신하여 당하실 형벌의 채찍질로 말미암아 치료된다(5절).

마치 방황하는 양과도 같이 자연인은 하나님을 기쁘시게 하는 길을 떠나 하나님의 길과 반대되는 길로 그릇되이 행한다(6절; 참조. 창 18 : 19). "그에게 담당시키셨다"라는 말의 히브리어는 실제로 "그에게 내려놓게 하셨다"로 해석된다. 그는 우리의 모든 죄악의 초점이시다(볼록렌즈를 통과한 빛이 한 곳으로 집중되는 것처럼 우리의 모든 죄악은 그리스도께로 모아진다는 뜻-역자주).

7-9절은 그가 어떻게 아무런 불평도 없이 고통을 당하셨는가 하는 그의 죽음과 관련된 사건들을 상세하게 설명하고 있다(마 26 : 63; 27 : 12, 14을 비교하여 보라). 그를 도살장으로 끌려가는 어린 양으로 비유한 것은 창세기 22 : 8에 기록된 아브라함의 말과 요한복음 1 : 36에 기록된 세례 요한의 말을 생각나게 하여 준다.

52 : 14과 53 : 3에서 암시된 것처럼 그가 당한 모든 고통은 하나님의 자녀들을 대신하여 당한 것이었음에도 불구하고 그 일이 일어날 당시에는 거의 그렇게 인정되지 못했다. 그가 살던 당시의 세대는 그가 당한 고통의 의미를 깨닫지 못했다(8절).

그를 악인들과 함께 죽게 함으로써 그에게 모욕을 주는 것이 그를 죽인 자들의 의도였지만(9절), 그럼에도 불구하고 이사야는 그가 부자의 묘실에 묻히게 될 것이라고 예언한다(9절). 이것은 마치 하나님께서 그가 죽은 후에 "그것으로 충분하다. 이제는 그로 하여금 영광을 받게 하라"고 말씀하시는 것처럼 보인다. 우리는 예수님께서 이 구절의 말씀과 같이 의도적으로 유명한 두 강도들 사이에서 십자가에 못박히심으로써 자기를 죄인들과 동일시하셨다는 사실을 알고 있다(마 27 : 38). 그러나 하나님께서는 그가 부자인 귀족의 무덤에 장사되도록 정하여 놓으셨다(마 27 : 57-60).

그가 죽은 이후에 그의 몸에 주어진 이러한 영광은 사실상 그가 아무런 폭력이나 속임수를 행하지 않았기 때문에 주어졌을 것이다(사 53 : 9). 이렇게 하여 하나님께서는 그의 대적들이 그의 종의 몸을 모욕하고 치욕스럽게 만들려는 의도를 모두 물리치셨다. 그는 한번 죽으심으로써 완전한 형벌을 치르셨다. 그는 그의 사역을 다 이루셨다. 그의 사역은 완성되었다. 요한복음 19 : 30을 비교하여 보라.

이사야 53장의 마지막 구절들은 하나님의 완전무결한 종이 당한 고난과 죽음에 관련된 이 사건들이 지니는 신학적인 의미를 제공해 준다. 출애굽 당시로부터 여호와께서는 이스라엘 백성들에게 참된 제사가 드려져야 할 오직 한 곳, 즉 하나님의 택하신 장소가 있다는 것을 계속해서 가르치셨다(신 12 : 5-11, 13, 14). 처음에는 실로에 있었고 나중에는 예루살렘에 있었던, 성소의 제단을 통하여 상징적으로 나타났던 구약시대의 이 장소는 틀림없이 하나님께서 그의 완전한 종이 죽으신 곳에서 인간을 만나실 한 곳, 다시 말해서 사람들이 신령과 진정으로 하나님을 예배할 수 있는 한 장소 곧 그리스도를 가리키는 것이었다. 요한복음 4 : 23-24을 비교하여 보라.

여호와께서 그 종으로 하여금 상함을 받게 하시기를 기뻐하신다는 말씀은, 이것이 그로 하여금 자기 백성들의 죄를 속하기 위한 제물이 되게 하시려는 맥락에서 나온 진술임을 깨닫기까지는, 가혹한 것으로 여겨진다(53 : 10). 우리는 하나님께서 일찍이 죄인들의 수고와 노력을 기뻐하지 않으신다고 말씀하셨다는 사실을 기억하지 않으면 안된다(사 1 : 11). 그러므로 보다 나은 완전한 제사가 요구되었다. 여기서 우리는 이 완전한 제사가 하나님께서 매우 기뻐하시는 그의 종을 통하여 드려졌다는 사실을 알게 된다(마 3 : 17; 12 : 18; 17 : 5을 비교해 보라). 하나님께서는 그의 종을 죽게 한 죄인들의 행위를 기뻐하지 않으셨지만 마땅히 당해야만 할 우리의 죽음을 대신하는 대속물로서 그리스도를 죽음에 내어주시기를 기뻐하셨다(행 2 : 23, 24을 비교해 보라). 여기서 우리는 하나의 행위 안에서 죄악에 대한 하나님의 심판과 그의 종의 죽음을 통하여 구원하신 그의 자녀들을 향하신 하나님의 은혜를 동시에 볼 수 있다.

우리를 대신하여 그토록 고통당하신 종에게 주어지는 보상은 그의 사역이 성공할 것이라는 데 있다. 그는 그의 씨(53 : 10), 곧 아버지께서 그에게 주신 모든 자를 보게 될 것이다(요 6 : 37, 39을 비교하여 보라). 그는 자신의 날뿐만 아니라 하나님의 자녀들의 날까지도 길게(영원하게) 하실 것이다. 하나님께서는 그 종의 고통당함을 만족해 하실 것이며 우리를 위하여 그것을 용납하실 것이다(11절). 하나님께서 만족하게 여기시는 이 사건의 핵심은 하나님의 종이 하나님이 우리에게서 요구하시는 모든 것, 곧 의가 되신다는 사실에 있다(11절).

12절은 그의 죽음이 모든 사람(성경 전체에 걸친 하나님의 말씀이 가르치는 대로 여호와를 의뢰하는 모든 자)에게 복이 되는 유일한 것이었음을 다시금 간략하게 진술하고 있다. 여호와의 종은 단순하게 죽음을 경험했기 때문이 아니라 죄인들이 당해야 할 죽음을 대신 당했기 때문에 하나님의 자녀들을 구원할 수 있었다(12절). 그는 단지 많은 사람들의 죄가 그에게 집중되었기 때문만이 아니라 또한 죄인들을 위하여 기도했기 때문에 하나님의 자녀들을 구원할 수 있었다(12절 ; 참조. 요 17 : 2 ; 9 : 17, 20, 24).

이사야 54장에서는 이제 막 계시된 하나님의 구원계획이 그리스도의 죽음과 또 그의 죄와 사망에 대한 승리가 가져다 주는 은혜를 누릴 선택된 사람들에게 적용되어진다. 은혜를 받는 사람들의 수는 무수히 많다. 그들은 잉태치 못한 여자에게 양자로 입양된 자녀들과 같다(54 : 1). 오래 전 노아의 예언을 통하여 명백하게 계시하신 바와 같이 하나님께서는 많은 사람들이 하나님의 백성 중에 들 수 있도록 하시기 위하여 하나님의 백성들의 장막이 크게 확장되어져야만 할 것을 보여 주신다(54:2, 3). 노아가 야벳(이방인의 대표)은 셈의 장막에서 살게 될 것이라고 예언하고 있는 창세기 9:25-27을 다시 읽어보라.

구약시대에는 극히 소수의 이방인들만이 하나님의 자녀가 되기 위하여 이스라엘 안으로 들어 갔었지만 훗날에는 사정이 바뀌게 될 것이었다. 구세주의 죽음과 구원사역이 완성된 후에는 유대인과 이방인에 대한 구별이 없어질 것이다. 만국으로부터 믿는 자들이 나와서 하나님의 가족에 합류하게 될 것이다(54:3-이사야 2:3, 4; 마 28:19, 20).

4-8절에서는 또 다른 유추가 사용된다. 이번에는 하나님께서 남편으로 나타나시고 그의 백성들은 하나님의 신부로 나타난다. 이러한 모티브는 호세아의 것과 비슷하다. 아내는 부정을 저지르고 떠나갔지만 하나님께서는 그녀를 다시 데려 오신다. 영원한 하나님의 자비의 시간에 비교하면 훈련의 시간은 매우 짧아 보인다(7, 8절). 이것은 신앙을 가지기 전후에 하나님의 자녀들이 경험하는 이 세상의 고통과 압제는 그들을 위하여 예비되어 있는 영원한 축복에 비교하면 아무 것도 아니라는 것을 의미한다. 로마서 8:18을 비교하여 보라. 7절과 8절은 그리스도 안에서 하나님으로 말미암아 행해지는 죄악에 대한 심판과 함께 한 백성을 택하시리라는 하나님의 확고한 계획을 요약하고 있다.

9절에서 하나님께서는 노아 홍수 때에 온 인류와 맺으신 그의 일반적인 언약은, 하나님께서 그리스도를 우리의 대속물로 받으시기를 만족하게 여기시기 때문에 하나님과 평화를 누리는 그의 자녀들에게는 그 죄에 대하여 형벌을 내리지 않겠다고 약속하시면서 그들과 더불어 맺으신 하나님의 특별한 언약을 나타내는 것이었다고 말씀하신다(53:11). 이것은 여기서 평화의 언약(하나님과 그를 믿는 자들 사이의 평화)이라 불리워진다(10절; 참조. 롬 5:1).

54장의 나머지 부분은 그토록 오랫동안 기다려 온 그 위로를 분명하게 보증해 준다(11절). 이 부분은 또한 그리스도께서 완성하신 사역을 우리에게 적용하는 일은 우리가 하나님의 가르침을 받게 될 때, 다시 말하자면 성령으로 말미암아 거듭남으로써 우리가 그리스도 안에서 하나님께서 우리를 위하여 이루어 놓은 것을 볼 수 있는 눈과 들을 수 있는 귀와 이해할 수 있는 마음을 가지게 될 때에야 비로소 가능할 것이라는 사실을 가르쳐 준다(요 6 : 44, 45 - 살전 4 : 9; 요일 2 : 27을 비교하여 보라).

이사야는 이것을 여호와의 모든 종들이 받아 누리게 될 유산(heritage)이라고 부른다(54 : 17). 우리는 이렇게 53장에 기록된 하나님의 완전하신 종인 그리스도의 죽음이 가져다 주는 모든 은혜를 누리게 된다. 하나님의 의가 그리스도 안에서 우리에게 적용되기 때문에 우리는 아브라함이 그랬던 것처럼 의로운 자로 간주된다. 이처럼 하나님께서는 그가 우리에게서 요구해 오셨던 것을 우리를 위하여 친히 준비하신다.

마지막으로 장차 이 계획에 참여하게 될 사람들에게 하나님의 은혜로운 초대가 주어진다(사 55 : 1-7).

하나님께서는 앞에서 가난하고 궁핍한 자들을 위하여 물을 아낌없이 준비하실 것이라고 말씀하셨었다(사 41 : 17). 이제 이 생명의 물이 갈증으로 목말라 하는 모든 사람들에게 값없이 거저 주어진다(55 : 1; 참조. 요 4 : 10-14). 이 초대는 목말라 하는 모든 사람들을 대상으로 하고 있다는 것을 주목하라(1절). 하나님의 은혜로운 초청은 일관되게 모든 사람들을 그 대상으로 하고 있다(45 : 22; 마 11 : 28; 계 22 : 17을 비교해 보라). 그러므로 하나님의 자녀들 가운데서 모든 사람에게 거저 주어지는 초대를 제한할 권리를 가진 사람은 아무도 없다. 물론 우리는 하나님께서 사람들로 하여금 그들의 가난함과 목마름, 하나님에 대한 필요성을 알게 하시기 위하여 그들의 마음 가운데서 역사(work)하실 때에만 그들이 초대에 응할 수 있다는 사실을 알고 있다. 그들은 자신이 하나님을 필요로 한다는 사실을 깨닫기 위해서 하나님의 가르침을 받지 않으면 안된다(54 : 13). 그러나 구원이 제공되기에 이르면 그것은 반드시 모든 사람에게 차별없이 주어져야만 한다.

　이 구원은 사람들이 가치있게 여기는 것들로는 살 수가 없는 하나님으로부터 거저 주어지는 선물이다(55 : 1, 2): 3절에 언급된 다윗에게 허락하신 확실한 은혜는 다윗 자신이 알고 있었고 또 시편 51편에 표현되어 있는 그런 종류의 은혜를 가리킨다. 바로 그 죄로 인하여 통회하고 깨어진 심령에 근거하여 하나님께서는 죄와 자신에 대한 필요성을 고백하는 모든 자에게 그의 은혜를 나타내 보이실 것이다(54 : 7을 비교해 보라). 여기서 그 은혜는 아름다운 필체로 표현되어 있다(55 : 6, 7). 그 은혜는 인간이 아닌 하나님께 속한 것이기 때문에 확실한 것이다.

　하나님께서 지금 나타내 보이고 계시는 이 구원계획은 인간의 생각에서 비롯된 것이 아니라는 것을 알 수 있다. 왜냐하면 인간은 언제나 "선행"이 구원을 성취하는 일에 보탬이 되어야 한다고 생각할 것이기 때문이다. 그러므로 우리가 하나님께서 생각하시는 것처럼 생각하지 않음으로 말미암아 하나님의 구원계획을 거부하는 일이 생기지 않도록 하기 위하여 주의가 주어진다(55 : 7-9). 하나님께서는 소위 우리의 "의"를 더러운 옷처럼 여기신다(64 : 6을 보라). 잠언서 기자가 말한 것처럼 "어떤 길은 사람의 보기에 바르나 필경은 사망의 길"이다(잠 14 : 12).

　이사야서의 마지막 단락의 이 첫째 부분 전체를 마무리하면서 하나님께서는 그가 하시기로 계획하신 모든 것을 반드시 이루고야 마는 그의 말씀의 확실성에 대하여 다시 한번 언급하신다(11절 ; 참조. 40 : 6-8). 그러므로 우리는 말씀의 확실성은 모든 사람에게 매일의 양식을 공급하시는 자이시며 또한 그 말씀의 발설자이신 하나님께 달려 있다는 것을 알 수 있다(10절). 하나님께서는 그가 마련하신 자연을 통한 식량 공급계획이 신뢰할 만한 것임을 항상 입증해 오셨다. 이와 같이 우리의 구원을 위한 준비에 대하여 말씀하실 때에도 마찬가지로 그의 말씀은 확실하다.

　12절과 13절은 이사야서의 마지막 단락의 첫번째 부분(40장-55

장)에 대한 결론에 해당한다. 여기에는 하나님께서 그의 백성들에게 주실 축복을 전형적인 농업용어를 사용하여 묘사해 놓았다. 지금까지 이사야서의 마지막 단락의 첫번째 부분(40-55장)에서는 **약속과 관련된 하나님의 말씀**을 취급하였다. 다음으로 마지막 단락의 두번째 부분에서는 **계명과 관련된 하나님의 말씀**을 살펴보게 될 것이다(56-62장).

이사야서의 마지막 단락의 두번째 부분은 56장에서 시작하여 62장까지 계속된다. 여기서도 여전히 하나님의 말씀과 관련된 주제를 다루고 있기는 하지만 특별히 믿는 자들을 위한 지침으로서의 말씀을 다루고 있기 때문에 이 단락에는 **계명과 관련된 하나님의 말씀**이라는 제목을 붙일 수 있다. 여기서 하나님은 구원받은 사람들에게서 무엇인가를 기대하고 계시다는 것을 나타내 보여주신다. 바울이 에베소서 2:10에서 진술한 것처럼 우리는 선한 일을 위하여, 다시 말해서 하나님의 뜻대로 행하기 위하여 구원을 얻었다.

여기서 하나님께서 모든 믿는 자들에게서 기대하시는 기준은 의와 공평이라는 사실을 다시 한번 드러내신다(56:1). 이것은 하나님께서 아브라함에게 최초로 설정하신(창 18:19) 이후로 한번도 변경하지 않으셨던 바로 그 기준과 동일한 것이다.

따라서 하나님께서 이미 앞 장들에서 보여주신 바와 같이 구원받은 하나님의 자녀들은 이제 그들이 참으로 하나님의 자녀라는 것을 증명할 수 있는 방식을 따라 살아가야만 한다(2절). 여기서 안식일에 관한 계명(2-5절)이 언급된 것은 하나님과 하나님의 백성들이 누릴 영원한 교제에 대한 상징으로서 그 날을 구별하는 것이 하나님의 본래의 계획이었기 때문이다. 이 안식일 준수와 관련된 계명은 창조시에 설정되었다. 율법이 이스라엘 백성들에게 주어질 때에 그것은 이미 그들에게 알려져 있고 실행되고 있는 계명으로 취급되었다.

내가 믿기로 안식일에 관한 계명은 믿는 자의 영적인 상태를 점검할 수 있게 하여 준다. 그러므로 하나님의 자녀는 안식일을 즐기는 자로 특징지워진다. 안식일은 하나님과 함께 하는 그 영원한 안식과도 같은 것이다. 만약 하나님의 자녀에게 있어서 안식일이 성가시고 지루하게 여겨진다면 그는 안식일을 그릇되게 지키고 있거나 아니면 영원에 대한 준비가 아직 갖추어져 있지 않다는 증거이다.

이후에 나오는 58:13, 14에서 하나님께서는 안식일 준수에 대하여 상세하게 설명하고 계신다. 따라서 우리는 그 때에 가서 보다 자세하게 안식일 준수와 관련된 문제를 고찰하게 될 것이다.

56장에 나타난 하나님의 자녀들 가운데는 대부분의 이스라엘 백성들로부터 전통적으로 멸시를 받았던 사람들인 이방인(3, 6, 7절), 고자(3-5절), 그리고 이스라엘에서 쫓겨난 자들(8절)이 포함되어 있다. 따라서 그들이 처한 현재나 과거의 형편이 어떠하든지 간에 그것과는 상관없이 하나님의 은혜와 사랑은 여호와를 의뢰하는 모든 사람들에게로 확대되어진다(8절). 그들에게는 하나님의 아들이라 불리워지는 권세가 주어질 것이다(5절). 그들은 궁극적으로 하나님의 거룩한 산, 곧 구원과 천국에 이르게 될 사람들 가운데 포함되어 있다(7절; 참조. 사 2:2-4).

그러한 사람들은 기쁨을 소유하게 될 뿐만 아니라 또한 그들이 스스로를 의뢰하지 않고 여호와를 의뢰해 왔기 때문에 그들의 행위(works)와 예배가 열납될 것이다(7절). 우리는 이것을 하나님을 의뢰하지 않았던 이스라엘의 이전 상태와 대조시켜 볼 수 있나(사 1:11-15). 또한 우리는 이것을 다시금 그의 예배가 하나님께 열납될 수 있게 하였던 범죄한 이후의 다윗의 회개와 하나님께 대한 그의 온전한 믿음에 비교할 수 있다(시 51:19). 따라서 우리는 여기서 인간에 의해서 드려진 바로 그 최초의 제사가 지니는 의미를 다시금 음미해 볼 수 있게 되었다. 가인은 하나님을 의뢰하지 않고 자기 스스로를 의뢰하였기 때문에 그의 제사가 열납되지 않은 반면, 아벨은 믿음으로 제사를 드렸기 때문에 그것이 열납되었다(창 4:3-8; 요일 3:12; 히 11:4을 비교해 보라).

56장의 나머지 부분(56 : 9-12)과 57장의 일부에서 이사야는 아직도 하나님을 의뢰하지 않는 사람들, 다시 말해 1장에 기록된 이스라엘의 이전 상태로부터 변화되지 않은 사람들에게로 다시 돌아가서 이야기를 계속한다. 교회 안에 존재하는 불신자들은 이기적인 이유로 인하여 스스로의 길로 돌아간다(56 : 11). 그들은 의로운 신자들로 하여금 고통을 당하게 하며 심지어는 그들을 내어 쫓기까지 한다(57 : 1).

그러한 사람들은 호세아서에서와 같이 간부(姦夫)의 씨로 불리운다(57 : 3-10). 그들은 그들 자신이 의롭다고 믿고 있지만 그것은 하나님께 전혀 받아들여지지 않는다(12절과 64 : 6을 비교해 보라). 그들은 심판을 받을 것이며 아무런 소망도 가질 수 없다(13 상반절).

반대로 하나님께서는 그를 의뢰하는 자들을 기뻐하신다(57 : 13 하반절). 하나님은 자기 자신의 죄와 스스로 구원할 힘이 없음을 인정하는, 마음이 겸손하고 통회하는 백성을 원하신다(15절). 이것이 바로 **회개**가 의미하는 것이다(시 51 : 17과 비교해 보라). 그러한 사람들은 하나님을 의뢰하며 하나님 안에서 피난처를 구한다(13 하반절). 이것이 **믿음**이 의미하는 것이다. 하나님께서는 그러한 백성들을 소생케 하시며 또한 높이 들어올리시겠다고 약속하신다(15절). 여기서 우리는 오래 전 사무엘의 어머니 한나에 의하여 선포된 진리, 곧 하나님께서는 교만한 자들을 심판하시고 겸손한 자들을 위로하신다는 진리와 동일한 진리를 발견할 수 있다.

54 : 10에 언급된 평화의 개념을 여기서 다시 찾아볼 수 있다. 멀고 가까운 곳에 있는 믿는 자들(유대인과 이방인)에게는 평화가 있을 것이지만(롬 5 : 1을 비교하여 보라), 악인들(하나님께 대한 필요성을 알지 못하는 자들)에게는 평화가 없을 것이다(57 : 19-21).

58장에서 여호와께서는 믿는 자들에게서 특별히 기대되는 것을 가르쳐 보여 주신다. 하나님의 자녀들은 그들의 삶이 진실로 하나님께 영광이 되게 하기 위하여 옛 사람(과거의 죄악된 습관들)을 제거하지 않으면 안된다. 그들이 하나님을 기쁘시게 하려고 노력하고 있으면서 하나님께서 지키기를 요구하시는 율법을 준수하지 않는 죄를 범하고 있는 것으로 보아 옛 사람의 제거 과정에는 고통이 수반될 수도 있다는 것을 알 수 있다(58:1, 2).

 율법 준수에 대한 실례를 들어서 하나님께서는 그들이 바로 잡아야 할 올바른 금식의 방법(3-9절)과 안식일 준수의 방법(13, 14절)을 지시해 주신다. 그들은 금식을 하면서 왜 하나님께서 기뻐하지 않으시는가에 대해서 이상하게 생각한다(3절). 그러나 그들은 하나님께 영광을 돌리기 위해서가 아니라 자기 본위로 금식한다(3-5절). 그들이 금식을 하면서 가지는 관심은 하나님께 대한 내적인 헌신에 있는 것이 아니라 외적인 과시에 있다. 그러므로 하나님께서는 선을 행하고 가난한 사람들을 도와주는 금식을 요구하신다(6, 7절). 하나님께서는 단순히 하루 동안 음식을 입에 대지 않는 것 대신에 그것을 배고픈 사람들에게 주어서 먹게 하라고 요구하신다. 그리고 평상시의 옷을 입기를 포기하고 굵은 베옷을 입는 대신에 그 옷을 벗은 사람들에게 주어 몸을 가리우게 하라고 하신다.

 그들이 만일 이 일을 행한다면 그들은 진실로 하나님께서 원하시는 금식을 하고 있는 것이며 하나님께서도 영광을 받으실 것이며 그들의 하나님과의 영적인 교제에도 기쁨이 넘치게 될 것이다(8-9 상반절). 예수님께서도 산상수훈 가운데서 금식으로서의 예배행위를 이 본문과 유사하게 다루고 계신 것을 볼 수 있다(마 6:2-18).

 다음 구절들에서 하나님은 그의 백성들이 그가 기뻐하시는 것과 그렇지 않은 것을 결정하기 위해서는 그들의 현재의 습관과 생활을 점검해 보아야만 한다고 말씀하신다. 그들은 악을 행하기를 그치고 선을 행하기 시작해야 한다(9 하반절-12절). 그렇게 함으로써 그들은 이 세상의 어두움을 비추는 빛이 될 것이다(10절; 마 5:14-16을 비교해 보라). 그들은 또한 관개시설이 잘된 정원(well-watered garden)처럼 다른 사람들에게 복이 될 것이다(11절-시편 1편을 비교해 보라). 결국 그들은 무너진 곳을 보수하는 자,

곧 화해를 이루는 자와 같이 될 것이다(12절 ; 참조. 마 5 : 9).

안식일 준수도 역시 하나님의 영광을 위하여 행해지도록 되어 있다. 그러므로 안식일 준수의 목표는 그 날에 자신을 기쁘게 하는 것이 아닌 하나님을 기쁘시게 하는 것을 추구하는 것이다(13절). 그것만이 우리가 하나님의 영광을 위하여 그 날을 하나님께 드릴 수 있는 유일한 방법이다.

안식일은 하나님의 자녀에게 기쁨이 되어야 마땅하다는 사실을 주목하라. 사람이 그 날을 기쁨으로 하나님을 섬기는 가운데 지내며 또한 그 날을 즐거워할 수 있다면, 그는 참으로 하나님을 영화롭게 하는 것이며 참으로 하나님과 그의 백성들이 함께 누릴 영원한 안식에 들어갈 준비가 되어 있는 것이다.

59-62장에서 우리는 이사야를 통하여 주어진 모든 위로의 메시지에 대한 요약을 발견하게 된다. 여기서는 지금까지 주어진 모든 위로의 메시지가 요약되고 분석된다. 그 메시지는 이스라엘의 죄와 그들의 죄로 말미암는 결과(즉 하나님과의 분리)에 대한 인식으로부터 시작한다(59 : 1-8). 그들의 행위는 그들을 구원할 수 없으며 사실 그들의 행위는 그들 스스로를 책망한다(6-7절). 잘못은 하나님께 있지 않다(1절). 다만 그들이 하나님의 뜻을 행할 수 없다는 데에 문제가 있다(8절).

그들의 필요에 대한 해답을 구하기 위하여 사람들을 바라보는 자들은 헛되이 바라는 것이다(59 : 9-15). 사람들 중에서는 소망도 구세주도 있을 수가 없다.

하나님께서도 이러한 사실을 아시기 때문에 인간들이 스스로의 힘으로서는 결단코 성취할 수 없는 그 구원을 준비하신다(16절). 여기서 우리는 53장에서 이미 상술된 바 있는 그 위대한 교리를 다시 보게 된다. 여기에 기록된 전신갑주(17절)는 에베소서 6 : 13이하에 기록된 전신갑주와 동일한 것이다. 그것은 하나님으로부터 공급되어지는 구원의 예복을 가리킨다(계 7 : 14 ; 19 : 11-16을 비교해 보라). 하나님의 백성들을 승리로 인도할 구세주에 관한 기록을

59 : 20, 21에서 발견할 수 있다. 하나님의 은혜 언약은 구세주와 하나님의 영의 역사와 또한 하나님의 백성들의 입에 주어진 확실한 하나님의 말씀에 기초하고 있기 때문에 확실한 것이다. 따라서 이 하나님의 백성들은 하나님의 영으로 거듭난 사람들이다.

60장은 하나님의 백성들이 부르는 승리의 노래로 시작한다. 그것은 완전히 새로운 창조이다. 어두움을 비추는 빛(60 : 1, 2)은 수많은 사람들의 마음속에 임하는 하나님의 은혜의 필연적인 승리를 나타내기 위하여 상징적으로 사용되었다(요 1 : 4, 5; 고후 4 : 6; 사 9 : 2을 비교해 보라). 3절은 단순히 2장의 말씀을 다시금 반영하고 있다.

우리는 영화롭게 된 예루살렘, 곧 하나님의 백성들이 영원히 거할 새 예루살렘을 보게 된다(60 : 4-22). 그것은 영광스러운 성이다(계 21 : 2-27을 비교해 보라). 10절은 가나안의 후손(불신자들)이 셈의 후손(신자들; 창 9 : 25-27에 대한 설명을 살펴 보라)을 섬기게 될 것이라는 오래 전 노아의 예언을 암시하고 있는 것처럼 보인다.

예수님께서는 61장 초두의 말씀을 자신에게 적용하신다(눅 4 : 18, 19). 다시금 우리는 위로의 주제와 관련된 말씀을 보게 된다. (61 : 2) 6절은 시내산에서 이스라엘과 맺으신 하나님의 언약을 상기시켜 준다(출 19 : 6; 참조. 벧전 2 : 9). 이 축복받은 자들, 곧 영광스러운 예루살렘 성 시온의 백성들은 하나님의 참된 백성들인 여자의 후손, 곧 남은 자들을 가리킨다(9절; 참조. 창 3 : 15 등).

다시금 영광스러운 시온은 이번에는 신랑을 위하여 단장한 신부로 묘사된다(61 : 10-62 : 12). 이러한 비유는 요한계시록 21 : 2에서도 사용되고 있다. 하나님께서는 창조 이전에 계획하시고(엡 1 : 4) 시내산에서 이스라엘 백성들에게 말씀하신 대로(출 19 : 6) 그의 거룩한 백성들을 취하실 것이다(62 : 12).

이제 우리는 이사야서의 마지막 단락의 세번째 부분인 동시에 마지막이기도 한 부분을 살펴보게 되었다. 이 부분에서는 **심판과 관련된 하나님의 말씀**을 다루고 있다(63-66장).

여기에는 하나님을 믿지 않고 하나님의 백성들을 대적하는 나라들에 대한 심판이 나타나 있다(63, 64장). 붉은 피와 나라들의 심판에 대한 비유(63:1-6)는 우리에게 드보라의 노래(삿 5:30, 31)와 요한계시록 14:19, 20; 19:13-16에 묘사된 그리스도의 심판을 상기시켜 준다.

세상의 죄인들에 대한 심판을 선언하신 후에 하나님께서는 그의 택하신 백성 이스라엘을 다루어 오신 방법을 회고하신다. 먼저 하나님께서는 자비와 사랑으로 그들을 대하셨음(63:7-9)과 그의 은총에 대한 이스라엘 백성들의 완고한 반역(63:10)에 주의를 기울이신다.

그러나 하나님께서 옛적부터 그의 백성들과 맺으신 언약을 기억하시고 그들의 죄악과 고집에도 불구하고 그들을 구원하기 시작하셨을 때 하나님의 은혜는 승리를 거두었다(63:11-64:12).

여기서 요구되는 것은 여호와를 기다리는 것이다(64:4). 이사야서에서 빈번하게 볼 수 있었던 이 주제(사 8:17; 25:9; 26:8; 30:18; 33:2; 40:31)는 "여호와를 의뢰하다"라는 말과 동의어로서 구약성경 전체에 걸쳐서 반복적으로 나타난다. 64:6은 우리의 의로서는 우리를 구원할 수 없다는 것을 분명하게 깨닫게 해 준다. 전체 단락은 오직 하나님의 은혜에 의해서만 현재의 우리가 존재하게 되었다는 고백과 함께 끝이 난다(64:8, 9). 10-11절에 표현된 피폐한 현재의 상황에도 불구하고 생존할 남은 자가 있다.

65장에서 여호와께서는 순종하지 않는 이스라엘 사람들(유형교회)에 대한 책망으로 주의를 돌리신다. 하나님께서 오랫동안 자신을 계시하여 주신 자들(이스라엘 백성들)은 여호와께 대하여 관심을 나타내 보이지 않는 반면에(65:2-7) 이스라엘 백성이 아닌 자들(이방인)이 여호와를 알게 될 것이다(65:1). 그러나 하나님께서는 이스라엘 가운데서 남은 자들을 구원하실 것이다(8절). 그들은 씨 곧 하나님께서 택하신 자들이다(9절).

이스라엘의 나머지 사람들, 곧 회개하지 않는 자들에 대하여 하나님께서는 심판의 말씀을 선언하신다(65:11, 12). 하나님의 백성들은 복을 받는 반면, 하나님을 거절하는 자들은 저주를 받을 것이다(65:13-15). 15절에 언급된 새로운 이름은 아마도 사도행전 11:26에 기록된 "이스라엘 사람"을 대신하게 하는 "그리스도인"이라는 바로 그 이름일 것이다.

65장은 하나님과 그의 교회가 누릴 궁극적인 영광에 대한 또 다른 전망을 소개함으로써 끝을 맺고 있다. 여기서는 신약성경에서 그리스도인의 소망에 대하여 표현하고 있는 것과 동일한 용어들이 소개된다. 하나님께서는 새 하늘과 새 땅에 대하여 말씀하신다(65:17; 참조. 66:22; 히 12:26, 27; 벧후 3:13; 계 21:1). 하나님께서는 또한 새 예루살렘에 대해서도 말씀하신다(18절; 계 21:2 이하를 비교하여 보라). 하나님의 선택하신 자들에게 주어질 이 거룩한 본향과 관련된 약속들은 길고 행복한 삶(20절), 다른 사람들에게 빼앗기지 않는 집과 포도원(21, 22절), 그리고 헛되지 않는 수고(23절)에 대한 용어로 이루어져 있다. 바꾸어 말하자면, 이 약속은 이스라엘 백성들이 그들의 실패로 인하여 가나안에서 견디낼 수 없었던 옛 언약과는 정반대되는 것이다.

65장은 이사야 2:2-4과 11:6, 7에서 발견되는 것과 같은 평화스러운 묘사와 함께 끝이 난다. 아담의 범죄로 말미암아 모든 피조물에게 임하였던 저주(창 3:14-19)는 사라져 버릴 것이다(25절). 이것은 그 내용에 있어서 바울이 로마서 8:20-22에서 피조물에 대하여 선언하고 있는 것과 매우 유사하다.

유형교회(이스라엘)와 무형교회(선택되고 진실한 신자들)가 존재하고, 그 둘은 서로 같은 것이 아니기 때문에 심판의 날까지 하나님의 참된 백성들은 핍박을 당하게 될 것이다(66장).

참된 신자들은 하나님의 사역을 존중하고 그것을 진지하게 받아들여 마음에 통회하는 자들이다(66:2; 참조. 시 51:17; 사 57:

15). 교회 안에 있는 불신자들은 참 신자들을 싫어하고 그들을 멸시할 것이다. 교회 안에 있는 불신자들은 하나님의 영광을 위하는 일이라고 주장하면서 진실한 신자들을 학대할 것이다(5절). 그러나 기쁨과 평화는 결국 하나님의 참된 백성, 곧 남은 자들의 것이 된다(10, 12, 13절). 하나님께 속하지 않은 사람들에게는 하나님의 심판의 불이 머무른다(15-17절).

한편 하나님께서는 또한 이방 나라들로부터 그의 제사장 나라의 일원이 될 한 백성을 취하실 것이다(18-21절; 참조. 61:6; 출 19:6; 벧전 2:9).

그러므로 이사야서의 마지막 장면은 이스라엘 앞에 천국이냐 지옥이냐 하는 영원에 대한 두 가지의 중대한 선택의 여지를 남겨 두고 있다. 천국에 이르게 될 하나님의 참된 자손들은 하나님 앞에서 축복과 영광 가운데 영원히 머무르게 될 것이다(22-23절). 하나님께 범죄하고 회개하지 않은 나머지 사람들은 고통이 끝없이 계속되는 영원한 지옥으로 향하게 될 것이다(24절). 이렇게하여 이사야서는 그 시작과 마찬가지로 믿음으로 하나님을 바라보든지 아니면 영원히 저주를 받든지 양자택일을 할 것을 촉구하는 메시지를 남기고 끝을 맺는다(1:24-31을 비교해 보라).

미 가

미가는 이사야보다 약간 늦게 사역을 시작하기는 하였으나 이사야와 동시대의 선지자였다. 미가의 예언이 이사야의 예언보다 양적인 면에서 훨씬 짧기는 하였지만, 그것은 일반적으로 이사야의 메시지가 가지는 대상과 동일한 사람들에게 전달되었다. 그의 메시지가 사마리아와 예루살렘 양쪽에 다 관계하고 있는 것으로 보아 미가는 사마리아의 멸망 이전에 예언사역을 했다는 것을 알 수 있다(1

절). 여기에 언급된 왕들은 모두가 유다의 왕들이다. 그 이유는 당시의 이스라엘에는 중요한 의미를 부여할 만한 왕이 없었기 때문이다. 미가 자신은 예레미야보다 앞서 사역한 자로서 예레미야 26 : 18에도 언급되어 있다.

미가의 메시지는 주로 지도자들의 죄와 그들의 죄악상을 다루고 있기 때문에 이스라엘과 유다 양국의 수도를 향하여 선포된다. 미가서의 첫번째 부분(1 : 2—2 : 11)은 일반적으로 백성들의 죄와 그들에 대한 하나님의 진노를 요약하고 있다. 그런 다음 지도자들의 지도력과 그들의 실패에 대하여 초점을 맞추기에 앞서 미가는 남은 자들에게 따라올 소망에 관하여 암시해 준다(2 : 12, 13). 남은 자들에 관한 주제는 이후에 더욱 자세하게 전개될 것이다.

3장에서 미가는 당시의 지도자들 곧 왕들과 선지자들과 제사장들에 대한 소송을 개시한다.

4 : 1—5장에서 미가는 다시금 남은 자들과 하나님의 백성들이 가지는 참된 소망에 관한 교리를 확대시켜 나간다.

6 : 1—7 : 6에서 그 땅의 백성들과 지도자들이 재판에 회부되어 부족함이 드러났으므로 미가는 결론적으로 그가 기다리며 바라는 하나님께 대한 개인적인 증언을 한다(7 : 7—20).

이제 다시 처음으로 돌아가서 좀 더 상세하게 각 단락을 연구하기로 하자. 먼저 우리는 **이 백성들에 대한 하나님 자신의 증언**을 보게 된다(1 : 2—2 : 11). 하나님의 증인은 그의 성전으로부터 나온다. 이것은 성전에서 처음으로 보았던 이사야의 환상(이사야 6장)과 하나님께서 성전에 계신다고 선언한 훗날 하박국의 예언(하박국 2 : 20)을 생각나게 해 준다. 거룩하신 하나님은 이스라엘 백성들의 지나친 죄악상과 맞서 싸우기 위하여 언제나 나아가신다.

여기서 하나님은 먹이를 막 움켜쥐려는 사자같이(1 : 3, 4 : 참조. 욜 3 : 16 : 암 1 : 2), 혹은 전쟁에 임하는 용사와도 같이(사 42 : 13) 매우 성난 모습으로 비쳐지고 있다. 하나님께서 노하신 이유는 이스라엘(북쪽 왕국과 남쪽 왕국)의 죄때문이다. 그들의 죄는 지도자들이 모여있는 두 나라의 수도에 집중되어 있다(5절). 이 심판의 선언은 호세아가 이스라엘에 대한 심판을 매춘부에 대한 심판과 같이 묘사했던 사실을 상기시켜 준다(6-7절).

뒤에 오는 여러 절에 걸쳐서(8-16절) 미가는 비통해 하는 가운데 하나님의 심판의 확실성을 백성들에게 일깨워 주기 위한 한 방도로서 동음이의어로 된 언어유희를 사용한다. 그 언어유희 가운데 거의 대부분은 번역하는 과정에서 그 의미가 상실되고 말았지만 한 두 개의 보기로도 충분할 것이다. 10절에서 베트—레—아프라(Beth-le-aphrah)와 "티끌(dust)"이 관련을 맺고 있는데, 아프라(aphrah)는 "티끌(dust)"을 의미하는 단어이다. 그리고 14절에서 악십(Achzib)과 "속이다(deceitful)"라는 단어는 히브리어로 유사하게 발음된다. 미가가 사용한 것과 같은 이러한 언어유희는 히브리 선지자들에 의하여 자주 사용되고 있다(사 5:7을 비교해 보라).

이스라엘의 상처를 고칠 수 없는 것으로 묘사한 것(1:9)은 이사야 1:6을 생각나게 해 준다.

이스라엘이 범한 죄악의 결과로서 심판은 틀림없이 임하게 될 것이다(2:1-11). 아모스(암 6:1)와 이사야에 의하여 여러 번 사용된 바 있는 "재앙"이라는 음울하고 무서운 단어를 똑같이 사용하면서 미가는 이스라엘 백성들이 범한 죄로 인하여 그들에게 임할 엄숙한 심판을 선포한다. 이 백성들은 밤에 잠자리에 누워서 다음 날에 행할 악에 대하여 생각한다(2:1). 그들의 죄는 아모스가 북쪽 왕국에 대하여 지적했던 죄들과 유사하다(암 8:4).

우리는 이사야 45:7에 표현된 것과 유사한 방식으로 하나님께서는 악(도덕적인 악)을 행하는 자들에게 재난(심판의 성격을 지닌 재난)을 내리신다는 사실을 다시금 주목하게 된다. 따라서 사람들이 마음 속으로 악(evil)을 궁리하는 것처럼 하나님께서도 악을 행하는 사람들에게 내릴 심판의 재난(evil judgments)을 계획하신다.

여기서 특히 이 죄인들은 여호와의 회중에서 제비를 뽑지 못할 것이라는 경고는 의미심장한 것이다(2:5). 여기에 사용된 비유적 표현은 가나안 땅에서 제비를 뽑아서 각 지파들이 거할 지역을 분할하였던 시대로 되돌아간다. 그러나 이제 하나님께서는 이 백성들에게서 상속권을 박탈하실 것이다.

이스라엘 백성들이 영적으로 타락한 정도가 이 단락의 마지막 부분에 나타난다(2:6-11). 이스라엘 백성들은 하나님의 참된 선지자들의 말을 듣기를 거절하고 그들에게 거짓말하는 술취한 선지자들의 말을 듣기를 더 좋아한다(6, 11절). 백성들은 하나님의 대적이 되었다(8절; 참조. 사 1:24). 그들은 하나님의 백성들을 학대하고 아무런 자비도 베풀지 않는다(9절; 참조. 암 4:1). 백성들이 술취한 선지자를 더 좋아한다는 것은 그들이 타락하였음을 입증해 주는 증거이다(참조. 사 28:7 이하).

그러나 예루살렘에 있는 신자들이 좌절하지 않도록 하기 위하여 미가는 위대한 목자이신 하나님께서 인도하실 하나님의 양떼, 곧 남은 자들에 대하여 언급하면서 소망을 제시하고 있다(2:12-13). 여기에 나타난 비유적 표현은 이사야 40:9-11과 같은 부류의 구절들을 상기시켜 주며, 이것은 마치 여호와께서 "이사야를 통하여 준 위로의 말씀들을 기억하라. 낙심하지 말아라."고 말씀하시는 것과도 같은 것이다.

다음에 이어지는 3장에서 미가의 메시지는 여호와의 기대를 너무도 크게 저버린 이스라엘과 유다에 있는 지도자들에게 주는 메시지의 핵심부분에 이른다.

첫번째 고발은 우두머리들, 아마도 왕들에 대한 것이다(3:1-4). 하나님께로부터 부여받은 그들의 책임은 공의(justice)를 행하는 것이었으나(1절) 그들은 하나님께서 선한 것으로 규정해 놓으신 것을 싫어했기 때문에 모든 공의로부터 벗어났다. 그들은 마음이 악하기 때문에 악을 좋아한다(2절). 여기서 그들의 악한 행위를 나타내 주는 실례들은(2, 3절) 우리에게 엘리의 아들들이 자행했던 일들을 생각나게 한다(삼상 2:12-17). 이스라엘 백성들이 왕을 요구했을 때 사무엘이 그들에게 왕을 세우면서 경고했던 일이 이제 실제로 발생했다(3:4; 참조. 삼상 8:18).

그 다음 3:5-8에서 미가는 선지자들을 고발한다. 미가는 이미 앞에서 백성들이 진리를 말하는 선지자들보다 술취한 선지자들을 더 좋아한다고 말했었다. 여기서는 이 거짓 선지자들을 더욱 상세하게 묘사하고 있다. 그들은 하나님의 계시를 위임받았지만 그 계시를 전달하는 대신에 백성들을 그릇된 길로 인도하였다. 그들이 전하는 거짓된 평화의 메시지는 백성들에게 거짓된 안전을 제공하였다(5절). 예레미야서를 공부하면서 우리는 평화가 없을 때에 "평화"를 외치는 자들에 대한 좀 더 확대된 경고를 보게 될 것이다(렘 6:14과 기타).

자기를 지지하는 않는 사람들을 적대시하는 선지자들에 대한 묘사는 엘리의 아들들의 행위를 생각나게 해 준다. 이러한 행위는 엄한 심판을 초래할 것이다(3:6, 7). 그들은 사사 시대와 같이 백성들을 영적인 암흑시대로 이끌고 갈 것이다(참조. 아모스 8:11).

이러한 거짓 선지자들과는 전혀 대조적으로 미가는 신실한 선지자로 남는다(3:8). 그의 말은 신약시대의 말씀 사역자인 디모데에게 보내는 바울의 서신(딤후 1:7) 혹은 성령에 관한 예수님의 말씀(요 16:8-11)을 생각나게 한다.

이 단락의 결론으로 미가는 그 땅의 모든 지도자들, 곧 왕들과 선지자들과 제사장들에게 강도높은 경고를 가하고 있다(3:9-12). 그들 모두는 하나님이 아니라 재물을 섬긴다(11절; 참조. 마 6:24; 딤전 6:10). 그럼에도 불구하고 그들은 하나님께서 자기들과 함께 하신다고 주장할 만큼 뻔뻔스럽다(참조. 암 5:14; 사 48:1, 2). 그러한 거짓 지도력의 결과로 말미암아 예루살렘은 비참한 파멸을 맞게 될 것이다. 악한 지도자들로 하여금 힘과 영향력을 행사할 수 있도록 허용하는 교회는 하나님을 섬길 수 없으며 버림을 당하게 될 것이다. 여기에 대해서는 사도 요한이 소아시아에 있는 그리스도인들에게 보낸 편지를 참조하라(계 2, 3장).

백성들에 대한 고발을 끝내기에 앞서, 미가는 이제(4, 5장에서) 잠시 관심의 방향을 돌려서 2：12, 13에서 암시된 남은 자들에 대한 주제를 발전시켜 나간다. 미가는 이사야의 예언을 길게 인용함으로써 그 주제를 전개하기 시작한다(4：1-3; 사 2：2-4을 보라). 이사야서에서 이 예언은 배교하는 무리 가운데서도 그들의 믿음을 하나님께 두고 있는 남은 자들에게 소망을 심어주려는 데 목적이 있었다.

4절과 5절 말씀은 이스라엘 백성들이 올바른 지도력 아래서 번영을 누렸던 다윗과 솔로몬 시대의 복된 장면들을 회상케 한다(왕상 4：25을 보라). 당시에 이것은 하나님을 그들의 피난처로 삼기 위하여 그에게로 나아오는 자들을 위하여 하나님께서 궁극적으로 예비해 놓으신 축복에 대한 상징으로 사용되었다.

남은 자들은 자기들의 연약함을 깨닫고 하나님의 도움을 필요로 하는 겸손하고 통회하는 자들로 이루어질 것이다(4：6-8). 우리는 여기서 고린도 사람들에게 보내는 바울의 첫번째 편지에 나타난 신자들에 대한 묘사를 생각하게 된다(고전 1：26-29). 하나님께서는 그를 섬기는 자들 위에 언제나 임재하여 계시기 때문에 다시 말하면 하나님께서 그들을 통치하시기 때문에 하나님은 그들의 왕이시다(출 15：18; 참조. 사 33：22).

소망에 관한 이 예언은 4：9-5：5에서 절정에 이른다. 여기서 미가는 에덴동산에서 최초로 주어졌고(창 3：15) 그 후로는 하나님의 백성들에게 종종 되풀이되었던 약속인 장차 태어날 한 아기에 대한 바로 그 소망을 전개한다. 이사야서에서 우리는 이사야 선지자가 그 아기에 대하여 빈번하게 언급했던 것을 기억하고 있다(사 7：14; 9：6-8; 11：1-5 등).

그 다음 장에서는 이스라엘의 참된 왕이며(5：2), 참된 목자(5：4)가 될 그 아기가 태어날 장소가 언급된다. 그는 참된 평화를 가져올 것이다(5：5). 신약성경은 이 예언이 예수 그리스도 곧 구세주의 탄생에 관한 예언임을 분명하게 가르쳐 주고 있다(마 2：6; 눅 2

: 4을 비교해 보라). 백성들은 훗날 바울이 가르쳐 준 바와 같이(갈 4 : 4) 때가 차기까지 기다리지 않으면 안된다(5 : 3).

5장의 나머지 부분은 그들을 인도하는 위대한 목자를 통하여 하나님에 의하여 구원받은 남은 자들은 열국의 증인이 되기 위하여 구원을 받게 된다는 사실을 보여준다. 그러므로 그들은 믿는 자들에게는 축복이 되고(5 : 7), 믿음으로 응답하지 않는 다른 사람들에게는 심판이 될 것이다(5 : 8). 여기서 우리는 그리스도를 위한 증인된 자들에 대하여 바울이 묘사한 내용을 비교해 볼 수 있다(고후 2 : 14-17). 순종하지 않는 나라들은 하나님의 심판의 충만한 능력을 감지하게 될 것이다(5 : 15).

마침내 이스라엘에 대한 소송이 마무리 된다(6 : 1-7 : 6). 마치 재판을 진행하는 도중에 있는 것처럼 언어는 법률적인 용어로 구성되어 있다. 예루살렘을 에워싸고 있는 산들은 판사와 배심원의 역할을 한다. 하나님께서는 소송을 제기하고 기소하는 검사이다(6 : 1-16).

하나님께서는 먼저 이스라엘에게 자신에 대해서 무슨 고소할 것이 있는지를 물어보신다(3절). 우리는 호세아 4 : 1과 이사야 1 : 18에 기록된 유사한 구절들을 생각하게 된다. 하나님께서는 그의 백성들로 하여금 그들에게 제기된 문제들을 해명할 수 있는 모든 기회를 제공하시기 위하여 그들과 변론하기를 원하신다. 여호와께서는 이스라엘 백성들에게 나타내신 그의 사랑을 기억하게 하신다(4, 5절; 참조. 출 20 : 1; 암 2 : 10).

백성들로부터의 반응이 뒤따라온다(6 : 6-7). 그 반응은 마치 "내게서 원하는 것이 무엇입니까?"라고 말하는 것처럼 거만하다. 하나님께서는 그가 원하시는 것은 희생제물이 아니라 통회하는 마음이라는 것을 이미 가르쳐 주셨다(6절; 참조. 시 51 : 16, 17). 확실히 솔로몬이 드린 수많은 희생제물과 훗날에 그가 범한 수많은 죄악의 실례는 하나님께서 원하시는 것이 많은 숫자의 제물이 아니라는 것을 나타내 준다(7 상반절). 마지막에 거론된 인간제물은 이 방인의 풍습을 따른 것으로서 여호와를 모욕하는 것이었다. 또한 그것은 오래 전에 아브라함에게 나타내셨던 하나님의 은혜를 조롱하는 행위이었다(창 22장; 6:7 하반절).

그 다음으로 이번에는 산들이 응답하는 것처럼 보이는데 바로 그 산들의 판결이 따라온다(8절). 그 대답은 성경 전체를 통하여 울려 퍼진다(신 30:15-20; 호 6:6; 약 1:27). 백성들이 스스로를 해명할 수 있는 유일한 길은 사울처럼 그들의 죄를 부인하거나 그것을 은폐하려고 애쓰기 보다는 오히려 다윗과 같이 죄를 자백하는 것이다(시 51편).

그러나 그들이 회개하지 않았기 때문에 그들의 죄는 심판을 받게 될 것이다(6:9-16). 그들의 죄는 명명백백한 것으로서(11절) 이미 오래 전부터 성경에서 비난을 받아 왔다(레 19:35-36; 호 12:7, 8). 그러므로 심판은 피할 길이 없다(6:13-15). 그들은 이미 오래 전에 그 왕국이 끊어져 버린 오므리나 아합과 비교하여 조금도 나을 바가 없었다(6:16; 참조. 왕하 9:7-10).

따라서 인간에게는 소망이 없다. 이스라엘을 그 곤경으로부터 구출하여 줄 수 있는 어떤 사람을 찾는다는 것은 헛된 일이다(7:1-6). 정직한 자들이 그 땅의 지도자들 가운데서 사라진다(2절). 모든 사람이 악을 행하므로 그들 중에서 가장 선한 자까지도 저주의 대상이다(3, 4절). 아무도 다른 사람을 믿을 수 없으며, 모든 사람이 의심을 받는다(5, 6절). 당시의 예루살렘에서 일어난 사건들에 대한 이러한 묘사는 임박한 예루살렘의 멸망에 대한 이유를 설명해 주고 있다. 이 말씀은 또한 우리에게 오늘날의 교회도 멸망받은 예루살렘처럼 방향감각을 상실하여 하나님의 심판만이 그 문제에 대한 유일한 해결책이 되는 지경에까지 이를 수 있다는 사실을 경고해 준다.

미가 당시의 교회의 비참한 상황에 대한 이러한 인식은 미가 선지자로 하여금 그의 책의 말미에서와 같은 개인적인 증언을 하게끔 만든다(7:7-20).

　인간에게서는 아무런 소망도 기대할 수 없기 때문에 미가는 하나님을 바라보면서 그의 시대에 살고 있는 모든 사람들에게 그들도 자기와 같이 할 것을 당부한다. 미가는 어둠 속에 앉아 있으면서도 이사야 선지자가 일찍이 언급했던 그 빛을 기대하고 있다(8절; 참조. 사 9:1, 2).

　미가는 자기 자신의 죄를 부인하지 않으며 다윗처럼 그 죄를 자백한다(9절). 그는 검사로서가 아닌 자기의 변호사로서 여호와를 바라본다(9절; 참조. 6장). 그는 자기의 의가 아닌 하나님의 의를 신뢰한다(사 61:10; 64:6). 그런 까닭에 미가는 어떠한 대적도 두려워하지 않을 것이다(10-13절).

　여기에 나타난 미가의 고백은 언제나 하나님의 백성들의 고백이 되어야만 한다. 인간이나 그 자신의 의를 신뢰하는 것은 무익한 일이다. 사람은 여호와 하나님 한 분만을 믿음으로 바라보아야 한다.

　미가는 그의 목자로서의 여호와를 알고 있다(7:14; 참조. 5:4). 그는 또한 그의 대적, 곧 불의한 자들이 당할 필연적인 패배도 알고 있다(7:16, 17). 그의 대적과 유사한 것으로서의 뱀에 대한 언급은 틀림없이 뱀(사탄)에 대한 승리가 최초로 약속된 창세기 3:15로 거슬러 올라간다.

　결론으로 미가는 출 34:6, 7에서 주어진 하나님의 계시를 회상하면서 그의 믿음에 대한 근거로서 하나님의 은혜와 긍휼을 바라본다. 모든 사람이 거짓말장이라 할지라도 하나님은 그의 말씀에 신실하시다(18-20절).

11
주전 7세기의 선지자들

예 레 미 야

예레미야는 남쪽 왕국 유다 말기에 사역했던 선지자이다. 그의 사역은 유다에서는 마지막으로 선한 왕이었던 요시야 13년부터 예루살렘이 멸망한 해인 시드기야 11년까지 이루어진다. 이 기간은 대략 B.C. 626-586년으로 약 40년가량 된다(1:2, 3).

우리는 성경을 기록한 다른 어떤 선지자들보다도 예레미야의 배경과 생애에 대해서 더 많이 알고 있다. 예레미야는 자기가 아나돗에 사는 제사장 가문의 사람임을 우리에게 말해 준다(1:1). 열왕기상 2:26-27을 통하여 우리는 여러해 동안 다윗과 생사고락을 함께 했던 제사장 아비아달이 솔로몬이 통치하기 시작하면서부터 그의 직무에서 해임당한 사실을 알고 있다. 아비아달은 아나돗에 있는 그의 집으로 돌려 보내어졌다. 솔로몬이 아비아달에게 그렇게 한 것은 그가 솔로몬 대신에 아도니야를 왕으로 즉위시키려는 사람들과 합류했었기 때문이었다(왕상 1:7). 그리고 아마도 예레미야는 바로 그 아비아달 제사장 가문의 후손이었을 것으로 짐작된다.

요시야 이후에 즉위한 왕들은 여호아하스, 여호야김, 여호야긴, 시드기야 등 네 명에 불과하다. 그리고 그들이 통치하던 때는 유다가 급속히 쇠퇴해 가던 시기였다. 요시야는 유다에서 마지막으로 선한 왕이었으나 비교적 젊었을 때 세상을 떠나고 말았다. 다른 왕들은 모두 하나님께 불순종하였으며 모든 면에서 실패자들이었다.

1:4-10에서 우리는 **예레미야의 선지자직에로의 소명**을 발견할 수 있다. 우리는 이 소명과 관련하여 다섯 가지의 특별한 사실을 관찰할 수 있다.

첫째, 예레미야가 태어나기도 전에 하나님께서는 그를 위한 특별한 계획을 가지고 계셨다(4, 5절). 하나님께서는 당신이 세우신 계획에 따라 예레미야를 아셨으며 또한 그를 거룩하게 구별하셨다. 여기서 사용된 "알았다"라는 단어는 창세기 18:19에서의 유사한 용법과 일치한다. 그것은 관찰을 통한 지식(말하자면 인간적인 지식)이 아니라 택함과 예정에 의한 지식(신적인 지식)이다. 그래서 예수님께서도 구원받은 자들과 거절당한 자들에 대하여 동일한 말씀을 하셨다(7:23). 그리고 "거룩하게 하다"라는 말은 하나님께서 예레미야가 오로지 하나님의 소유가 되고 열국에 대한 선지자로서 하나님을 섬기도록 하기 위하여 당신의 계획에 따라 예레미야를 따로 구별하셨다는 것을 가리킨다. "거룩하게 하다"라는 단어는 하나님을 위한 구별을 의미한다.

둘째, 여호와께서는 예레미야로 하여금 하나님의 계획을 수행하게 하시려고 그를 예정하셨다. 우연에 맡겨진 것은 아무 것도 없다. 바로 하나님께서 예레미야를 지으셨다(1:5). 예레미야는 참으로 하나님께서 만드신 사람이었다. 그의 배경과 가문, 그리고 탄생 장소 등 모두가 그를 선지자로 만드시려는 하나님께서 예정하신 계획에 따른 것이었다.

셋째, 이 소명에 직면한 예레미야는 참된 겸손을 보여 주었다(1 : 6). 여기서 우리는 모세와 솔로몬이 그들의 소명시에 보여 주었던 이와 유사한 반응을 기억하게 된다(출 3 : 11 ; 왕상 3 : 7). 소명에 대한 그러한 반응이 하나님을 섬기기를 거부하는 것으로 끝나지 않는 한 거기에는 잘못된 것이 전연 없다. 우리가 주목해야 할 중요한 사실은 예레미야의 반응(모세와 같이)에 대한 하나님의 대답이 "내가 너와 함께 하리라"는 약속이었다는 사실이다(1 : 8 ; 참조. 출 3 : 15 ; 수 1 : 5). 겸손한 것은 좋은 일이다. 그러나 그것은 결국 하나님께 대한 확신으로 이어져야만 한다. 우리 또한 예레미야와 같이 그리스도의 종이 되어야 하는 막중한 임무에 직면하고 있다 (마 28 : 19, 20 상반절). 우리는 또한 이 임무를 충실하게 수행하는 것이 우리에게 주어진 또 다른 하나의 위대한 임무라는 것을 인식할 필요가 있다. 그리고 예수님의 대답 역시 모세와 예레미야에게 주어졌던 것과 같은 "내가 너희와 함께 하리라"는 말씀으로 되돌아 온다(마 28 : 20 하반절).

넷째, 하나님께서는 예레미야의 사명이 무엇인지를 아주 분명하게 말씀하신다(1 : 9-10). 예레미야가 부여받은 사명은 부정적인 면과 긍정적인 면의 양면성을 띠고 있다. 부정적인 측면에서 예레미야는 하나님을 노하게 만드는 것들을 근절시키고 부수고 파괴하고 무너뜨리는 사역을 감당해야 할 것이었다. 그것이 선지자의 직무이다. 이러한 직무는 틀림없이 하나님의 말씀이 또한 인간의 삶 가운데서 잘못된 부분을 제거하기 위하여 주어졌다는 사실에서 비롯된 것이다. 딤후 3 : 16, 17에서 우리는 하나님의 말씀이 책망(때려 눕힘)과 바르게 함(훈련)에 유익하다는 것을 알 수 있다. 그러므로 성경은 하나님의 말씀을 방망이와 불이라 부른다(렘 23 : 29). 신약성경은 말씀을 검에 비유한다(히 4 : 12). 우리는 또한 하나님의 말씀은 성령의 검(엡 6 : 17)이라는 것과 선지자들에게 영감을 주는 성령께서는 죄와 의와 심판에 대하여 인간들에게 깨달음을 주시는 직무를 가지고 계시다는 사실을 기억하고 있다(요 16 : 8).

긍정적인 측면에서의 예레미야의 임무는 건설하고 심는 것이었다 (10절). 이것은 또한, 바울의 말처럼 우리로 하여금 온전하게 되어 모든 선한 일을 행하기에 충분한 자격을 갖추도록 하기 위하여 우리를 의로 교육하는 하나님의 말씀의 기능과 일치한다(딤후 3 : 16, 17).

그러므로 우리는 예레미야가 기록된 하나님의 말씀을 통하여 증언하고 있는 것과 같이 구약성경에 나타난 그의 임무는 오늘날의 모든 하나님의 백성들에게 주어진 임무와 다르지 않다는 사실을 쉽사리 알 수 있다.

다섯째, 예레미야의 소명은 고통이 수반되는 것이었다. 이것은 1장의 후반부에 나타나는 것이지만 이것도 그의 소명의 한 국면이기에 여기서 살펴보는 것이다(1 : 17-19). 예레미야가 자신의 사명을 충실히 수행할 때에 모진 반대가 일어날 것이었다. 이것은 예수님께서 그를 따르려는 제자들에게 가르치신 말씀과도 아주 유사하다 (마 16 : 24).

예레미야의 소명에 수반된 환상은 분명히 그의 사명에 있어서의 주요 국면을 가리키는 것이었다(1 : 11-16). 먼저 예레미야는 살구나무 가지 환상을 통하여 하나님의 말씀의 확실성을 깨닫게 되었다 (11, 12절). 아모스의 환상(암 8 : 1-3)과 유사한 방식으로 하나님께서는 여기서 언어 유희를 사용하셨다. 왜냐하면 "살구나무"와 "지키다"라는 단어는 히브리어에서 매우 유사하게 발음되기 때문이다.

두번째 환상에서 예레미야는 북쪽에서 남쪽으로 기울어진 끓는 가마를 보았는데, 이것은 오래 전 요엘 선지자가 지적했던 것과 마찬가지로 하나님의 심판이 북쪽으로부터 임할 것이라는 사실을 나타낸다(1 : 13-16; 참조. 욜 2 : 20).

예레미야의 소명을 포함한 이 서론 부분이 끝난 후 우리는 예레미야서의 첫번째 주요 단락, 곧 하나님께서 예레미야를 통하여 말쏨하시는 일련의 메시지를 보게 된다(2장-35장). 이 메시지들은 길이와 수신인과 내용에 있어서 매우 다양하다. 이것들이 연대순으로 배열되지는 않았지만 처음 세 개의 메시지는 가장 오래된 메시지들이다. 각 메시지의 제목과 수신인은 다음과 같다.

1. 요시야 시대의 예루살렘에 대한 메시지(2-6장).

이 단락은 앞서 간 선지자들을 통하여 이미 주어진 메시지들과 매우 유사한 것으로서, 이스라엘에 대한 하나님의 사랑과 백성들의 불순종에 대하여 이야기한 다음, 북쪽에 위치한 나라로부터 임할 심판을 경고함으로 끝이 난다. 이 단락에 포함된 메시지는 다른 선지자들 중에 있는 많은 구절들을 상기시켜 준다 : 2 : 2(호 2 : 14) ; 2 : 5(미 6 : 3) ; 2 : 9(호 2 : 2 ; 미 6 : 1 ; 암 7 : 4) ; 2 : 25(호세아) ; 2 : 26(미가) ; 2 : 32(사 1 : 3) ; 3 : 15(사 40 : 11 ; 미가 5 : 4 ; 7 : 14) ; 3 : 17(사 2 : 1 이하) ; 4 : 5-7(요엘, 아모스) ; 4 : 14(사 1 : 16) ; 5 : 21(사 6장) ; 6 : 14(미 3 : 5).

2. 성전 문 앞에서의 메시지(7-10장).

이 메시지는 특별히 잘못된 소망에 대하여 경고한다(7 : 4 이하). 여호와께 순종하는 삶보다 오히려 희생제사를 신뢰하는 경향(7 : 21-23)은 사울의 죄(삼상 15 : 22)와 다윗의 신앙(시 51 : 16)을 생각하게 해 준다. 하나님의 선지자들이 말을 듣기 싫어하는 경향(7 : 25-26)은 열왕기하 17 : 13에 기록된 심판에 대한 선포를 생각나게 한다. 예루살렘의 구원을 위한 시간이 이미 지나가 버렸음을 8 : 20에서 인상적으로 표현하고 있다. 그것은 이스라엘이 영적인 힘을 완전히 상실하였다는 것을 의미한다. 예레미야 10 : 23-24은 이사야를 통하여 주신 하나님의 메시지와 얼마나 유사한가! 하나님 없는 인간의 비참한 상태는 이 단락의 마지막 주제이다(10 : 23).

3. 유다 사람들과 예루살렘 거민들에 대한 메시지(11, 12장).

이 말씀들은 하나님과 맺은 언약을 저버린 그들에게 책임을 묻고 있다(11 : 3-8). 여기에는 또한 예레미야가 훗날 그의 성실한 태도로 말미암아 겪게 될 고통스러운 문제들이 나타나 있다(11 : 18-

23). 어떤 의로운 사람에게나 예외가 없듯이 훗날의 하박국과 마찬가지로 예레미야도 예루살렘에 편만해 있는 죄로 인하여 방해를 받는다(12:1 이하). 하나님께서는 파괴와 재건의 양면성을 띠고 있는 예레미야의 임무와 유사한 방식으로 심판과 은혜를 동시에 보증해 주신다(12:14-17).

4. 베띠와 관련된 메시지(13장).

베띠가 썩는 상징적인 사건을 통하여 하나님께서는 예루살렘의 교만이 틀림없이 훼손될 것을 예레미야에게 보여 주신다(1-9절). 미가 선지자가 이미 경고한 바와 같이 모든 지도자들이 심판을 받게 될 것이다(13절). 출애굽기 34:6, 7에 계시된 하나님의 은혜는 이제 백성들에게서 돌이켜 떠나 버린다(14절). 백성들이 그들의 본성을 바꾸어 하나님의 진노를 모면할 가능성이 전혀 없다는 것이 이 단락의 결론 부분에서 선언되고 있다(22, 23절).

5. 가뭄에 대한 메시지(14, 15장)

요엘과 유사한 방식으로 예레미야는 그 땅에 임할 엄청난 자연 재해사건에 관하여 예언한다. 메뚜기가 그 땅을 황폐하게 만들었을 때 요엘은 만일 백성들이 그들의 죄를 회개하지 않는다면 더욱 나쁜 재앙이 임할 것이라고 경고했었다(요엘 1장에 관한 설명을 살펴보라). 이제 예레미야는 그의 당대에 심각한 가뭄이 계속되는 동안에 백성들의 죄악이 이토록 끔찍한 재앙을 초래하였음을 선언한다(14:1-7). 예레미야는 모세가 광야에서 했던 것과 꼭 같이 백성들을 위하여 중보기도를 하지만 이번에는 하나님께서 그의 중보기도를 들어 주시지 않는다(14:8-12).

백성들과 거짓 선지자들에 대한 하나님의 고발이 너무나 엄하여(14:14, 15) 예레미야는 거의 절망한다(14:19, 20). 이러한 때에 예레미야는 홀로 소망을 주실 수 있는 하나님을 기다릴 수 있을 뿐이다(14:22; 참조. 사 25:9; 26:8; 40:31; 49:23).

그들이 처한 곤경이 의미하는 것은 전에는 성공적으로 중재했던 두 사람 곧 모세와 사무엘의 중보기도 조차도 이제는 아무런 소용이 없을 것이라는 하나님의 말씀 가운데서 볼 수 있다(15:1; 출 32 : 11-14; 삼상 12:23을 비교해 보라). 하나님께서 이제 중보기도를 들어 주시기를 거절하시는 이유는 백성들이 되돌아오기에는 히스기야의 아들 므낫세가 하나님으로부터 너무 멀리 떠나 버렸기 때문이다(15:4). 이제는 긍휼이 있을 수가 없다. 이제 회개하는 것은 익살스러운 연극에 불과할 뿐이다(15:5, 6).

매우 감동적인 장면으로 예레미야는 이제 그 자신의 고통으로 인하여 울부짖는다(15:10; 욥 3:1 이하를 비교해 보라). 예레미야는 하나님께서 여전히 그와 함께 하고 계신다는 사실을 확인하는 것이 어렵다고 생각하게 된다(15-17절). 그가 맛있는 음식처럼 사랑했던 하나님의 말씀은 이제 내면적으로 쓰라린 것이 되었다(16, 18절). 이것은 마치 요한이 한편으로 달고 또 다른 한편으로는 쓴 복음을 받아 먹은 것과 유사하다(계 10:9). 1장에서 하셨던 약속을 되풀이 하시면서 하나님께서는 예레미야에게 그를 보호해 주시겠다고 확증하신다(20, 21절).

6. 예레미야에게 결혼하거나 자녀를 두지 말라는 명령(16, 17장).

장차 예루살렘에 임할 심판의 날들이 너무나 가혹할 것이므로 예레미야는 가족을 갖지 않는 편이 더 좋을 것이다(16:1-9). 그 때는 하나님의 은혜가 전혀 없는 날이다(13절). 제 2의 출애굽은 백성들의 잘못을 다시금 깨우쳐 주는 데 없어서는 안될 것이며 이것은 또한 이국 땅에서의 제 2의 속박, 곧 바벨론 포로가 선행되어야 할 것을 의미한다(16:14, 15; 17:4).

그 땅에 대한 책망을 하는 중에도 예레미야는 하나님께로 돌아서서 그 분만을 구세주로서 바라보는 것을 잊지 않는다(17:14).

결국, 이사야 56장과 58장에서의 이사야와 유사한 방식으로, 예레미야는 하나님의 백성들의 영성에 대한 테스트로서 안식일 준수를 제시한다(17:20-22; 24-26). 안식일에 대한 명백한 위반이 예레미야 당시에 허용되고 있었다(17:23, 27). 그러한 악을 그치는 것이 곧 백성들의 좋은 믿음을 나타내 주는 증거가 될 것이다.

7. 토기장이의 집에서의 메시지(18장).

토기장이의 집에서 여호와께서는 예레미야에게 하나님의 주권에 대한 통찰력을 주셨다. 토기장이가 그의 손 안에서 진흙을 온전히 지배(control)하는 것과 마찬가지로 하나님께서는 모든 나라를 지배하신다(18 : 1 — 10).

여기서 우리는 하나님께서 악에 대하여 그리고 그가 멸하기로 작정하신 자들에게 임박한 심판에 대하여 경고하시는 원리를·알 수 있다. 만약 그들이 회개한다면 하나님께서는 심판을 내리지 않으실 것이다(18 : 8). 그러나 만약 하나님께서 어느 민족을 세우시겠다고 선언하셨다 할지라도 그들이 하나님께 순종하지 않는다면, 하나님께서는 그가 약속하셨던 선을 행치 않으실 것이다(18 : 9, 10).

하나님께서는 당신이 이전에 선언하셨던 사실로부터 행동을 달리하시는 것을 설명하기 위하여 "후회하다, 뜻을 돌이키다(repent)"라는 말을 사용하신다. 이것은 단순히 하나님께서는 종종 개인이나 나라들을 조건부로 다루신다는 사실을 의미한다. 다시 말하자면 만일 그들이 악에서 떠나 회개한다면 하나님께서는 그들에게 위협하셨던 심판을 내리지 않을 것이다. 그러나 이와 반대로 만일 그들이 순종하지 않는다면, 하나님께서는 약속하셨던 축복을 주시지 않을 것이다.

이러한 원리에 대한 실례로서, 우리는 하나님께서 인간을 지으신 것을 후회하신 노아 홍수 이전 시대로 멀리 거슬러 올라가 볼 수 있다(창 6 : 6). 여호와께서는 그에게 영광을 돌리고 또 순종하는 삶을 살게 하기 위하여 인간을 지으셨고 모든 피조물을 인간에게 복종시키셨다. 그러나 인간이 이 일에 실패했을 때 내려진 하나님의 심판 선언은 그의 진노를 나타내는 것이었다. 인간은 순종을 조건으로 지음을 받았다.

다시금, 광야에서 하나님께서는 한 사건을 인하여 이스라엘을 멸하시겠다고 위협하셨다(출 32 : 7—10). 그러나 모세의 중보기도 후에 여호와께서는 뜻을 돌이키셨다(출 32:11-14). 우리는 성경의 다른 곳에서도 하나님께서 뜻을 돌이키신 것(God's repenting)에 대한 유사한 예들을 찾아볼 수 있다(삼상 15:11; 욘 3:9, 10). 우리는 하나님께 있어서의 후회(repentance)라는 말은 인간에게 적용될 때처럼 실수로 인한 마음의 후회나 변화를 의미하지 않는다는 것을 명심하지 않으면 안된다. 하나님께서는 결코 실수를 범하지 않으시기 때문에 당신 자신의 뜻을 수정하실 필요가 없다. 그는 인간이 후회하는 것처럼 후회하지 않으신다(삼상 15:29).

때때로 하나님께서는 당신이 후회하지 않을 것이라고 선언하시는데 이것은 선포된 심판이나 주어진 약속이 초건적인 것이 아니라는 것을 의미한다(렘 4:27, 28을 보라). 이것은 악에 대한 마지막 심판의 확실성과 하나님의 자녀들에 대한 궁극적인 구원의 확실성을 뒷받침해 주는 근거가 된다.

하나님께서 이스라엘을 다루시는 방식은 하나님의 조건부적인 약속과 조건부적인 심판을 나타내 주는 가장 중요한 실례가 된다. 이스라엘 백성을 다루심에 있어서 여호와께서는 그들이 행하는 악에 대해서는 위협을 가하시지만(사 45:7을 비교해 보라), 다른 한편으로는 그들에게 회개할 것을 촉구하신다(18:11). 그러나 이스라엘 백성들은 회개하라는 하나님의 명령을 거절하고(12절) 하나님의 경고의 메시지를 전하는 하나님의 종을 대적하기에 이르렀다(18:18).

이 모든 것은 예레미야로 하여금 이 백성들에게 하나님의 심판이 임하기를 위하여 간구하도록 했다(18:19-23). 예레미야의 이러한 행위를 지나치다고 생각할 수도 있다. 그러나 우리는 하나님께서 예레미야에게 이 백성들을 위하여 기도하는 것을 금하셨다는 사실을 명심하여야만 한다(14:7, 11; 7:16; 11:14). 하나님께서는 그들을 심판하실 계획을 분명히 세우셨다(15:1). 만약 예레미야가 다른 방법으로 기도한다면 그것은 하나님의 뜻에 위배될 것이다. 시편기자가 깨달았듯이 예레미야도 하나님의 대적은 하나님의 백성들의 대적이라는 사실을 깨닫지 않으면 안되었다(시 139 : 21, 22). 심지어 하늘에서까지도 하나님을 대적하는 자들의 멸망을 위하여 기도하는 때가 있다(계 6 : 9-11).

8. 토기장이의 질그릇이 주는 교훈(19장).

예레미야는 시청각 자료를 통하여 예루살렘의 멸망을 선포하라는 지시를 받는다. 심판을 당한 자들의 시체에 대한 묘사(7절)는 이사야서의 마지막 말씀(사 66 : 24)을 생각나게 해주는 동시에 요한계시록에 기록된 소름끼치는 장면에 대한 기초를 제공하고 있다(계 19 : 17, 18).

9. 바스훌과의 해후에 즈음한 메시지(20장).

예레미야가 제사장 바스훌로부터 매질을 당하고 감금을 당했을 때 그는 매우 낙심하게 되었다(20 : 1-3). 그가 바스훌에게 붙여 준 이름("마골밋사빕")은 "사방의 두려움"을 의미하는데 그것은 대적들에게 에워싸여 있는 예레미야 자신의 처지를 암시하는 것이었다 (20 : 3, 10). 예레미야는 조롱을 당했을 뿐 아니라(7절) 심지어는 그의 친구들까지도 그를 배척했기 때문에(10절) 매우 고통스러웠다. 그러나 그가 자기의 혀를 붙들어서 다시는 하나님의 말씀을 선포하지 않을 것이라고 생각할 때면 그의 중심에서 하나님의 말씀이 타오르는 불길 같아서 그 말씀을 전하지 않고는 견딜 수가 없었다(9절).

예레미야는 한편으로는 그의 보호자이신 여호와 안에서 그의 확고한 신앙을 확인할 수 있었다(20 : 11-13). 그러나 그가 견디어내기에는 사람들의 반대가 너무나 심했기 때문에 예레미야는 또한 차라리 자기가 태어나지 않았더라면 좋았겠다는 생각을 하기도 했다 (14-18절). 이 고뇌에 찬 심경을 예레미야는 욥이 표현했던 것과 똑같은 감정으로 표현하였다(욥 3 : 3-6을 비교해 보라). 예레미야는 하나님께 속한 사람이었으므로 하나님께 대한 반대세력과 정면에서 맞서고 있었다.

예레미야나 욥을 성급하게 비난하기 전에, 우리는 이제까지 예레미야와 욥이 그토록 오랫동안 견디내야 했던 것과 같은 일을 경험하도록 부르심을 받은 사람이 거의 없었다는 사실을 명심해야만 한다. 그러므로 그것은 그들의 영적인 실패를 나타내는 표시가 아니라 오히려 하나님께서 그들로 하여금 그토록 큰 시험을 감당하도록 허락하실 수 있었던 그들의 영적 수준을 나타내는 표시이다.

하나님께서 친히 예레미야로 하여금 그의 증인이 되도록 하실 목적을 가지고 아직 예레미야가 그 모태에 있을 때에 죄를 조성하시고 그를 부르셨다는 사실을 명심하라(1장). 예레미야가 그의 소명시에 주어졌던 이 하나님의 말씀을 기억하게 된 것이 이렇게 곤고한 때를 만난 그에게 위로가 되었음은 두말할 필요가 없다. 바울과 같이 예레미야는 그가 당하는 고난을 통하여 하나님께서 영광을 받으신다는 사실을 깨달음으로 위로를 받을 수 있었다(벧전 4 : 13 ; 빌 3 : 10 ; 롬 8 : 17을 비교해 보라). 하여간 예레미야는 이 시험을 이겨내고 하나님의 말씀을 계속해서 전할 수 있었다.

10. 시드기야가 도움을 구하러 사람을 보냈을 때의 메시지(21장).

예레미야는 여호와의 뜻 안에 거함으로 인하여 위로를 받을 수 있었지만 시드기야는 그렇지 못했다. 시드기야는 하나님께서 한 때 니느웨를 구해 주시고 훗날 히스기야 시대에는 예루살렘을 구해 주셨던 것처럼 느부갓네살의 손에서부터 예루살렘을 구해 주시기를 요청했지만(21 : 2) 그의 요청은 거절되었다. 그 대신 하나님께서는 종종 죄악으로 가득찬 세상 나라들을 심판하실 때 사용하셨던 세 가지 저주, 곧 염병과 칼과 기근을 약속하셨다(21 : 7 ; 참조. 삼하 24 : 13, 14 ; 계 6 : 3-8). 결국, 그들은 바벨론으로 포로로 잡혀가게 될 것이었다(7절).

렘 21 : 8, 9을 신 30 : 15-19과 비교하여 볼 때 우리는 옛 언약의 실패가 유다의 형편을 이토록 다르게 바꾸어 놓고 말았다는 사실을 알 수 있다. 신명기에 표현되어 있는 "생명의 길"이라는 말은 축복을 의미하는 것이었다. 그러나 여기서의 그 말은 단지 칼로부터 벗어나는 것을 의미할 뿐이다.

11. 유다의 왕들과 지도자들에 대한 메시지(22, 23장).

우선 일반적인 명령으로 여호와께서는 유다의 왕들에게 의와 공평으로 백성들을 지도하라고 말씀하신다(22:3). 하나님께서는 그들이 이 명령을 준행하지 않을 때에는 유다 왕국에 엄중한 심판과 멸망이 임할 것이라고 말씀하신다(22:5-9).

모든 왕들에게 이러한 서론격의 주의를 주신 후에 여호와께서는 특별히 각 왕들에게 차례로 말씀하신다.

그 첫번째 대상은 여호아하스라고도 불리우는 살룸이다(22:10-12). 그는 요시야의 아들이었다. 그의 통치기간은 매우 짧았으며 유감스럽게 끝이 났다. 그는 3개월을 통치한 후에 이집트로 사로잡혀 갔다(왕하 23:31-33). 그러므로 살룸의 운명은 훗날 마지못해 이집트로 끌려가게 될 예레미야 자신의 운명과도 유사하였다(렘 43:5-7).

두번째 왕은 여호야김으로 그도 역시 요시야의 아들이었으며 이집트 왕이 그로 하여금 그의 부친의 왕위에 앉도록 했다(22:13-23; 왕하 23:34을 보라). 그는 악하고 불의한 행위 곧 그의 부친과 상반된 일을 행한 대가로 스스로 이득을 취하고 있다고 고발되었다(13-17절). 그의 행적은 압제와 피흘림으로 얼룩져 있다(왕하 23:37-24:4을 비교해 보라). 이로 인해 그의 죽음은 수치스러운 것이 될 것이나(19절; 참조. 36:30). 이후에 그가 예레미야에 의하여 기록된 하나님의 말씀을 없애 버리려고 한 것은 그가 행한 가장 극악한 행위 가운데 하나였다(36장). 그러한 그의 행위는 의심할 여지도 없이 그를 책망하는 예레미야의 이 말씀에 대한 그의 반응을 나타내는 것이었다.

세번째 왕은 여호야긴으로도 불리우는 고니야로서, 그는 바벨론으로 포로로 끌려가서 다시는 돌아오지 못할 것이었다(22:24-30). 우리는 열왕기하 24:10-17에서 이 사건을 대하게 된다. 여호야긴과 더불어 1만명의 다른 사람들이 이 때 잡혀갔으며(왕하 24:

14) 그들 중에는 에스겔도 포함되어 있었다(겔 1 : 1-3). 포로 생활을 한지 37년이 경과한 후에 여호야긴은 감옥에서 풀려나 당시에 즉위한 바벨론 왕으로부터 후한 대접을 받게 되었다(왕하 25 : 27-30).

백성들에게 어떤 왕을 신뢰할 것인가에 대하여 가르쳐 주는 세 왕에 대한 개인적인 메시지 다음으로 하나님께서는 선한 목자가 되는 일에 실패한 이 지도자들을 책망하신다(23 : 1-2). 그 다음에 하나님께서는 사 11 : 11-16 ; 40 : 1, 11 말씀과 같이 그가 친히 백성들의 선한 목자가 될 것이라고 약속하신다(23 : 3, 4).

하나님께서는 한 의로운 가지의 도래를 말씀하시는데, 그 가지는 다윗의 혈통에서 나와서 하나님께서 다른 왕들에게서 요구하셨던 일들을 실제로 성취할 것이다(23 : 5, 6 ; 참조. 사 11 : 1-5, 53장). 그러므로 모든 소망은 장차 오직 하나님의 백성들의 의가 되시는 이 사람에게 근거할 것이다. 다시 말해 이 사람으로 말미암아 하나님의 백성들은 하나님과 올바른 관계를 가지게 될 것이다(6절 ; 참조. 사 45 : 24, 25 ; 54 : 17). 7절과 8절은 렘 16 : 14, 15을 상기시켜 준다.

23장의 대부분은 유다에 있는 다른 지도자들, 다시 말해 거짓 선지자들과 거짓 제사장들에 대한 고발로 이루어져 있다(23 : 9-40). 그들은 모두가 세속적이다(11절). 그들은 백성들로 하여금 정도에서 벗어나게 하는 원인으로 작용한다(13-14절). 그들은 오지도 않을 거짓 평화를 전파한다(15-17절). 이로써 그들은 스스로 하나님의 참된 선지자가 아니라는 사실을 드러내고 있다. 그들은 하나님께서 그의 참된 선지자들에게 나타내시는 하나님의 말씀을 결코 들어본 일이 없다(23 : 18-22 ; 참조. 암 3 : 7). 하나님께서는 자신을 그 메시지가 하나님의 말씀과 일치하지 않는 자들로부터 분리하신다(23-32절). 이러한 사실은 예레미야 당시의 "선지자들"에게 적용될 뿐만 아니라 하나님의 뜻에 일치하게 설교하지 않는 오늘날의 "설교자들"에게도 적용되는 것이다(딤후 4 : 3, 4을 비교해 보라).

　하나님께서는 더 이상 거짓 선지자들로 하여금 참 선지자들에 의하여 사용되었던 어구들을 사용하도록 허락하시지 않을 것이다. 한 때는 하나님께서 보내신 합법적인 선지자들에 의하여 사용되었던 "여호와의 엄중한 말씀(the burden of the Lord)"과 같은 문구들도 이제 더 이상 사용할 수 없게 되었다. 왜냐하면 이러한 문구들이 거짓 선지자들에 의하여 너무나 자주 남발되어 이제는 그 용어들이 무가치하게 되어버렸기 때문이다(23:33-36; 참조. 사 13:1; 나 1:1; 합 1:1). 중요한 것은 판에 박은 듯한 문구가 아니라 참으로 하나님께서 진실한 선지자를 통하여 계시하신 그의 말씀이다(36-40절). 하나님께서는 여기서 실제로는 그렇지 않으면서 하나님의 말씀을 말하고 있는 체하는 자들의 위선에 대하여 엄중하게 경고하신다(40절).

12. 과일 두 광주리에 대한 환상과 관련한 메시지(24장).

　이 메시지는 여호야긴이 바벨론으로 사로잡혀 간 후에 예레미야에게 임했다(24:1; 참조. 22:24 이하). 한 광주리는 좋은 과일로 가득차 있고 다른 하나는 나쁜 과일로 차 있는 과일 두 광주리를 통하여 여호와께서는 백성들에게 바벨론으로 포로되어 간 자들(에스겔, 다니엘과 다니엘의 세 친구와 같은 사람들)이 축복을 받아 세움을 입고 보호받을 것임을 가르쳐 주셨다(24:2-7). 그들은 출애굽기 19장에 기록되어 있는 하나님의 계획과 일치하는 하나님의 참된 자녀들이다. 그리고 하나님께서는 그들에게 새로운 마음을 주실 것이었다(참조. 렘 31:31-34). 그러나 하나님의 뜻을 거스리는 나머지 사람들은 썩어서 먹을 수 없는 나쁜 과일처럼 멸망을 당할 것이었다(24:8-10).

　이 계시는 예레미야의 소명이 가지는 바로 그 본질을 상기시켜 준다(6절; 참조. 렘 1:10). 불순종에 대한 삼중적인 징계는 21:7에 기록된 것과 같다(24:10).

　하나님께서 기뻐하시는 자들과 또 기뻐하시지 않는 자들을 묘사하기 위하여 실과를 사용한 것은 사 5 : 1-7에 처음으로 나타나며 신약성경에서는 더욱 많이 나타난다(마 7 : 16; 요 15장; 약 3 : 12 등).

13. 여호야김 4년에 주신 메시지(25장).

여호야김은 예레미야가 예언했던 대로 수치스러운 죽음을 당한 악한 왕이었다(22 : 19). 예레미야가 23년간이나 여호와의 말씀을 전했지만 백성들은 응답하지 않았다(25 : 3). 그리하여 하나님께서는 다시금 바벨론 포로생활을 통한 심판을 선언하셨다(8-11절).

이 시점에서 하나님께서는 그들이 고국으로 돌아오기 전까지 70년 동안 포로생활을 하게 될 것이라고 구체적으로 예언하셨다(12절). 훗날 다니엘은 70이란 숫자에서 그 이상의 의미를 찾으려고 여호와께 기도하기도 했다(단 9 : 2 이하). 그러나 하나님께서는 유다를 징계하시기 위하여 사용하셨던 나라들에 대한 심판을 행하실 것이다. 열국의 멸망은 묵시적인 형태(마지막 때와 관련된 상징적인 언어를 통한 계시)를 취하고 있는 다니엘서와 에스겔서 일부 그리고 요한계시록과 같은 책에 생생한 언어로 표현되어 있다. 열국을 심판하는 일에 있어서 하나님께서 적용하시는 원리는 이사야 10 : 12-15에 진술되어 있다. 열국은 하나님의 백성들을 징계하기 위하여 하나님께 사용되지만 그들은 그들의 승리에 대하여 교만하게 되고 또 하나님께 순종하거나 혹은 하나님을 기쁘시게 하기 위한 목적으로 그 일을 행하지 않기 때문에 결국 그들은 심판을 받게 될 것이다. 이러한 원리는 여기 예레미야 25 : 29에 분명하게 명시되어 있으며 베드로에 의하여 이 원리는 더욱 확대되어 모든 나라와 모든 인간에 대한 하나님의 심판에 적용된다(벧전 4 : 17, 18).

14. 성전 뜰에서의 메시지(제26장).

여호야김의 시대는 하나님과 또 그 종 예레미야를 특별히 적대시하였다. 이 26장과 관련이 있는 사건으로서 여호야김의 즉위초부터 예레미야를 죽이려는 시도가 있었다. 여기서 우리는 죽음에 직면한 예레미야의 용기를 볼 수 있다(26 : 8-15).

예레미야의 용감한 말은 대신들과 백성들에게 선지자들과 대제사장들이 예레미야에 대하여 잘못을 저지르고 있다는 사실을 알게 했다(26:16). 미가가 했던 것처럼 설교하는 예레미야의 정당성을 입증하기 위하여 미가 선지자가 인용되었다(17-19절). 결국 예레미야는 죽음을 모면할 수 있었다(24절).

15. 하나냐와의 만남(27, 28장).

여호야김 때에 벌써 하나님께서는 유다가 멸망하여 바벨론으로 포로되어 갈 것을 말씀하기 시작하셨다(27:1-11). 그리고 시드기야(마지막 왕) 시대에 이르러서는 이 일들이 성취되기 시작했다(3절 이하). 예레미야는 임박한 포로생활을 생생하게 설명하기 위하여 시청각 자료를 가지고 극적인 동작을 취하라는 지시를 받는다(27:2). 하나님의 진노에서 벗어나는 유일한 길은 하나님께서 유다에게 억지로 메우시는 이 멍에를 감수하는 것이다(7-11절). 그래서 예레미야는 시드기야에게 하나님의 뜻에 승복할 것을 촉구했던 것이다(12-15절).

이와 유사한 방식으로, 예레미야는 거짓 선지자들과 제사장들에게 회개하고 하나님을 바라보도록 권유하였다(16-22절).

그러나 시드기야 통치 당시의 거짓 선지자들 가운데 한 사람인 하나냐는 예레미야가 사용했던 것과 동일한 극적인 제스처로써 예레미야의 예언을 반박하려고 했다(28:1-4). 예레미야가 하나냐를 책망하며 그의 거짓말을 증명하려 하자(28:5-9), 하나냐는 다시금 예레미야의 목에 걸려 있는 멍에를 꺾어 버리는 제스처를 사용했다(10-11절).

예레미야는 처음에는 당혹해 했으나(11 하반절), 이번에는 나무 대신에 쇠로 만든 다른 멍에를 만들어 그것을 꺾어 버리려고 하는 하나냐에게 도전했다(12-14절). 하나냐는 백성들에게 거짓말을 믿도록 했기 때문에 벌을 받아서 죽고 말았다(17절).

16. 포로된 자들에게 보낸 편지(29장).

우리는 여호야긴 때에 특정수의 유대인들이 이미 포로로 끌려 갔었다는 사실을 알고 있다. 이제 예레미야는 그 포로된 자들에게 편지를 썼다(29：4-32). 편지를 통하여 예레미야는 그들에게 바벨론에 잠시동안 머무르는 것을 당연한 일로 받아들이라고 격려하였다. 사실상 그들 자신의 생활은 일시적으로나마 당분간 바벨론의 형편과 밀접한 관련을 맺고 있을 수 밖에 없으므로 그들은 바벨론과 그 평화를 위하여 기도해야만 한다(5-7절).

분명히 포로들 가운데는 거짓 선지자들과 거짓 지도자들도 포함되어 있었다(8, 9절). 예레미야가 이미 그들이 70년동안 그곳에 머물러 있을 것이라고 말했음에도 불구하고 거짓 선지자들은 속히 고국으로 돌아가게 될 것이라고 예언하고 있었다(10절 ; 참조. 25：12).

앞으로 알게 될 것이지만, 포로들에게 주어진 평화적인 권고는 다니엘과 에스겔과 같은 선지자들에 의해서도 진지하게 되풀이되었다. 하나님께서는 포로된 자들에게 평화뿐만 아니라 궁극적으로는 안전한 귀환도 허락하실 것이다. 그러나 예루살렘에 남아 있는 자들은 하나님의 맹렬한 진노를 경험하게 될 것이다(17절 ; 참조. 24：8-10).

다니엘의 예언을 통하여 우리는 바벨론에서 활동하던 신실한 선지자들에 대하여 알 수 있다. 그러나 여기서 우리는 또한 당시에 거짓 선지자들이라 불리워지는 자들도 활동하고 있었다는 것을 보게 된다(29：21, 22). 확실히 그들의 최후(불에 태워지는 것)는 느부갓네살이 다니엘의 세 친구를 죽이려고 준비했었던 죽음과 같은 것이었다. 그러나 다니엘의 세 친구는 하나님께 충실했기 때문에 풀무불 한 가운데서 하나님의 보호하심을 받았다(단 3장).

바벨론 포로들 가운데 있었던 세번째 거짓 선지자는 스마야로서, 그는 예루살렘에 남아 있는 사람들에게 편지를 써서 예레미야를 책망하도록 재촉하기까지 했다(29：24-28). 이 편지에 대한 응답으로, 예레미야는 스마야가 사무엘 시대의 제사장 엘리가 받은 형벌과 유사한 형벌을 받을 것이라고 예언하였다(31-32절 ; 참조. 삼상

2 : 30-34). 이렇게하여 우리는 하나님께서 예레미야를 부르실 때에 하셨던 말씀의 의미가 무엇인가 하는 것을 알 수 있다(1 : 17-19).

17. 하나님께서 하신 모든 말씀을 책에 기록하라는 명령(30 : 1-3).

18. 이스라엘과 유다에 관한 메시지(30 : 4-31 : 40).

전쟁과 전쟁의 황폐에 대하여 경고하시는 이 단락의 한 가운데서 평화의 왕 여호와께서는 하나님의 부르심에 응답하여 그 믿음을 하나님께 두었던 이스라엘과 유다에 있는 백성들에게 말씀하시기 시작한다. 이들을 위한 소망의 메시지가 있다.

하나님께서는 그들을 그 대적들로부터 구원해 주실 것을 약속하셨다(30 : 4-11). 그럼에도 불구하고 그들은 바벨론에서 성결케 되는 시간을 통과하지 않으면 안된다. 나중에 그 바벨론으로부터 하나님의 참된 신자들이 나와서 하나님의 백성이 될 것이다(21-22절).

하나님의 다함이 없는 영원한 사랑은 결국 승리할 것이다(30 : 23-31 : 6). 여기서 하나님께서는 사 2 : 3을 생각나게 하는 것으로서 시온(하나님의 성)이 마지막에 가서 높임을 받을 것이라고 약속하신다(6절). 분명히 이 약속들은 모든 이스라엘 백성들에게가 아니라 남은 자들에게 주어진다(7절).

다시금 우리는 목자에 관한 주제를 보게 된다(31 : 10 ; 참조. 창 48 : 15 ; 민 27 : 17 ; 왕상 22 : 17 ; 시 23 : 1 ; 사 40장). '속량하다'와 '구속하다'라는 출애굽기의 용어도 여기서 발견된다(11절).

하나님의 선하심은 마침내 승리하실 것이다. 그리고 그 선하심은 오래전에 모세에게 나타내셨던 것이다(12-14절 ; 참조. 출 33 : 18, 19 ; 34 : 6, 7).

여기에 기록된 모든 것은 하나님의 뜻과 하나님의 능력에 따른 모든 일 중에서도 마지막 사역을 가리키는 것이었다. 그동안 라헬(남은 자들에 대한 비유적인 표현)은 울지 않으면 안된다(15절). 신약 성경에서 이 구절은 베들레헴에 있던 수많은 어린 아이들이 헤롯에 의하여 살해당한 것과 관련하여 인용된다(마 2 : 16-18). 이와 같이 그 학살 사건은 하나님의 백성들이 원수의 손에서 견디어 내지 않으면 안될 모든 고통을 상징하고 있다. 그러나 최후에는 소망이 있다(17절).

18, 19절에 기록된 예레미야의 기도는 우리에게 진정한 영적 변화가 있기 위해서는 하나님께서 우리를 변화시켜 주셔야만 한다는 것을 인식하고 있는 것으로서 하나님께서 새 언약에서 약속하시는 새 마음에 대한 필요성을 반영하고 있다(31 : 31-34).

하나님께서는 그가 백성들을 훼파하며 뽑은 것 같이(28절) 이제는 세우며 심으실 것을 약속하신다. 이렇게 볼 때 "세우다" 또는 "건물" 그리고 "심다" 또는 "성장"이라는 말은 장래의 하나님의 백성들을 묘사하는 용어들이다. 여호와께서는 건축가와 농부이시고 우리는 건물이며 식물이다(마 7 : 24-27; 16 : 18; 13 : 1-9; 요 15 : 1-5; 엡 4 : 11-16 등을 보라).

우리가 살펴 본 바와같이 옛 언약에서는 이스라엘 백성들이 하나님의 법을 준행하는 한에 있어서만(그것을 존중하는 동안에만) 가나안에 남아 있을 수 있었다. 만약 그들이 이 일에 실패한다면 그들은 옮겨질 것이었다.

그러나 이제 새 언약 하에서(31 : 31-34), 그들은 하나님께 순종할 수 있는 새로운 마음을 부여받게 될 것이었고, 또한 그것은 하나님에 의하여 이루어지는 일이므로 결코 실패하지 않을 것이었다. 그러므로 전에 이사야가 말한 바와 같이, 하나님께서는 그들의 죄를 다시는 기억하지 않으실 것이다(34절; 참조. 사 43 : 25). 이 모든 것은 인간들을 성령으로 말미암아 거듭나게 하시는 신약 성경에서의 그리스도의 사역을 가리킨다(요 3장). 그런 다음에야 사람들은 여호와를 믿을 수 있다. 나중에 에스겔이 그의 예언을 통하여 (36, 37장) 이 거듭남에 대한 약속을 좀 더 상세하게 설명해 줄 것이다.

이 약속들의 확실성은 당신 자신의 기쁘신 뜻을 따라 모든 일을 이끌어 가시는 하나님의 주권에 그 근거를 두고 있다(31 : 35-40).

19. 시드기야 10년에 주신 메시지(32, 33장).

이 메시지는 예루살렘이 멸망하기 바로 전 해에 주어졌다(1절). 예레미야는 여호와께 대한 그의 신실함으로 인하여 감옥에 갇혀 있었다(2절). 감옥에 감금되어 있는 동안 예레미야에게는 상속권(right of redemption)에 의해 그의 소유로 만들 수 있는 아나돗에 있는 한 밭을 살 기회가 주어졌다(32 : 8). 여호와께서 이 사건을 미리 말씀해 주셨으므로 예레미야는 하나님께서 그의 백성들을 고국으로 안전하게 돌아오도록 하실 것이라는 여호와께 대한 그의 확신을 나타내기 위하여 그 밭을 샀다(15절).

예레미야가 많은 기도와 당시의 극심한 재난에 대한 충분한 인식이 없이 밭을 사는 일을 한 것은 아니었다(32 : 16-25). 이때에 여호와께서는 단지 육체적인 귀환만이 아니라 올바른 마음에로의 귀환의 날이 올 것에 대하여 예레미야와 하나님을 신뢰하는 모든 사람들에게 다시 한 번 확증해 주셨다(특히 32 : 36-40). 모든 문제는 사 11 : 1-5과 렘 23 : 5, 6 ; 30 : 9과 유사한 방식으로 장차 오실 구세주에 대한 약속으로 귀결된다(33 : 15-18). 그러한 모든 약속을 통하여 여호와께서는 평화와 용서를 보증하여 주신다(33 : 6, 8). 그 사역은 하나님의 사역으로서 우리에게 전가된 여호와의 의가 될 것이나(16절 ; 참조. 23 : 6). 간단히 말해 그것은 분명히 여기서 예시된 신약에서의 복음에 대한 약속이다(롬 5 : 1 등을 비교해 보라). 그리스도께서는 제사장과 왕의 직무를 완벽하게 수행하실 것이다(33 : 17, 18).

이 약속의 확실성이 다시 한번 강조된다(33 : 19-25 ; 참조. 31 : 35-37). 그리고 여호와께서는 훗날에 주어진 이 약속들이 아브라함에게 그의 후손들을 축복하여 주실 것이라고 했던 최초의 약속과 일치하는 것이라는 사실을 분명하게 알고 계신다(26절 ; 참조. 창 12 : 1-3; 22 : 18).

20. 예루살렘에 대한 포위 공격 기간중에 주신 메시지(34장).

이 기간 동안에 하나님께서는 예루살렘 함락 직전의 마지막 왕인 시드기야에게 예레미야를 보내셨다(2절). 시드기야에게 주어진 메시지는 그가 여호와께 순종하지 않는다면 곧 사로잡힘과 고난이 뒤따를 것이라는 경고를 담고 있었다(3-5절). 시드기야 편에서는 분명히 이스라엘 백성들로 하여금 하나님의 율법, 특히 7년이 경과한 유대인 노예를 자유케 하는 것과 관련된 율법을 준행하도록 하려는 시도가 있었지만(8-15절 ; 참조. 출 21 : 2), 백성들은 종들을 놓아 주었다가 이내 그들을 다시 끌어 왔으며 그러므로써 그들은 하나님의 법을 조롱하였다(16절). 이스라엘 백성들은 하나님과 언약을 맺는 것을 상징하여 소를 둘로 쪼개어 놓고 그 사이로 통과하는 의식을 치렀지만(18절 ; 참조. 창 15 : 10), 그것은 모두 겉치레에 불과했을 뿐 진실성이 결여되어 있었으므로 이 백성들은 형벌을 받게 될 것이었다(20-22절).

21. 레갑 족속에 관한 메시지(35장).

예후가 이스라엘의 왕으로 있을 때에 레갑의 아들 요나답 집안이 있었는데, 그 집안은 왕에게 충성스러웠다(왕하 10 : 15-24을 보라). 요나답은 그 자녀들을 가르쳤고 그들은 다시 그들의 자녀들을 가르쳐서 술을 마시는 것에 대한 요나답의 규율을 준행하도록 하였다. 이 집안은 요나답의 규율을 준행하는 데 있어서 매우 엄격했으므로 250년이 지난 예레미야 시대에까지도 여전히 그들의 조상의 명령에 충실하였다(35 : 14 상반절). 예레미야가 그들로 하여금 포도주를 마시게 하려고 노력해 보았으나 허사였다(35 : 3-11).

하나님께서는 이스라엘이 여호와께 순종하기를 싫어하는 것과는 대조적으로 인간의 명령에 대한 위대한 충성심의 본보기로 이 예화를 사용하셨다(14 하반절). 하나님께서는 이 레갑 자손들의 충성심을 칭찬하신 후에 본질에 있어서 천국도 그와 같은 것이라고 말씀하셨다(19절).

이것으로 말기의 유다 왕국과 관련하여 하나님께서 예레미야에게 주신 일련의 긴 메시지는 끝을 맺는다. 여기에 진술된 메시지의 전개 순서를 그대로 따르기는 쉽지가 않다. 그럼에도 불구하고 연구를 계속 진행하기에 앞서 이 메시지들을 꿰뚫고 있는 몇 가지 주요 주제들을 살펴볼 필요가 있다.

첫째로 **마음**에 대한 주제이다. 하나님께서는 사람들이 품고 있는 마음의 생각들을 중요하게 여기신다는 것을 보여 주신다. 하나님께서는 겉치레 뿐인 복종을 받아들이지 않으실 것이므로 올바른 마음을 강조하신다. 우리는 이러한 사실을 이스라엘 백성들이 마음 속에서부터 진정으로 여호와께 돌아오지 않았기 때문에 여호와께서 요시야 시대의 개혁을 거절하신 3:10 말씀을 통하여 확인할 수 있다. 그러나 하나님께서는 그를 섬기는 자들이 조금도 주저함이 없이 온 마음을 다하여 하나님을 섬길 것을 요구하신다(신 6:5).

같은 장에서 하나님께서는 백성들이 현재 그들의 악한 마음의 고집대로 살고 있음을 지적하여 주신다(3:17). 그것이 그들에게 있어서의 삶의 방식이다. 그들은 유대인으로서 비록 육체적으로는 할례를 받았을망정 그들의 마음은 여전히 할례를 받지 않은 상태였기 때문에 그들의 마음은 부정하다(4:4, 14; 참조. 신 10:16; 30:6).

그들의 삶의 방식도 그들의 마음과 마찬가지이다. 그들이 부패한 마음을 가지고 있기 때문에 그들의 삶의 방식 또한 부패되어 있다(4:18). 따라서 그들은 이사야의 소명에 관한 부분에서 묘사된 상태, 다시 말하자면, 눈이 있어도 보지 못하고 귀가 있어도 듣지 못하는 상태에까지 이르게 되었다. 그들에게는 마음이 없다(5:21; 참조. 사 6:9, 10). 여기서 이따금씩 "지각(understanding)"으로 번역되는 단어는 "하나님을 향한 마음"을 의미한다는 것에 유의하라.

그들의 마음은 하나님을 전혀 기쁘시게 하지 못할 뿐만 아니라 실제로는 하나님께 대하여 반역을 꾀한다(5:23). 그들의 마음 속에는 하나님께 대한 두려움(믿음)이 전혀 없다(24절). 이런 사람들은 교회 앞에서 위선을 조장하게 되므로 그들은 외적으로는 다른 사람들과 평화롭게 이야기하지만(신자처럼 행동함), 내적으로는 다른 사람들에 대하여 악을 도모한다(9:8; 참조. 12:2).

그들의 상태는 종종 그들의 마음의 고집을 따라 행하는 것(사는 삶)으로 묘사된다(9:14; 11:8; 13:10; 16:12; 18:12; 23:17). 그들의 삶은 하나님의 백성들로 추정되는 사람들과 세상의 나머지 사람들 사이에서 실제로 아무런 차이점을 찾아 볼수 없는 그런 종류의 것이다(9:26).

그들의 선지자들은 그들에게 아무 도움도 되지 않는다. 왜냐하면 거짓 선지자들도 백성들과 유사한 마음을 가지고 있어서 실제로 그들 자신이 지어낸 속이는 말을 스스럼 없이 이야기하기 때문이다(14:14; 23:16-26).

그러므로 유다의 죄는 결코 사소한 문제가 아니다. 그것은 그들의 마음 속으로 스며든다. 사람들이 마치 금강석 촉이 박힌 철필로 돌에 글을 새기듯이 실제로 그들의 죄는 그들의 마음에 지워지지 않도록 새겨진다(17:1). 이것은 그들이 돌처럼 굳은 고집스러운 마음을 가지고 있다는 것을 나타내 준다.

마음에 대한 묘사는 17:9에서 절정에 이른다. 인간의 마음은 거짓되고 심히 부패해 있다. 우리는 여기서 마음과 관련된 예수님의 말씀을 기억하게 된다. 마 7:20-23에서 예수님께서는 구원받기 이전의 자연인의 마음 속에 들어있는 것들에 대하여 생생하게 묘사하신다.

예레미야는 "누가 그런 마음을 알 수 있겠는가?"라는 질문을 제기한 후(9절), 다음 구절에서는 그 질문에 대해 "나 여호와가 마음을 살핀다"라는 대답을 이끌어낸다(10절). 인간은 스스로 그 자신의 마음을 속이며 아무도 자기가 전적으로 부패해 있다는 사실을 기꺼이 인정하려 들지 않는다. 그러나 우리 인간의 마음을 정확하게 알고 계신 하나님께서는 인간이 전적으로 부패한 존재라고 선언하신다. 그러므로 오직 하나님의 말씀에 의해서만 인간은 그 자신의 마음의 상태를 알 수 있다(20:12을 비교해 보라).

이제 앞에서 제기되었던 질문에 대한 해결책이 제시된다. 인간은 그 마음이 전적으로 부패해 있으며 그렇기 때문에 스스로 그의 마음을 변화시킬 수 없다. 인간의 능력으로는 죄를 제거할 수 없다. 그러므로 인간이 올바른 마음, 곧 하나님을 기쁘시게 하는 마음을 가질 수 있는 유일한 해결책은 하나님께서 새로운 마음, 곧 하나님께 순종할 수 있는 마음을 주시는 길 뿐이다. 그리고 이것이 바로 하나님께서 예레미야를 통하여 행하시겠다고 약속하신 것이다(24 :7). 그런 다음 하나님께서는 그들의 새로운 마음 속에 그의 법을 두시고 그들의 마음에 지울 수 없도록 그의 법을 새기실 것이기 때문에 그들은 참된 하나님의 백성이 될 것이다. 이 모든 것은 하나님께서 처음부터 그들을 위하여 계획해 오셨던 것이다(31:33; 참조. 출 19:5, 6). 그들은 새로운 본성을 따라 새로운 마음을 가지고 있기 때문에 여호와를 알 것이다(믿음을 가질 것이다). 물론 이것은 예수님께서 말씀하신 거듭남에 대한 약속을 가리킨다(요 3장). 렘 32:38, 39과도 비교하여 보라.

우리는 여기서 엄청난 죄악으로 가득찬 본래의 마음으로부터 하나님의 은혜로 말미암아 하나님의 백성들에게 주어지는 거듭난 마음으로 아름답게 발전되어가는 마음에 관한 주제를 볼 수 있다.

두번째 주제는 첫번째 주제와 밀접한 관련을 맺고 있다. 그것은 평화에 관한 주제이다. 먼저 예레미야는 딜레마에 봉착한다. 그는 여호와께서 이사야를 통하여 그의 참된 백성들에게 그들이 평화를 소유하게 될 것이라고 말씀하신 것을 회상한다(사 9:7; 26:3, 12; 53:5; 55:12). 그러나 예레미야 시대에는 결코 평화를 찾아볼 수 없었다. 바벨론 왕 느부갓네살의 군대가 예루살렘을 포위하고 있었으며, 예루살렘의 멸망이 임박한 것 같이 보였다(렘 4:10). 마치 하나님께서 거짓말을 하신 것처럼 보일 정도였다.

따라서 여호와께서는 그가 이 세상에서 그의 백성들에게 주시겠다고 약속하신 평화는 외적인 것이 아니라 내적인 것이라는 것을 예레미야에게 보여 주셔야만 했다. 믿는 자들에게 외적인 평화를 약속한 자들은 거짓 선지자들이었으며, 그들은 결코 오지도 않을 평화를 약속하였다. 그것은 거짓 복음이었다(6:14; 8:11; 14:13, 19; 23:17).

그러므로 외적인 문제들로부터의 자유를 의미하는 이 외적인 평화는 속이는 것이며 결코 영속적인 것이 될 수 없었다. 참으로 중요한 것은 하나님께 속한 평화, 곧 하나님을 앎으로써 오는 평화요 하나님과 올바른 관계를 맺음으로써 오는 평화였다. 그것은 참으로 잃어버린 평화이며 전쟁을 극복함으로써 오는 어떠한 외적인 평화로도 결코 회복할 수 없는 평화였다. 하나님은 이 백성들에게서 참된 평화, 곧 하나님의 애정어린 친절과 부드러운 자비를 빼앗아 가셨다(16:5). 그러한 평화, 다시 말해서 사랑과 자비가 무한하신 여호와를 아는 것은 상상을 초월하는 참된 평화이다. 그것은 세상이 알 수도 없고 줄 수도 없고 빼앗아갈 수도 없는 평화이다(요 14:27; 빌 4:7을 비교해 보라). 이것이 바로 이사야가 이사야 26:3에서 말했던 그 평화이다.

그러나 여호와께서는 그의 자녀된 사람들에게 평화를 가져다 주실 것이다. 그의 자녀들을 향한 하나님의 생각은 그들을 위한 평화이다(29:11). 하나님께서는 그를 의지하는 그의 백성들로 하여금 그의 사랑과 자비로 말미암는 평화를 누리게 하실 것이다(33:6).

이 세상의 소란스러운 외적 환경 가운데서도 하나님과 함께 누리는 그 평화에 대한 두 가지 실례를 살펴보는 것은 이 시점에서 도움이 될 것이다. 예레미야가 그랬던 것처럼 하박국에게서도 우리는 고통당하는 선지자와 전쟁의 위기에 처한 외적인 환경들을 보게 된다. 하나님께서는 하박국에게 백성들을 정화하는 것은 불가피한 일이라고 가르쳐 주신다. 그러나 하나님을 의뢰하는 자들은 의롭게 되고 살아남을 것이다. 이 일이 있은 후에 한 사람의 신자로서 하박국은 이 땅 위에서 커다란 시련을 통과하지 않으면 안되지만 그 와

중에서도 그는 하나님과 더불어 평화를 누릴 수 있다는 것을 이해하게 된다.

신약성경을 살펴 보면 예수님께서 한 때 갈릴리 바다에서 제자들과 함께 배를 타고 가신 사건이 나타난다. 배를 타고 가는 도중에 예수님께서는 주무시고 계신다. 폭풍이 일어나자 제자들은 두려워한다. 그들은 예수님을 깨워서 폭풍으로부터 벗어날 수 있는 어떤 일을 해 주실 것을 요청한다. 예수님께서는 폭풍을 잠잠케 하신 다음 제자들을 책망하신다. 그들은 예수님을 모시고 있었다. 어찌하여 그것으로 충분하지 않았을까? 참된 평화는 하나님의 자녀들로 하여금 인생을 살아가면서 당면하게 되는 미친 듯이 날뛰는 폭풍우 같은 시련 가운데서도 평화를 누릴 수 있게 한다(마 4:35-41). 그 후에 우리는 폭풍우 한 가운데서도 평화를 소유하고 있는 바울을 보게 된다. 배가 파선했음에도 불구하고 바울과 함께 한 사람들은 구출되었다. 그는 풍랑이 주위에서 미친 듯이 날뛰는 동안에도 평화를 소유하고 있었다. 하나님의 모든 자녀들도 그와 같아야 한다(행 27:14-26).

세번째 주제도 역시 다른 주제들과 관련이 있는 것으로서 그것은 **믿음에 관한 주제**이다. 백성들의 죄는 잘못된 기초에 근거한 확신이었다. 그들은 거짓 선지자들이 전하는 거짓말을 신뢰하였다. 이 거짓 선지자들은 성전이 예루살렘에 있고 그것은 하나님의 임재를 나타내는 것이므로 그 성에서는 어떤 재앙도 일어날 수 없다고 약속했다(7:4, 8, 14). 그러나 하나님께서는 이전에 하나님의 언약궤가 있었던 실로가 멸망한 것처럼 예루살렘도 그렇게 될 것이라고 경고하셨다. 어떤 물건을 의지하는 자들은(그것이 종교적인 상징물일지라도) 틀림없이 실패하게 되어 있다.

사람은 아무도 다른 사람을 구원의 대상으로 삼을 수 없다(9:5; 참조. 미 7:5). 인간의 마음은 부패되었으므로 그들은 세상을 구원할 수 없을 뿐만 아니라 스스로를 구원할 수도 없다. 인간의 거짓된 약속에 대한 믿음은 수치와 패배를 가져다 줄 뿐이다(13:25, 26).

그러므로 인간을 의지하는 자들은 저주를 받는다(17:5). 그들은 지탱할 수도 없고 구원할 수도 없는 육신의 힘을 의지한다. 그들의 마음은 하나님을 버렸다. 반대로 여호와를 의지하는 자들은 복을 받을 것이다. 하나님께서는 그들을 저버리지 않으실 것이다(17:7). 그들은 물가에 심기운 나무와도 같다. 그들은 번성할 것이다(시편 1편을 비교해 보라).

마지막으로 남은 자들에 대한 주제가 있다. 누가 믿음을 가질 것인가? 누가 평화를 가질 것인가? 누가 성결한 마음을 소유할 것인가?

먼저 우리는 이 질문에 대한 부정적인 대답을 볼 수 있다. 자기들의 결백을 계속해서 주장하는 자들은 하나님을 알지 못할 것이다(2:35). 죄를 인정하고 회개하는 것이 절대적으로 요청된다(3:13). 여기서 예레미야가 보여 주는 것과 같이 평화를 소유하기 위하여 요구되는 것은 진실한 자백이다(3:25). 그러나 예루살렘에 있는 많은 사람들은 죄를 인정하기를 거절하고 스스로 완고하게 된다(5:3). 그들은 재앙이 그 성에 임할 것이라는 사실을 믿지 않는다(5:12).

그들이 회개하기를 거부하는 것은 고집센 교만이며 죄악이다(8:6, 8). 그러한 교만은 유다의 몰락을 초래하게 될 것이다(13:9, 10).

그들은 악한 마음을 품고서 그들의 모든 문제에 대하여 하나님을 비난하면서도 죄가 없는체 한다(16:12). 그들은 그들의 악한 계획을 따라 행하며(18:12) 심지어는 예레미야와 같은 경건한 사람들을 적대시한다(18:18). 그들은 뻔뻔스럽게도 성경을 인용할 뿐만 아니라 악한 삶을 살면서도 여전히 하나님의 백성임을 주장함으로써 하나님의 말씀을 조롱한다(18:18). 그런 사람들은 하나님의 나라를 보지 못할 것이다. 그들은 성결케 되지 않으면 안된다.

그러므로 살아남는 자들, 곧 여호와를 의뢰하고 그의 백성이 된 자들은, 남은 자들이라 불리운다. 예레미야가 이 용어를 최초로 사용한 것은 아니다. 그 단어는 유형 교회 안에 있는 참된 하나님의 자녀들을 묘사하기 위하여 선지자들이 일반적으로 사용하던 말이다.

아모스가 지적했듯이(암 9:8 하반절 이하), 하나님께서 이스라엘 백성들을 완전히 멸하지는 않으실 것이다(4:27; 5:18). 하나님과 그의 종들을 대적하는 자들 중에는 결단코 남은 자가 한 사람도 없을 것이다(11:20-23; 참조. 암 3:12). 그러나 포로 생활 이후에 하나님께서는 그가 불쌍히 여겨오신 사람들 얼마를 따로 남겨 두실 것이다(12:15).

이 남은 자들은 선한 목자가 다시금 모아 들이는 흩어진 양떼와도 같은 것이다(렘 23:3; 참조. 사 11:11-16; 40:10, 11).

따라서 그 약속을 소유할 하나님의 참된 백성들은 이스라엘의 남은 자들, 곧 하나님을 의지해 온 사람들이다(31:7). 그들은 임박한 포로생활을 통과한 후 역사에 걸친 하나님의 백성, 곧 외적인 이스라엘이 멸망한 후에 살아남을 백성 중의 백성, 외적인 이스라엘 안에 있는 참된 교회로서 살아남을 것이다.

이제 우리는 예레미야서의 첫번째 주요부분을 뒤로 하고(2-35장), 그 당시의 역사적인 사건들을 기록한 두번째 주요 부분으로 넘어가게 될 것이다(36-44장).

다음 몇 장들은 그 당시에 활동했던 몇 안되는 하나님의 충성된 종들 가운데 한 사람인 예레미야와 관련하여 **유대 말기**에 일어난 **역사적인 사건들**을 기록하고 있다(36-44장). 특히 36장은 여호야김이 예레미야가 기록한 두루마리책을 없애 버리려고 시도한 사건을 기록해 놓고 있다.

이 36장을 통하여 우리는 하나님의 말씀이 기록된 방법에 대한 통찰력을 얻게 된다. 예레미야는 유다의 여호야김 왕 제 4년에 하나님께서 자기에게 말씀해 주신 모든 것을 두루마리에 쓰도록 명령받았다(36:1, 2). 어떤 것은 이 시기 이후에 쓰여졌으므로 모두 다는 아니라 할지라도 아마도 그 두루마리 책에는 1—35장에서 발견되는 거의 대부분의 내용들이 수록되었을 것이다(36:32).

예레미야는 바룩에게 자기가 불러주는 여호와의 말씀을 차례차례 받아 쓰게 했으며, 바룩은 그 말씀들을 받아적었다(36:4). 그런 다음 예레미야는 자신은 감금을 당하여 성전으로 갈 수가 없었기 때문에 바룩으로 하여금 두루마리에 적힌 말씀을 성전에서 읽도록 하였다(36:6). 여기서 우리는 훗날 바울이 감옥에서 편지를 쓰면서 했던 말을 떠올리게 된다(딤후 2:9).

여호야김 5년, 백성들이 경건한 분위기에 젖어 있을때 바룩은 두루마리에 기록한 하나님의 말씀을 백성들에게 읽어 주어 듣도록 하였다(36:9, 10). 그 말씀은 빠른 속도로 자극을 불러 일으켰으며 마침내 왕의 귀에까지 들어가게 되었다(21절).

성경을 잘라서 불태워버린 왕의 행위와 그 신하들의 냉담한 반응은 그 당시 유다의 영적 상태가 얼마나 철저하게 타락했는가 하는 것을 보여 준다(36:23, 24). 흥미로운 것은 여호야김이 하나님의 말씀을 멸절시키지 못했을 뿐만 아니라 실은 부지중에 하나님의 말씀을 더욱 증대시키는 결과를 가져오게 하였다는 사실이다(36:32). 첨가된 책에는 여호야김 5년 이후에 일어났던 것으로 추정되는 모든 사건들을 포함시켰음이 분명하다(적어도 24, 27, 28, 29, 32, 33, 34장).

이 여호야김 왕 이전에도 이후에도 하나님의 말씀을 멸절시키려고 시도한 악인들이 있었지만 아무도 성공하지 못했다. 여기서 우리가 주목할 만한 사실은 이 기록된 말씀의 근원이 하나님, 예레미야 그리고 바룩 이렇게 삼중으로 되어 있다는 사실이다. 각자가 그 본분을 담당했지만(36:4), 성경의 참된 저자는 분명히 하나님이시다.

이 단락의 나머지 장들은 B.C. 586년 경에 있었던 바벨론 포로를 전후하여 예루살렘의 말기에 일어났던 사건들을 빠른 속도로 기록하고 있다(37-44장).

그 당시 바벨론의 느부갓네살 왕이 이집트 군대와 싸우기 위하여 일시적으로 예루살렘을 떠났을 때, 유다의 마지막 왕인 시드기야는 예레미야에게 사람을 보내어 하나님으로부터 오는 격려의 말씀을 듣기를 원했다(37:5). 그러나 예레미야는 예루살렘이 멸망할 것이라는 종래의 예언을 바꾸지 않았다.

이러한 시점에서 예레미야는 그가 전에 샀던 재산을 찾으려고 베냐민 땅으로 갔다(37:11, 12; 참조. 32:8, 9). 그의 행위는 반역 행위로 받아 들여져서 예레미야는 다시금 감옥에 갇히게 되었다(13-15절). 그럼에도 불구하고, 시드기야는 놀랍게도 여전히 예레미야에게서 소망의 말을 듣고자 했다(17절).

예레미야의 대적들은 그에 대하여 악한 감정을 가지고 있었다. 그들은 예레미야를 죽여야 한다고 주장했다(38:4). 시드기야 왕은 예레미야에 대해 동정적이기는 했지만 힘이 없었기에 그를 죽이도록 허락하였다(38:5, 6). 한 신하의 조언이 있고 나서야 비로소 시드기야는 예레미야를 도울 어떤 일을 했을 뿐이다(38:7-13). 확실히 그는 이 일이 있은 후에 예레미야로부터 좀더 호의적인 말을 듣기를 기대했다(14-16절). 만약 그것이 사실이었다면 그는 실망했을 것이다. 왜냐하면 하나님의 말씀은 여전히 "항복하라. 그렇지 않으면 멸망할 것이다"였기 때문이다(17-23절).

39장은 하나님의 말씀을 따르기를 거절한 시드기야의 슬픈 말로와 느부갓네살의 예레미야에 대한 자비로운 대우를 포함한 예루살렘의 멸망을 기록하고 있다.

일종의 각주로서 우리는 여기서 예레미야가 곤경에 처했을 때 그를 도와 주었던 에벳멜렉에 대한 특별한 위로의 말씀을 발견할 수 있다(39:15-18). 그 말씀은 그의 모든 백성들에 대한 하나님의 관심을 보여 주는 것이며 훗날의 예수님의 말씀을 생각나게 한다(마

10 : 40-42 ; 25 : 40).

 예루살렘이 멸망한 후에도 예레미야는 예루살렘에 남아 있기로 결정했다(40 : 1-6). 그러나 예레미야로 하여금 그 곳에 오래 머물지 못하게 만드는 사건이 발생했다(40 : 7-41 : 18). 선한 총독 그달랴를 살해한 이스마엘의 반역 행위는 수많은 유다 사람들을 이집트로 도주하게 하는 무서운 날을 초래하고 말았다.

 예루살렘에 남아 있던 사람들은 우선 예레미야를 통하여 하나님의 뜻을 알고자 했다. 그들의 요청은 진지한 것처럼 보였다(42 : 1-3). 예레미야는 실로 오래간만에 처음으로 백성들을 위하여 기도할 수 있는 자유를 경험했다. 그들은 하나님께서 지시하시는 것은 무엇이든지 복종하겠다고 했다(5, 6절).

 하나님의 대답은 순종을 전제로한 축복과 심음에 대한 것이었으며 저주와 뽑음이 아니었다(10절). 그들은 이집트로 가지 말라는 경고를 받았다(15-16절). 그러나 예레미야가 하나님의 말씀을 분명하게 전하여 주었음에도 불구하고 그들은 예레미야에 대해 불평을 늘어놓았다. 그 이유는 예레미야가 그들이 하나님의 말씀에 순종하지 않을 것이라는 사실을 알고 있었기 때문이다(21절). 그들은 이집트로 도망했을 뿐만 아니라 예레미야와 바룩을 포로로 끌고 갔다(43 : 6, 7).

 뒤이어 일어난 일은 하나님의 말씀은 멸절되거나 속박될 수 없을 뿐만 아니라 그대로 이루어지고야 만다는 것을 가르쳐 준다. 이집트에서도 예레미야는 바르게 행하여 하나님의 말씀을 선포하고 또 장차 올 심판에 대하여 경고하였다(43 : 8-44 : 30).

 이집트에서 유대인들은 여호와께 대하여 중대한 죄악을 범했다. 사실상 그들은 하나님께서 오래 전에 모세를 통하여 그들을 인도하여 내셨던 그 곳에서 육체 뿐만이 아닌 영적인 포로 상태로 되돌아 갔다(44 : 15-19). 이스라엘 백성들의 공허한 주장은 모세를 대항하여 불평을 늘어놓았던 그들의 조상들이 범한 죄와 동일한 것이었다. 그것은 우상 숭배와 노예 생활이 하나님을 섬기는 것보다 더 낫다는 주장이었다(44 : 19).

흥미있는 것은 이 역사적 사건에 대한 각주로서 하나님께서는 이 집트에 사는 이 유대인들에게 다시는 그의 이름이 알려지지 않을 것이라고 선언하신 사실이다(44 : 26). 고고학자들은 일단의 유대인들이 남쪽으로 멀리 떨어진 나일강에 있는 엘리팬타인(Elephantine)이라는 섬에 거주하고 있었다는 것을 밝혀 내었다. 아마도 이들은 예루살렘 멸망시에 이집트로 도망했던 사람들 가운데 일부였을 것이다. 그들의 종교는 유대주의와 우상숭배가 혼합된 것이었다. 그들의 신의 이름인 야호(Yaho)는 이스라엘의 참 하나님이신 야웨(Yahweh)와 동일하지는 않았지만 유사했다.

그 거류민들은 몇 년 후에 갑자기 사라졌으며 그 후 다시는 아무런 소식도 전해지지 않고 있다. 성경은 그들에 관하여 더 이상의 아무런 언급도 하지 않고 있다.

바룩에 대한 특별한 위로의 말씀이 있은 후(45장), 예레미야서의 나머지 부분은 다른 예언서들에서 발견되는 것들과 유사한 열국에 대한 일련의 심판의 메시지들로 이루어진다(46장-51 : 58). 예레미야는 그의 동족들에게 뿐만 아니라 열국(이방인들)에게도 하나님의 말씀을 전하기 위하여 부름받았던 것을 기억하라(1 : 10).

여기서 언급되는 열국은 이스라엘의 역사에서 한 몫을 담당했던 나라들로서 연대기적 순서를 따라 나열되어 있다. 첫번째 나라는 **이집트**이다(46장). 이집트는 사백년 동안 이스라엘을 노예로 억압한 나라로서, 또한 여호와께서 이스라엘의 종살이 말기에 이르러 엄히 심판하신 나라로서 초기 이스라엘 역사에 있어서 중요한 역할을 했었다. 46장은 B.C. 605년에 발생한 이집트와 바벨론 사이의 갈그미스 전투에 대하여 이야기한다. 이 싸움에서 이집트는 치명적인 패배를 당했다(46 : 2).

이집트의 느고 왕은 느부갓네살을 치기 위하여 북쪽으로 가던 도중에 그 전투에서 너무 일찍 죽임을 당한 것처럼 보이는 요시야에 의해서 방해를 받았다(왕하 23:29; 대하 35:20-24).

여기서 여호와께서는 이집트의 쇠퇴와 몰락을 강조하신다(46:13, 17). 다른 나라들과 마찬가지로 이집트도 그들의 헛된 교만으로 인하여 심판을 받는다(8절).

이 예언에서도 역시 하나님의 백성들을 위한 소망의 메시지가 주어진다. 그들의 대적이 멸망하는 것을 통하여 의인들은 하나님과 그들의 모든 대적들이 필연적으로 패배할 것이라는 사실을 알수 있다(46:27-28). 28절 하반절은 당신 자신에 대하여 모세에게 나타내셨던 하나님의 계시—은혜로우시고 자비로우시지만 죄를 간과하지는 않으시는 분—를 상기시켜 준다(출 34:6, 7).

이어서 가나안 땅 정복 이후 이스라엘의 주요 대적이었던 **블레셋**에 대한 심판이 선언된다(47장). 이 예언은 블레셋과 그 성읍들에 임할 재앙의 날이 우연에 의한 것이 아니라 하나님의 계획적인 심판에 의한 것이라는 사실을 분명하게 밝혀 준다(4, 6, 7절).

그 다음에는 **모압**과 **암몬**과 **에돔**에 대한 심판의 선언이 뒤따라 온다(48장-49:22). 이 세 나라는 아모스 1장에서 이미 살펴 본 바와 같이 역사적으로 이스라엘과는 친족 관계에 있었다. **모압**은 여호와를 의뢰하는 것보다 자신들의 업적과 그모스(그들의 신)를 더 의뢰하기 때문에 심판을 받는다(48:7, 13). 이 롯의 자손들은 롯이 믿었던 그 하나님에게서 등을 돌렸다(벧후 2:7). 모압은 교만하여 하나님을 대적하고 스스로 높임을 받았으며(26, 29절), 징계를 당하는 이스라엘을 조롱했었다(27절). 결국 모압은 멸망당하고야 말 것이며 한 백성으로서의 주체성을 상실하게 될 것이다(42절). 그러나 이 예언은 모압의 마지막에 대하여 소망의 언질을 줌으로써 끝을 맺는다(47절). 그것은 아마도 롯과 룻 때문인 것 같다. 모압 여인 룻에게서 그리스도께서 오셨다.

암몬도 모압과 유사하게 폐허가 될 것이다(49:2). 그들의 신 말감은 전혀 신이 아닌 것처럼 보일 것이다(49:3). 그러나 여기서도 역시 암몬에 대한 소망의 메시지가 있다.

에돔은 그 교만으로 인하여 멸망당할 것이다(49:15-오바댜서를 보라). 에서와 같이 세속적인 마음을 가진 자 에서의 자손들은 소돔과 고모라가 멸망한 것처럼 확실히 멸망할 것이다(18절).

그 다음에는 이스라엘 중기와 말기 역사에 있어서 대적이 되어 온 **시리아**에 대한 간략한 유죄 판결이 뒤따라 온다(49:23-27). 아모스 1장과 유사한 방식으로 예레미야는 다마스커스의 몰락에 대하여 이야기한다(27절).

이어서 **게달**과 **하솔**에 대한 심판이 간략하게 언급되고 있다(49:28-33). 이 동방의 자손들(28절)은 아마도 고대의 의인 욥의 혈족인 것 같다(욥 1:3; 참조. 삿 6:3). 이 나라들은 아라비아를 향하여 가나안 동쪽에 위치하고 있었으며 암몬과는 국경을 마주하고 있었던 것 같다(겔 25:4, 10을 보라). 여호와께서는 아마도 그들 자신이 자기 스스로에게 법이라고 생각하면서 유목민처럼 안일하고 자기 만족 가운데 살았기 때문에 그들의 멸망을 선포하셨을 것이다(49:31). 그들을 심판하시기로 결정하신 여호와께서는 그들조차도 하나님께 대한 책임이 있다고 선언하신다(32, 33절).

다음으로는 **엘람**이 심판대 앞으로 끌려 나온다(34-39절). 엘람 사람들은 예레미야 시대에 까지도 그 존재가 알려져 있는 가장 오랜 역사를 가진 백성들 중 하나였다(창 10:22; 14:1을 보라). 엘람은 이스라엘과는 아주 멀리 떨어져 있었으며 메소포타미아 너머 페르시아 제국 뒤쪽에 위치해 있었다. 암몬과 모압에 대한 메시지에서와 마찬가지로 이 백성들에게도 소망이 주어져 있다.

마지막으로 열국과 관련된 이 메시지들 가운데 주요 부분이라 할 수 있는 **바벨론**에 대한 심판이 선언된다(50:1-51:58).

바벨론의 멸망에 대한 이 예언은 바벨론의 세력이 절정에 달했을 때에 주어졌다. 바벨론의 멸망은 북쪽에서 일어난 군대를 통하여 임할 것이다(50:9). 바벨론이 멸망을 당하는 이유는 그들이 이스라엘을 멸망시키면서 즐거워했기 때문이다(11절). 그들은 하나님의 심판의 도구였을 뿐이다. 그럼에도 불구하고 그들이 이스라엘의 멸망을 즐거워했다는 사실은 그들 스스로를 악한 백성으로 정죄하는 것이었다.

한때 징계를 내리셨던 자기 백성을 향한 하나님의 열정은 17절에 분명하게 드러나 있다. 이스라엘은 충분히 그리고 오랫동안 벌을 받았다. 하나님께서는 이제 그런 이스라엘을 구원하기 시작하실 것이다(18, 19절).

이사야 21:9에서와 마찬가지로 바벨론의 멸망은 하나님과 그의 나라 앞에서 이 세상 나라들이 멸망할 것을 상징하는 것이며, 요한계시록 14:8; 18:2에도 같은 내용이 기록되어 있다. 바벨론의 멸망에 사용되는 도구는 메대와 페르시아로 소개된다(51:11). 이 나라들은 앞에서 이미 언급한 바 있는 바로 그 북쪽의 연합국을 가리킨다(50:3, 9). 이렇게 하여 하나님께서는 하나님 자신이 열국의 주권자이시며 그의 기쁘신 뜻을 따라 열국을 세우기도 하시고 폐하기도 하시는 분이시라는 것을 보여 주신다(51:15).

메대에 대하여 말씀하시면서 하나님께서는 일찍이 앗시리아 사람들을 세낸 삭도라고 말씀하셨던 것처럼(사 7:20), 메대 사람들을 그의 전쟁 도끼라고 부르신다. 이 전쟁 도끼는 바벨론을 그들의 죄악으로 인하여 산산조각이 나게 할 것이다. 하나님께서 어떤 나라를 대적하신다면 거기에는 아무런 방어책도 있을 수가 없다(51:20-25).

이 예언의 한가운데서 하나님의 백성들에 관한 메시지가 흘러 나온다. 이스라엘의 원수들을 대항하는 것은 곧 이스라엘을 위하는 것이다. 하나님께서는 그의 백성들과 맺을 확실하고 영원한 언약에 대하여 말씀하신다(50:4, 5). 하나님께서는 남은 자들에게 그들의 구원자가 강하기 때문에 그들이 살아남을 것이라고 위로하여 주신다(34절). 바벨론은 버림을 당할 것이다. 하나님의 백성들은 그렇지 않을 것이다(51:5). 그러므로 하나님의 백성들은 바벨론으로부터 도망하지 않으면 안된다(그들이 포로로 되어 있는 동안 바벨론을 사랑하거나 그들의 죄악에 참여하지 말라는 경고—51:6, 9, 45).

스라야에 대하여 간단한 개인적인 말을 하고 난 뒤에(51 : 59-64), 예레미야의 말은 끝을 맺는다. 스라야는 예루살렘의 마지막 멸망 이전에 바벨론으로 간 사람이었다(59절). 그는 장차 임할 바벨론의 멸망에 대한 글을 읽은 후에 그 책에 돌을 매달아 강물에 던져 넣는 중요한 제스처를 통하여 바벨론의 멸망을 극적인 방법으로 나타내라는 지시를 받았다(63, 64절).

예레미야서는 당시의 역사를 첨부함으로써 끝이 난다(52장 ; 참조. 왕하 24, 25장). 그것은 예루살렘이 어떻게 완전하게 전복되어 멸망당했는가 하는 것을 보여 준다. 성전은 파괴되었고 그 집기들은 차후에 다니엘의 예언을 통하여 언급되는 바벨론으로 옮기워졌다(렘 52 : 17 이하 ; 단 5 : 2-4을 보라).

예레미야는 예루살렘 주민들의 세 차례에 걸친 바벨론 이주-느부갓네살 7년, 18년, 23년-에 관하여 기록해 놓고 있다(52 : 28-30). 또 다른 하나의 바벨론 포로는 갈그미스 전투가 발생했던 B.C. 605년에 있었던 것으로서, 이 때에 최초로 약 10,000여명의 포로가 끌려갔다(단 1 : 1 ; 왕하 24 : 14). 그러므로 네 차례에 걸친 바벨론 포로의 각 연대는 대략 다음과 같다 : B.C. 605년, 10,000명; B.C. 597년, 3,023명; B.C. 568년, 832명; B.C. 581년, 745명; 합계, 약14,600명.

앞에서도 언급했던 바와 같이 B.C. 561년 경에 에윌므로닥이 여호야김을 높여 주었다(왕하 25 : 27-30). 이것은 아마도 하나님께서 여전히 그의 백성들과 함께 하신다는 증거로서 이루어진 일일 것이다.

예레미야 애가

이 슬픔의 노래는 예레미야에 의하여 쓰여진 것으로 보이며, 영어 성경에는 예레미야서와 연결되어 있다. 이 애가는 여호와께서 그의 자녀들의 죄를 대면하실 때 그들로부터 기대하시는 반응을 글로 옮겨놓은 아름다운 표현이다. 이 책은 상한 마음, 곧 하나님께서 그의 자녀들에게서 열망하시는 상하고 통회하는 마음을 나타내 주는 일종의 시이다(시 51 : 17).

이 시의 구조는 우리가 이 시를 이해하는 데 있어서 매우 중요한 역할을 한다. 이 시의 구조는 히브리어 알파벳 문자들이 그 순서에 따라 각 연의 첫머리에 배치되어 저자로 하여금 시를 알파벳 순으로 전개해 가도록 이끌어 주는 두문자시(acrostic)의 구조를 취하고 있다. 첫절의 맨 앞 단어가 히브리어 알파벳의 첫 문자인 **알렢**(aleph)으로 시작한다. 그리고 두번째 절은 히브리어 알파벳 순서에 있어서 두번째 문자로 시작한다. 그 다음 절에서도 마찬가지이며, 각 절이 그런 식으로 진행된다. 히브리어 알파벳에는 22개의 문자가 있으므로 제 1장은 22절로 이루어져 있다. 이를테면 1장은 영어 알파벳의 a에서 z까지 순서대로 진행된다.

2장도 정확하게 1장과 똑같은 구조로 이루어져 있다. 따라서 2장 역시 22절을 가진다. 그러나 3장은 양식을 바꾸어서, 연이은 세 절에서 똑같은 알파벳 문자를 사용하고 있다. 그러므로 3장의 3절은 모두 히브리어 알파벳의 처음 문자인 **알렢**(aleph)으로 시작하며, 4-6절은 두번째 문자인 **베트**(beth)로 시작하며 그 다음 세절도 그런 식으로 계속된다. 따라서 3장은 22절이 아닌 66절(22×3)을 가진다.

4장은 제 1장과 2장의 양식으로 되돌아간다. 그러나 마지막 제 5장은 알파벳 순으로 진행하는 형식과는 전연 관계가 없다. 5장이 22절을 가진 사실은 알파벳과는 전혀 상관이 없으며 아마도 후 세대의 사람들이 5장을 다른 장들과 좀 더 밀접한 형태로 구성하기 위해서 22절로 나누어 놓은 것 같다.

각 구절을 알파벳 순으로 시작하는 시에 있어서 각 절의 주요 단어는 바로 그 알파벳이 들어있는 단어이다. 바로 그 단어를 중심으로 하여 그 절의 전체적인 사상이 체계화된다. 따라서 알파벳이 들어있는 단어에는 저자가 의도하는 강조점이 분명하게 나타나 있다.

전체적으로 혹은 부분적으로 알파벳 시가 나타나는 곳은 시편과 잠언이다. 그 중에서도 매우 현저하게 나타나는 곳은 시편 119편과 잠언의 맨 마지막 장 10-31절에서 볼 수 있는 현숙한 여인에 관한 시이다.

이 애가서를 공부하는 중에 우리는 각 절에서 알파벳 순으로 시작되는 핵심 단어를 주목하게 될 것이다. 그 단어들은 우리가 각 장의 메시지를 좀 더 분명하게 이해할 수 있도록 도와줄 것이다. 이 시 안에는 부분적으로는 예레미야의 슬픔에 대한 표현이 나타나 있으며, 부분적으로는 바벨론 사람들에 의해 멸망한 후 황폐하게 된 예루살렘 성을 의인화한 대목도 있다.

어찌하여(How ; aleph), 1절. 이 단어와 함께 전체적인 시가 시작된다. 이 단어는 예레미야가 버려진 과부와도 같은 이 황폐한 예루살렘성을 바라보면서 느낀 무서운 절망감을 표현하고 있다.

애곡하다(Weeps ; beth), 2절. 이 핵심 단어는 인격화된 예루살렘 성의 감정과 파괴된 성을 바라보며 그 성을 사랑하는 모든 하나님의 자녀들의 감정을 표현하고 있다. 그 성을 사랑하던 자라는 말은 물론 호세아의 메시지를 상기시켜 준다.

사로잡힘(Captivity ; gimel), 3절. 이 단어는 유다에 임한 모든 재앙을 나타내 준다. 이스라엘 백성들은 더 이상 하나님을 자유롭게 섬기지 못한다. 모든 백성들이 포로로 끌려갔기 때문에 예루살렘 성은 텅 비어 있다.

도로(Ways ; daleth, 이하 알파벳 생략), 4절. 성전과 예루살렘 성으로 이르는 길들조차도 텅 비어 있다. 성 문들로 통행하는 사람이 아무도 없다.

되다(Are), 5절. 여기서 동사의 주어로 사용된 예루살렘의 대적들과 함께 "되다"라는 동사는 당시의 상황을 요약해 준다. 이제 더 이상 하나님의 백성들이 예루살렘 성을 통치하지 않게 되었다. 대신에 대적들이 그 성을 다스린다. 여기서 대적에게 사로잡혀간 어린 자녀들은 다니엘과 그의 세 친구 혹은 에스겔과 같은 사람들을 생각나게 한다.

그리고(And), 6절. 이 접속사는 고통에 고통을 가중시킨다. 성이 황폐하였을 뿐만 아니라 그 모든 영광이 떠나갔다. 지난 날의 지도자들은 모두 수치스럽게 도망을 쳤다.

회상하다(Remember), 7절. 이와 동시에 하나님의 백성들은 그들이 한 때 누렸던 즐거운 생활을 회상한다. 그들이 처한 현재의 곤경은 하나님의 축복을 잃어버리게 한 죄에 대한 무감각으로부터 그들을 일깨워 준다.

범죄하다(Sinned), 8절. 다시금 호세아의 예언과 같은 방식으로 죄와 그에 따른 결과를 생각나게 해 준다. 예루살렘이 처한 현재의 곤경에 대한 명확하고도 유일한 설명은 죄 가운데 처하기를 고집했던 과거의 그들의 태도에서 찾을 수 있다.

더러움(Filthiness), 9절. 예루살렘 주민들이 범한 죄악에 그 죄악의 영향력이 더해진다. 예루살렘은 더럽혀졌으며 그들을 위로할 자가 아무도 없다.

손(Hand), 10절. 대적의 손이 예루살렘과 그 백성들을 대항한다. 이전에는 하나님으로 말미암아 이스라엘 앞에서 굴복을 당했던 사람들이 이제는 예루살렘과 심지어는 성전까지도 전복시켜 버렸다.

모든(All), 11절. 예루살렘 주민들 중에서는 아무도 고통과 곤경에서 제외될 수 없다. 심지어는 예레미야와 같은 의인들조차도 예외가 아니다.

전연〔관계가〕**없다**(Nothing), 12절. 여기서 인격화된 예루살렘에 거하는 하나님의 백성들이 고통과 괴로움을 당하는 동안 지나가는 사람들은 아무런 관심도 보이지 않는다.

위에서부터(From on high), 13절. 하나님의 백성들은 그들이 현재 당하고 있는 이 고통이 우연한 역사적 사건이 아니라 불순종하는 백성들에게 내리시는 하나님의 징계라는 것을 깨달아야만 한다.

그들이 당한 재난은 위에서부터, 즉 하나님으로부터 온 것이며 사람으로부터 온 것이 아니다.

묶이다(Is bound), 14절. 이 동사의 수동태는 징계하는 사람의 손 안에 있는 범죄자의 곤경을 나타내고 있다. 하나님께서는 범죄한 이스라엘을 그 대적들의 손 안에 두셨다. 이스라엘은 그 대적들이 원하는 곳으로 끌려갔다.

없는 것 같이 여기다(At nought), 15절. 이스라엘이 의지하던 모든 것, 곧 그 용사들이 이제는 없는 것 같이 되었다. 예루살렘이 소중히 여기고 자랑하던 모든 것이 사라져 버리고 말았다.

이를 인하여(For), 16절. 슬퍼하는 이유가 이제 분명해진다. 여기서 이 전치사는 단순히 예루살렘과 예레미야가 슬퍼하는 원인에 주의를 집중시키고 있다. 이스라엘에 대하여 약속된 위로(사 40장)가 지금은 백성들로부터 먼 곳에 있다. 하나님의 약속으로 말미암아(창 3:15) 대적에 대한 승리를 고대했던 백성들이 지금은 오히려 정복을 당하고 있다.

펴다(Spreads), 17절. 이스라엘 백성이 도움을 요청하는 기도를 할지라도 그들을 위로할 자는 아무도 나타나지 않는다. 이사야가 경고했던 것처럼 그들의 죄악으로 인하여 그들의 기도는 아무런 영향력도 미칠 수 없게 되었다(사 1:15).

의로우신(Righteous), 18절. 그러나 이 구절은 결코 하나님께서 그의 말씀을 지키시는 데 있어서 성실하지 못하셨다는 것을 의미하지는 않는다. 그것은 백성들이 너무나 오랫동안 하나님께 불순종하고 하나님을 무시해 왔기 때문이다.

불렀다(Called), 19절. 예루살렘의 불신앙은 재난 가운데 있는 예루살렘이 그를 돕고 위로할 자로서 하나님을 부르지 않고 사람들을 불렀다는 데서 나타난다. 그러나 그 사람들은 스스로를 돌보느라고 너무 분주하여 예루살렘을 도울 수 없었다.

돌아보소서(Behold), 20절. 이제 예레미야는 예루살렘을 위하여 여호와께 도움을 요청한다.

제11장/주전 7세기의 선지자들   437

저희가 들었다(They have heard), 21절. 대적들은 예루살렘의 고통을 듣고 기뻐하고 있다. 이것은 하나님의 계시 전체를 통하여 살펴볼 수 있는 가르침과 일치한다. 하나님과 그의 백성들의 대적은 언제나 하나님의 백성들이 망하는 것을 즐거워한다. 그러므로 그들도 역시 하나님을 노하시게 하여 심판을 받게 될 것이다(참조. 사 14 : 5, 6 ; 렘 30 : 16).

드러내다(Come), 22절. 하나님의 백성들을 대신한 예레미야 선지자의 탄원은 하나님의 의로운 심판이 그의 성 예루살렘에 행해진 것처럼 그들의 대적들에게도 행사되기를 바라는 것이었다.

다시금 히브리어 알파벳 순으로 진행되는 제 2장에서 선지자는 알파벳이 들어있는 핵심 단어들을 통하여 예루살렘에 대한 하나님의 심판을 표현하고 있다. 1 : 1에서와 같이 다시 "어찌하여(how)"라는 단어로 2장을 시작하면서 예레미야는 자기 백성들을 향하신 하나님의 진노로 인하여 두려워한다(1절). 그는 어찌하여 하나님의 진노가 이스라엘과 예루살렘에 내리지 않으면 안되었는가 하는 것을 이 구절들의 핵심 단어들을 통하여 표현하고 있다. 하나님께서는 이스라엘과 예루살렘에 대하여 원수에게 하시듯 **삼키시고**(swallowed up, 2절), **자르시고**(cut off, 3절), **활을 당기셨다**(bent, 4절).

사실, 여호와께서는 이스라엘에 대하여 원수같이 **되셨다**(become, 5절 ; 참조. 렘 30 : 14). **그리고**(And, 6절) 이에 더하여, 하나님께서는 호세아가 이스라엘에 대하여 경고했던 것처럼(호 9장을 보라) 예루살렘에서 그의 성막(하나님의 임재의 상징)을 없애 버리셨다. 그러므로 하나님께서는 자기의 제단(화해의 수단)을 버리시며(cast off, 7절) 시온의 성벽을 헐기로 **결심하셨다**(purposed, 8절). 성문이 땅에 **묻히고**(sink, 9절) 장로들이 아무 말없이 땅에 **주저 앉을 때**(sit, 10절) 남은 자들의 마음 속에는 낙담 만이 남는다. 호세아가 경고했던 일이 지금 발생한 것이다(9절 ; 참조. 호 3 : 4).

11-19절 역시 알파벳 순서를 따라 예루살렘의 곤경에 대한 예레미야와 백성들 그리고 그들의 대적들의 다양한 반응을 표현하고 있다. 예레미야의 눈이 **피로해진 것**(failing, 11절)과 **그 어미에게서**(to the mother) 먹을 것을 구하는 어린 아이들의 탄원(12절)은 예루살렘의 멸망의 날에 어떤 일이 있었는지에 대한 매우 비통한 영상을 우리에게 제공해 준다. 현재 예루살렘 주민들이 당한 극도의 슬픔과 하나님의 최상의 영광에 대한 그들의 과거의 찬양 사이에 있는 현저한 차이를 주목해 보라(13절). 우리는 여기서 예루살렘의 상처를 보면서 예레미야가 이전에 했던 말을 상기하게 된다(렘 30 : 12-15).

14절에서 예레미야는 예루살렘 함락 직전의 백성들에게 거짓되고 근거없는 소망을 제공하여 그들을 곤경에 빠뜨린 예루살렘의 거짓 **선지자들**을 강하게 질책하고 있다.

예루살렘의 대적들의 반응은 "**손뼉을 치다**"(clap, 15절)와 "**입을 벌리다**"(open their mouths, 16절)라는 동사로 묘사되어 있다. 교회가 치욕을 당할 때 하나님의 백성들은 슬퍼하지만 반면에 사탄의 자녀들은 즐거워한다. 그러나 그 어떤 일도 우연히 일어나지는 않는다. 선지자는 이 모든 것을 통하여 하나님의 주권을 확신하고 있다. 지금까지 일어난 일은 하나님께서 이미 오래 전에 이런 일이 발생할 것에 대하여 경고하신 것과 일치한다(신 28 : 15 이하를 보라). 그러므로 지금 비록 원수들이 성을 상악하고 있을지라도 모든 사람들은 그 일을 하나님께서 **행하셨다**(done, 17절)는 사실을 기억하지 않으면 안된다.

18, 19절은 백성들에게 도움을 구하기 위하여 지금 여호와께 부르짖을 것을 권고한다. 통회하고 상한 마음이 하나님께서 요구하시는 것이다. 백성들은 **부르짖어야만 하며**(cry, 18절) 하나님께서 자비를 나타내 보이실 때까지 좀 더 부르짖기 위하여 일찍 **일어나야만 한다**(rise, 19절).

마지막 구절들에서 예레미야는 거리에 처량하게 **쓰러져 있는**

(lying) 백성들의 비참한 모습을 묘사하고 있다(21절). 하나님께 그들이 처한 상황을 **보실 것**(see, 20절)을 구하면서 그는 이제 하나님의 자비를 탄원하고 있다. 하나님의 자비로움은 이제 백성들의 마음을 찌르는 두려운 일을 **부르셨다**(called, 22절). 이제 아마도 예레미야는 남은 자들에 대한 자비를 호소할 것이다.

3장(여기서는 연속 세절 마다 동일한 알파벳을 사용하고 있다)에서는 1-3절이 모두 히브리어 알파벳의 첫문자인 **알렢**(aleph)으로 시작한다. 1-18절에서 예레미야 선지자는 전체적으로 예루살렘을 위하여 이야기하는 가운데 지금까지 발생한 모든 일이 하나님의 뜻에 의해 이루어진 것임을 깨달은 백성들의 마음 속에 내재하고 있는 무력감을 표현하고 있다.

그러나 19절 이하에서 예레미야는 하나님께 자기의 고통을 기억해 주실 것(remembrance, 19절)을 간구하면서, 그것을 통하여 그는 하나님의 사랑과 성실을 기억하게 된다. 이사야 1:9과 유사한 방식으로 그는 백성들의 죄가 너무나 커서 심판을 받아 마땅했기 때문에 하나님의 사랑이 아니었다면 그들은 모두 소멸되고 말았을 것이라는 사실을 깨닫게 된다(22절).

이러한 깨달음은 이전의 다른 선지자들(아모스, 호세아 그리고 이사야)이 그랬던 것처럼 여호와를 기다리도록(그에게 믿음을 두고 그를 바라도록) 초청하기까지에 이른다. 이 모든 선지자들은 계속적으로 백성들에게 여호와를 의지하도록, 다시 말하자면, 여호와를 기다리도록 초청하였다. 왜냐하면 여호와께만 모든 필요를 채울 수 있는 해답이 있기 때문이다(25절).

3장의 나머지 구절들에서는 하나님의 선하심에 대한 주제가 계속되는데(25절) 예레미야는 하나님의 선하심에 응답하여 선을 행할 것을 권면하고 있다(26, 27절). 뒤따라 오는 구절들을 통하여 우리가 접하게 되는 것은 하나님의 진노가 교회의 죄로 말미암아 그 위에 쏟아지는 재난의 때에 하나님의 백성들은 어떻게 처신해야 할 것인가를 가르쳐 주는 참된 위기의 신학이다.

그러한 때에 회개하지 않은 죄인들과 함께 고난을 경험하게 되는 하나님의 백성들은 다가오는 시련을 참고 견디면서 그의 목적을 성취하실 여호와를 기다려야 하며 마치 이 위기가 모든 것의 종말인 것처럼 절망해서는 안된다. 이 위기는 결코 파멸이 아니다(26-30절). 여호와께서는 그러한 모든 고난 가운데서도 그의 계획을 이루어 가신다(31-32절). 하나님께서 고통을 주실 때 그 고통은 파멸이 아니라 궁극적으로 교회를 성결케 하고 그의 참된 백성들을 굳세게 하시려는 훈련인 것이다(32-36절). 하나님께서는 선과 악을 모두 감찰하시며 또한 언제나 그것들을 통제하고 계시므로 결국 모든 불의는 징벌을 받을 것이다(36-39절).

만일 우리가 하나님을 바라보며 그를 기다리는 것이 하나님께서 위기를 통하여 우리에게 요구하시는 것이라면 우리가 해야 할 일은 재난 가운데서도 하나님을 인정하면서 우리 죄를 자백하고 그의 자비를 구하는 것이다(40-54절). 특히 53절은 예레미야 자신의 경험을 생각나게 한다(참조. 렘 37:16).

이제 예레미야는 과거에 하나님께서 그의 백성들을 재난 가운데서 구원해 주셨던 일들을 회상하면서 이 위기도 역시 지나갈 것이며 하나님과 하나님의 백성들의 대적들은 마침내 하나님의 징벌을 받게 될 것이라는 확증을 가질 수 있게 된다(55-56절).

4장 역시 각 연의 첫 단어가 히브리어 알파벳 순으로 시작되는 두문자시(acrostic poem) 형식을 취하고 있다. 여기서도 예루살렘의 곤경을 다시 한번 회상하고 있지만 하나님의 진노는 끝이 있다는 확신(11절)과 함께 하나님의 대적들이 결국은 모두 징벌을 받을 것이라는 확신으로 끝이 난다(21, 22절).

이사야 40:2에서와 똑같은 방식으로 예레미야는 이제 교회의 형벌이 끝날 때가 가까왔다는 것을 확신한다(22절; 참조. 렘 33:7, 8). 예루살렘의 고통의 끝은 그 대적들의 형벌을 예시할 것이다(22절; 참조. 렘 25:29; 벧전 4:17).

마지막 5장은 각 연의 첫 단어가 알파벳 순으로 진행되는 시가 아닙니다. 5장은 지금까지의 전체적인 내용을 재조명한 후에 하나님의 백성들을 위한 유일한 참 소망을 제공함으로써 끝이 난다.

7절은 그들의 조상들의 죄악이 현재의 비극적인 상황을 가져오게 하는 원인이 되었다고 결론짓는 백성들의 절망감을 나타내고 있다. 우리는 이것을 예레미야 14 : 20과 비교해 볼 수 있다. 그러나 거기에는 스스로의 무죄를 입증하려거나 혹은 조상들에게 책임을 전가시켜 비난하려는 시도는 전혀 없다. 하나님의 백성들은 분명히 이 비극을 경험하면서 자기 자신들의 죄를 명백하게 깨닫게 된다(렘 16 : 12 ; 31 : 29, 30). 훗날 어떤 사람들이 자기 부모들을 전적으로 비난하려 할 때에 하나님께서는 에스겔을 통하여 그들을 엄하게 책망하셨다(겔 18 : 2).

8절의 내용은 오래 전에 노아를 통하여 주어진 예언이 역으로 이루어진 것처럼 보인다. 현재 하나님의 백성들은 섬김을 받기는커녕 오히려 그들을 섬겼어야 할 자들을 섬기지 않으면 안될 형편에 처해 있다(참조. 창 9 : 25-27).

이 마지막 장도 역시 유다의 곤경 혹은 스스로의 속임수와 거짓의 함정에 빠진 모든 죄인들의 곤경에 대한 유일하고도 참된 해답을 제공해 준다. "여호와여 우리를 주께로 돌이키소서 그리하시면 우리가 주께로 돌아가겠사오니"(21절). 이처럼 백성들은 죄악의 그물에 걸려서 사로잡혀 있었으며 스스로를 도울 힘마저 없었다. 오직 하나님의 은혜와 능력에 의해서만 그들은 여호와께로 돌아갈 수 있었다(참조. 렘 31 : 18, 19).

스 바 냐

예루살렘에서 다른 네명의 선지자들이 예레미야와 같은 시대에 활동하였다. 그 선지자들의 이름은 스바냐, 나훔, 오바댜, 그리고 하박국이다. 우리는 이제 이 선지자들이 각각 예레미야와 동시대의 배경에 의지하여 말하고 있다는 사실을 인지하면서 이 선지자들과 그들의 특별한 메시지들을 살펴보게 될 것이다.

스바냐는 이미 거론된 바 있는 것들을 많이 되풀이하고 있기도 하지만 그 자신의 독특한 방법으로 말하고 있다. 먼저 그는 여호와의 날에 대하여 말하고(1:2-18), 그 다음에는 사람들에게 여호와를 찾으라고 권면한다(2:1-3). 스바냐는 2:4-3:7을 통하여 여호와의 날의 의미를 모든 죄인들에 대한 하나님의 진노의 날로 확대시키고 있다. 마지막으로 그는 의인들은 그러한 날에 여호와를 기다려야만 한다는 메시지로써 끝을 맺는다(3:8-20). 스바냐는 이스라엘 백성들을 하나님께로 돌이키게 하려고 애를 썼던 요시야 왕 시대에 이 메시지를 기록했다(1:1). 그러나 예레미야는 백성들이 단지 거짓으로 하나님께 돌아왔을 뿐 온 마음으로 돌아오지 않았기 때문에 다시금 실패할 것을 이미 선언했었다(렘 3:6-10).

스바냐 선지자는 자신의 족보와 가문에 대하여 대부분의 다른 선지자들보다 더욱 자세하게 이야기하고 있다. 스바냐가 하는 것처럼 선지자가 자기의 가문에 대하여 사대까지 거슬러 올라가는 것은 매우 드문 일이다. 가장 이치에 맞는 설명은 여기에 언급된 히스기야(1:1)가 바로 히스기야 왕이라고 추정하는 것이다. 이렇게 볼 때 스바냐는 유다의 왕족 출신의 왕자이면서 다른 한편으로는 예레미야와 마찬가지로 제사장 가문에서 태어난 것이다. 스바냐는 아마도 B.C. 650년 경에서 B.C. 600년 경에 이르기까지 그 시대의 말기에 예언 활동을 한 것으로 생각된다.

스바냐의 예언은 매우 명백하게 드러나는 죄인들 뿐만 아니라 좀 덜 명확한 죄인들까지도 포함한 모든 죄인들에 대한 아주 철저한 고발로써 시작한다. 진노의 날은 모든 죄인에게 공포의 날이 될 것이다(1:2-18).

2-6절에서 하나님께서는 인간의 영혼을 감찰하시는 정도를 절정

에 이르기까지 점차로 증대시키고 계신다. "내가 지면에서 모든 것을 진멸하리라"는 서두의 말씀은 아래에서 더욱 확대되어진다.

3절에 나타난 피조물들에 대한 진멸의 순서가 마치 하나님께서 "내 일을 모두 취소하겠다"고 말씀하시는 것처럼 창조의 순서와 꼭 반대되는 것임을 주목할 필요가 있다(참조. 창 1장). 이것을 통하여 우리는 인간이 번영을 누릴 때에는 모든 피조물이 함께 번성하게 되지만 인간이 저주 가운데 있을 때는 모든 피조물도 저주를 받게 된다는 교훈을 다시금 배우게 된다(창 3:17; 롬 8:20-22).

펼치신 하나님의 심판의 손에 대한 묘사는 이제 우리에게 익숙한 것이 되었다(참조. 렘 6:12; 15:6; 겔 6:14 등). 여기서 우리는 하나님의 진노의 대상의 진행 범위가 좀 더 명백한 죄인이라 할 수 있는 바알 숭배자들과 우상과 일월성신 숭배자들로부터 단순히 여호와를 섬기지 않고 돌아선 자들과 심지어는 하나님의 뜻을 추구하는 데 있어서 소홀했던 자들에게로 확대되어 가는 것을 볼 수 있다(4-6절). 보다 눈에 잘 띄는 우상숭배자들 뿐만 아니라 심지어는 여전히 하나님을 섬긴다고 고백하면서도 그들의 삶 가운데서 하나님을 인정하기를 게을리하는 자들은 하나님의 진노의 대상이 될 것이다. 우리는 요시야 시대에 행해졌던 심판을 알고 있다(왕하 23:4, 5). 우리는 또한 하나님께서는 입술로는 하나님을 믿는다고 고백하지만 마음으로는 하나님께 돌아오지 않는(하나님을 추구하지 않는) 자들에게도 동일하게 진노하셨다는 것을 알고 있다(렘 3:10).

"여호와의 날"이라는 용어는 오래 전 요엘에 의하여 소개되어졌다. 그 후로 이 용어는 선지자들을 통하여 언제나 회개하지 않는 모든 죄인들에게 임할 공포의 날을 묘사하는 데 사용되었다. 우리는 성 한 편에서부터 다른 편까지 울려 퍼지는 멸망의 부르짖음에서 그 날의 공포를 느낄 수 있다(9, 10절). 죄인들을 빠짐없이 찾아 내시는 하나님의 면밀하심이 생생하게 묘사되고 있다(12절). 사람들은 그들의 마음 속에 있는 죄를 숨기려고 안간힘을 쓰지만 하나님으로부터 그것을 숨길 수는 없다(참조. 렘 17:9, 10).

14-18절에서 스바냐는 장차 임할 이 공포의 날을 요엘 2장과 아모스 5:18 이하의 구절들과 유사한 방식으로 묘사하고 있다. 그 때에는 어두움이 널리 퍼질 것이다. 하나님께서는 그 땅의 죄인들을 멸절하실 것이다(18절). 의심할 여지도 없이 스바냐는 여기서 B.C. 586년에 있을 예루살렘 멸망의 때를 가리키고 있다. 그러나 예루살렘의 멸망과 그것과 관련된 비극은 또한 모든 곳에 있는 모든 죄인들에게 하나님의 마지막 심판이 임할 것을 시사하는 것이기도 하다. 따라서 인류 역사에 있어서 보다 작은 규모의 "여호와의 날들"이 많이 있겠지만, 그 모든 것들은 역사의 대절정, 곧 악하고 하나님을 대적하는 모든 자들에게 임할 마지막 심판을 암시한다.

스바냐가 진노의 날에 대한 교리를 계속해서 전개해 나가기 전에 죄인들을 향하여 여호와를 찾을 것을 촉구한 것은 선지자들이 취하는 방식으로서 매우 당연하고 흔히 있는 일이다(2:1-3). 아모스의 방식을 따라 스바냐는 죄인들을 향하여 하나님을 찾을 것을 촉구한다(3절; 참조. 암 5:6). 이사야 11:4과 같은 방식으로 그는 특별히 그 땅의 겸손한 자들, 다시 말해서 상한 심령을 가지고 진실로 회개하며 하나님만을 의지하는 자들을 대상으로 이야기하고 있다.

이 예언의 다음 주요 단락은 그 대상이 세상 나라든지 아니면 유다이든지에 상관없이 하나님과 화해하지 않은 자들에게는 진노의 날이 이를 것임을 선언한다(2:4-37). 이방 나라들(즉, 블레셋, 모압, 암몬, 이디오피아, 앗시리아)에 대한 재앙을 선포한 뒤에 스바냐는 아모스 1, 2장에 나타난 방식과 같이 유다에게로 관심의 방향을 돌린다.

패역한 유다는 하나님의 명령과 교훈을 받아들이지 않았다(3:2). 유다는 그들의 하나님을 의지하지 않았다. 통치자들과 선지자들과 제사장들은 모두 죄를 범하고 있었다(3, 4절). 그러나 그들은 이제 죄악을 간과하지 않으시는 의로우신 하나님과 대면하지 않으면 안된다(5절; 참조. 출 34:6, 7).

이것은 여호와를 찾고 그를 의지하는 그 땅의 의인들에게 무엇을 의미하는가? 여기에 대해 스바냐는 이 책의 결론 부분을 통하여 증언하고 있다(3:8-20).

그 대답은 유다의 죄와 불순종으로 인하여 닥쳐올 시련의 한 가운데서도 하나님의 백성들은 기다려야만 한다는 것이다(8절). 하나님께서는 결국 모든 나라들에 대해 정의로운 심판을 행사하실 것이다. 남은 자들에게 기다릴 것을 촉구하는 것은 선지자들의 메시지 전체를 통하여 찾아볼 수 있다(호 12:6; 사 8:17; 40:31; 49:23; 미 7:7; 렘 14:22; 애 3:25, 26). 하나님께서는 그를 믿음으로 바라보는 자들을 구원하실 것이다. 그리고 그는 자기 백성들의 마음을 그에게로 돌리실 것이다(9절; 참조. 렘 31:33, 34).

교회를 성결케 하는 일이 반드시 도래할 것이지만(11절), 교회가 성결케 되었을 때 하나님께서는 지금까지 기다려 온 가난한 자들, 곧 남은 자들을 교회 안에 남겨 두실 것이다(12, 13절). 따라서 하나님의 참된 백성들은 심지어 시련과 외견상의 패배 가운데서도 변함없이 즐거워할 수 있다(14절 이하). 여기서 우리는 예레미야 애가에서 표현된 슬픔에 대한 본질적인 해답을 찾게 된다.

다시 한번 하나님께서는 아주 오래전 모세와 함께 하셨던 것처럼 그의 백성들과 함께 하실 것을 약속하심으로써 그들을 위로해 주신다(17절). 하나님께서는 그의 고통당하는 백성들을 구원하실 것이다. 그 결과 하나님을 의지하는 자들과 또 그로 인하여 세상에서 고통받는 자들이 그들의 정당함을 인증받게 될 것이다(19, 20절).

나 훔

비록 나훔 선지자가 이 책의 저작 연대를 밝혀주고 있지는 않지만 그가 주로 니느웨의 멸망을 예언하고 있는 사실로 보아 우리는 이 책의 연대를 니느웨가 멸망한 B.C. 612년보다는 앞선 B.C. 630년 경으로 추정할 수 있다. 그리고 이것은 그가 예레미야와 스바냐와 동시대의 인물이었다는 것을 말해 준다.

그는 하나님의 대적들에 대한 하나님의 심판을 총괄적으로 선언함으로써 메시지를 시작한다(제 1장). 여호와께서 역사적으로 자신을 계시하여 오신 것과 일치하는 것으로서, 우리는 여기서 그를 두 가지 견지에서 살펴볼 수 있다. 먼저 여호와는 투기하시며 보복하시며 진노하시는 분으로 나타난다(2절). 이것은 여호와께서 언제나 그의 대적들 곧 그를 믿지 않는 자들에게 나타내시는 방식이다. 그러나 하나님께서는 또한 노하기를 더디하신다. 그는 급히 멸하지 않으신다. 그는 그의 대적들에 대하여 엄청난 인내를 보이신다(3절 ; 참조. 출 34 : 6, 7). 그러므로 하나님께서 어떤 나라들을 심판하신다면 그것은 그 나라 사람들이 오랜 세월에 걸쳐서 하나님을 거절해 왔기 때문이다. 그 때는 아무도 자비를 기대할 수 없다(6절).

그러나 한편 그의 친구들, 곧 그에게로 피난하는 사람들에게 있어서 하나님은 스바냐서에서 본 것과 마찬가지로, 목자이시며 요새이시며 피난처이시다(7절). 그러므로 각 사람은 하나님의 친구 아니면 그의 대적으로서 하나님을 대면하게 된다(7, 8절).

제 1장의 전체적인 내용은 단순히 하나님의 심판이 철저하다는 사실을 보여준다. 하나님께서는 모든 악인을 제하여 버리실 것이지만 동시에 그를 바라보는 자들에게는 평화의 메시지를 전해주실 것이다(9-15절). 15절에서 나훔은 하나님께서 이사야를 통하여 주신 소망의 메시지의 서두인 이사야 40 : 9을 인용하고 있다.

일반적인 심판을 선언한 후에 이제 나훔은 니느웨에 초점을 맞춘다(2, 3장). 1장으로부터 우리는 하나님의 노하기를 더디하시는 성품이 앗시리아의 수도 니느웨를 다루심에 있어서 어떻게 적용되고 있는지를 볼 수 있다. 약 이백년 전에 하나님께서는 니느웨 사람들의 악함을 보셨으나 그들을 불쌍히 여기셨다. 그래서 그는 심판을 경고하시기 위하여 니느웨에 요나를 보내셨다. 요나의 경고를 통하여 하나님께서는 니느웨 백성들로 하여금 회개하도록 하셨다. 한때는 평화의 좋은 소식을 전하는 자들이 니느웨 거리를 걸어다녔었다.

그러나 하나님께서 언제나 참으시지는 않을 것이다. 계속해서 반역하는 자들에게는 심판의 때가 이르는 법이다. 이제는 니느웨를 심판하실 때가 찼다. 2:8을 통하여 우리는 이 진노의 메시지가 니느웨에 임하기 시작하는 것을 알 수 있다.

우리는 일찍이 이사야가 예루살렘에 대하여 했던 말을 생각하게 된다(3:1 이하; 참조. 이사야 1장). 그 가운데 일부는 호세아를 통하여 이스라엘에게 주신 하나님의 말씀과 유사하다(3:4, 5; 참조. 호세아 2:2, 3). 일찍이 이스라엘의 대적들을 위협했던 심판의 말씀과 똑같은 종류의 말씀이 이제 니느웨를 위협하고 있다(3:13-15; 참조. 아모스 1장).

북방 군대(앗시리아)를 메뚜기떼와 같은 것으로 묘사한 요엘의 말을 생각나게 해 주는 말씀을 통하여 나훔은 참으로 니느웨가 메뚜기 재앙과 같은 존재였음을 깨닫는다(3:16, 17). 이제 곧 하나님의 심판의 태양이 떠오르면 이 모든 메뚜기떼는 도망하게 될 것이다(17절).

나훔은 일찍이 이사야가 유다에 대해 묘사했던 것처럼 니느웨가 당할 쓰라린 상처에 대하여 이야기한다(사 1장). 그러나 이 두 메시지에 나타나는 커다란 대조는 유다에게는 소망이 주어졌지만 니느웨에게는 아무런 소망도 주어지지 않는다는 점이다. 심판받아야 할 니느웨의 때가 찼다. 이제는 피할 길이 없다.

그러므로 이 나훔서는 창세기 3:15에 대한 주석서이다. 스바냐도 말했듯이 하나님께서는 만일 우리가 그를 의지하고 기다린다면 하나님과 우리의 모든 대적들을 물리치실 것이다.

오 바 댜

우리는 원칙적으로 이 책의 내적인 증거를 통하여 이 책을 예레미야서와 동시대의 것으로 추정할 수 있다. 11절에는 예루살렘의 멸망혹은 사로잡힘의 날이 언급되어 있다. 이 메시지의 시기는 하나님의 백성들이 당하는 외견상의 패배의 기간에 속한다. 이 책은 구약성경에서 가장 짧은 예언서이다. 이 책은 에돔에 임할 하나님의 심판을 다루고 있다(1절). 특히 처음 아홉절은 심판의 원인이 되는 에돔의 교만에 대하여 말하고 있다. 예루살렘의 남동쪽에 위치한 에돔은 이삭의 장자이자 야곱의 쌍둥이 형인 에서의 후손들로서 성경에는 매우 일찍부터 등장한다(창 25:19-26). 두 사람이 태어나기 전부터 여호와께서는 에서와 야곱이 두 나라의 조상이 될 것이라고 예언하셨다. 리브가의 복중에서의 싸움은 장차 두 나라 사이에 있게 될 싸움을 예시해 주는 것이었다. 그러나 이스라엘 백성들의 조상이 될 아우 야곱이 우세할 것이었다. 결국 에돔 사람들의 조상 에서가 야곱을 섬기게 될 것이었다.

그러나 여기에는 두 나라의 실제 그대로의 역사 이상의 것이 포함되어 있었다. 똑같은 부모에게서 태어났음에도 불구하고 그리고 심지어는 쌍둥이로 태어났음에도 불구하고 야곱과 에서는 현저하게 다른 두 가계를 형성하게 되었다는 사실을 우리는 이미 오래 전에 살펴 보았다. 야곱은 하나님의 자손, 곧 의인에 속하고 에서는 사탄의 자손, 곧 악인에 속한다. 창세기를 공부하면서 살펴 보았던 것처럼 그들의 특성은 매우 일찍부터 드러났다.

두 사람이 태어나기도 전에 그들의 운명이 결정된 사실에 근거하여 하나님께서는 바벨론 유수 이후의 유대인들의 주의를 불러일으키고 계신다. 그것은 야곱(이스라엘)을 향한 하나님의 사랑에 대한 예증이다(말 1:2, 3). 따라서 하나님께서 야곱을 사랑하신 것과 야곱의 자손들을 선택하시고 에돔의 자손들을 버리신 것은 하나님의 선택의 기능, 다시 말하자면, 그 자신의 선하신 뜻에 따른 선택의 교리를 설명하고 있다.

로마서 9장에서 바울은 이 사실을 더욱 확대하여 전개하고 있다. 그는 하나님의 선택하시는 은혜에 근거하여, 두 아이가 아직 태어나지도 않았고 무슨 선이나 악을 행하지도 아니한 때에, 하나님의 뜻은 그들의 장래의 가능성에 의하지 않고 하나님의 선택과 행위에 의해 행사되었다는 것을 보여준다(롬 9:10-12). 바울의 이 선택 교리에 관한 위대한 장(로마서 9장)을 통하여 하나님께서 야곱을 선택하시고 에서를 버리신 것에 대한 설명을 보면서 본 저자는 어떤 사람이 하나님의 자녀인지 아닌지를 궁극적으로 결정하는 권한은 하나님께 속한 것이며 인간에게 속한 것이 아니라는 것을 깨닫게 된다. 그러므로 히브리서에는 야곱은 믿음의 사람으로(11:21), 에서는 불신앙의 사람으로(12:16), 다시 말해, 경건치 못하고 세속적인 사람으로 언급되어 있다.

훗날 말라기를 통하여 하나님께서 이스라엘백성들에게 야곱에 대한 그의 사랑과 에서에 대한 미움(거절)을 가르치실 때에, 에서는 하나님께서 자기를 거절하는 나라들을 어떻게 다루시는가에 대한 실례로 사용된다(말 1:3-5).

이것은 오바댜가 왜 이 메시지를 기록했는가 하는 것을 이해하는 데 도움이 된다. 에서(에돔)는 세속적인 나라로서 여호와를 대항하여 스스로를 높이는 모든 나라들을 예증적으로 나타내고 있다. 에돔은 에서와 같이 교만하고 오만하다(3절). 그들이 바위틈에 거하는 것에 대한 언급(3절)은 "바위"를 의미하는 고대의 셀라(Sela; Petra) 지역을 가리키는지도 모른다.

훗날 로마인들에 의하여 발전된 이 지역은 오바댜 당시에는 에돔이 차지하고 있는 땅 안에 있었다. 성경에서는 열왕기하 14:7에서 셀라에 대한 최초의 언급이 나타난다. 약 B.C. 300년 경 셀라에 대한 지배는 에돔에서 나바태안 아랍(Nabataean Arabs)으로 옮겨졌고 그 뒤 A.D. 105년에는 로마로 넘어갔다. 오늘까지 전해져오는 아름다운 유물들의 대부분은 그 지역의 장미빛 바위에 조각된 것들로서 로마 시대의 작품으로 추정된다. 그러나 가파른 절벽에 위치한 바위에 새겨진 일부 조각들은 그 지역의 매우 특색있는 것들로서 그 조각 시기가 고대, 심지어는 에돔 이전 시대까지도 거슬러 올라가는 것으로 추정된다. 그 성은 매우 협착한 출입구를 통해서만 들어갈 수 있어서 쉽게 방어할 수 있었다. 셀라의 거민들이 에돔 사람들처럼 왜 그렇게도 교만하고 자신만만했는지를 쉽사리 알 수 있다(오바댜 3절). 그러나 우리가 이미 알고 있는 바와 같이 하나님께서는 그들을 멸하실 것이었으며 또한 그렇게 하셨다(4, 8, 9절).

10-16절에서는 하나님께서 에돔을 심판하시는 원인들이 선포된다. 먼저, 에돔에 대한 구체적인 심판이 거론된다(10-14절). 정확하게 말해서 그것은 에돔(에서)에 의하여 야곱(이스라엘)에게 행해진 포학 때문이다(10절). 에돔의 이스라엘에 대한 포학은 일찍이 선지자들을 통하여 언급된 바 있다(욜 3:19; 암 1:11). 하나님께서는 이제 에돔의 포학에 대한 고소와 아울러 예루살렘이 함락되고 사로잡힐 때에 보여준 그들의 행위에 대한 고소를 덧붙이신다(11-12절). 그들은 이스라엘이 고통당할 때에 마치 연극을 관람하는 것처럼 서서 방관했을 뿐만 아니라(11절) 오히려 그것을 즐거워했다(12절). 하나님께서는 그러한 일을 묵과하지 않으실 것이었다.

그들은 도망하려고 하는 자들의 길을 방해하고 그들의 재물을 약탈하는 것을 즐거워하거나 그 일에 참여하지 말라는 경고를 받는다(13, 14절). 그것은 마치 하나님께서 예루살렘 사람들에게 도망하려고 하지 말 것을 경고하셨던 것과도 같다(렘 38:17, 18, 39:4 이하, 42:10-17).

다음에는, 모든 나라에 대한 총괄적인 판결이 내려진다(15, 16절). 이것은 에돔에 대한 구체적인 경고가 세상의 모든 교만하고 세속적인 사람들에게도 동일하게 적용된다는 것을 나타낸다.

오바댜서는 이스라엘, 곧 남은 자들인 하나님의 참 백성들에 대한 소망의 메시지를 제공함으로써 끝이 난다(17-21절). 시온산에 대한 언급은 이사야 2:2 이하와 4:2, 3을 상기시켜 준다. 여기서 말하는 "피할 자"(17절)는 다른 본문들에 언급된 남은 자들을 가리킨다. 이사야가 말했듯이 남은 자들은 거룩하게 될 것이며 거룩한 씨, 곧 하나님의 소유가 될 것이다(참조. 사 6:13).

아모스 2장과 유사한 표현으로서, 이제 야곱은 불에 의해 소멸을 당하는 대신 불 그 자체가 될 것이다(18절). 에서가 초개에 비유된 것은 예레미야 5:14과 같다.

니느웨에 남은 자가 한 사람도 없는 것과 마찬가지로(참조. 나훔 3장), 에서(에돔), 곧 세속적인 사람들 가운데는 남은 자가 아무도 없을 것이다(18절).

결국, 하나님께서 처음부터 말씀하신 것처럼, 하나님의 백성들은 하나님의 나라 안에서 승리를 누릴 것이다(21절; 참조. 창 3:15).

하 박 국

이 선지자는 아마도 예레미야의 말년 경에, 예루살렘 멸망 바로 직전에 예루살렘에서 이 책을 기록했을 것이다. 우리는 이것을 1:6의 갈대아인들에 대한 언급에서 짐작할 수 있다. 1:6은 그들을 유다 땅을 침략한 군대로 묘사하고 있다.

하박국서는 B.C. 8세기와 7세기 선지자들과 공통되는 문제, 곧 교회(이스라엘) 안에 있는 죄의 문제와 이스라엘에서의 죄악의 외견상의 승리와 관련되어 있다. 하박국은 이 문제에 대한 불평으로써 그의 책을 시작한다(1:1-4). 이어서 선지자의 불평에 대한 하나님의 대답이 뒤따른다(1:5-11). 그러나 하나님의 대답은 하박국으로 하여금 더욱 고민하게 만드는 또 다른 문제를 제기하고 있다(1:12-2:1).

다음으로, 하나님께서는 하박국에게 그의 두번째 불평에 대하여 응답하시며 하나님의 그 대답은 이 책의 핵심을 이루게 된다(2:2-20). 마침내, 하나님의 대답에 대하여 숙고한 후에 하박국 선지자는 하나님의 말씀을 통하여 확신과 위로를 소유하게 되며, 그에 따른 찬양과 헌신으로 아름답게 응답하고 있다(3:1-19).

이제 우리는 하박국의 메시지를 좀 더 자세하게 살펴보게 될 것이다. 하박국의 **첫번째** 문제가 1:1-4에 나타나 있다. 하박국은 그가 불의한 자들로 부터 압제를 당하고 있는 그 땅의 의인들을 위하여 하나님께 자주 부르짖어 왔지만 하나님께서 듣지 않으시는 것처럼 보였기 때문에 불안해 한다(2절). 도처에서 포학이 행해지고 있지만 하나님께서는 확실히 그것에 대하여 어떤 일도 행하지 않고 계신다.

하박국은 포악한 행위들을 열거한다. 그는 간악과 패역, 겁탈과 강포, 변론과 분쟁을 보고 있다(3절). 하나님이 무시되고 있으며 공의가 시행되지 않는다(4절). 그 땅 전체를 악인들이 지배하고 있으며 불의가 만연되어 있다.

이것은 아모스 시대로부터 예레미야 시대에 이르기까지 이스라엘과 유다의 상황으로부터 우리가 얻을 수 있는 전형적인 묘사이다. 하박국은 이스라엘 백성 가운데서 교회 안에 있는 그러한 악에 대하여 부르짖은 일련의 선지자들의 대열에 속하는 한 사람이다. 예레미야 혹은 다른 선지자들과 마찬가지로 하박국은 모든 진실한 신자가 당연히 그러해야 하듯이 정당한 고통을 겪어야 했으며 그로 인하여 슬퍼하였다.

그의 불평에 대하여 하나님께서는 **합당한 대답을** 주셨다(1:5-11). 본질적으로 하나님께서는 선지자에게 그가 이미 그 땅에 있는 불의를 다루는 일을 계속해 오셨다는 것을 보여주셨다(5절). 특별히 하나님께서는 자기 백성들을 징계하시기 위하여 갈대아인들(바벨론)을 일으키셨다(6절). 요엘서를 생각나게 하는 표현방법을 사용하여 그는 이 거대한 군대의 무서운 도전적 특성을 묘사하셨다(6

—11절).

다시 말해, 하나님께서는, 이사야와 예레미야를 통하여 예언하셨던 것처럼, 유다와 예루살렘을 징계하시기 위하여 그 손에 들려진 도구로서 바벨론을 일으키고 계셨다.

이것은 하박국의 마음 속에 또 다른 문제를 야기시켰다(1:12-2:1). 그는 여호와께서 영원 전부터 계신 분이라는 하나님의 백성들의 신조를 인용함으로써 시작했다. 하나님은 거룩한 분이시다. 그는 인간들이 범할 수 있는 사소한 실수까지도 절대로 범하지 않으신다. 하나님께서는 그의 백성들에게 생명을 주실 것을 약속해 오셨다. 그는 결코 그 약속을 취소하지 않으실 것이다. "우리가 사망에 이르지 아니하리이다"하는 외침(12절)은 그들의 하나님 안에 거하는 하나님의 참된 자녀들의 확신을 표현하고 있다. 그러나 하나님께서는 이방인들, 곧 심판을 위하여 예비된 바벨론과 같은 사람들을 보고 계신다.

13-17절을 통하여 하박국은 악하게 살아가는 이방인들에 대하여 묘사한다. 그는 이방인들을 가리켜 자기들보다 더 의로운 사람들을 삼키는 악인이라고 부른다(13절). 이어서 자신의 손에 들린 도구를 숭배하는 이방인에 대한 묘사가 뒤따라온다. 이방인은 그물로 사람들을 생포하는 어부와 같다고 묘사되고 있다. 그는 그로 하여금 정복할 수 있도록 하는 것들, 곧 그 자신의 힘과 전쟁 도구들에 제사하는 자로서 교만하고 허영심이 강하다. 그는 계속해서 나라들을 차례로 살육한다(17절).

하박국은 여기서 하나님의 백성들을 때때로 위협했던 전형적인 이방 나라들에 대하여 묘사하고 있다. 틀림없이 하나님께서는 이 이교 세력들로 하여금 적어도 이방인들보다는 더 의로운 이스라엘을 멸망시키도록 허락하지는 않으실 것이었다(13절). 하박국은 자기 주장의 핵심이 제대로 전달되었다고 생각했다. 그는 거룩하신 하나님께서 이 질문에 대하여 어떻게 대답하실지를 알아보기 위하여 기다리기로 했다(2:1).

하나님의 대답은 전형적인 것이었는데(2 : 2-20), 그것은 훗날 신약성경에서 오직 믿음으로 말미암아서만 의롭게 된다고 하는 중요한 교리를 발전시키는 기초가 되었다.

먼저 여호와께서는 지금 하시고자 하는 말씀의 중요성을 강조하셨다. 그것은 너무나 중요하기 때문에 그 날의 게시판에 붙여 놓아야만 했다(2절). 그것은 기다릴 만한 가치가 충분히 있는 대답이었다(3절).

하나님께서는 4절에서 하박국의 질문에 대한 답변을 시작하신다. 여기서 말하는 "그의 마음"은 틀림없이 위에서 언급된 불의한 자들, 곧 정직하지 못한 자들의 마음을 가리킨다. **모든 불의한 자들**(정직하지 못한 자들)의 특징은 허영심과 교만이라는 것이다. 이것은 모든 악인들에게서 나타나는 공통된 특징이다. 그러나 반대로 **의로운 자들**, 곧 하나님 앞에서 정직한 자들은 오직 믿음으로 말미암아 하나님 앞에서 살아간다.

여기서 하나님께서는 세상에는 두 가지 종류의 사람들이 존재한다고 말씀하신다. 그들은 하나님 앞에서 전혀 정직하지 못한 사람들, 곧 악인들과 아브라함과 같이 오직 하나님 안에서 믿음으로 말미암아 의롭게 된 사람들, 곧 의인들이다(창 15 : 6).

하박국이 제기한 문제와 관련하여 이렇게 두 종류의 사람이 존재한다는 사실이 지니는 중요성은 "좀 더 의로운 사람" 혹은 "덜 의로운 사람"과 같은 구별이 결코 있을 수가 없다는 점이다. 모든 사람은 하나님을 믿어서 의롭게 되든지 아니면 전혀 의롭지 못하든지 둘 중의 하나이다. 이런 점에서 우리는 의로움의 **정도**를 결코 찾아낼 수가 없다. 우리는 믿음으로 말미암아 의롭다는 인정을 받든지 아니면 전혀 의를 소유하지 못하든지 한다. 자신의 행위로 말미암아 의롭게 될 수 있다고 주장하는 교만한 자들의 생각은 그 자신의 허영심일 뿐이다. 그러한 사람은 거만하지만 실은 일생동안 지옥을 향하여 비틀거리며 나아가는 술취한 사람과도 같다(5절).

하나님을 의지하는 하나님의 백성들만은 살아 남아야 한다고 하는 하박국의 탄원(1：12)에 대한 대답으로 하나님께서는 "믿음으로 말미암아 그렇게 될 수 있다(살 수 있다)"고 말씀하신다.

2：6-2：20에서 우리는 불의한 자가 교회 안에 있든지(이스라엘) 아니면 교회 밖에 있든지(이방인) 아무런 차이점이 없다는 것을 보여주는 조롱하는 투의 속담을 보게 된다. 모든 불의한 자들이 하나님을 진노하시게 만듦으로, 그들은 예외없이 멸망을 당할 것이다.

일련의 재앙을 통하여 하나님께서는 이러한 사실을 가르쳐 주신다(6-16절). 다른 나라들을 약탈하고 성읍들에 강포를 행하는 이방 나라들에 재앙이 임할 것이다. 그 나라들은 결국 약탈을 당하게 될 것이다(6-8절). 그러나 또한 자기 집을 위하여 불의의 이익을 취하는 개개인에게도 재앙이 임할 것이다(9-11절).

피(전쟁으로 말미암은 파괴)로써 도시를 건설하고 하나님의 영광은 생각지도 않은 채 정복에 정복을 거듭해 나가는 나라에는 재앙이 임할 것이다(12-14절). 그리고 이웃 사람으로 하여금 술에 취하게 하여 외설적인 행동을 하게 만드는 자들에게도 재앙이 임할 것이다. 그들은 할례를 받지 않은 사람들일지도 모른다. 하나님께서는 확실히 그들을 벌하실 것이다(15-17절).

이처럼 하나님께서는 모든 불의한 자들을 심판하실 것이다. 여기에는 하박국 선지자가 그토록 관심을 가졌던 이방 나라들의 불의한 자들 뿐만 아니라 역시 하박국 선지자가 염려했던 예루살렘에 있는 불의한 자들까지도 포함이 된다. 모든 불의한 자들은 그들이 어디에 있든지 상관없이 모두 하나님께 발각되어 징벌을 받을 것이다. 우상을 숭배하는 모든 자들은 그들이 이방인이든 이스라엘인이든 (18, 19절) 상관없이 하나님의 보시기에 모두가 가증스러우며 심판을 당하게 될 것이다.

하나님은 당신께서 성전에 거하시는 하나님이라고 말씀하심으로써 대답을 마무리하신다. 하나님 앞에서는 세상 사람들 모두가 다 죄인이며 수치를 당한다. 하나님 앞에서 자랑할 만한 의를 가진 사람은 아무도 없다. 모든 사람은 거룩하신 하나님 앞에서 침묵할 수 밖에 없다(2 : 20 ; 참조. 롬 3 : 19).

하나님으로부터 이 놀라운 답변을 들은 후에 하박국은 여호와께 영광을 돌리고 또 헌신을 다짐하는 아름다운 찬송으로써 반응한다 (하박국 3장). 그것은 신자의 노래이며 여호와께서 하박국에게 계시하신 것처럼 자신을 친히 계시하신 하나님께 대한 믿음의 확증이다.

먼저 하박국은 창조와 섭리에 나타난 여호와의 영광을 숙고한다 (1-11절). 그는 이스라엘 백성들이 범한 죄로 말미암아 장차 그들에게 임할 하나님의 진노를 바라보며 자비를 탄원한다(2절). 마침내 하박국은, 하나님께서 이미 설명하신 것처럼, 그는 온 땅을 두루 다니시며 열국을 심판하시고 요새들을 멸하시는 분이시라는 결론을 내린다(12절). 그러나 하나님께서는 계획을 가지고 그 일을 행하신다. 역사상에 있어서의 열국들의 흥망성쇠는 각각 그 의미를 지니고 있다. 하나님께서는 궁극적으로 자기 백성들(믿음으로 말미암아 의롭게 된 자들)의 구원을 위하여 그 모든 것을 행하신다(13절). 13 하반절은 의심할 여지없이 뱀(사탄)에 대한 궁극적인 승리를 가리키는 창세기 3 : 15 말씀에 대한 언급이다.

하박국은 무서운 심판이 예루살렘에 반드시 임할 것이라는 사실과 의인들도 그것을 겪지 않으면 안된다는 것을 알게 되었을 때 두려움에 떨었다(16절). 그러나 하박국은 또한 그가 하나님의 심판을 받아들여야만 할 것과 그것을 잠잠하게 기다려야만 한다는 것도 이해하였다. 그는 다가올 고난에 복종하였다.

하박국은 비록 모든 것을 잃어버리는 고통을 당한다고 할지라도 여전히 기뻐할 수 있다(17절). 왜냐하면 그는 하나님께서 자기와 함께 하시며 결국에는 승리를 가져다 주실 것을 알고 있기 때문이다(18, 19절). 그것은 놀라운 믿음의 확증이며 훗날 로마서 8 : 28 에서 바울을 통하여 되풀이되고 있다.

따라서 모든 성도들은 교회가 죄를 범하게 되면 전 교회가 심판을 통과하게 되고 또한 하나님의 자녀들까지도 불의한 자들과 함께 이 심판에 참여하지 않으면 안된다고 할지라도 그들은 보호되고 살아남을 것이라는 사실을 배우게 된다. 그러므로 남은 자들, 곧 하나님의 백성들은 하나님께서 그들과 함께 하신다는 확신을 가지고 폭풍 속을 통과할 수 있다.

12

정화기 (The Time of Purging)

B.C. 586-B.C. 400

이 시대의 역사

선지자들에 대한 공부를 계속 진행하기에 앞서 바벨론 유수와 바벨론 유수 이후에 기록된 책들과 관련된 역사를 간단하게 살펴보는 것은 도움이 될것이다. 이 시기는 고대 세계에서 아주 활기가 넘치는 시기였다. 여기서 우리는 그 시기에 일어났던 매우 중요한 몇 몇 사건들에 대해서 간략하게 살펴보기로 하자.

이 시기는 오늘날에도 여전히 그 영향력이 감지되고 있는 세계의 몇몇 거대한 종교들이 형성된 시기였다. 조로아스터교가 탁월한 페르시아인 선지자 조로아스터에 의해서 이 시기에 형성되고 있었다. 그러나 그는 거의 알려지지 않고 있으며, 그의 정확한 활동 시기조차도 거의 알려진 바가 없다. 대체로 같은 시기에 중국의 공자와 인도의 석가모니가 결국 그들의 이름으로 알려지게 된 종교를 설립하는 일에 있어서 지도적인 역할을 하고 있었다. 이 모든 일들은 바벨론 포로 기간 중에 유대인들 가운데서 유대교가 출현한 시기와 때를 같이 하고 있었다. 성전의 파괴와 동족들이 여러 나라로 흩어짐으로 인하여 유대인들 중에는 급속한 변화가 일어나기 시작했다. 그들의 전통과 신앙을 유지하기 위하여 전통적인 교리가 우선적으로 가르쳐지기 시작했으며, 다음에는 그것들이 책으로 기록되어 바벨론 유수 이후 전 세계에 확산된 유대교에 대한 조직과 통일성과 의미를 부여하게 되었다.

정치적인 세계에 있어서 우리는 이미 앗시리아로부터 바벨론으로 지배권이 넘어간 것을 보았다. 이 기간 중에 정치적인 세력에는 다시금 변화가 일어날 것이었다. 이 시기에는 유대인의 혈족인 셈 계통의 사람들이 마지막으로 고대 세계 속에서 지배권을 소유하게 될 것이었다. 바벨론 사람들은 메소포타미아를 지배한 마지막 셈족이었다. 그 뒤를 이은 메대와 페르시아 사람들은 셈족 계통이 아니었다. 그 후에는 그리이스와 로마가 등장하여 그리스도 시대에 이르기까지 메소포타미아를 통치하였다. 이 시기의 말기(B.C. 400년)에는 페르시아가 여전히 통치권을 쥐고 있었지만 결국에는 알렉산더 대왕이 이끌게 될 그리이스가 다음 세기가 끝나기 전에 그 지역을 차지하게 될 것이었다.

예루살렘의 멸망을 초래한 바벨론 제국은 처음에는 느부갓네살의 통치 하에 있었다. 그는 바벨론에서 막강한 힘을 가진 인물이었다. B.C. 612년에 앗시리아의 수도 니느웨가 멸망했다. 그 일은 느부갓네살이 최초로 맞이한 대출정으로서 그가 곧 계승한 그의 부친의 통솔 하에서 일어난 일이었다. 그 후 B.C. 610년에는 느부갓네살을 대항하여 싸우던 최후의 요새였던 하란이 멸망했다.

느부갓네살이 세력을 얻어 부상하자 역시 야심만만한 이집트의 느고 왕이 느부갓네살을 치기 위하여 올라갔다. 두 나라의 군대는 B.C. 605년에 갈그미스(Carchemish)에서 만나 전투를 벌였는데, 이 전쟁은 고대 세계에서 일어났던 큰 전쟁 중의 하나로 손꼽힌다. 결국 느고가 이 전투에서 패배하였으며 그로 인해 고대 근동의 전 지역에 대한 바벨론의 지배가 확실시되었다. 느고가 느부갓네살을 치기 위하여 북쪽으로 갈 때 유다의 마지막 선한 왕이었던 요시야가 느고 왕과 싸우기 위하여 나갔다가 죽임을 당한 것은 바로 이 전투 기간 중이었다(왕하 23:29을 참고하라).

같은 시기에 느부갓네살은 그 지역에서의 자기의 세력을 과시하기 위하여 팔레스타인을 휩쓸고 내려와서는 다니엘과 그의 세 친구를 포함하여 유대인 소년들 얼마를 포로로 잡아갔다(단 1:1-2을 참고하라). 이 때는 여호야김이 유다의 왕으로 있던 B.C. 605년 경이었다.

그 후 B.C. 597년에 느부갓네살은 다시금 예루살렘을 침략하여 많은 수의 이스라엘 사람들과 함께 여호야김 왕을 포로로 잡아갔다. 이 때에 잡혀간 사람들 가운데는 에스겔이 포함되어 있었다(겔 1:1-3). B.C. 588-586년에 이르러서는 예루살렘과 두 외곽 도시(아세가와 라기스)가 유다에 남아있는 성읍의 전부였다. 이러한 사실은 예레미야 34:6에 기록되어 있다. 최근에 발견된 소위 라기스 문자를 연구한 고고학자들에 의하여 이 성읍들 사이에는 마지막 날까지 상호교류가 있었던 것으로 밝혀졌다. 그 자료들은 바벨론의 포위 공격 하에서의 생활이 어떠하였나 하는 것을 생생하게 묘사해 준다.

예루살렘은 B.C. 586년에 함락되었다. 그리고 그 지역 세계에서의 마지막 요새였던 두로는 12년을 더 지탱하였으나 결국에는 에스겔과 예레미야가 예언한대로 B.C. 574년에 멸망하고 말았다(렘 27:1-11; 겔 26:1-28; 19, 29:18-20).

이즈음에서 유다의 말기를 재조명해 보기로 하자. 요시야 왕의 아들 여호아하스는 겨우 석달을 통치한 후에 이집트의 느고 왕에 의해 폐위당하고 말았다(왕하 23:33). 그의 형 엘리야김(여호야김)이 느고에 의하여 왕으로 임명되어 여호아하스를 대신해서 유다를 통치했다. 그는 예루살렘이 포위공격 당해 있을 때에 왕궁에서 죽었다. 다음 왕 여호야긴은 석달 동안을 통치하다가 B.C. 597년에 바벨론으로 잡혀갔다. 에스겔도 역시 이 1차 포로 시기에 바벨론으로 갔다. 여호야긴은 37년 후 에윌므로닥의 시대에 풀려나기까지 바벨론에서 감옥에 갇혀 있어야 했다(왕하 25 : 27-28). 여호야긴의 숙부이자 유다의 마지막 왕인 시드기야는 예루살렘에서 11년을 통치했다. 시드기야 시대의 대부분의 기간 동안 예루살렘은 B.C. 586년에 실제로 멸망하기까지 바벨론의 실질적인 지배 하에 있었다.

느부갓네살의 통치 하에서 바벨론 제국은 매우 번성하였다. 그러나 느부갓네살 왕이 죽은 다음 그 제국은 겨우 23년을 지탱했을 뿐이다. 아멜마르둑(Amelmarduk ; 성경의 기록으로는 에윌므로닥)이 느부갓네살의 뒤를 계승하였다. 아멜마르둑은 B.C. 569년 곧 그가 왕이 된 지 2년 만에 그의 처남에 의하여 암살되고 말았다. B.C. 560년부터 B.C. 539년에 이르는 짧은 기간 동안에 네 명의 왕이 빠른 속도로 교체되었다. 그들 가운데 마지막 두 왕은 이 기간의 일부를 함께 통치했던 부자지간이었다. 나보니두스는 B.C. 556년에 왕으로서의 통치를 시작했고, B.C. 553년에는 그의 아들 벨사살이 그와 함께 통치하기 시작했다. B.C. 539년에 바벨론성이 페르시아인들에 의해 함락될 때 벨사살은 성 안에서 군대를 지휘했었고 그의 아버지는 성 바깥에서 군대를 지휘하고 있었다.

바벨론이 세력을 잡고 있을 때에, 유대인 포로들은 대개의 경우 바벨론 혹은 그 근처에서 살았다. 예루살렘 함락 이후에 예루살렘에 남아있던 유대인들의 역사는 알려지지 않고 있다. 성경에 있어서의 모든 관심은 포로생활을 했던 사람들에게 그 초점이 맞추어지고 있다.

바벨론에서 유대인 포로들이 직면했던 문제는 바벨론 군대에게 그들의 하나님이 외관상으로 패배하신 것처럼 보임으로써 야기되어진 그들의 신앙에 대한 도전이었다. 유다의 멸망이 곧 하나님의 백성 혹은 그들의 하나님의 패배를 의미하는 것은 아니라는 사실을 인식시키는 것이 포로 중에 포함되어 바벨론으로 간 선지자들의 임무였다. 다니엘과 에스겔은 포로로 잡혀간 하나님의 백성들에 대한 하나님의 대변자들이었으며, 또한 그들의 모범과 예언을 통하여 참된 신앙이 유대인들에게 가르쳐지고 예증되어졌다.

결국, 우리가 앞에서 지적했던대로, 바벨론은 B.C. 539년에 페르시아에 의해 멸망했다. 그 다음 해에 메대와 페르시아의 통치자 고레스 대왕은 유다 백성들에게 예루살렘으로 돌아가서 느부갓네살에 의하여 파괴된 성전을 재건하도록 허락해 주었다. 우리는 버려진 땅으로 그 백성들을 송환하는 것이 고레스의 정책이었으며 고레스 왕이 그토록 많은 유다 백성들을 그들의 고국으로 돌아가도록 하는데 도움을 주었다는 사실을 알고 있다. 그럼에도 불구하고 예레미야를 통하여 주신 하나님의 말씀을 성취하기 위하여 이 일을 하도록 고레스 왕의 마음을 움직이신 분은 바로 하나님이시다.

유다 백성들이 귀국하는데 소용되는 비용은 페르시아의 국고에서 충당되어졌다. 그토록 고국으로 돌아가기를 열망하던 유다 백성들은 모두 귀국할 수 있었다. 느부갓네살에 의하여 바벨론으로 옮겨졌던 예루살렘 성전의 기구들은 그것들이 마땅히 놓여져야 할 곳으로 다시 옮겨지게 되었다.

그 기구들을 예루살렘으로 다시 옮겨가는 일을 맡은 사람은 처음에는 세스바살이었고 그 다음은 스룹바벨이었다.

약 5만 명의 유다 백성들이 이 첫번째 그룹에 속하여 귀국하였다. 그들은 성전을 재건하는 일을 그들이 귀국한 후 해야 할 첫번째 임무로 알고 있었다. 그들은 황폐한 땅과 적개심을 품고 있는 사마리아 사람들의 훼방에 직면하게 되었다. 이 사마리아 사람들은 사마리아가 멸망한 후에 앗시리아인들에 의해 이주되어 온 사람들의 자손들이었다.

한편, 그들이 성전을 재건하기 위하여 분투하고 있는 동안 페르시아에서는 정치적인 격변이 있었다. 고레스가 B.C. 528년에 죽임을 당하고 2년 후 다리오가 새로운 왕으로 출현하였다. 사마리아 사람들의 방해와 정치적인 불안으로 인하여 성전은 완성되지도 않은 상태로 남아있게 되었다.

그러나 마침내 하나님께서는 학개와 스가랴 선지자를 통하여 백성들의 마음을 감동시키심으로 성전을 건축하는 일을 끝마치도록 역사하셨다. 그리하여 성전건축은 B.C. 516년에 완성되었다.

B.C. 516년부터 B.C. 457까지 약 59년의 역사는 알려진 바가 없다. 그 후 페르시아의 아닥사스다(Artaxerxes)왕 시대에 레위인이며 율법학자인 에스라가 예루살렘으로 돌아와 그 성에 거하는 이스라엘 백성들에게 율법을 가르쳤다. 약 1800명의 남자들과 그 가족들이 에스라를 따랐다. 에스라는 예루살렘에 거주하는 사람들이 영적으로 연약하고 세속적이며 이방인과 혼인 관계를 맺고 있다는 사실을 발견했다.

에스라는 그 백성들로 하여금 그들의 죄를 자복하게 만들었으며, 많은 유대인들로부터 원망을 들으면서까지 다시 한번 모세의 율법책을 백성들에게 가르쳤다. 그는 율법책을 낭독한 뒤에 백성들에게 그것을 해석해 주었다. 유대인들은 이제 일반적인 민족들과 구별된 율법책이 요구하는 하나님의 백성들이 되었다.

그 후 여전히 아닥사스다 왕이 통치하고 있던 B.C. 444년에 예루살렘으로부터 전해지는 비참한 소식을 듣고 있던 느헤미야는 예루살렘으로 돌아가서 외세의 침입에 대비하여 성벽을 건축해도 좋다는 승인을 받았다. 에스라와 함께 느헤미야는 백성들로 하여금 하나님과의 관계를 보다 밀접하게 만드는 임무를 완수했다.

백성들의 신앙생활은 보다 성경적인 토대 위에 서게 되었다. 부유한 사람들은 가난한 사람들을 돌아보게 되었다. 느헤미야는 강력하게 백성들로 하여금 과거의 잘못된 점들을 바로 고치도록 이끌었다. 성벽공사가 완공된 후 느헤미야는 페르시아로 돌아가서 2년 동안을 그곳에서 머물렀다.

팔레스타인으로 돌아온 느헤미야는 다시금 고국의 상황이 악화된 것을 보게 되었다. 에스라와 함께 느헤미야는 백성들이 하나님께로 돌이키도록 권면하였다. 이방인과 혼인하는 것이 근절되었다. 안식일 준비가 시행되어졌다. 사마리아인들의 예루살렘에 대한 간섭이 중단되었다.

한편, 이야기의 방향을 페르시아로 돌려서, B.C. 486-B.C. 465년의 크셀크세스(성경에서는 아하수에로 라고 불리워짐) 시대에 유다 여인 에스더가 크셀크세스 왕의 아내가 되었다. 그녀는 사촌 모르드개와 함께 유다 백성들을 멸망으로부터 구원하는 데 힘이 되었다.

바벨론 유수와 예루살렘으로의 귀환당시에 유다 백성들은, 심지어 예루살렘에서 멀리 떨어져 있을 때에조차도, 하나의 신앙 공동체를 형성하게 되었다. 유대교 문헌에 대한 관심과 연구가 증대되었으며, 또한 완전한 성서 곧 율법서와 선지서, 그리고 다른 여러권의 책들이 하나의 권위서로 형태를 갖추기 시작했다. 그리고 유대인 신자들이 있는 곳이면 어디에나, 그 곳이 유배지이거나 유다 지역이거나를 막론하고 회당들이 생겨났다. 또한 아람어는 그 당시에 가장 널리 사용되는 국제적인 언어가 되었으며 그 결과 히브리어도 점차적으로 쇠퇴하여 일반적으로 쓰이지 않게 되었다.

이런 이유로 인하여 성경에 대한 번역과 해석이 필수적인 것이 되었다. 처음에는 이 일들이 구전으로 행해지다가 후에는 문자로 기록되었는데 이것이 바로 아람어로 번역된 구약 성경인 탈굼(Targum)이다. 이와 함께 점차적으로 유대교는 이방세계에까지 영향력을 미치기 시작했다.

이제 이 시기와 관련이 있는 성경으로 주의를 돌려보기로 하자.

에 스 겔

에스겔은 예레미야와 마찬가지로 예루살렘의 함락을 전후하여 성경을 기록하였다. 그러나 예레미야가 예루살렘에서 성경을 기록했던 반면에 에스겔은 바벨론에서 성경을 기록했다.

에스겔서는 두개의 주요 단락으로 나누어진다. 첫번째 단락은 예루살렘 멸망 이전에 기록된 것(1장-33:20)이고 다른 한 단락은 예루살렘 멸망 이후에 기록된 것(34-48장)이다. 이 두 단락은 예루살렘의 멸망에 관한 소식이 바벨론에 전해지게 된 경위에 대한 간략한 설명으로 말미암아 연결되고 있다(33:21-33).

예루살렘의 멸망 이전의 기록(겔 1-33장). 첫번째 단락은 예루살렘 멸망 이전의 계시(1:3-33:20)로서, 두번째 단락과는 매우 다른 성격을 띠고 있다. 이 단락은 주로 임박한 심판을 자초하고 있는 이스라엘의 죄에 대하여 다루고 있다.

우리는 에스겔이 성경을 기록하기 시작한 연대를 여호야긴 왕이 사로잡힌지 오년째 되던 해인 B.C. 592년 경으로 추정한다(1:2). 에스겔은 이 때에 하나님께서 그에게 말씀하시기 시작했다는 사실을 우리에게 말해 준다(3절).

이 첫번째 단락의 첫부분은 에스겔에게 보이신 하나님의 영광에 대한 놀라운 이상에 관한 것이다. 그것은 확실히 인간의 역사에 있어서의 하나님의 사역과 개입(involvement)에 대한 환상이었다(1:4-28).

북쪽(이스라엘에 대한 하나님의 모든 심판이 나오는 곳)으로부터 불가사의한 구름과 불이 온다(4절). 그리고 그 속에서 에스겔은 네 생물을 보게 된다(5절). 따라서 에스겔이 본 환상은 훗날 요한이 유배지에서 보게 될 환상과 매우 흡사한 것이었다(계시록 4장).

에스겔과 요한이 보았던 환상은 둘 다 하늘과 그 영광에 관하여 묘사하고 있다. 계시록을 통하여 우리는 네 생물이 그리스도의 사역과 영광에 있어서의 그의 다양한 면모들을 나타내는 것임을 확인할 수 있다. 이러한 사실은 여기 에스겔서에서도 마찬가지인 것처럼 보여진다. 그러나 에스겔서에서보다는 계시록에서 더욱 분명하게 드러난다. 에스겔 10장에서 이 네 생물은 그룹들과 동일시된다 (10 : 15). 그리고 우리는 그룹들이 생명나무로 가는 길을 지키고 있었으며(창 3 : 24), 성막에서는 법궤를 날개로 가리우고 있었다는 사실을 알고 있다(출 25 : 18-22).

　15절부터 에스겔은 그 생물들이 지면에 닿아있는 바퀴들을 조종하고 있었다고 말한다. 그 생물들이 움직일 때에는 바퀴들도 따라 움직였다(19절). 생물들의 영이 바퀴들 속에 있었다(20절). 이것을 통하여 우리는 에스겔이 본 환상은 땅 위에서 일어나고 있는 모든 일(바퀴들)이 하늘의 생물들에 의하여 지배를 받는다는 것을 나타낸다고 결론지을 수 있다. 다시 말해 북쪽으로부터의 침입, 곧 열국들을 심판하는 불은 심지어는 예루살렘과 유다에까지도 미치게 될 것이지만, 그럼에도 불구하고 그것은 하나님의 통제 하에 있다는 것이다. 그러므로 땅에서 일어나는 모든 일은 하늘에서 결정되어진다.

　22절부터 1장 마지막 절까지에서 우리는 하늘나라를 희미하게나마 볼 수 있다. 이 본문은 그 위에 사람과 같은 형체를 가지신 분 (그리스도?)이 앉아있는 하나님의 보좌를 보여준다(26절). 에스겔은 자신이 여호와의 영광의 형상을 보았다고 말한다(28절).

　이 모든 것이 생물들의 머리 위에서 보여진 것(22절)과 관련하여 우리는 만물 위에 계시는 하나님께서 근래에 일어나고 있는 모든 일들을 지배하고 계시며 또한 그 모든 것들이 하나님의 계획과 목적에 일치한다는 진리를 상징적으로 나타내고 있다는 것을 알 수 있다. 하나님은 죽은 하나님이 아니다. 비록 지금 그의 백성들이 매우 어려운 시기를 만났다고 할지라도 그는 살아계시며 여전히 모든 일들을 지배하신다. 이것이 바로 그 어려운 시대에 에스겔과 다니엘 그리고 예레미야를 통하여 하나님께서 그의 백성 이스라엘에게 말씀하신 메시지의 핵심이다.

　제 2 장과 제 3 장은 **에스겔의 소명**에 대하여 말해주고 있다. 방금

소개된 환상을 본 후에 에스겔은 그의 사역이 하늘에 계신 하나님의 지배를 받고 있다는 사실을 확신하게 되었다.

하나님께서는 신약 성경에서 그리스도가 그 자신에 대하여 적용하신 것 이외에는 사용된 일이 없는 "인자"라는 독특한 용어를 사용하여 에스겔에게 말씀하신다(2:1). 에스겔의 사명은 패역한 백성으로 묘사된 이스라엘에게로 가는 것이다(3절). 우리는 에스겔의 소명과 이사야와 예레미야의 소명 사이에 있는 명백한 관련성을 보게 된다. 이 세 사람은 모두 소명을 받는 자리에서 그들의 말을 듣는 자들이 그들을 배척하고 그들의 말을 받아들이지 않을 것이라는 주의를 듣는다. 이스라엘 백성들이 그들의 말을 듣든지 듣지 않든지간에 그들은 적어도 그들 가운데 선지자가 있었다는 사실을 알게 될 것이다(5절).

예레미야와 마찬가지로 에스겔은 "두려워 말라"는 말씀을 인하여 위로를 받는다(6절 이하). 그런 다음 에스겔은 그 자신이 패역한 자가 되지 않도록 경고를 받는다(8절 이하). 백성들이 그에게 귀를 기울이든지 그렇지 않든간에 에스겔은 인간이 아닌 하나님께만 순종해야 할 것이었다.

두루마리 책을 먹는 사건(2:9-3:3)은 계시록 5:1-10; 10:8-11에서 요한이 기록한 사건과 그 내용이 매우 유사하다. 다시금 이 사건을 통하여 우리는 그 책이 하나님께서 세상을 향하여 주시는 메시지, 곧 하나님의 백성들에게 주시는 메시지라 할지라도 적대감을 가진 사람들에게 그 메시지가 전달될 때에는 심각한 반발 현상을 수반하게 되는 것과 관련이 있다는 것을 알 수 있다.

에스겔은 이스라엘 백성에게로 보냄을 받았다(3:4-11). 여기서 매우 대조적인 사실이 언급되고 있다. 만일 에스겔이 요나 다니엘과 같이 사용하는 언어가 다른 민족들에게로 보냄을 받았더라면 그들은 에스겔의 말을 들었을 것이다. 그러나 에스겔은 이스라엘 백성들에게로 가야 하며 또한 그들은 에스겔의 말을 듣지 않을 것이다(5, 6절). 하나님의 말씀에 대하여 이스라엘 백성들이 저항하리라는 예언(7절)은 예레미야가 직면해야 했던 사람들을 생각나게 해 준다. 그것은 참으로 감당키 어려운 일이었음에 틀림없다(참조. 렘 1:18).

10절에서, 에스겔은 그 자신도 또한 마음으로부터 하나님의 말씀을 받지 않으면 안된다는 말씀을 듣는다. 메신저는 그가 전하는 메시지를 믿지않으면 안된다. 에스겔에게 주어진 사명은 참으로 감당키 어려운 것이었으며, 에스겔 앞에 놓인 전망 또한 유쾌한 것이 못되었다. 에스겔은 그의 앞에 놓인 삶이 어떤 것인지에 대하여 잘 알고 있었다. 따라서 에스겔이 그의 백성들에게로 나아갈 때 괴로운 마음으로 갔던 것은 조금도 이상한 일이 아니었다(14, 15절).

다시금, 하나님께서는 에스겔에게 그의 소명에 대하여 생각할 시간을 허락하신 후에 그를 격려해 주셨다(3:16-27). 에스겔은 다른 사람에게 경고하는 것을 직업으로 삼고 있는 파수꾼과 같은 사람이 될 것이다. 백성들이 그의 말을 듣는다면 더할 나위 없이 좋은 일이다. 그러나 만약 백성들이 그의 말을 듣지 않는다고 할지라도, 그는 적어도 그의 의무를 다한 것이 된다. 그러나 에스겔이 경고하는 **일까지도** 하지 않는다면, 그는 그의 사명을 수행함에 있어서 실패한 것이 될 것이다(21절).

다시 한번 에스겔은 하나님의 영광을 보았으며(23절), 그 후에는 예레미야에게서 일어났던 것과 마찬가지로 그에게 닥칠 임박한 고난에 대한 말씀을 들었다. 그러나 이와 함께 하나님께서는 에스겔에게 그의 말씀을 이스라엘 백성들에게 전할 수 있는 담대함을 허락하셨다(27절).

4장에서부터 이스라엘 백성들을 향한 메시지가 시작된다. 에스겔의 설교의 특징은 백성들 앞에서 하나님의 메시지 중 많은 부분을 몸짓을 통하여 전하게 된다. 다른 선지자들은 간혹 이런 방식으로 메시지를 전했지만 에스겔은 매우 빈번하게 그렇게 하였다. 첫번째 메시지는 **예루살렘이 포위당할 것에 대한 상징적인 묘사**였다(4장).

에스겔은 철판(iron pan) 하나를 가져다가 그것을 벽처럼 세우라는 지시를 받았다. 또한 에스겔은 그 옆에 누워서 성을 포위하는 동작을 취해야만 했다. 우리는 백성들이 그러한 모습을 보고 얼마나 놀랐을 것인가 하는 것을 충분히 짐작할 수 있다. 에스겔은 왼쪽으로 누워서 삼백 구십일을, 그리고 오른쪽으로 누워서 사십일을 매일같이 그러한 동작을 취하고 있어야만 했다(4:4-7). 우리는 그가 모두 합해서 사백 삼십일 동안 매일 밖으로 나가서 예루살렘이 포위될 것을 몸짓으로 이야기했을 것이라는 사실을 추측할 수 있다.

우리가 알다시피, 이 날들은 각각 이스라엘의 범죄한 햇수를 나타낸다(5절). 우리가 에스겔이 소명을 받던 해인 B.C. 592년으로 돌아가서, 다시 이스라엘 백성들의 범죄한 햇수를 가리키는 삼백 구십년을 거슬러 올라가면 B.C. 900년대 혹은 대략 솔로몬 시대에 이르게 된다. 첨가된 사십년은 아마도 광야에서의 불순종한 햇수를 나타내고 있는지도 모른다. 이것은 확실하지가 않다. 그러나 분명한 것은 이 메시지를 통해서 하나님께서는 솔로몬 시대로부터 지금까지 이스라엘의 불순종을 오랜 세월동안 참아 오셨지만 이제는 그 땅에 심판을 내리시겠다는 것을 말씀하고 계시다는 사실이다.

에스겔은 또한 포위당한 예루살렘에 임하게 될 기아와 기근에 대하여 몸짓으로 이야기한다(4:9-17).

또 다른 상징적 묘사 혹은 시청각 자료를 이용한 메시지는 제 5장에 나타난다. 여기서 에스겔은 자신의 머리카락을 취하여 임박한 하나님의 심판을 불과 칼, 그리고 사로잡힘(머리칼을 바람에 날림) 등으로 생생하게 묘사한다(1, 2절). 예루살렘에 임할 그 참혹한 날들(10절)은 엘리사 시대에 있었던 사마리아 성이 포위되었을 때의 일들을 생각나게 해 준다(왕하 6:29; 참조. 렘 19:9). 예레미야와 마찬가지로, 에스겔은 그 땅에 임할 하나님의 심판의 네 가지 징조, 곧 전염병, 기근, 칼 그리고 사로잡힘이 있을 것을 선포한다(12절). 여기서 우리는 또한 역사적으로 인간들 위에 중대한 영향력을 행사하는 세력들을 상징하는 네 명의 말탄 자들을 묘사해 놓은 계시록 6장을 참고할 수도 있을 것이다.

제 6장에는 이스라엘의 산들에 대한 예언이 기록되어 있다. 우리는 이미 살펴보았던 미가서 6장을 통하여 여호와께서 그와 이스라엘 사이를 심판하도록 하기 위하여 산들을 부르셨던 것을 기억하고 있다. 그런데 이제 여호와께서는 높은 곳에 위치해 있는 그 산들 자체를 향하여 예언하신다(6 : 3 이하). 그리고 이 예언은 당연히 36장에 기록되어 있는 산들을 향한 또 다른 메시지와도 비교가 될 것이다. 호세아와 마찬가지로 에스겔은 여호와를 알지 못하는 이스라엘 백성들을 책망한다(7절).

8절부터 우리는 소망에 대한 메시지를 발견하게 된다. 여호와께서는 남은 자들을 남겨 놓으실 것이다. 재난을 피하여 살아남는 사람들도 있을 것이다(8, 9절). 그리고 그들이 하나님의 목전에서 얼마나 가증스러운 죄를 행하였던가 하는 것을 깨닫게 될 때에야 비로소 그들은 진정으로 하나님을 알기 시작할 것이다(9, 10절). 에스겔은 발을 구르며 하나님께서 명하신 이 메시지를 백성들에게 충분히 납득시키려고 노력한다(11절).

우리가 예상했던대로, 에스겔은 이스라엘의 명백한 멸망을 예언함으로써 이 일련의 예언들을 마무리한다(7 : 2). 이스라엘의 멸망이 임박하였다(7 : 8). 요엘서의 많은 부분들이 여기에 반영되어 있다(7 : 14). 이스라엘을 점령하게 될 나라들의 사악함은 하박국이 제기했던 의문을 상기시켜 준다(7 : 24). 바로 그러한 때에 이 백성들은 하나님으로부터 오는 말씀을 듣기를 간절히 원하게 될 것이나, 그들은 하나님의 말씀을 전연 듣지 못할 것이다(그 당시에 예레미야 선지자는 이집트로 잡혀가고 없었다는 사실을 기억하라 — 참조. 암 8 : 11).

다음 석장, 곧 8-10장은 **예루살렘의 죄악과 관련하여 에스겔에게 주어진 환상**을 기록하고 있다. 이 환상 가운데서 에스겔은 영적으로 바벨론의 텔아비브(Tel-abib)에서 예루살렘으로 옮겨진다(8 :

3). 그는 성전에서 질투의 우상을 보게 된다(3, 5, 6절). 성전은 하나님께서 보시기에 가증스러운 것들로 가득차 있다(9-11절). 우리는 여호와께서 자기 자신을 일컬어 그의 이름과 진리를 위하여 열심을 가지고 계시며 그의 자녀들의 마음 속에 어떤 경쟁자도 허락지 않으시는 질투하시는 하나님이라고 선언하신 것을 기억하고 있다(출 20:4-6; 34:12-17).

에스겔은 여기서 실제로 무엇을 보고 있었을까? 12절에서 그 해답을 찾을 수 있다. 에스겔은 이 환상 가운데서 영적으로, 예루살렘에 살고 있는 사람들의 바로 그 마음속(그들이 섬기는 우상의 방), 다시 말해서 하나님께 비친 그들의 악한 마음 속을 어렴풋이 들여다보고 있었다. 에스겔이 예루살렘 성전을 이렇게 한 번 돌아본 것은 사실상 그 곳에서 예배하는 사람들의 마음을 돌아본 것이었다. 이러한 사실은 에스겔 14:4을 읽어보면 분명하게 나타난다. 성경에 나타난 독특한 계시는 성경 이외의 다른 것들과는 달리 불신자들의 죄악된 마음에 대한 올바른 전망을 우리에게 제공하여 준다. 하나님께서 죄악된 마음과 그 죄악된 마음이 성결케 되어야 할 필요성에 대하여 그토록 빈번하게 말씀하시는 것은 조금도 이상할 것이 없다.

에스겔은 환상 가운데서 성전을 돌아보는 중에 우상숭배와 헛된 예배로 가득찬 마음들을 발견한다(8:14-18). 마침내 하나님께서는 그러한 현상들로 인하여 마음 아파하는 자들만이 살아남을 것이라고 선언하신다(9:4; 참조. 계 7:2, 3). 우리는 여기서 '애통하는 자는 복이 있나니'라고 하신 예수님의 말씀을 기억하게 된다. 성경의 다른 곳에서도 읽을 수 있는 바와 같이, 심판은 하나님의 집에서부터 시작되어야만 한다(9:6; 참조. 암 3:2; 렘 25:29; 벧전 4:17). 에스겔은 이러한 사실에 자극을 받아 백성들을 향한 깊은 연민의 정을 느끼게 된다(8절; 참조. 11:3). 그럼에도 불구하고, 하나님께서는 이제 그의 진노를 돌이키지 않으실 것이라고 경고하신다(9:9-11).

백성들의 마음을 살펴보게 했던 일련의 환상들은 1장에 나타난 것과 유사한 장면을 통한 하나님의 영광에 대한 계속적인 환상(10장)과 함께 끝이 난다. 하나님의 영광은 사람들의 마음 속에 있는 그와 같은 죄악을 결코 용납할 수 없다.

그 다음 11장에서는 에스겔에게 **부패한 지도자들에 관한 환상**이 보여진다. 우리는 예레미야 역시 진리를 말하기 위하여 힘쓸 때에 그러한 사람들과 대면하게 되었던 것을 알고 있다(11 : 2). 에스겔은 그들을 향하여 예언하라는 하나님의 지시를 받는다(11 : 4). 심판은 매우 엄중하다(11 : 5-8). 에스겔의 예언의 결과로서, 그가 환상 중에 보았던 사람들 가운데 한 사람이 죽었다(13절 ; 참조. 1절).

일찍이, 에스겔은 심판이 시작되었을 때 하나님의 자비를 구했었다(9 : 8). 이제 다시금 그는 하나님께 부르짖는다(11 : 13). 첫번째 부르짖음에서는 하나님께서 아무런 대답을 하지 않으셨으나 이번에는 응답하셨다.

11 : 16에서부터 하나님께서는 이스라엘에 대한 소망의 말씀을 선언하신다. 하나님께서는 이스라엘 백성들이 사로잡혀 있는 동안에 그들을 보호하여 주실 것을 약속하시고 또한 그들 가운데서 모든 악한 것이 제거된 후에는 그들을 고국으로 다시 돌아오게 하시겠다고 에스겔에게 확증해 주신다(18절 이하).

예레미야 31 : 31 이하의 예언과 유사한 말씀으로, 하나님께서는 남은 자들에게 새로운 영과 새로운 마음을 주실 것을 약속하신다(11 : 19). 출애굽기 19장에 기록된 바와 같이 이스라엘로 하여금 거룩한 백성을 삼으시려는 하나님의 계획은 실현될 것이다(20절). 그러나 죄 가운데 머물러 있는 자들에게는 어떠한 소망도 주어지지 않는다(21절 ; 참조. 암 9 : 8 하반절 이하 ; 사 66 : 24).

이러한 소망의 메시지와 함께 8 : 3에서부터 시작된 일련의 환상들은 끝을 맺는다(11 : 24).

다시금 12장에서 에스겔은 이스라엘 백성들 앞에서 그들이 포로

되어 갈 것에 대하여 몸짓으로 메시지를 전하라는 지시를 받는다(1 -6절). 그리하여 에스겔은 매우 극적인 몸짓으로 장차 예루살렘 거민들의 마음 속에 임하게 될 두려움에 대하여 이야기한다(17절 이하).

언뜻 보기에는 하나님께서 예레미야와 같은 선지자들을 통하여 예루살렘의 멸망에 관하여 하신 그 말씀을 실행하기를 지체하시는 것처럼 보였기 때문에, 어떤 사람들은 선지자들의 환상이 잘못되었다는 것을 비난하는 속담을 만들어 내기까지 했다(12:22-25). 그러나 하나님께서는 이제 지체하지 않으실 것이다(27, 28절).

예레미야 시대에 있어서 심판의 때가 멀리 있다고 말하면서 백성들을 거짓으로 안심시켰던 거짓 선지자들이 이제는 에스겔의 예언의 표적이 되었다(13:1 이하). 그들을 위하여는 재앙만이 준비되어 있을 따름이다(3절). 하나님께서는 그가 직접 그들과 싸우실 것이라고 선언하신다(8절). 그들은 스스로 내뱉은 평화의 말을 스스로 삼키지 않으면 안될 것이다(10절; 참조. 렘 8:11; 14:13 등).

에스겔은 또한 헛되이 예언하는 여자들에게로 방향을 바꾸어서 아모스와 유사한 방식으로 그들을 책망한다(13:17 이하; 참조. 암 4:1 이하).

이스라엘 백성들의 장로들조차도 책망을 듣는다. 8:12에서 본 것과 마찬가지로 이 장로들은 그들의 마음 속에 우상을 간직하고 있다(14:4). 하나님께서는 하나님의 참된 백성들이 스스로를 더럽히지 않도록 하시기 위하여 모든 거짓된 지도자들을 끝까지 책망하시고 징벌하신다(14:9-11).

아무것도 예루살렘의 멸망에 대한 심판을 돌이킬 수 없다(14:13 -14; 참조. 왕하 23:26, 27). 설령, 노아, 다니엘, 욥과 같은 위대한 하나님의 사람들이 거기에 있다고 할지라도, 그들조차도 아무런 도움이 되지 못할 것이다. **노아**라는 이름은 노아만이 의로운 사람이었던 때의 홍수 심판을 생각나게 해 준다. 그리고 **욥**이라는 이름은 사탄까지도 그를 흔들어 놓을 수 없을 만큼 하나님을 기쁘시게 하였던 고대시대의 족장을 생각나게 해 준다. **다니엘**은 물론 에스겔과 같은 시대의 인물이었으며, 당시에는 바벨론에서 살고 있었다. 모든 사람들이 그의 경건한 삶에 대해서 잘 알고 있었다. 그러나 이러한 사람들마저도 예루살렘을 멸망으로부터 벗어나게 할 수는 없었다(14절). 여기에 언급된 다니엘이 성경에 나타난 다니엘이 아니라 지중해 연안에 위치한 우가릿 지방의 고대 문학에 등장하는 다른 인물이라는 학설은 신빙성이 없다. 에스겔이 널리 알려져 있고 또한 경건한 동시대의 유대인을 들어 호소하지 않았을 이유가 전연 없기 때문이다.

다시금 네 가지 종류의 심판, 곧 기근, 악한 짐승, 칼(전쟁) 그리고 전염병을 언급한 것에 주의하라(14 : 12-20). 그러나 앞에서와 마찬가지로 하나님께서는 신실한 남은 자들에게는 소망을 주신다 (14 : 22, 23). 이사야 5장과 유사한 방식으로, 에스겔은 이스라엘을 가치없는 포도나무와 같은 것으로 이야기한다(15장).

계속해서 신실하지 못한 지도자들에 대하여 이야기하고 있는 16장은 그들의 근본이 훌륭하지 못하다는 사실을 그들에게 깨우쳐 준다(16 : 1-5). 그들의 근본은 가나안에서 시작된 다른 민족들과 일반이었으나 하나님께서 아브라함으로 하여금 구별된 민족을 이루게 하시려고 그를 부르셨던 것이다. 아모리 족속과 헷 족속의 결합 (3절)은 틀림없이 그들의 이교적인 근본을 지적해 주는 것이다(수 24 : 14, 15을 참조하라). 아브라함의 조상들은 아모리 사람들이었다. 아마도 "헷 사람"은 후에 다윗의 아내가 된 우리야의 아내 밧세바를 가리킬 것이다.

이스라엘을 입양된 아이처럼, 또한 양육받고 사랑받는 아내처럼 묘사한 것은 호세아서의 처음 몇장들에 나타난 호세아의 표현을 상기시켜 준다(16 : 6-14 ; 참조. 호 1-3). 여기에 묘사된 아름다운 여인(14절)은 솔로몬 통치하의 이스라엘의 좋은 시절을 생각나게 하지만 밝히 드러난 그의 음행(15-29절)은 솔로몬 통치말기의 이스라엘을 상기시켜 준다. 16장의 나머지 대부분은 일찍이 호세아가

북이스라엘 왕국에 대하여 유사한 고발을 했던 것을 예루살렘 주민들에게 생각나게 하려는 의도에서 비롯된 것이 분명하다.

하나님께서는 호세아의 메시지를 통해서 상기시켜 주기까지 하신 그의 약속을 결단코 잊으실 리가 없다. 다시 말하자면 하나님께서는 그의 백성들을 절대로 포기하지 않으실 것이라는 말이다. 하나님께서는 결국 영원한 언약을 세우실 것이다(16 : 60-63). 하나님과 그의 백성들이 화해하게 되는 날이 반드시 올 것이다.

다음 몇 장, 즉 17-24장은 선지자가 이스라엘 백성들에게 하나님의 진리를 전달하기 위한 또다른 방법으로 사용했던 몇 가지 비유들을 포함하고 있다.

17장에서 하나님께서는 **두 마리의 독수리와 한 그루의 포도나무에 대한 비유**를 말씀하신다. 첫번째 독수리가 열매를 얻기 위하여 포도나무 하나를 심었으나(17 : 1-6), 또 다른 한 마리의 독수리가 왔으며 포도나무는 첫번째 독수리가 아닌 두번째 독수리를 위하여 열매를 맺었다(7, 8절). 그러므로 그렇게 변절한 포도나무는 서 있을 수가 없으며 뿌리째 뽑히고 말 것이다(9, 10절).

하나님께서는 그 비유를 다음과 같이 설명하신다. 첫번째 독수리는 예루살렘은 바벨론 왕을 섬겨야만 한다는 조약을 예루살렘과 맺은 바벨론을 상징했다(11-14절). 그러나 유다는 바로 두번째 독수리가 상징하는 이집트와 또 다른 조약을 맺고서는 바벨론을 등지고 말았다(15절). 따라서 바벨론이 예루살렘을 징벌하는 것은 틀림없는 일이었다(15-18절). 여호와께서는 역대하 24 : 1-25 : 7에 기록된 바와 같이 여호야긴과 시드기야 시대에 있었던 사건들을 여기서 말씀하고 계시는 것이다.

그런 다음, 여호와께서는 이 전체적인 비유를 그의 포도나무로서의 이스라엘과 하나님 자신과의 관계에 적용시키셨다(17 : 19-24). 이것은 이사야 5 : 1-7 말씀을 기억하게 해 준다. 하나님의 포도나무인 이스라엘은 하나님의 기대를 저버렸다. 얼마나 징계를 더 받아야만 할 것인가.

  18장은 **에스겔 당시에 자주 사용되던 비유**, 즉 "아버지가 신 포도를 먹었으므로 아들의 이가 시다"(18 : 2)는 비유를 포함하고 있다. 우리는 예레미야 31 : 29, 30과 어쩌면 예레미야 애가 5 : 7에서도 이 비유에 관한 언급을 볼 수 있다. 그러나 그것은 타당한 비유가 아니었다. 하나님께서는 이미 이러한 비유가 경우에 맞지 않다는 사실을 아주 분명하게 밝혀 놓으셨다(신 24 : 16). 가령 어떤 사람들이 그 부모들의 죄로 인한 결과에 직면하게 될지도 모르지만, 그렇다고 그들이 부모들이 지은 죄에 대한 책임을 져야 하는 것은 결코 아니다(18 : 4).

  그래서 하나님께서는 에스겔을 통하여 각 세대로 하여금 그들 자신의 죄에 대한 책임을 지도록 하셨다는 사실을 보여주는 일련의 실례를 제시해 주셨다(18 : 5-20). 21-24절에서 하나님께서는 그가 전에 말씀하셨던 것과 유사한 또 하나의 개념을 소개하신다. 여기에는 **하나님께 대한 인간의 관계가 간략하게 나타나 있다**. 회개하고 하나님께로 돌이키는 악인은 하나님으로부터 의롭다는 인정을 받게 될 것이다(하나님께 대한 믿음으로 말미암아 구원을 받게 될 것이다 21-23절). 그러나 만일 자기 자신의 의를 의지하는 사람이 죄를 범한다면, 그가 소위 자기 의를 의지하고 하나님께 회개하지 않았기 때문에 그의 악은 용서받지 못하게 될 것이다(24절 ; 참조. 사 64 : 6).

  많은 사람들은 분명히 여기서 하나님을 모순되다고 욕하지만(18 : 25), 그러나 하나님께서는 인간의 삶이 일관되지 못하기 때문에(의롭지 못하기 때문에) 문제가 발생하는 것이라고 말씀하신다(29절). 다른 말로 하자면, 모든 사람이 죄를 범하였으므로 모든 사람은 죄인이다. 하나님 앞에서 의롭게 살 수 있는 사람은 아무도 없기 때문에 모두가 회개하지 않으면 안된다(30절). 하나님이 여기서 요구하시는 것은 새로운 마음과 새로운 영이며(31절), 오직 하나님께서만 그것을 공급해 주실 수 있다. 그리고 예레미야 31 : 31 이하에서 말씀하셨고 또한 앞으로 살펴보게 될 에스겔 36 : 26 이하에서도 말씀하시는 것처럼 하나님께서는 그것을 공급해 주실 것이다.

19장에 기록된 애가 중의 한 단락은 이사야 5 : 1 이하의 말씀을 생각나게 해 준다. 광야에 심기운 포도나무(13절)는 호세아 2 : 3 말씀을 상기시켜 준다.

이스라엘의 장로들이 에스겔을 통하여 하나님께 물으려고 다시 왔을 때 여호와께서는 그들에게 대답하기를 거절하셨다(20 : 1-3). 그들에게 있어서 아모스 8 : 11 말씀이 막 실현되려는 참이었다. 그런 다음 하나님께서는 이스라엘의 역사와 하나님께서 과거에 그들을 어떻게 다루셨는가에 대한 회고를 통하여 이스라엘 백성들의 지난날의 반역을 그들에게 일깨워 주셨다(20 : 5-32).

이스라엘 역사에 관한 긴 회고를 통하여 하나님께서는 백성들이 무시하였던 안식일의 목적에 대한 통찰력을 심어 주셨다. 안식일은 하나님께서 그의 백성들을 거룩하게 하신다는 사실을 나타내는 표징이었다(12, 13절). 안식일은 매주마다 이스라엘 백성들에게 그들이 삶 속에서 하나님의 선하심을 구하면서 하나님께 순종하려고 노력해야 할 것을 기억나게 해 주었을 것이지만, 그들은 하나님의 계획을 무시하고 불순종의 길로 곧장 가버리고 말았다.

이 역사적인 불순종에 대한 심문을 통하여 하나님께서는 그들이 하나님의 기대를 완전히 저버렸음을 보여주시면서 이제 그들이 제2의 광야생활, 곧 열방 중에서 포로생활을 하게 될 것을 말씀하신다. 이 쓰라린 경험을 통하여 이스라엘은 다시금 하나님의 뜻을 행하는 법을 배우고 또한 하나님께서 그의 백성들을 정화시키는 일을 하실 수도 있다는 사실을 다시 한번 배우게 될 것이다(20 : 33-39).

이사야 2장에서와 같이 하나님께서는 포로생활 가운데서 그를 의지하고 순종하는 것을 배우게 될 남은 자들에게 소망을 주신다. 그들은 나머지 사람들이 제거된 후에 하나님의 백성이 될 것이다(40-44절).

에스겔 선지자는 이미 포로되어 바벨론에 가 있는 사람들에게 포로 생활과 정화시키는 일의 필요성을 설명한 후에 이제는 남쪽(바벨론으로부터)을 향하여 아직도 예루살렘에 있는 백성들에게 하나님의 말씀을 선포하였다(20 : 45; 21 : 2). 예루살렘은 곧 멸망할 것이다(20 : 45-22 : 31). 여호와께서는 바벨론이 이스라엘을 심판하기 위하여 그가 지정하신 도구라는 사실을 보여 주셨다(21 : 18-20). 밝히 드러난 그들의 죄로 말미암아 유다를 징벌할 시간이 이미 이르렀다(21 : 24, 25). 백성들의 마음 속에 있던 죄가 밖으로 노출되어 이제는 에스겔까지도 백성들의 죄를 보게 되었다. 여호와께서는 여기서 우리에게 그의 심판의 목적이 모든 죄로부터 백성들을 정화시키기 위한 것이었음을 보여 주신다(22 : 15-18). 분명히 다른 방법은 아무 것도 없었다. 아무도 하나님과 그의 범죄한 백성들 사이에 벌어진 간격을 메꾸어 줄 수 없었다. 어떤 중재자도 찾을 수 없었다.(22 : 30, 31). 여기서 우리는 모세나 사무엘조차도 이제는 중재자로서 충분하지 못할 것이라고 기록한 예레미야 15 : 1 말씀을 비교해 볼 수 있다. 이사야 59 : 16에서 하나님께서는 이 영적인 곤경에 대한 유일하고도 적절한 답변을 제시해 주신다. 오직 여호와께서만이 오셔서 그 간격을 메꾸실 수 있으며, 오직 여호와께서만 그의 백성들에게 구원을 가져다 주실 수 있다.

두 여인 오홀리바와 오홀라에 관한 비유(23장)는 이집트에 있을 때부터 지금까지 계속될 이스라엘과 유다의 지나친 범죄 행위를 표현한 비유이다. 오홀라(이스라엘)는 여로보암 1세 시대에 이스라엘이 세운 그들 스스로의 예배처소와 또한 그 곳에서의 예배로 인하여 그렇게 이름붙여진 것이다(왕상 12 : 26-33). 오홀라라는 이름은 "그녀의 장막"이라는 뜻이다. 그리고 오홀리바(유다)는 "나의 장막이 그녀 안에 있다"라는 뜻이며, 예루살렘에 여전히 있었던 본래의 성전을 가리킨다(23 : 4). 하나님께서 두 자매가 각각 범죄하고 하나님을 노하시게 했다는 것과 한 여자(오홀라)가 이미 심판을 받은 것처럼, 다른 한 여자도 심판을 받지 않으면 안된다는 것을 보여 주신다.

가마에 관한 비유(24장)는 바벨론 왕 느부갓네살의 손에 의해 지금 즉시 예루살렘에 일어나지 않으면 안될 백성들을 정화시키는 일에 대한 중요성을 다시금 강조하고 있다(24:2). 그것은 뜨거운 숯불에 충분히 달구어진 빈 가마이다.(3, 6, 11절을 보라).

백성들이 애통해 하는 일이 없이 이 하나님의 심판을 받아들이지 않으면 안된다는 것을 그들에게 가르쳐 주시기 위하여 이 시점에서 하나님께서는 에스겔의 생애에 개인적인 커다란 슬픔을 가져다 주신다. 하나님께서는 에스겔에게 그의 아내가 죽을 것이지만 그는 이 엄청난 상실 앞에서도 슬피 울어서는 안된다고 말씀하셨다. 그는 곧장 백성들에게로 가서 예언해야만 했다(24:15-18). 백성들이 예루살렘의 멸망에 관한 소속에 접하게 될 때, 에스겔은 포로시대의 유다 백성들에게 하나의 표징이 될 것이다. 그들은 그 일로 슬퍼해서는 안된다(24:22-24). 이 일을 통하여 우리는 하나님께서는 때때로 그의 종들로 하여금 그의 백성들에게 하나님의 메시지를 보다 잘 전달하도록 하시기 위하여 그들로 하여금 매우 힘든 일을 경험하게 하시는 것을 다시 한번 보게 된다(참조. 호세아의 비극적인 결혼과 예레미야의 여러차례에 걸친 투옥).

에스겔서의 첫번째 단락의 마지막 중요 부분은 우리가 이미 이사야서, 예레미야서, 아모스서, 그리고 스바냐서에서도 살펴보았던 것과 같이 **열국에 대한 메시지**와 관련된 것이다(25-32장).

암몬 족속은 예루살렘이 재난을 당할 때에 기뻐한 것으로 인하여 심판을 당한다(25:3). **모압 족속**은 유다를 조롱한 일로 인하여 책망을 받으며(25:8), 그리고 **에돔 족속**은 유다에게 행한 학대로 인하여(25:12), 또한 **블레셋 족속**은 그 땅에 대한 계속적인 적대감으로 인하여 책망을 받는다(25:15).

그 다음 26-28장에서 하나님께서는 **페니키아**에 대하여 특별한 주의를 기울이신다. 페니키아의 대표적인 도시인 두로는 그들의 무적을 자랑하였으며 또한 예루살렘이 포위되는 것을 보고 즐거워하였다(26:2). 사실상 두로는 바벨론에 대항하여 12년을 더 지탱하다가 B.C.574년에 멸망하고 말았다. 두로는 교만한 도시였으며 북 아프리카에 위치한 카르타고를 포함하여 지중해 연안의 많은 지역을 식민지로 만들었었다. 그 도시가 그토록 거만하고 허영심이 강했기 때문에 하나님께서는 이제 그 도시를 징계의 표본으로 삼으셨다(3절). 하나님께서는 두로를 대항하시기 위하여 느부갓네살을 불러오실 것이며 두로는 멸망하여 다시는 서지 못할 것이다(26:7, 13, 14).

다음에 기록된 두로에 대한 긴 예언은 두로 왕에게 초점이 맞추어지고 있음을 볼 수 있다(28장). 두로 왕의 마음이 교만하고 또한 그가 자기 자신을 신으로 생각했기 때문에(28:2), 그는 하나님으로부터 특별한 심판을 받게 될 것이다(28:6 이하).

두로 왕의 허영심이 얼마나 컸던지 그의 교만이 사탄의 교만에 비교되고 있다(28:12-19). 이 애가에 사용된 단어들은 두로 왕보다 더욱 탁월한 어떤 존재를 가리키는 것처럼 보이며, 그 이름이 명시되지는 않았다 할지라도 이 예언의 대상은 사탄인 것이 분명하다(참조. 사 14:12 이하와 눅 10:18).

두로와 시돈에 대한 하나님의 심판은 모든 사람들로 하여금 그들 모두를 심판하실 하나님이 계시다는 것을 알게 하려는 데 그 목적이 있다(28:20-24). 우리가 이미 살펴보았던 열국에 대한 많은 예언들에서와 마찬가지로 여기서도 하나님의 백성들, 곧 남은 자들에게 주어지는 소망이 있다(28:25 이하).

다음에는 **이집트**가 책망을 받는다(29-32장). 이 심판도 역시 모든 사람들로 하여금 하나님께서 그들 모두를 다루고 계시다는 사실을 깨닫게 하려는 데 그 목적이 있었다(29:6; 30:8). 이 예언에서도 다시금 하나님의 남은 자들을 위한 소망이 약속되어있다(29:21). 한때는 강력한 나라였던 앗시리아의 멸망은 이집트에게 그들 또한 멸망을 피할 수 없을 것이라는 경고로 제시된다(31:2 이하).

예언의 결론 부분에는 일종의 지옥 점호(roll call of hell)가 첨가되어 있다. 이집트는 심판을 당하여 지옥으로 내려갈 때에 많은 동행인을 얻게 될 것이다(32 : 18-32). 앗수르(앗시리아, 22절), 엘람(24절), 그리고 다른 모든 무리가 그 곳에 있을 것이다(26절 이하). 바로는 많은 동행인을 얻게 될 것이다(31절).

에스겔서의 첫번째 단락은 3 : 16-21에서 보았던 것과 유사한 파수꾼의 의무에 관한 진술과 함께 끝이 난다(33장).
예루살렘 성이 멸망하려 할 때에, 에스겔은 하나님 앞에서의 그의 책임이 백성들에게 경고하는 일이라는 것을 다시금 깨닫게 된다. 그에게는 이스라엘 집에 대한 하나님의 파수꾼으로서 백성들에게 경고해야 하는 책임이 주어져 있었다(33 : 7). 우리는 여기서 사실상 하나님 앞에서의 모든 증인의 책임에 관한 진술을 대하게 된다. 우리는 모두 다 하나님의 진리에 대하여 증언해야 한다. 그것이 바로 우리의 책임이다. 오직 하나님께서만 듣는 자들에게 메시지가 효력을 가지도록 하실 수 있다. 18장에서 이미 거론된 바 있는 많은 내용들이 여기서도 반복되고 있다(33 : 12 이하).

33장의 나머지 부분인 21-33절은 예루살렘의 멸망에 관한 소식을 전하고 있다. 이 사건은 B. C. 586년에 발생했다.

예루살렘 멸망 이후의 기록(에스겔 34장-48장). 34장 초두에서부터 에스겔서의 마지막(48장)에 이르는 부분에서 우리는 에스겔서의 두번째 주요 단락-곧 예루살렘 멸망 이후에 주어질 예언들을 대하게 된다.

예루살렘의 멸망에 관한 소식이 바벨론에 전해진 이후, 하나님께로부터 받은 에스겔의 메시지는 상당한 변화를 가져오게 되었다. 이제 에스겔이 전하는 메시지의 내용은 심판에 대한 경고로부터 소망에 대한 메시지로 전환되었다.

그러나 소망의 메시지를 전하기에 앞서 에스겔은 백성들을 그릇된 길로 인도하여 비참한 결과를 가져오게 한 이스라엘의 거짓 선지자들과 거짓 목자들에 대하여 이야기한다(34:2). 그러한 자들은 하나님의 양떼를 먹이는 대신 그들 스스로를 살찌웠다. 에스겔은 여기서 목자와 관련된 비유를 통하여 거짓 목자들의 실패를 지적하는 것과 동시에 또한 선한 목자가 마땅히 수행해야 할 일을 나타내고 있다(34:4-6). 따라서 우리는 여기서 이사야 40:11의 내용과도 유사하고 또한 예수 그리스도의 인격 안에서만 성취될 수 있었던(요 10장을 보라) 선한 목자의 개념을 보게 된다. 모든 목자들(under-shepherds)이 비참하게 실패했기 때문에 하나님께서 친히 참 목자가 되실 것이다(34:11, 15, 16).

34:17-20의 말씀은 마태복음 25:32 이하에 나타난 양들을 심판하실 그리스도를 생각나게 한다. 또한 이 말씀은 다윗(다윗의 보다 위대한 자손 예수)으로 하여금 하나님께서 예비하신 참 목자가 되게 하시겠다는 약속에 관하여 기록한 이사야 9:7; 55:3-5과 예레미야 30:9을 상기시켜 준다(34:22-24). 따라서 하나님의 양들, 곧 구원받은 남은 자들은 그들이 과거에는 아는 일에 실패했던 여호와를 바로 알게 될 것이다. 그들은 여호와께서 구원자이심을 알게 될 것이며(34:27) 또한 그들이 여호와의 백성(양)이라는 사실도 알게 될 것이다(34:30).

다음 장(35장)에서 발견되는 에돔의 심판과 관련된 대조적인 묘사는, 의심할 여지도 없이 후기 선지자인 말라기가 사용했던 방법(말 1:2-4)과 같이, 하나님께서는 에돔(에서)을 다루신 방법과는 전연 대조적인 방법으로 이스라엘(야곱)을 대하신다는 사실을 백성들에게 일깨워 주기 위한 것이다(말 1:2-4). 에돔은 이스라엘의 영속적인 대적이다(35:5; 참조. 암 1:11). 따라서 에돔은 세속적이고 하나님의 은혜에서 떠나 있는 교회의 요소를 계속적으로 나타내 준다. 오바댜와 마찬가지로 에스겔은 에돔 족속들에게 그들이 이스라엘의 비극을 보고 즐거워하였기 때문에 심판이 임할 것이라고 경고한다(35:15).

36장에서 하나님께서는 그의 백성들을 위한 소망에 관한 위대한 메시지를 말씀하시기 시작한다. 이 메시지도 6장처럼 이스라엘의 산들에게 선포되어지기는 하지만 내용에 있어서는 아주 다르다. 6장에서는 여호와께서 그들의 죄로 인하여 산들(이스라엘 백성들)을 책망하시고 심판을 경고하셨지만 여기서는 소망을 담은 복음을 제시해 주신다.

대적들이 하나님의 백성들이 멸망하는 것을 보고 기뻐하였기 때문에(36：2), 하나님께서는 이제 이스라엘의 원수들을 징벌하실 것이다(36：5-7). 하나님께서는 이제 그의 백성들로 하여금 풍성한 열매를 맺도록 하실 것이다(8절; 참조. 사 11：1 이하).

이스라엘 백성들이 그들의 땅에 살고 있을 때 그들 자신의 의와 행위는 더럽혀졌다(36：17; 참조. 사 64：6). 하나님께서는 이 백성들을 징계하시고 정결케 하셔야만 했다. 그러나 이방 나라들이 이스라엘의 시련을 보고 이스라엘 백성들과 그들의 하나님을 조롱했을 때 그의 이름을 위하는 하나님의 열심이 불붙듯이 일어났다(36：20, 21).

그러므로 여호와께서는 여기서 그가 이스라엘을 그 수치 가운데서 구원해 내시되 이스라엘이 구원받을 만한 가치가 있어서가 아니라 하나님 자신의 이름, 다시 말해 이방 나라들 앞에서의 하나님의 영광을 위하여 그리하시겠다는 사실을 강조하신다(36：22-24).

하나님께서 성취하실 구원이라는 말은 앞서 에스겔에게 보여 주셨던 것과 마찬가지로 그의 백성들의 마음 속에 있는 죄를 깨끗하게 하기 위하여 물을 뿌리는 것(깨끗하게 씻는 것)을 말한다(36：25; 참조. 8-10장). 이것은 이사야를 통하여 주신 약속과도 일치한다(사 43：25).

예레미야 31：33과 유사한 말씀으로, 여호와께서는 그의 백성들에게 새로운 영과 새로운 마음을 주실 것을 약속하신다(36：26). 하나님께서는 백성들의 안에 거하시는 그의 성령의 역사로 말미암아 이 일을 행하실 것이다(27절; 참조. 오래 전의 요엘서의 약속, 곧 요엘 2：28, 29).

그리하여 이스라엘 백성들은 하나님께 순종하게 될 것이다. 그들은 하나님께서 그들 안에서 그의 위대한 사역을 행하실 때에 순종할 마음을 갖게 될 것이다(27절). 그 결과 이스라엘 백성들은 그들의 땅에서 풍성한 축복과 영원한 평화를 누리며 살게 될 것이다(28절 이하).

이것은 하나님의 성령으로 말미암는 중생에 대한 약속과 조금도 다를 바가 없다. 이와 동일한 진리가 니고데모에게 주신 예수님의 교훈에서도 나타난다(요 3장). 그것은 또한 디도서 3 : 5에서 바울에 의하여 설명된 교리이기도 하다. 이것은 중생의 씻음과 성령의 새롭게 하시는 사역을 가리킨다.

다시금, 하나님께서는 그가 백성들을 거듭나게 하는 것이 그들을 위해서가 아니라(그들에게 그럴 만한 가치가 있어서가 아니라) 하나님의 영광을 위해서 그렇게 하실 것이라는 사실을 백성들에게 상기시켜 주신다(36 : 32 이하).

37장은 중생의 교리를 구체적인 예를 통하여 설명해 주는 환상과 관련된 기록이다. 에스겔은 마른 뼈들이 가득한 골짜기를 본다(1, 2절). 그는 뼈들이 말랐음(죽은 상태)을 강조한다. 하나님으로부터 "이 뼈들이 살 수 있겠느냐?"고 하는 질문이 주어진다(3절). 분명히 그것들은 스스로의 힘으로는 아무 것도 할 수가 없다. 그것들은 완전히 죽어있기 때문이다. 에스겔은 오직 하나님께서만 아신다고 지혜롭게 대답한다(3절).

이제 하나님께서는 에스겔에게 매우 기이한 일을 명하신다. 에스겔은 이 죽은 뼈들을 향하여 여호와의 말씀을 전하라는 지시를 받는다(4절). 확실히 이것은 인간의 관점에서 보면 사리에 맞지 않는 일이다. 실제로 죽어있는 뼈들이 말을 듣거나 혹은 반응을 보일 수는 없는 일이기 때문이다.

그러나 여호와께서는 에스겔이 그 뼈들에게 여호와의 말씀을 전할 때 여호와께서 그의 신(여기서 사용된 히브리어는 36 : 27에서 사용된 신이라는 단어와 동일하다.)을 그 뼈들에게 들어가도록 하서서 그것들에게 생명을 주실 것이라고 계시해 주신다(5절). 다시 금 우리는 아주 명백하게 교훈된 중생의 교리를 대하게 된다. 그 뼈들은 살아서 여호와께서 하나님이시라는 것을 알게 될 것이다(6절).

그래서 우리는 이스라엘 백성들에게 그들의 죄를 깨닫도록 하려던 엘리야의 노력이 실패한 것을 보신 후 엘리야에게 하신 하나님의 말씀을 상기하게 된다. 그 때에 하나님께서는 엘리야에게 사람들은 오직 세미한 소리에 의해서만, 즉 그들 속에서 역사하시는 성령의 사역으로 말미암는 하나님의 말씀에 의해서만 변화될 수 있다는 것을 가르쳐 주셨다(왕상 19:9-12에 대한 이 책의 설명과 스가랴 4:6을 참고하라).

에스겔은 여호와의 말씀에 순종하였으며 그 결과는 여호와께서 되리라고 말씀하신 것과 정확하게 일치하였다(37:7-10). 여기서 때로 바람 혹은 생기로 번역되는 단어들은 모두 다 36:27에서 발견되는 '신(spirit)'이라는 단어와 똑같으며, 또한 그와 같이 번역되어야만 한다. 여기서 강조되고 있는 것은 새로운 삶, 곧 중생이며 하나님의 성령의 사역이다.

여기서 가르치고 있는 교훈은 에베소서 2:1-10 말씀에 나타난 교훈과 정확하게 일치하는 것이다. 우리는 모두 본질상 죄로 말미암아 죽었으나(엡 2:1-3), 하나님께서는 그의 자비와 사랑으로 사망과 무기력한 상태에 있는 우리를 살리셨다(엡 2:4-9). 하나님께서는 이제 우리가 그의 이름으로 행하는 일을 통하여 그를 영화롭게 하는 삶을 살아가게 하시려고 죄로 말미암아 죽었던 우리를 살리셨다(엡 2:10; 참조. 겔 36:27).

여호와께서는 이 환상이 무기력한 상태에 있는 이스라엘에게 소망을 제시하기 위한 것임을 가르쳐 주신다(37:11-13). 이스라엘 백성들은 하나님께서 보내셔서 그의 새로운 성전인 그들 속에 거하게 하실 성령으로 말미암아 살아날 것이다(엡 2:21을 보라).

37장의 나머지 부분은 이 구원 계획의 유일성과 또한 그로 말미암아 하나님의 모든 백성들이 한 임금 아래로 함께 모이게 될 것을 설명해 준다(15-28장). 두 개의 막대기는 이스라엘과 유다(모든 백성들; 15-19절)를 나타낸다. 본질적으로 하나님께서는 여기서 온 세상에 있어서의 하나의 교회, 곧 하나의 하나님의 백성들이 있게 될 것을 말씀하고 계시는 것이다. 그러나 이스라엘 자손들 곧 하나님의 자녀들은 모든 나라들로부터 모아질 것이다(21절). 이것은 하나님께서 이방인과 유대인으로 이루어진 하나의 참된 교회를 만드실 것이라는 에베소서 2 : 11-22에 나타난 바울의 말과 일치한다. 진정한 의미에서의 이스라엘은 바울이 다시 말한 것처럼 여호와 하나님을 믿게 될 세상 모든 곳에 거하는 사람들로 이루어질 것이다(롬 9 : 6-8; 11 : 25-32; 롬 4 : 1-17). 이와 마찬가지로 예수님께서도 요한복음 17장에서 하나의 교회에 관하여 말씀하셨다(요 17 : 20-24).

한 왕에 대한 소망(37 : 22)은 호세아서의 말씀을 생각나게 해 준다(호 1 : 11). 그리고 37 : 24에서 그 왕은 하나님께서 다윗의 보좌를 영원히 견고하게 하실 것이라고 다윗에게 약속하신 것과 관련하여 다윗이라는 이름으로 일컬어진다(삼하 7 : 10-16을 보라). 그러므로 한 목자에 관한 교리는 그리스도 안에서 성취될 것을 의미한다(34 : 23; 사 40 : 10-또한 사 9 : 7; 렘 30 : 9; 호 3 : 5을 보라).

결코 실패하지 않을 영원한 언약(26절)은 그리스도를 통하여 설립되고 또한 그리스도 시대에 선포된 하나님의 새 언약을 가리킨다(눅 22 : 20; 참조. 고전 11 : 25; 고후 3 : 6; 히 9 : 15 등). 그것은 옛 언약이 실패한 이후에(다시 말하자면, 이스라엘 백성들이 하나님의 법을 지키지 않았기 때문에 약속의 땅에 거할 수 없음이 확실해진 이후에) 알려졌다는 의미에서는 새 언약이지만, 그러나 하나님의 계획에 있어서는 그것이 세상이 창조되기 전에 세워진 최초의 언약이기 때문에 사실상 그것은 시간의 제약을 받지 않는 옛 언약(ancient covenant)이다(엡 1 : 4).

다음의 두 장, 곧 38장과 39장은 마곡의 통치자인 곡에 대한 예언을 담고 있다(38:2). 그를 역사적으로 알려진 어떤 특정한 인물과 동일시하는 것은 불가능하다. 요한계시록 20:8은 곡과 마곡을 하나님과 하나님의 백성들을 대적하기 위하여 사탄의 지배 하에서 연합된 세상의 통치자들과 그 백성들을 상징하는 것으로 간주하고 있다.

따라서 에스겔의 예언은 이제 상당히 방향을 전환하여 하나님의 나라와 하나님의 계획에 대적하는 세상, 곧 사탄의 나라를 다루고 있다. 여호와께서는 그의 나라가 어떻게 세워지고 확장될 것인가 하는 것을 지금 막 보여주셨으므로(36, 37장), 그는 이제 사탄의 왕국과 그 나라의 멸망에 대하여 말씀하실 것이다.

하나님께서는 친히 곡과 사탄의 영역에 속한 모든 세상 통치자들에 대하여 선언하신다(38:3; 참고. 엡 6:10-12). 일찍이 요엘이 하나님께서 세상 나라들을 대항하여 전쟁을 일으키실 것이라고 선포하였던 것처럼(욜 3:9 이하), 에스겔도 여기서 그렇게 선포한다(38:7).

여기에 나타난 전쟁 장면(38:14-16)은 하나님과 하나님의 백성들에 대한 세상 나라들의 공격을 묘사한 요한계시록 29:7-10 말씀을 생각나게 하여 준다. 그것은 하나님께서 창세기 3:15에서 예언하신 두 나라 사이의 대결에 대한 마지막을 장식하는 싸움이다. 여호와께서는 그의 백성들을 위하여 싸우실 것이다(38:18, 21-22). 여기에 나타난 묘사는 소돔에 대한 하나님의 심판과도 같은 것이다.

다시금 하나님께서는 그가 친히 곡(세상 통치자들)과 싸우실 것이라고 선언하신다(39:1). 곡과 마곡의 멸망은 요한계시록 19:17, 18을 상기시켜 주는 말로 묘사되어 있다(39:4-6; 참조. 17절 이하). 이 세상 나라들에 대한 심판의 목적은 하나님의 이름이 모든 나라 가운데서 영화롭게 되도록 하려는 데 있다(7, 8절).

주검들에 관한 장면(39:11, 12)은 이사야 선지자가 그의 메시지를 끝내면서 했던 말을 상기시켜 준다(사 66:24). 하나님께서 이 세상 나라들을 멸망시키실 때에, 하나님의 백성들(진정한 이스라엘)은 하나님께서 영원히 그들의 하나님 여호와이신 줄을 알게 될 것이다(39:21-29). 하나님께서는 다시는 그들을 홀로 버려두지 않으실 것이다. 그들은 그들의 하나님 여호와와 함께 항상(영원히) 거하게 될 것이다.

에스겔서의 마지막 부분인 40-48장은 새로운 성전에 관한 환상을 담고 있다. 우리는 8-11장에서 에스겔이 더럽혀진 성전에 관한 환상을 보았던 것을 기억하고 있다. 우리는 거기서 하나님께서 에스겔에게 보여주신 것이 사실은 백성들의 마음, 다시 말해서 사악하고 하나님께서 그 속에 거하실 수 없는 백성들의 육체의 전(temple)을 가리킨다는 것을 알게 되었다.

그러므로 이 성전도 역시 하나님의 백성들의 마음을 나타내는 것이다. 에스겔은 이 새 성전을 통과하면서 조심스럽게 그 각 부분들을 측량한다. 에스겔은 마치 하나님께서 인간의 마음 속을 살펴보시듯이 새 성전을 낱낱이 살펴본다. 모든 것이 완벽하다. 거기에는 티끌만큼의 결함도 없다(40-42장). 하나님께서 이 곳이 바로 하나님께서 영원히 머무르실 곳, 즉 그의 영광으로 그 집(그의 백성들의 마음)을 가득 채울 하나님의 보좌가 위치할 곳이라고 선언하신다(43:1-9).

이 성전은, 하나님께서 에스겔에게 이 곳을 보여주시기 바로 직전에 상기시켜 주셨던 것처럼(39:29), 하나님께서 친히 만드시고 깨끗하게 하신 그의 작품이다. 하나님께서는 그의 백성들의 마음 속에 그 보좌를 두시고 거기에 좌정하실 것이다(43:7). 그 뿐만 아니라 그 곳은 다시는 더럽혀지지 않을 것이다(43:7).

신자들의 마음을 하나님의 성전으로 간주하는 이러한 개념은 신약성경에서 더욱 발전되어진다(고전 3:16, 17; 6:19; 고후 6:16). 이러한 이유로 인하여 예수님께서도 사람들이 이 건물 혹은 저 건물에서 예배하지 않고 신령과 진정으로 참된 예배를 드리게 될 날이 이를 것이라고 말씀하셨다(요 4 : 23, 24). 이것이 바로 천국에 관하여 묘사하고 있는 요한계시록 21 : 22에서, 그 곳에는 성전이 없다고 말씀하고 있는 이유이다. 하나님의 자녀는 모두 다 하나님의 성전이다. 이 세상의 성전들은 그의 백성들과 함께 하시는 하나님의 궁극적인 성전을 가리킬 뿐이다.

이스라엘 백성들이 하나님께서 세우실 성전을 보게 될 때 그들은 자기들의 죄악으로 인하여 부끄러워하게 될 것이다(43 : 10).

하나님의 자녀 이외에는 누구도 하나님의 성소에 들어가지 못할 것이다(44 : 9; 참조. 계 21 : 8, 27). 그 성전은 아무런 결함도 보이지 않는다(43-48장). 하나님께서 영원히 거하실 그 곳은 거룩하다 (48 : 35). 이 시점에서 결론을 대신하여 하나님께서 에스겔과 또한 우리에게 상징적으로 보여주신 계시에 관하여 잠시 함께 살펴보기로 하자.

우리는 구약시대의 성도들에게 주신 하나님의 계시가 신약시대의 성도들에게 주신 계시와는 매우 다르다는 점을 분명하게 알 수 있다. 그러나 그들은 모두가 다 하나님 안에 있는 참 신자들이다. 구약시대에는 하나님께서 **장차 행하실** 일들에 대하여 말씀하셨지만 신약시대에는 그리스도 안에서 그가 **이미 성취하신** 일들을 선포하셨다는 점에 있어서 신약시대와 구약시대의 성도들은 서로 다르다.

구약시대의 성도들과 신약시대의 성도들은 모두 다 동일한 하나님께 대한 믿음으로 말미암아 구원을 얻는다. **구약시대**의 하나님의 백성들은 하나님께서 주신 상징적인 표징들, 즉 성막, 희생제물 등을 통하여 자기들의 죄악됨을 인식하고 상한 마음을 가지고 믿음으로 하나님 앞에 나아가는 법과 또한 구원을 얻기 위하여 하나님만을 의지하는 법을 배웠다. **신약시대**의 하나님의 백성들은 예수께서 구약시대의 표징들이 상징하는 모든 것을 성취하셨으며, 그가 곧 하나님께로 가는 유일한 참 길이며 유일한 참 생명이라는 것을 안다.

구약시대의 하나님의 자녀들은 신약시대에서와 마찬가지로 하나님의 신으로 말미암아 거듭난다. 이것은 그들 안에 있는 믿음으로 말미암아 입증된다. 믿음을 통하여 그들은 하나님께서 그들을 구원하시기 위하여 행하실 일을 상징적으로 인식하게 되며, 또한 그들은 그 일을 행하실 여호와를 의지한다. **신약시대**에서도 하나님의 자녀들은 하나님의 성령으로 말미암아 거듭나게 되며, 이것 역시 여호와께 대한 그들의 믿음으로 말미암아 입증된다. 그들도 믿음을 통하여 그들을 포함한 모든 사람들을 구원하시기 위하여 하나님께서 그리스도 안에서 성취하신 일을 알게 되며 또한 그 일을 행하신 여호와를 의지한다.

구약시대의 성도들은 모세를 통하여 주어진 말씀 계시에 의하여 그리스도(하나님, 곧 그들의 구원자)를 알았다(출 34:6, 7을 보라). 그리고 **신약시대**에 살고 있는 우리는 말씀이 육신이 되신 그리스도, 곧 사람의 형체를 입고 오신 하나님이신 그리스도를 알고 있다.

구약시대의 성도들은 제한된 숫자의 사람들에게 은사를 주시고 또 성령의 열매를 맺게 하시는 성령의 사역을 알고 있었다. 그러나 **신약시대**의 우리는 모든 신자들에게 은사를 주시고 열매를 맺게 하시는, 풍성하게 임하신 성령을 알고 있다. 그것은 성령께서 모든 신자들 안에서 사시기 위하여(거하시기 위하여) 임하시기 때문이다.

구약시대에 있어서, 그의 성도들에게 부여하신 하나님의 위임령은 세계적인 것이 아니었지만, 복음이 모든 나라에까지 이를 것이라는 예상은 처음부터(노아의 예언-창 9:26, 27; 아브라함에게 주신 약속-창 12:3; 22:18) 분명하게 드러났다. 그러나 구약시대의 백성들은 땅 끝까지 복음을 전할 만한 영적인 능력이 부족했다. 구약 시대는 죄악된 사탄의 세계 안에 하나님의 교두보를 설립하는 시기였다.

신약시대에 속한 우리의 임무는 땅 끝까지에 이른다. 우리는 그의 증인들이다. 우리에게는 능력이 있으므로(행 1:8), 하나님께서 사탄의 백성인 세상을 이기시기 위하여 열심히 일하시는 것처럼 우리는 사탄과 싸우고, 또 하나님께서 말씀으로 사탄을 묶어 무력하게 만들어 놓으신 채 온 땅에 하나님의 구원의 역사가 널리 퍼지도록 일하시는 것처럼 우리는 사탄으로 하여금 힘을 못쓰도록 그를 공격한다.

마지막으로, **구약시대**에서는, 비록 하나님께서 그의 백성들의 삶과 관련해서는 의와 공평의 열매 맺는 것을 요구했지만(사 5 : 1-7), **신약시대에는** 장래의 유업과 관련해서는 주로 지리적인 지역과 풍성한 소출을 내는 비옥한 땅과 관련된 용어들을 통하여 묘사하였다. 그러나 **신약시대**에 와서 하나님께서는 영적인 열매에 대하여, 새 하늘과 새 땅에 대하여, 그리고 썩지 않고 더럽지 않으며 쇠하지 않을 유업에 대하여 말씀하신다(벧전 1 : 4, 5).

그럼에도 불구하고 구약시대에 속한 하나님의 자녀들까지도 그들이 기다리는 유업이 이 세상에 속한 것이 아니라는 것을 알고 있었다(히 11 : 8, 10, 16; 12 : 22; 13 : 14을 보라). 하나님의 백성들이 받을 유업, 곧 참된 하나님의 나라는 언제나 천국, 즉 새 예루살렘이었다(계 21, 22장). 그러므로 바울은 갈라디아 교인들에게 속임을 당하거나 땅에 있는 예루살렘에 소망을 두지 말라고 경고한다(갈 4 : 21-31). 또한 우리의 예루살렘은 위에 있으며 자유로운 곳이다. 우리의 소망은 이 세상에 있는 지상의 나라에 있는 것이 아니라 위에 있는 새 예루살렘에 있다!

다 니 엘

다니엘서는 바벨론 포로 기간 중에 다니엘 선지자에 의하여 기록되었다. 우리는 여호야김 왕 삼 년에 성전의 기구 중 얼마가 예루살렘에서 바벨론으로 옮겨졌다는 것을 알 수 있다(단 1 : 1, 2). 이 일은 B.C. 605년 경에 있었던 것으로 추정된다. 아마도 이 때에 얼마간의 이스라엘 사람들이 바벨론으로 잡혀간 것으로 보인다(1:3, 4-왕하 24:1; 대하 36:5, 6을 보라).

처음 여섯 장에서 다니엘은 다니엘 자신과 그의 세 친구들의 생애에 있었던 사건들을 기록하고 있다. 여기에 담긴 메시지들은 주로 바벨론 나라와 또한 그들이 포로로 잡혀 있던 그 나라에 대한 하나님의 자녀들, 곧 다니엘과 그의 세 친구들의 증언과 관련된 것이다. 그러므로 이 메시지는 이방 세계에 대한 것이다. 그러나 이 메시지는 그의 백성들에게 주시는 하나님의 책에 포함되어 있으며, 따라서 그것은 하나님을 믿는 우리를 위한 것이기도 하다.

그리고 후반부의 여섯장은 다니엘에게 주어진 여러가지 환상들과 계시를 담고 있는데 이것들은 어느정도 이방인들에 관한 계시로 확대되기도 하지만 근본적으로는 하나님의 나라와 그의 백성들의 궁극적인 승리에 관한 메시지이다. 여기에서 우리는 그리스도의 도래와 하나님의 계획의 궁극적인 성취와 관련된 몇 가지의 매우 특별한 예언들을 발견할 수 있다.

본문 2:4에서부터 7:28에 이르는 부분은 히브리어와 비슷한 언어이며 당시 바벨론에서의 통용어였던 아람어로 기록되어 있다. 이 부분이 아람어로 기록된 이유는 아마도 그 메시지가 바벨론 사람들과 일반 세상 사람들을 겨냥한 것이었기 때문일 것이다. 두번째 단락에 속하는 7장에서까지도 2장에 기록된 느부갓네살의 꿈을 주로 다루고 있다.

이제 다니엘서의 메시지를 살펴보기로 하자.

제 1 장은 다니엘과 그의 친구들을 소개하고 있다. 그들은 모두 그들의 아름다운 용모와 재주로 인하여 느부갓네살 왕의 신하 아스부나스에게 뽑혀서 바벨론으로 잡혀온 소년들이었다. 따라서 다니엘과 그의 친구들은 바벨론으로 포로되어 잡혀온 이스라엘 사람들 가운데서도 가장 탁월한 사람들이었다(1:3, 4). 그들은 다른 유다 소년들과 또한 다른 나라들에서 잡혀온 소년들과 함께 바벨론의 모

든 학문과 수많은 음절을 가진 까다로운 아카디안어 (Akkadian language)로 추정되는 바벨론의 언어를 배우도록 되어 있었다. (4절).

이 소년들이 특혜를 누리면서 양육받는 기간은 삼년으로 정해져 있었다. 왕의 식단을 따라 좋은 음식과 진미가 그들에게 공급될 것이었다(5절).

그러한 소년들 가운데 속한 자들이라고 언급된 이 네명의 유다 소년들은 모두 하나님의 영광을 드러내는 이름을 가지고 있었다(1 : 6, 7). 다니엘의 이름은 "하나님께서 나의 심판자이시다"라는 뜻을 가지고 있다. 그의 이름은 "벨이 그의 생명을 보호한다"는 의미를 가진 벨드사살로 바뀌어졌다. 하나냐의 이름은 "여호와는 자비로우시다"라는 의미를 가지고 있다. 하나냐의 이름은 "야쿠(달의 신)의 명령"이라는 뜻을 가진 사드락이란 이름으로 바뀌었다. 미사엘의 이름은 "하나님과 같은 자가 누구인가?"라는 뜻을 가지고 있다. 그런데 그 이름은 "야쿠와 같은 자가 누구인가?"라는 뜻의 메삭이라는 이름으로 바뀌었다. 마지막으로 아사랴의 이름은 "여호와께서 도우신다"는 의미를 가지고 있다. 그의 이름은 "느고의 종"이란 의미를 가진 아벳느고로 바뀌었다. 그러므로 이 모든 것으로부터 우리는 이 유다 소년들을 바벨론화하고 그들의 이름을 바꿈으로써 참된 하나님으로부터 영광을 취하여 바벨론의 이방신들에게 그 영광을 돌리려는 시도가 있었던 것을 알 수 있다.

다니엘과 그의 친구들이 그들의 입장을 밝힌 것은 유대인으로서 그리고 하나님의 자녀로서의 그들의 모든 배경이 도전받는 상황에 처한 바로 이 시점에서였다. 그들은 하나님의 율법에 규정된 음식만을 섭취하려고 애쓸 만큼 하나님께 대한 믿음이 굳건했다(1 : 8). 여기서 확실한 리더로 부각되고 있는 다니엘은 그의 하나님 여호와만을 영화롭게 하는 삶을 살기로 마음에 결심하였다. 아마도 그는 잠언 23 : 3-6 말씀을 마음에 새기고 있었던 것 같다. 분명히 그는 단지 하나님의 말씀에 대한 외적인 복종만이 아닌 하나님께 대한 마음의 헌신을 추구했다.

　바로 왕과의 유사한 관계에 있었던 요셉과 마찬가지로, 여기서도 하나님께서는 그를 의뢰하는 다니엘을 축복하셨다(9절). 하나님께서는 다니엘의 믿음의 자세를 보시고 하나님의 나라에서 더욱 큰 사역을 감당하게 하셨다.

　우리는 다니엘이 그의 믿음과 그 친구들의 믿음이 시험을 받을 때에 어떻게 대처했는가 하는 것을 주목해 볼 필요가 있다. 그들은 열홀 동안 채소류와 물만을 먹을 수 있도록 허락해 줄 것을 요청했다. 그리고 만약 약속된 날짜가 지난 다음에도 그들이 다른 소년들보다 더 좋은 얼굴을 하고 있지 못하다면, 그 때에는 더 이상 음식을 거절하지 않겠다고 말했다(13절).

　여기서 우리는 두 가지 사실을 주목할 필요가 있다. 첫째로 그들은 자기들의 믿음의 행위로 말미암아 다른 사람들, 즉 아스부나스가 곤경에 처하게 되는 것을 원하지 않았다(10절 이하). 이와 마찬가지로 아브라함 역시 자기 자신은 소돔 왕이 제공하는 답례품을 거절했지만 다른 사람들까지 그것을 가지지 못하도록 제지하지는 않았다(창 14 : 24). 우리 자신의 믿음의 행위가 다른 사람에게까지 강요되어져서는 안된다.

　두번째로, 시험은 다니엘과 그의 친구들 혹은 왕의 진미를 먹는 다른 소년들 중 어느 쪽이 더욱 보기 좋은 안색(countenance)을 갖게 되는가를 입증하기 위한 것이었다(13절). "안색"이라는 말은 얼굴이 살찐 것이나 야윈 것 이상의 의미를 내포하고 있다. 그러한 것들은 본질적인 면에 있어서 부수적인 것들이다. 안색이라는 말은 실제로 어떤 사람의 마음가짐과 또한 행복이라든가 괴로움이라든가 혹은 마음 속에 있는 다른 어떤 감정들에 대한 전반적인 느낌과 관련된 것이다. 따라서 안색이 좋다는 말은 마음이 올바르다는 것을 의미하고, 안색이 나쁘다(evil)는 말은 마음 속에 악이 잠재해 있다는 것을 의미한다. 예를 들어 가인은 하나님 앞에서 악하고(evil) 타락한 안색을 나타내 보였다(창 4 : 5). 여기서 말하는 가인의 안색은 분명히 그의 얼굴이 살찌거나 야윈 정도와 관련된 것이 아닌 그의 마음의 태도와 관련된 것이었다.

다니엘과 그의 세 친구가 시험을 받았을 때 그들은 더욱 좋은 안색, 다시 말해서 나머지 소년들보다 영적으로 보다 탁월한 마음가짐을 가졌다는 것을 입증하였다. 뿐만 아니라 그들은 다른 소년들보다 훨씬 살이 찌고 혈색이 좋았다. 다시 말해 그들이 다른 소년들보다 더욱 건강해 보였다는 말이다(14-16절).

사소한 일에 있어서의 이러한 태도를 통하여 그들은 하나님께 대한 그들의 신실함을 입증하였으며, 따라서 하나님께서는 더욱 많은 것을 그들에게 위임하셨다. 그리스도께서 말씀하신 바와 같이 "지극히 작은 것에 충성된 자는 큰 것에도 충성되다"(눅 16 : 10). 많은 사람들이 매우 작은 일에서 그들의 신실함을 입증하지 못하기 때문에 하나님의 나라에서도 지극히 작은 것을 위임받는다(눅 16 : 11, 12 : 19 : 17을 보라).

그러므로 하나님께서는 다니엘과 그의 친구들에게 풍성한 지식과 지혜를 주셔서 그들로 하여금 모든 세상 사람들 앞에서 계속적으로 여호와를 영화롭게 할 수 있도록 하셨다(1 : 17-21).

다니엘과 동시대 사람인 에스겔 시대에 있어서조차 사람들 사이에서 지혜에 대한 최상급의 표현을 하고자 할 때에는 다니엘의 지혜를 거론할 만큼 다니엘의 평판은 급속도로 퍼져 나갔으며(겔 28 : 3), 또한 다니엘은 그 명성과 의에 있어서도 노아와 욥과 나란히 서게 되었다(겔 14 : 14, 20).

제 2 장에는 느부갓네살 왕이 꾼 꿈과 그 꿈에 대한 다니엘의 해석이 기록되어 있다. 느부갓네살 왕은 꿈을 꾼 후 그 꿈을 해석하기 위하여 그 분야의 전문가들을 불러들였다(2 : 2). 아마도 이것이 다니엘과 그의 친구들이 불려가지 않은 이유였을 것이다. 꿈을 해석하는 것과 관련된 다니엘의 평판은 아직 알려지지 않은 상태에 있었다. 4절에서부터는 나머지 설명 부분과 마찬가지로 아람어로 기

록되어 있다. 느부갓네살이 그가 꾼 꿈의 내용을 잊어버렸는지 아니면 단순히 해몽가들이 말하는 내용의 진위 여부를 확인해 보기를 원했는가 하는 것은 여기서 사용된 아람어를 보아서는 분명하게 알 수가 없다. 아마도 후자의 경우가 맞을 것이다(2:5, 7, 8). 느부갓네살 왕이 가혹한 징계를 경고한 것은 물론 왕이 그들이 어떤 사람들인지 즉 그들이 사기꾼들이 아닌지 의심했다는 것을 나타내 준다(9절).

왕의 이같은 기이한 요구에 대한 갈대아 술사들의 대답은 그들 스스로 하나님 외에는 아무도 왕이 요구하는 것을 알 수 없다는 사실을 시인함으로 말미암아 다니엘을 통하여 하나님을 영화롭게 할 수 있는 길을 멋지게 열어 놓았다(2:10, 11).

다니엘과 그의 친구들이 느부갓네살 왕이 꾸었던 꿈에 대한 해석과 관련하여 왕에게 불려간 일이 없었음에도 불구하고 바벨론의 모든 박사들을 죽이라는 명령이 내려졌을 때 왕의 시위대가 다니엘과 그의 친구들을 가장 먼저 찾아간 것은 흥미로운 일이다(12, 13절). 이것은 세상이 하나님의 자녀들에 대해 적대감을 품고 있다는 것을 다시금 보여 준다.

그리고 다니엘에게 베푼 아리옥의 친절은 하나님께서 종종 그의 백성들을 대적하는 자들의 목전에서 그의 백성들에게 은혜를 베푸신다는 것을 다시금 나타내 준다(14-16절).

다니엘이 먼저 그의 친구들에게 그 문제를 설명한 다음 기도할 것을 부탁한 사실을 주목하여 보라. 시련이 닥쳤을 때에 다니엘은 자기보다 앞서 다윗과 히스기야가 했던 것처럼 어디로 향해야 할 것인가 하는 것을 알고 있었다(2:17, 18).

하나님께서 다니엘에게 느부갓네살 왕이 꾼 꿈과 그 꿈에 대한 해석을 계시해 주시자, 다니엘은 그 즉시 하나님을 찬양하는 것으로 반응했다(2:19-23). 그는 이스라엘의 소망이신 하나님의 이름과 하나님의 지혜와 능력을 찬양하였다(20절). 다니엘은 그 꿈을 통하여 하나님께서 모든 인간과 나라들에 대한 그의 절대적인 지배

(control)를 계시해 주신 것을 보았다(21절). 지혜와 능력의 하나님께서 이제 다니엘에게 지혜와 능력을 주셨던 것이다(23절).

우리는 또한 하나님께서 그의 자녀들에게 주시는 축복을 통하여 다른 사람들까지 유익을 누리게 되는 것을 볼 수 있다(24절). 다니엘은 갈대아 술사들이 풀지 못한 문제를 물려받아 참된 하나님이신 그의 하나님만이 그 문제를 해결하실 수 있다는 것을 분명히 입증해 보였다(27, 28절; 참조. 2:10). 다니엘은 그가 이제 막 시작하려고 하는 일을 통하여 오직 여호와께서만 영광을 받으시도록 했다(30절).

그 꿈 자체는 구약성경의 다른 몇몇 구절들을 상기시켜 준다. 신상을 친 돌에 대한 언급은 사탄에게 치명상을 입히게 될 것을 예언한 창세기 3:15과 함께 이사야 8:14, 15; 28:16을 상기시켜 준다. 그 구절들에 의하면, 그리스도께서는 사탄과 그의 나라를 쳐부술 돌이신 것이 분명하다. 신상이 부숴지고 남은 부스러기가 타작마당의 겨와 같이 되었다고 묘사되어 있다(35절). 이것은 불의한 자들에 대한 동일한 묘사를 보여주는 시편 1편 말씀을 생각나게 해 준다. 그리고 온 세상을 가득 채운 산(35절)은 이사야 2:2 이하에 기록된 하나님의 성, 곧 시온 산을 가리킨다. 따라서 느부갓네살이 꾸었던 꿈을 하나님께서 다니엘에게 보여 주셨을 때, 그는 성경 자체로부터 그 의미를 짐작할 수 있었을 것이다. 하나님께서는 이미 주어진 진리에 기초하여 새로운 진리를 계시하여 주신다는 사실을 아는 것은 매우 중요하다. 우리는 그 신상을 머리, 가슴과 팔, 배와 넓적다리, 다리, 그리고 발, 이렇게 다섯 부분으로 구분해 놓은 것을 주목할 필요가 있다(2:32, 33).

꿈에 대한 해석을 통하여 느부갓네살 왕은 먼저 그가 소유한 나라와 그 나라의 머리 격인 그의 지위(열왕의 왕)가 오직 하나님의 선물로 말미암은 것이라는 사실을 깨달았다(37, 38절). 금으로 된 머리로서의 느부갓네살의 나라는 땅 위에서의 일련의 나라들 중 첫번째 나라를 상징하는 것이었다. 잇달아 일어나는 각 나라는 질적인 면(가치)에 있어서는 첫번째 나라만 못하지만 힘에 있어서는 더욱 강력하다(38-40절). 신상의 다섯번째 부분은 발이며, 이것은 곧 인간의 모든 나라들의 가초를 가리킨다(41절). 이것은 인간의 모든 나라들이 지속성이 결여된 기초(함께 지탱할 수 없는 철과 진흙의 혼합) 위에 세워져 있다는 사실을 지적하는 것이다. 결국에 가서 그 나라들은 따로 분리된다(42, 43절).

그 동안 하나님께서는 오랫동안 지속될 그의 나라를 세우신다. 하나님의 나라는 인간의 모든 나라들보다 오래 지속한다. 그 나라는 영원토록 존속할 것이다(44절).

따라서 느부갓네살 왕은 앞으로 틀림없이 실현되고야 말 일을 본 것이다. 그의 나라와 뒤이어 일어날 나라들은 잘못된 기초 위에 서 있으므로 모두 부숴질 것이며 결국 하나님의 나라가 승리할 것이다(2 : 45).

다른 나라들의 정체에 대하여는 그것들이 메대와 바사 제국(은), 대 알렉산더 제국(놋), 로마 제국(철)을 각각 상징하는 것이라고 합리적으로 추측할 수 있다. 후에 이 나라들 가운데 두 나라가 확실하게 밝혀질 것이므로(8 : 20, 21) 여기서는 이 정도에서 그치기로 하자.

그 다음으로 우리가 여기서 알 수 있는 것은 앞으로 일어날 열강들과 이미 초기 선지자들을 통하여 예언된 바 있는 그리스도의 나라의 궁극적인 승리에 대한 하나님의 예언이다. 물론 인간의 모든 나라 곧 이 세상 나라들은 사탄의 나라를 가리킨다. 사탄은 성경 어느 곳에서나 이 세상의 신 혹은 이 세상의 왕으로 묘사되어 있다(요 12 : 31; 14 : 30; 16 : 11; 고후 4 : 4; 엡 2 : 2과 6 : 12). 간단하게 말해서 우리는 여기서 사탄이 멸망할 것이기 때문에 결국에 가서는 인간의 나라들도 무너지고 말 것이라는 사실이 사람들에게 선포되고 있음을 알 수 있다.

느부갓네살은 다니엘과 그의 하나님의 신비한 능력(feat)에 크게 감동을 받았다(47절). 느부갓네살은 다니엘을 그의 친구들과 함께 나라 안의 높은 지위에 앉게 함으로써 자기의 감정을 나타내 보였다(48, 49절). 그러나 느부갓네살이 하나님께서 그에게 말씀하시는 것을 참으로 이해했는지에 대해서는 여기서 알 수가 없다. 이 꿈과 또 꿈에 대한 해석을 통하여 느부갓네살은 하나님 앞에서 그의 무릎을 꿇었어야만 했다. 그러나 다음 장에서 보게 되는 바와 같이 그는 그렇게 하지 않았다.

제 3 장에서 우리는 느부갓네살에 의하여 세워진 어떤 금신상에 대한 설명을 접하게 된다. 확실히, 느부갓네살이 그 꿈으로부터 얻은 것은 그와 그의 왕국이 가장 위대하다는 것 뿐이었다. 그리하여 그는 모든 사람들로 하여금 그의 금신상(이것은 분명히 꿈에서 본 신상의 머리가 금으로 되어 있었기 때문일 것이다)에게 예배를 드리도록 요구하기에 이르렀다(3 : 1). 금신상의 규모로 보아 그것은 사람의 조상(statue)이 아니었으며, 분명히 그것은 느부갓네살의 위대함을 상징하는 것이었다는 것을 짐작할 수 있다(3 : 1-5). 신호에 맞추어 그 금신상에 절하지 않는 자에 대한 처벌은 뜨겁게 타는 용광로에 던져져 죽임을 당하는 것이었다(6절). 그리하여 느부갓네살은 그의 허영심을 드러내 보였다. 자연인들이 언제나 그러하듯이 느부갓네살은 진리를 불의 가운데로 밀어 넣어버리고 말았다(로마서 1장을 보라).

여기서 요구되어지고 있고 또한 대부분의 백성들을 통하여 나타난 금신상에 대한 복종은 우리에게 요한계시록 13 : 14 이하의 말씀과 장차 사람들이 거짓 교회와 연합된 이방 권력자들의 요구를 순순히 따르게 될 날을 상기시켜 준다.

아마도 느부갓네살의 명령에 따르지 않은 사람들이 많이 있었을 것이다. 그럼에도 불구하고 2 : 13에서 볼 수 있는 바와 같이, 하나님의 백성들을 대적하는 무리들은 그들이 시기하는 하나님의 백성들을 죽이기 위하여 찾아다녔다(3 : 8 이하).

우리는 느부갓네살이 다니엘의 세 친구가 명령에 따르지 않았다는 사실을 알게 되었을 때에 드러낸 그의 허영심을 다시금 보게 된다. 우리는 여기서 왜 다니엘이 언급되지 않았는지에 대해서는 알 수가 없다. 아마도 다니엘은 당시에 그 성을 떠나 있었을 것이다 (3 : 13). 느부갓네살이 다니엘의 세 친구에게 두번째 기회를 부여한 것은 그의 친절에서 비롯된 것이라기보다는 오히려 그의 헛된 교만에서 비롯된 것이었다(14, 15절). 느부갓네살의 자랑(15절)은 히스기야 시대의 앗시리아 왕의 자랑을 상기시켜 준다(사 36 : 20).

다니엘의 용감한 세 친구가 느부갓네살에게 한 대답은 참으로 모범적인 것이었다. 그것은 진실한 믿음의 훌륭한 표현이었다. 그들은 이 문제에 있어서 오직 여호와께만 대답할 책임이 있다고 생각했다(16절). 그리고 다니엘의 세 친구는 그들의 하나님에게는 자기들을 용광로 가운에서 구해 주실 수 있는 능력이 있다는 사실을 알고 있었다. 그렇지만 그들은 하나님께서 자기들을 구해 주실지 구해 주지 않으실지에 대해서는 알지 못했다(17, 18절). 그리고 비록 여호와께서 그들을 구해 주시지 않는다고 할지라도 그들은 여호와를 결코 부인하지 않을 각오를 하고 있었다.

느부갓네살이 그들을 위협했던 대로 그들을 뜨겁게 타는 용광로 속에 던져 넣은 후에'(19~23절), 그는 다니엘의 세 친구와 함께 있는 어떤 사람을 보게 되었고, 그 네 사람 모두는 불 속에서 걸어다니고 있었다(24, 25절). 네번째 사람의 모습이 흥미를 불러 일으킨다. 느부갓네살은 그가 신들의 아들처럼 보인다고 생각했다. 그가 그리스도였을까? 우리는 알 수가 없다. 그가 신들의 아들 중의 하나처럼 보였다는 판단은 이교도의 평가였다.

그들이 얼굴 하나 상한 곳이 없이 불 가운데서 걸어 나왔을 때 모든 사람들이 깜짝 놀랐으며 다시금 하나님께서 영광스럽게 되셨다 (27절). 다시금 느부갓네살은 다니엘의 세 친구가 섬기는 하나님께 대한 자기 자신의 신앙을 고백하지는 않았지만 하나님께 대한 그들의 믿음을 칭찬하였다(28절). 그는 사드락과 메삭과 아벳느고의 하나님께 대한 어떠한 반대나 혹은 그들의 하나님을 반대하기 위하여 그 땅의 이교도들이 만들어내는 어떠한 교령(decree)도 더 이상 묵인하지 않기로 했다(29절). 다시금 하나님께서는 그를 기쁘게 한 그의 충성된 사람들에게 그들의 대적들보다 더 높은 지위를 얻게 하셨다(30절).

제 4 장은 느부갓네살에 관하여 기록한 마지막 장이다. 여기서 우리는 인간과 나라들을 다스리시며 또한 그의 기쁘신 뜻대로 행하시는 주권자이신 하나님이 계시다는 사실을 친히 고백한 느부갓네살 왕의 최후의 겸허함을 보게 된다.

먼저 우리는 그가 내린 조서를 대하게 된다(4 : 1-3). 여기서 느부갓네살은 모든 나라보다, 심지어는 자기 자신의 나라보다 뛰어난 하나님의 나라의 위대성과 우월성을 깨닫고 있다. 그 다음에 4-36절에서 그는, 자기가 하나님의 경고(27절)를 거절한 이후에 자기의 교만으로 인하여 얼마나 비천한 지경에 처하게 되었는지에 대하여 이야기한다. 그는 너무나 자기 중심적인 사람이어서 모든 영광을 자기 자신에게로 돌렸다(30절). 그리하여 꿈을 통하여 경고되었던 모든 것은 사실이 되었다(참조. 4 : 20-26; 4 : 31-33).

그를 겸손하게 만들기 위한 시련이었던 미친 상태의 기간이 지난 후에 느부갓네살은 하나님 앞에서 스스로 겸손해졌다(34절). 그는 하나님께서 그에게 배우기를 요구하신 그 진리를 깨닫게 되었던 것이다(17, 25, 34절).

정상적인 의식을 되찾게 되었을 때 느부갓네살은 하나님의 위대하심을 인정했을 뿐만 아니라 다른 모든 사람들 또한 하나님을 인정해야 한다고 선언했다(36, 37절). 이 모든 일을 통하여 우리는 다음과 같은 두 가지 사실을 주목해 볼 수가 있다. 첫번째 사실은, 다니엘이 이 이교도 왕에게 올바르게 살아갈 것을 담대하게 권면했다는 것이다. 그는 세속 정치 권력자들에게까지도 사랑 안에서 진리를 말하는 것을 조금도 두려워하지 않았다(27절). 우리 또한 그렇게 하는 것을 두려워해서는 안된다. 하나님께서는 그들에게서 의와 자비를 기대하시며 그들이 그것을 행하지 않을 때에는 그것에 대한 책임을 물으신다. 그러므로 하나님의 백성들이 높은 지위에 있는 자들의 불의에 대하여 이야기하는 것은 타당한 일이다. 사실상 그것은 그들의 의무이다.

 두번째 사실은, 느부갓네살이 마지막에 이르러서는 신자가 된 것처럼 보이는 어투로 하나님에 대하여 이야기했다는 것이다(37절). 여기서 그가 한 말은 사무엘상 2장에서 한나가 여호와에 대하여 말한 것과 조금도 다를 바가 없다. 그가 하나님을 믿었는지 믿지 않았는지에 대해서 우리는 알 수가 없으며 또한 판단해서도 안된다. 그것은 하나님께서 결정하실 일이다. 그리고 세속 역사가들이 느부갓네살의 겸손에 관해서도 이스라엘의 하나님께 대한 그의 찬양에 관해서도 전연 기록하고 있지 않다는 사실에 대해 우리는 조금도 놀랄 필요가 없다. 인간의 기록은 그들 가운데 있는 하나님을 영화롭게 하는 사실들을 언제나 말살해 버린다.

 제 5 장은 느부갓네살이 죽은 이후에 오래 지탱하지 못한 **바벨론 왕국의 말기**에 대하여 기록하고 있다. 벨사살이 세속 역사에서 알려지게 된 것은 최근에 와서였다. 오랫동안 역사가들과 자유주의 계통의 성경학자들은 다니엘서 5장 전체를 허구적인 것으로 간주하였다. 그들은 벨사살이란 인물은 결코 존재하지도 않았으며 바벨론의 마지막 왕은 나보니두스였다고 주장했다. 그 후에 자기 아들 벨사살에 대하여 언급해 놓은 나보니두스의 기록이 발견되었다. 결국 벨사살은 그의 아버지 다음가는 제 2인자였으며 또한 공동 통치자였음이 밝혀졌다. 바벨론이 함락될 때 나부니두스는 바벨론성 바깥에 나가 있었으며 벨사살은 성 안에 있었다. 이 때가 대략 B.G. 539년 경이었다.

 벨사살과 그의 귀빈들이 어느 날 저녁 큰 잔치를 벌이고 있었다. 잔치 도중에 벨사살은 느부갓네살이 예루살렘 성전에서 가져온 그릇들을 가져오라고 명하여 그릇으로 술을 마시려 하였다(5 : 2). 우리는 열왕기하 24장에서 이미 이 일에 대하여 읽은 바가 있다. 여기서 느부갓네살에게 적용된 "부친"이라는 말은 조상을 의미하는 것이며, 문자적인 의미의 부친을 가리키는 것은 아니다. 그것은 아브라함이 훗날 유대인들에 의하여 "아버지"라고 불리워지고 또 다윗이 히스기야의 "부친"으로 불리워졌던 것과 마찬가지이다. 벨사살의 실제적인 부친은 나보니두스였다.

그들은 하나님의 성전의 거룩한 그릇들을 더럽혔으며 심지어는 그 그릇에 술을 부어 마시면서 그들의 신들을 찬양하기까지 하였다. 느부갓네살이 하나님에 대하여 배운 바가 무엇이었든지간에 그것이 그의 자녀들과 후손들에게 전달되지 않은 것이 분명했다(4절).

이 때에 사람의 손가락이 나타나서 벽에 글을 썼다(5:5 이하). 그 사건은 왕과 그 귀빈들의 마음에 두려움을 심어주기에 충분했다. 벽에 기록된 메시지를 읽고 해석하는 사람에 대한 그의 보상 제의는 나라의 제 3인자가 되게 하겠다는 내용을 담고 있었다(7절). 벨사살이 세번째 지위를 제의한 것은 물론 그의 부친 나보니두스가 제 1인자이고 그가 제 2인자였기 때문이다. 따라서 벨사살을 자신이 부여할 수 있는 한도 내에서의 최고의 명예를 벽에 기록된 글을 읽고 해석하는 사람에게 주겠다고 제의한 것이다(7절).

10절에 언급된 태후(queen)는 의심할 나위없이 벨사살의 모친이자 나보니두스의 아내를 가리킨다. 그녀는 느부갓네살 시대부터 다니엘을 기억하고 있었던 것 같다. 비록 그녀가 다니엘의 하나님을 믿는 사람과는 거리가 먼 것이 분명하였다고 할지라도 다니엘에 대한 그녀의 칭찬은 다니엘이 그 세대에 끼쳤던 영향력을 분명하게 입증해 준다(5:11, 12).

다니엘에 대한 벨사살의 제의(16절)는 그의 나라가 그 날 밤에 끝이 날 것이었으므로 익살맞은 것이었다. 왕의 제의에 대한 다니엘의 거절은 우리에게 소돔 왕의 제의를 거절했던 아브라함을 생각나게 해 준다(창세기 14장).

다시금 다니엘은 모든 사람들과 특별히 왕들까지도 참된 하나님을 경외하지 않으면 안된다는 것을 보여준 느부갓네살의 경험으로부터 아무런 교훈도 얻지 못한 벨사살을 꾸짖는 기회를 가짐으로써 그의 믿음의 힘을 나타내 보여주었다(18-24절). 벨사살의 특별한 죄는 하늘의 주재이신 하나님의 성전 그릇들을 더럽힌 데 있었다(23절). 일찍이 법궤를 모독한 블레셋 사람들에게 하셨던 것과 마찬가지로 여기서도 또한 하나님께서는 그의 이름을 경외하지 않는 사람들을 처벌하실 것이다(참조. 삼상 5, 6장).

25절에서 처음으로 우리는 손가락에 의해 벽에 기록되었던 글자가 어떤 것이었는가 하는 것을 알게 된다. 그것은 아람어로 기록되어 있었으며 그 단어들은 왕이 이해할 수 있는 것들이었다. 그러나 그 의미는 알지 못하였다. 벽에 쓰인 글자는 "숫자를 세고 무게를 달아서 나누었다"라는 글이었다. 다니엘의 해석은 이전에 이사야와 예레미야에 의해 말하여진 것, 곧 바벨론 나라가 분명코 멸망하리라는 것을 그대로 반영하고 있었다. 느부갓네살의 꿈에서 예언된 다음 나라(메대와 페르시아)가 막 바벨론을 양도받으려 하고 있었다(28절). '**나누다**'라는 의미를 가진 **페레스**(Peres)라는 말은 아마도 그 나라를 정복하게 될 페르시아와 관련하여 일종의 언어유희로 사용되었을 것이다.

우리가 이미 말한 바와 같이 벨사살 왕이 다니엘에게 제의한 보상은 우스운 것이었다. 곧 멸망해 버릴 나라에서 제 3인자가 되었다 한들 그것이 무슨 명예가 되겠는가(29, 30절).

메대 사람 다리오에 대한 언급은 약간의 문제점을 야기시킨다(31절). 다리오에 대하여 세속적인 자료를 통하여 알려진 것은 아직 아무 것도 없다. 그는 당시 비교적 나이가 많았으며 또한 메대인으로서 페르시아 군대의 장군들 중의 한 사람이었음이 분명하다.

메대와 페르시아는 원래 분리되어 있었으나 이 때에는 하나의 제국을 이루고 있었다. 고레스(Cyrus)가 페르시아 전 지역을 지배하는 실제적인 왕이었다 할지라도 실제로 바벨론을 장악하고 있는 군대의 책임은 다리오가 맡고 있었다. 그래서 다리오는 한동안 바벨론 성과 그 주변과 변경 지역의 통치자 역할을 담당했다.

제 6 장은 다리오가 바벨론 성의 행정부를 재조직함에 있어서 다니엘을 얼마나 존중해 주었는지에 대하여 기록하고 있다. 여기에 나타난 조직은 전형적인 페르시아식 조직이다(6:1-3). 다니엘의 등용은 느부갓네살 시대에 주어졌던 것과 유사한 대우로서 자연히 그 나라 관리들의 질투를 유발시켰을 것이다(6:4).

다니엘이 왕에게 충성된 신하라고 칭찬했다고 하여 그것이 어떤 의미로든 신앙을 저버렸다는 것을 의미하지는 않는다. 사실 그것과는 정반대였다. 다니엘이 비난을 받게 된 것은 하나님께 대한 그의 충성이 왕에서 대한 그의 충성과 비교하여 시험을 받기 위함이라는 것이 그 유일한 이유였다(5절). 다니엘의 삶에 있어서는 그 어느 누구도, 심지어 왕이라 할지라도 하나님보다 앞 자리에 설 수가 없었다.

다니엘을 대적하는 관리들의 음모는 다리오 왕의 뜻과는 거리가 멀었지만, 아마도 그는 나라의 행정부를 재조직하는 바쁜 와중에서 깊이 생각지도 않은 채 그의 앞에 놓인 조서에 서명을 하고 말았을 것이다(9절).

다니엘의 반응은 항상 행하던 방식을 그대로 좇아 생활하는 것이었다(10설). 그는 여기서 송교적인 겉치레(show)를 나타내 보이지는 않았다. 그러나 감시자들은 즉시 다니엘이 여전히 예배하는 일을 계속하고 있다는 사실을 발견해 냈다. 그것은 다니엘의 습관이었다(10하반절).

사건의 진상이 드러났을 때 다리오 왕은 깊이 후회했지만 그는 자신이 물려받은 법망에 걸려 있었다. 다리오는 제국의 우두머리가 아니었기 때문에 법을 바꿀 수 없었으며, 오로지 고레스만이 그 일을 할 수 있었다(6:12-15).

그럼에도 불구하고 다리오는 다니엘의 하나님께 대한 괄목할 만한 믿음을 나타내 보였다(16절). 그리고 다니엘이 사자들로부터 보호받는 것을 보고 다리오는 기뻐하였다. 뜨겁게 타는 용광로 속에 있는 다니엘의 친구들에게 하나님이 찾아오셨던 것과 마찬가지로 이번에도 하나님의 천사들이 사자굴 속에 있는 다니엘과 함께 하였다(3 : 25을 보라). 하나님께 대한 다니엘의 믿음은 결코 흔들리지 않았다. 그는 하나님의 참된 자녀였다(23절 ; 참조. 사 12 : 2 ; 26 : 3).

다니엘을 파멸시키려고 애쓰던 자들에 대한 처벌은 엄중한 것이었다(24절). 그러나 그것은 광야에서 하나님의 택하신 지도자를 대항하여 모반을 일으킨 고라에 대한 처벌 정도에 지나지 않았다(민 16 : 28-35).

그리하여 다리오 왕은 느부갓네살이 내렸던 것과 유사한 조서를 반포하였다(6 : 25-27 ; 참조. 4 : 1 이하). 다리오 시대의 다니엘에 대한 정중한 예우는 하나님께서 자기에게 조금이라도 충실한 자들에게 얼마나 많은 것을 위임하시는가 하는 것을 다시금 나타내 보여주는 좋은 본보기가 된다. 28절의 고레스에 대한 언급은 그가 다리오 왕의 자리를 물려받은 후계자였다는 것을 의미하지 않는다. 오히려 그것은 다리오가 바벨론 지역을 관할하던 때에 고레스 왕이 페르시아 제국 전역을 통치하고 있었다는 뜻이다. 이로써 다니엘서의 첫번째 주요 단락이 끝이 난다. 이제 계속해서 두번째 단락인 7-12장에서 바벨론에서 다니엘이 활동하던 시기에 그에게 주어진 일련의 환상관 계시를 살펴보기로 하자.

제 7 장에 기록되어 있는 첫번째 환상은 제 5장에 나타난 사건들보다 앞선 시기인 벨사살 1년에 주어졌다. 다니엘의 꿈은 느부갓네살이 꾸었던 꿈과 유사한 것으로서 동일한 진리를 내포하고 있었던 것이 분명하다. 그러나 다니엘의 꿈에서는 한 신상의 네 부분 대신에 네 마리의 짐승이 네 나라를 상징하였다(7 : 3-7). 여기서 우리는 네 나라의 특징에 대하여 다소나마 배울 수 있다. 첫번째 나라

(바벨론)는 가장 당당하고 동물의 왕인 사자와 같았다(4절). 두번째 나라(페르시아)는 곰과 같이 힘이 세고 무시무시했다(5절). 세번째 나라(그리이스)는 표범과 같았다(6절). 그리고 그 짐승의 네 개의 머리는 알렉산더 왕의 죽음 이후에 그 제국이 네 개의 나라로 나누어질 것을 상징하였다. 네번째 짐승은 매우 무섭고 강했다(7절). 그리고 철로 된 이빨에 대한 언급은 이 짐승이 느부갓네살의 꿈에 나타난 신상의 철로 이루어진 부분과 동일한 것임을 나타내기 위한 것이다(참조. 2:40).

지상에서의 세속적인 강국들을 대표하는 짐승들에 대한 묘사는 훗날 요한계시록에서 다시 언급된다. 요한계시록에는 이 땅에서의 악한 세력들이 짐승들로 상징화되고 있다(계 13장을 보라). 요한계시록에서와 마찬가지로, 여기서 언급하고 있는 열 뿔(7절)은 로마 이후에 일어날 나라들을 상징하고 있음이 분명하다(계 12:3; 13:1). 다니엘이 본 나머지 환상은 실제로 느부갓네살이 보았던 환상이 끝나는 데서부터 시작하여 이 세상 나라들의 멸망과 하나님의 나라의 승리에 대하여 상세하게 설명해 준다. 여기에 나타난 환상 가운데 많은 부분들이 훗날 요한계시록에서 다시 나타난다. 옛적부터 항상 계신 이에 대한 묘사(9절)는 요한계시록 1장에서의 그리스도에 대한 묘사와 매우 흡사하다. 그리고 바퀴는 에스겔이 보았던 환상을 생각나게 해 준다(겔 1장). 또한 펼쳐져 있는 심판의 책은 요한계시록 20장에 언급된 심판의 책을 상기시켜 준다. 짐승이 죽임을 당하는 것 역시 요한계시록 20장에 나타난다(단 7:11).

다니엘이 밤에 본 환상은 예수님께서 자신에 대하여 사용하시고 적용하신 용어인 인자(the Son of Man)의 도래를 계시해 주었다(13절). 또한 예수님께서는 바로 이 용어를 가지고 자신의 재림에 대하여 묘사하신다(마 26:64; 참조. 살전 4:17). 다니엘은 이 환상을 통하여 일찍이 느부갓네살의 꿈에서 소개된 하나님 나라의 승리에 관한 주제를 더욱 상세하게 배우게 되었다. 그리고 그 중에는 인간 나라의 패배, 모든 인간에 대한 심판, 그리고 그리스도의 재림에 관

제12장/정화기 509

한 환상들이 포함되어 있었다. 신약성경에는 14절과 같은 내용을 담고 있는 구절들이 많이 있다(고전 15장; 엡 1:20 이하; 빌 2:9, 10 등등). 여기서 그리스도는 모든 세상 나라들을 멸하시는 분으로서 느부갓네살의 꿈을 통하여 계시되었던 돌로 나타난다.

다니엘이 보았던 환상은 17절과 18절에서 해석되어지는데 여기에는 하나님의 나라와 그의 자녀들의 승리에 대한 강조가 명백하게 나타나 있다. 그 환상은 사실상 인간들 중에는 단지 두 개의 나라, 곧 사탄의 나라(네 짐승)와 하나님의 나라가 존재할 뿐이라는 것을 나타내 보여준다. 모든 믿는 자들은 하나님의 나라에 속해 있으며 그리스도와 함께 승리할 것이다.

19-21절에 묘사된 열 뿔은 네번째 짐승으로 표현된 로마 왕국의 계승자들, 곧 사탄의 지배 하에 있는 이 세상의 모든 통치자들을 나타낸다. 이것은 결국 그들은 언제나 하나님의 나라와 하나님의 백성들을 파멸시키기 위해 애쓴다는 것을 보여준다. 그것이 그들의 본성이다(계 12:17; 17:13, 14을 보라).

성도들이 마침내 왕국을 소유하게 될 것이라는 약속(22절)은 요한계시록 29:7-9에 기록된 요한의 계시를 가리키는 것이다. 결국에 가서는 사탄과 그의 자손들은 멸망할 것이다.

바벨론과 로마를 짐승으로 묘사하고 또한 하나님 나라를 대적하는 이 세상 나라를 상징하는 것으로 묘사한 것은 신약성경에서도 찾아볼 수 있다. 요한계시록 17장과 18장에서는 바벨론을 틀림없이 멸망하고야 말 세상 나라들을 상징하는 것으로 말하고 있다. 그리고 요한계시록 17:3 이하에 언급된 붉은 빛 짐승은 의심할 여지도 없이 일곱 개의 유명한 산을 가진 로마를 가리키는 것이다(17:3, 9).

다니엘서 7:25에 나타난 인물은 데살로니가후서 2:3-12에 묘사되어 있는 불법의 사람과 매우 비슷한 점을 많이 가지고 있다(참조. 계 13:7). "한 때와 두 때와 반 때"(25절)라는 표현 역시 요한계시록 12:14에서 찾아볼 수 있는 것이다. 그리고 한 때와 두 때와 반

때라는 말은 그리스도의 초림과 재림 사이의 교회시대, 곧 예수님의 승천으로부터 재림까지의 기간을 가리키는 것으로 생각된다.

7장에서 소개된 모든 환상을 통하여 나타내고자 하는 의도가 27절에 요약되어 있다. 거기서는 하나님 나라의 필연적인 승리를 선언하고 있다.

물론 여기에는 다니엘이 아직 이해하지 못하고 또한 이해하도록 허락되지 않은 부분이 여전히 많이 있다(28절). 이것은 베드로서의 말씀과도 일치하는 것이다(벧전 1:10-12).

제 8 장은 벨사살 왕 3년에 계시된 환상으로써 둘째와 세째 짐승 혹은 나라들 사이에 있을 전쟁에 대해서 상세하게 설명하고 있다. 수양이 동쪽에서부터 서쪽과 북쪽과 남쪽을 향하여 움직였다(8:4). 그 수양은 페르시아를 상징하는 것이었다(20절). 그리고 **수염소** 한 마리가 서쪽에서부터 달려 나와 온 땅을 두루 누비고 다녔는데(8:5) 그것은 그리이스를 상징하는 것이었다(21절).

우리는 페르시아의 크셀크세스가 그리이스를 향하여 서쪽으로 움직이려 했으나 멈추고 말았던 것을 알고 있다. 훗날, 그리이스를 통치하게 된 알렉산더 대왕이 결국 페르시아를 물리치고 당시의 모든 세계로 그의 제국을 확장하였다.

수염소의 강력한 위세에 대한 언급(8절)은 알렉산더 왕이 스스로를 신의 위치에까지 끌어올려 찬양한 것과 일치한다. 수염소의 제국이 네 나라로 나누어진 것 또한 알렉산더가 죽었을 때 그의 나라에서 일어난 사건과 일치한다. 알렉산더가 죽은 후 실제로 그의 나라는 넷으로 쪼개어져 그의 군대 장관들에 의하여 다스려졌다.

이 환상에서는 거만하고 세속적인 한 작은 뿔(통치자)에 특별한 주의가 기울여지고 있다(9절 이하). 특히 하나님의 성소와 관련하여 저질러진 그의 잔혹한 행위가 주의를 끈다(11, 12, 24, 25절). 예루살렘에서의 그의 통치 기간은 약 3년 반 혹은 1,150일 정도로 추정되고 있다.

이 모든 것은 알렉산더 왕이 죽은 후 그리이스 제국이 넷으로 나뉘어졌을 때 그 중 한 부분은 B.C. 175년부터 B.C. 163년까지 통치했던 안티오쿠스 에피파네스(Antiochus Epiphanes)의 통치와 아주 잘 들어맞는다. 통치 기간 중에 그는 예루살렘을 그리이스화하려고 (그리이스의 한 도시로 만들려고) 애를 썼다. 그는 예루살렘 성전을 약탈하고 지성소에다 주피터(Jupiter)의 상을 세워 놓았다. 또한 그는 제단 위에 돼지를 제물로 올리라고 하는 등, 하나님께 대한 예배 행위를 모독할 만한 여러가지 일들을 명령했다. 8장에 기록되어 있는 이 예언들이 너무나 정확하기 때문에 불신자들과 자유주의 계통의 성경학자들은 그것들이 다니엘 시대(B.C. 500년대)가 아닌 B.C. 163년 이후에 기록된 것들이라고 생각한다.

제 9 장은 예레미야 선지자에 의하여 예언된 **70년**(바벨론 유수 기간)의 의미를 더 잘 이해하고자 하는 다니엘의 열망에 대하여 이야기하고 있다(9:2; 참조. 렘 25:11, 12과 29:10). 따라서 우리는 여기서 보다 더 큰 지혜를 간구하는 다니엘의 기도를 대하게 된다. 70이라는 숫자는 분명히 유대인들이 70년 동안 포로생활을 하게 될 것을 의미하는 것이었지만, 다니엘은 70이라는 숫자가 상징하는 그 이상의 의미를 알고자 하였던 것이다. 성경에서 7이라는 숫자는 흔히 완전(completeness)이라는 개념을 나타낸다.

여기서 우리는 다니엘의 열심있고 헌신적인 기도의 삶을 엿볼 수 있다(3절 이하). 우리는 다니엘이 자기의 죄와 백성들의 죄를 자진하여 고백하는 것을 볼 수 있다(5, 6, 8, 11절). 그러면서 다윗과 마찬가지로, 그는 하나님의 긍휼과 용서를 간구하였다(9절). 그는 또한 모세의 율법, 곧 하나님의 말씀에 대한 성실성을 나타내 보였다 (11, 13절).

다니엘은 자신이 예루살렘 성으로부터 멀리 떠나 있었음에도 불구하고 그 성을 위하여 위대한 중보의 기도를 드렸다(16-19절). 그는 고레스 왕(Cyrus) 1년이면서 동시에 다리오 왕 1년이기도 했던 해에 이 기도를 하였다(9:1). 그러므로 고레스가 유대인들을 예루살렘으로 돌아가도록 선포한 그 해(B.C. 539. 에스라 1:1을 보라).에 다니엘의 기도에 대한 응답이 있었던 것은 당연한 일이었다.

우리는 또한 다니엘의 기도를 통하여 그가 우리의 의와 하나님과의 관계에 관한 메시지와 또한 하나님의 긍휼에 대한 우리의 필요성에 대한 메시지를 어떻게 파악하고 있었는가 하는 것을 주목하게 된다(9:18; 참조. 렘 23:6; 33:16; 사 64:6).

하나님께서는 다니엘이 기도할 때에 일찍이 그에게 타나난 바 있었던 가브리엘을 보내심으로써 다니엘의 기도에 응답하셨다(9:21; 8:16). 이 가브리엘 천사는 훗날 사가랴에게 나타났으며(눅 1:19), 예수의 탄생을 알리기 위하여 마리아에게도 나타났다(눅 1:26). 그것은 여기서 그가 다니엘에게 나타난 것도 똑같은 목적을 위해서였다.

가브리엘은 70이라는 숫자는 또한 70주간 혹은 죄를 멸하고 의를 세우는 하나님의 사역이 끝나고 그리스도에 관한 모든 예언을 성취하는 때를 상징한다는 것을 가르쳐 주었다(9:24). 예루살렘을 재건하라는 명령(9:25)은 처음에는 고레스의 법령이 내린 때(B.C. 539) 혹은 B.C. 538년 스룹바벨 인도 하에서의 첫번째 포로 귀환의 시기를 의미하는 것으로 보였을 것이다.

우리는 이미 에스라와 느헤미야를 통하여 세 차례의 포로 귀환이 있었던 것을 알고 있다. 포로들의 제 1차 귀환은 스룹바벨 인도 하에 B.C. 538년에 있었다. 제 2 차 귀환은 에스라의 인도 하에 B.C. 458년에 있었으며 제 3 차귀환은 느헤미야 인도 하에 B.C. 445년에 있었다. 25절에 기록된 예언의 핵심은 포로귀환에 대한 명령이 떨어진 때와 기름부음을 받은 자 곧 메시야의 강림 사이에는 69주가 경과해야만 한다는 사실을 보여주려는 것이다. 여기서 가브리엘이 구원을 성취하실 그리스도의 강림에 대하여 말하고 있다고 볼 때 그 기간은 400년 이상 경과될 것이다.

에스겔 4:6을 기초로 하여 각각의 날이 1년을 나타내는 것으로

셈한다면 483년이 요구된다(69×7). 그리고 B.C.538년을 기준으로 하여 483년을 더하면 B.C.55년이 되기 때문에 스룹바벨 인도 하에서의 제 1차 귀환은 그 시발점이 될 수가 있다. 이것은 실제적인 그리스도의 강림 시기와 차이가 너무 많이 나기 때문이다. 그러나 만약 에스라 인도 하에서의 제 2차 귀환, 즉 B..C.458년을 시발점으로 하여 483년을 더하게 되면 A.D.25년에 이르게 되므로 예수님의 공생애 기간과 근접한 시기에 도달하게 된다.

483년이 계산되어야 하기 때문에 대체로 에스라 인도 하에서의 귀환을 그 시발점으로 설정하고 있다. 스룹바벨 인도 하의 귀환은 그 땅에 영적 회복을 가져오게 함에 있어서는 별 의미가 없었다. 예루살렘에 영적인 회복을 가져오게 한 것은 에스라 시대의 귀환이었다. 우리가 에스라서를 공부하면서 살펴보게 될 것이지만, 에스라 인도 하에서의 귀환은 영적인 귀환이었다. 그 때야말로 이스라엘 백성들이 하나님의 말씀으로 돌아온 시기, 다시 말해 하나님께로의 진정한 귀환이 이루어진 시기였다.

메시야가 끊어져 없어진다는 말은 아마도 메시야의 죽음을 시사하는 것일 것이다(26절). 이러한 사건은 예수님이 A.D.1년이 아니라 B..C.7년에 탄생하셨다는 사실을 깨닫게 해 주는 A.D.25년을 전후로 하여 일어날 것이다. 예수님의 탄생 연도를 계산하는 데 있어서의 착오는 이미 오래 전부터 알려져 왔다. 예수님 생애의 초창기에 활동했던 헤롯 대왕은 B.C.4년에 죽었다.

희생제사 제도가 폐지될 것이라는 27절의 언급은 그리스도의 죽음으로 말미암아 희생제사 제도와 희생제물이 상징하는 모든 것이 성취될 것을 가리키는 것이었다. 예수님이 죽으실 때 성전 휘장이 찢어진 것은 희생제사 제도와 성전, 그리고 그것들이 상징하는 모든 것이 더 이상 필요없게 되었음을 의미하는 것이다. 그리스도로 말미암아 모든 것이 성취되었기 때문이다(마 27:51).

10장—12장은 미가엘 및 그의 천사들과 사탄 및 그의 악령들 간의

큰 전쟁에 대하여 암시하고 있다(10:1). 우리는 요한계시록 12:
7-9을 통하여 이 사건을 좀 더 자세히 알 수 있다. 그 일이 언제 일
어났는지에 대해서는 확실치 않다. 그러나 이 계시가 그리스도의
사역과 관계된 계시(9장) 다음에 기록되어 있는 것으로 보아, 우리
는 그리스도의 사역이 그 큰 사건과 관련이 있는 것으로 추정할 수
있다. 요한계시록 12:13은 또한 사탄이 그리스도의 죽음과 부활
이후 하늘로부터 내어쫓긴 바 되어 그의 활동이 땅에만 제한되었다
고 말하고 있다(계 12:5을 보라). 유다서 9절 또한 미가엘과 사탄
사이에 오랜 전쟁이 있었다는 것을 지적해 준다. 예수님께서도 자
신의 사역과 관련하여 사탄이 하늘로부터 떨어진 것에 대하여 언급
하신 바가 있다(눅 10:18).

분명히, 사탄은 그리스도의 사역이 끝나기까지는 하나님의 자녀
들을 고발하고 또한 죽은 자들을 놓고 싸우기 위하여 하늘로 출입
할 수 있었지만(참조. 욥 1장, 2장), 그리스도의 사역이 완성된 후
에는 하늘로부터 내던져졌다.

그러므로 미가엘은 하나님께서 그를 의지하는 그의 백성들을 먼
훗날에도 여전히 돌보실 것이라는 사실을 다니엘에게 확신시켜 주
기 위하여 나타났던 것이다(10:12-14).

11장은 내용에 있어서 8장과 매우 비슷하다. 이 11장은 페르시아
와 그리이스 사이의 전쟁에 대하여 말하고 있다(11:2). 또한 11장
은 다니엘 8:9 이하를 확대한 것으로서, 스스로 왕이 되었던 한 작
은 뿔(안티오쿠스 에피파네스)에 대하여 언급하고 있다.

여기서 안티오쿠스 에피파네스(Antiochus Epiphanes)는 하나님
과 그의 백성들을 대적하고 스스로를 높이는 모든 통치자들을 상징
한다(11:28-39). 또한 여기서 우리는 마지막 때와 전쟁에 대한 수
많은 암시들과 그 날들에 앞서 일어나게 될 전쟁의 소문들을 대하
게 된다(31절;참조. 마 24:15과 살후 2장). 11장은 또한 많은 사람
들이 하나님을 믿는 믿음에서 떨어져 나갈 것에 대해서도 이야기하
고 있다(34절; 참조. 딤후 3:1 이하).

하나님의 백성들에게 임할 환난에 대한 예언(12 : 1)은 신약에 나타난 계시와 일치한다(마 24 : 15-22). 여호와의 날이 이르기 전 마지막 때에는 하나님의 백성들이 어려움을 겪는 때가 있을 것이다.

11 : 31에 나타난 안티오쿠스 에피파네스 때에 있을 멸망의 가증한 물건에 대한 언급은 마태복음 24 : 15에서 그리스도에 의해서도 사용되었다. 그는 이방 세계에 의하여 하나님의 백성들이 더럽혀지는 것을 나타내기 위하여 그런 말씀을 사용하였다.

다니엘서를 마감하는 12장은 여전히 포로 생활을 하고 있는 다니엘 시대의 하나님의 백성들과 또한 미래의 하나님의 백성들에게 큰 소망을 갖게 하여 그들로 하여금 하나님의 궁극적인 승리를 바라보게 한다.

구원의 약속은 하나님의 책, 곧 어린 양의 생명책에 그 이름이 기록된 사람들에게 주어진 것이었다(12 : 1 ; 참조. 계 20 : 12 ; 3 : 5).

어떤 사람들은 영원한 생명으로, 또 어떤 사람들은 영원한 형벌의 길로 가게 될 모든 죽은 자들의 부활(12 : 2)에 대한 언급은 이사야 66 : 22-24 및 요한계시록 20 : 12-15 말씀과도 완전히 일치한다.

이러한 일들이 성취되어 하나님께서 선포하신 진리를 분주하게 증거하고 어두운 세대에 빛으로 비춰지기까지 하나님의 자녀들에게 강조점이 주어진다(12 : 3-빌 2 : 15을 보라).

4절에서는 하나님의 목적을 성취하기 위하여는 많은 연수와 오랜 역사가 지나가야 할 것을 말씀하고 있다. "많은 사람이 빨리 왕래하며 지식이 더하리라"는 구절은 인간의 역사에 대한 훌륭한 요약이다.

모든 신자들과 마찬가지로 다니엘도 그 기간이 얼마나 오랜 기간일지에 대하여 알기를 갈망했다(6절). 그러나 하나님께서는 결코 말씀해 주지 않으셨다. 다니엘에게 하신 하나님의 대답은 훗날 요한에게 하신 대답과 같았다(12 : 7-계 12 : 14을 보라). 그것은 단순히 하나님께서는 결코 말씀하시지 않을 것이라는 사실을 의미한다.

10절은 많은 사람들이 계속 죄 가운데서 악을 행하며 살아가는 반면에 다른 많은 사람들은 죄에서 구원을 받아 하나님의 나라에 들어가게 되는 일이 한동안 지속될 것을 묘사하고 있다. 다시 한번 하나님께서는 그의 백성들에게 참고 기다리도록 권고하고 계신다(13절).

에 스 더

에스더서는 세속역사에서 크셀크세스(Xerxes)라는 이름으로 알려진 아하수에로 왕 시대에 하나님께서 그의 백성들을 어떻게 보호하셨는가 하는 사실에 대하여 이야기하고 있다. 여기 기록된 사건들은 B.C. 458년 에스라 인도 하에서의 포로귀환이 있기 전인 B.C. 5세기의 상반기에 일어났다(1 : 1).

에스더서의 특색은 이 책의 어느 곳에서도 하나님의 이름이 발견되지 않는다는 점이다. 그럼에도 불구하고 여기서 일어나는 모든 일에 대해 하나님께서 개입하시고 지배하고 계신 사실이 명백하게 드러난다.

제 1 장은 크셀크세스의 처 와스디가 왕후의 자리에서 폐위된 사건을 기록하고 있다. 때는 다니엘서에서 다른 실례들을 볼 수 있는 한 잔치날이었다(1 : 3-7). 여기에 언급된 대로 크셀크세스 왕의 시대에는 다른 왕들의 통상적인 관습과는 대조적으로 상당한 자유가 허락되었던 것으로 보인다(8절).

와스디에 대한 왕의 명령은 잘못된 것이었다(11절). 우리는 와스디의 거절에 대하여 그녀를 칭찬하지 않으면 안된다. 그러나 그 일로 인하여, 왕이 그의 자문관들(counsellors)의 조언을 좇아 와스디를 폐위시키고 다른 왕후를 물색하기 시작했기 때문에 에스더가 왕후가 될 수 있는 길이 놓이게 되었다(1 : 15-22).

제 2장은 에스더가 왕후로 뽑히게 된 경위에 대하여 말하고 있다. 에스더는 유대인이었으므로, 이러한 사실은 그녀가 왕후가 되는 데 있어서 불리한 조건으로 작용했을 것이다. 그럼에도 불구하고 하나님께서 이 일에 개입하셔서 에스더로 하여금 왕후가 되게 하셨다. 2장은 이러한 사실을 분명하게 드러내 주고 있다.

에스더의 사촌이자 양부인 모르드개가 2 : 5에 소개되고 있다. 그의 조상들은 여고냐(여호야긴) 시대에 바벨론으로 포로되어 잡혀간 사람들 가운데 포함되어 있었다. 그 때는 에스겔도 함께 포로로 잡혀갔던 때인 B.C. 597년이었을 것이다(겔 1 : 2).

모르드개의 사촌 에스더는 왕후가 되는 명예를 얻기 위하여 경쟁을 벌이게 될 사람들 가운데 하나로 선택되었다(2 : 8). 요셉과 다니엘의 경우에서와 마찬가지로 에스더 역시 그녀를 돌보아 주는 사람들로부터 호의를 얻었다. 이와 같이 하나님의 임재가 그녀와 함께 하고 있었다(9절).

이번에는 우연이라고 생각될 수도 없는 일련의 사건들이 일어났다. 비록 여기에 하나님의 이름이 명시되어 있지는 않았다고 할지라도, 유대인들을 그들의 대적으로부터 구원하시기 위하여 길게 연결된 이 모든 일련의 사건들을 그 절정에 이르기까지 하나님께서 친히 이끌어가실 것이 분명하다.

1. 에스더는 자기의 유대적 배경이 알려지지 않도록 하였다(10절). 이것은 훗날의 역사와 관련하여 의미심장한 일이었다.

2. 에스더가 왕 앞에 나아갔을 때, 그녀는 모든 처녀들 중에서 왕을 가장 기쁘게 하였다(2 : 15-17). 이것은 에스더로 하여금 하나님과 그의 백성들을 위하여 일할 수 있는 중요한 위치에 서도록 해 주었다. 또한 우리는 그녀가 그렇게 높은 지위에 있으면서도 그녀의 사촌 모르드개의 영적인 지도에 순종했다는 사실을 알 수 있다(20절). 이러한 사실 또한 훗날의 역사에 있어서 중요한 역할을 하게

될 것이었다.

3. 모르드개는 왕을 살해하려는 음모를 알게 되었다(2 : 21-23). 모르드개는 정치적 활동의 중심지인 대궐 문에 앉아 있었다. 그 곳에서 그는 귀를 기울여 그 음모를 알아내었던 것이다. 그는 정당하게 그 음모의 사실을 보고하였고 음모를 꾀한 사람들은 조사를 받아 처형되었다.

4. 왕을 살해하려던 이 사건이 궁중일기에 기록이 되기는 하였지만 모르드개에게는 아무런 보상도 주어지지 않았다(2 : 23). 이상하게도, 모르드개는 왕의 생명을 구한 보고로 말미암아 널리 소문이 나기는 하였지만 아무런 보상을 받지는 못했다. 이러한 사실 또한 훗날의 역사가 관련하여 의미심장한 것임이 입증되었다.

하나님의 백성들을 구출하게 되는 일련의 사건들에 관하여 계속 살펴보기 전에, 유대인의 안녕에 위협을 가져다 준 배경에 대하여 잠깐 생각해 보기로 하자.

하만이라는 사람이 크셀크세스 왕국에서 높은 지위에 오르게 되었다(3 : 1). 그는 모르드개를 제외한 모든 사람들로부터 칭송과 영광을 받고 있었다. 다니엘과 마찬가지로, 모르드개 역시 하나님을 너무나 사랑했기 때문에 사람에게 절하는 것이나 사람을 숭배하는 일을 할 수가 없었다(3 : 2). 다시금, 하나님의 이름이 명시되어 있지는 않지만 이 사건과 다니엘서 6장 사이에 있는 유사점은 너무나 명백하여, 모르드개도 다니엘이 섬겼던 바로 그 하나님을 공경하여 똑같은 방법으로 자신의 생명의 위협을 무릅쓰게 되었다는 사실이 분명해진다. 이것은 하만으로 하여금 모르드개 뿐만 아니라 모든 유대인들을 미워하도록 만들었다(3 : 3-6). 그리하여 하만은 히틀러를 포함한 많은 사람들이 그랬던 것처럼 유대인들을 멸절시킬 음모를 꾸미기에 이르렀다.

이 때부터 모르드개와 모든 유대인들에 대한 하만의 음모가 시작되었다(3 : 8-15). 이 모든 일에 있어서 왕이 협조한 것은 단순히 자문관(advisor)들을 매우 신뢰하였던 느부갓네살 왕과 메대의 다리오 왕의 양식을 그대로 따른 것이다. 왕의 어인이 찍힌 조서가 온 나라에 반포되었기 때문에 이제 유대인들은 모두 푸르(Pur), 곧 제비가 뽑힌 그 날에 살륙을 당할 위기에 처하게 되었다(13절). 이 일은 유대인들에게 커다란 걱정거리가 되었다(15절).

모르드개는 에스더에게 그 일을 전하였다(4:1-4). 더욱이 모르드개는 에스더에게 그녀의 민족을 위하여 왕에게 나아감으로써 그들을 도우라고 말했다(8절).

에스더의 망설임은 이해할 만한 것이었다. 그녀는 일찍이 요셉이 그러했고 모세가 이집트에서 처음 40년 동안 그러했던 것과 마찬가지로 포로의 신분에서 그 나라의 높은 지위에까지 올라 있었다. 에스더는 그녀 편에서의 어떤 행동이 그녀의 파멸을 재촉할 수도 있다는 사실을 잘 알고 있었다. 따라서 그녀는 확실히 자기 민족을 도울 수 없는 입장이었다. 그녀가 이런 식으로 변명한 것은 당연한 일이었다(4:11).

모르드개의 대답은 일품이었다. 그는 에스더에게 그녀가 높은 지위를 얻게 된 것이 그녀 자신의 이익을 위한 것이 아니라 그녀의 민족을 위한 것이라는 사실을 일깨워 주었다. 지금의 이기적인 행동이 그녀를 구하지는 못할 것이었다(13절). 더구나 모르드개는 여기서 에스더가 그의 제의에 찬동하든지 하지 않든지에 상관없이 유다 백성들은 구원을 얻게 될 것이라고 말함으로써 하나님께 대한 큰 믿음을 나타내었다(14절). "네가 왕후의 위를 얻은 것이 이 때를 위함이 아닌지 누가 아느냐?"는 말은 주권자이시며 인생의 길을 지도하시는 하나님께 대한 최대한의 믿음의 표현이었다. 확실히 에스더가 왕후가 된 것은 결코 우연의 일치가 아니었던 것이다.

자기 민족을 구하기 위하여 기꺼이 위험을 감수하겠다고 한 그 용감한 결단으로 인하여 에스더는 칭찬을 받을 만하다(4:15-17). 다시금 에스더가 금식을 요청한 것은 그녀가 믿음의 백성임을 시사해 준다.

이제 유대인들을 그들의 대적 하만으로부터 구출하게 했던 일련의 사건들을 다시 살펴보기로 하자.

5. 에스더 왕후가 왕의 앞으로 나아갔을 때 왕으로부터 사랑을 받았다(5:2). 첫번째 장애물은 통과했지만 에스더는 아직도 왕이 신뢰하는 하만의 사악함과 그녀의 주장이 옳다는 것에 대하여 왕을 설득시켜야만 했다. 지혜롭게도, 에스더는 하만을 공개적으로 공격하지 않고 계획을 세우기 위한 시간을 벌었다(5:4). 거만한 하만을 왕과 왕후가 함께 하는 식사 자리에 초대한 것은, 하만을 우쭐하게 했으며 또한 방심하게 만들었다.

6. 왕은 에스더를 즐겁게 해 주기를 원하였다(5:5, 6). 왕은 그 내용을 알지도 못한 채 에스더의 간청을 들어 주겠다고 약속했다. 다시금 그녀는 현명하게, 천천히 그리고 신중하게 행동했으며, 상황에 맞추어 계획을 전개할 시간을 벌었다. 에스더는 여호와를 기다리는 법을 깨닫게 되었던 것이다(5:7-8).

7. 하만은 매우 만족해 하였으며, 모르드개에 대해서는 더욱 화가 크게 치밀었으며, 또한 자신의 성공을 확신하였다(5:9-14). 그의 아내에 의해 자극을 받은 하만은 모르드개를 제거하기로 결심하고는 너무 서둘러서 행동을 개시하였다. 만일 하나님의 자녀들이 인내를 배우기만 한다면 하나님께서는 얼마나 자주 당신 자신의 방법으로 그들의 대적을 다루시겠는가!

8. 바로 그 날 밤에 왕은 잠이 오지 않는 밤을 맞게 되었다(6:1). 하만이 모르드개를 죽일 음모를 꾸미고 있는 동안, 하나님께서는 왕에게서 잠을 앗아가셨던 것이다.

9. 왕은 지루한 궁중일기를 신하에게 읽게 함으로써 불면증을 고쳐보기로 마음먹었다(6:1). 이것은 오늘날 잠을 잘 자지 못하는 사람들이 따분한 책을 선택하여 읽음으로써 잠을 청해 보기로 작정하고서는 실행에 옮겨 보려는 것과 같은 류의 행동이었다.

10. 낭독할 부분이 전에 왕을 위하여 행한 모르드개의 선행을 기록한 부분으로 결정되었다(6:1, 2). 읽혀질 수 있는 가능성을 가진 모든 페이지들 중에서도 유독 이 부분이 선택된 것을 결코 우연의

일치가 아니었다.

11. 다시금, 바로 이 시점에서 모르드개에게 아무런 보상도 주어지지 않았었다는 사실이 의미심장해졌다(6 : 3).

12. 하만은 모르드개를 없앨 자기의 계획을 말하기 위하여 왕을 만날 준비를 하고 있었다. 이 일은 왕이 모르드개에 대해 진심으로 감사해 하고 있던 바로 그 때에 일어났던 것이다(6 : 4-7).

13. 허영심에 사로잡힌 하만은 왕이 자기를 명예롭게 하여 주기를 원하고 있는 것으로 생각하였다(6절). 이것은 하만으로 하여금 왕이 존귀케 하기를 원하는 사람은 그가 말한 것과 같이 크게 존귀함을 받게 해야 한다고 조언하도록 만들었다(8, 9절).

왕이 존귀케 하려는 사람이 자기가 아닌 모르드개라는 사실을 깨닫게 되었을 때의 하만의 얼굴 표정을 그려 보는 것은 흥미로운 일일 것이다(6 : 10). 하만의 아내와 친구들이 하만에 대하여 한 예언은 적중했다(6 : 13). 하만은 순식간에 모든 것을 잃어버렸다.

7장의 이야기는 매우 뛰어난 것이다. 그것은 훌륭한 드라마와도 같으며 읽기에 매우 흥미로운 것이다.

14. 에스더의 간청으로 그녀의 민족에 관한 일이 폭로되었다(7 : 3-5). 에스더는 자신과 그녀의 민족을 위하여 호소하였다. 왕이 그 일을 행하려고 하는 사람의 정체를 물었을 때 비로소 그녀는 하만에 대하여 대답하였다(6절).

15. 완전히 좌절한 하만은 어리석게도 왕의 목전에서 에스더에게 타협하는 자세를 나타내 보였다(7 : 8).

16. 하만은 그 자신이 모르드개를 매달려고 세워놓았던 교수대위에서 처형되었다(9, 10절).

이 일련의 사건들을 통하여 우리는 하나님께서 그 모든 일들을 지배하고 계셨다는 것과 또한 그가 그의 백성들을 구원하시기 위하여 일하셨다는 것을 알 수 잇다. 이 사건들 가운데서 단순히 우연의 일치라고 말할 수 있는 것은 아무 것도 없다. 모든 것이 구원자이신 여호와의 지배 하에 있었다.

이 책의 나머지 부분은 모르드개와 같이, 모든 유대인들이 어떻게 그 날 멸망으로부터 구원을 받았는가 하는 것을 보여준다. 다시금, 10:3은 다니엘이 경험했던 일들을 생각나게 한다. 다니엘서에서와 마찬가지로 이 책을 통하여, 여호와께서는 그의 백성들에게 그들이 포로되어 있을 때에라도 그는 참으로 그들을 그 대적의 손으로부터 구원해 낼 수 있으시다는 것을 확증해 주셨다.

13

하나님 백성들의 회복과 장래의 소망

B.C. 538년에 하나님께서는 페르시아 왕 고레스의 마음을 움직이셔서 그의 백성들이 예루살렘으로 돌아가서 하나님의 성전을 재건하고 다시금 가나안 땅에 정착하여 사는 것을 승인하도록 하셨다. 그들은 아직 독립국가가 된 것도 아니고 그들의 왕을 가질 수 있게 된 것도 아니었지만 그래도 그들의 모국에서 살 수 있게 된 것이었다.

이 귀환은 근본적으로 물리적인 귀환(영적인 귀환과 대조를 이루는 용어로 사용되었음-역자 주)이었다. 왜냐하면 대개의 경우 유다 백성들은 이 기간 동안에는 영적으로 성장하지 않았기 때문이다. 그들의 주된 과업은 성전을 재건하는 것이었는데 이 일조차도 매우 천천히 진행되었으며, 하나님의 선지자들이 그 일을 마무리짓도록 그들을 독려한 후에야 완성되었다.

앞으로 공부하게 될 이 13장에서 다루게 될 기간은 역대상하, 에스라, 느헤미야, 학개, 스가랴, 그리고 말라기가 전부 등장하는 B.C. 538년부터 대략 B.C. 400년까지의 기간이다.

역대상하

　포로로 사로잡혀 가서 한 세대 이상의 기간이 지난 다음 유다 백성들이 고국으로 돌아가려 했을 때, 그들에게는 필요한 것들이 많았다. 대부분이 이방 나라에서 태어난 유다 백성들은 이교주의 속에서 살았었다. 그들에게는 성전도 없고 희생제사 제도도 없었다. 또한 그들 가운데 대부분은 포로 기간 중에 그들의 민족 가운데서 세움을 입은 어떠한 지도자도 없이 살았다.
　그들을 지도할 왕 또한 없었다. 대부분의 선지자들이 당시에는 침묵을 지켰다. 그리고 제사장직은 왕국의 말기에는 불명예스러운 직책으로 전락하고 말았으며, 그들 중 대부분이 하나님의 기대를 저버렸다.
　그들이 포로에서의 귀환을 깊이 생각할 때 절실하게 요청되는 문제는 영적인 부흥을 일으키는 일이었다. 그러한 영적 부흥은 제사장직에 대한 존경심의 회복과 성전과 제사제도의 중요성에 대한 새로운 인식이 수반되지 않고서는 불가능한 것이었다. 왜냐하면 이 모든 것들이 유다 왕국 말기에는 백성들의 목전에서 타락했었기 때문이다.
　역대상하서의 목적은 하나님의 백성들로 하여금 하나님께서 맨처음에 그 백성들에게 부여하셨던 그 제도들로 돌아가야 할 것을 상기하게 함으로써, 그들이 다시 한번 마음으로 회개하고, 거룩함과 의와 정의의 중요성을 이해하는 백성이 되고, 또한 하나님께 대한 그들의 필요성과 그들이 하나님께로 와서 그들의 죄를 정당한 방법으로 다루는 길을 깨닫도록 하려는 것이었다. 이 모든 것은 하나님의 백성들의 삶 가운데서 제사장직과 제사제도와 성전이 차지하는 위치를 새롭게 깨닫는 일과 관련되어 있었다.
　역대기는 또 다른 역사의 기록이 아닌 사무엘서와 열왕기와 동일한 시기에 관한 것으로서, 단순히 다른 측면에서의 설명을 해 주고 있을 뿐이다. 그렇다고 해서 이 역대기가 사무엘과 열왕기와 함께 읽혀져야 한다는 것은 아니다. 이 역대상하서는 하나님께서 그의 백성들을 다루심에 있어서 제사장직과 제사제도와 성전을 얼마나 중요하게 여기셨는가 하는 것을 보여주기 위한 목적으로 따로 기록되었기 때문이다.

그러므로 역대기가 성전에 대한 다윗의 관심에는 많은 주의를 기울이면서도 밧세바와 관련된 그의 죄에 대하여는 전혀 언급하지 않는다고 해서 이 책이 부정직하게 기록된 것을 의미하지는 않는다. 근본적으로, 다른 역사서와의 관련성을 설명하는 것이 이 책을 기록한 저자의 의도는 아니었다. 이스라엘 백성들이 이미 사무엘과 열왕기를 읽었기 때문에 그 내용을 반복하여 기록할 필요가 없었던 것이다. 역대기는 백성들로 하여금 하나님께서 처음에 제정하셨던 영적 지도력의 수단-즉, 제사장직과 그것과 관련된 모든 것-을 다시금 존중하게 하려는 단 하나의 목적을 위하여 기록되었다. 한 때 백성들은 그들의 마음 속에 하나님께서 제정하신 제사장직과 그와 관련된 제도들에 대한 존중심을 확립하고 있었다. 따라서 그토록 절실하게 요구되는 영적 부흥을 위한 기초는 이미 그들 속에 자리 집고 있었을 것이며 또 세워질 수도 있는 것이었다.

"제사장"이라는 말은 역대기에서 백번도 넘게 나타난다. 이것은 레위기를 제외한 다른 어떤 책보다 많은 숫자이다. 그리고 "레위"라는 단어가 거의 백번 가량 나타나고 있는데, 이것은 성경 전체를 통틀어 그 어느 책에서보다 많은 숫자이다. 이러한 점은 이 책이 강조하고 있는 것이 무엇인가에 대하여 몇 가지를 생각하게 해 준다.

역대상은 아담으로부터 시작되는 족보로써 서막을 장식하고 있다 (1:1). 처음 여덟 장에서는 계속적으로 족보가 나열된다. 다음으로 제 9장은 포로 귀환 이후의 예루살렘의 거민들, 그 중에서도 주로 제사장들을 다루고 있다. 역대상의 나머지 부분은 다윗이 왕의 자리에 오를 때부터 시작하여 죽을 때까지의 일생을 담고 있다.

역대하는 바로 이 시점에서부터 시작하여 처음 아홉 장까지에 걸쳐서 솔로몬의 생애를 다루고 있다. 역대하의 나머지 부분에서는 르호보암으로부터 예루살렘 멸망에 이르기까지의 유다 왕들을 추적하고 있으며, 끝부분에는 고레스가 포로에서의 귀환을 승인하는 법령이 기록되어 있다.

이제 역대상으로 돌아가서 그 책의 강조점에 주의를 기울여 보기로 하자. 역대상은 이스라엘의 계보를 기록함으로써 시작한다(1-8장). 맨 먼저 나타나는 이름은 아담이다(1:1). 아담은 창세기 2-5장 이외의 구약성경에서는 좀처럼 언급되지 않는 이름이다. 이 구절과 더불어 아담이라는 이름은 단지 신명기 32:8; 욥기 31:33; 호세아 6:7(이 구절에 있어서는 아담으로 번역해야 할지 아니면 사람으로 번역해야 할지에 대해 논란이 있기는 하다)에서만 언급되고 있을 뿐이다.

이 책에서 아담이라는 이름은 한 사람의 개인으로서 아담이 가지는 역사성과 함께 아담을 통하여 셋 계통의 은혜의 계보가 시작되었다는 것을 보여준다.

1장은 아담으로부터 시작하여 셋, 셈, 아브라함, 이삭을 거쳐 여기서 이스라엘로 언급될 야곱까지 추적하고 있다. 그리고 여기에 덧붙여서 창세기에서와 같이 야벳과 함과 에서의 후손들을 여러 세대에 거쳐 추적한다.

2:1-4:23은 다윗(3:1)과 솔로몬(3:10)을 거쳐 계속적으로 내려오는 유다의 자손들의 계보에 큰 관심을 기울이고 있다.

4:24부터 5:26 사이에는, 시므온, 르우벤 그리고 갓의 계보가 기록되어 있으며, 여기에는 또한 르우벤 지파와 갓 지파와 므낫세 반 지파가 디글랏 빌레셀의 세력 앞에서 멸망당한 사건에 대한 간략한 설명이 첨가되어 있다(5:25, 26).

6장의 총 81절은 오직 제사장 지파인 레위의 자손들에 대하여서만 할애되었다. 여기서는 그들의 임무와 그들이 살았던 성읍들에 대한 설명을 통하여 하나님의 백성들 중에서의 그들의 정당한 위치를 확인시켜 주고 있다. 7장에서는 잇사갈, 베냐민, 납달리, 므낫세, 그리고 아셀의 자손들을 간략하게 추적하고 있다. 8장은 베냐민 지파에 대해서만 초점을 맞추고 있는데 그것은 아마도 베냐민 지파가 결국에는 유다 지파와 함께 한 나라로 합하여졌기 때문일 것이다. 9장은 바벨론에서의 포로생활 이후 처음으로 예루살렘에 거주하기 위하여 돌아온 몇몇 사람들의 이름을 기록하고 있다. 여기서 주된 관심은 돌아올 제사장들에게 주어진다(9:10-44).

이 책의 나머지 부분은 다윗의 시대에 할애된다(10-29장).

사울의 실패와 죽음에 관한 간략한 설명이 있은 후에(10장), 다윗과 그의 지지자들이 주목을 받게 된다(11, 12장). 그 다음 넉 장에서는 다윗이 법궤를 예루살렘으로 옮겨 온 사건을 매우 상세하게 다루고 있다(13-16장). 그리고 법궤를 옮기는 일에 있어서 다윗이 보여준 율법과 레위인들의 위치에 대한 관심이 상당히 강조되고 있다(13:2, 3; 15:2, 15 이하).

의식적인 율법을 지키는 일과 그리고 한 때는 예루살렘에 있었던 법궤를 돌보는 일에 레위인들을 임명한 것이 16:1-6에서 다시금 강조되고 있다. 그 때에 다윗은 법궤를 돌보도록 세움을 입은 제사장들의 책임자인 아삽을 통하여 하나님께 감사의 찬양을 돌렸다(16:7-36; 참조. 16:5). 이 찬양 중에는 시편 105편(8-22절), 96편(23-33), 106편(34-36)에서 볼 수 있는 여러 부분들이 포함되어 있다. 법궤를 돌보는 일에 대한 주된 책임은 아삽과 그의 형제들의 손에 위탁되었다(16:37-43).

17장은 법궤를 영속적으로 안치해 놓을 수 있는 집(성전)을 세우고 싶어하는 다윗의 염원을 기록하고 있다. 17장의 내용은 사무엘하에서 볼 수 있는 것과 유사하다. 그 다음 석 장은 유다를 통치함에 있어서의 다윗의 성공과 그의 싸움에서의 승리와 영적인 도략에 대하여 기록하고 있다. 다음으로 21장에서 우리는 사무엘하 24:1-25에도 기록되어 있는 바와 같이 백성의 수를 계수한 다윗의 죄를 발견하게 된다. 이 특별한 사건을 기록한 주된 목적은 자기 아들 솔로몬을 통하여 이루어질 성전 건축을 준비하는 다윗의 관심을 매우 길게 설명하기 위한 길을 마련하는 데 있는 것으로 보인다.

다윗으로 하여금 성전 부지를 구입하게 하는 원인이 된 것은 바로 백성의 수를 계수한 죄였다(21 : 18-22 : 1). 훗날 이 부지는 아브라함이 그의 독생자 이삭을 제물로 바치기 위하여 단을 쌓았던 (창 22장) 모리아산으로 확인된다(역대하 3 : 1).

역대상 22장 초두부터 이 책의 말미로 갈수록 솔로몬이 건축할 성전을 위한 다윗의 준비에 커다란 관심이 모아지고 있다. 전체적으로 준비된 물질이 22 : 2-5에 소개되어 있다. 이것은 바로 그 성전 건축을 위한 재료와 물자들을 한 곳에 모아 두었다는 것을 말해 준다.

22장의 나머지 부분은 성전건축과 관련하여 다윗이 솔로몬에게 지시한 말을 담고 있다. 다윗은 여기서 솔로몬이 그 일을 충실하게 수행해야 할 것에 대해서 많이 강조하고 있다. 다윗은 그 일을 솔로몬이 그의 재위 기간 동안에 수행해야 할 주된 임무로 알고 있었다(22 : 9, 10, 14, 19). 다윗은 또한 솔로몬에게 하나님께서 모세를 통하여 주신 그의 율법에 순종할 것을 강조하였다(22 : 12, 13).

23-26장은 다윗이 레위인들을 위하여 설정했던 그들의 의무를 포함한 다양한 직무들에 관하여 매우 상세하게 기술해 주고 있다. 이렇게 제사장들의 직무와 관련된 기록 다음에야 비로소 백성들의 정치적인 조직에 대한 언급이 나타난다(27장). 이것은 다윗의 관심이 어디에 있었는가 하는 것을 보여준다. 다윗의 주된 관심은 성전과 성전에 속한 레위인들의 율법에 있었다.

28장과 29장은 성전건축과 관련한 다윗의 연설과 솔로몬에게 주는 영적인 헌신에 관한 권고(28 : 9)와 아울러 성전을 건축하는 방법을 솔로몬에게 가르쳐 주는 명백한 교훈을 포함하고 있다. 성전 건축을 위한 헌물이 각 지파들로부터 드려졌다(29 : 1 이하). 그리고 마지막으로 다윗은 솔로몬에 의하여 시작될 성전건축과 관련된

제13장/하나님 백성들의 회복과 장래의 소망 529

모든 것을 앞에 두고 하나님께 기도를 드렸다(29 : 10-19).
역대상은 다윗의 죽음과 솔로몬의 통치의 시작에 대하여 기록함으로써 막을 내린다(29 : 22-28). 29 : 29, 30에 언급된 역사 기록물들은 아마도 우리가 사무엘서라고 부르는것인 듯싶다.

역대하는 솔로몬의 통치(1-9장)와 특히 성전건축에 대한 그의 노력에 큰 주의를 기울이면서 다윗 이후의 왕들의 통치를 계속해서 추적한다. 1장은 솔로몬의 지혜와 영광에 대하여 이야기하고 있으며, 2장부터 7 : 10까지는 전적으로 성전을 건축함에 있어서의 솔로몬의 수고를 말해 준다. 7장의 나머지 부분과 8, 9장은 솔로몬의 명성에 주의를 기울이면서 솔로몬에 대한 이야기를 끝내고 있다. 역대하의 나머지 부분은 르호보암으로부터 유다가 멸망할 때까지의 유다 왕들에 대하여 기록하고 있다. 이 부분에서도 역시 우리는 제사장들과 제사제도와 역사상 그것들이 차지하는 위치에 대하여 계속적으로 강조와 관심이 주어지고 있다는 것을 알 수 있다.

1장에서 우리는 법궤가 이미 예루살렘으로 옮겨지기는 했지만 **솔로몬이 하나님의 회막이 있는 기브온으로 가서 번제를 드렸다**는 사실을 알 수 있다. 그 날 밤 여호와께서는 솔로몬에게 나타나셔서 그에게 지혜를 주시겠다고 약속하셨다(1 : 7-13).

2 : 1—7 : 10에서 우리는 **솔로몬이 어떻게 성전을 건축하기 시작했는가** 하는 것을 보게 된다. 여기서는 성전의 세부적인 구조와 기구들에 대하여 큰 관심이 주어지고 있다. 마침내, 성전이 완성되자 법궤가 그 곳으로 옮겨졌다(5 : 2-10). 6장은 열왕기상 8장에도 기록되어 있는 바와 같이 성전을 봉헌하는 솔로몬의 기도를 기록하고 있다.

여호와의 영광이 성전에 가득한 것을 보고(7 : 1-3), 백성들은 그 곳에서 하나님께 경배하였다. 그 날 밤 여호와께서는 솔로몬에게 나타나셔서 그가 순종할 때에는 축복을 내리시겠다고 약속하셨으며, 그러나 만약 그가 불순종할 때는 징벌을 내리시겠다고 경고하셨다(7 : 11-22).

8장과 9장은 솔로몬의 생애를 결론짓고 있으며 특히 그의 명성에 주목하고 있다. 그러나 여기에는 솔로몬의 말년에 대단한 불명예를 안겨주었던 그의 죄에 대한 기록은 나타나 있지 않다. 솔로몬의 말년에 대한 기록은 열왕기상에 분명하게 나타나 있다. 이 책의 목적은 성전과 그것에 속한 모든 것들의 목적을 보여주려는 데 있었다. 이 책의 근본적인 주제는 성전이었으며 솔로몬이 아니었다.

10장—36장은 잇따른 **유다의 왕들에 대하여** 기록하고 있었다. 여기서는 이 기간 동안에 제사장들에 의하여 행해진 일들이 크게 강조되어 있다.

르호보암의 통치에 관하여 기록한 10-12장에서, 우리는 여로보암이 규정된 제사에서 이탈했을 때 제사장들이 북쪽 이스라엘로부터 남쪽 유다로 도망한 사실을 알 수 있다. 사실 제사장들은 북쪽에 사는 신실한 사람들을 위하여 길을 인도하고 모범을 보였던 것이다 (11 : 13-17).

아비야의 통치 기간 중(13장)에 유다가 한 때 이스라엘의 여로보암에게 위협을 당한 일이 있었는데, 이 때 제사장들은 하나님의 도우심이 임하도록 기도하는 일을 인도하였다(13 : 13-16).

아사의 통치기간 중(14-16장)에 있어서는 북쪽 왕국에는 제사장이 없었다는 것과 이러한 사실이 백성들의 영적 상태에 얼마나 많은 악영향을 끼쳤는가 하는 것에 주의를 집중시킨다(15 : 1-5). 여호사밧의 통치기간 중(17-20장)에도 그 땅에서 하나님의 말씀을 가르치고자 하는 제사장들의 지도로 말미암아 영적인 부흥과 신앙의 회복운동이 일어났다(17 : 7-9).

아합과 동맹을 맺은 일에 대하여 선지자 예후를 통하여 여호와께로부터 책망을 들었을 때(19 : 1-3), 여호사밧은 회개하고 제사장들을 세워 예루살렘에서 일어나는 모든 사건들을 처리하게 함으로써 보다 나은 영적인 지도력을 발휘하였다(19 : 8-11). 훗날 유다 백성들이 그들의 대적 암몬 자손으로부터 위협을 받게 되었을 때, 다시

제13장/하나님 백성들의 회복과 장래의 소망 531

금 여호사밧은 백성들에게 여호와 하나님과 그의 종 선지자들을 신뢰하라고 촉구하였다(20:20; 참조. 사 7:9; 합 2:4; 벧후 1:19). 그리고 이번에는 두 무리의 노래하는 자들(제사장들)로 하여금 군대 앞에서 행하며 하나님께 감사와 찬양을 드리게 하였다(20:21). 그러나 여호사밧의 아들 여호람이 왕이 되면서(21장) 죄악의 시대가 시작되었다.

여호람은 왕위 경쟁자였던 그의 형제들을 모두 죽이는 악한 죄를 범하였다. 이 때에 엘리야는 여호람에게 그의 죄로 인하여 하나님의 심판이 임할 것이라는 경고를 담은 메시지를 전했다(21:11-15). 여호와께서는 미리 경고하신 심판을 이행하셨다(21:18 이하). 이 악한 시대에 있어서는 제사장들이나 그들의 중심적인 역할에 대한 아무런 언급이 없다. 그러나 하나님께서는 일하고 계셨으며, 그에게 반역을 행한 자들과 아합의 아내인 사악한 이세벨의 피로 말미암아 더럽혀진 자들을 멸절시키셨다. 여호람은 이세벨과 아합에게서 태어난 딸인 아달랴와 결혼했었다는 사실을 기억하라(22:7, 8; 참조. 왕하 8:18).

아달랴(이세벨의 딸이자 죽은 여호람의 아내)가 유다왕국을 자기 수중에 넣으려고 하였다. 그녀는 모든 경쟁자들을 죽임으로써 자기의 위치를 견고하게 하고자 하였다(22:10). 그러나 여호람의 딸들 중의 하나인 제사장 여호야다의 아내가 요아스라 이름하는 여호람의 아들 하나를 피신시켰다(22:11).

그 아이가 자라서 일곱 살이 되었을 때 제사장 여호야다는 그를 나라의 지도자들 앞에 내놓았으며 아달랴의 세력은 전복되고 말았다(23:1 이하). 이렇게 해서 우리는 유다와 및 다윗의 혈통이 어떻게 한 제사장으로 말미암아 멸망에서 구원을 얻게 되었는가 하는 것을 알 수 있다. 요아스는 제사장 여호야다가 살아있는 동안에는 좋은 영향을 많이 받았다(24:1, 2). 그는 성전을 수리하였으며(24:4), 성전수리에 필요한 자금을 마련하였다(24:8).

그러나 여호야다가 죽은 후, 요아스는 그의 부친의 악한 길로 돌이키고 말았다(24:17-19). 제사장 여호야다의 아들 스가랴가 그의 죄악된 행위를 책망하자, 요아스는 그를 죽이도록 하였다(24:21). 이 행위는 너무나 악한 것이었으므로 예수님께서는 예수님 당시의 악한 세대에 대하여 말씀하시는 중에 이 사건을 언급하셨다(눅 11:49-51).

부친 요아스에 이어 유다 왕이 된 아마샤(25:1 이하)는 선한 왕으로 출발하였으나 훗날에는 백성들로 하여금 우상숭배를 하도록 이끌고 말았다(24:14 이하). 아마샤 역시 음모자들의 손에 의해 죽임을 당함으로써 징계를 받았다(25:27).

한편 웃시야의 통치는 선한 것이었다. 그는 여호와를 기쁘시게 하려고 노력하였다(26:1 이하). 그는 제사장 여호야다의 아들 스가랴의 삶과 순교에 의해 감화를 받았다(26:5). 그러나 그 역시 교만하여져서 이스라엘의 첫번째 왕 사울이 행했던 것처럼 제사장의 직무를 침해하고 말았다(26:16). 이 일로 인하여 웃시야는 중한 징벌을 받았다. 또한 우리는 그 시대의 제사장들이 하나님의 일에 대하여 얼마나 충성된 파수꾼들이었는가 하는 사실을 깨닫게 된다(26:17, 18). 그 죄로 인해, 웃시야는 그의 남은 생애를 나병 환자로 지내야만 했다(26:20).

웃시야에 이어 왕이 된 요담은 부친이 성전에서 경험한 사건이 있은 후로는 성전에 들어가기를 두려워하였다(27:2). 분명히 그는 종교적인 일을 모두 제사장들에게 위임했다. 그래서 그의 아들 아하스는 종교적인 일들에 관하여는 회의적인 입장을 취했으며 여호와를 따르려는 열의를 조금도 나타내 보이지 않았다(28:1 이하). 그의 통치 기간 중에 그는 앗시리아와 동맹 관계를 맺었으며 또한 그의 대적 시리아와 북쪽 왕국 이스라엘과 싸우기 위하여 앗수르에 군사 원조를 요청하였다(28:16 이하).

이어서 여호와의 일에 대한 그의 열심으로 인하여, 아하스의 아들 히스기야의 통치에 관한 기록이 다음 넉 장을 차지하고 있다. 히스기야는 레위인들을 불러 성전을 성결케 하라고 지시하였다(29:

5). 29 : 12이하에는 이 일이 자세하게 기록되어 있다. 희생제사 제도가 회복되었다(29 : 24). 레위인들은 다윗시대에 그랬던 것처럼 그들의 본래적인 직무는 복귀되었다(29 : 25, 30). 이 때는 그야말로 진정한 부흥의 시대였다(29 : 31 이하). 이 시기는 또한 복음전도의 시대였다. 히스기야 시대에는 유다 사람들과 합하여 여호와 하나님께 진정한 예배를 드리자고 권유하는 말을 이스라엘 사람들에게까지 전하였다(30 : 5, 6). 이 때는 사마리아가 멸망하기 바로 직전이었으며 북쪽 왕국에 거하는 하나님의 자녀들이 남쪽 유다왕국 백성들과 합할 수 있는 마지막 기회였다(30 : 13-16). 다시금 우리는 제사장들에 의하여 행해진 모든 일들 가운데서도 가장 핵심적인 부분을 발견하게 된다(30 : 26, 27). 31장 전체는 헌물과 십일조에 관한 율법에 할애되고 있다.

므낫세와 아몬의 통치는 매우 악하였다(33장). 그러므로 33장에는 제사장들의 활동에 관해서는 아무런 언급도 나타나 있지 않다. 그 다음의 34, 35장을 통하여 우리는 다시금 히스기야의 증손자인 요시야라는 선한 왕의 통치를 보게 된다. 그도 역시 레위인들과 제사장들을 불러서 성전을 성결케 하는 일과 수리하는 일을 도와줄 것을 요청하였다(34 : 9, 12, 14).

그리하여 다시 한번, 모세의 율법에 관심이 모아졌으며, 제사장들의 올바른 영적 지도력이 회복되었다(35 : 1-3; 참조. 9, 10, 18절).

요시야의 때이른 죽음 이후에(35 : 24) 네 명의 왕들이 잇달아 교체되었는데 모두 악을 행하였다. 이들 네 명의 왕들이 악을 행하였을 뿐만 아니라 당시의 제사장들마저 하나님으로부터 멀어졌다(36 : 14). 그들의 타락과 더불어 온 예루살렘 성의 멸망과 바벨론에서의 포로생활이 시작되었다(19, 20절).

이 책은 유다 백성들로 하여금 예루살렘으로 돌아가서 성전을 재건하도록 승인하는 고레스의 조서를 언급함으로써 막을 내린다(36 : 22-23).

따라서 우리는 역대기의 전체적인 메시지가 제사장들이 신실하고 또 왕과 백성들이 그러한 제사장들의 영적인 지도를 따를 때에, 하나님의 백성들이 축복을 누리게 된다는 사실을 말해 주고 있다는 것을 알 수 있다. 그러나 백성들이 제사장직과 관련된 일들을 소홀히 여기거나 모세의 율법에 무관심할 때에는 악이 일어나서 하나님의 백성들에게 엄청난 고통을 가져다 준다.

그러므로 역대기는 백성들로 하여금 오래전 모세를 통하여 소개된 오랜 신앙의 기초로 돌아오도록 그들의 마음을 움직이기 위하여 기록되었다. 완전한 하나님의 말씀을 통하여 제시된 이 믿음의 기초들이야말로 지금도 하나님의 백성들로 하여금 진정으로 하나님과의 올바른 관계를 회복할 수 있게 하여 주는 유일하고도 확실한 길이다.

에 스 라

에스라서는 역대상하의 속편에 해당한다. 이 책은 고레스가 B.C. 539년에 내린 조서에 대한 언급과 함께, 역대기가 끝나는 부분에서 시작하고 있다(에스라 1:1; 참조. 역대하 36:22-23). 에스라 1:3, 4에서 우리는 포로에서의 귀환 때에 가져갈 새물에 대하여 언급하고 있는, 역대기에서는 발견되지 않았던 말들이 덧붙여지고 있음을 보게 된다.

고레스의 조서에 대하여 기록하고 난 다음부터 에스라서는 두 개의 기본적인 부분으로 쉽게 구분할 수 있다. 그것은 곧 세스바살과 스룹바벨의 인도 하에서의 **제 1 차 귀환**(1:5-6:22)과 에스라의 인도 하에서의 **제 2 차 귀환**(7-10장)이다. 그리고 포로에서의 제 1 차 귀환과 제 2 차 귀환 사이에는 약 80년이라는 시간적인 간격이 있었다.

포로에서의 1차 귀환에 대한 기록에서 먼저 우리는 하나님의 백성들이 고레스의 조서에 대하여 호의적인 반응을 나타냈던 것을 알 수 있다(1:5-11). 다시금 우리는 제사장직과 귀환에 있어서의 제사장직의 역할에 대하여 강조하고 있는 점을 주목하게 된다(1:5). 고레스의 선포와 백성들이 보인 좋은 반응에 대한 주도권은 모두 여호와께서 쥐고 있었다(1:1, 5). 예루살렘으로 다시 옮겨진 물건들 가운데는 느부갓네살이 하나님의 성전에서 취하여 가고, 벨사살이 더럽혔던 그릇들이 포함되어 있었다(1:7; 참조. 다니엘 5:2 이하).

제 1차 귀환 때의 지도자로 언급된 세스바살(1:8)은 죽었거나 아니면 나이가 많아 더 이상 백성들을 지도할 수 없었기 때문에 곧 스룹바벨의 그늘에 가리워졌다. 그는 귀환을 묘사하는 장면에 잠시 나타났다가 금방 무대로부터 사라져버렸다. 2장에는 예루살렘으로 돌아온 각 족속들의 명단이 기록되어 있다. 다시금 우리는 레위인들에게 상당한 관심이 주어진 것을 주목하게 된다(2:36 이하). 자신이 제사장 족속이라고 주장한 어떤 사람들은 그들의 신분을 증명할 수가 없었으므로 제사장으로서의 직무를 행하는 것이 허락되지 않았다(2:62, 63).

예루살렘으로 귀환한 사람의 수는 일반 회중을 합한 42,360명과 노비 7,337명이었다(2:64, 65).

그들이 예루살렘에 도착했을 때, 그들 중 많은 사람들이 성전을 건축하기 위하여 자신들의 재물을 기꺼이 내 놓았다(2:68). 여기서 우리는 물질을 드리는 것과 관련하여 하나님께서 칭찬하시는 마음의 자세를 발견할 수 있다(참조. 출 35:29; 고후 9:7). 다시 한번 레위인들이 예루살렘으로 돌아온 사람들 가운데서 중요한 사람들로 간주된다(70절).

3장은 제사 제도와 모세의 율법에 속하는 다른 규례들이 다시 행해지기 시작했다는 것을 기록하고 있다(3:1-7). 예루살렘에 돌아온지 이년째 되던 해에, 그들은 성전을 건축하기 시작하였다. 이 때가 B.C. 537년 경이었을 것이다(3:8). 그 때에는 스룹바벨이 분명한 지도자였다. 성전을 건축하는 일에 대한 감독은 레위인들에게 맡겨졌다.(3:8). 제사장 예수아는 모든 것을 감독하였다(3:9). 모든 과정은 레위인의 규례를 따라 그리고 다윗이 지시했던 대로 진행되었다(3:10; 참조. 고전 6:31).

성전건축이 시작되었을 때 많은 사람들이 보여준 복합적인 감정은 이 하나님의 전이 이전에 솔로몬이 지었던 성전의 영광에 미치지 못한다는 것을 아는 많은 사람들의 안타까운 마음을 나타내준다(3:12-13). 후에 학개서에서 이러한 우려에 대하여 다루게 될 것이다(학 2:3-9).

4장에서 우리는 유대인들이 하고 있던 그 일에 대해 외부적인 반대가 일어나는 것을 보기 시작한다. 그 반대자들은 사마리아의 정복자였던 앗시리아 시대 이후로 가나안 땅에 정착하여 그 땅에서 살아 온 사마리아 사람들이었다(4:2). 우리는 이미 열왕기하 17:24-41에서 이 사람들에 대하여 읽은바 있다. 그들은 한편으로는 여호와를 두려워하고 또 다른 한편으로는 그들 자신의 신들을 섬기는 자들로 나타나 있다(왕하 17:32, 41). 그들은 우상숭배와 함께 여호와를 섬기는 혼합적인 종교생활을 하며 그 땅에 정착하였다.

그러므로 유대인들을 돕겠다고 하는 그들의 제의는 타협을 위한 제의였다. 스룹바벨과 예수아가 그들의 제의를 거절한 것은 잘한 일이었다(4:3).

그들은 이스라엘 백성들이 처음으로 가나안 땅에 들어갔을 때 계속적인 타협을 초래케 만든 여호수아의 실수를 피했다(수 9:3-27; 참조. 삿 1:27, 28, 32, 33; 2:1-3). 그러나 타협을 거절한 대가로 그들은 대적들로부터 그들이 하는 모든 일에 훼방을 받아야만 했다. 우리가 하나님의 원수들을 대항할 때 사탄과 그의 자손들은 흥분하게 된다(4:4-5).

아하수에로라는 이름에 대한 언급(4:6)은 우리에게 한 가지 문제를 불러 일으킨다. 여기서 말하는 아하수에로가 누구인지에 대해

제13장／하나님 백성들의 회복과 장래의 소망 537

서는 분명하지가 않다. 세속적인 연대기들을 통하여 우리는 고레스가 B.C. 530년까지 페르시아를 통치했다는 사실을 알고 있다. 고레스를 이어 캄비세스(Cambyses)가 B.C. 522년까지 통치했고 그 다음에는 다리오 1세가 B.C. 486년까지 통치했다. 그리고 우리가 알고 있는 아하수에로는 에스더 1:1에 기록되어 있는 크셀크세스(Xerxes)라고도 알려진 아하수에로이다. 그는 B.C. 486년까지는 통치하지는 않았다. 따라서 여기서 아하수에로에 대하여 언급한 것은 단순히 스룹바벨 시대에 시작된 유대인들에 대한 훼방이 아하수에로 시대(B.C. 486)까지 혹은 50년 이상 계속되었다는 것을 말하려는 것처럼 보인다.

4:7의 아닥사스다는 세속적인 역사에 있어서는 캄비세스(Cambyses)로 알려져 있다. 그는 앞에서 설명한 바와 같이, 고레스 왕이 죽던 해인 B.C. 530년부터 B.C. 522년까지 페르시아를 통치했다. 그의 통치 기간 중 예루살렘에 있는 유대인들의 대적들은 성전 건축을 중단시킬 만큼 충분한 힘을 기르게 되었다. 그들은 당시의 모든 공문서가 그러했듯이 아람어(시리아어)로 캄비세스(아닥사스다) 왕에게 편지를 썼다(4:7).

여기서 성경은 그들이 쓴 편지를 길게 인용하고 있는데 다니엘서와 마찬가지로 이 부분부터는 아람어로 기록되어 있다(에스라 4:8-6:18). 이 전체 부분은 왕과 다른 관리들 간의 많은 서신 왕래를 포함하고 있으며 또한 유대인들에 대한 공식적인 소송 절차와 관련되어 있기 때문에 이 부분이 아람어로 기록된 것은 이해할 만한 일이다. 그런 다음 6:19부터는 다시 한번 하나님의 백성들의 예배와 행위에 관심의 초점이 모아지면서 히브리어가 사용된다.

사마리아인들의 편지는 유대인들을 고소하기 위한 것이었다. 그 편지에서 유대인들이 반역을 꾀하여 페르시아 왕으로부터 독립하기 위하여 성벽을 쌓으려 한다고 고발한 것은 허위진술이었다. 간단히 말해서, 예루살렘 거민들의 대적들은 허위사실을 고발했던 것이다(4:12, 13, 16). 편지를 쓴 사마리아인들은 왕에 대한 그들의 충성심을 나타내보임으로 말미암아, 예루살렘에서 성전을 건축하는 일이 중단되어야 한다는 그들의 요구에 왕이 호의적으로 답변해 주기를 바랐던 것이다(15, 16절).

사마리아인들이 이처럼 유대 사람들이 행하는 일에 관하여 거짓말을 했음에도 불구하고, 그들의 거짓말은 성전을 건축하는 일을 중단시키는 데 성공하였다(4 : 24).

B.C. 522년에 다리오가 페르시아의 권력을 잡게 되었다. 한 동안 성전건축은 중단 상태에 있었다. 유대인들이 자신들의 집과 여러 가지 일들로 인하여 분주할 동안 하나님의 성전은 미완성의 상태로 있었다.

성전건축을 완성하는 것은 하나님의 영광을 위하여는 물론이거니와 유대인들의 행복을 위해서도 중요한 일이었다. 성전은 그의 백성들과 함께하시는 하나님의 임재를 상징했으며 또한 자기 백성들을 위한 하나님의 완성된 사역으로 나아가는 길을 지시해 주는 것이었다. 우리가 앞에서 이미 살펴본 바와 같이, 에스겔을 통하여 하나님께서는 그의 백성들에게 새로운 성전(마음)을 주실 것을 약속하셨다(에스겔 36, 37장과 새로운 성전에 대한 환상). 그러므로 성전을 다시 건축하는 일은 자신의 약속을 반드시 이행하실 하나님의 신실하심에 대한 백성들의 믿음을 나타내 주는 것이었다. 그리고 성전건축을 미완성의 상태로 내버려두는 것은 참으로 우선적으로 수행해야 할 하나님의 일에 대한 무관심을 나타내는 것이었다.

캄비세스 왕의 죽음과 때를 같이 하여 두 선지자가 일어나서 성전건축을 재개하도록 백성들의 마음을 독려하였다. 학개와 스가랴가, 우리가 다음에 공부하게 될 하나님의 메시지를 기록하여 전하였다(5 : 1). 그들의 사역은 매우 효과적이었으며 스룹바벨과 예수아가 성전을 건축하는 일을 다시 시작하였다(5 : 2).

유대인들이 성전을 건축하는 일에 대하여 관리들이 그 일의 합법성 여부를 물어왔을 때(5 : 3, 9), 유대인들은 그들의 역사(history)와 성전을 재건하는 일과 관련된 배경을 상세하게 말해 주었다(5 :

11-16). 그 문제를 해결해 달라는 상소가 다리오에게 올려졌다(5 : 17).

스룹바벨과 그와 함께한 사람들의 대답에 의하면, 그들은 그들의 과거 역사와 그 의미를 이해하고 있었다는 것과 하나님께서 행하신 심판으로 말미암아 그들이 매우 비천하게 되었다는 것이 분명하게 드러난다(5 : 11, 12).

다리오의 신하들이 예루살렘에 있는 하나님의 성전과 관련된 고레스의 조서를 찾아내었다(6 : 1-5). 그리하여 예루살렘에 있는 관리들에게 내린 다리오 왕의 조서는 유대인들에게 매우 유리한 내용을 담고 있었다. 다리오 왕은 성전 건축을 다시 시작하라고 승인했을 뿐만 아니라 성전건축을 마무리지을 수 있도록 재정적인 지원을 아끼지 말라고 명령하였다(6 : 7, 8). 그리고 왕을 위하여 유대인들이 기도하여 줄 것을 요청한 것은 이전에 바벨론으로 포로되어 갈 것과 관련하여 예레미야에게 주신 하나님의 말씀을 생각나게 한다(렘 29 : 7-또한 스 7 : 23; 롬 13 : 1-7; 딤전 2 : 1, 2을 참조하라). 결국 그 편지는 유대인들의 모든 대적들로 하여금 그들을 훼방하지 못하도록 하는데 매우 효과적이었다(6 : 11).

그렇게 하여 하나님의 축복으로 말미암아 성전을 건축하는 일이 완성되었다(6 : 14). 성전 건축이 완성된 해는 다리오 왕 6년으로(6 : 15) B.C. 516년 경이었을 것이다. 성전을 건축하는 이 일은 스룹바벨과 예수아의 생애에 있어서 가장 중요한 사역으로서 20년 이상의 기간이 소요되었다.

다시 한번 우리는 여기서 백성들로 하여금 하나님의 율법에 근거한 올바른 예배를 드릴 수 있도록 인도한 제사장들의 지도력이 강조되고 있음을 볼 수 있다(6 : 19-22). 페르시아에 대해 앗시리아라는 이름을 사용한 것(22절)은, 자이레를 콩고로 말하기도 하는 것처럼, 단순히 그 지역을 옛날 이름으로 부르는 습관을 반영하고 있는 것에 지나지 않는다.

이로써 스룹바벨과 그와 함께한 사람들의 활동에 대한 기록은 끝이 난다. 7장부터는 에스라서의 **후반부**로서, 백성들을 영적으로 여호와께로 돌이키도록 인도한 **제사장 에스라의 사역**을 기록하고 있다 (7-10장).

6장의 사건이 있은 다음 7장의 사건이 있기까지는 약 58년이라는 시간이 경과했다. 그 사이에 앞 시대의 모든 영적 지도자들은 죽었을 것으로 추측되며, 백성들은 생활하는 가운데 이전에도 종종 그랬던 것처럼, 하나님의 백성으로서의 동질성을 계속적으로 위협하는 이방인과 혼인관계를 맺는 관습을 되풀이 하였다.

페르시아의 아닥사스다(Artaxerxes) 시대에, 하나님께서는 바벨론으로 잡혀갔던 한 무리의 믿는 자들을 모세의 율법에 익숙한 학사(ready scribe)로 소개되고 있는 에스라의 인도 하에 예루살렘으로 귀환하게 하셨다(7:6). 이 포로에서의 귀환은 B.C. 458년으로 추정되는 아닥사스다 7년에 있었다(7:7).

여호와를 섬기기로 결심했던 에스라는 다니엘에 비교될 수 있다 (7:10; 참조. 단 1:8). 우리는 그가 세웠던 세 가지 목표-즉 하나님의 율법을 **연구하는 것**, 하나님의 율법에 **순종하는 것**, 그리고 하나님의 율법을 **가르치는 것**-에 주의를 기울이게 된다. 에스라는 자주 모세에 비교되며 많은 면에서 또 하나의 모세로 간주되기도 하는데, 그만큼 그는 율법을 익히 알고 있었으며 또한 율법 연구에 전념하였다. 하나님의 말씀에 대한 그의 헌신은 바울이 디모데에게서 요구했던 것과 매우 흡사하다(딤후 2:2).

아닥사스다의 긴 조서 역시 아람어로 기록되어 있다(7:12-26). 그것은 하나의 추천서였다. 그 조서는 에스라에게 상당한 자유와 권력을 부여해 주었다(7:21, 22).

다시금 우리는 모든 신들로부터 은혜를 얻고자 하는 페르시아왕의 소원을 볼 수 있다(7:23-참고. 6:10). 또한 우리는 다시 한번 이스라엘이 하나님께로 돌아오는 데 있어서 제사장들의 역할의 중요성이 크게 강조되고 있음을 알 수 있다. 우선 에스라부터가 아론,

엘르아살, 그리고 비느하스의 혈통을 이은 제사장이었다(7:1-5). 그리고 그와 함께 예루살렘으로 귀환했던 사람들 가운데 우두머리들이 다 제사장들이었다(7:7). 에스라와 동행한 제사장들에게는 특권이 부여되었다(7:24).

이 조서를 통하여 우리는 또한 페르시아인들이 법을 어기는 자들에게 적용했던 처벌의 종류(사형, 추방, 재산 몰수 또는 투옥 등)를 살펴볼 수 있다(7:26).

다른 모든 위대한 영적 지도자들과 마찬가지로 에스라의 경우에 있어서도 성취된 일에 대한 모든 영광은 여호와께로 돌려진다(7:27 이하).

에스라와 동행한 자들의 족장들에 대한 계보가 간단히 소개된 후(8:1-14), 예루살렘으로 귀환하는 여행에 대한 에스라의 개인적인 설명이 나타난다. 에스라는 그와 함께 예루살렘으로 돌아가고 있는 사람들 가운데 레위인이 한 사람도 없다는 사실을 알고서는 사람들을 지방으로 보내어 레위인들을 데려오게 하였다(8:15-20).

에스라가 페르시아 군대의 호위를 받지 않고 예루살렘으로 돌아가고자 했던 것은 하나님을 영화롭게 하려는 열망과 하나님께 대한 위대한 믿음이 있었기 때문이었다(8:22). 그의 믿음은 보상을 받았다(33, 34절).

예루살렘에 도착한 직후 에스라는 하나님의 백성들의 성결에 대한 끊임없는 위협, 곧 이방인들과의 결혼 문제에 직면하게 되었다(9:1, 2). 이 문제에 대한 에스라의 반응은 백성들의 죄에 대하여 애통해 하는 것으로써 참으로 경건한 사람에게서만 볼 수 있는 반응이었다(3절; 참조. 마 5:4).

에스라는 공개적인 책망을 통하여 문제를 해결하려 하지 않고 하나님의 말씀의 권위에 복종하고 여호와께 순종하기를 원하는 사람들을 찾음으로써 현명하게 문제에 대처하기 시작했다(9:4). 그는 여호와께 순종하기를 원하는 사람들과 기도하였다(5절 이하).

에스라는 이 문제에 있어서 자기는 경건한 체 하지 않았으며, 기도 중에 "우리 죄악"이라고 말함으로써 백성들의 죄 속에 자기 자신을 포함시켰다(6절). 그는 이 역사의 시점에 있어서 남은 자들의 구원이 오로지 하나님의 은혜로 말미암았으며 받을 만한 가치가 있어서 주어진 것이 아니라는 사실을 인식하고 있었다(9 : 8; 참조. 사 1 : 9). 그는 하나님께서 남은 백성들을 위하여 행하신 모든 것을 인하여 여호와께 큰 감사를 드렸다(9 : 9). 절망 중에도 그는 감사드릴 일들을 많이 발견할 수 있었다. 에스라의 주요 관심사는 이방인들과의 통혼 문제였으므로, 여기서는 이전에 행해졌던 그 악이 현재도 끝나지 않았다고 하는 그의 탄원이 중심이 되었다(9 : 13-15).

에스라의 이러한 행동과 기도를 통하여 우리는 영적인 리더쉽에 대한 훌륭한 모범을 보게 된다. 목회자들은 이 사람으로부터 인내와 온유와 겸손에 대하여 많은 것을 배울 수 있을 것이다. 그리고 이러한 마음가짐을 계속 발전시켜간다면 교인들의 잘못을 치료하는 일에 크게 기여할 수 있을 것이다.

에스라와 이들 몇 안되는 경건한 사람들이 기도모임을 가지자, 다른 백성들도 그들과 합류하였다(10 : 1). 참된 부흥운동이 그 영향력을 미치기 시작했다. 백성들이 회개하기에 이르렀다(10 : 2, 3). 먼저 영적 지도자들이 하나님께 순종할 것을 맹세하였다(10 : 5). 그런 다음 그들은 잘못된 부분들을 바로잡기 위하여 모든 백성들을 불러 모았다(10 : 6 이하).

백성들이 모일 때에 그들의 믿음이 테스트되었다. 백성들은 그들을 마음 속으로부터 떨리게 만드는 크고 급진적인 변화에 직면하였다. 그들이 모여서 에스라의 지도를 기다리고 있을 때에 비가 내리기 시작했다(10 : 9).

에스라는 백성들에게 죄의 자백에 상응하는 행위를 요구하였다. 백성들은 그들의 이방인 아내들과 헤어져야만 했다(11절). 이것이 너무 지나친 요구라고 생각될지도 모르지만, 백성들이 안고있는 통혼문제는 바로 거룩한 자손들의 존속을 위태한 지경에까지 이르도

제13장/하나님 백성들의 회복과 장래의 소망 543

록 했다는데에 그 심각성이 있었다는 것을 알아야만 한다.
 하나님께서는 언제나 불신자들과 혼인 관계를 맺는 것에 대하여 경고하셨다. 그리고 이러한 경고가 무시될 때마다 심각하고 엄청난 결과가 하나님의 백성들에게 닥쳐왔다.
 그 과업의 방대함과 큰 비로 인하여 백성들은 전체적인 문제를 다룰 위원회를 구성하기로 결정하였다(10:12-14). 내가 알고 있는 한에 있어서, 이 본문은 여러가지 형태의 위원회를 조직하여 교회 내의 문제들을 처리하게 하는 현대의 교회들에 널리 보급되어 있는 관습에 대한 유일한 성경적 근거를 제공하여 준다.
 이방 여인과 결혼한 사람들 가운데는 제사장들과 레위인들도 많이 포함되어 있었다. 이들이 먼저 다루어진 다음에(10:18-24), 다른 사람들이 다루어졌다(10:25-44). 그리하여 에스라서는 백성들의 구두서약을 뒷받침해 주는 그들의 실제적인 행위에 대한 분명한 기록과 함께 끝을 맺는다.

느 헤 미 야

 에스라가 예루살렘으로 돌아온지 13년째 되던 해에, 바벨론에 있던 느헤미야는 예루살렘으로 귀환한 사람들 가운데서 일이 순조롭게 진행되고 있지 않다는 말을 듣게 되었다(1:1-3). 에스라가 그랬던 것처럼 느헤미야도 그 비보로 인하여 애통해 하였으며, 또한 하나님 앞에서 자신과 백성들의 죄를 자백하였다(1:4, 6, 7). 이전의 많은 사람들과 마찬가지로, 느헤미야는 하나님의 위대한 자기 계시(출 34:6-7)를 회상하면서 그것을 근거로 하여 하나님의 자비에 호소하였다(1:5, 8). 그는 특별히 신명기의 약속에 호소하였다(1:9; 참조. 신 30:4).
 페르시아 정부에서 느헤미야는 높은 지위를 가지고 있었다. 왕의 술관원으로서(1:11) 그는 왕이 가장 신임하는 신하들 가운데 한 사람인 동시에 아마도 왕의 고문이었을 것이다. 그의 얼굴에 근심이 어린 것을 아닥사스다 왕이 알아차렸다(2:2). 하나님께서 느헤미야에게 기회를 제공하셨을 때 그는 준비가 되어 있었다. 짧고 간절한 기도를 드린 후에(4절), 느헤미야는 왕에게 그의 백성들을 돕기 위하여 한 동안 예루살렘으로 돌아갈 수 있도록 허락하여 줄 것을 요청하였다. 예루살렘으로 귀환한 대부분의 사람들과는 달리, 확실히 그는 영구 귀환을 목적으로 하지 않고 다만 예루살렘에 살고 있는 사람들이 안고 있는 특별한 문제를 해결하기 위한 임무를 띠고 예루살렘으로 갔을 따름이었다. 여기서 다시금 우리는 하나님께서 그의 뜻을 이루시기 위하여 왕의 마음을 움직이신 것을 볼 수 있다(2:8; 참조. 잠 21:1).

느헤미야서는 두 개의 주요 부분으로 이루어져 있다. 첫번째 부분은 느헤미야가 수산궁에 있는 동안 알게 되었던 시급한 일, 곧 예루살렘의 **성벽을 재건하는 일**과 관련되어 있다(2:9-6:19). 그리고 두번째 부분은 느헤미야가 예루살렘에 도착한 후에 알게 되어 에스라와 함께 사역했던 시급한 일, 곧 **백성들을 영적으로 재건하는 일**과 관련되어 있다(8-10장). 느헤미야의 사역은 바로 이 두 가지의 중대한 일들을 중심으로 이루어져 있다.

스룹바벨과 첫번째 귀환자들이 경험했던 것과 마찬가지로, 느헤미야의 경우에도 그가 예루살렘에 도착하자마자, 대적들이 일어나 그의 일을 방해하려고 하였다(2:10). 느헤미야는 에스라가 그랬던 것처럼 공개적으로 그의 입장을 선언하지 않고 그의 관심을 함께 나눌 몇몇 사람을 모음으로써, 선하고 현명한 지도력을 나타내 보였다(2:11-12. 참조. 스 9:4). 그는 백성들로 하여금 성벽을 재건하는 일을 시작하도록 이끌었다(2:17-18). 느헤미야는 대적들로부터 조롱을 당하면서도 성벽을 재건하는 일을 시작함으로써 위대한 믿음을 나타내 보였다(2:19-20).

3장은 성벽을 재건하는 작업을 상세하게 묘사하고 있다. 그 일은

제13장／하나님 백성들의 회복과 장래의 소망 545

치밀하게 계획된 절차를 따라서 지혜롭게 수행되었으며, 또한 각 사람들로 하여금 자기 집에서 가장 가까운 곳의 성벽을 재건하게 하였으므로 성벽의 각 부분들이 매우 견고하게 건축되었을 것이 분명하다(3 : 28).

4-6장은 예루살렘 거민들이 성벽을 건축하면서 부딪쳤던 몇 가지 문제점들을 상세하게 설명하고 있다. 첫번째 문제들은 대적들로부터 오는 외적인 것이었다(4장).

그 다음에 대적들은 무력을 사용하여 위협을 가해 왔다(4 : 7-8). 다시금 백성들은 합심하여 기도하였다(9절). 그리고 느헤미야는 이번에는 힘으로써 힘에 맞섰으며 스스로를 지키기 위하여 백성들을 무장시켰다(4 : 10-14). 그는 백성들이 대적 앞에서 뒤로 물러서지 않도록 격려하였다(4 : 14, 20).

또한 이스라엘 진영 안에서 일어나는 문제점도 있었다(5장). 유대인들 가운데 부자들이 가난한 사람들에게서 이득을 취하고 있었다(5 : 1-5). B.C. 8, 9세기에 널리 퍼졌던 오래 전의 죄가 다시 나타나고 있었던 것이다. 이러한 사실을 알게 된 느헤미야의 마음은 매우 고통스러웠다(5 : 6).

이러한 죄들은 하나님의 율법에 엄격하게 금지되어 있었다(7절 ; 참조. 출 22 : 25 ; 레 25 : 36). 여기서 우리는 하나님의 율법이 아주 실제적인 상황에 적용되고 있는 것을 볼 수 있다(8절). 하나님께 순종하라는 느헤미야의 강력한 권고는 효과가 있었다(5 : 9-12). 백성들은 이제 하나님의 율법에 보다 잘 순종하게 되었다.

유다 지역의 총독으로 임명된 느헤미야 자신이 그의 백성들 앞에서 모범을 보였다는 사실을 아는 것은 매우 중요하다(5 : 10, 14-19). 자기가 행한 의를 하나님께서 기억하여 달라고 하는 느헤미야의 반복적인 기도에서 말하는 의는 행위를 통하여 의를 획득하게 된다는 것을 가리키는 것이 아니라 선행에 속한 의를 가리킨다(19절). 우리가 이미 공부한 다른 사람들이 그랬던 것처럼 느헤미야는 계속해서 모든 영광을 하나님께서 받으시기를 열망했다.

성벽이 거의 완성되어갈 무렵에, 다시금 유대 사람들의 대적들이 일어나 이 일을 중단시키려고 하였다. 이번에는 그들이 속임수를 쓰려고 했다(6:1-14). 산발랏은 우선 느헤미야를 꾀어낸 다음 그를 해쳐서 다른 유대인들과 격리시키려고 하였다(2절). 그러나 여호와께서 부여하신 사역에 대한 느헤미야의 열심이 그를 이 악한 음모로부터 벗어나게 해 주었다(3절).

느헤미야를 해치려는 음모가 실패로 돌아가자 대적들은 유다의 고관들에게 편지를 함으로써 성벽을 재건하는 일을 그치게 하려고 위협했다(6, 7절). 이 시도 또한 실패로 끝나고 말았다(8, 9절).

마지막으로, 그들은 변절자로 판명된 느헤미야의 친구를 매수하여 느헤미야에게 접근하게 함으로써 성벽 재건 공사를 방해하려 하였다(10-14절). 그러나 다시 한번 느헤미야는 그로 하여금 범죄케 하려는 그들의 시도를 지혜롭게 피했으며, 성벽을 재건하는 일도 마침내 완성되었다(15절). 그리고 이 일로 말미암아 모든 대적들은 크게 두려워하게 되었으며 하나님의 영광이 드러나게 되었다(16절).

7장은 아마도 에스라 2:1-70에서 언급되었던 계보와 관련이 있는 것으로 보여진다(7:5). 포로에서의 1차 귀환 이후로 수십년의 세월이 지났음에도 불구하고 계보가 다시금 질서정연하게 기록되었다. 그리고 다시금 예루살렘으로 돌아온 사람들 가운데 레위인들과 제사장들에게 특별한 주의가 주어진다(7:39-56, 73).

성벽 재건 공사가 끝나자 이제는 관심의 방향이 백성들을 영적으로 재건하는 일로 옮겨졌다(8-10장). 이 일에 있어서는 에스라가 지도자였다(8:1). 하나님의 율법에 익숙한 학사였던 에스라는 이 때를 대비하여 준비가 되어 있었으며, 날마다 백성들 앞에서 율법책을 낭독하고 그들을 가르치는 일을 하였다(8:2-8). 우리는 여기서 몇 가지의 흥미로운 사실들을 발견할 수 있다. 첫째로, 우리는 율법책이 낭독되는 것을 듣기 위하여 몇 시간 동안이나 귀를 기울이며 계속 서 있을 정도로 백성들이 하나님의 율법을 존중했다는 것을 알 수 있다(8:3-5). 둘째로, 에스라는 오늘날 우리가 알고 있는 설교단과 매우 비슷한 어떤 곳에 서서 율법책을 읽고 말하였다(8:4). 세째로, 말씀이 낭독되었을 뿐만 아니라 해석도 함께 이루어졌다(8:8).

여기서 우리는, 의심할 여지도 없이 그 당시와 그 이후 시대에 있어서 유대인의 회당에서 관례가 되었던 일을 보게 된다. 예수님 당시에도 이와 유사한 양식의 가르침이 계속되었다(눅 4:16-22; 참조. 행 13:14-42).

하나님의 말씀을 가르친 결과 백성들은 그 말씀을 지키며 행하는 자들이 되기 위하여 노력하였다(8:13-18).

마침내 백성들은 하나님 앞에서 공개적으로 죄를 자백하는 시간을 갖기에 이르렀다(9장). 이 부흥 운동에 있어서는 레위인들이 영적 지도자들이었다(9:4-5). 그들은 죄를 자백하는 대규모의 기도 모임을 인도하였다(9:5-38).

이 기도는 하나님의 말씀의 가르침을 받은 하나님의 백성들이 어떻게 상하고 통회하는 마음을 갖게 되었는가 하는 것을 보여주기 때문에 주의깊게 연구해볼 만한 가치가 있다. 레위인들은 하나님께서 친히 자신에 대하여 계시하여 주신 바를 따라서 창조자와 보존자(6절), 아브라함을 통하여 자기 백성들을 부르시는 분(7절), 자기 백성들과 영원한 언약을 세우시는 분(8절) 등으로 하나님을 찬양함으로써 기도를 시작하였다.

다음으로 레위인들은 하나님께서 그의 백성들의 죄악과 고집에도 불구하고 그들을 자비롭게 다루셨다는 사실을 길게 언급하고 있다(9절 이하). 그들은 용서하실 준비가 되어 있고 은혜로우신 분으로서 스스로를 드러내신 하나님의 계시에서 소망을 찾았다(17-31절; 참조. 출 34:6-7). 결국 그들의 간구는 하나님의 도우심을 바라는 것이었으며 또한 하나님과 견고한 언약을 세우고 하나님께 헌신할 것을 다짐하였다(38절). 여기서 다시금 레위인들과 제사장들의 지도력이 두드러진다(38절).

10장은 모든 백성들을 대표하는 언약에 인친 자들의 명단(1-27절)과 언약 자체의 내용(28-31절)을 담고 있다. 이 일이 있은 다음 그들은 하나님의 율법에 순종하려는 그들의 의지를 반영해 주는 행동을 실행하였다(32-39절).

11장과 12장은 주로 제사장들에 대한 인구조사와 함께 그들에게 할당된 양식을 주어서 그들을 백성들 가운데서 지도자의 자리에 임명하는 일을 기록하고 있다.

13장은 하나님의 율법에서 벗어난 것이면서도 여전히 백성들 중에서 행해지고 있던 여러 가지 악습들을 바로 잡는 일을 설명해 주고 있다. 그 한 가지 실례는 암몬 사람 도비야를 성전에서 살도록 허용한 제사장 엘리아십에게 징계를 내린 일이었다(13 : 7).

율법에 대한 오용의 또 다른 실례는 성전에서 봉사하는 레위 사람들에게 그들의 받을 몫을 주지 않고 보류한 일이었다(13 : 10-14).

율법에 대한 또 다른 위반은 안식일 준수에 관한 것이었다(13 : 15-22). 우리는 선지자들이 안식일에 관한 율법을 지키는 것의 중요성을 얼마나 강조했었는가 하는 것을 돌이켜 보게 된다(참조. 사 56 : 1 이하, 58 : 13 이하).

마지막으로 다룬 문제는 여전히 근절되지 않고 남아있는 이방인과 통혼한 사람들에 관한 것이었다(13 : 23-24). 느헤미야는 이 사람들을 하나님의 백성들의 장래를 위협하는 존재로 취급하였다(25절). 그는 많은 불행을 초래하게 했었던 이 일에 있어서의 나쁜 본보기로서 솔로몬을 지적했다(26-27절).

어떤 방식으로든지 타협을 하면서 사는 사람들은 모두 다 징계를 받았다(28절). 이로써 느헤미야의 사역은 끝이 났다. 그는 영적인 임무를 수행함에 있어서 여호와께는 참으로 충성된 사람이었으며 학사 에스라에게는 훌륭한 동역자요 위대한 조력자였다(29-31절).

학 개

학개와 스가랴는 에스라 5:1에서 언급한 바와 같이 스룹바벨 시대의 선지자들이었다. 그들은 페르시아의 다리오 1세 시대에 백성들로 하여금 성전건축을 다시 시작하도록 그들의 마음을 독려하기 위하여 하나님으로부터 세움을 받았다. 다리오 왕 2년은 대략 B.C. 521년이었을 것이다(1:1).

학개 선지자의 메시지는 성전을 재건하는 일에 대한 책임을 지고 있는 지도자들, 곧 스룹바벨과 여호수아(예수아)에게 주어진다(1:1).

성전건축을 중단시켰던 페르시아의 캄비세스 왕이 죽은 이후에도 유대 사람들은 성전건축을 다시 시작하려고 하지 않았던 것이 분명하다. 성전건축이 금지되던 해에 그들은 다른 일들에 종사하게 되었다. 그리하여 성전을 재건하는 일은 자연히 지연될 수 밖에 없었다(1:2).

그러나 여호와의 집은 황무한 채로 혹은 미완성의 상태로 남겨두고 그의 백성된 자들이 완성된 집에서 산다는 것은 이방 세계 앞에서 하나님의 이름을 욕되게 하는 일이었다(1:4).

그러므로 여호와께서는 백성들에게 그들의 소위를 살펴보라고 요구하셨다(1:5 등). 이것은 학개 선지자가 전하고자 하는 메시지의 기초가 되었다.

당면한 문제는 성전이 미완성의 상태로 방치되어 있다는 사실이었다. 유대인들은 일을 하기 위하여 그들의 일터와 집을 오가면서 날마다 황폐한 채로 남아있는 성전 곁을 지나다녔다. 그 성전은 그들에게 있어서 하나님의 임재를 뜻하는 것이었으며 또한 그들이 하나님께로 나아갈 수 있는 방법을 생생하게 가르쳐 주는 것이었다. 하나님께서는 그의 백성들을 새로운 성전으로 돌아오도록 하시겠다고 에스겔을 통하여 약속하지 않으셨던가? 그렇다면 이 성전이 황폐한 채로 남아있다는 사실이 정말로 중요한 일이었을까?

해답은 백성들의 매일의 삶(그들의 형편)에서 잘 드러난다(1 : 5-7). 백성들은 분명히 들판과 집에서 열심히 일했지만 어느 곳에서도 소득을 얻지 못하고 있었다(1 : 6). 그들이 당면한 문제에 대한 해결책은 그들의 삶 가운데 하나님을 우선순위의 첫자리에 모시는 데 있었다. 만일 그들이 다시금 그들의 첫번째 임무이자 그들이 예루살렘으로 돌아온 본래의 목적을 수행한다면 (1 : 8-9), 그 때에는 하나님께서 그들을 축복하시고 이후로는 그들에게 그토록 많은 고통을 안겨 주었던 재해를 더 이상 보내지 않으실 것이다(1 : 10-11). 그것은 하나님을 우선순위의 첫자리에 모셔야 할 것을 가르쳐 주는 단순한 형태의 교훈이었다(마 6 : 33).

학개의 메시지는 효과적이었다(1 : 12-15). 백성들은 성전건축을 다시 시작했고 성전은 완성되었다. 이 백성들은 하나님의 말씀에 날렵하게 반응하였다. 그들은 여호와께 순종하였다. 그리고 여호와께서는 참으로 그들과 함께 하시겠다는 약속을 다시 한번 확증해 주셨다(1 : 13).

하나님과 그의 뜻을 **최우선의 자리**에 두려고 그들이 노력한 **결과 여호와께서 영광을 받으시게 되었다**(2 : 1-9). 백성들 중에는 옛날의 성전을 기억하고 있는 얼마간의 사람들이 있었다(2 : 3; 참조. 스 3 : 12). 그들은 새 성전이 이전 성전의 화려함에 비교가 되지 않았으므로 혼합된 감정을 나타내었다. 여기서 자칫 위험한 것은 이 새 성전이 백성들에게 보잘 것 없게 여겨질지도 모른다는 사실이었다(2 : 3). 그러나 사람을 평가할 때와 마찬가지로 성전에 있어서도, 사람들은 외관을 보지만 하나님께서는 보다 깊은 내면을 보신다(사무엘상 16 : 7을 보라).

여호와께서는 그가 그의 백성들과 함께 하시겠다는 것(2 : 4)과 그의 성전을 영광으로 가득 채우시겠다는 것(2 : 7)을 스룹바벨에게 확증하셨다. 실제로 성전을 영광스럽게 만드는 것은 많은 양의 은과 금이 아니라 하나님의 임재와 축복이었다(2 : 8; 참조. 마 23 :

제13장／하나님 백성들의 회복과 장래의 소망 551

16-22).

　참으로 여호와께서는 이전에 지었던 성전보다도 뒤에 지어진 이 성전을 더욱 영광스럽게 하시겠다고 약속하셨다(2：9). 이것은 믿음을 가진 평범한 사람들이 행한 평범한 일과 대조를 이루는 솔로몬과 그의 모든 영광에 대하여 많은 것을 말해 주었다(참조. 마 6：28-29).

　백성들은 여기서 다시 한번 하나님께서는 우리의 선행, 다시 말하자면 우리가 그를 위하여 할 수 있는 일을 통하여서만 영광을 받으시는 분이 아니라는 사실을 배워야만 했다. 사실, 우리의 모든 행위와 노력으로 하나님을 영화롭게 하기에는 너무나 부족하다. 인간은 부정하다(2：10-14; 참조. 64：6). 사람들이 하나님을 영화롭게 하는 삶을 살아가기 위하여 요구되는 것은 그들이 회개하고 하나님께로 돌아와서 그를 우선순위의 첫자리에 모시고, 하나님께 대한 그들의 부족함을 인식하는 것이다(2：17, 18). 그들의 행위가 하나님을 영화롭게 하는 선행이라고 불리워질 수 있는 때는 오직 하나님께서 그들의 마음에서 가장 중요한 자리를 차지하고 계시는 바로 그 때이다(마 5：16; 엡 2：8, 9, 10을 보라). 백성들이 하나님을 첫자리에 모셨을 때, 하나님께서는 그들을 축복하시기 시작했다. 참으로 하나님의 이름은 모든 만물 앞에서 영화롭게 되실 것이었다(19절).

　학개의 메시지는 스룹바벨에 관한 약속과 함께 끝이 난다(2：20-23). 여기서 스룹바벨은 하나님께서 그의 왕국을 재건하실 것을 상징적으로 보여주고 있다(23절). 다니엘을 통하여 약속하신 것처럼 여호와께서는 마침내 이스라엘의 모든 대적, 곧 이 세상 나라들을 멸절시키실 것이며(2：21-22) 스룹바벨의 순종적인 지도력을 통하여 구체화된 그의 남은 백성들을 높이실 것이다(참조. 1：14).

　이리하여, 3개월의 짧은 기간에 걸쳐서(1：1, 15-2：10, 20). 학개는 하나님의 말씀을 백성들에게 예언하는 그의 사역을 끝마쳤다. 그러나 그의 사역을 통하여 성전을 재건하는 일이 완성되고 하나님의 이름이 영광스럽게 되었다.

스 가 랴

스가랴는 스룹바벨과 학개와 동시대의 인물이었다. 그도 역시 다리오 왕 2년에 백성들이 성전건축을 다시 시작하도록 독려하기 위하여 세움을 입었다(1:1). 그러나 그의 메시지는 학개의 메시지와는 그 양식과 내용면에 있어서 전연 다르다. 스가랴서는 구약성경의 에스겔서와 다니엘서 그리고 신약성경의 요한계시록과 같이 묵시적인 요소(상징적인 문체)를 많이 포함하고 있다.

스가랴서는 기본적으로 두 부분으로 나뉘어진다. **첫번째 부분은 백성들로 하여금 성전을 재건해야 하는 그들의 임무수행을 촉구하기 위하여 스가랴에게 보여진 환상들을 포함하고 있다**(1:7-6:8). **그 다음 두번째 부분(6:9-14:21)은 주로 하나님의 백성들에게 장래와 관련된 소망을 주기 위하여 스가랴에게 임한 예언들을 담고 있다.** 적어도 그의 사역이 다리오 왕 4년에까지 이르고 있는 것으로 보아, 스가랴의 사역은 학개의 사역기간보다는 훨씬 오랜 기간에 걸쳐서 이루어졌다(7:1).

스가랴의 메시지는 과거의 역사를 통한 교훈을 말함으로써 시작한다(1:2-6). 학개가 그랬던 것처럼 스가랴도 백성들이 여호와께로 돌아올 것을, 다시 말하자면 그들의 삶 가운데서 하나님을 첫자리에 모실 것을 촉구하였다(1:3; 참조. 학 2:17-18). 바벨론 포로 이전 시대의 조상들은 그 교훈을 깨닫지 못했으며(1:2, 4), 그로 말미암아 혹독한 고통을 당해야만 했었다(1:6). 본질적으로 스가랴는 학개와 마찬가지로, 하나님께서는 그를 향한 백성들의 행위대로 그들을 다루실 것이기 때문에 백성들에게 그들의 행위를 살펴보도록 촉구하였다(1:6).

제13장／하나님 백성들의 회복과 장래의 소망 553

여기서부터 스가랴는 백성들이 여호와께 보다 크게 헌신하도록 그들의 마음을 독려하기 위하여 주어진 **일련의 환상과 계시들**을 기록하고 있다(1：7-6：8).

첫번째 환상은 **붉은 말을 탄 어떤 사람**에 관한 것이었다(1：7-17). 붉은 말과 또 다른 말들은 땅에 두루 다니라고 여호와께서 보내신 자들이라고 소개되어 있다(10절). 요한계시록 6：1-8에도 말들에 관한 이와 유사한 환상이 기록되어 있다. 요한계시록에 있어서의 말들에 관한 메시지는 땅 위에서 활동 중인 역사의 세력들에 관한 것임이 분명하다. 스가랴서의 이 메시지도 똑같은 것을 의미하고 있는지도 모른다. 우리가 이미 많은 예언서들에서 보았던 것과 마찬가지로 말들은 정복하는 군대를 나타낸다(요엘 2：4 이하와 비교하여 보라). 천사는 그 환상을 과거 칠십년(말하자면, 바벨론 포로 기간) 동안 이스라엘을 괴롭혔던 고통의 상징으로 해석하고 있는 것처럼 보인다(1：12).

이 시점에서 여호와께서는 그가 이제 그의 백성들을 위하여 선을 행하실 것을 확증하심으로써 스가랴와 마주 대면하셨다(1：13 이하). 이미 다른 선지자들(이사야, 예레미야, 에스겔)을 통하여 말씀하셨듯이, 여기서도 하나님께서는 그의 백성들을 무자비하게 대했던 앗시리아와 바벨론, 에돔과 모압, 그리고 다른 여러 나라들과 같은 열국들에 대한 그의 진노를 나타내셨다. 하나님께서는 이 이방인들이 예루살렘에 행했던 것처럼 그렇게 가혹하게 그의 백성들을 벌하실 생각이 없었다고 말씀하셨다.

이런 이유로 인하여, 하나님께서 그의 백성들에게 자비를 나타내 보이시고 또한 그들을 자기와의 올바른 관계 속으로 돌아오도록 회복시키고 계시다는 사실은 이제 중요한 의미를 갖게 되었다(16절). 따라서 그의 백성들에 대한 하나님의 임재와 축복의 상징인 성전이 완성되리라는 사실 또한 중요했다(16절). 다시금 하나님의 백성들이 유업을 얻게 될 것이었다(이것이 "예루살렘 위에 먹줄이 치어지리라"는 말의 의미이다-참조. 렘 31：38-39). 오래전 이사야를 통하여 하나님의 백성들에게 주어진 말씀이 성취될 것이다(1 : 17 ; 참조. 사 40 : 1 이하).

1 : 18-21에 기록된 두번째 환상은 네 뿔과 네 명의 기능공에 관한 것이다. 이 환상은 첫번째 환상이 가르치고자 하는 사실과 동일한 면을 많이 내포하고 있다. 이 환상은 예루살렘에 고통을 안겨 주었던 세력들이 멸망당하게 될 것을 상징적인 방법으로 말해주고 있는 것이 분명하다(21절).

세번째 환상은 측량줄을 가진 어떤 사람에 대한 것이다(2 : 1-13). 이것은 새 예루살렘에 대한 에스겔의 환상과 관련된 것이 분명하다 (2 : 2). 그리고 예루살렘의 성벽과 예루살렘의 영광이 되시겠다는 하나님의 약속은 학개 2 : 7의 메시지와 일치한다(5절 ; 참조. 사 4 : 5). 이 환상은 첫번째와 두번째 환상의 주제, 즉 하나님께서 마침내 그의 백성들을 축복하실 것이라는 사실을 확대해서 보여주고 있다 (2 : 6-10).

다른 환상들이 말한 것에 덧붙여서 이 환상은 이전의 메시지들에 다시 귀를 기울이면서 다른 나라들이 여호와께로 나아와서 하나님의 백성이 되는 한에 있어서는 그들에게도 축복을 내리실 것을 약속하고 있다(11절 ; 참조. 미 4 : 2). 호세아를 통하여 말씀하셨듯이, 그 날에는 그의 백성들이 여호와를 알게 될 것이다(11절). 하나님께서 모세를 통하여 말씀하셨던 것처럼, 그의 백성들은 영원히 그의 기업이 될 것이다.(12절 ; 참조. 신 32 : 9).

이사야서와 미가서 그리고 하박국서에서와 마찬가지로 여기서도 하나님께서는 그의 거룩한 전에서 말씀하시며 모든 사람들로 하여금 그의 거룩하신 임재 앞에서 잠잠케 하신다(2 : 13 ; 참조. 사 6 : 1-5 ; 미 1 : 2 ; 합 2 : 20).

네 번째 환상은 대제사장 여호수아에 관한 것이다(3장). 이 사람 여호수아 혹은 예수아는 예루살렘에 돌아온 백성들로 하여금 성전을 재건하도록 인도한 스룹바벨의 동역자였다(에스라 5 : 2 ; 학 1 : 1). 그의 대적 사탄의 출현은 나중에 살펴보게 될 욥기 1장, 2장과도 매우 유사한 장면이다(참조. 대상 21:1). 십자가와 그 후의 부활을 통하여 그리스도의 사역이 완성되기까지 사탄이 빈번하게 하늘에 출현했다는 것은 이미 거론된 바 있다(겔 28:1 이하의 설명을 참고하여 보라). 여기서 대제사장 여호수아는 하나님의 모든 백성들, 곧 불에서 끄집어낸 타다남은 나무 토막에 비유되는 진실한 남은 자들을 상징하고 있음이 분명하다(2절: 참조. 암 4:11). 모든 사람들이 그러하듯이 여호수아는 더러운 옷(그 자신의 부정함을 의미함)을 입고 있다(3절: 참조. 사 64:6).

하나님께서는 은혜를 베푸셔서 여호수아의 더러운 옷을 벗기시고 깨끗한 옷(믿음으로 말미암는 의)으로 갈아입게 하신다(3:4; 참조. 사 53장; 계 3:4-5; 4:4; 6:11; 7:9, 13; 19:14, 등등). 여호수아의 제사장직으로의 복귀(3:6 이하)는 의심할 여지없이 모든 믿는 자들을 제사장으로 삼으려는 하나님의 열망을 가리킨다(출 19:6; 벧전 2:5, 9; 계 1:6; 5:10).

따라서 여호수아 시대의 의인들은 '가지'로 불려지는 그리스도의 강림을 상징적으로 보여준다(3:8; 참조. 사 11:1; 렘 33:15). 마지막 부분의 평화스러운 장면은 모든 악이 사라지고 하나님의 백성들만이 남게 되는 날, 이 땅의 하나님의 백성들에게 임할 이상적인 평화를 표현하려 할 때 성경에서 종종 사용되어진다(3:10; 참조. 왕상 4:25; 사 36:16; 미 4:4 등).

이 환상은 백성들을 그들이 처한 현재의 곤경 너머로 들어올려서 그들로 하여금 하나님께서 그들의 장래를 위하여 계획하신 것을 볼 수 있도록 도와준다. 이것은 또한 백성들로 하여금 성전을 재건하고 하나님의 약속에 대한 그들의 믿음을 표현하도록 동기를 부여해 줄 것이다.

다섯번째 환상은 촛대와 감람나무에 관한 것이다(4장). 스가랴는 일곱 등잔이 있는 순금 촛대와 그 옆에 서있는 두 그루의 감람나무를 보았다(1-3절). 이 환상은 하나님의 일은 인간의 힘과 능력(다시 말해 인간의 무력함)으로는 되지 않고 오직 하나님의 영으로 말미암아 성취된다는 진리를 보여주었다(6절). 그러므로 그 진리는 열왕기상 19장에서 본 바와 같이 엘리야에게 주어졌던 계시-곧 지진, 바람 그리고 불로 말미암지 않고 "조용하고, 세미한 소리"로 말미암는다는 진리와 유사했다.

이 교훈은 스룹바벨 시대의 성전건축과 관련하여 즉시 적용되었다(9절). 그 일은 성전 건축을 허락하도록 고레스의 마음을 움직이시고 또한 남은 자들로 하여금 예루살렘으로 돌아가서 성전을 건축하도록 그들의 마음을 감동시키신 하나님의 영의 역사로 말미암아 시작되었다(참조. 스 1 : 1, 5). 이제는 인간의 어떠한 힘도 하나님의 영으로 하여금 성전의 완공을 보지 못하도록 막을 수는 없었다. 그리하여 하나님께서는 스룹바벨과 여호수아로 하여금 그들이 시작한 임무를 완수하도록 그들을 독려하기 위하여 두 감람나무(두 증인, 곧 학개와 스가랴)를 세우셨던 것이다(11, 14절).

학개의 메시지에서 나타났던 것과 똑같은 반응이 여기서도 주목을 받는다. 이 유대 사람들의 수고를 대수롭지 않은 사소한 일이라고 조소하는 사람들이 있었다(10절). 그러나 하나님께서 그 일을 명하셨다면 그것은 결코 대수롭지 않은 일이 아니었으며, 하나님께서도 또한 그 일을 끝까지 지켜보신 것이었다. 요한계시록 11장에도 이와 유사한 환상이 있다.

여섯번째 환상은 날아가는 두루마리에 관한 것이다(5장). 두루마리 자체는 기록된 하나님의 말씀, 곧 하나님의 책으로 이해할 수 있을 것이다(참조. 렘 36 : 2 ; 겔 2 : 9). 하나님께서는 그 두루마리 속에 담긴 진리는 모든 사람들에게 적용될 수 있는 것이며, 모든 사람들이 그것으로 말미암아 심판을 받게 될 것이라는 사실을 스가랴에게 가르쳐 주었다(5 : 3, 4). 그리하여 하박국 선지자가 그랬던 것처럼, 이제 스가랴도 하나님의 표준은 모든 사람들에게 적용되는 것이며 하나님의 율법은 모든 죄인(그가 어디에 있든지간에)들을 찾아내어 심판하실 것이라는 진리를 깨닫게 되었다.

하나님의 심판에 대하여 자세히 살펴볼 수 있게 하는 실례로써 하나님께서는 스가랴에게 한 여자가 들어가 앉을수 있을 만큼 큰 거대한 에바(곡식의 양을 측정하는 통)의 환상을 보여주신다(6-7절). 아모스는 에바를 작게 만든 일(부정한 되로 그 형제들을 속인 일)로 인하여 백성들을 책망했었다(암 8:5; 참조. 호 12:7; 미 6:11). 그러나 하나님께서는 여기서 에바 속에 있는 여인을 통하여 상징적으로 나타내신 바와 같이 이스라엘 백성들의 은밀한 죄를 찾아내고 그것을 확대하여 그 속으로 그들을 빠뜨리실 것이었다(7, 8절).

그 여인을 당시 페르시아의 지배를 받고 있던 지역인 시날 땅(메소포타미아와 그 너머에 있는 지역을 가리킬 때 가끔 사용되는 명칭)으로 옮긴 것(5:9-11)은 이스라엘 안에 있는 죄인들을 바벨론으로 추방하신 사실을 가리킨다.

하나님의 심판을 음미하게 하는 두번째 실례로서, 스가랴는 1:8 이하에서 보았던 것과 유사한 다양한 색깔을 가진 말들이 끄는 네 대의 전차를 보게 된다(6:1-8). 여기서 네 마리의 말들은 온 땅으로 퍼져 나가는 네 바람으로 묘사되고 있다(5-7절). 이것을 통하여 하나님께서는 바람처럼 온 땅 사방에 미치는 하나님의 피할 수 없는 심판을 상징적으로 보여주고 계시다. 이 환상은 요한계시록에 기록된 유사한 환상이 나타내고자 하는 것과 동일한 의미를 가지고 있는 것으로 보인다(계 6:1-8; 7:1).

이 일련의 환상들을 통하여 하나님께서는 그의 백성들에게 그 날들의 의미와 중요성을 상징적으로 나타내 보여주셨다. 하나님께서는 그의 백성들을 성결케 하시고 세상을 심판하시는 사역을 행하고 계셨다. 성전을 재건하고 완성하게 하시기 위한 부르심은 인간에게서 비롯된 것이 아니라 하나님으로부터 비롯된 것이었으므로 중요한 의미를 가지는 것이었다. 따라서 그것은 틀림없이 완성되고야 말 것이었다.

이로써 스가랴서의 첫번째 주요 부분은 끝이 난다. 두번째 부분에서는 다른 선지서들에서 볼 수 있는 것과 유사한 방식으로, 하나님의 백성들에게 임했던 하나님의 과거의 심판을 알려줌과 동시에 구원을 얻기 위하여 하나님을 바라보는 남은 자들에게 장래의 소망을 약속하는 일련의 메시지가 스가랴에게 주어진다(6:9-14:21).

먼저, 하나님께서는 **대제사장 여호수아의 머리에 면류관을 씌우라고 명령하셨다**(6:9-15). 우리는 이것을 제 3장과 비교해 볼 수 있을 것이다. 추측컨대 하나님께서는 장차 돌아나서 하나님의 참된 성전을 건축할 '가지' 또는 '순'이라 불리는 한 사람을 통하여 자기 백성들을 높이실 것을 상징적으로 나타내시기 위하여 여호수아의 머리에 면류관을 씌우라고 스가랴에게 지시하셨을 것이다(11-13절).

이와 관련하여 우리는 몇몇 다른 구절들을 생각할 수 있다. 첫째로, 이사야 11:1에는 다윗의 보다 위대한 자손인 그리스도께서 이 새의 줄기에서 날 한 가지로 묘사되어 있다. 다음으로 이사야 53:2에서는 그리스도께서 마른 땅에서 나온 줄기로 묘사되어 있다. 그는 제사장과 왕을 겸하신 분으로 묘사되어 있다(13절). 제사장으로서의 그는 하나님의 성전을 세우실 것이며 왕으로서의 그는 하나님의 나라를 통치하실 것이다(참조. 사 9:6-7).

신약성경에서 우리는 예수님의 사역이 하나님의 참된 성전(교회, 요 2:19-21; 교회는 그리스도의 몸이므로)을 세우는 일과 만국을 다스리는 일(참조. 행 7:35; 마 2:6; 계 2:27; 12:5 등) 두 가지를 다 포함하고 있다는 것을 보여주는 말씀들을 발견하게 된다.

스가랴 6:13에서 그의 사역은 이사야 9:6에서와 마찬가지로 평화와 관련된 것으로 묘사되고 있다.

그러므로 이 본문(6:9-15)은 이중적인 목적을 가지고 있다. 한편으로 이 본문의 말씀은 백성들로 하여금 마지막 때에 세워지게 될 하나님의 영광스런 성전에 관한 하나님의 약속(에스겔서의 후반부에 나타난 메시지를 참고하라)을 믿는 믿음의 표시로서 그들 당대에 성전을 재건하도록 그들의 마음을 자극하였다. 또한 동시에 이 말씀은 영원한 성전(그리스도의 교회)을 건축하시려는 하나님의 계획을 성취하기 위하여 오실 왕직과 제사장직을 겸하신 그리스도의 위대한 사역을 가리키는 것이었다.

두번째 메시지(7:1-7)는 **하나님의 백성들의 진실한 금식에 관한 것이다.** 이사야가 그랬던 것처럼(참조. 사 58:3-7), 스가랴도 여기서 종교적인 행위가 아무런 의미를 지니지 못하는 행위가 되지 않도록 하기 위하여 진실한 금식에 관심을 가진다. 여기서 여호와께서는 사람이 먹고 마시는 것을 여호와를 위하여 하지 않는다면 금식도 여호와를 위하여 할 수 없다는 사실을 함축적으로 가르치셨다(7:5-6; 참조. 고전 10:31). 우리가 행하는 모든 것이 다 하나님의 영광을 위하여 수행되어져야만 한다. 이렇게 우리는 자주 하나님의 말씀을 통하여 하나님께서는 금식을 포함한 모든 예배가 하나님의 영광을 위하여 존재해야 한다는 사실에 관심을 가지고 계시다는 것을 배우게 된다. 하나님께서는 행위 자체가 아닌 마음의 자세에 관심을 기울이신다(마 6:16-18; 요 4:23을 보라).

세번째 메시지는 유다 백성들이 지은 죄로 인하여 그들에게 내리셨던 이전의 **하나님의 심판에 관한 것이다**(7:8-14). 하나님께서는 그의 백성들의 삶 가운데서 진실한 재판을 기대하셨지만(7:8-10; 참조. 창 18:19; 사 5:7), 그들은 하나님의 기대를 저버렸다(11절). 그로 말미암아 하나님께서는 그 땅에 엄한 심판을 내리셨다 (14절).

그러나 **네번째 메시지**를 통하여(8:1-17) 하나님께서는 그가 이스라엘의 남은 자들로 하여금 그 땅에 돌아가서 **성전을 재건하도록 하신 이유를 설명하신다.** 이 부분에서 하나님께서는 그들의 과거의 실패에도 불구하고 그들로 하여금 순종하는 백성으로 만드시려는 자기의 결심을 나타내신다. 하나님께서 돌아오셨으므로 그의 백성들에게는 소망이 있다(8:3). 거룩한 산(하나님의 교회)은 여전히 살아남아서 세움을 입게 될 것이다(3절; 참조. 사 2:2-4). 평화의 시대에 관한 묘사(5절)는 요한계시록 21장과 22장에 기록되어 있는 모든 하나님의 백성들의 소망, 곧 새 예루살렘에 관한 하나님의 약속을 상기시켜 준다. 그것은 믿음으로 말미암아 하나님의 심판으로부터 살아남을 하나님의 참된 백성들, 곧 남은 자들에게 주어질 우주적인 평화의 광경이다(6절).

다시금 우리는 이 본문의 말씀이 백성들로 하여금 약속하신 것을 행하실 하나님께 대한 믿음의 표시로써 성전 건축을 마무리짓도록 자극하기 위하여 의도되었다는 것을 알 수 있다(9절), 한 때 하나님을 실망시켰던 포도나무(사 5:1 이하)가 이제 곧 꽃을 피우고 열매를 맺게 될 것이다(12절). 그러나 이 약속들은 남은 자들, 곧 하나님의 참된 자녀들에게만 주어진 것이었다(12절).

우리는 또한 하나님께서 그의 백성들이 행하기를 원하시는 그의 기준을 바꾸지 않으신다는 사실을 알 수 있다(8:16-17; 참고. 7:8-11).

다섯번째 메시지는 그 남은 자들에게 예배에 있어서의 진정한 기쁨의 회복과 축복을 약속하고 있다(8:18-23). 여기서 우리는 이미 오래 전에 요엘이 하나님께 드리는 예배에 있어서의 기쁨의 필요성에 대하여 강조했었다는 사실을 기억해야만 한다(욜 1:16; 2:18-29). 하나님께서 그의 교회에 풍성한 축복을 쏟아 부으실 그 날에는 이방인 가운데 많은 사람들이 하나님의 백성들에게로 와서 그들과 동일한 축복을 얻으려고 할 것이다(8:23).

여섯번째 메시지는 9-11장에 기록되어 있는데, 여기서는 예루살렘의 대적들의 확실한 멸망과 장차 임할 예루살렘의 왕에 대하여 이야기하고 있다. 여기서 두로(Tyre)는 하나님의 모든 대적들을 상징적으로 나타내고 있다. 두로는 멸망을 당한다(9:3-4). 하나님께서는 이와 유사한 방식으로 블레셋(Philistine) 사람들과 하나님의 모든 대적들을 다루신다(9:5-8).

여호와께서는 장차 오실 왕을 통하여 이 일을 행하실 것이다(9:9-10). 여기서 그리스도는 그 영광과 겸손에 있어서의 양면성이 동시에 묘사되고 있다. 이 본문은 신약성경에서 예수님께 적용된다

(마 21:5). 그는 영원하고 범세계적인 나라의 보좌에 앉으실 것이다(10절; 참조. 다니엘의 메시지, 단 2:44-45).

9장의 나머지 부분은 하나님 백성들의 왕으로 임하실 그리스도를 통하여 거두게 될 큰 승리를 시사해 준다. 그의 흘린 피와 언약의 피로 말미암아 그는 갇힌 자들을 자유케 하신다(11절-또한 번제로 드릴 어린 양에 대한 하나님의 약속이 기록된 창세기 22장; 요 1:29; 히 10:29; 고전 11장을 보라). 하나님께서는 그의 백성들을 보호하실 것이다(9:15).

10장에는 다니엘서에 묘사된 수염소(그리이스-단 8:21; 9:13을 보라)와 목자들이 등장하는데 그들은 모두 하나님 앞에서 실패한 사람들을 가리킨다. 그리고 목자들은 범죄한 이스라엘의 지도자들을 가리키는 것이었다(참조. 렘 50:6; 겔 34:10). 사람들이 실패할 때에는 하나님께서 은혜로 그의 백성들을 인도하실 것이다(10:6). 그것은 남은 자들에게 있어서 제 2의 출애굽과도 같은 것이 될 것이다(10:8-12).

11장에서는, 그의 양떼의 위대한 목자이신 하나님께서는 가련한 양들(자기들의 궁핍함과 하나님께 대한 필요성을 아는 자들)을 먹이실 것이라고 말한다(11:4-10). 하나님의 참된 양들-양떼 가운데 가난한 자들-은 하나님의 목소리를 알고 그를 따를 것이다(11절; 참조. 요 10:1-6).

진실한 목자의 음성을 듣고 그의 말에 순종하기를 싫어하는 양들은 양떼를 돌보지 않고 오히려 해치는 고용인들에 의하여 길러질 수 밖에 없을 것이다(11:15-17). 그들은 에스겔 34:2-10에 묘사된 자들과 같은 목자들이다(참조. 요 10:12-13).

마지막 메시지인 일곱번째 메시지는 왕의 고통, 죽음과 함께 그의 궁극적인 승리에 대하여 언급하고 있다(12-14장). 여기서 여호와께서는 창조주로 말씀하신다(12:1). 그는 열국들로 하여금 그의 교회를 대적하여 일어나도록 허락하실 것이지만(12:2-3; 참조. 계 20:7-9), 결국에 가서는 그들을 쳐부수고(12:4-6-참고. 계 20:

9 하반절) 그의 백성들을 구원하실 것이다(12:7-9).

그러나 이 궁극적인 승리의 광경 한가운데서조차도 여호와께서는 이사야서 53장에서 그러셨던 것처럼 다시금 그의 백성들에게 그들이 구원을 얻기 위하여 하나님께 치루어야 할 대가를 기억하게 하신다(12:10-14). 하나님께서는 여기서 그의 백성들을 향한 그의 사랑을 보여주시기 위하여 그들의 구세주의 고통과 죽음에 관하여 분명하게 말씀하신다(참조. 요 19:37). 그리하여 9:9에서와 마찬가지로, 여기서도 하나님의 백성들은 그들의 대적들을 정복하실 구세주의 궁극적인 승리 앞에는 영광과 함께 고난도 수반될 것이라는 사실을 깨닫게 된다.

13장은 계속해서 그들의 죄와 더러움을 씻는 샘, 곧 구세주께서 흘리실 피에 대하여 말한다(13:1). 구세주로 하여금 고난을 당하게 할 그 죄는 바로 그의 백성들의 죄일 것이다(13:6). 여기서 특별히 그의 두 손에 난 상처가 언급되고 있다(참조. 눅 24:39, 40; 요 20:24-27).

다시금 구세주의 고난에 대하여 예언하면서 하나님께서는 그를 매맞은 목자로 묘사하신다(13:7; 참조. 마 26:31). 그의 고난과 그를 따르는 자들 자신의 고된 삶을 통하여 정결하게 되고 성결케 된 자들, 곧 하나님의 백성인 남은 자들만이 살아남아 구원에 이르게 될 것이다(8-9절).

마지막 장은 12:1-3 말씀과 같이 하나님의 교회를 대적하여 모인 열국에 관한 이야기로 되돌아간다(14:1-2). 다시금 하나님께서는 그의 백성들을 위하여 전쟁을 수행하시고 또한 승리하실 것이라는 그의 의지를 나타내신다(14:3-8; 참조. 단 12:1; 계 20:7-9). "어두워갈 때에 빛이 있으리로다"라는 표현(7절)은 하나님의 백성들에게 있어서 사태가 가장 심각한 상태에 이르렀다고 생각되는 바로 그 때에 하나님께서 돌이키셔서 그들의 밤을 낮으로 바꾸어 놓으실 것이라는 소망을 제시해 준다.

그때에 하나님께서는 왕 중의 왕으로서 온 세상을 통치하실 것이다(14:9; 참조. 계 1:5-6). 다시금 우리는 여기서 만국이 심판을 받을 것이지만 그들 가운데서 남은 자들, 곧 참 이스라엘, 하나님의 참된 자손들은 구원을 얻을 것이라는 말씀을 대하게 된다(14:12-16). 그 날에는 하나님의 도성 예루살렘과 그의 백성들은 모든 불신앙적인 요소들과 죄인들로부터 완전히 분리될 것이다(14:17-21; 참조. 계 21:8, 27). 그 날에는 셈의 장막에 가나안 사람들을 위한 공간이 없을 것이다(14:21; 참조. 창 9:25-27; 사 54:2-3; 렘 30:18; 슥 12:7).

결론적으로 말해서, 우리는 학개서와 스가랴서를 통하여 그 당시 하나님의 백성들이 수행했던 성전건축을 완성하는 사역이 얼마나 중요한 의미를 가지고 있었는가 하는 것을 알 수 있다. 그 성전에는 하나님께서 그의 백성들과 함께 하신다는 것과 결국에는 그들에게 승리를 안겨 주시리라고 하는 하나님의 약속이 상징화되어 있었다. 그 시대의 하나님의 백성들은 여호와께서 그들에게 부여하셨던 임무를 완성함으로써 여호와 하나님과 그의 약속에 대한 그들의 믿음을 가장 잘 표현하였다.

말 라 기

구약성경의 마지막을 장식하고 있는 말라기 선지자의 글은 아마도 에스라와 느헤미야 시대로부터 한 두 세대가 지난 뒤에 기록되었을 것이다. 말라기 선지자의 활동시기는 일반적으로 B.C. 400년 경으로 추정된다.

말라기의 메시지를 살펴볼 때 B.C. 5세기 중엽 에스라와 느헤미야의 개혁이 있은 이후로 유대인들은 다시 한번 더 영적으로 타락했던 것이 분명하다. 이러한 사실은 본서에서 하나님께서 매우 참을성있게 유대인들의 질문에 대답해 주신 부분에 잘 나타나 있다.

1:1-3:15에서 우리는 하나님께서 그의 말씀을 통하여 가르치셨던 것을 믿지 않은 백성들의 지도자들에 의하여 **분명하게 제기된 일련의 질문들을** 발견할 수 있다. 그리고 각 질문에 앞서 그 당시 백성들의 영적인 상태를 평가하신 하나님의 진술이 제시되어 있다. 그 다음에는 백성들의 의심스러워하는 질문이 따라오고 마지막으로 하나님의 답변이 주어진다. 이와 같은 일련의 질문과 답변이 있은 후에 말라기서의 메시지는 관심의 방향을 전환하여 **의인들과 그들의 장래와 불의한 자들과 그들의 장래 사이의 명백한 차이점을 보여준다**(3:16-4:3). 그런 다음 하나님의 백성들에 대한 최종적인 권고로 이 책은 막을 내린다(4:4-6).

하나님께서는 **바벨론 포로 이후 시대에 사는 이 유대인들을 향한 그의 사랑을 선포하심으로써** 그의 메시지를 전하기 시작하신다(1:2-5). 출애굽 당시의 초기 이스라엘 백성들과의 관계에서 그러셨던 것처럼 하나님께서는 지금도 여전히 그들을 사랑하신다는 사실을 가르치고 계신다(2절; 참조. 신 4:37). 그러나 그들은 하나님의 사랑에 대해 미심쩍어 하면서 의문을 제기한다(2절).

하나님의 답변은 이스라엘 백성들로 하여금 과거의 역사를 돌아보게 한다. 야곱과 에서는 같은 부모에게서 태어난 형제였다. 그러나 하나님은 그들을 동일한 방법으로 대하지 않으셨다. 하나님은 야곱을 선택하신 반면, 에서를 거절하셨다. 선택은 분명히 하나님께 속한 것이었다. 결과적으로 에서는 성공하지 못했다. 그는 자신을 악한 욕망에 방임함으로써 하나님을 대적하였지만 결코 하나님이나 하나님의 백성들을 좌절시킬 수는 없었다(1:3-5).

에서는 철저하게 세속적이고 물질주의적인 사람이었다(앞에서의 창세기 25장-27장과 33장에 대한 설명을 참고하라). 그는 하나님을 대적하는 교만의 증거를 나타내 보였다. 훗날 그의 자손들인 에돔 사람들도 하나님께 대항하였으며 모든 사람들에 대해서도 교만하였다. 그리하여 오바댜 선지자를 통하여 하나님께서는 그들의 확실한 멸망을 예언하셨다(오바댜서에 대한 이 책의 설명을 참고하라).

하나님께서는 여기서 에서와 그의 자손들이 하나님의 저주 아래 있는 반면에 이스라엘은 지금도 여전히 하나님의 축복 아래 있고, 또한 여전히 그의 백성이기 때문에, 이러한 사실들이 그들을 향한 하나님의 사랑을 입증한다는 것을 보여주고 계신다. 여기서 하나님의 사랑은 그가 이스라엘을 선택하신 것을 의미하며 그의 미움은 그가 에서를 거절하신 것을 의미한다.

훗날 바울은 로마서 9-11장에서 모든 사람의 구원이 행위에 있지 않고 하나님의 은혜와 선택에 달려있다는 사실을 입증하기 위한 실례로서 야곱과 에서에 관한 이 이야기를 사용한다(롬 9:10-13). 야곱도 에서도 축복을 받을 만한 가치가 전연 없었다. 만약 하나님께서 야곱을 제멋대로 살아가도록 내버려 두셨더라면 그도 결국에는 에서와 같이 되고 말았을 것이다. 이것이 바로 핵심이다. 야곱은 일생을 에서처럼 끝마치지 않았으며 그 유일한 이유는 하나님께서 그를 사랑하셨다는 사실 때문이었다.

다음으로, 하나님께서는 그를 경외하지 않고 오히려 그의 이름을 멸시한 제사장들을 책망하신다(1:6-2:9). 우리는 제사장과 제사장직이 바벨론에서의 포로 생활 이후에 회복되었었다는 점과, 또한 그 회복이 에스라와 느헤미야 시대에 하나님의 백성들 가운데서 일어난 개혁의 원동력이 되었다는 사실을 기억하고 있다. 확실히 지금의 제사장들은 또 다시 하나님의 율법에서 떠나 있었다(1:6). 그들은 엘리와 그의 악한 두 아들의 시대에 전개되었던 상황으로 되돌아가 있었다(참조. 삼상 2:12-17).

그러나 제사장들은 "우리가 어떻게 주의 이름을 멸시하였나이까?"라는 의문을 제기하였다(6절). 하나님의 첫번째 답변은 그들이 자신들을 위하여 제일 좋은 것을 취하고 그 나머지를 하나님께 제물로 바쳤다는 것이었다(7절). 그들은 그 땅의 총독에게도 감히 바치지 못하는 것을 하나님께 드림으로써 하나님을 경멸하였다(1:

7-8). 하나님께서는 그러한 선물 받으시기를 거절하셨다. 그는 제사장들에게 회개하고 진실한 제물을 바칠 것을 촉구하셨다(9-10절). 당시의 상황은 하나님께서 이스라엘 백성들의 예배를 역시 거절하셨던 이사야 시대의 상황과 매우 흡사했다(사 1:11-15).

하나님께서는 심지어 제사장들이 아닌 이방인들 가운데서까지도 그의 이름과 그의 영광을 위하여 질투하는 분이셨다(1:11-12). 더욱이, 제사장들은 하나님께 드리는 모든 예배를 따분하고 진저리나는 것으로 생각하였다(1:13). 그들이 드리는 제물은 하나님을 모욕했다. 하나님께서는 그가 이러한 행위를 허용하지 않으실 것이라고 경고하셨다(14절). 하나님께서는 그들에게 저주를 내리고 그들을 제사장직에서 제외시킬 것이라고 말씀하셨다(2:1-3).

이 시점에서 하나님께서 레위 족속과 세우신 최초의 언약의 관점에서 이상적인 제사장직을 묘사하였다(2:4-7). 하나님께서 출애굽 당시에 최초로 제사장직을 세우실 때에, 그는 레위 지파(그 중에서도 특별히 아론과 그의 자손들)를 선택하셔서 그의 제사장들이 되게 하셨다. 초기 제사장들은 하나님을 경외하였으며 그의 이름을 존중하였다(5절). 그들은 하나님의 율법을 알고 있었으며, 하나님께서 명하신 의를 따라 살면서 하나님의 율법을 가르쳤다(6절). 그러므로 그들은 많은 사람들을 하나님께로 이끈 영향력있는 영적 지도자들이었다(6절).

7절은 하나님께서 항상 제사장들에게서 기대하시는 바를 아름답게 묘사하고 있다. 그들은 하나님의 말씀을 가르쳐야 했다. 또한 그들은 모든 백성들이 하나님의 율법을 배울 수 있는 원천이 되어야만 했다. 간단히 말해서 그들은 하나님으로부터 나오는 모든 영적인 진리를 쉽게 가르칠 수 있도록 의도된 하나님의 메신저들이었다. 이러한 사실을 입증해 주는 가장 좋은 실례를 에스라에게서 발견할 수 있다(스 7:6).

그들의 본연의 임무와는 대조적으로, 말라기 시대의 이 제사장들은 하나님의 뜻을 배반하였다. 그들은 백성들을 돕기는 커녕 오히려 넘어지게 했다(2:8). 그 결과 이 제사장들은 모든 백성들로부터의 존경을 상실하게 되었다(9절).

그 다음으로, 여호와께서는 각 사람이 형제들에게 행한 그들의 속임수를 인하여 백성들을 책망하셨다(2:10-16). 그들은 동일한 하나님의 가족들로서 각 사람들을 영적인 형제로 대해야만 하였다 (10절). 그러나 그들은 서로의 관계에서 속임수를 사용하였으며, 그 결과 그들은 하나님께서 유다 족속과 세우신 언약을 더럽히고 모욕하였다.

백성들은 다시금 그들이 어떻게 속임수로 형제를 대하고 하나님의 거룩하심을 더럽혔느냐고 묻는다(11-14절). 하나님의 답변은 특별히 그들의 혼인문제, 곧 그들의 언약가족 관계를 지적하는 것이었다. 그들은 옛날처럼 이방신의 딸들(우상숭배자들)과 결혼함으로써 하나님의 거룩하심을 더럽혔다(11절). 이러한 일들로 말미암아 그들은 하나님께서 받으실 만한 제사를 드릴 수가 없었다(11-12절). 그들이 하나님의 거룩하심을 존중하지 않음으로써 언약의 자손을 더럽히고 또한 우상 숭배자들과 혼인하였기 때문에, 그들은 그들 자신이 드리는 제물을 하나님께서 받으시기를 기대할 수 없었으며, 비록 눈물로써 하나님 앞에 나아간다고 할지라도 하나님께 열납되기를 기대할 수가 없었다(13절).

틀림없이, 그토록 엄하게 책망을 받은 이 백성들은 믿음의 아내들과 이혼하고 이방 여자들과 혼인하였다(14절). 그러나 하나님께서는 결코 그러한 일을 기뻐하지 않으셨다. 하나님께서는 사람들이 결혼하여 한 몸을 이루도록 하시기 위하여 그들을 남자와 여자로 만드셨다(창 2:24). 가정은 경건한 부모들이 그들의 자녀들에게 하나님의 말씀과 뜻을 가르칠 수 있도록 건전한 공간이 되어야만 하였다(창 18:19). 그리고 부모들은 그들의 자녀 앞에서 스스로 경건한 삶의 모범을 보이면서 살아가야만 했다(신 6:4-9). 우리는 하나님께서 경건한 자손을 찾으시기 위하여 이스마엘을 거절하시고 이삭을 선택하셨다는 것을 아브라함의 예를 통하여 알고 있다. 우리는 또한 그를 통하여 경건하고 거룩한 나라를 이루어가시려는 하나님의 뜻을 이해한 아브라함이 가나안 사람의 딸들을 자기 아들의 아내로 받아들이지 않고 자기 민족 가운데서 이삭의 아내를 구하기 위하여 그의 종을 보내었던 사실도 알고 있다(창 24장).

예수님께서도 말씀하신 바와 같이, 여호와께서는 그의 백성들이 하나님을 믿는 아내와 이혼함으로써 그들의 결혼 관계를 파괴하는 것을 결코 원하지 않으셨다. 하나님께서는 마치 함께 연결시키기 위하여 꿰매었던 옷을 찢는 것과도 같은, 자기 아내와 헤어지는 그러한 행위를 범죄행위로 간주하셨다(16절; 참조. 마 19:3-9).

다음으로 여호와께서는 백성들의 말이 그를 괴롭게 했다고 선언하신다(2:17-3:6). 그러나 백성들은 다시금 "우리가 어떻게 여호와를 괴로우시게 하였습니까?"라고 되묻는다(2:17). 하나님께서 말씀하신 그들의 말이란 하나님의 진리를 무시하고, 악을 선이라고 말하며, 또한 하나님께서 그들의 악한 행위를 묵인하실 것이라고 가르침으로써 하나님의 이름을 모독한 그들의 도덕적인 판단을 가리키는 것이었다. 다시 말해서 그들은 사실상 공의로우신 하나님의 존재를 의심했었다(2:17).

이 시점에서 여호와께서는 백성들에 대한 심판을 다루시기에 앞서 한 메신저를 보내시려는 그의 계획을 밝히셨다(3:1-6). 이 메신저의 도래는 여호와 자신의 도래보다 앞설 것이다. 그러나 그의 도래는 즐거운 것이 아니라 두려운 것이 될 것이다(2절). 왜냐하면 그는 여호와께서 오실 때에 그의 백성들이 소멸되지 않도록 하기 위하여 그들에게 죄에 대한 깨달음을 주려고 올 것이기 때문이다(3:6). 따라서 장차 임할 메신저의 임무는 백성들에게 회개를 촉구함으로써 그들을 성결케 하는 것이었다(2-3절). 회개하지 않는 사람들은 모두 심판을 받아서 소멸될 것이다(5절).

이 예언은 세례 요한을 가리키는 것이다(마 11:7-19). 선지자 요엘의 메시지와 마찬가지로, 세례 요한은 여호와의 무서운 날이 임할 것을 경고한다(참조. 욜 1:15 이하). 세례 요한이 오는 참된 목적은 주님을 맞이할 수 있도록 백성들을 준비시키는 것이었다. 만일 세례 요한이 오지 않고, 또 그 날에 회개의 세례를 통하여 백성들을 준비시키지 않는다면, 예수께서 오실 때에 모든 사람들은 다 심판을 받아 소멸될 것이다. 요한의 사역은, 그것이 없이는 모든 사람이 소멸될 수 밖에 없는, 유일하고도 매우 중요한 것이었다(6절 ; 참조. 마 3 : 1-12 ; 눅 3 : 1-29). 하나님께서는 은혜로우시며 자비로우시다는 사실만이 백성들을 구원할 수 있었다(6절 ; 참조. 사 1 : 9).

그 다음으로 여호와께서는 백성들이 여호와를 떠나서 그의 규례를 지키지 않았음을 인하여 그들을 책망하셨다(3 : 7-12). 백성들은 이번에도 역시 의심하면서 "우리가 어떻게 하여야 돌아가리이까?" 하고 물었다(7절). 하나님께서는 그들에게 하나의 구체적인 방법을 보여주셨다. 그들은 다시금 하나님께 십일조를 드림으로써 하나님께로 돌아올 수 있었다. 그들은 당연히 하나님께 속한 것을 그에게 드리지 않음으로써 하나님의 것을 도적질하고 있었던 것이다(8절). 하나님께서는 다시금 그들이 하나님께 십일조를 드림으로써 하나님께 대한 그들의 사랑을 나타내 보인다면 그들에게 은혜로운 축복을 내리시겠다고 약속하셨다(10-12절). 물질에 대한 그들의 욕심은 그들 위에 저주가 내리도록 자초하였으며 그들이 하나님께 나아오지 못하도록 방해하였다(9절 ; 참조. 눅 18 : 18-25).

그러나 하나님께서 말씀하실 때에 그들은 하나님께 응답하는 대신에 도리어 **완악하게 하나님을 대적하였다**(3 : 13-15). 그들의 잘못을 지적하시는 하나님의 말씀에 대해 다시금 그들은 의심하면서 "우리가 무슨 말로 주를 대적하였나이까?"라고 묻는다(13절). 이 질문에 대해 하나님께서는 이스라엘 백성들이 광야에서 그랬던 것처럼 그들이 그들의 말로써 하나님을 원망하였다고 답변하셨다(14절). 그들은 교만하고 악한 자들을 부러워하면서 그러한 사람들은 번성하고 그들의 죄에 대하여 벌을 받지도 않고 잘 산다고 생각하였다(15절). 하나님께서는 그에게 순종하는 자들이 행복한 사람들이라고 말씀하셨지만(3:12), 이 백성들은 죄인들과 행악자들이 행복한 사람들이며 또한 그들은 하나님의 심판을 받지 않는다고 말하였다(3:15).

일련의 질문과 그것에 대한 답변은 3:15에서 끝이 난다. 이제 다음 부분에서 말라기는 **의인과 악인, 축복받은 자와 저주받은 자 사이의 명백한 구별을 강조한다**(3:16-4:3).

여기서 말하는 의인들이란 성경의 여러 다른 곳에서 묘사한 것과 같이 여호와를 두려워하는 자들이다(16절). 또한 그들은 진실한 신자들이다(참조. 잠 1:7; 9:10; 19:23 시 34:9; 112:1 등). 그들의 이름은 하나님의 기념책에 기록되어 있다(16절; 참조. 사 4:3; 단 12:1; 계 17:8; 21:27).

하나님께서는 이 사람들이 그 자신의 백성들이라고 선언하신다 (17절). 이 남은 자들을 구원하심에 있어서, 하나님께서는 의인과 악인 사이에 분명한 구분을 지으실 것이다(18절). 시편 기자를 통하여 선언하셨듯이(시 1:4-6), 여기서도 하나님께서는 그를 믿지 않는 모든 악인들이 멸망당할 것이라는 사실을 다시금 분명히 하신다(4:1). 그러나 반면에, 여호와를 경외하고 하나님의 축복을 확신하는 사람들에게는, 그들 위에 죄를 치료하는 의로운 해가 떠오를 것이다(2절). 이것은 의심의 여지도 없이 믿는 자들을 구원하실 그리스도의 사역을 가리킨다.

이 부분은 소위 뱀, 곧 사탄의 악한 자손을 뜻하는 대적들에 대한 승리의 약속으로써 끝이 난다(4:3; 참조. 창 3:15; 롬 16:20).

말라기서의 메시지는 엘리야(세례요한)를 앞세우고 오실 여호와의 도래를 간절히 기다리면서, 모세를 통하여 주신 하나님의 율법에 계속적으로 순종할 것을 하나님의 백성들에게 촉구함으로써 막을 내린다(4:5; 참조. 마 11:14). 오직 그의 도래만이 장차 여호와께서 심판을 행하기 위하여 오실 때에 멸망을 당하는 것으로부터 그의 백성들을 구원하여 줄 것이다(6절).

이로써 구약성경의 예언서에 관한 공부는 끝이 난다. 예언서들은 구약시대의 신앙의 기초, 즉 모세의 율법으로 돌아가야 할 것을 지적하고 또한 자기 백성들을 구원하시기 위하여 여호와께서 강림하실 것을 내다보면서 끝을 맺는다.

로마의 티베리우스 황제와 유대의 본디오 빌라도 시대에 갑자기 사가랴의 아들 요한이 나타나서 주 예수 그리스도의 임박한 도래를 알리기 전까지는 하나님으로부터 아무런 말씀도 주어지지 않은 채 약 400년이란 시간이 조용히 흘렀다.

14

하나님 백성들의 헌신과 실제적인 삶에 관한 책들

앞으로 구약성경 가운데서 우리가 연구해야 할 책은 세 권이 남아있다. 그것들은 욥기, 시편 그리고 잠언이다. 이 책들을 통하여 우리는 하나님의 백성들의 신앙과 삶을 발견하게 될 것이다. 이 책들은 그리스도인의 믿음과 삶에 관한 중요한 문제들을 다루고 있다. 또한 이 책들은 모든 시대의 사람들이 직면하지 않으면 안되는 문제들을 다룸에 있어서 시간적인 제한성에 구애를 받지 않는다. 그러면 이제 욥기를 먼저 살펴보기로 하자.

욥 기

우리는 욥기 이외의 다른 책을 통해서는 욥에 대하여 거의 알 수가 없다. 에스겔서에서는 욥을 영적으로 노아와 다니엘과 동등한 수준에 있었던 사람으로 언급하고 있다(겔 14 : 14, 20). 이들 세 사람은 모두 그들의 의로 널리 알려진 사람들이었다. 신약성경의 야고보서에서 욥은 인내의 본보기로 나타나있다(약 5:11).

욥은 아마도 아브라함, 이삭 그리고 야곱과 같은 족장들의 시대에 살았을 것으로 추측된다. 그러나 그는 히브리인은 아니었으며 가나안의 동쪽 지역에 살던 사람들을 가리킬 때 광범위하게 적용되었던 명칭인 동방민족들 가운데 한 사람이었을 것으로 생각된다(욥 1:3).

욥기가 언제 기록되었는지에 대해서는 알 수가 없다. 욥기가 지혜에 관하여 많은 것을 말하고 있는 것으로 보아, 이 책은 이스라엘 역사상 지혜문학이 쓰여지던 어느 한 시대에 기록되었을지도 모른다. 우리는 이 책의 기록연대를 솔로몬 이후의 어느 시기, 어쩌면 히스기야 시대 정도로 추정해 볼 수도 있을 것이다. 그러나 우리가 이미 앞에서 말한 바와 같이 이 책은 그 중요한 주제와 관련하여 특정한 시간의 제한을 받지 않는다.

욥기는 다음과 같은 주요 부분들로 나누어진다. **욥과 그의 고난에 대한 서론**(1, 2장), 그에게 닥친 엄청난 문제에 대한 **욥의 발언**(3장), **욥과 그의 세 친구 사이의 긴 대화**(4-31장), 욥의 세 친구에 이어 네번째로 욥을 비난한 **엘리후의 긴 독백**(32-37장), **욥의 문제에 대한 하나님의 답변**(38-41장), 하나님의 답변에 대한 **욥의 반응**(42:1-6). 그리고 마지막으로 욥의 말년에 임한 하나님의 축복에 관한 간단한 이야기(42:7-16).

욥기의 서론(1-2장)은 맨 먼저 욥이라는 사람에 대하여 이야기한다. 그는 우스 땅 사람이었다. 우리는 우스에 대해서 그것이 예레미야 시대에 알려진 지역이며 블레셋, 에돔, 모압, 그리고 암몬 등의 나라들과 동맹 관계를 맺고 있었다는 것 이외에는 거의 알 수가 없다(렘 25:20). 우스는 특히 에돔과 연합하고 있었으며, 이스라엘의 남동쪽, 사해의 남쪽에 위치하고 있었다.

욥은 순전하고 정직하며 하나님을 경외하고 악에서 떠난 자로서 여호와께 합당한 사람이었다(1:1). 그러므로 그는 그 시대에 있어

제14장／하나님 백성들의 헌신과 실제적인 삶에 관한 책들 575

서 노아와 같은 사람이었으며(창 6 : 9), 하나님 앞에서 살려고 애
썼던 아브라함과 같은 사람이었다(창 17 : 1).

또한 욥은 열 명의 자녀와 풍부한 재산을 소유한 부자였다(1 : 2,
3). 특히 그는 하나님을 충성스럽게 섬길 뿐만 아니라 자녀들의 영
적인 상태에 대해서도 매우 신중하게 대처하는 헌신된 사람이었다
(1 : 4-5).

이 서론격인 다섯 구절 이후에 우리는 갑자기 욥이라는 사람으로
부터 **하나님의 임재에 관한 장면**으로 옮겨가게 된다(1 : 6-12). 우
리는 1 : 6에 언급되어 있는 하나님의 아들들이 누구인지에 대해서
는 알 수가 없다. 대부분의 사람들은 그들이 천사들 중의 어떤 무리
들일 것이라고 추측해 왔다. 그러나 성경에서 "하나님의 아들들"이
라는 말은 일반적으로 인류 가운데 있는 신자들을 가리킨다(창 6 :
2-4 ; 요 1 : 12 등). 따라서 이 사람들은 이미 믿음 안에서 죽어 어
떤 의미에서는 하나님 앞에 있는 자들일지도 모른다.

그러한 회합에서 사탄까지 발견할 수 있다는 것은 참으로 놀라운
일이다. 성경은 어떤 의미에서는 예수님의 구속 사역이 있기 전까
지는 사탄에게 하나님 앞에 서는 것이 허락되었다는 것을 암시하고
있는 것처럼 보인다. 그 이후로 사탄은 하늘에게 쫓겨나서 그의 활
동이 땅으로 국한되어졌다(눅 10 : 18을 보라-참조. 계 2 : 7-9 ; 요
12 : 31 ; 사 14 : 12-20 겔 28 : 2-9).

사탄의 활동은 땅위에 사는 하나님의 종들을 고소하기 위하여 땅
에 두루 돌아다니는 일을 포함하고 있었다(욥 1 : 7 ; 참조. 계 12 :
10 ; 슥 3 : 1 ; 눅 22 : 31).

여호와께서는 성경의 다른 곳에서 노아와 아브라함과 같은 족장
들에게 적용될 수 있는 말로 그를 묘사하심으로써 욥의 훌륭함을
인정하신다. 욥에 관한 하나님의 판단에 대항하는 사탄의 도전은
본질적으로 사람은 이 세상의 생활에서 자신을 위하여 무엇인가 이
득을 얻을 것이 있을 때에만 하나님을 섬긴다는 것을 말하고 있다
(10절). 사탄은 하나님께 욥으로부터 그의 축복을 거두어들여보라

고 도전하면서 그러한 경우에는 욥이 하나님을 떠나 변절할 것이라고 예언한다.

사탄의 도전에 대한 반응으로서, 또한 당신 자신의 영광을 위하여, 여호와께서는 사탄으로 하여금 욥에게서 모든 것을 빼앗아갈 수 있도록 허락하신다. 그럼에도 불구하고, 하나님께서는 그의 주권에 입각하여, 사탄에게 욥의 몸에는 손을 대지 못하도록 하셨다(12절).

하나님의 허락 하에서 행해진 욥에 대한 사탄의 공격은 자연 재해와 인간의 잔학 행위라는 형태-침입자(15, 17절), 번개(16절), 강한 바람(19절)-로 임하였다. 성경에서는 대개 이 자연적인 힘들이 하나님의 통제하에 있다고 말하는 것으로 보아, 이것들에 대한 사탄의 통제는 하나님의 승인으로 말미암은 것이라고 이해될 수 밖에 없다. 그리고 침입자들은 단지 그들의 아비 사탄의 명령대로 행하였을 뿐이다.

욥은 깊은 슬픔에 잠겼음에도 불구하고 이 비극적인 일들을 순순히 받아들임으로써 사탄의 고소가 거짓되다는 것을 증명해 준다(20-22절). 확실히 욥은 그 자신이 하나님의 신실한 자녀임을 나타내 보였다.

2장에서 우리는 사탄이 이번에는 욥에게 육체적인 고통을 가하는 유사한 기사를 발견하게 된다(2 : 1-8). 욥의 아내조차도 그의 재난에 더하여 하나님을 욕하고 죽으라고 부추김으로서 그의 고통을 가중시켰다(9절). 여기서 다시 한번 욥의 믿음과 순전함이 분명하게 드러난다(10절). 그는 자신에게 닥치는 모든 역경을 하나님을 향한 사랑과 믿음으로 극복한다.

이 모든 것으로 미루어 보아 우리는 이 책에서 다루고자 하는 문제가 "의인들이 고통을 당하는 이유"에 관한 것이 아니라는 결론을 얻을 수 있다. 그 문제에 대해서는 이미 해답이 주어졌기 때문이다. 물론 위인들은 이 세상에서 하나님의 영광과 하나님께 대한 그들의 참된 믿음을 나타내기 위하여 고난을 받는다. 그러나 욥이 고통을 당한 것은 이 문제 때문이 아니었다. 욥은 하나님께 그가 어찌하여 이런 일이 일어나도록 허용하셨는지를 묻지 않았던 것이 분명하다. 욥은 당신의 기쁘신 뜻대로 자기를 다루시는 하나님의 주권을 거리낌없이 인정하였다. 그는 그에게 일어난 모든 재난에 대하여 하나님을 의심하거나 비난하지 않았다. 이 책의 주요 문제 혹은 관심사가 무엇인가라는 질문에 대한 해답을 찾기 위하여 우리는 이 책의 내용을 좀 더 살펴보지 않으면 안된다.

그러나 우리는 이미 하나님께서 그의 자녀들을 다루시는 것에 대한 깊은 통찰력을 갖게 되었다는 것을 인정해야만 한다. 하나님은 고통을 당하는 것을 여러 차례에 걸쳐서 요구하실지도 모른다. 또한 그 때에 하나님께서는 이러한 일들이 그들에게서 일어나는 이유를 분명하게 가르쳐 주지 않으실지도 모른다.

그럼에도 불구하고 하나님께서는 그를 비난하거나 불평하는 일이 없이 그들에게 다가오는 모든 고난을 받아들이기를 기대하신다.

우리는 또한 사탄의 본성에 대해서도 많은 것을 배울 수 있다. 그는 참으로 삼킬 자를 찾아 두루다니는 우는 사자와 같다. 그는 하나님의 영광을 가리기 위하여 애쓰는 하나님의 대적이다. 그리고 사탄은 또한 모든 신자들을 파멸시키고 그들의 평판을 나쁘게 만들려고 애쓰기 때문에 모든 신자들의 대적이다.

2:11 이하의 말씀은 앞으로 펼쳐질 긴 논쟁을 위한 배경으로 우리를 인도한다. 욥의 집에서 멀리 떨어진 지역에 살고 있던 그의 세 친구들이 욥이 당한 비극적인 소식을 전해 들었다. 그들은 친구를 위로하기 위하여 욥에게로 왔다(11절). 그러나 그들은 그들이 목격하게 될 일에 대하여 아무런 준비가 되어 있지 않았던 것이 분명하다. 그들은 욥이 당한 재난을 보고 깜짝 놀랐다(12절). 그들은 실제로 할 말을 잊고 있었다(13절). 우리는 에스겔이 이와 유사한 상황에 처했던 것을 기억하고 있다(겔 3:15).

3장은 **욥의 불평**을 담고 있으며, 여기서 우리는 이 책에서 다루고

자 하는 실질적인 문제에 접근하게 된다.

욥처럼 고통을 당하고 자신의 믿음에 대하여 시험을 받은 사람은 몇몇 사람에 불과하다. 욥이 말을 시작하는 방식이 우리에게 충격적으로 보일지도 모르지만 우리는 그가 고통에 대하여 불평하지 않았다는 사실을 명심하지 않으면 안된다. 이 문제에 대해서는 이미 앞에서 설명하였다. 그의 불평은 그 밖의 어떤 것에 관한 것이었다.

욥기 3:3-19에 나타난 강경한 어조와 비슷한 표현은 욥기 이외의 다른 성경에서는 아마도 유일하게 예레미야서에서만 발견할 수 있을 것이다(렘 20:14-18). 욥과 예레미야 사이에는 많은 공통점이 있다. 두 사람 모두 다 그들의 믿음을 인하여 큰 고통을 당하면서도 아무런 불평이 없었다. 그러나 그들 두 사람은 모두 매우 외로운 처지에 있었으며 위로해 주는 사람이 아무도 없었다. 그리고 그들 두 사람은 그들의 친구들로부터 비난을 받았다(참조. 렘 20:7-10). 또한 그들 두 사람은 모든 일이 잘 될 것이라는 확신을 가지고 고통 가운데서도 하나님의 손길을 바라보려고 노력하였다(참조. 렘 20:12).

따라서 그가 당한 시험으로부터 벗어나기 위하여 죽기를 원했던 욥의 열망은 그만의 유일한 것은 아니었다. 그러나 그런 열망은 하나님께 대한 그 자신의 믿음이 극단적으로 시험을 받을 때에만 일어났다. 욥도 예레미야도 하나님을 부인하지는 않았지만 두 사람 다 죽음으로써 그들이 당하는 시련으로부터 벗어나게 해 주실 것을 구하였다.

그렇다면 욥에게 있어서의 실질적인 문제는 무엇이었는가? 우리는 그것이 3:20-26에 처음으로 표현되어 있는 것을 볼 수 있다. 욥은 자신의 길이 하나님으로부터 가리워졌다고 생각했다. 그는 자신이 하나님으로부터 격리되었다고 느꼈다(23절). 욥은 육체적으로 당하는 고통은 견딜 수 있었다. 그러나 하나님의 임재를 느낄 수 없는 상태, 즉 하나님과의 교제가 단절됨으로 인한 영적인 고통은 너무나 컸다. 그것은 그가 극복할 수 없는 문제였다. 줄곧 그는 하나님을 발견할 수 없는 깨어진 관계를 두려워하였다(3：25; 참조. 1：5). 모두가 그를 버려두고 떠나거나 혹은 그를 위로할 방법을 알지 못한 채 어쩔 줄 모르고 있는 이 적막한 시간에 욥은 여호와를 발견할 수 없다는 사실 때문에 안식도 영적인 평안도 가지지 못하고 번민에 빠져 있었다.

본질적으로 욥은 3장에서 이렇게 말하고 있다. "내가 만약 하나님과의 교제를 가질 수 없다면 나는 죽는 것이 더 낫다. 인간이 하나님과의 교제로부터 단절된다면 그것은 참으로 죽는 것보다 더욱 비극적인 일이다."

이 시점에서 우리는 **욥과 그의 세 친구, 곧 엘리바스, 빌닷, 그리고 소발 사이의 세번에 걸친 논쟁의 싸이클**(Cycle)을 대하게 된다(4-31장; 참조. 2：11). **첫번째 싸이클**은 4-14장에 나타나 있으며, 여기에는 욥의 세 친구의 진술과 그들의 진술에 대한 욥의 답변이 포함되어 있다.

엘리바스가 먼저 말을 시작한다(4-5장). 그는 또한 친구들이 행할 모든 진술에 대한 양식을 정해 준다. 그는 외견상 욥을 칭찬하는 말로 시작하지만(4：3, 4) 재빨리 욥을 책망하는 말로 옮겨 간다.

그리고 잇달은 나머지 친구들에 의하여 단순히 반복되고 확대되어지는 욥에 대한 근본적인 고소를 전개하기 시작한다(5-9절). 본질적으로 그들 세 친구가 말하고자 하는 바는 오직 악인들만이 고통을 당하게 된다는 것이다. 그러므로 만약 욥이 고통을 당하고 있다면 그것은 그가 하나님께 죄를 범했기 때문이며, 따라서 그는 하나님과의 관계를 바로 잡아야 한다는 것이다.

우리는 욥의 세 친구들이 모두 본질적으로 똑같은 것을 말하고 있다는 것을 알 수 있다(참조. 5：6-8; 8：4-6, 13, 14, 20; 11：2-6; 11：12, 20). 욥이 하나님 앞에서의 자기의 결백을 주장하면 할수록, 그의 친구들은 더욱 더 욥을 정죄하고 그의 품위를 손상시키는 말을 하게 되었다. 우리는 여기서 그들이 하나님과 인간의 본성에 관하여 진실된 진술을 하였지만(5 : 9-13, 17 등), 그들 스스로를 하나님의 위치에 세우려 하고 욥을 판단하고 정죄하려고 애씀으로써 그들이 가지고 있던 신학을 악용하였다는 사실을 주목하게 된다. 또한 우리는 여기서 전적으로 건전하고 정통한 신학을 가진 사람이라 할지라도 그것을 삶에 올바로 적용하지 못할 때에는 매우 잘못될 수 있다는 것을 보여주는 명백한 본보기를 발견하게 된다. 그런 사람은 신학에 관하여는 참으로 겸손하지 못한 사람이다. 그런 사람은 엘리바스와 빌닷과 소발과 같은 사람으로서, 그의 사상과 신학 속에는 교만과 허영이 가득차서 다른 사람을 돕는 일에는 아무런 기여도 하지 못하고 오히려 사람들을 그릇되게 판단한다.

욥도 매번 똑같은 방식을 따라 친구들에게 길게 답변한다. 욥의 답변 가운데서 다음의 세 가지 사실을 발견할 수 있다. (1) 그는 계속해서 여호와 앞에서 자기의 죄를 부인한다. 그는 자기가 자백하지 않았거나 용서받지 못한 죄가 하나도 없다는 것을 알고 있다. 그는 여호와께 대한 믿음으로 말미암아 의롭게 된다는 사실을 확고하게 믿는다. 그는 자기와 하나님 사이에는 모든 것이 잘못되어 있다고 하는 친구들의 주장을 결코 받아들이지 않을 것이다. (2) 그는 여러 차례에 걸쳐서 처음에 했던 불평으로 되돌아간다. 그는 하나님과의 교제를 원하지만 그것을 느낄 수가 없다. (3) 그는 세 "친구들"이 매정하게 그를 괴롭힐 때에 가중되는 슬픔의 기색을 나타내 보이지만, 그렇다고 해서 결코 슬픔에 압도당하지는 않는다.

이제 우리는 이러한 세 가지 사실들을 차례로 살펴보게 될 것이다. 그러면 먼저 **욥이 얼마나 일관되게 자신의 결백함을 주장했는가** 하는 것을 살펴보기로 하자. 그는 자기가 거룩하신 분을 부인하지 않았다는 것을 열심히 주장하였다(6 : 10). 그는 그의 친구들에게 자기속에 불의한 것이 있으면 그것을 나타내 보이라고 도전하였다(6 : 28-30). 그러나 그는 자기의 완전함(sinlessness)을 주장하지 않고 자기의 모든 죄가 이미 하나님에 의하여 다루어진 바 되었다는 것을 주장하였다. 그는 하나님께서 자기의 죄를 용서하셨으며 그 죄를 계속 붙들고 계시지 않는다는 것을 알고 있었다(7:20, 21).

욥은 여호와 앞에서 자기의 신분이 의롭게 되었다는 것을 강하게 주장하였다. 물론 그것은 여호와께 대한 그의 믿음으로 말미암는 의를 의미하는 것이었다(13:18). 그는 또한 자기가 신용하고 있는 이 귀중한 칭의의 교리가 결국에 가서는 그 정당함을 입증받게 될 것이라고 확신하고 있는 것처럼 보였다(17:9).

욥은 또한 믿음으로 하나님 앞에서 연단을 받고 있는 그 자신의 의가 하나님의 시험을 견디어내고 승리하게 될 것을 확신하였다(23:10). 결국 욥은 그가 신봉하고 있는 믿음으로 말미암아 의롭게 되는 칭의의 교리가 옳다는 것과 하나님께 대한 그의 믿음이 아무런 가치도 없는 것이라고 하는 그의 친구들을 인정할 수 없다는 것을 알게 되었다(27:4-6). 욥은 여기에는 논쟁에서 이기는 것보다 훨씬 더 중요한 문제가 관련되어 있다는 사실을 이해하였다. 여기에는 바로 믿음으로 말미암아 의롭게 됨을 통하여 하나님과 인간의 관계가 회복된다고 하는 교리가 관련되어 있었던 것이다.

끝까지 욥은 이러한 확신 가운데서 결코 흔들리지 않았다. 그는 그가 하나님의 뜻에 어긋나는 삶을 살았다고 주장하는 친구들의 고소를 받아들이지 않았다. 그는 모든 사람들을 대함에 있어서 의와 공의를 나타내었다(29:12-14). 하나님께서는 이미 욥의 순전함을 확증하셨으므로 우리가 그의 말을 의심할 근거는 아무 것도 없다(1:1, 8; 2:3). 욥의 맨 마지막 말은 그를 부당하게 비난한 세 사람의 주장을 다시금 부인하는 것이었다(31장).

적어도 욥이 옳고 그의 친구들이 잘못되었다고 하는 것에 대해서는 의문의 여지가 전연 없다. 욥은 하나님께 대한 믿음으로 말미암아 의롭다함을 받았다고 주장할 수 있는 하나님의 모든 참된 자녀들과 마찬가지로 자신의 완전함(sinlessness)이 아닌 하나님과의 올바른 관계를 주장하였다.

반면에 욥의 친구들은 욥이 하나님을 노하게 하였으며, 그로 인해 고통을 받고 있다고 계속적으로 주장함으로써 잘못을 가중시킨다. 우리는 물론 처음의 두 장을 통하여 그들의 모든 논점이 잘못되었다는 것을 알고 있다. 그러나 그들은 계속 고집한다.

그들의 고소는 점점 더 잔혹해지고 잘못되어 갔다. 빌닷은 욥을 바람에 불과한 존재라고 비난하면서 그의 면전에서 그의 자녀들의 죽음에 대하여 악담을 퍼부었다(8:2-6). 실제로 그는 욥의 순전한 믿음을 비난하였다(8:13, 14). 소발 역시 비판적이고 가혹한 말을 했다(11:1-6). 그러나 논쟁의 과정에서 사실상 전혀 인정받을 수 없는 위조된 고소장이 되어버린 고소에 있어서, 다소 겸양적인 말투로 시작하여 욥에 대한 마지막 탄핵을 하기까지 가장 많은 태도의 변화를 보인 사람은 엘리바스였다(15:1-6 ; 22:5-10). 22:5 이하에 기록된 후반부의 고소들은 사실의 근거가 전혀 없는 명백한 거짓말이다. 분명히 엘리바스는 말을 하는 중에 점점 더 깊은 좌절감을 맛보았다. 그리하여 그것이 사실이든 아니든 상관하지 않고 욥을 깎아내릴 수 있는 말이면 무엇이든지 찾아내어 그것에 매달리게 되었다.

욥이 하나님으로부터 단절되어 그를 발견할 수 없는 자신의 참담한 심정을 계속해서 토로했음에도 불구하고 욥의 친구들은 욥을 괴롭히는 것이 무엇인지를 결코 이해하지 못했다. 3:23에서 처음으로 그것을 말한 후 욥은 여러 차례에 걸쳐서 다른 용어와 다른 방법들을 사용하여 같은 표현을 되풀이 하였다. 욥은 하나님이 가까이 계시다는 사실을 느낄 수 없었기 때문에 자기에게는 도움도 없고 지혜도 없다고 생각했다(6:13). 그는 하나님께서 틀림없이 가까이 계시다는 사실을 알고 있었지만 하나님을 발견할 수는 없었다(9:11). 몇번이고 되풀이하여 그는 하나님으로부터 어떤 말씀을 들을 수 있기를 원했다(10:2, 3). 욥은 자신의 문제에 대한 해답이 하나님과 그의 말씀에 달려있다는 것을 확신하고 있었지만 하나님께 도달할 수가 없었다(10:12, 13).

제14장/하나님 백성들의 헌신과 실제적인 삶에 관한 책들 583

한 때 욥은 하나님과 친밀한 교제를 나누었다. 그 때에는 그가 하나님을 부르면 하나님께서는 언제나 응답하셨다. 그러나 이제는 상황이 달라졌으며 그로 인해 욥은 당황하게 되었다(12:4). 욥이 두려워한 것은 지난 날 즐거운 교제를 함께 나누었던 그 하나님께서 지금은 욥으로부터 그의 얼굴을 가리우신 것처럼 보인다는 사실 때문이었다(13:21-24). 욥은 달콤한 교제 가운데서 하나님의 말씀을 듣기도 하고 반응하기도 하던 과거의 시간들을 그리워하였다(14:15). 욥은 하나님께서 자기에게 응답하시기만 한다면 하나님께서는 고소하는 사람들 앞에서 전적으로 자기를 변호해 주실 것이라는 사실을 알고 있었다(16:19, 20, 21).

욥은 하나님께 응답해 주실 것을 간구한 자신의 부르짖음이 외관상으로는 전혀 하나님의 주의를 끌지 못하는 것 같아서 철저하게 좌절감을 느꼈다(19:6-8). 마치 하나님께서 욥 자신과 하나님 사이에 담을 쌓아 놓으신 것처럼 보였다. 욥을 이해해 주는 사람은 한 사람도 없었다. 친구들조차도 그를 위로해 주지 못했다(19:13-22). 그럼에도 불구하고 욥은 언젠가는 하나님께서 자기를 전적으로 변호해 주실 것이라는 사실을 계속적으로 확신하였다. 그는 하나님과 올바른 관계를 맺고 있었기 때문에 비록 그의 현재의 상황이 정반대로 되어 있는 것처럼 보일지라도 결국에 가서는 승리할 것이었다(19:25-27).

욥이 안고 있는 중요한 문제는 그가 하나님께서 가까이 계신 것을 느낄 수 없다는 것이었다. 그는 하나님과의 어떠한 교제도 감지할 수가 없었다. 그는 그의 하나님 여호와를 발견할 수가 없었다(23:3-5, 8-9). 그는 하나님과 동행하고 하나님의 임재를 느끼며, 하나님을 항상 자기 곁에 계시는 친구로 알았던 지난날들을 그리워하였다(29:2-5).

본질적으로, 욥의 문제는 어느 시대에 있어서나 대부분의 신자들이 그리스도인으로서의 그들의 경험을 통하여 체험하게 되는 문제와 유사한 것이었다. 때때로 우리는 하나님의 임재를 아주 가까이에서 느끼며 또한 하나님과의 교제가 우리에게 매우 즐겁고 귀중하다는 것을 체험하게 된다. 그러나 때로는, 예고도 없이 하나님께서 멀리 떠나가신 것처럼 느껴지기도 한다. 우리의 기도는 우리에게로 되돌아오고 하나님께 상달되지 못한 것처럼 느껴진다. 그리고 하나님의 말씀을 읽노라면 그 말씀이 놋쇠처럼 차갑게 느껴진다. 그 말씀은 우리의 마음을 감동시키거나 따뜻하게 하지 못한다. 이런 일은 그리스도인들에게 있어서 보편적인 경험이다. 그러한 때에 우리는 하나님께서 가까이 계시다는 사실을 느끼지 못하며 또한 그런 일이 있게 된 이유도 알지 못한다. 이것이 바로 욥의 문제였다.

그의 친구들이 계속해서 욥을 괴롭히고 있는 동안, 우리는 욥에게서 그의 친구들과 심지어는 하나님을 향한 회의(bitterness)가 점점 더 커지고 있는 것을 볼 수 있다. 욥은 극심한 회의에 빠지게 되었다(9 : 18-24, 28-29). 악인들이 번성하는 것처럼 보일 때 욥은 때때로 신앙을 굳게 지키며 살아가는 것이 과연 어떤 가치가 있는 것일까라는 의문을 제기하였다(12 : 6). 이러한 감정을 통하여 그는 시편 기자가 느꼈던 것과 동일한 것을 경험하였다(시 73편을 보라). 확실히 모든 신자들은 악인들이 번영을 누리는 것을 바라보면서 의를 위한 고난이 과연 가치있는 일인가 하는 것에 대하여 종종 의문을 가지게 된다. 그러나 그러한 감정은 우리의 비젼이 천국에 있지 않고 도리어 땅에 있을 때, 즉 영원한 것에 있지 않고 일시적인 것에 있을 때에 생긴다. 시편 기자가 그것을 경험했고(시 73 : 17 이하), 욥도 그러했다.

그의 친구들이 계속해서 혹독한 말로 그의 마음을 아프게 하고, 또한 하나님으로부터 아무런 응답을 얻지 못함으로 인해 계속 좌절감을 맛보면서, 욥은 쓰라린 마음에서 많은 것을 말하였지만(13 : 21 이하; 14 : 1 이하; 16 : 9 이하; 21 : 4-15), 끝까지 악인들의 길을 받아들이지 않았으며 그들처럼 되고자 하는 생각을 잠시도 품지 않았다(21 : 16).

우리는 욥이 한 때 회의에 빠졌던 것을 부인할 수는 없지만 분명히 그것을 이해할 수는 있다. 결국 그는 자기의 주장이 옳다는 것을 계속적으로 믿었으며 단지 하나님으로부터 확실한 말씀을 듣기를 열망했을 뿐이었다.

욥과 그의 세 친구들 사이에 오랫동안 논쟁이 있었지만 아무런 결론이 내려지지 않았다. 분명히 그들의 대화를 듣고는 있었지만 아직 소개되지 않고 있던 욥의 네번째 고소자인 엘리후가 갑자기 **말을 하기 시작했다**(32-37장). 그는 욥과 그의 친구들이 모두 잘못 되었다는 것을 이미 결정하고 있었으며 의미심장하고 새로운 어떤 사실을 말하겠다고 약속하였다(32 : 1-10).

엘리후는 자기가 모든 해답을 알고 있다고 생각하는 경솔한 젊은 이였다. 그는 욥의 친구들을 고소하였으며(32 : 15) 동시에 자기의 결백을 주장하는 욥을 비웃었다(33 : 8-12). 확실히 그는 엘리바스가 욥에 대하여 말한 것을 조사도 해 보지 않은 채 모두 다 믿고 있었다(34 : 7-8). 그는 욥에게 교훈을 주기 위하여 더욱 큰 고통이 그에게 내리기를 바라기까지 함으로써 욥의 친구들보다 자신이 훨씬 더 모질고 잔인하다는 것을 입증하였다(34 : 35-37).

참으로, 엘리후는 자기 자신을 하나님을 위하여 말하는 사람이라고 생각했을 때에 오만의 극치를 드러내 보였다(36 : 2). 그러나 결국 그는 욥의 세 친구들이 이미 말했던 것과 조금도 다를 바가 없는 것을 말했다(36 : 11-13). 하나님으로부터 한 말씀이라도 듣기를 원하는 욥의 열망과 관련하여, 엘리후는 하나님께서는 모든 것 위에 계시며 또한 아무에게도 대답하실 필요가 없으시다고 말하는 것 같이 보였다(36 : 26 이하). 그러나 그는 하나님을 참되게 알지는 못했으며 욥처럼 하나님과의 교제를 경험해 보지도 못했던 것이 분명하다.

엘리후가 길고도 무자비한 말을 마치자마자 하나님께서는 엘리후의 충고를 어둡고 무지한 것이라고 말씀하심으로써 그가 말한 모든 것을 기각하셨다(38 : 2).

그런 다음 하나님께서는 욥에게 답변하시기 시작했다(38-41장). 근본적으로 하나님의 답변을 통하여 우리는 하나님께서 욥으로 하여금 우주에 관한 구두 여행(verbal tour)을 하도록 이끌고 계시다는 사실을 알 수 있다. 그는 욥에게 하나님의 창조와 섭리를 보여주신다. 하나님께서는 욥에게 그(욥)가 이 모든 피조물들의 매일의 필요를 공급해 줄 수 있는 있는지에 대해 질문하심으로써 본질적으로 오직 하나님만이 그 일을 하실 수 있다는 것을 말씀하고 계신다. 하나님께서는 크고 작은 모든 피조물들을 돌보신다. 욥의 도움이 없이도 여호와께서는 그 피조물들의 모든 필요를 공급하여 오셨으며 또한 계속적으로 공급하실 것이다. 눈을 열기만 해도 욥은 이러한 사실들을 볼 수 있다.

하나님의 답변은 욥을 잠잠하게 만들었다(40:3-5). 하나님께서 말씀을 마치시자 욥은 모든 만물이 하나님께 속한 것임을 고백했다. 그리고 전에는 단지 귀로 듣기만 했던 것을 이제는 눈으로 분명히 보게 되었다는 것, 다시 말하자면 하나님께 대한 그의 믿음이 이제는 훨씬 더 분명해졌다는 것을 확인할 수 있었다(42:1-5). 욥은 그가 지으신 모든 피조물들을 하나님께서 돌보신다는 사실에 대한 압도적인 증거에 직면하여 이제까지 자신에 대한 하나님의 관심을 의문시해 왔던 자신의 미약함을 철저하게 인식하게 되었다(42:6).

그러면 하나님의 답변은 무엇을 말씀하고 있는가? 그것은 엘리후가 주장한 것처럼, 하나님은 모든 만물 위에 계시므로 어떠한 사람에게도 대답하실 필요가 없다는 것이 결코 아니었다. 엘리후는 그렇게 주장하였으나(36:24-32) 하나님께서는 그의 주장을 "무지한 말"이라고 하셨다(38:2). 하나님께서 그의 긴 답변을 통하여 욥에게 말씀하신 것은 본질적으로 예수님께서 제자들에게 하신 말씀 -곧 그의 모든 하찮은 피조물들을 위해서도 그토록 풍성하게 공급하시는 하나님께서 너희를 돌보지 아니하시겠느냐?-과 같은 것이었다(마 6:25-34을 보라).

제14장 / 하나님 백성들의 헌신과 실제적인 삶에 관한 책들

욥은 하나님의 자연 계시가 가르쳐 주는 진리를 의지하는 대신에 자신의 감정에 의지했었다. 욥이 눈을 열어 하나님께서 여전히 자기 주변에 있는 모든 피조물들의 필요를 공급하고 계시며 여전히 모든 만물을 다스리고 계시다는 사실을 보았더라면 그는 염려하지 않았을 것이다. 예수님이 그의 제자들에게 말씀하신 것과 마찬가지로, 욥은 하나님께서는 그의 자녀들이 필요로 하는 모든 것을 풍성하게 공급해 주실 것이라는 확신을 가질 수 있었을 것이다. 그는 하나님의 명백한 계시에 의존하기보다는 자신의 감정에 의존하였기 때문에 염려하였던 것이다.

하나님과 욥 사이의 실제적인 교제가 결코 깨어지지는 않았다. 모든 창조물과 하나님의 섭리가 그 사실을 선언하였다. 따라서 욥이 품었던 의문에 대한 해답은 줄곧 욥 주변에 널려 있었지만 욥은 그 자신의 감정을 향하여 자기 내부로만 시선을 돌렸기 때문에 해답을 찾지 못했던 것이다.

그러므로 이 책은 하나님의 모든 자녀들을 위한 중요한 메시지를 담고 있다. 그것은 곧 우리는 우리가 느끼는 바를 따라 행하지 말고 하나님의 진리가 가르쳐 주는 것을 따라 살아가야만 한다는 것이다. 비록 우리에게 하나님께서 가까이 계시다는 사실이 느껴지지 않고, 혹은 하나님께서 우리의 기도를 듣지 못하시는 것 같이 느껴진다고 해도 그럴 때에 우리는 그러한 감정들이 믿을 만한 것이 못 된다는 사실을 알아야만 한다. 오늘날 그의 말씀 속에 계시된 하나님의 진리는 전에 자연 계시된 욥에게 말해 주었던 것보다 훨씬 더 분명하게 우리에게 말씀하고 있다. 따라서 우리에게는 하나님께서 우리 가까이 계시다는 것과 그가 우리를 돌보신다는 것, 그리고 앞으로도 그가 우리의 모든 필요를 공급해 주시리라는 것을 의심없이 믿을 수 있는 보다 나은 근거가 마련된 것이다.

우리는 욥이 그의 친구들의 그릇된 충고에 대항하여 믿음과 믿음으로 말미암는 칭의의 교리를 옹호함에 있어서 그가 옳았다는 것을 보게 된다. 욥이 말한 것은 하나님께서 옳다고 인정하셨지만 그의 친구들의 말은 하나님을 노하시게 만들었다(42:7).

욥에게 말씀하신 모든 것을 나타내 보이시기 위하여, 하나님께서는 결국 욥에게 풍성한 복을 쏟아 부어 주셨다(42:10-16). 그러나 우리는 욥에게 이러한 축복이 주어지기 전에 이미 그가 만족해 하였다는 사실을 알고있다. 그러므로 이러한 축복은 욥 자신을 위한 것이라기보다는 오히려 그의 친구들과 우리를 위한 것으로서, 참으로 하나님께서는 욥을 기뻐하시며 여전히 그를 사랑하고 계시다는 사실을 우리 모두에게 보여준다.

시 편

시편은 하나님의 백성들이 지은 150편의 찬송을 한데 모아놓은 책이다. 그 시들은 하나님의 백성들이 개인적으로 또는 공적으로 하나님께 예배드릴 때에 모든 영역에 있어서의 그들의 신앙체험을 표현해 준다.

어떤 의미심장한 고안에 따라 시편을 정리하고 재조정하려는 시도가 있어 왔지만 이루어지지 않았다. 이 시들은 다섯 권의 책으로 나누어져 있는데 어떤 사람들은 이것을 모세오경에 비교하기도 한다. 그러나 이것 역시 쉽게 설명할 수 없는 문제이다.

그리고 개개의 시들에 대한 배경과 시기를 입증해 보려는 노력 역시 모험적이다. 어떤 시들은 배경을 표시하는 제목을 가지고 있기는 하지만 그것들조차도 분명히 후기에 붙여졌고 또한 원문에는 표기되지 않은 부분이므로 확실하지가 않다.

따라서 시편을 공부함에 있어서, 그 시들은 하나님의 백성들이 하나님께 열납될 만한 방식으로 드린 경배를 특정한 시간의 제한을 받지 않는 방식으로 표현해 놓은 것들이라고 생각하는 것이 가장 바람직하다. 그렇지만 그 시들이 하나님을 향한 그의 백성들의 감

제14장／하나님 백성들의 헌신과 실제적인 삶에 관한 책들 589

정과 신앙을 담고 있는 것이라고 한다면, 하나님께서 그것을 원하셨고 또한 그것을 승인하셨다는 표시가 되므로 그 시들은 하나님과 인간과 구원에 이르는 방법에 관한 위대한 계시를 담고 있는 참되고 무오한 하나님의 말씀의 한 부분이다.

시편의 서문에 해당하는 부분은 제 1편이다. 시편 제 1편에서 우리는 전체적인 시편과 모든 시에 상응하는 배경이라고 불리워져도 좋을 만한 무엇을 접하게 된다. 따라서 우리는 시편 1편에 특별한 주의를 기울이게 될 것이다. 또한 그런 다음에는 그것이 어떻게 나머지 모든 시편의 배경이 되는가 하는 것을 살펴볼 것이다.

시편 1편은 **복있는 삶**에 대하여 말함으로써 시작한다. 이 "복있는(blessed)"이라는 단어는 약간의 생각을 요하는 말이다. 그것은 "오 ……의 행복이여"라는 감탄사에 더욱 가까운 표현이다. 이 단어는 하나님을 기쁘시게 하는 삶, 다시 말해서 하나님의 자녀들의 삶과 관계가 있다.

우리는 이 단어에 대한 철저한 연구를 해 보지 않아도 이 단어가 다음과 같은 세 가지 기본적인 것들-즉 하나님께서 나를 아시는 것과 같이 나 자신을 아는 것, 하나님께서 나에게 원하시는 삶을 사는 것, 나의 원수들을 피하여 구세주이시며 보호자이신 여호와를 나의 피난처로 삼는 것-로 이루어진 행복한 삶을 묘사하고 있다는 것을 알 수 있다.

"복있는"이라는 말은 이스라엘이 여호와로 말미암아 구원을 얻고 그를 통하여 승리를 거둔 하나님의 특별한 백성임을 지적한 신명기 33:29에서 처음으로 나타난다.

하나님께서 우리를 아시는 것 같이 우리 자신을 아는 것과 관련하여 성경은 복있는 삶은 여호와께 경책을 받는 것, 다시 말해 우리는 죄인이며 그의 도움을 필요로 한다는 사실을 그의 말씀을 통하여 배우는 것을 포함한다고 가르치고 있다(욥 5:17). 복있는 삶은 우리가 우리의 죄를 숨기거나 무시하지 않고 오히려 우리 안에서 아무런 거짓이 발견되지 않는 것을 강조한다(시 32:1-2). 이것은 행복한 삶 혹은 복있는 삶의 유일한 기초가 되는 참된 용서의 유일한 기초이다(참조. 요일 1:8, 9, 10). 우리는 하나님 앞에서 정직하지 않으면 안된다. 하나님의 말씀은 우리를 경책하고 가르치며 그 결과 우리는 축복을 받는다. 하나님께서는 그의 친 자녀들에게 하시듯 우리를 다루신다(시 94:12; 참조. 딤후 3:16-17).

하나님께서 원하시는 삶을 사는 것과 관련하여 우리는, 하나님께서는 우리로 하여금 말씀을 듣는 자가 될 뿐만 아니라 행하는 자가 되기를 기대하신다는 사실을 배우게 된다(약 1:22; 마 7:24 이하). 시편 1편은 의인의 복있는 삶은 죄인의 길로 행하지 않고 오히려 하나님의 말씀을 즐거워하는 데서 나타난다는 것을 선언하고 있다(시 1:1-2; 참조. 시 112:1). 또한 복있는 삶은 우리에게 하나님께서 언제나 그의 자녀들 앞에 설정해 오신 기준인 의와 공의를 따라 하나님의 뜻을 준행할 것을 요구한다(시 106:3; 참조. 창 18:9; 사 56:1-2; 기타). 다시 말해 우리가 복있는 삶을 살기 위해서는 하나님의 율법을 따라 행해야 한다(시 119:1; 잠 29:18). 이것은 물론 우리가 가난한 자들과 약한 자들을 생각하고 그들에게 관심을 가지면서 하나님과 우리의 이웃을 사랑해야 할 것을 의미한다(시 41:1; 잠 14:21; 약 1:27).

마지막으로, **복있는 삶은** 우리가 **하나님을 기쁘시게 하는 삶을** 살고자 할 때에 우리의 대적들로부터 벗어나 여호와를 우리의 피난처로 삼는 것과 또한 우리의 죄를 깨닫고 하나님께 용서를 구할 때에 그 죄들로부터 떠나 여호와께로 피하는 것을 포함한다(시 2:12; 34:8; 40:4; 65:4). 여호와를 피난처로 삼는다는 이 개념은 여호와께 대한 신뢰(시 84:12)와 그를 기다리는 것(사 30:18)으로 표현될 수 있다.

이것이 바로 복있는 자의 삶이다. 복있는 삶에 관한 이 구약성경의 여러 구절들을 동일한 주제에 대한 예수님의 말씀(마태복음 5:3-12에 나타난 팔복)과 비교해 보면 커다란 유사점을 발견하게 된다. **첫번째 세 가지 복,** 곧 "심령이 가난한 자는 복이 있나니; 애

통하는 자는 복이 있나니 ; 온유한 자는 복이 있나니"라는 말씀은 모두 우리가 우리의 죄를 깨닫고 하나님께 대한 필요성을 인식하는 것, 다시 말하자면 하나님께서 우리를 아시는 것처럼 우리 자신을 아는 것을 가리킨다.

두번째 세 가지 복, 곧 "의에 주리고 목마른 자는 복이 있나니 ; 긍휼히 여기는 자는 복이 있나니 ; 마음이 청결한 자는 복이 있나니"라는 말씀은 하나님이 우리에게서 기대하시는 삶의 종류를 나타낸다.

마지막 세 가지 복, 곧 "화평케 하는 자는 복이 있나니 ; 의를 위하여 핍박을 받는 자는 복이 있나니 ; 그리스도를 위하여 핍박을 받는 자는 복이 있나니"라는 말씀은 모두 **대적들의 핍박에 직면할 때 하나님을 피난처로 삼아** 그와 화평하며 그 안에서 **소망**을 찾는 것과 관련되어 있다(참조. 롬 8 : 18).

이제 **시편 1편**으로 다시 돌아와서 우리는 여기서 **의인과 그의 의**라는 관점에서 묘사해 놓은 복있는 삶을 발견할 수 있다(1 : 1-3). 이와 대조적으로, 악인은 하나님의 백성들 중에 들지 못한다(1 : 4-5). 마지막 절인 1 : 6은 **의인과 악인의 대조적인 길과 그 결국**을 보여준다.

이제 시편의 **제 1 권**을 살펴보기로 하자. 여기서는 **의인의 복있는 삶에 대한 부정적인 측면**이 먼저 나타난다. 다시 말해 시편 제 1권에는 의인이 해서는 안될 일들에 대한 표현이 먼저 나타난다. 이것을 통하여 우리는 어떤 사람이 하나님과 올바른 관계를 맺게 될 때, 그는 죄인의 권고와 죄인의 길과 죄인의 자리와는 정반대의 편에 서게 된다는 것을 알 수 있다(1 : 1).

악인의 꾀(the counsel of the ungodly)는 하나님과 관계없이 우리 스스로를 아는 것이다. 우리는 하나님께 대한 아무런 관심도 없이 우리의 삶을 살아가고 또 계획한다. 이것은 아담과 하와에게 준 사탄의 꾀(counsel)였다(창 3장). 그것은 또한 하나님께 대한 아무런 언급도 없이 한 성을 건축하려고 했을 때의 바벨탑을 쌓던 사람들의 꾀였다(창 11:3-4). 인간은 교만으로 인하여 자기 자신을 하나님께서 그를 보시는 것처럼 보지 않기 때문에, 다시 말해서 자기 자신을 허물과 죄 가운데서 죽은 죄인으로 보지 않기 때문에 하나님께 대한 필요성을 깨닫지 못한다. 그렇기 때문에 그는 전혀 하나님을 알지 못한 채 자신의 삶을 계획하고 또 살아간다.

그러므로 **죄인의 길**(the way of sinners)은 하나님을 기쁘시게 하는 것이 아닌 자기 자신을 기쁘게 하는 것이다. 그들은 에서처럼 이 세상의 영광과 명예, 부, 그리고 보상을 바라본다. 그들은 세속적이어서 그의 백성들을 향한 하나님의 영적인 목표를 볼 수도 없고 받아들이지도 못한다.

오만한 자의 자리(the seat of scoffers), 곧 죄인된 삶의 필연적인 결말은 멸망이다. 하나님을 거절하는 자는 결국 삶에 대한 어떠한 의미도 발견할 수가 없다. 모든 사람은 하나님과 교제를 갖도록 지음을 받았기 때문에 그 위대한 목적을 거절하는 사람은 비통과 절망 가운데서 멸망하게 된다.

그러나 여기에는 또한 의인의 삶에 대한 궁극적인 측면이 있다. 그는 하나님의 율법(뜻)을 즐거워한다. 그러므로 그는 항상 그 율법을 묵상하였다. 하나님의 율법에 대한 그의 태도는 사탄의 자녀들의 태도와는 정반대이다(렘 6:10을 보라). 사람의 참된 영적 상태는 하나님의 말씀에 대한 그의 태도에서 나타난다.

"묵상"이라는 말은 성경에 대한 막연한 생각 이상의 의미를 내포하고 있다. 묵상한다는 것은 하나님의 말씀, 곧 그의 진리를 자신의 삶의 모든 국면에 적용하기 위하여 숙고하는 것을 뜻한다. 그것은 하나님의 말씀을 듣는 자가 될 뿐만 아니라 행하는 자가 되기 위한 것이다(참조. 신 6:4-9; 수 1:8).

하나님의 뜻을 묵상함으로써 영적으로 충만해진 의인들은 그 삶이 변화되고 생기가 충만하여 열매맺는 삶을 살게 될 것이다(3절). 그들은 생명의 강가에 심기운 나무에 비유된다. 그들은 생명을 주고 또 생명을 유지시키는 하나님의 말씀에 깊이 뿌리를 내리고 있다(참조. 렘 17 : 8). 그들은 범죄한 이스라엘과는 달리 강건하여서 그들의 삶을 통하여 의와 공의의 영적 열매를 나타내 보인다(참조. 사 5 : 1-7 ; 갈 5 : 22-23). 그들은 영원히 살기 때문에 그들의 잎은 **시들지(죽지) 않는다.** 인간의 관점이 아닌 하나님의 관점에서 본다면, 그들은 모든 일에 있어서 형통할 것이다(수 1 : 8 ; 롬 8 : 28). 경건한 사람의 삶은 결코 실패하지 않는다.

정반대로, 악한 자들 혹은 불의한 자들은 무엇을 하든지 안정을 얻지 못한다. 말라 죽은 것과 같은 쭉정이의 비유는 불의한 자들에 대한 적절한 비유이다(4절 ; 참조. 마 3 : 12). 어떤 이유로 인하여 악인들은 세상에서의 그들의 외관상의 번영과는 상관없이 심판 날에는 멸망할 것이다. 그들이 이 세상에서 유형교회의 일원이었다고 할지라도, 심지어는 유형교회에서의 설교자였다고 할지라도 악인들은 의인들의 모임에 참여하지 못한다(5절). 하나님께서는 모든 불의로부터 그의 교회를 깨끗케 하실 것이다. 어떠한 죄인도 참된 교회에는 들지 못할 것이다(계 21 : 27 ; 22 : 14-15).

결론적으로 말해서, 하나님께서는 창세기 3 : 15로부터 매우 빈번하게 계시해 오셨듯이 인간에게는 오직 두 가지의 계보, 즉 하나님께서 아신 바 된(그의 소유로 선택된) 의인들과 멸망할 길을 걷는 악인들 혹은 불의한 자들이 있을 뿐이라는 사실을 다시 한번 보여주신다(1 : 6 ; 참조. 요 3 : 16).

이 시편 1편에는 시편 전체의 모든 주요 주제, 즉 의인과 그의 의 ; 불의한 자와 그의 악 ; 그리고 그들 각자의 '필연적인 종말이 소개되어 있다. 또한 여기에는 의인과 악인 사이에 존재하는 **불화에 관한 주제**도 암시되고 있다.

그러므로 시편은 의로운 삶, 하나님의 말씀에 대한 찬양과 묵상, 하나님의 자녀들의 경건한 삶, 그리고 의인들은 결코 시들지(망하지) 않으며 결국 그들 모두는 번성할 것이라는 사실에 관하여 상술하고 있다. 또한 시편은 악인의 악, 악인의 불안정한 삶, 그리고 하나님에 의한 그의 궁극적인 심판과 멸망에 대해서도 상세히 이야기하고 있다. 더욱이, 시편은 하나님과 하나님의 자녀들을 향한 불신자들의 적대감, 곧 하나님의 자녀들에 대한 적개심과 잔혹함으로 표현된 적대감에 대해서도 자주 이야기한다. 시편은 또한 신자들이 그들의 대적, 곧 불의한 자들을 어떠한 타협과 위선도 없이 이해하고 다루는 것이 중요하다는 사실을 교훈해 준다.

우리는 시편의 각 장들을 통하여 이러한 주제들 가운데서 한 가지 혹은 그 이상의 것을 발견하게 될 것이다. 시편의 어떤 부분을 연구하는 중에라도 우리의 참조의 핵심은 시편 1편의 전망을 견지해야만 한다.

우리는 이제 각각의 시들 속에 어떤 주제들이 뒤섞여 있는지에 대하여 특별한 주의를 기울이면서 몇 편의 시를 간략하게 살펴보게 될 것이다.

시편 2편은 의인들과는 대조적으로 불의한 자들은 그들의 삶에 헛된 일을 꾸미거나 적용한다는 것을 보여준다(1절). 그들은 하나님과 그의 자녀들을 향하여 적대감을 나타낸다. 그러나 하나님께서는 그의 기름부음을 받은 자(그의 아들 그리스도)를 통하여 그에게 피하는 모든 자들에게 승리를 주신다(12절).

시편 3편은 하나님을 믿지 않는 불경건한 자들로부터 공격을 당하고 있는 의인을 보여준다(1-2절). 그럼에도 불구하고 그는 자신의 피난처되신 하나님을 찾으며 그의 대적의 손으로부터 자기를 구원하실 하나님의 구원을 확신한다. 인간이 아닌 하나님께서 믿는 자의 구원을 결정하신다(8절).

시편 4편은 하나님을 섬기지 않는 사람들은 헛된 삶을 살아가는데 비해, 여호와를 의뢰하고 살아가는 하나님의 자녀들이 누리는 평화를 강조했다(3, 4, 8절).

시편 5편은 죄인들과 그들의 행위에 대한 하나님의 진노(4-6절)와 믿음으로 그에게 나아오는 자들에게 주시는 하나님의 축복(7, 8절)을 표현하고 있다.

시편 그것은 악인들에 대한 평가(9절)와 악인들에 대한 하나님의

제14장／하나님 백성들의 헌신과 실제적인 삶에 관한 책들 595

처벌을 요구하는 신자들의 기도(10절)를 포함하고 있다. 이 후자의 기도는 악인들에 대한 하나님의 뜻과 완전히 일치한다(4-6절). 마지막으로, 하나님께 피하는 자들을 위한 약속의 말씀과 함께 시를 마감하고 있다.

시편 전체를 차례로 한장씩 분석할 만한 이유가 주어지지는 않을 것이지만, 지금까지의 처음 다섯 편에서 살펴본 바와 같이 시편의 모든 주제는 시편 1편으로부터 나오며 그것을 단순히 확대하고 있을 뿐이다.

이제부터는 시편의 나머지 부분들 중에서 몇몇의 시들을 선택적으로 살펴보게 될 것이다.

시편 19편은 의인이 묵상하는 하나님의 말씀의 경이로움과 영향력을 아름답게 표현하고 있다. 처음의 여섯 절은 하나님께서 욥에게 가르쳐 주셨던 하나님의 자연계시에 대하여 이야기한다. 하나님께 대한 위대한 진리가 하나님께서 친히 만드신 모든 만물과 하나님께서 날마다 섭리 가운데 행하시는 모든 일들을 통하여 가르쳐지고 있음은 분명한 사실이다(참조. 창세기 1장 ; 롬 1 : 20). 그러나 그의 말씀 속에는 하나님께 대한 훨씬 더 위대한 계시가 담겨 있다. 이것이 바로 시편 기자가 여기서 특별히 말하고자 하는 내용이다(7-11절).

그는 **하나님의 말씀의 명칭들**, 곧 여호와의 율법, 여호와의 증거, 여호와의 교훈, 그리고 여호와의 계명에 대하여 말하고 있다(7, 8절). 하나님의 말씀에 대한 이 명칭들은 각각 나름대로의 특별한 의미를 가지고 있다. "율법"은 하나님의 말씀의 전 부분, 곧 가르쳐진 모든 것을 가리킨다. "증거"는 특별히 하나님의 율법의 요약으로서의 십계명을 가리킨다. 그리고 "교훈"은 주로 하나님의 율법을 삶에 적용시킨 것, 즉 적용된 율법을 가리킨다. 또한 "계명"은 그리스도께서 사탄의 유혹을 다루심에 있어서 사용하셨듯이 어떤 주어진 상황을 위한 특수한 하나님의 말씀을 의미한다(마 4 : 4, 7,

10을 보라).

시편기자는 또한 **하나님의 말씀의 특성**에 대해서도 이야기한다(7, 8절). 하나님의 말씀은 완전하다. 하나님의 말씀은 확실하다. 하나님의 말씀은 정직하다. 하나님의 말씀은 순결하다. 여기서 "완전하다"는 말은 아무 부족함이 없이 완벽한 것을 의미한다(참조. 신 4:2; 12:32; 계 22:18-19; 잠 30:5-6). 그리고 "확실하다"는 말은 하나님의 말씀이 의심없이 믿어도 좋을 만큼 확고부동한 것임을 의미한다. 여기에 사용된 단어는 구약성경에서 "믿음" 혹은 "믿다"라는 개념의 출처가 되는 단어와 동일하다. 창세기 15:6에서의 믿음에 관한 토의를 참조하라. 또한 "정직하다(right)"는 말은 옳고 그름의 진정한 표준인 하나님의 판단에 의한 정직을 의미한다. 그리고 마지막으로 "순결하다"는 말은, 성경이 여러가지 오류로 가득차 있다고 하는 우리 시대의 고등비평가들과 불신자들의 주장과는 대조적으로 아무런 결점이 없는 상태를 의미한다.

마지막으로, 시편 기자는 **하나님의 말씀의 영향력**에 대하여 이야기한다(7, 8절). 하나님의 말씀은 영혼을 소생시키고, 우둔한 자를 지혜롭게 하고 마음을 기쁘게 하며 눈을 밝게 한다. 하나님의 말씀은 죄 가운데서 죽은 자들에게 생명을 주고 하나님의 성령으로 말미암아 그들을 하나님께로 돌이키게 함으로써 영혼을 소생시킨다. 우둔한 자들이 하나님의 말씀의 인도를 받아 양육되고 또 하나님으로부터 오는 영적 지혜를 소유하게 될 때 하나님의 말씀은 그들을 지혜롭게(그리스도 안에 있는 믿음으로 말미암아)한다(딤후 3:16-17; 벧전 2:2을 비교하여 보라). 훌륭한 식사를 대할 때, 혹은 사랑하는 사람과 결혼식을 가질 때, 혹은 강력한 경쟁자를 누르고 승리를 거둘 때에 사람들이 기뻐하는 것과 마찬가지로 하나님의 말씀은 하나님의 자녀들로 하여금 말씀의 진리를 즐거워하게 만들므로, 결국 마음을 기쁘게 한다. "기쁘게 하다(rejoice)"라는 단어는 성경의 다른 곳에서도 모두 이러한 문맥 안에서 사용되고 있다. 또한 하나님의 말씀은 우리로 하여금 정직하게 그리고 하나님의 관점

제14장／하나님 백성들의 헌신과 실제적인 삶에 관한 책들 597

에서 삶을 바라볼 수 있도록 만들어 주기 때문에, 우리의 눈을 밝게 해 준다.

다음으로 시편기자는 하나님의 말씀의 비할데 없는 가치(10절)와 신자들의 현재와 장래의 삶에 있어서의 말씀의 실제적인 사용(11절)에 관하여 말한다. 하나님의 말씀으로 말미암아 우리는 그 밖의 다른 것을 통해서는 전혀 알 수 없는 우리 자신에 대한 진리를 배운다(12절). 이러한 사실은 우리로 하여금 하나님을 더욱 기쁘시게 하는 삶을 살 수 있도록 한다. 하나님의 말씀은 우리의 언어 생활과 또 그 말씀을 우리의 삶에 진지하게 적용하는 일(묵상)을 위한 유일하고도 완벽한 안내자이다(14절). 오직 하나님의 말씀을 따름으로써만 우리는 그에게 받아들여질 수 있다는 소망을 가질 수 있다. 시편 119편도 그 성격과 내용에 있어서 이 시와 매우 유사하다.

시편 22편 역시 불의한 자들에 의한 의인의 고난을 다루고 있다. 하나님의 응답을 듣는 데 실패한 시편기자가 하나님께서 자기를 버리셨다는 느낌을 가지게 됨으로써, 이 시는 욥이 직면했던 것과 동일한 문제들을 다룬다(22:1-2).

욥과는 달리, 시편기자는 하나님을 의뢰하는 자들에 관한 하나님의 기록된 계시에 호소할 수 있었으며 또한 그렇게 했다. 그는 비록 자기가 사람들에게서 멸시를 당한다고 할지라도 하나님께서는 그의 가까이에 계시며 또한 그의 기도를 들으실 것이라는 확신으로부터 힘을 얻는다(3-11절). 욥이 그랬던 것처럼, 그는 많은 고통을 당하면서도 하나님께서 가까이 계시다는 사실을 인식하게 되며, 결국에는 위로를 받아 오히려 다른 사람들을 위로할 수 있게 된다(12-24절). 이 시의 마지막 부분은 하나님의 선하심이 땅 끝까지 전파될 것에 주의를 기울이고 있다(27-31절).

이 시는 십자가 위에서 고통의 시간을 보내신 우리 주님께 특별히 귀중한 것이었다(마 27:46). 우리는 이 시에서 우리 죄를 친히 담당하시고 고통을 당하시는 동안 하나님께서 자기를 홀로 버려두셨다고 느끼신 예수님의 감정과, 또한 바로 이 시를 통하여 하나님께서 멀리 떨어져 계신 것이 아니라는 확증을 얻고 아버지의 손에 자신을 맡기실 때의 예수님의 확신을 동시에 볼 수 있다(19, 24절).

우리는 헷 사람 우리아에 대한 자신의 죄를 고백한 다윗의 위대한 시를 기록해 놓은 **시편 51편**을 이미 살펴본 바 있다(사무엘하 12 : 13 이하에 관한 설명을 참조하라).

시편 69편은 많은 사람들을 당황하게 만들었으며 또한 어떤 사람들에 의해서는 "기독교 정신에 반하는" 것으로 불리워져 온 저주의 시편들 가운데 하나이다. 그러나 이러한 주장들은 사실과는 거리가 멀다. 저주의 시편들은 의인들과 악인들 사이에 존재하는 그 적대감에 관련된 실제적인 문제점들을 이해하는 모든 참된 그리스도인들의 생각을 표현하고 있다.

시편기자는 여기서 그의 대적들과 그에 대한 그들의 적대감으로 인하여 망연자실해 한다(69 : 1-4). 그러나 시편 1편에서 하나님께서 약속하셨듯이 의인은 번성하게 될 것이라는 확신에 기초하여 그는 소망 안에서 하나님을 바라본다(5-6절). 그는 자신의 고통이 의를 위한 것임을 절감하고 있다(7-12절). 뿐만 아니라 그는 그러한 고난의 시기에 하나님께서 그의 유일한 피난처라는 사실도 알고 있다(13-18절).

이 시의 전체적인 내용은 시편 1편의 문맥에 비추어서 이해되지 않으면 안된다. 그는 하나님께서 그를 알고 계시다는 것과 또한 하나님께서는 그가 원수들에게서 어떻게 고통을 당하고 있는가 하는 것까지도 알고 계시다는 사실을 알고 있다(19-21절). 그러므로, 대적들의 멸망을 바라는 시편기자의 기도는 악한 자들을 멸하시리라고 선언하신 하나님의 뜻에 일치하는 것이다(22-28절 ; 참조. 시편 1 : 4, 5, 6).

이 악인들에 대한 묘사가 신약성경에서 예수님을 십자가에 못박은 자들(21절 ; 참조. 요 19 : 29)과 예수님을 거절한 자들(22, 23절 ; 참조. 롬 11 : 9-10)과 가룟 유다(25절 ; 참조. 행 1 : 20)와 부정한 자들과 가증한 자들(27, 28절 ; 참조. 계 21 : 27)에게 적용된 것은

제14장／하나님 백성들의 헌신과 실제적인 삶에 관한 책들 599

주목할 만한 가치가 있다.

여기서 시편기자는 원수를 원수로 간주하고 있을 뿐이다. 하나님의 인도하심을 따라, 그는 하나님을 믿지 않는 자들의 필연적인 멸망을 인식하고 있었다. 그 밖의 다른 방법으로 기도하는 것은 하나님의 뜻을 거스리는 것이었다. 시편기자는 악인들의 멸망을 기뻐하지는 않았지만 그것이 하나님의 뜻이라는 사실을 인식하고 있었던 것이다(참조. 욥 31 : 29).

이것은 분명히 시편기자 자신의 개인적인 적대감이 아니라 하나님께서 그의 후손과 사탄의 후손 사이에 설정해 놓으신 바로 그 명백한 적대감을 가리킨다(창 3 : 15). 결국에는 멸망할 하나님의 대적들을 위로하는 것은 속이는 것이다. 따라서 시편기자는 하나님의 이름을 사랑하는 자들에게만 주어지는 소망을 알고 있다(36절).

시편 69편과 유사한 성격을 가진 시(역시 시편 69편처럼 많은 사람들로부터 잘못 인식되고 있는)에는 **시편 137편과 138편**이 있다. 시편 137편 8절과 9절에서 시편기자는 바벨론에 임할 심판을 묘사하면서, 그 일로 인하여 자기 자신이 즐거워하는 것으로 표현하지 않고 오히려 바벨론 사람들의 아이들을 짓밟는 자들(페르시아 사람들)이 기뻐할 것이라고 말한다. 시편 139편 후반부에서는 시편기자가 그의 대적들을 미워한다는 것을 다시금 선언하고 있다. 그러나 이것은 개인적인 증오심이 아니라, 하나님의 대적이 곧 그의 대적이라는 사실에 기초한 것이다(21-22절). 그들은 하나님의 대적이므로, 일단 시편기자가 하나님을 믿게 되면, 그들은 곧 시편기자 자신의 대적이 되는 것이다. 시편기자가 하나님을 대적하는 자들과 화목을 도모하려 했다면, 그것은 하나님께 대한 죄와 반역으로서, 가룟 유다와 같이 행동한 꼴이 되었을 것이다.

이제 **시편 73편**으로 돌아가 보기로 하자. 이 시는 하나님의 대적, 곧 악한 자들의 외양적인 번영을 다루고 있다. 시편기자는 이러한 사실로 인하여 크게 괴로워하면서 세상적인 번영을 찾기 위하여 하나님으로부터 떠나고자 하는 유혹을 받기까지 한다. 그러나 악한 자들의 결국에 관하여 시편 1편에서 교훈받은 하나님의 진리에 대한 그의 지식이 그로 하여금 하나님께 그러한 죄를 범하는 것으로부터 돌이키게 한다(17절 이하).

시편 94편에서 시편기자는 하나님을 믿지 않는 자들의 장기적인 악을 생각하면서 하나님의 보복적인 개입을 간청한다(1-11절). 그는 하나님께서 의인들을 강하게 하시고 도우실 것이며 또한 그들로 하여금 망하지 않도록 하실 것이라는 지식으로 말미암아 위로를 받는다(12-19절).

이제 **시편 150편**을 살펴봄으로써 전체적인 시편 연구를 마무리하고자 한다. 이 시는 "할렐루야" 혹은 "여호와를 찬양하라"는 반복구로 가득차 있다. 이 시는 하나님의 백성들의 임무가 하나님을 위하여 모든 것을 행하고 또 만물로 하여금 하나님을 찬양하도록 하는 것임을 가르쳐 준다. 이 시는 참으로 시편의 "할렐루야 합창곡"이라 할 수 있다.

지금까지 우리가 관찰해 온 이 모든 시들은 시편 1편으로 돌아가서 거기서 그들의 문맥을 찾는다. 따라서 이 모든 시들을 올바른 견지에서 이해하기 위해서는 시편 1편에서 소개된 주제들의 빛 안에서 이해하지 않으면 안된다. 이 몇몇의 시들을 통하여 우리가 살펴볼 주제들은 시편의 나머지 시들 속에서도 역시 발견할 수 있는 것들이다.

잠 언

잠언은 욥기 및 전도서와 함께 지혜문학으로 불려진다. 왜냐하면 이 책들은 하나님께로 인도할 수 없는 인간의 지혜와 대조를 이루는 하나님으로부터 나오는 참된 지혜를 다루고 있기 때문이다. 따

제14장/하나님 백성들의 헌신과 실제적인 삶에 관한 책들 601

라서 이 책의 내용을 공부하기에 앞서 성경적인 지혜관을 먼저 간단하게 살펴보는 것이 좋을 것이다.

성경은 두 가지 종류의 지혜가 있다는 것을 분명히 가르쳐 주고 있다. 그것은 일반적인 지혜와 특별한 지혜(혹은 자연적인 지혜와 초 자연적인 지혜)이다.

자연적인 지혜는 삶에 대한 특정한 지혜를 경험으로부터 얻게 되는 성인에게 있어서 경험과 더불어 생기게 된다(욥 12:12). 그러한 지혜는 점점 더 축적되어 대대로 전해진다. 대부분의 고대 문화들은 지혜 문학에서 비롯되었다. 그러한 지혜는 무력보다는 낫지만 인간의 죄악된 본성으로 인하여 자연적인 지혜의 영향력은 약화된다(전 9:16-18). 무엇보다도 인간의 지혜는 인간을 하나님께로 인도하기에는 너무나 미약하다. 그것은 이 세상에 속한 것이다(고전 1:20-2:5).

바울은 앞에서와 동일한 문맥(고전 1, 2장) 안에서 우리로 하여금 신자들을 위한 초자연적인 지혜, 곧 하나님으로부터 나온 지혜를 고찰해 보도록 인도한다. 이 지혜는 오직 하나님의 성령으로 말미암아 하나님의 말씀을 통하여 주어지는 계시에 의해서만 습득할 수 있다(고전 2:6-16).

구약성경에서는 이 초자연적인 지혜 혹은 특별한 지혜에 관하여 많은 것을 가르치고 있다. 먼저 우리는 그것이 사람의 마음으로부터 나온 것이 아니라 오직 하나님으로부터 나온 것이라는 사실을 배우게 된다. 그것은 하나님의 선물이다(왕상 4:29). 더구나 그 선물은 사람들로 하여금 하나님께서 그들에게 부여하신 일과 책임을 보다 효과적으로 수행할 수 있도록 하기 위하여 주어진다(출 28:3 ; 36:1).

하나님으로부터 오는 이 초자연적인 지혜는 오직 그의 말씀을 통해서만 주어진다. 뿐만 아니라 하나님으로부터 오는 이 지혜는 단순히 하나님의 말씀을 아는 것을 통하여 주어지지 않고 그 말씀을 지키는 것을 통하여 주어진다(신 4:5, 6). 이 말은 지혜가 단순히 어떤 사실을 아는 것 훨씬 이상의 것들로 이루어져 있다는 것을 의미한다. 이러한 지혜는 하나님의 진리를 우리의 삶 가운데 적용함으로써 생긴다. 참된 지혜는 하나님의 뜻을 알고 행하는 것이다(참조. 마 7:24-27).

따라서 우리는 지혜를 소유함으로써 우리의 삶을 통하여, 하나님께서 우리에게서 기대하시는 것, 곧 의와 공평을 행함으로 하나님을 기쁘시게 할 수 있다(창 18:19; 참조. 왕상 3:28). 신약성경에는 우리의 삶을 향한 하나님의 열망이 영적인 열매라는 말로 묘사되어 있다. 야고보는 하나님으로부터 오는 지혜는 성령의 열매를 맺는 결과로서 얻게 된다는 것을 가르쳐 준다(약 3:17-18; 참조. 갈 5:22-23; 시 37:30).

마지막으로, 하나님께로서 난 지혜는 우리로 하여금 하나님께서 우리를 아시는 것처럼 우리 자신을 알 수 있도록 해 준다. 그것은 하나님의 말씀이 우리 마음 속 가장 은밀한 부분에 있는 모든 숨은 죄까지도 드러내어 우리로 하여금 우리 자신의 참된 실체를 볼 수 있도록 하여 주기 때문이다(시 51:6; 16-17).

구약성경은 하나님께로서 난 우리의 지혜는 하나님과 그의 말씀에 대한 신뢰, 다시 말해서 여호와를 경외하는 것으로부터 출발한다고 가르치고 있다. 하와의 어리석은 행위는 그녀가 하나님의 말씀을 떠나서도 지혜를 얻을 수 있다고 생각했을 때 일어났다(창 3:6).

욥은 참된 지혜와 하나님의 계시 사이의 관계를 매우 분명하게 표현하고 있다(욥 28:12-28). "여호와를 경외하다"라는 말은 "여호와를 의지하다"라는 뜻이다. 시편기자는 "신자"를 의미하는 "하나님을 경외하는 자"의 개념을 나타내기 위하여 종종 이 용어를 사용한다(참조. 시 115:11-13).

잠언 1:7에서 우리는 여호와를 경외하는 것(여호와를 의지하는 것)이 지식의 근본(the beginning of knowledge)이라는 사실을 알 수 있다. 후에 9:10에서는 "여호와를 경외하는 것"이 지혜의 근본

(the beginning of wisdom)이라는 사실을 알게 된다. 이 두 구절에 나타난 "근본"이라는 단어는 히브리어에서 서로 다른 단어가 사용되었다. 처음의 경우에 있어서(1:7) "근본(beginning)"이라고 번역된 단어는 어떤 목표, 곧 마지막 결과 쪽으로 향하고 있을 때의 시작이라는 의미를 가진다. 그러므로 우리가 지혜 안에 있는 지식에서 비롯된 행위를 하기 원할 때에는(하나님의 말씀에서 얻은 지식을 우리의 삶에 적용하려고 할 때에는) 여호와를 믿고 따르는 것이 필수적이다.

그리고 잠언 9:10의 경우에 있어서 "근본(beginning)"으로 번역된 단어는 첫걸음을 내딛는 시작을 의미한다. 따라서 여호와를 믿는 것(그를 경외하는 것)은 결과적으로 획득하게 될 지혜의 전 과정에 있어서의 시작인 것이다.

그러면 지혜의 목적 혹은 최종 목표는 무엇인가? 다시금 우리는 잠언에서 그 해답을 발견하게 된다(참 3:13-18). 여기서 우리는 지혜가 참으로 복된 삶에 이르는 열쇠라는 것을 배울 수 있다. 지혜를 얻는 것은 은이나 금이나 혹은 루비를 얻는 것보다 낫다(참조. 시편 19:10; 119:72, 127). 간단하게 말해서, 하나님께로서 난 지혜를 소유하는 것은 이 세상이 줄 수 있는 그 어떤 것에도 비교할 수 없을 만큼 값진 것이다. 인간이 열망해온 그 어떤 것(장수, 부, 명예, 쾌락, 평화, 건강, 행복 등)도 하나님께로서 난 지혜를 능가하지 못한다.

이제는 지혜를 얻을 수 있는 방법과 또 지혜가 가져다 주는 축복을 알아보기 위하여 지혜에 관한 이 위대한 책 잠언서를 살펴보기로 하자.

잠언서의 기록 목적이 첫머리에 기술되어 있는데(1:2-4), 그것은 지혜와 교훈을 얻게 하며, 명철의 말씀을 깨닫게 하며, 지혜롭고 의롭게, 공정하고 정직하게 행하도록 하기 위한 것이다(참조. 창 18:19). 따라서 우리는 잠언서를 통하여 어리석은 자에게 슬기를 주며 젊은이들에게 지식을 가르칠 준비를 갖출 수 있게 된다(참조. 딤후 2:2). 이런 까닭에 우리는 이 책이 우리가 다른 사람들을 가르칠 수 있을 때까지 우리를 가르쳐서 우리로 하여금 하나님의 일을 할 수 있도록 충분히 준비하게 하기 위하여 고안되었다는 것을 알 수 있다.

이 책의 목표는 1:5-6에 나타나 있다. 이 책을 통하여 지혜로운 자는 더 많은 지혜를 얻게 되고 또한 하나님의 이해하기 어려운 말씀들, 즉 하나님 나라의 비밀을 깨달을 수 있는 통찰력을 갖게 된다. 그러므로 만약 우리가 잠언서를 진지하게 받아들이기만 한다면 그 속에서 우리는 지식과 지혜에 있어서의 성장에 관한 무진장한 보고를 발견할 수 있다. 이 책을 통하여 우리는 모두 영적으로 성장할 수 있다.

이 책에 대한 공부를 시작하기 전에 먼저 구조를 살펴보기로 하자.

먼저, 우리는 **지혜를 찬양하는 서론격의 에세이**를 볼 수 있다(1-9장). 이 부분은 아들을 훈계하는 부모의 관점에서 쓰여졌다. 여기서는 부모로서의 훈계가 적절한 문맥을 이루고 있다(1:8-9; 참조. 신 6:4-9). 여기서 아들은 여호와를 경외하라는 권고를 듣는다(1:7, 9:10). 이것은 여호와를 믿어서 이 세상의 유혹을 이기게 하는 하나님의 지혜를 선택하라는 도전이다.

다음으로, 우리는 **잠언서의 본론의 첫번째 그룹**을 대하게 된다(10장-22:16). 이 부분은 의인과 악인(지혜로운 자와 어리석은 자) 사이의 대조를 다루고 있는 솔로몬의 잠언들로 이루어져 있다. 이 부분은 또한 인간이 경험하는 중요한 문제점들과 그 해결책에 관한 일종의 소논문이라고도 할 수 있는 단락을 포함하고 있다(16장-22:16).

그 다음에는, **지혜로운 사람들의 잠언**이 뒤를 잇고 있는데(22:17-24:22) 이 부분의 말씀들은 분명히 솔로몬 이후 시대에 살았던 지혜로운 사람들의 잠언이다. 그런 다음 지혜로운 사람들의 말씀에

제14장／하나님 백성들의 헌신과 실제적인 삶에 관한 책들   605

대한 부록이 첨가된다(24 : 23-34).
   그 다음으로, 우리는 히스기야 시대에 수집된 **솔로몬의 잠언에 대한 추가 모음집**을 대할 수 있다(25-29장). 이 부분에서는 특별히 행동에 대한 교훈과 인생에 있어서의 양자택일의 문제를 다루고 있다.
   마지막으로, 이 책에는 **"아굴의 잠언"**(30장)과 **"르무엘의 말씀"** (31장)이라는 제목이 붙은 두 개의 간략한 단락이 있다. 이것이 우리가 앞으로 공부하게 될 잠언서의 윤곽이다.
   지혜를 칭찬하는 에세이는 잠언서의 첫번째 부분에 해당한다. 그리고 이 부분은 잠언서 전체에 대한 서론으로서의 성격을 띠고 있다(1-9장). "솔로몬의 잠언"이라는 이 책의 전체적인 제목은, 여기에 포함되어 있는 모든 잠언들을 솔로몬이 다 기록했다는 것을 의미하지 않으며 전체적인 내용에 관한 일반적인 묘사이다. 솔로몬의 잠언, 특히 10장-22 : 16과 25-29장은 전체적인 잠언집의 윤곽과 기초를 이루고 있다. 아마도 히스기야 시대에 전체적인 잠언집이 편집되고(25 : 1) 동시에 서론(1-9장)이 기록되었을 것이다.
   정확하게 말하자면 첫번째 단락은 1 : 7에서부터 시작된다. 우리는 여호와를 경외하는 것과 믿음 사이의 관계를 이미 살펴보았다(1 : 7; 9 : 10). 이 전체적인 단락은, 지식과 지혜는 우리가 여호와를 경외하고 그로부터 배울 때에만 진실로 시작된다고 하는 개념으로 엮어지고 있다.
   지혜를 찬양하는 이 긴 에세이에서는 믿음을 가진 부모들의 아들을 향한 부모다운 훈계가 적절한 문맥을 이루고 있다(1 : 8; 참조. 신 6 : 1-9). 비록 첫 아홉 장이 특별히 부자지간의 주제와 연관되어 있기는 하지만, 그럼에도 불구하고 여기에는 양쪽 부모가 다 언급되고 있다. 잠언서가 아들에게 주는 아버지의 훈계로 시작되어 자신의 어머니에 대한 아들의 찬양과 또한 자신의 아내(그의 자녀들의 어머니)에 대한 찬양으로 끝을 맺는다는 사실을 주목해 보는 것은 흥미로운 일이다(31장).

먼저 아버지는 아들에게, 우리가 시편 1편에서 보았던 것과 마찬가지로, 죄인의 길을 멀리하라고 도전한다(잠 1 : 10-19). 실제로, 이 훈계의 배경은 시편 1편인 것처럼 보인다. 아들은 죄인의 길이나 죄인의 권고를 따르기를 원하는 유혹을 받지 않도록 경계해야 한다 (1 : 10-19). 그 길은 사망으로 인도하는 길이기 때문이다(참조. 시 1 : 1, 4-6).

다음으로, 1 : 20에서부터 아버지는 아들에게 세상의 속임수에 대항하여 그의 마음을 지키고 지혜에 그의 마음을 쏟도록 설득하기 위한 훈계의 본론을 시작한다(1 : 20-9 : 18). 그는 지혜는 정숙한 여인으로, 그리고 세상의 유혹은 음녀로 묘사하면서 아들을 훈계한다. 우리는 그것들을 숙녀(lady)인 지혜와 매춘부(mistress)인 악이라고 부를 것이다.

이 단락의 첫번째 부분인 1 : 20-3 : 12에서는 숙녀인 지혜와 매춘부인 악이 소개되고 있다. 이 둘은 청년의 마음을 얻기 위하여 서로 싸운다. 그리하여 청년의 아버지는 다른 무엇보다도 마음을 지키라고 아들에게 훈계한다(4 : 23). 인간의 삶(삶의 문제점들)이 마음에서 비롯되기 때문에 마음은 매우 중요하다. 이 말은 마음에 품은 생각이 궁극적으로는 삶을 그 최종 결과에 이르기까지 인도하고 지도할 것이라는 뜻이다.

예수님께서도 마태복음 15 : 18-20에서 이와 유사한 말씀을 하셨다. 거기서 예수님께서는 사람의 부패한 마음에서 나오는 악한 생각들이 참으로 그 사람 자신과 그의 삶을 더럽힌다는 사실을 가르치셨다.

숙녀에 비유되는 지혜가 아버지를 통하여 소개된다(1 : 20-33). 그녀(지혜)는 솔직하게 말하며 공명정대하다. 그녀는 모든 청년들을 가리켜 사탄의 계략에 넘어가기 쉬운 어리석은 자들이라고 말한다(22절). 그들은 그들을 올바른 삶으로 인도하여 줄 지혜를 필요로 한다. 숙녀에 비유된 지혜나 여기서 제시하고 있는 그 지혜는 하나님의 말씀으로부터 나온다(21, 23절 ; 참조. 시 19 : 7). 그녀는 각 사람이 직면하게 되는 양자택일의 기회는 재난 아니면 안전이라는 것을 명백히 경고하고 있다(24-33절). 그녀를 따라(지혜와 함께) 참된 안전을 도모하든지 아니면 그녀를 거절하여 재난을 당하든지 양자택일해야 하며 다른 선택의 여지는 없다!

아버지는 아들에게 지혜를 추구하며 또한 그것을 기꺼이 받아들이라고 강력하게 권고한다(2:1-10). 그런 다음 아버지는 **사망의 길로 인도하는 매춘부인 악의 계략**에 대해서 경계시키고 있다(2:11-22). 매춘부인 악은 아첨하는 말로써 유혹하는 이방 여인으로 불리운다(16절). 우리는 기브온 거민들의 사건에 있어서 여호수아조차도 악에게 속아 넘어갔던 사실을 통하여 그녀의 아첨하는 말이 어떻게 역사하는가 하는 것을 알 수 있다(여호수아 9:3-15; 이 구절들에 관한 설명을 참고하라).

그 다음에 아버지는 아들에게 여호와를 의지하고 그를 경외하며, 그를 공경할 것을 권고한다(3:1-12). 그가 번영을 누리기 위해서는 악(매춘부인 악)에서 떠나지 않으면 안된다(3:7). 아들은 그의 모든 물질, 곧 그가 소유한 모든 것을 가지고 하나님을 공경함으로써 여호와께 대한 그의 경외심을 나타내 보여야만 했다(9, 10절). 하나님께서 징계를 통하여 당신이 기뻐하시는 것과 기뻐하시지 않는 것을 그에게 가르쳐 주실 때에 그는 성장하게 될 것이다(11, 12절).

이 시점에서 **아버지는 다시금 숙녀인 지혜를 칭찬하기 시작한다**(3:13-4:27). 그는 먼저 지혜의 비길 데 없는 가치에 대하여 이야기한다(3:13-18). 다음으로 아버지는 지혜를 따르는 일이 어떻게 구체적인 삶의 길로 인도하여 주는가 하는 것을 가르쳐 준다(3:19-35). 아들은 그의 이웃에게 선을 행하려고 노력해야 하며 또한 자신의 이익을 위하여 악을 행하는 행악자들을 부러워하지 말아야 한다(27-31절). 아버지는 사악한 자의 길과 정직한 자의 길을 대조시킨다(32-35절). 각 사람에게 주어지는 최종 결과는 각각 치욕 아니면 영광이다(35절). 다시금 우리는 여기서 아버지가 가르치고 있는 것의 배경을 이루고 있는 것처럼 보이는 시편 1편과 비교해 볼 수가 있다.

4장은 아들에게 숙녀인 지혜를 따르도록 권고하는 아버지의 훈계를 포함하고 있다. 아버지는 그의 부친으로부터 훈계를 받았던 자신의 경험에 호소한다(4:3-4). 아버지는 그가 아들에게 바른 길을 가르쳤다는 것과 또한 그가 친히 아들 앞에서 모범을 보이기 위해 그러한 길을 따라 살아왔다는 것을 강조한다(11절). 다시금 그는 선택할 수 있는 길은 단지 두 가지의 길, 곧 그를 향한 하나님의 목표로 인도하는 의인의 길과 점점 더 짙어져가는 흑암으로 인도하는 악인의 길 뿐이라는 사실을 강조한다(18-19절).

마음을 지키라고 아들에게 도전한 후에, 아버지는 마음을 지키는 것은 곧 그의 온 몸과 몸의 모든 부분, 즉 그의 입, 입술, 눈, 눈꺼풀, 발 등을 다 통제하는 것을 의미한다고 가르친다(4:24-27). 이것은 삶의 결과를 염두에 두고 하는 말이다. 손과 발, 눈과 귀, 그리고 입 등은 결국 마음이 지시하는 바에 따라 움직이는 것이기 때문이다.

그 다음 석장(5-7장)은 매춘부인 악의 계략을 경계시키는 것과 관계가 있다. 우리가 앞에서 살펴본 바와 같이, 여기서도 악은 거리에서 사람들을 유혹하는 매춘부로 묘사된다. 악을 매춘부에 비유하여 의인화한 것은 아마도 청년에게 있어서는 거리의 여자가 매혹적으로 보일 수도 있기 때문일 것이다. 그녀의 입술은 꿀을 떨어뜨리는 것처럼 보이지만(5:3), 결국 그녀는 인생의 쓴 잔을 마시게 한다(4절). 그녀의 길은 지옥으로 인도한다(5절). 여기에는 구미를 당기게 하는 음녀의 초대에 빠져 그것을 탐닉한 결과가 분명하게 묘사되어 있다(7-23절).

다음에는, 특별한 방식으로, 아버지는 사람을 매춘부에 비유되는 악의 덫으로 끌어들이는 여러 가지 세상적인 행위에 대하여 경계시키고 있다(6:1-19). 죄악의 덫에 걸리게 되는 한 가지 길은 생각 없이 말하는 것이며, 너무 조급하게 말하는 것이며, 또한 자신과 자신의 인생을 죄인에게 위임하는 것이다(6:1-5; 참조. 약 1:19). 다른 또 하나의 길은 게으름을 피우는 것으로서, 그것은 사탄에게 그의 일을 위하여 자신의 게으름을 이용하도록 기회를 제공하는 것이다(6:6-11). 이 세상에서의 삶에는 중립적인 위치가 없다. 여호와를 위한 삶을 살아가지 않는 사람은 그를 대적하는 삶을 살게 된다(참조. 마 12:30). 그리고 죄악의 덫에 걸리게 되는 마지막 한 가지 길은 몸, 곧 눈, 입, 발을 통제하는 일에 있어서의 실패이며, 그 결과는 재난으로 이르게 되어 있다(6:12-19; 참조. 4:23-27). 하나님께서는 몸의 지체들이 하나님의 말씀에 순종하지 않고 또한 그의 말씀의 지배를 받지 않는 삶을 미워하신다. 자신의 눈과 손과 발의 행위를 따라 살아가는 그러한 삶은 결국 그의 마음이 하나님께 속하지 않았다는 것을 보여준다(16-19절).

다시금 아버지는 죄악의 지배를 받는 삶을 피할 수 있는 방법으로서 신중하게 선택된 부모의 훈계와 하나님의 말씀을 제시한다(6:20-24). 그것이 없이는 매춘부에 비유되는 죄악의 계략과 유혹에 넘어가기가 너무나 쉽기 때문에 우리는 우리 자신의 멸망을 재촉하게 될 것이다(6:25-35). 만일 사람이 어떤 청년과 자신의 아내가 간음할 때 질투함으로 분노하게 된다면, 우리가 죄악의 유혹에 빠질 때에 하나님께서는 얼마나 더 하시겠는가! (32-35절; 참조. 출 20:5; 호 2:2-7).

7장은 매춘부인 악의 유혹을 피할 수 있는 유일한 길, 곧 숙녀인 지혜를 붙잡는 것과 관계가 있다(7:1-4). 매춘부인 악의 유혹에 빠지는 어리석은 사람(지혜가 없는 사람)에 대한 매우 생생한 묘사가 이어진다. 그는 그녀의 수중에 있는 퍼티(putty)와도 같다. 만일 그가 숙녀인 지혜를 가까이하지 않는다면 그는 매춘부인 악의 유혹에 저항할 수가 없다(7:5-23). 그리고 다시금 아버지는 죄악의 길은 사망에 이른다는 것을 경고한다(7:24-27).

서론의 마지막 부분은 숙녀인 지혜를 따르라고 초대하고 있다(8:1-9:12). 여기서는 또한 죄악의 유혹에 대해서도 묘사하고 있다(9:13-18). 숙녀인 지혜의 초대는 여호와를 경외하고 그를 의지하며, 또한 그를 믿는 삶으로의 초대이다(8:13). 지혜는 모든 사람들을 향하여 자기를 따르라고 공개적으로 외친다(8:1-4; 9:3-6).

반면에 매춘부인 악의 초대는 하나님이 아닌 자기 자신을 기쁘게 하는 삶으로의 초대, 즉 자신의 길을 계속 따라가게 함으로써 사망에 이르게 하는 초대이다(9:15, 18).

이것으로 서론은 끝을 맺는다. 숙녀인 지혜와 매춘부인 악은 둘 다 청년을 마지막으로 초청하였다. 여기서 청년이 숙녀인 지혜의 초청에 의하여 여호와를 경외하는 삶을 살게 된다면 그는 잠언서의 다음 부분에 나오는 말씀(10-31장)을 통하여 소개될 참된 지혜를 향하여 첫걸음을 내딛게 된다. 그러나 만일 청년이 매춘부인 악의 유혹에 넘어간다면, 그 때에는 잠언서의 나머지 부분에 기록된 말씀은 그에게는 아무런 가치도 없는 것이 되며, 오히려 그를 정죄하는 것이 될 뿐이다.

뒤이어 오는 훈계에서 우리는 **솔로몬의 잠언 자체**를 대하게 된다(10장-22:16). 이것은 잠언서의 첫번째 주요 단락에 해당한다. 그러므로 여기에는 독립된 표제가 붙어 있다(10:1). 이 단락은 아마도 서론을 포함한 잠언서 전체를 구성하게 하는 토대가 되었을 것이다.

이 단락은 다시 두 개의 기본적인 부분(10-15장, 16장-22:16)으로 나뉘어진다.

첫번째 부분은 불의한 자와 대조를 이루는 의인을 주제로 한 솔로몬의 잠언집이다. 여기서 **의인**은 정직한 자, 완전한 자, 지혜로운 자, 성실한 자, 사랑하는 자, 징계에 유의하는 자, 겸손한 자, 진실한 자, 말하기를 더디하는 자, 그리고 평화로운 자 등으로 **다양하게 묘사되고 있다.** 그리고 의인과 대조를 이루는 **불의한 자**는 악인, 어리석은 자, 게으른 자, 미워하는 자, 교만한 자, 거짓말하는 자, 경솔하게 말하는 자, 그리고 질투하는 자 등으로 묘사된다. 여기서 우리는 의인과 관련된 많은 사실들을 배우게 된다. **영원과 관련하여** 그는 죽음으로부터 구원을 얻는다(10 : 2; 11 : 21; 14 : 32). 이것은 단순히 영원하게 사는 것 이상의 의미를 가진다. 그는 그가 행하는 모든 분야에서 양질의 삶을 소유한다. 시편 1편에서 선언하고 있는 바와 같이, 의인의 잎사귀는 결코 시들지 않는다. 의인을 기억하는 것은 그를 아는 사람들에게 축복이 된다(10 : 7). 또한 의인은 확실한 보상을 받는다(11 : 8; 참조. 벧전 1 : 4). 이러한 이유로 인하여 무너질 악인의 집과는 대조적으로 의인의 집은 든든히 서 있을 것이다(12 : 7; 참조. 마 7 : 24-27). 그는 결코 하나님의 앞에서 옮겨지지 않을 것이다(10 : 30).

이 세상에서의 삶과 관련하여 의인은 굶주리지 않고 푸른 잎사귀처럼 번성하게 된다(10 : 3; 11 : 28; 참조. 시편 1편). 이것은 그의 소망이 기쁨을 이루게 될 것, 다시 말해서 그의 소망이 결코 좌절되지 않을 것을 의미한다(10 : 28; 13 : 9, 25-참조. 마 5 : 6). 그의 뿌리는 열매를 맺는다(12 : 12; 참조. 시 1편; 요 15장; 갈 5 : 22, 23). 그리고 그의 삶은 질적으로 더욱 향상된다(10 : 27). 이것은 그가 땅 위에서 얼마나 많은 날들을 사는가에 관계없이 보다 풍성한 생명을 소유하게 되는 것을 의미한다.

의인의 삶의 목표와 관련하여 그가 원하는 것이 이루어진다(10 : 24). 그는 하나님께 열납될 만한 것이 무엇인지를 알고 있으며 또한 그것을 따라 기도하고(10 : 32; 15 : 8), 뿐만 아니라 여호와께서 그의 기도를 응답하여 주실 것을 확신하고 있다(15 : 29).

다른 사람들과의 관계에 있어서 의인은 하나의 축복이다. 의인은 그의 삶을 통하여 다른 사람들을 굳세게 붙들어주는 역할을 하는 영원한 기초이다(10 : 25). 그가 말을 할 때에는, 그것을 통하여 다른 사람들에게 유익을 끼친다(10 : 20, 21; 12 : 26). 그가 잘되면 그가 사는 도시의 온 시민들이 함께 즐거워한다(11 : 10-11). 그는 이웃 사람들을 선한 길로 인도한다(12 : 26). 그의 가축들까지도 불의한 자의 가축들보다 건강하다(12 : 10 ; 참조. 롬 8 : 19-23).

하나님의 율법과 관련하여 의인은 그의 생각이 공정하도록 하기 위하여—공정하다는 말은 생각이 하나님의 뜻에 일치하는 것을 의미함—자신의 생각을 통제한다(12 : 5). 그는 믿음을 통하여 하나님과 올바른 관계를 가지며(다시 말해 의를 소유하게 되며) 이러한 확신은 그를 보호한다(13 : 6 ; 11 : 6). 그는 하나님과 하나님의 뜻을 아는 지식으로 말미암아 죄악으로부터 구원을 얻는다(11 : 9 ; 참조. 시험을 받으실 때의 그리스도, 마 4 : 4-11). 여호와를 경외하는 (신자인) 그는 하나님을 대적하는 모든 것을 미워한다(14 : 2 ; 13 : 5 ; 참조. 시 5 : 4-6 ; 139 : 19-22).

이러한 사람이 바로 의인이며 하나님께서도 이런 사람을 기뻐하신다. 하나님은 그를 사랑하시며(15 : 9) 또한 그를 위하신다(19 : 29 ; 참조. 롬 8 : 31-39). 그는 여호와의 기쁨이다(11 : 20).

이 부분의 말씀을 통하여 우리는 본 주제와 관련이 있는 다른 주제들도 유사한 방식으로 이해할 수 있을 것이다. 우리는 여기서 지혜로운 자와 어리석은 자, 부지런한 자와 게으른 자, 사랑하는 자와 미워하는 자, 순종하는 자와 거역하는 자, 겸손한 자와 교만한 자, 진실한 자와 거짓말하는 자, 더디 말하는 자와 경솔히 말하는 자, 평화로운 자와 시기하는 자의 의미에 대한 통찰력을 얻을 수 있다. 나는 독자 여러분에게 하나님께서 여러분을 아시는 것처럼 여러분도 여러분 자신에 대해서 잘 알 수 있는 유일한 방법으로서 그러한 연구를 시도해 보기를 권하는 바이다.

이 부분의 여러 구절들에 대한 묵상을 통하여 발견할 수 있는 한 가지 중요한 사실은 불의한 습관 혹은 불의한 동료들이 불의 혹은 죄악보다는 인상이 훨씬 덜 나빠보이는 의복과도 같은 형태로 어떤 의인의 삶에 침투해 들어옴으로써 의로운 삶에 미묘한 위협을 가하게 된다는 것이다. 우리는 "사악한(wicked)"과 같은 종류의 용어들을 대할 때에는 움찔놀라 뒤로 물러나면서도 시기 혹은 경솔하게 말하는 것, 심지어는 거짓말과 교만과 게으름 등에는 그렇게 반응

제14장/하나님 백성들의 헌신과 실제적인 삶에 관한 책들 613

하지 않을지도 모른다. 우리는 혹시 이러한 특징들 가운데 어떤 것이 우리에게서 발견되지는 않는지 우리 스스로를 점검해 보지 않으면 안된다. 왜냐하면 이런 특징들이 나타나는 곳에는 죄악이 가까이하기 때문이다.

솔로몬의 잠언집의 후반부(16장-22:16)는 다른 종류의 격언들을 포함하고 있다. 여기서 우리는 의인과 불의한 자를 다룬 격언집 대신에 한 가지 특별한 주제를 따라 전개되는 일종의 에세이를 다시금 대하게 된다. 전반부에서 가르쳐졌던 많은 것들이 여기서도 발견되지만, 여기서는 그것들이 **사람의 길과 하나님의 길**이라는 하나의 특별한 주제와 관련되어 있다. 여기에는 전반부에서 소개되었던 사망으로 인도하는 사람의 길이 자세히 나타나 있으며, 그것과 대조를 이루는 하나님의 길 역시 상술되고 있다(14:12; 16:25).

문제는 사람의 길이 그 자신의 눈으로 보기에는 바른 것처럼 느껴진다는 점이다(16:25). 그러나 사람의 판단은 불완전하다. 그의 마음은 부패해 있다. 사람을 그대로 버려두어서는 스스로 자기 자신의 죄의 정도를 알 수가 없다(16:2; 참조. 렘 17:9, 10). 그러므로 그는 자기 자신에 관한 하나님의 계시를 필요로 한다. 이러한 사실은 물론 잠언 10장-15장의 전체적인 요점으로서, 여기에는 하나님의 관점에서 바라본 사람들의 적나라한 모습이 나타나 있다. 그러므로 잠언 10-15장에서 이미 소개되었던 주제들은 이 단락에서 인간의 길과 하나님의 길이라는 근본적인 주제 안에 뒤섞여 있다.

16:2이 선언하고 있는 것과 마찬가지로, **최종적인 재판관은 바로 하나님**이시다. 그 어떤 사람도 하나님의 심판대 앞에 서는 것으로부터 면제될 수는 없다. 이러한 개념은 이 단락에서 다음과 같은 다양한 표현들을 통하여 나타나고 있다. 여호와께서는 사람의 마음을 연단하신다(17:3). 하나님은 눈과 귀를 지으신 자이시므로 그의 판단은 우리가 보고 듣고 생각하는 것보다 우위에 있다(20:12). 여호와께서는 모든 사람의 마음을 살피신다(20:27). 마음을 아시는 하나님은 마음에 대한 최종적인 재판관이시다(21:2). 결국 하

나님께서는 그의 판단에 따라 사람을 지키시거나 멸하신다(22 : 12).

그렇다면 이것은 인간에게 있어서 **문제**가 아닐 수 없다. 사람은 한 가지 방법(자신의 구원을 이루기에 필요한 것을 스스로 충족시킬 수 있다고 생각함)으로 사물을 보지만, 하나님께서는 전혀 다른 방법(모든 사람은 죄인이며 전적으로 바른 것을 선택할 수 없다)으로 보신다.

하나님은 사람이 아닌 하나님께서 인정하시는·길이 승리하는 길이 되도록 하시기 위하여 **철저하게 통제하신다.** 이러한 개념 역시 다양한 방식으로 표현되고 있다. 사람은 자기 자신의 뜻대로 행하기 위하여 무엇을 계획할지도 모르지만 하나님께서는 그를 지배하시고 또한 그가 어디로 갈 것인지를 적극적으로 지도하신다(15 : 9). 하나님께서는 당신의 기쁘신 뜻을 따라 모든 것을 적소에 배치하신다(16 : 33). 사람의 계획이 하나님의 뜻에 위배될 때, 그것은 성립될 수가 없다. 하나님의 뜻만이 언제나 승리할 것이다(19 : 21). 사람이 실제로 가는 길이 어떤 길이든지간에(그가 그 길을 원하든 원치 않든 상관없이) 하나님께서는 그의 기쁘신 뜻을 따라 모든 일을 행하신다(20 : 24; 21 : 1-참조. 요나서). 간단하게 말해서, 하나님의 뜻을 번복시킬 수 있는 사람의 계획은 있을 수가 없다 (21 : 30).

하나님께서 모든 것을 지배하고 계시며, 또한 모든 것이 하나님의 뜻과 계획에 따라 움직인다. 또한 인간은 자기 자신을 구원하거나 혹은 하나님의 관점에서 보았을 때의 자신의 악한 본성을 변화시킬 수도 없다(20 : 9). 그러므로 사람은 자기 자신을 여호와의 손에 맡기는 법을 배우게 될 때에만 자신의 문제를 해결할 수 있다(16 : 3). 이것은 분명히 구세주이신 하나님을 의뢰하고 믿으라는 부르심이다.

우리를 사망으로 인도하는 우리의 죄에 대한 유일한 해결책은 우리를 향하여 나타내 보이신 **하나님의 자비와 진리**이다(16 : 6). 진리는 우리가 참으로 죄인임을 말해 준다. 또한 진리는 진실한 회개와 자기 자신에 대한 절망감으로 그를 바라보는 자들에게 자비를 베푸시는 하나님을 의지할 것을 가르쳐 준다. 여기서 여호와를 경외할 것을 요구한 것은, 우리가 이미 살펴보았듯이, 죄인들을 위한 피난처이신 하나님을 신뢰할 것에 대한 요구이다.

그러므로 우리는 **하나님의 말씀에 유의하지 않으면 안되며**(1-9장에서 권고하는 바와 같이), 또한 여호와를 신뢰하는 법을 배우지 **않으면 안된다**(16:20). 이것이 진정한 행복의 길이다(시편 1편과 비교해 보라).

우리가 일단 그를 발견하면 **열심히 그에게로 달려가지 않으면 안된다**(18:10). 그는 죄와 죽음과 사탄으로부터 우리를 건져내실 **우리의 유일하고도 확실한 피난처**이시다. 오직 그 분만이 이러한 대적들을 멸하실 수 있다(창 3:15; 계 20:9-14; 고전 15:26). 사람의 길이 사망으로 인도하는 것과 같이, 여호와의 길, 곧 그를 경외하는 것은 생명으로 인도한다(19:23). 여호와를 믿는 자에게는 지속적인 만족과 세상에 태어나는 모든 사람들을 늘 따라다니며 괴롭히는 악으로부터의 보호에 대한 보증이 주어진다. 오직 여호와께서만 우리를 구원하실 수 있다(20:22).

이것이 이 단락(16장-22:16)에 나타난 구조이다. 이 구조를 통하여 우리는 이 단락에서 발견되는 지혜와 관련된 나머지 모든 교훈들까지도 붙잡을 수가 있다.

22:17에서 우리는 **"지혜있는 자의 말씀"**이라는 새로운 단락을 대하게 된다(22:17-24:22). 이 단락은 솔로몬의 잠언집이 기록된 후 얼마되지 않은 시기에 첨부되었던 것이 분명하다. 여기에는 하나님께서 솔로몬 이외의 다른 사람들을 통하여 주신 지혜가 수록되어 있다. 이 단락은 훈계의 동기 혹은 그것을 무시하는 자들에게 임할 결과에 대한 훈계들을 담고 있는 수많은 대구(couplet)들로 특징 지워진다.

이 단락에서 대구법을 사용하는 목표 혹은 목적은 믿는 자들의 삶을 즐겁게 하려는 것, 즉 신자들의 삶이 여호와를 기쁘시게 하는 것과 조화를 이루도록 하려는 것이다(22 : 18-19).

첫번째 대구는 이 단락에 나타난 표현 양식을 살펴볼 수 있는 좋은 예가 된다(22 : 22-23). 그것은 가난한 자들에 대한 우리의 책임을 가르치고 있는 구절로서, 여기에는 선지자들이 말한 많은 부분들이 반영되어 있다. 여기서 우리는 다시금 "가난한 자"라는 용어가 물질적으로 가난한 자들 뿐만 아니라 영적으로 가난한 자, 즉 겸손한 자들을 동시에 가리킨다는 사실을 명심할 필요가 있다(참조. 마 5 : 3).

그 다음 대구는 우리가 화를 잘내는 사람들에 대하여 어떻게 처신할 것인가 하는 것을 가르치고 있다(22 : 24-25). 이 구절은 우리에게 시편 1 : 1을 생각나게해 준다. 이 단락에 나타난 대구에 대한 다른 실례들과 그것들이 가르치는 교훈은 다음과 같다. 23 : 1-3, 왕 앞에서의 처신 ; 23 : 6-7, 고아나 의지할 데 없는 사람들을 대하는 자세 ; 23 : 17-18, 죄인의 형통함을 부러워하기보다는 오히려 여호와를 경외할 것(참조. 시 37 : 1-4) ; 23 : 20-21, 술꾼과 대식가를 피할 것 ; 23 : 26-27, 매춘부인 악(Mistress Evil)을 버리고 숙녀인 지혜(Lady Wisdom)를 택할 것(참조. 1-9장) ; 24 : 1-2, 악인에 대한 경고 ; 24 : 15-16, 악인에 대한 의인의 승리 ; 24 : 17-18, 재난을 당한 대적을 향한 태도 ; 24 : 19-20, 악인들에게 임할 필연적인 결과.

이 단락 가운데는 술을 즐기는 자들에 대한 매우 생생한 묘사가 기록되어 있는데 이것은 오늘날 독한 위스키 종류나 알콜 농도가 강한 술을 탐닉하는 모든 사람들이 명심해야 할 부분이다(23 : 29-35).

이 지혜로운 자들의 잠언집에 이어 **동일한 양식의 또 다른 간단한 잠언집**이 첨부되어 있다(24 : 23-34). 이 구절들 중에는 신약성경에서 널리 알려진 구절들이 많이 있는데 그것들은 다음과 같다 :

24 : 23; 참조. 약 2 : 1-13; 24 : 29; 참조. 그리스도의 "황금율", 마 7 : 12; 24 : 30-34; 참조. "그들의 열매로 그들을 알지니"(마 7 : 16).

25장과 더불어 우리는 **새로운 솔로몬의 잠언집**을 대하게 된다(25 -29장). 이 잠언집은 히스기야의 신하들이 편집한 것으로서 앞의 잠언집과는 구별된다(25 : 1). 아마도 전 잠언서가 최종적으로 편집되고 완성된 시기는 바로 이 때가 아닌가 싶다.

이 잠언집은 두 개의 주요 단락, 곧 행위에 대한 교훈(25-27장)과 **대조를 이루는 잠언**(28-29장)으로 세분된다.

서로 다른 여러가지 부류의 사람들 앞에서의 의로운 행위에 관한 모든 다양한 주제들이 이 첫번째 부분의 주제이다. 왕 앞에서의 처신(25 : 1-7); 이웃 사람들에게 취할 행동(25 : 8-20); 원수를 향한 행동(25 : 21-28); 미련한 자 앞에서의 행동(26 : 1-12); 게으른 자를 향한 행동(26 : 13-16); 다툼에 대한 경고(26 : 17-25); 그리고 마지막으로 교만에 대한 경고(27장). 우리가 이 단락에서 보게 되는 다른 구절들 가운데는 신약성경에서 언급되고 있는 몇몇 구절들이 있다. 그 실례로서 25 : 7은 낮은 자리를 구하는 행위(참조. 눅 14 : 7-11)에 대하여 그리고 25 : 21-22은 원수의 머리 위에 숯불을 얹어놓는 행위(참조. 마 5 : 44과 롬 12 : 20)에 대하여 이야기하고 있다. 여기서 25 : 21-22의 의미는 원수에게 친절을 베푸는 행위가 마치 어떤 사람이 다른 사람의 머리 위에 숯불을 얹어 놓을 때와 마찬가지로 그 원수를 완전히 당황하도록 만들게 되는 것을 가리킨다고 생각된다.

26 : 4-5에서 우리는 얼핏 보기에는 모순적인 것처럼 보이는 두 구절을 대하게 된다. 그러나 이 두 구절은 결코 모순을 일으키지 않는다. 근본적으로 이 구절들은 미련한 자를 만족시킬 만한 대답을 할 길이 전혀 없다는 것을 보여준다. 그는 미련하기 때문에 마치 하나님이 안계시는 것처럼 살아간다. 만일 어떤 사람이 미련한 자의 전제, 즉 하나님이 안계시다는 논리를 따라 그에게 대답하려 한다

면, 그는 그 미련한 자에게 너무나 많은 부분을 양보하게 되어 자신의 견해를 지지해 줄 확실한 기초를 잃게 된다(4절). 그러나 사람들이 미련한 자에게 전혀 아무런 대답도 하지 않는다면, 그 때 미련한 자는 자기의 주장이 옳다는 생각을 가지고 돌아가게 될 것이다. 그러므로 그의 어리석음에 유의하면서 신자는 하나님의 말씀의 확실성에 근거하여 그에게 대답하지 않으면 안된다. 물론 미련한 자는 그것을 받아들이지 않을 것이다. 그럼에도 불구하고 신자는 하나님의 영광을 위하여 미련한 자 앞에서 분명하게 증거하지 않으면 안된다(5절).

솔로몬의 잠언집에 첨가된 부록의 마지막 단락(28-29장)은 의인과 악인 사이의 **대조를 보여주는 여러 가지 잠언** 혹은 진술들을 포함하고 있다. 이 단락에는 "그러나"라는 접속사가 자주 등장한다. 여기서 말하고자 하는 내용은 솔로몬의 잠언집 첫번째 단락(10-16장)에서 발견되는 것과 매우 유사하다.

이제 우리는 솔로몬의 잠언집을 뒤로 하고, **30장**에서는 **아굴의 잠언**을 대하게 된다(30:1). 여기서 말하고 있는 것 외에는 아굴이라는 인물에 대해서 전연 알려진 바가 없다.

아굴은 먼저 **자신의 개인적인 고백**을 통하여 교훈하고 있다(1-10절). 그는 하나님의 말씀의 진실성을 믿고 있다(5-6절). 그는 너무 많이도 아니고 너무 적게도 아닌 오직 매일의 필요를 하나님께 구하였다(7-9절). 그러므로 그의 기도는 주님께서 주기도문과 산상설교를 통하여 가르쳐 주신 교훈과 일치하는 것이었다(마 6:11, 24-34을 보라).

다음으로 아굴은 자신이 살던 세대와 관련된 것이 분명한 **부패한 시대상**을 묘사하고 있다(30:10-33). 여기서 30:11과 30:15-17; 30:12과 30:18-20; 그리고 30:13과 30:21-23; 또한 30:14과 30:24-28 사이에는 서로 명백한 관련성이 있다.

결론적으로 아굴은 사람들에게 왕(여호와의 기름부음을 받은 자)

제14장／하나님 백성들의 헌신과 실제적인 삶에 관한 책들 619

의 노를 격동시키지 않도록 그에게 대항하여 일어나지 말고 그와 화해할 것을 권면하고 있다(30：29-33).

잠언서의 마지막 단락에는 "르무엘 왕의 말씀, 곧 그의 어머니가 그를 훈계한 잠언"이라는 제목이 붙어있다(31：1-31). 이 단락은 두 부분, 즉 그의 어머니의 훈계(2-9절)와 현숙한 여인을 칭찬하는 두문자시(acrostic poem, 10-31절)로 이루어져 있다.

이 단락의 첫번째 부분인 르무엘 왕이 기록한 어머니의 훈계는 주로 의로운 왕이 독한 술을 마시는 것에 대하여 경고하고 있다(2-7절 ; 참조. 사 5：22 ; 호 4：11 ; 합 2：15 ; 신 16：19). 하나님이 그에게서 기대하시는 일을 수행하기 위하여(31：8-9), 왕은 맑은 정신을 유지하지 않으면 안된다(참조. 미 3：1-4).

이 책의 마지막 부분인 10-31절은 경건한 아내의 특징들을 격찬하는 아름다운 알파벳순의 시이다. 그러한 아내는 그녀의 남편이 신뢰한다(11절). 그녀는 가족들을 부양하는 일에 부지런하며, 집안의 재정 문제와 관련하여 중요한 결정을 내릴 수 있는 역량이 있으며, 심지어는 직접 생산한 물건을 시장에 내어다 팔기까지 한다(12-19, 24절). 그 뿐만 아니라 그녀는 가난한 자들을 돌아볼 시간(20절)과 자신을 위하여 아름다운 물건들을 만들 시간을 마련한다(22절). 그녀는 능력과 품위가 있으며 지혜로우면서도 특별히 친절하다(25-26절). 그녀는 게으름을 피우지 않으며 언제나 다른 사람들, 특별히 자신의 가족을 생각한다(27절).

이런 이유로 해서 그녀는 그녀의 자녀들과 남편에게서 칭찬을 받는다(28-29절). 그녀는 사교적인 매력 혹은 아름다움에는 관심이 없으며 하나님을 경외하는 자가 되는 일에 관심을 쏟는다. 그녀는 많은 사람들로부터 칭찬을 받는다(30-31절).

그러므로 아들에게 주는 아버지의 훈계로 시작된 이 책이 그의 어머니와 아내에 대한 아들과 남편의 칭찬으로 끝을 맺는다는 것은 매우 적절한 구성이라고 생각된다. 따라서 우리는 다시금 잠언서 전체가 가족이라는 맥락 안에서 다시 말해 하나님께서 제정하셨고 (창 2 : 24), 또한 하나님께서 복음전도와 하나님의 진리에 입각한 양육의 시발점이 되도록 계획하신 가정을 구성하고 있는 가족이라는 맥락 안에서 기록되었다는 사실을 알 수 있다.

역자 / 한재석 목사

· 합동신학원 졸업
· 부산 브니엘 중·고등학교 교목 역임
· 부산 신학교 헬라어, 히브리어 강사(현재)
· 예일교회 담임

구약에 나타난 하나님의 구원사역

1990년 4월 20일 초판 발행
2007년 3월 10일 1판 7쇄 발행

지은이 J.B. Scott
옮긴이 한 재 석
펴낸이 임 만 호
펴낸곳 도서출판 크리스챤서적

등 록 제16-13호(1978.7.20)
주 소 135-092 서울 강남구 삼성2동 38-13
전 화 02)544-3468~9
FAX 02)511-3920
ⓒ 도서출판 크리스챤서적, 2007

http://www.holybooks.co.kr
e-mail : holybooks@naver.com

Printed in Korea
89-478-0016-3   03230

정 가 22,000원